VIKINGS
A história definitiva dos povos do norte

NEIL PRICE

VIKINGS
A história definitiva dos povos do norte

Tradução
Renato Marques de Oliveira

CRÍTICA

Copyright © Neil Price, 2020
Copyright © Editora Planeta do Brasil, 2021
Copyright da tradução © Renato Marques de Oliveira, 2021
Todos os direitos reservados.
Título original: *Children of Ash and Elm: a history of the Vikings*

PREPARAÇÃO: Tiago Ferro
REVISÃO: Karina Barbosa dos Santos e Carmen T. S. Costa
DIAGRAMAÇÃO: Anna Yue e Francisco Lavorini
CAPA: Elmo Rosa
IMAGEM DE CAPA: Jonas Lau Markussen

DADOS INTERNACIONAIS DE CATALOGAÇÃO NA PUBLICAÇÃO (CIP)
ANGÉLICA ILACQUA CRB-8/7057

Price, Neil
  Vikings: a história definitiva dos povos do Norte / Neil Price; tradução de Renato Marques de Oliveira. – São Paulo: Planeta, 2021.
  640 p.

Bibliografia
ISBN 978-65-5535-527-7
Título original: Children of Ash and Elm: a history of the Vikings

1. Vikings – História 2. Civilização viking 3. Antiguidades vikings I. Título II. Oliveira, Renato Marques de

21-3710   CDD 948.022

Índice para catálogo sistemático:
1. Vikings - História

MISTO
Papel produzido a partir de fontes responsáveis
FSC® C019498
www.fsc.org

Ao escolher este livro, você está apoiando o manejo responsável das florestas do mundo

2021
Todos os direitos desta edição reservados à
EDITORA PLANETA DO BRASIL LTDA.
Rua Bela Cintra 986, 4º andar – Consolação
São Paulo – SP CEP 01415-002
www.planetadelivros.com.br
faleconosco@editoraplaneta.com.br

Para os *fylgjur*, todos eles

Sumário

Uma nota sobre a língua 17
Prólogo: Madeira flutuante 19
Introdução: Ancestrais e herdeiros 25

A criação de Midgard

1. A casa de suas formas 48
2. Uma era de lobos, uma era de ventos 81
3. A rede social 124
4. A busca da liberdade 158
5. Travessia de fronteiras 172
6. O desempenho do poder 197
7. Encontrando os "outros" 222
8. Lidando com os mortos 242

O fenômeno viking

9. Incursões 286
10. Maritoria 301
11. Guerreiros 323
12. Hidrarquia 350
13. Diáspora 377

Novos mundos, novas nações

14. A idade de ouro dos criadores de ovelhas 398
15. Prata, escravos e seda 412
16. Os experimentos da monarquia 455
17. Terras de Fogo e Videiras 485
18. Os muitos finais da Era Viking 506

Epílogo: Jogos 516
Referências bibliográficas 522
Livros sobre vikings e mitos nórdicos
em língua portuguesa 597
Agradecimentos 600
Índice remissivo 606

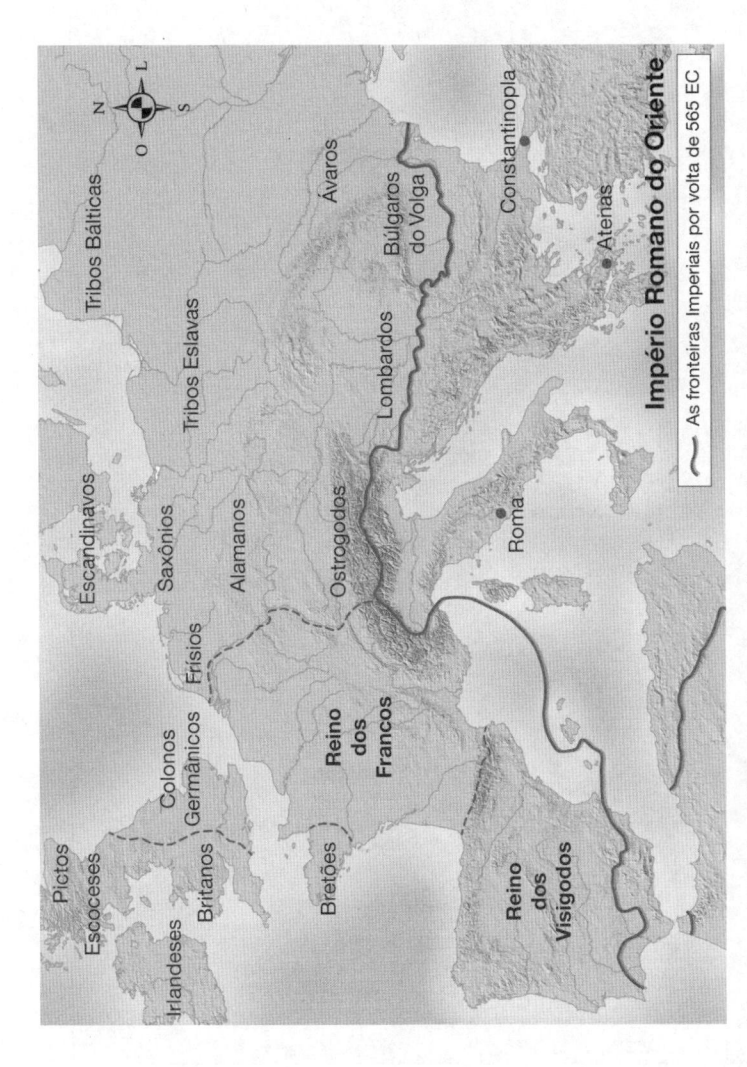

Mapa 1. Geografia política e étnica simplificada da Europa por volta de 565 EC, mostrando as mudanças decorrentes das crises anteriores. As fronteiras do Império Romano do Oriente são representadas tais como existiam na época da morte do imperador Justiniano. Mapa elaborado por Neil Price.

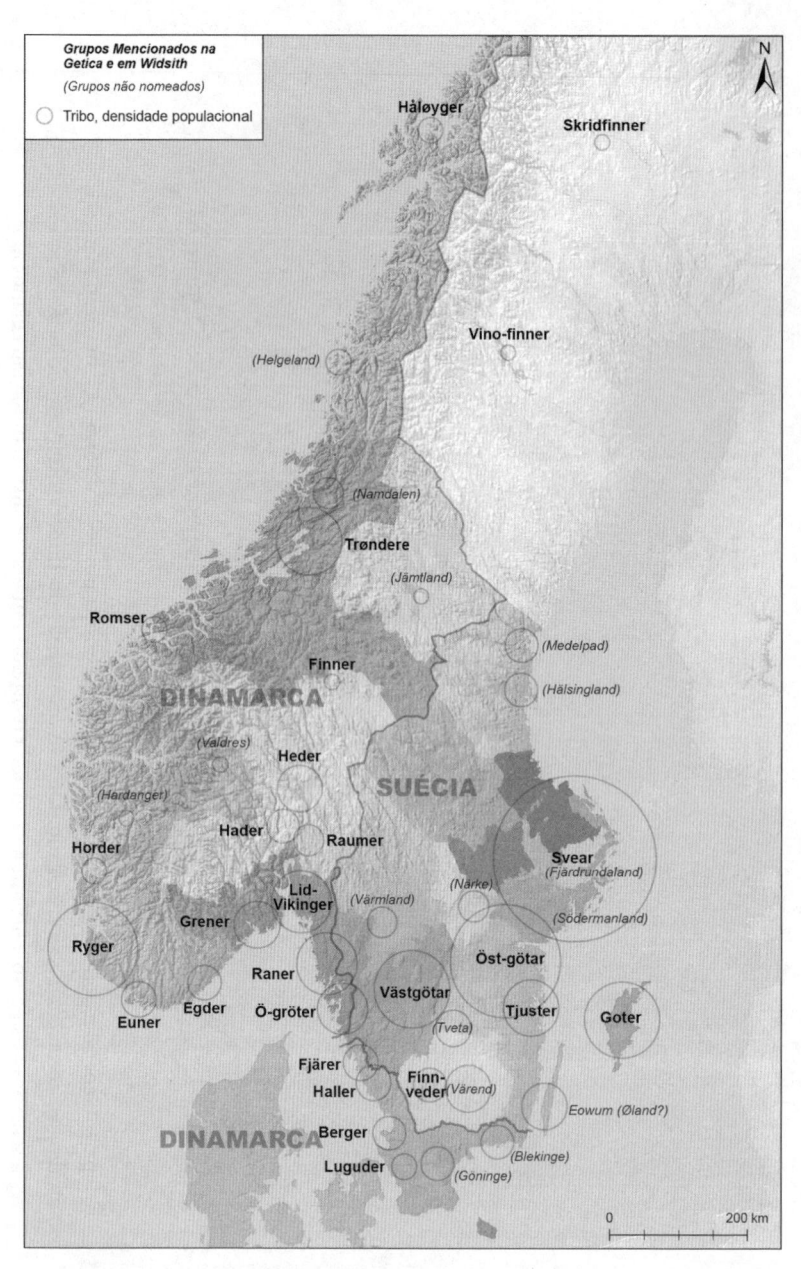

Mapa 2. Agrupamentos tribais escandinavos, distritos legais e reinos, a partir de fontes datadas de cerca de 500-1350 EC, incluindo a *Getica* [A história dos godos], de Jordanes (*c.* 551) e o poema em inglês "Widsith", do século X. (Crédito © Ingvild T. Bøckman e Frode Iversen, Museu de História Cultural, Universidade de Oslo, usado com gentil permissão.)

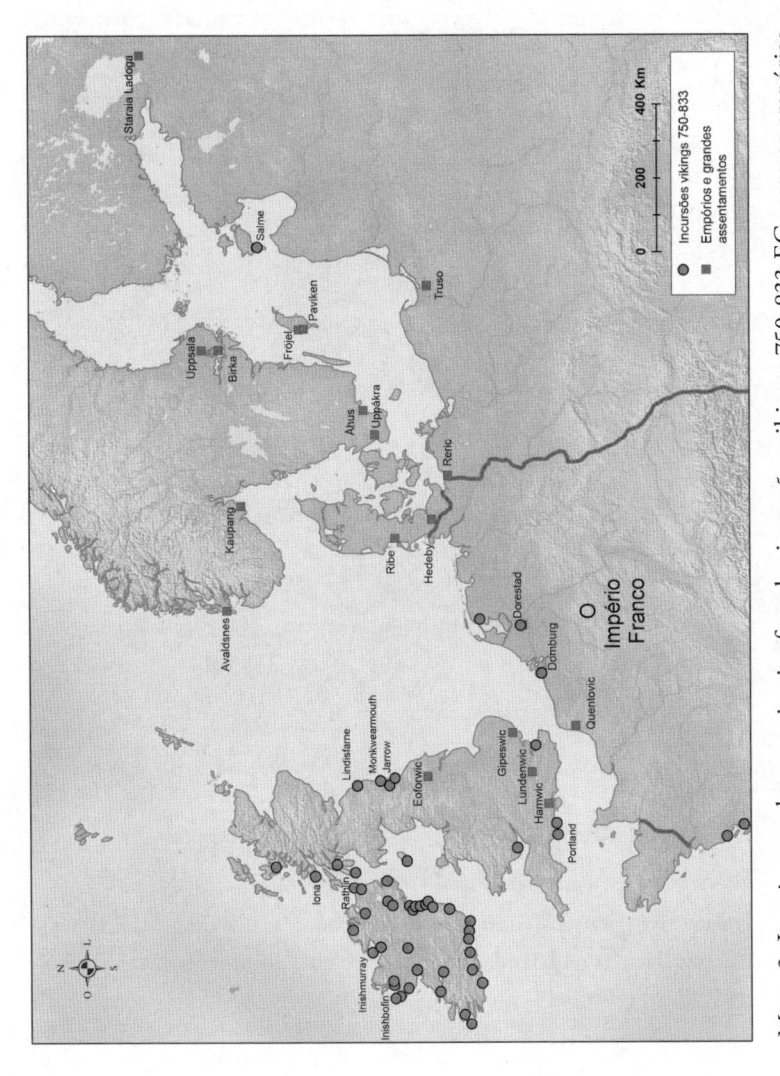

Mapa 3. Locais atacados na primeira fase das incursões vikings, 750-833 EC, com os empórios costeiros europeus e os principais assentamentos da Escandinávia. Mapa elaborado por Ben Raffield e Daniel Löwenborg.

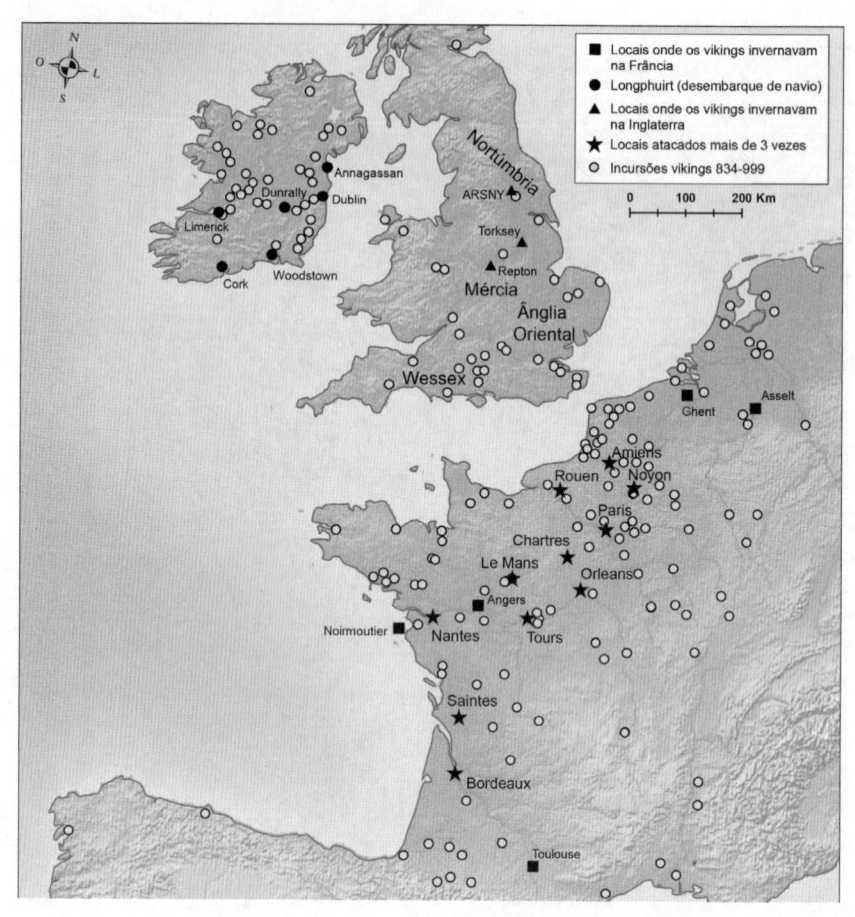

Mapa 4. Os sucessivos ataques vikings às Ilhas Britânicas e à Frância, 834-999, com as bases estabelecidas na Irlanda, na Inglaterra e no continente. Mapa elaborado por Ben Raffield e Daniel Löwenborg.

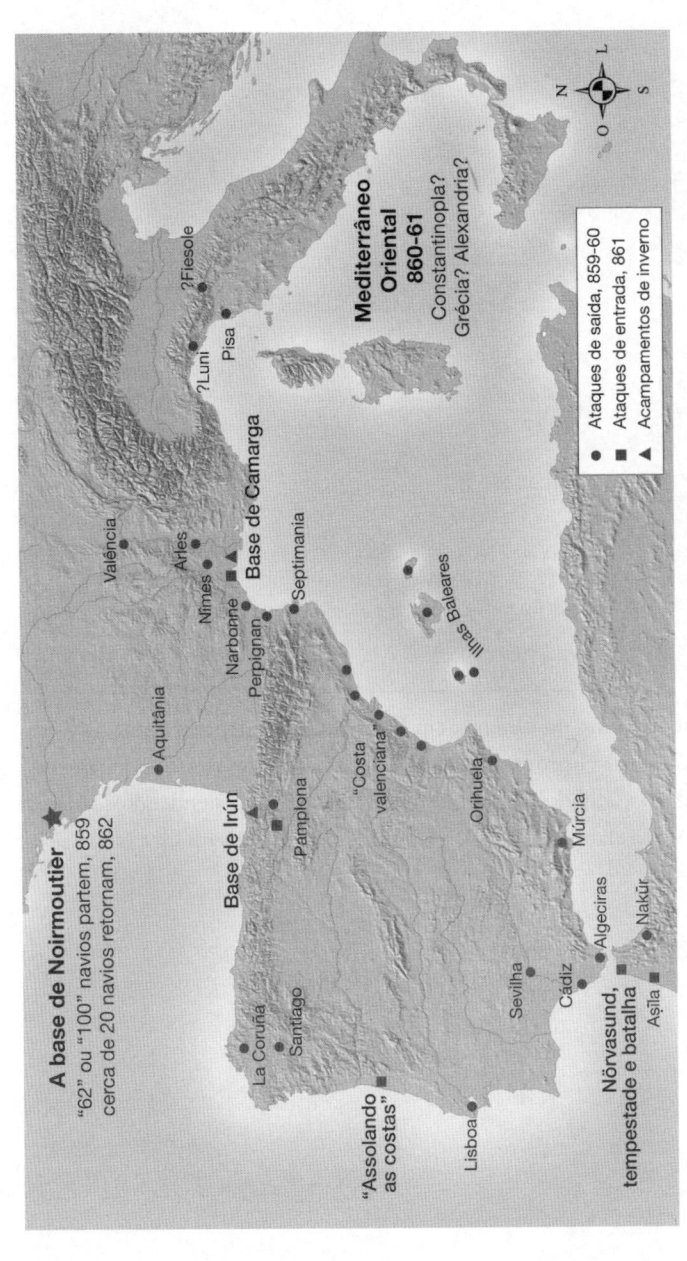

Mapa 5. A grande incursão ao Mediterrâneo, por volta de 859-862, ataque supostamente comandado por Björn Flanco de Ferro e Hástein. O caminho percorrido pela frota viking pode ser traçado para o sul desde sua base em Noirmoutier, no estuário do Loire, ao redor das costas da França e da península Ibérica e até o próprio Mediterrâneo; três anos depois, um terço dos navios regressou para casa, tendo passado certo tempo em algum lugar no Mediterrâneo oriental e enfrentado combates para atravessar o estreito de Gibraltar (Nörvasund). Mapa elaborado por Neil Price.

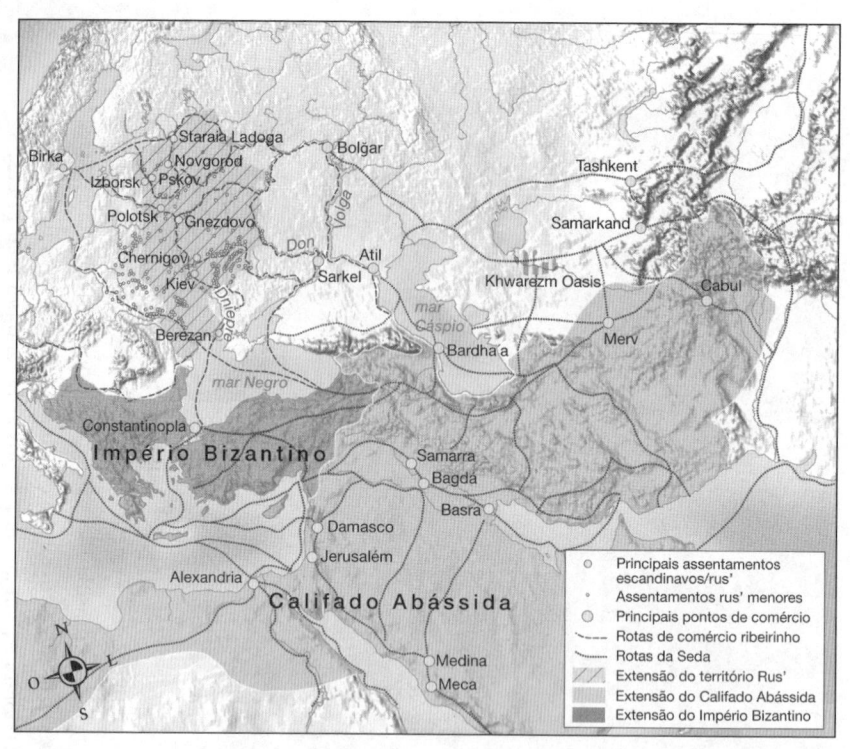

Mapa 6. A diáspora viking no Oriente, em Bizâncio, nas estepes e além. As rotas fluviais do Báltico ao mar Negro, dominadas pelos rus', conectavam-se perfeitamente com as caravanas do Califado Abássida e as Rotas da Seda, estendendo-se até os confins da Ásia. Mapa elaborado por Ben Raffield, Daniel Löwenborg e Neil Price.

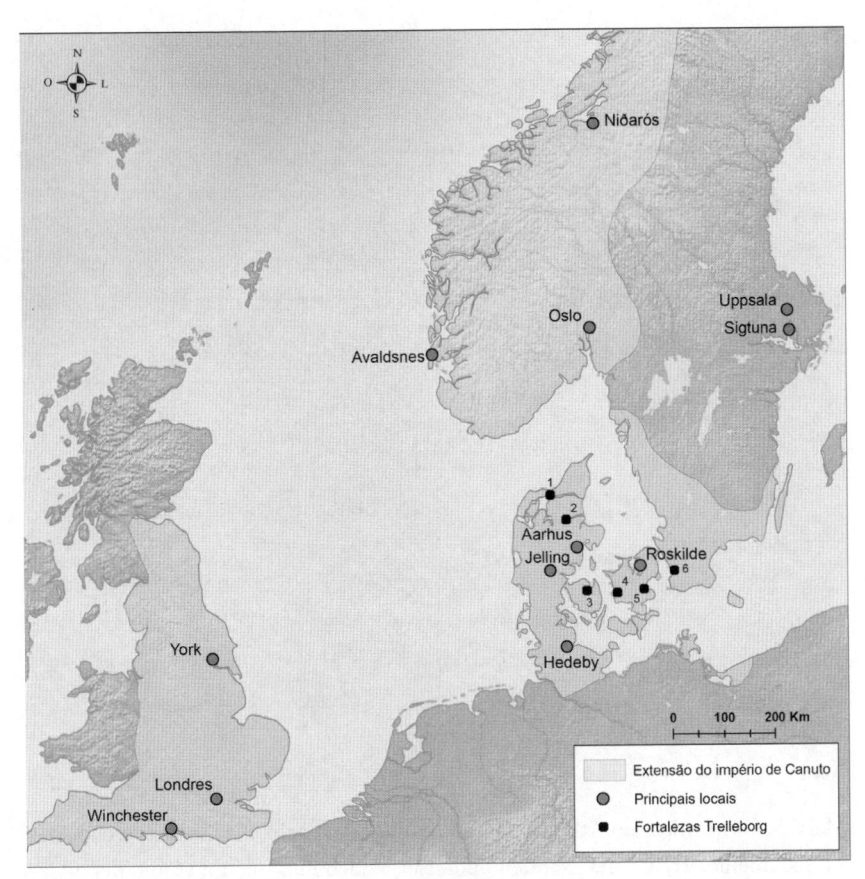

Mapa 7. A Era Viking posterior na Escandinávia e no mar do Norte, do reinado de Haroldo Dente Azul (*c.* 960-987) ao "império" de Canuto, o Grande (*c.* 1016--1035). As seis fortalezas circulares do tipo "Trelleborg" conhecidas são mostradas: (1) Aggersborg, (2) Fyrkat, (3) Nonnebakken, (4) Trelleborg, (5) Borgring, (6) Borgeby. Mapa elaborado por Ben Raffield e Daniel Löwenborg.

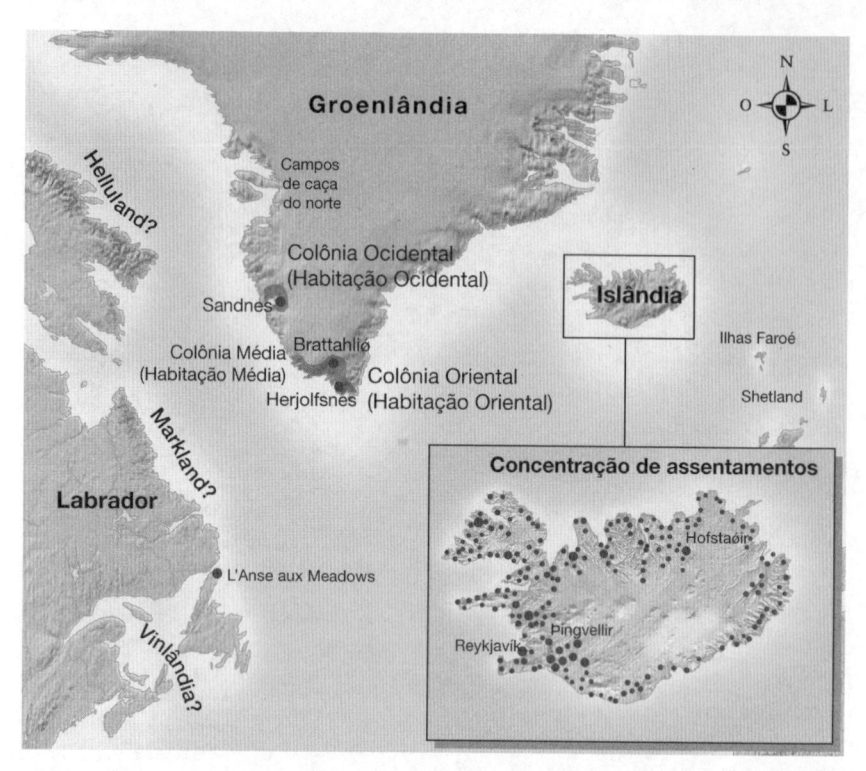

Mapa 8. Os nórdicos no Atlântico Norte. A Islândia foi colonizada por volta de 870 e rapidamente atraiu uma grande população. Pouco mais de um século depois, os islandeses fundaram os assentamentos no leste e oeste na Groenlândia e, por sua vez, navegaram para o que hoje é o leste do Canadá. A localização precisa das regiões que eles chamaram de Helluland, Markland e Vinlândia só pode ser estimada, e L'Anse aux Meadows na Terra Nova continua sendo o único assentamento nórdico confirmado na América do Norte. Mapa elaborado por Neil Price.

Uma nota sobre a língua

Grande parte deste livro diz respeito a seres, lugares e conceitos cujos nomes em uso hoje derivam, em última análise, do idioma nórdico antigo (na verdade, uma forma abreviada para designar um intrincado conjunto de dialetos e ramos linguísticos da Islândia e da Escandinávia, que datam da Idade Média e antes disso) ou das línguas modernas dos países nórdicos. Pode ser uma paisagem sonora complexa de se navegar, e não existe uma maneira simples de normalizá-la em um texto em língua inglesa e ao mesmo tempo fazer jus à sua variedade original. Optei pela legibilidade e convenção em detrimento da consistência, e a linguagem foi simplificada de várias maneiras.

Duas letras do nórdico antigo (e do islandês moderno) foram anglicizadas, exceto nas citações de textos no original e certos nomes: Þ/þ ou thorn, como "th" e pronunciadas como as duas primeiras letras de thought [pensamento]; e Ð/ð ou eth, pronunciados de maneira mais suave, como em "breathe" [respiração], mas geralmente com som de "d". Da mesma forma, o ditongo æ do nórdico antigo foi separado como "ae" e é pronunciado aproximadamente como "eye" [olho].

Os acentos agudos nórdicos nas vogais foram em grande medida mantidos nos substantivos: o "á" longo é pronunciado "ow", e, portanto, *há* (tônico) é falado "how" [como]; "é" soa como "ay", exatamente como se pronuncia a primeira letra do alfabeto em língua inglesa; "í" é um longo "ee"; "ó" é uma versão mais forte e mais definida do som regular, pronunciado como "owe" [devo] e transmitindo ênfase; "ú" é longo e grave, como a vogal em "sure" [certo, óbvio] dita com sotaque escocês ondulante. Em nórdico antigo, "y" também é uma vogal, com pronúncia aproximada de "ew", como na coloquial interjeição de repulsa *urgh!*; o "ý" tônico estende a onomatopeia.

Em topônimos e nomes de pessoas, as letras escandinavas modernas å, ä/æ e ö/ø foram usadas quando apropriado, com pequenas diferenças entre sueco e dinamarquês/norueguês. Em inglês, são pronunciadas aproximadamente da seguinte maneira: å é como em "oar" [remo]; ä/æ como "air" [ar]; ö/ø como "err" [erro]. A letra sueca ö foi usada para ǫ, o nórdico antigo "o" com ogonek (gancho polonês, o sinal gráfico que indica som nasal).

Algumas obras acadêmicas – incluindo muitos artigos e livros de minha autoria – usam o nominativo nórdico antigo para nomes próprios, mesmo quando isso é gramaticalmente problemático pelo contexto inglês atual. O exemplo mais comum, incluindo também algumas das letras e acentos aqui mencionados, é provavelmente o nome do deus Óðinn (pronuncia-se "Owe-thinn"). Com algumas exceções, esse e outros casos semelhantes (como seu filho *Þórr*) foram anglicizados, assim, "Odin" e "Thor".

As citações de textos em nórdico antigo são em sua maioria reproduzidas em inglês sem o original, embora vez por outra eu também tenha mantido as palavras medievais, sobretudo em verso. Quando recitada da maneira apropriada em um ambiente apropriado, a poesia da Era Viking pode ter gosto de ferro frio na língua, seus complexos esquemas de rimas sobrepondo-se um sobre o outro feito camadas de gelo – traiçoeiros, mas belos. Ganhamos algo antigo e genuíno nessa língua, mesmo que apenas em tradução, e por isso incluí uma seleção aqui.

Nota do tradutor: Adotou-se no livro a forma *viking*, já consagrada pela tradição, em vez da forma aportuguesada *viquingue*, recomendada por boa parte dos dicionários.

Prólogo

Madeira flutuante

As pegadas dos deuses se estendem atrás deles em uma linha sinuosa, nítidas nas areias da orla do oceano circundante. As ondas do mar quebram com ímpeto e espumam ao lado deles, em cujos ouvidos ressoa o rugido. A praia imaculada não tem marca alguma da passagem de outros, porque ainda não há humanos habitando este mundo.

São três irmãos que vemos caminhando: Óðinn [Odin] – o mais poderoso e terrível de todos –, Vili e Ve. Eles têm muitos nomes, o que se tornará uma coisa comum em sua família divina dos Aesir.

Por mais calma e tranquila que a paisagem pareça, tudo ao redor foi construído com sangue, a terra e os céus moldados – literalmente – do corpo desmembrado de uma vítima de assassinato. O universo como cena de crime: é uma história inquietante, repleta de estranheza, violência e contradições, uma narrativa cujas verdades devem ser sentidas em vez de apenas explicadas e compreendidas. Nós a investigaremos minuciosamente no devido tempo, mas, por ora, no rescaldo dessa história, tudo está sossegado. São curiosos estes deuses, incansavelmente indagando acerca da natureza das coisas que encontram em sua nova criação reluzente. O que é isto? E aquilo? São também solitários, neste lugar que ainda carece de espírito, sentido e cor.

Mas agora os deuses estão na praia e avistaram algo na beira da água.

Eles se deparam com dois grandes tocos de madeira flutuante trazidos à areia pela ação da maré, a praia, exceto por isso, vazia sob a imensidão do céu. Odin e seus irmãos se aproximam, virando os troncos e, com esforço, colocando-

-os de pé na areia. E é nesse instante que se dão conta do que há por dentro, assim como o escultor percebe a escultura que existe dentro do bloco de pedra bruta, esperando para ser libertada. Os três deuses trabalham com as mãos para entalhar a madeira, moldando, aplainando, dando formas, fazendo sobressair os contornos ao longo do veio. Uma nuvem de aparas e poeira. Eles se entreolham abrindo um sorriso largo, arrebatados pela alegria de criar. Aos poucos as coisas dentro da madeira se tornam visíveis, adquirindo feições sob a pressão de dedos divinos. Aqui surge um braço, ali uma perna e, por fim, os rostos.

Primeiro, um homem – o primeiro homem – e depois uma mulher. Os deuses cravam neles um olhar intimidador. É Odin quem se move agora, exalando em suas bocas, dando-lhes o sopro da vida; eles tossem, começam a respirar, ainda presos dentro da madeira. É Ve quem abre seus olhos e esculpe seus ouvidos, coloca suas línguas em movimento, suaviza seus traços; olhares frenéticos, balbucios barulhentos. É Vili quem lhes dá inteligência e vontade de se mover; eles se sacodem para se livrar das achas e lascas, fragmentos de casca de troncos caindo.

Por fim, os deuses dão nomes às pessoas que acabaram de criar, a substância delas transformada em som. O homem é Askr [também chamado de Ask ou Ash], *o freixo. A mulher é* Embla, *o olmo.*

As primeiras pessoas do mundo olham ao redor, atônitas, aguçando os ouvidos para o silêncio e depois preenchendo-o com palavras, gritos, risos. Apontam para o oceano, para o céu, para a floresta, para mais e mais, nomeando tudo, rindo de novo. Começam a correr, para longe dos deuses que os observam ao longo da areia, para mais e mais longe em seu novo lar, até sumirem da vista. Talvez acenem para Odin e os outros, talvez não, mas eles os verão novamente.

Deste casal primordial descende toda a humanidade, através dos milênios até o nosso tempo.

Os vikings desfrutam de um descomunal reconhecimento popular, e despertam um grau de interesse que só é compartilhado por pouquíssimas outras culturas ancestrais. Praticamente todo mundo já ouviu falar deles. Em apenas três séculos, de aproximadamente 750 a 1050 EC,[1]* os

---

1 * Neste livro o autor usa Era Comum (EC) e Antes da Era Comum (AEC), forma de datação alternativa e "laica" às mais usuais a.C. (antes de Cristo), d.C. (depois de Cristo) e AD (*Anno Domini*, latim para "no ano do (Nosso) Senhor"). [N. T.]

1. Os vikings e os vitorianos, personificados. Um extraordinário desenho de 1895, no traço do ilustrador Lorenz Frølich, do banquete dos deuses, conforme relatado no poema nórdico antigo *Lokasenna*, *A discórdia de Loki*. Os deuses da raça, clã ou linhagem dos Aesir aparecem como um cruzamento entre banqueteiros bárbaros nos moldes clássicos e comensais contemporâneos bastante aprumados, enquanto Loki faz o papel de tio bêbado, todos em uma sala rococó sob o que parece ser um lustre.

povos da Escandinávia transformaram o mundo setentrional de maneiras que são sentidas ainda hoje. Mudaram o mapa político e cultural da Europa e moldaram novas configurações de comércio, economia, povoamento e conflito que, em última instância, se estenderam da costa leste do continente americano até a estepe asiática. Os vikings são conhecidos hoje por um estereótipo de agressividade marítima – aqueles famosos navios alongados, os saques e as pilhagens e o inflamado drama de um "funeral viking". Para além dos clichês, há alguma verdade nisso tudo, mas os escandinavos exportaram também novas ideias, tecnologias, crenças e práticas para as terras que descobriram e os povos que encontraram. No processo, os próprios vikings passaram por alterações, desenvolvendo novos modos de vida em uma vasta diáspora. Os muitos reinos de pequena escala que constituíam a terra natal dos vikings mais tarde viriam a se tornar as nações da Noruega, Suécia e Dinamarca, que ainda estão conosco, ao passo que as crenças tradicionais do Norte foram gradualmente dominadas pelo cristianismo. Essa fé de início estrangeira mudaria fundamentalmente a visão de mundo viking e o futuro da Escandinávia.

Em um sentido literal, os vikings são, obviamente, um povo do passado, morto e enterrado – mas, ao mesmo tempo, habitam uma espécie de pré-história curiosamente tátil, que parece devolver toda e qualquer pressão que lhe seja aplicada. Muitos cederam à tentação de colocar as mãos nos pratos da balança da análise retrospectiva, e imaginaram que o impulso para fazer isso não vinha de sua própria iniciativa, mas por meio da revelação de verdades ocultas que o tempo havia enterrado. Monges e estudiosos medievais reinventaram seus ancestrais pagãos na condição de antepassados nobremente desencaminhados ou de equivocados agentes do diabo. Nas páginas ornamentadas por iluminuras dos romanços [ou romanças, narrativas em versos que remontam ao século XV, com amores e heróis de cavalaria], com uma espécie de preconceito orientalista, os vikings tornaram-se sarracenos, inimigos de Cristo representados com turbantes e cimitarras. Na Inglaterra de Shakespeare, os vikings foram retratados como violentos catalisadores nos primórdios da história da grandeza do reino. Redescoberta durante o Iluminismo como uma espécie de "nobre selvagem", a figura do viking foi adotada com entusiasmo pelos nacionalistas românticos dos séculos XVIII e XIX. À procura de sua própria identidade emergente, imperialistas vitorianos vasculharam a literatura escandinava em busca de modelos e exemplos de comportamento adequadamente assertivos, expressando o destino manifesto dos anglo-saxões por meio de seus primos nórdicos. O fim lógico dessa trajetória se deu um século mais tarde, quando os nazistas, na tentativa de concretizar suas ficções racistas, se apropriaram dos vikings, elevando-os a um arquétipo ariano espúrio; os sucessores modernos dos vikings nos atormentam ainda hoje. Elementos da ampla comunidade pagã agora buscam uma alternativa espiritual que se inspire na religião viking, com aromas tolkienianos adicionados a marcas de cerveja que estampam no rótulo o epíteto Old Norse [antigos nórdicos]. Todos esses aspectos e muitos outros, incluindo os acadêmicos atuais e as plateias que hoje em dia apreciam séries e dramas

2. Onde tudo deu errado. Um cartaz de recrutamento das ss [*Schutzstaffel*, ou Esquadrão de Proteção, temível exército particular do Partido Nazista], anunciando um comício na Noruega ocupada pelos nazistas em 1943. A apropriação política dos vikings não poderia ser mais óbvia.

históricos, recolheram o material fragmentário e os resquícios textuais dos vikings e os reformularam em moldes escolhidos a seu bel-prazer. Às vezes pode parecer que o povo viking que de fato existiu praticamente desapareceu sob o peso cumulativo que foi obrigado a suportar. Alguém pode evocar a fala de Anthony Blanche, personagem do romance *Memórias de Brideshead*:[2*] "*Oh, la fatigue du Nord*".

O que une a maioria dessas perspectivas é que privilegiam o observador, examinando os vikings a partir do lado de fora, e ignoram como

---

2 * Referência a *Brideshead Revisited, the Sacred and Profane Memories of Capt. Charles Ryder*, romance de 1945 de Ewelyn Waugh, publicado no Brasil em 1965 com o título *A volta à velha mansão – memórias sagradas e profanas do cap. Charles Ryder* (tradução de Maria Alice Azevedo, Agir), e em 1991 pela Companhia das Letras, então com o título *Memórias de Brideshead*. [N.T.]

eles próprios viam o mundo. Essa postura tem um longo pedigree e, na verdade, remonta aos escritos das vítimas dos vikings, de quem francamente não se poderia esperar imparcialidade. É irônico que mesmo as pessoas com quem os escandinavos entraram em contato (muitas vezes na ponta de uma espada) nem sempre sabiam ao certo com quem estavam realmente lidando. Para citar um único exemplo do final do século IX: após uma violenta guerra contra um exército viking inteiro, o rei Alfredo de Wessex (Alfredo, o Grande), no sul da Inglaterra, ainda assim recebeu em sua corte um mercador norueguês não combatente, fustigando-o com uma fieira de perguntas: De onde eles vinham? O que faziam? Como viviam? O rei não estava sozinho em sua incerteza e curiosidade.

Esses mesmos enigmas continuaram a ser debatidos pelos mil anos seguintes, acelerando-se nos últimos dois séculos com o crescimento da pesquisa acadêmica e o conhecimento acumulado. Aqui, novamente, no entanto, em larga medida o foco tende a ser o que os vikings fizeram, e não por que o fizeram. Em certo sentido, encampar esse ponto de vista é olhar pelo lado errado do telescópio histórico, definindo (e muitas vezes julgando) um povo unicamente pelas consequências de suas ações, em vez das motivações por trás delas.

Este livro adota o enfoque oposto: a partir de um olhar de dentro para fora. A ênfase aqui é investigar, com muita firmeza, quem os vikings realmente eram, o que os motivava, por que se comportavam do modo como se comportavam, como pensavam e o que sentiam. Sua impactante expansão não será ignorada, é claro, mas o contexto e as origens dessa expansão estão no cerne das páginas que se seguem.

Há lugar melhor para começar, então, do que a própria criação? A narrativa dos deuses moldando os primeiros humanos a partir de troncos de madeira às margens do mundo-oceano tem raízes que se estendem profundamente na mitologia nórdica. A despeito de toda a medonha confusão acerca da identidade dos vikings por parte daqueles com quem se depararam, na mente dos próprios vikings nunca houve qualquer dúvida: eles eram os filhos do Freixo, os filhos do Olmo.

Introdução

Ancestrais e herdeiros

O que "viking" realmente significa? O termo deve ser usado e, em caso afirmativo, como?

Os escandinavos dos séculos VIII ao XI conheciam a palavra – *víkingr* em nórdico antigo[3*] quando aplicada a uma pessoa –, mas não reconheciam a si próprios, tampouco se referiam à sua época com esse nome. Para eles, talvez significasse algo próximo a "pirata" ou "saqueador", definindo uma ocupação ou uma atividade (e, o que é muito provável, um tanto marginal); decerto não era uma identidade para toda uma cultura. Mesmo naquele período, a palavra não era necessariamente negativa ou sempre associada à violên-

---

3 * Por nórdico antigo, norueguês antigo ou norreno entende-se a língua indo-europeia do ramo germânico, sub-ramo setentrional, falada na Escandinávia durante a Era Viking e a Baixa Idade Média, aproximadamente entre os séculos VIII-IX e XII-XIV e que deu origem às línguas escandinavas modernas (norueguês, dinamarquês, islandês, sueco e feroico). Em vários documentos nórdicos medievais também aparece a denominação *dǫnsk tunga* (língua danesa) para se referir à antiga língua nórdica comum. O nórdico antigo pode ser dividido em três grupos linguísticos similares entre si, mas com diferenciações regionais: o nórdico antigo oriental (falado nas atuais Suécia e Dinamarca); o nórdico antigo gútnico (falando na ilha de Gotland ou Gotlândia) e o nórdico antigo ocidental (falado na atual Noruega). Por causa dos movimentos migratórios das populações escandinavas a partir do século IX, o nórdico antigo fincou raízes em outras localidades no Atlântico Norte (Islândia, ilhas Faroé, Groenlândia, regiões da Irlanda etc.) e, também, nas regiões litorâneas do mar Báltico. O nórdico antigo também foi vernáculo em regiões do centro-norte da Rússia. O outro idioma presente no cotidiano medieval nórdico era o latim, introduzido nos reinos escandinavos junto com o cristianismo. [N. T.]

cia – esses sobretons começaram a ser incorporados em torno do vocábulo nos séculos posteriores à Era Viking. De modo análogo, não se referia exclusivamente aos escandinavos; também se aplicava a invasores do Báltico em geral, e a palavra era usada até mesmo na Inglaterra. De modo análogo, os alvos dos vikings não estavam de forma alguma apenas fora da Escandinávia; a prática de roubos marítimos por meio de violência raramente respeitava esse decoro. Ainda no século XI, uma pedra rúnica sueca homenageava um homem – um certo Assur, filho do *jarl* Hákan – "que observava a vigilância viking", montando guarda contra incursões dos vizinhos.

A origem exata do termo é desconhecida, mas a interpretação mais amplamente aceita hoje baseia-se em *vík*, vocábulo do nórdico antigo para descrever uma baía do mar. Assim, os vikings podem ter sido originalmente "o povo da baía", "o povo que embarcava nas baías", seus navios atracados à espera, escondidos, para atacar as embarcações de passagem. Outra alternativa associa o termo à região de Viken, no sudoeste da Noruega, de onde se acredita que os primeiros invasores vieram; pode ser que essa hipótese também tenha alguma validade.

Nas línguas nórdicas modernas, *vikingar* ou *vikinger* ainda é usado apenas no sentido exato de invasores ou assediadores marítimos, ao passo que no inglês e em outras línguas acabou servindo para designar qualquer um que tivesse, como definiu um resignado acadêmico de Cambridge, "um conhecimento superficial acerca da Escandinávia 'naqueles dias'". Houve muitas tentativas para contornar o problema, com pouco sucesso (por exemplo, o historiador que gastou várias páginas vociferando sobre o que a seu juízo era a imprecisão terminológica dos colegas, apenas para se contentar com o termo "*Norsemen*", que em língua inglesa significa "homens nórdicos", "escandinavos", mas também "homens noruegueses" – assim excluindo suecos, dinamarqueses e, de fato, as mulheres). Alguns estudiosos usam agora "vikings" em minúsculas para se referir à população em geral, embora reservem a inicial maiúscula para seus colegas piráticos. Neste livro, "Viking" com V maiúsculo é empregado para designar o contexto histórico da Era Viking.

Isso vai muito além de preciosismo semântico. Ao falar de uma Era Viking usando um termo que teria surpreendido os povos que esse mesmo termo supostamente rotula, em certo sentido os historiadores criaram uma abstração inútil. Claro, o passado sempre foi dividido em nacos de tempo convenientemente manejáveis, mas quando os estudiosos discutem sobre qual teria sido o "começo" da Era Viking, não é o mesmo que debater, digamos, as origens do Império Romano, que estava muito longe de ser um conceito retrospectivo.

É bom ter em mente que nenhum outro povo contemporâneo percorreu os então conhecidos mundos da Eurásia e do Atlântico Norte no mesmo grau que os escandinavos. Eles viajaram através dos territórios de cerca de quarenta países atuais, em encontros documentados com mais de cinquenta culturas. Alguns acadêmicos tentaram alegar que, nesse aspecto, os vikings não fizeram nada exatamente notável ou significativo em si, não indo além da manifestação regional da mobilidade continental e de tendências gerais na reorganização da economia pós-romana – em essência, uma espécie de incipiente proto-União Europeia no início da Idade Média com alguns negociadores especialmente agressivos no Norte. Verdade seja dita, incursões hostis e guerras marítimas sem dúvida existiam em torno do Báltico e do mar do Norte séculos (e provavelmente milênios) antes da época dos vikings. Entretanto, não há dúvida de que o fluxo, a escala e o escopo da pirataria marítima aumentaram de forma gradativa, mas substancial, a partir do ano 750, culminando nas campanhas militares dos séculos IX e X, que destruiriam as estruturas políticas da Europa Ocidental. Ao mesmo tempo, houve movimentos paralelos e interligados de colonização, comércio e exploração, sobretudo para o leste. Em suma, a "Era Viking", ainda que sem dúvida seja uma construção retrospectiva dos pesquisadores, tem validade genuína.

Também houve outras tentativas de apagar os vikings da história, ironicamente enfocando o modo como foram incluídos nela. A ideia é que esse pedaço do passado foi "colonizado" pelo futuro e distorcido de modo a atender às suas necessidades – em essência, os vikings foram criações da imaginação de povos posteriores. Isso faz pouco sentido para mim. Sim, não resta dúvida de que o romantismo nacionalista, o imperialismo vitoriano e seus sucessores europeus ainda mais sombrios tiveram, todos eles, um impacto na maneira como os vikings foram vistos, mas na verdade não dizem absolutamente nada sobre o que de fato aconteceu entre meados do século VIII e o século XI – apenas sobre como tudo foi apropriado e por vezes transformado em arma (o que, é claro, não deve ser ignorado).

Assim, diante de toda essa ambiguidade e um histórico tão longo de abusos sociopolíticos, é imprescindível deixar claro que o conceito de Era Viking tem uma realidade empírica testável que pode ser iluminada por um estudo pormenorizado. Os trezentos anos a partir de cerca de 750 EC foram, sobretudo, um período de transformação social tão profunda que, em última análise, moldou o Norte da Europa pelo milênio seguinte – um processo que por si só justifica a noção de uma Era Viking distinta.

Sintetizar tudo isso é uma perspectiva assustadora. Uma rota narrativa, percorrida cronologicamente, é necessária para a compreensão dos eventos desses três séculos em contexto, mas não existe uma vertente única a seguir através das vastas e variadas arenas da diáspora viking. Livros mais caudalosos do que este já trataram exclusivamente das interações entre escandinavas e o que hoje corresponde à Rússia europeia, para citarmos apenas um exemplo, e o mesmo pode ser dito do restante do mundo viking. Inevitavelmente, algo se perde quando se usa uma lente grande angular. Os leitores em busca de uma discussão detalhada sobre a arte viking, sobre as tipologias de seus artefatos, sobre seus métodos de construção de navios e muito mais têm à disposição um sem-número de estudos técnicos muito bem ilustrados, e podem usar as referências no final deste livro como porta de entrada. Da mesma forma, se os escandinavos travaram contato com mais de cinquenta culturas, mil palavras que fossem sobre cada uma delas facilmente ocupariam meio livro apenas com descrições áridas. Enquanto a imagem maior está sempre em segundo plano quando se caminha com os vikings, o foco mais produtivo pode ser o das simultaneidades, em instantâneos e breves visitas a diferentes épocas e lugares.

Esse enfoque abre novas possibilidades, mas também reconhece limites. Em especial, a noção de excepcionalidade viking (o que não é a mesma coisa que diferença) é problemática e, acredito, deve ser evitada sempre que possível. Para usar uma imagem da qual eles teriam gostado, os contos folclóricos populares do Norte da Europa geralmente giram em torno da busca do nome secreto de alguém (o conto de fadas "Rumpelstiltskin" é um exemplo óbvio). Os vikings deixaram pistas acerca de seus nomes, o verdadeiro "eu" escondido sob a superfície. Uma forte sensação do lugar numinoso perpassa a poesia nórdica e até as inscrições rúnicas, criações de mentes em sintonia com seu ambiente. A mesma mentalidade é visível na cultura material viking, na qual cada superfície disponível – incluindo o corpo humano – é coberta de desenhos entrelaçados, motivos serpeantes e curvas emaranhadas, animais e outras imagens imbuídas de significado. O mundo dos vikings vibrava de vida, mas seus limites, tanto internos quanto externos, eram em muitos sentidos mais permeáveis que os nossos, sempre e constantemente conectados, por caminhos sinuosos, aos reinos dos deuses e outras potestades.

No entanto, ao lado das histórias que se desenrolam ao longo deste livro, é importante não perder de vista as ausências, as coisas que *não* são conhecidas. Algumas são meros detalhes; outras, fundamentais. As lacunas resultantes podem parecer curiosamente aleatórias. É possível preencher esses espaços em branco, mas apenas por meio de especulação abalizada (e a história nada mais é que uma disciplina de suposições e hipóteses, às vezes semelhante a uma espécie de ficção especulativa do passado).

Pouco se sabe, por exemplo, a respeito de como os vikings mediam o tempo. Sua música e suas canções são um mistério; há um ponto de partida potencial nos poucos instrumentos que sobreviveram, com qualidades tonais que podem ser reconstruídas, mas o que os vikings faziam com eles é outra história. Não está claro qual era sua crença acerca de para onde as mulheres iam depois de morrer. Por que os vikings enterraram tanta prata que nunca foi recuperada? Essas e outras questões perduram indefinidamente e afligem estudiosos há séculos. Algumas perguntas são mais conjecturais e hesitantes, e talvez as respostas sejam incognoscíveis. Mas ainda assim vale a pena formulá-las. Se uma pessoa realmente acreditava – se, na verdade, *sabia* – que o homem que morava vale acima podia se transformar em lobo em certas circunstâncias, como era ser vizinho dele? Como era ser casada com ele?

Provavelmente jamais pronunciaremos o nome secreto dos vikings, mas se estivermos abertos às vozes, preocupações e ideias deles – em uma palavra, à *mente* deles –, acredito que é possível não apenas investigar verdadeiramente essas vidas ancestrais, mas também escrever uma nova história de como nos tornamos quem somos. Essa, então, é a Era Viking dos filhos do Freixo e do Olmo: um conjunto de pontos de observação estratégicos a partir dos quais é possível contemplar com atenção as pessoas, o lugar e o tempo, inevitavelmente finitos, mas também em constante movimento. Claro, é também, em certo sentido, a *minha* Era Viking, embasada por mais de trinta anos de pesquisas, mas – como ocorre com o trabalho de qualquer pesquisador profissional do passado – igualmente limitada por meus próprios preconceitos e vieses.

Mas como chegar lá? Em termos gerais, que fontes de evidência podem ser usadas para nos aproximarmos dos vikings?

Como muitos campos da pesquisa acadêmica, os estudos vikings são de tempos em tempos convulsionados por desavenças interdisciplinares, sobretudo entre aqueles que trabalham com textos e seus colegas da arqueologia, que abordam o passado por meio de coisas e lugares – um debate que na verdade nunca se resolve, mas apenas continua vibrando como os irregulares tremores em uma falha geológica. A produção de texto é, claro, também um ato profundamente material – o entalhe de sinais em pedra ou madeira, ou a pintura de sinais com uma pena em pergaminho –, um processo que requer direção, esforço, recursos, preparação, tudo naturalmente com propósito e um contexto social que vai além da simples comunicação. Algumas fontes mais raras, como o formidável poema épico *Beowulf*, por exemplo, existem em apenas um único manuscrito; são, literalmente, artefatos.

Os estudiosos dos vikings tendem a se especializar em uma determinada largura de banda de sinais a partir do final do primeiro milênio, mas precisam estar familiarizados com muitos outros, muitas vezes estendendo-se até um período de tempo bastante posterior: arqueologia, conhecimento sobre sagas, filologia, runologia, história das religiões – a lista continua, agora com contribuições crescentes das ciências naturais e ambientais, incluindo a genômica. O conhecimento das línguas escandinavas modernas é essencial, assim como uma proficiência pelo menos funcional em nórdico antigo e latim.

Uma vez que sou arqueólogo, não é nada surpreendente o fato de que este livro seja baseado nos resultados de escavações e de trabalho de campo. Quer se trate de objetos, edificações, túmulos ou amostras para análises científicas de vários tipos, tudo se relaciona essencialmente a *coisas* – ou, para usar a terminologia acadêmica, "cultura material", que traduz isso muito bem.

Algumas dessas coisas, em especial o conteúdo das sepulturas, sobreviveram porque as pessoas da época tomaram providências deliberadas para a localização e disposição dos locais de sepultamento: em poucas palavras, achamos os túmulos porque foram deixados intencionalmente no local escolhido. Nesses jazigos é possível encontrar diretamente os próprios vikings, na forma de seus restos esqueléticos ou cremados. No entanto, na maior parte dos casos, o que os estudos arqueológicos encontram são fragmentos, despedaçados e em péssimas condições de preservação, e que sobreviveram por acaso a fatores como perda, abandono, descarte ou deterioração. Isso inclui as camadas de ocupação de assentamentos, com todas as quinquilharias que acabaram penetrando no solo ao longo dos anos em que as pessoas viveram nesses povoados: estilhaços de cerâmica, restos de comida, coisas que foram jogadas ou deixadas para trás quando finalmente chegava a hora de seguir em frente e se mudar. Os arqueólogos também encontram vestígios das próprias construções, preservadas na forma de contornos escuros no solo nos pontos onde as vigas apodreceram ou como buracos onde outrora estavam fincados os postes de sustentação de telhados e paredes. Em raras ocasiões há pedras dos alicerces, ou as valetas onde elas jaziam antes de alguém levá--las para reciclagem.

A arqueologia é um empreendimento extremamente interpretativo, um equilíbrio constante de probabilidades e alternativas. Pode-se especular com variados graus de confiança, mas nem sempre é possível ter certeza. Um pré-requisito essencial para um bom pesquisador é a disposição para errar, o convite à crítica construtiva. No entanto, embora as conclusões devam ser formuladas com cuidado, não faz sentido relegar tudo ao esquecimento, acreditar que é impossível saber realmente alguma coisa sobre o passado. Nesse aspecto, os arqueólogos contam com a ajuda de um impressionante aparato teórico, sempre controverso e em constante evolução, muitas vezes impenetrável para quem vê do lado de fora, mas ainda assim essencial. Pode ser uma surpresa positiva e inspiradora comparar nossa compreensão da Era Viking (e global) de cinquenta anos atrás com o que sabemos agora. Os vikings que estudei na faculdade na década de 1980 eram bem diferentes das pessoas sobre as quais dou aulas para alunos de graduação hoje, e certamente a mesma coisa por sua vez poderá ser dita em relação aos alunos deles. É assim que deve ser.

Existem outros aspectos também. Trivial para a maioria dos sítios arqueológicos é a questão da preservação, que depende muito dos tipos de solo e de sua acidez relativa. A pedra é o material mais resistente a danos, embora possa muito bem ser lascada ou carcomida pela erosão se exposta às intempéries durante prolongados períodos de tempo. É muito provável que metal e cerâmica sobrevivam (embora corroídos ou degradados de alguma forma), ao passo que a preservação dos ossos é variável. Os mais raros de todos são os orgânicos – coisas feitas de tecidos, couro, madeira e afins –, que quase sempre desaparecem, exceto quando o solo está inundado ou então exclui de alguma outra forma o oxigênio.

Tudo isso se aplica a coisas no solo, mas os arqueólogos registram também a paisagem visível – mais óbvia, no caso da Era Viking, na forma de obras de terraplenagem, fortificações ou montes tumulares (montículos de terra e pedras em cima de túmulos), mas incluindo ainda conjuntos de monumentos de pedra, demarcações de campo na forma de valas ou muros de pedra seca, e assim por diante. A própria topografia pode ter mudado à medida que os rios tiveram o curso alterado, linhas costeiras subiram ou desceram, pântanos foram recuperados e recultivados, e nos raros casos em que eventos naturais como erupções vulcânicas tiveram efeitos e impactos mais drásticos – mas as evidências estão lá. Assim como as paisagens podem ser "lidas", o que está escondido debaixo delas também pode, por meio do uso de técnicas não destrutivas de reconhecimento de terreno, a exemplo do georradar e de uma variedade de métodos eletromagnéticos capazes de penetrar no solo para revelar peculiaridades enterradas, valetas, buracos para mourões, soleiras e lareiras.

À medida que combinamos escavação, levantamento de campo e prospecção geofísica, vão sendo montadas as peças do quebra-cabeça da arena mais ampla dos assentamentos da Era Viking, a ponto de vislumbramos até as minúcias da vida cotidiana das pessoas. Isso pode revelar como viviam, o que vestiam e comiam; mostrar as coisas que fabricavam e usavam. Os arqueólogos são capazes de reconstruir como eram as casas e fazendas dos vikings, de que forma as pessoas ganhavam a vida e se sustentavam, o que nos permite obter uma ideia mais completa de como era sua economia. Também se pode pintar um quadro superficial e imperfeito da estrutura familiar e das hierarquias sociais – uma visão aproximada dos sistemas políticos e da forma como o poder se manifestava. A arqueologia é capaz, ademais, de recuperar atividades rituais, tanto para os vivos quanto para os mortos, o que por sua vez permite abrir janelas para a mente e as paisagens da religião. Não menos importante, tudo isso também possibilita ilustrar como os povos da Era Viking interagiam entre si, tanto no âmbito do enorme território que hoje compõe a Escandinávia como também muito além dessas fronteiras.

Ao longo do último meio século, a ciência arqueológica alterou drasticamente nossa compreensão do passado, tanto da Era Viking como de outros períodos. A análise de isótopos de estrôncio e oxigênio em dentes e ossos humanos permite determinar os lugares onde as pessoas passaram seus anos de formação, nos dizer se porventura se deslocaram e também revelar o que comiam. A ciência dos materiais é capaz de identificar objetos e substâncias preservados de forma tão precária que em outros tempos sua natureza só poderia ser objeto de palpites e adivinhação. A análise científica pode rastrear a origem dos metais, argilas e minerais usados na fabricação de objetos; as espécies e hábitats dos animais cujas peles, ossos e marfim foram empregados como matéria-prima; e datas exatas dos anéis de crescimento das árvores, que às vezes fornecem o ano e até a estação de um evento. Arqueólogos são capazes de escavar um navio naufragado na Dinamarca e determinar que ele foi construído na Irlanda. A análise de DNA ancestral informa com precisão o sexo dos mortos, extrai informações sobre seus relacionamentos familiares e até mesmo revela a cor de seus olhos e cabelos; também torna possível o rastreamento mais amplo de migrações e mudanças demográficas de maior envergadura. Estudos ambientais permitem recriar a flora de assentamentos e paisagens, determinar se uma área era cultivada ou ficava sob floresta e que lavouras eram plantadas, além de fornecer uma escala para as alterações no uso da terra ao longo do tempo.

Nenhum especialista individual poderia dominar todos esses ramos do conhecimento, mas o trabalho conjunto de equipes de arqueólogos atuando em campo, em laboratórios e em bibliotecas agora tem, mais do que nunca, maior potencial para recuperar as vidas de povos do passado.

Mas as evidências para a Era Viking baseiam-se em mais elementos além dessa cultura material e de outros vestígios naturais e físicos da época, embora os dados sejam variados e disponíveis em quantidade cada vez maior. E quanto às fontes escritas? As culturas da Escandinávia nessa época eram predominantemente orais, pois não havia registros literários ou documentais – os vikings nunca escreveram suas próprias histórias. Isso não equivale a dizer que eram analfabetos ou ágrafos; o uso da escrita rúnica era difundido no Norte, desde seu início na época romana até o florescimento de inscrições na própria Era Viking. No entanto, esse material é limitado. Existem milhares de breves memoriais e epitáfios esculpidos em pedra, às vezes com alguns versos de poemas, e também raros exemplos de anotações cotidianas e rótulos riscados em lascas de madeira. Mas não existem textos mais longos produzidos no âmbito das sociedades setentrionais da Era Viking.

Em vez disso, a cultura dos povos do Norte é o que se chama de proto-histórica, na medida em que sua "história" é legado do que alguns de seus contemporâneos estrangeiros escreveram a respeito deles. Isso, no entanto, apresenta problemas que estão de muitas formas no cerne de todos os estereótipos modernos dos vikings, pela razão óbvia de que a maior parte desse tipo de fontes foi criação de pessoas que sentiram na pele a brutalidade dos vikings. A maioria desses registros toma a forma de anais de corte, geralmente compilados em latim, das dinastias que reinavam na Europa Ocidental. Uma série de diferentes textos, invariavelmente intitulados em referência aos nomes dos mosteiros onde foram produzidos ou mantidos, cobre os impérios franco e otoniano (germânico) no continente, e variantes em manuscritos escritos em inglês antigo da chamada *Crônica anglo-saxônica* tratam da Inglaterra. Existem contrapartes do mundo árabe, especialmente o califado de Córdoba na Andaluzia, e do Império Bizantino, sediado na capital Constantinopla, para citar apenas alguns exemplos.

A estes pode-se acrescentar a documentação legal mais árida das concessões, títulos de propriedade e licenças de ocupação de terras, algumas das quais preservam informações circunstanciais das atividades dos vikings, como ocasionais referências aos locais de seus antigos acampamentos ou obras de fortificação defensiva. Existe também a própria lei – a primitiva legislação regional medieval redigida um século ou mais após a época dos vikings, mas muitas vezes codificando uma gama de informações úteis que são claramente muito antigas. O mesmo meio cultural produziu também um número menor de textos mais pessoais escritos por monges e padres, viajantes, diplomatas e mercadores, espiões, poetas e outros, que encontraram os vikings em sua própria terra ou com eles interagiram no exterior.

Todos esses tipos de documentos serão discutidos nos próximos capítulos, mas é importante compreender acima de tudo duas de suas qualidades. Em primeiro lugar, embora tenham origem em relatos contemporâneos e às vezes de testemunhas oculares, em sua forma presente foram quase todos compilados, editados ou transcritos em uma data posterior, e é necessário questionar de forma crítica esse contexto. Em segundo lugar, ainda que muitas vezes deem a impressão de ser reportagens diretas, são sempre escritos com algum propósito – com frequência, propaganda escancarada, não apenas mostrando seus autores em uma luz favorável que lança sombra negativa sobre os vikings, mas também tira o brilho de outros reinos ou povos vizinhos. Em suma, devem ser encarados com cautela.

Além das fontes escritas em ampla medida contemporâneas, há talvez as narrativas mais famosas de todas: o extraordinário conjunto de textos islandeses que deu ao Norte sua própria tradição literária. Muitas pessoas associam com tanto vigor os vikings às "sagas"– a ponto de considerar que são sinônimos – que ficam surpresas ao descobrir que, na verdade, essas detalhadas narrativas datam de séculos posteriores aos eventos que afirmam descrever. Para quem deseja entender mais sobre a Era Viking, enfrentar esses textos é uma questão complexa.

"Saga" significa simplesmente "história", literalmente "o que é dito", tanto em nórdico antigo quanto nas línguas escandinavas modernas. Como acontece com qualquer tradição de contar histórias, existem vários estilos e gêneros narrativos, compostos em diferentes épocas e lugares e para uma ampla variedade de propósitos. As primeiras sagas dos nórdicos antigos foram escritas na Islândia durante o final do século XII, mais de cem anos após o fim presumido da Era Viking. A tradição perdurou ainda por séculos, embora com um período de grande florescimento criativo no século XIII, e novas sagas ainda estavam sendo compostas após a Reforma e já no início dos tempos modernos. O termo, enganosamente simples, abrange, portanto, uma ampla variedade de textos, de narrativas formais a historinhas de ninar para ouvintes ao redor da lareira, com muitas paradas ao longo do caminho.

Os dois gêneros de escrita de saga mais citados em conexão com os vikings são as sagas dos islandeses, também conhecidas como sagas de família [*Íslendingasögur*], e as chamadas *fornaldarsögur* – literalmente "histórias dos tempos antigos", mas chamadas de sagas legendárias ou lendárias. Ambos os gêneros estão ativamente associados à Era Viking, mas de maneiras diferentes e com variados graus de confiabilidade, embora a questão de sua "exatidão" dependa do modo de abordar esses textos medievais.

As sagas dos islandeses geralmente giram em torno de famílias individuais de colonos naquele jovem país do Atlântico Norte, amiúde uma região de menor extensão como um vale ou distrito. A herança genealógica dos colonos é rastreada em detalhes, remontando não apenas ao povoamento da Islândia, mas à sua ancestralidade anterior na Escandinávia. As sagas acompanham com minúcia realista a vida e as aventuras dessas pessoas, às vezes ao longo de décadas, e no processo esboçam um retrato envolvente e convincente da Islândia da época: um experimento político singular, uma república de agricultores numa era de reis. Rixas, disputas e vendetas são temas comuns, com brigas entre vizinhos agravando-se até descambar para roubo e assassinato, enquanto contendas judiciais tentam conter a maré de violência que geralmente resulta dos conflitos de interesses. Esses temas estão entrelaçados a casos de amor e tramas de guerra, e a toda a gama de emoções humanas em comunidades rurais fortemente unidas, com contatos internacionais. Sob a camada exterior da maioria dos contos palpita uma pulsação constante de contatos mágicos com o "outro mundo", de feitiçaria e videntes, espíritos e seres sobrenaturais, embora raramente os deuses em qualquer sentido direto. Do século X em diante (de acordo com as cronologias internas de sagas), essas atividades passam a contrastar cada vez mais, e às vezes a entrar em conflito, com a crescente influência do "Cristo Branco", seu nome para a figura de Jesus. Todos esses eventos muitas vezes se desenrolam em meio a inquietantes tensões com as famílias reais da Noruega, que observavam a Islândia com inveja territorial, e mediante o sempre presente pano de fundo de eventos políticos de um mundo mais amplo.

Como o nome indica, as sagas lendárias incluem elementos comuns aos relatos fantásticos – heróis lutando contra monstros, maldições de bruxas perversas, e assim por diante –, mas muitas vezes inseridos em narrativas que, no entanto, têm alguma conexão com a história real. Em particular, as sagas lendárias às vezes incluem narrativas que aparentemente dizem respeito a eventos muito *anteriores* à Era Viking, recuando no tempo para voltar à época das grandes migrações, quando o mapa pós-romano da Europa foi violentamente transformado. Aparecem figuras como Átila, o senhor da guerra huno (retratado com tintas bastante favoráveis), juntamente com reis dos séculos V e VI e líderes militares que digladiavam pela dominação. Ao contrário das sagas de família, nessas histórias, a Islândia nem sempre é o foco principal, e elas alargam o mundo europeu com incursões pelo Oriente.

Existem outras formas, mais contemporâneas, que tratam da época dos próprios escritores das sagas, incluindo a *Sturlunga saga*, compilação que relata o destino político da família de mesmo nome; as sagas dos bispos [*Biskupasögur*]; diversas vertentes de contos de moralidade cristãos; e outros tantos. A Islândia medieval estava longe de ser isolada, e também existem sagas que claramente carregam influências da moda europeia das novelas de cavalaria, com histórias de arrojados cavaleiros resgatando princesas de dragões e coisas do gênero. Até mesmo o popular tema épico da Guerra de Troia foi reformulado em uma versão em nórdico antigo, a *Ektors saga*, que se concentra de forma reveladora no desventurado herói homérico Heitor, e não em seu assassino, Aquiles – talvez um arguto vislumbre acerca das noções escandinavas de honra marcial.

Há também outra importante categoria de texto em nórdico antigo: a poesia. A produção poética aparece em inúmeras variedades, às vezes como versos independentes, mas os mais frequentes eram poemas compostos para comemorar eventos ou, sobretudo, poemas encomiásticos ou de louvor. A poesia também era usada como meio de armazenamento e comunicação de tradições mitológicas e como repositório de contos heroicos.

Ao contrário dos textos em prosa das sagas medievais, de forma geral há consenso acerca do fato de que o *corpus* poético em nórdico antigo pode ser consideravelmente mais antigo e de que, com efeito, é capaz de preservar as vozes da Era Viking. Isso se deve à estrutura extremamente complexa e aos esquemas de rima da poesia nórdica, o que significa que, para que os versos funcionem, precisam ser lembrados e repetidos em grande parte intactos. A habilidade poética era uma qualidade muito valorizada na Era Viking, uma aptidão admirável a ser dominada por uma pessoa versátil e bem preparada e, em especial, por qualquer um que aspirasse à liderança. Isso também contribuiu para a sobrevivência da poesia. A memória individual – o legado deixado por um bom nome após a morte da pessoa – era decisiva e foi fomentada de caso pensado pelos membros das camadas superiores da sociedade, que compunham versos em sua própria homenagem ou atuavam como mecenas para os que eram capazes de fazer isso por elas. Esses poetas profissionais eram os famosos *skalds*, ou escaldos, e é preciso dizer que os bardos fizeram muito bem o seu trabalho: os temas de seus elegantes e jactanciosos poemas de encomenda ainda são discutidos mil anos depois.

Existem três fontes principais de textos poéticos em nórdico antigo; uma delas é o próprio *corpus* das sagas, que ocasionalmente preservou os poemas na forma de fala dos protagonistas em discurso indireto. Boa parte do restante sobreviveu em duas obras medievais islandesas conhecidas como *Eddas*, palavra cuja origem e significado são incertos – muitas explicações já foram propostas –, mas seja por definição ou por alusão metafórica, o vocábulo parece referir-se à produção de poesia.

Uma delas, conhecida como *Edda em prosa*,[4*] trata-se de uma obra individual do erudito historiador e político Snorri Sturluson, escrita em algum momento por volta da segunda ou terceira década do século XIII e preservada em diversos manuscritos posteriores. A *Edda* de Snorri é literalmente um tratado poético, um manual para poetas, um guia-compêndio de estilo dividido em três seções com um prólogo; o texto todo tratando de gênero e métrica, com discursos sobre assuntos apropriados a diferentes ocasiões e propósitos. Contendo uma imensa abundância de informações como adendos em prosa, o fato principal é que Snorri apresenta seus argumentos por meio de citações. A *Edda em prosa*, portanto, em certo sentido desmente seu nome, uma vez que suas páginas estão repletas de poemas, transcritos na totalidade ou como fragmentos e muitas vezes

---

4 * Também designada *Edda jovem* ou *Edda menor*; a *Edda poética* é chamada de *Edda maior*. [N.T.]

com os nomes dos respectivos autores. Parte do material é conhecido a partir de outras fontes, mas boa parte é obra apenas de Snorri. O texto é especialmente rico em versos escáldicos, alusões à mitologia e à religião tradicional, inúmeros fragmentos de contos e listagens de termos poéticos alternativos para uma ampla gama de coisas, incluindo entidades sobrenaturais (como os muitos nomes de Odin, por exemplo). A *Edda* de Snorri é um dos documentos literários mais extraordinários da Idade Média.

Ao lado desse manual está outra obra medieval conhecida como *Edda poética* ou *Edda em verso*, embora (como no caso do livro de Snorri) este seja um título moderno. Preservada principalmente em dois manuscritos com variações entre si, juntamente com cópias posteriores, é uma compilação de versos anônimos com diversificados temas mitológicos e heroicos. Pouca coisa se sabe acerca de como foram reunidos dessa forma e nessa ordem, por quem, ou por quê. Já se especulou que o manuscrito principal (o chamado *Codex Regius*, guardado em Reykjavík) foi a obra de um colecionador de antiguidades bizarras, o que pode explicar por que se trata de um livrinho fisicamente pequeno e aos pedaços, feito de pergaminho reutilizado – nada a ver com material de registro prestigioso. Não é possível saber o que levou um cristão islandês (ou uma cristã islandesa) do século XIII a preservar com tanto cuidado os contos centrais de seu passado pagão, mas foi uma sorte que tenha feito isso. Os poemas são ambíguos, evasivos, difíceis de interpretar, e falam de maneira indireta de um poderoso conhecimento sagrado para os já iniciados. São também difíceis de datar, embora se acredite que os mais antigos tenham sido compostos mais para o final da Era Viking, aproveitando-se de modelos anteriores. Apesar de toda a sua complexidade e dos cruciais problemas de fonte original, a *Edda poética* é a base primária do que se conhece sobre a mitologia nórdica, sua cosmologia, contos de deuses e deusas e as grandes lendas heroicas do Norte. Fragmentos de poemas "éddicos" também aparecem nos escritos de Snorri e, ocasionalmente, em sagas, formando um *corpus* de cerca de quarenta obras no total.

Com exceção das inscrições rúnicas, todos os textos em nórdico antigo que sobreviveram datam dos séculos *após* a época dos vikings e foram escritos por cristãos. Portanto, estão separados da Era Viking pagã que alegam descrever por significativas barreiras de tempo, cultura e perspectiva ideológica. Muitas das sagas também se concentram na Islândia, seja por localidade e/ou produção narrativa, introduzindo, assim, um viés geográfico no que originalmente deve ter sido um mundo pan-escandinavo muito mais amplo de histórias. Ademais, cada texto era ímpar e escrito por motivos específicos, nem todos imediatamente óbvios para um leitor moderno. A isso devem-se adicionar os imprevistos da preservação: ao longo do tempo os textos foram corrompidos por meio de cópias defeituosas (raramente temos os manuscritos "originais"); passagens foram perdidas, editadas e alteradas ou simplesmente censuradas e suprimidas; e, claro está, a questão da sobrevivência de uma obra nunca é garantida. Às vezes, a natureza fragmentária de um texto é óbvia, e isso se aplica ao como e por quê. Vez por outra, ficamos sabendo os nomes de sagas que não chegaram até nós, juntamente com breves resumos de seu conteúdo. Em muitos casos, é impossível saber o que se perdeu.

Antes de tratar das sagas, ou mesmo de qualquer outra obra de prosa e poesia em língua nórdica antiga, é necessário responder a uma pergunta enganosamente simples: o que se quer fazer com elas? Para muitos, ao se estudar o texto de uma saga, seja da perspectiva literária ou de pesquisa de materiais, quase sempre há (como definiu Tolkien em relação a *Beowulf*) "decepção com a descoberta de que era ela mesma e não algo de que o estudioso acadêmico teria gostado mais". Como sugere o nome,[5*] as sagas eram histórias, antes de mais nada, destinadas a serem lidas em voz alta; porém, para seus potenciais ouvintes, tinham também um contexto. A vida dos vikings estruturava-se em torno de relacionamentos, não apenas intrafamiliares, mas também entre as famílias, e se estendiam muito mais além, indo de uma ponta à outra da sociedade em redes de dependência mútua. As sagas ancoravam as pessoas no tempo e lhes propiciavam um elo com o passado – o que Tolkien (mais uma vez) chamou de "aquele senso de perspectiva, de antiguidade com uma outra antiguidade, maior e ainda mais obscura, atrás dela".

Essa percepção não desapareceu. Parte do efeito de deslocamento das sagas de família em um público moderno é a forma como *parecem* tão

---

5 [*] Em termos etimológicos, na língua nórdica antiga o vocábulo *saga* significava "conto"; está relacionado ao inglês *say* ("falar") e ao alemão *sagen* ("dizer"). [N.T.]

reais, como se de alguma forma permitissem ao leitor sentir na pele o que significava viver naquele mundo estranho, em todo o seu drama lacônico e a sensação intensificada das coisas. Na Islândia, terra natal das sagas, elas ainda são obras inteiramente vivas, conhecidas tão bem por todos a ponto de memorizá-las. Eles podem (e devem!) desfrutar dessas narrativas como as verdadeiras obras-primas da literatura mundial que sem dúvida são – mas é quando se deseja ir além disso, "usá-las" de alguma forma, que vêm à tona questões mais fundamentais. O ponto mais básico de todos é o do foco: estamos interessados na verdadeira Era Viking, real e vivida, que constitui o tema das sagas, ou queremos saber como essa experiência antiga foi mediada e apropriada no ambiente medieval da composição e do contexto social das sagas? São análises totalmente diferentes.

Um primeiro passo razoável deve ser perguntar se é mesmo possível enxergar genuínas vidas da Era Viking sob a pátina textual medieval. Ou se elas estavam de fato presentes, para começo de conversa. Vale a pena levar em consideração o que significaria uma resposta totalmente negativa. Mesmo os pesquisadores literários mais céticos, aqueles que em geral rejeitam os textos nórdicos antigos como fontes viáveis (ainda que remotas) para a efetiva Era Viking, nem sempre seguem adiante para confrontar a questão que esse ponto de vista exige: por que, nesse caso, os islandeses medievais teriam criado – ao longo de vários séculos – o *corpus* de ficção histórica mais extraordinariamente detalhado, abrangente e consistente do mundo? Embora alguns tenham defendido o argumento de alegorias cristãs nas sagas – o poeta-guerreiro odínico Egil Skalla-Grímsson como um avatar de são Paulo, por exemplo –, por que a elaboração desse tipo de dispositivo se os nórdicos eram perfeitamente capazes de assimilar de maneira direta as histórias bíblicas? Se a intenção era associar de maneira retrospectiva virtudes cristãs aos ancestrais que ainda podiam ser admirados porque não se esperava que tivessem discernimento, como isso explica um gênero de narrativas que, em seu núcleo moral, promove uma visão pagã da vida totalmente em desacordo com as normas do pensamento medieval predominantes? Muito além da nebulosa idade de ouro de uma *Ilíada* ou dos mitos de fundação encomendados de uma *Eneida*, são ciclos inteiros de contos que tratam em detalhes da malfadada nobreza de pessoas que teriam feito recuar de pavor a Igreja do tempo dos autores das sagas.

Este livro rejeita tal ponto de vista no que diz respeito aos textos nórdicos antigos e empreende uma jornada perspicaz, mas não acrítica, ao longo do outro caminho – que, esperamos, nos levará ao mundo dos próprios vikings; não nos demoraremos muito em sua sombra medieval posterior. No entanto, são consideráveis os obstáculos nesse tipo de leitura das fontes. Em termos gerais, todos os escritos medievais quase *nunca* podem ser lidos como uma reportagem direta, genuína e confiável daquilo que eles alegam descrever. Sempre há algum conjunto de interesses e prioridades, embora o grau com que se evidenciam varie de texto para texto e seja sempre discutível. As sagas e os outros produtos textuais da mente nórdica antiga são de fato maravilhosos, mas devem ser interpretados com uma abundante dose de cautela; devemos sempre estar cientes das lacunas (que às vezes mais se parecem abismos) no conhecimento que podem transmitir.

As fontes oferecem termos de referência, mas antes de prosseguir é necessário estabelecer alguns termos e condições – de contexto social, responsabilidade intelectual e ética. Assim como a experiência que cada indivíduo tem de viver no presente é sempre subjetiva, o mesmo vale para a história e seu estudo. Os vikings poderiam facilmente servir como prova A.

Ao longo dos séculos, muitas pessoas avidamente forçaram os vikings a cumprir na marra uma função (i)moral, e outras continuam a fazê-lo. No entanto, essa intensidade de interesses revela também que a vida ancestral dos vikings ainda fala conosco. Acredito fortemente que qualquer envolvimento e contato com os vikings no século XXI deve reconhecer as maneiras amiúde profundamente problemáticas com que a memória deles é ativada no presente. Estudiosos acadêmicos dos vikings reconhecerão a sensação de mais um exemplar de bobagem impermeável aos fatos surgindo no discurso público ou privado, e, portanto, é importante ser inequivocamente claro desde o início.

O mundo viking que este livro investiga era um lugar fortemente multicultural e multiétnico, com tudo o que isso implica em termos de movimentos populacionais, interações (em todos os sentidos da palavra, incluindo os mais íntimos) e a relativa tolerância exigida. Isso se estendia até a pré-história do Norte. Nunca houve qualquer coisa parecida com uma linhagem "nórdica pura", e é provável que os povos daquele tempo ficassem perplexos com a mera sugestão dessa ideia. Usamos "vikings" como um rótulo conscientemente problemático para designar a maior parte das populações da Escandinávia, mas elas também compartilhavam seu mundo imediato com outros – em particular, o povo seminômade sámi. As respectivas histórias de assentamento dessas populações remontam à Idade da Pedra, a ponto de tornar absurda qualquer discussão moderna acerca de "quem veio primeiro". A Escandinávia também acolheu imigrantes durante milênios antes da Era Viking, e não há dúvida de que um passeio pelos mercados e centros comerciais da época teria sido uma vibrante experiência cosmopolita.

Os vikings não podem ser reduzidos a um modelo, mas se conceitos abstratos são capazes de descrever seu impacto e suas interações com o mundo ao redor, então devemos olhar para a curiosidade, a criatividade, a complexidade e a sofisticação de suas paisagens mentais e, sim, sua abertura para novas experiências e ideias. Travar contato seriamente com os vikings e seu tempo é aceitar tudo isso, sem a menor possibilidade de achatá-los com estereótipos que os tornariam insípidos. Em termos individuais, eles eram tão variados quanto *cada um* dos leitores deste livro. Ao mesmo tempo, ninguém deve desviar o olhar do que veríamos como os atributos menos palatáveis dos vikings, em especial a hostilidade que, em parte, alimentou seu movimento em direção ao mundo mais amplo – além dos clichês de "invasores vikings", esse aspecto das primeiras culturas escandinavas medievais era muito real. Eram povos guerreiros em tempos turbulentos, e sua ideologia também foi corroborada de maneira bastante acentuada pelo empoderamento sobrenatural da violência, que podia assumir formas extremas, manifestadas em horrores como estupro ritual, massacres, escravidão em massa e sacrifícios humanos. Não devemos interpretar os vikings em sentido contrário ao do nosso próprio tempo, mas qualquer um que os veja sob uma luz "heroica" precisa repensar o assunto.

No centro de qualquer relacionamento moderno com os vikings deve haver um comprometimento com a clareza. Observar que esses povos do Norte realmente dobraram o arco da história não é nem aprovar, tampouco condenar, mas simplesmente reconhecer uma realidade antiga com legados ainda hoje perceptíveis.

Os estudos convencionais sobre os vikings tendem a ser organizados regionalmente, preservando as noções artificiais de arenas de atividade "ocidentais" e "orientais" que, a bem da verdade, são apenas legados acadêmicos da Guerra Fria, com sua barreira mais ou menos impermeável estendendo-se por toda a Europa. Assim, via de regra o estudioso é guiado em uma sequência pelas ilhas britânicas, pelo continente e pelo Atlântico Norte, desde os primeiros ataques até a batalha de Stamford Bridge em 1066, complementada por uma excursão cronológica separada pelo leste durante o mesmo período. Ao longo do caminho em obras desse tipo, também é possível encontrar temas distintos cuidadosamente embalados.

Este livro tenta fazer algo diferente, não apenas em termos de promover a cosmovisão dos vikings, mas também enfatizando que eram *as mesmas pessoas* percorrendo aquele grande mapa de culturas e encontros – sem Cortina de Ferro. Além disso, a vida dos vikings deve ser vista como um todo homogêneo, amalgamando "religião", política, gênero, subsistência e todos os outros aspectos da existência em uma percepção da realidade em si – simplesmente a forma como as coisas pareciam ser em sua mundividência. O ponto central aqui se desdobra a partir do que alguns chamam de "origens históricas" e outros veem como "antecedentes", e vai ganhando corpo e se avolumando até chegar às realizações dos vikings no mundo.

O texto está dividido em três seções principais, seguindo uma trilha aproximadamente cronológica, mas reconhecendo a contemporaneidade bem como a noção de sequência.

A nova casa em que o Freixo e o Olmo despertaram foi chamada *Miðgarðr*, ou Midgard, literalmente o "lugar do meio", "que fica no meio" (a inspiração, a propósito, para a Terra-média de Tolkien). Este, é claro, é o nosso mundo também, o mundo dos humanos, embora os vikings o vissem de forma bastante diferente. Os limites geográficos de Midgard não parecem ter sido definidos de nenhuma outra forma além da experiência em primeira mão e das viagens. A primeira parte do livro esmiúça esse reino por meio do senso de identidade dos vikings e de seu ambiente, e começa delineando os contornos dessa paisagem tanto no território como na mente dos vikings. Aqui o livro analisa o singular entendimento dos vikings acerca da noção de pessoalidade, gênero e o lugar do indivíduo nas muitas dimensões do cosmo. Isso também envolve conhecer os outros seres com quem eles compartilhavam esses espaços.

Seguimos o rastro da experiência escandinava a partir do declínio do Império Romano Ocidental e suas interações com as tribos germânicas além-fronteiras, durante os turbulentos anos dos séculos V e VI até a nova ordem que foi erguida sobre os escombros da velha. Aqui se descreve a arena social do Norte primitivo: a cultura material da vida cotidiana, a paisagem dos povoamentos e as abrangentes estruturas de política, poder, ritual, crença, lei e guerra. Esquadrinhamos as fronteiras entre os vivos e os mortos, bem como as relações humanas com a população invisível em torno deles. A linha temporal nos leva até o século IX – aproximadamente a metade da Era Viking, conforme a convenção.

A segunda parte do livro remonta ao início do século VIII, mas percorre outro caminho para buscar os principais acontecimentos sociopolíticos e fatores demográficos que lentamente se combinaram para desencadear o próprio fenômeno viking. Essa foi a época das incursões violentas e de sua gradual escalada de ataques predatórios isolados a invasões de conquista, no onipresente contexto de expansão das redes de comércio. A cultura marítima da Escandinávia, a ascensão dos reis do mar e o desenvolvimento de estratégias e táticas piráticas singularmente móveis são o foco. Os primórdios da diáspora podem ser mapeados em todas as direções: a leste, ao longo dos rios de prata orientais até Bizâncio e o califado dos árabes, criando uma nova identidade nos guerreiros-mercadores conhecidos como rus'; a oeste, rumo às ilhas britânicas; ao sul, adentrando os impérios continentais e o Mediterrâneo; e através da abertura do Atlântico Norte. Essa seção acompanha os eventos até o início do século X, por meio de uma série de narrativas paralelas e simultâneas.

A terceira parte leva a história para meados do século XI, quando o fenômeno viking se diversificou de uma ponta à outra do mundo setentrional. Suas consequências incluíram uma revolução urbana nas economias escandinavas e a reorganização da área rural, paralelamente à consolidação do poder real e à crescente influência de uma nova fé. No exterior, reinos e bases de poder vikings concorrentes foram estabelecidos na Frância (reino franco), Inglaterra, Irlanda e nas ilhas escocesas. O florescimento da República islandesa levou a viagens rumo ao oeste até a

Groenlândia, e os europeus chegaram à América do Norte. No Oriente, o Estado de Rus' expandiu-se ainda mais. Por volta de 1050, os contornos das modernas Noruega, Dinamarca e, por fim, também da Suécia já estavam claros, os povos escandinavos começando a ocupar seu lugar no palco da Europa cristã.

A Era Viking não "terminou" com eventos específicos em tempos ou lugares específicos, assim como em igual medida não "começou" com eles. Em vez disso, tornou-se outra coisa com uma nova mudança de perspectiva, com diferentes pontos de vista à medida que os escandinavos rumaram para seus muitos diversos futuros. Este livro começou com troncos de madeira flutuante em uma praia quando o primeiro casal humano pisou na areia, a gênese de todos nós. No desfecho está a batalha derradeira e o fim do cosmo, o apocalipse nórdico – o *Ragnarök*, que é o "crepúsculo dos deuses" ou o "destino dos deuses". Lobos engolirão o sol e a lua, as estrelas incandescentes cairão nas profundezas do mar e envolverão o mundo em vapor, os poderes da noite entornados abrirão um buraco no céu e os deuses marcharão para a guerra pela última vez.

Mas antes disso há um longo caminho a ser percorrido, e o caminho dá muitas voltas. Começa no tronco de uma árvore.

A criação de Midgard

1

A casa de suas formas

Interpretado em sentido literal e sem maiores questionamentos, o mundo dos vikings parecia ser o mesmo de todos os que viviam ao redor deles: indivíduos mais ou menos parecidos com você e comigo, mas com roupas diferentes, cuidando de sua vida rotineira e se deslocando por paisagens e povoações que – embora de aparência rústica – ainda seriam inteligíveis todos estes séculos depois. Mas era só isto: superfície, uma tela a mascarar algo muito diferente, muito antigo e muito estranho.

Qualquer tentativa de entender os vikings deve, em primeiro lugar, examinar a fundo esse exterior enganoso de modo a, por meio de uma investigação minuciosa, entrar na mente deles, até mesmo dentro de seus corpos. O que encontramos lá, e suas implicações, fornece a primeira chave para realmente vermos o mundo através dos olhos dos vikings.

Os vikings não estavam sozinhos, mas compartilhavam seu mundo com uma multidão de "outros" – não apenas outros seres humanos, mas outras coisas. Os "outros" mais óbvios eram os deuses, cuja forma plural em si os diferenciava das culturas monoteístas do grande continente ao sul. Eles estavam familiarizados também com os servos dessas divindades (alguns deles absolutamente aterrorizantes) e com uma legião de outros seres, espíritos e criaturas que sobreviveram sob o reconfortante rótulo de "folclore", mas que, à época, eram bastante reais. Essa questão da realidade é importante, pois os vikings não *acreditavam* nessas coisas na mesma medida em que alguém hoje em dia "acredita" no mar. Em vez disso, *sabiam* sobre elas, que eram uma parte tão natural do mundo quanto árvores e rochas. O fato de que não era possível ver esses seres não era relevante.

Essa população imaginária, ao lado da qual os vikings caminhavam, abrangia também mais que um mundo, e aqui está outra diferença: os escandinavos situavam-se no centro de muitos reinos da existência – muito além da conhecida perspectiva binária encontrada em religiões cujo preceito é o de que a vida após a morte pode ser "boa" ou "ruim". Na mente viking, esses mundos eram todos os outros lugares para outros habitantes, mas ordenados e conectados de uma maneira que os tornava acessíveis para quem conhecesse os caminhos certos a serem trilhados.

No nível mais fundamental de todos, dentro de cada pessoa da Era Viking havia não apenas uma "alma" abstrata (se isso atende ao gosto espiritual do leitor), mas vários seres separados, e até mesmo independentes. Cada um representando um componente do indivíduo total.

Interpretar os vikings "ao pé da letra", portanto, teria sido um grande erro, que, no entanto, foi cometido por muitos de seus contemporâneos. Alguns, em especial os cristãos, parecem ter percebido exatamente quem e o que os vikings eram, e de modo geral esse conhecimento os deixou horrorizados. Mas hoje não há por que ter medo. Se examinarmos os vikings com olhos e mentes abertos, é possível entrarmos em seu mundo.

Não existe uma geografia totalmente compreensível do cosmo nórdico, nada que realmente faça sentido coerente nos poemas e nas histórias. Talvez isso seja um produto da longa e atribulada jornada que os relatos e histórias percorreram ao longo dos séculos para chegar até nós, mas em igual medida pode também refletir uma falta de clareza ou mesmo de preocupação já na época. Não devemos atribuir a esse fato uma importância exagerada, pois, afinal (tomando apenas um exemplo religioso), quantos dos cristãos mais devotos são capazes, hoje, de esboçar um mapa preciso da vida após a morte? Também é importante compreender que os nórdicos nunca tinham ouvido falar dos "mitos nórdicos". As coletâneas de narrativas e poemas agora convenientemente empacotadas com esse rótulo em nossas livrarias são sínteses de épocas muito posteriores, compiladas após sua fossilização como texto por pessoas que não eram inteiramente simpáticas ao seu conteúdo. São muito diferentes do mundo vivo e orgânico das histórias orais que mudavam cada vez que eram contadas e provavelmente também variavam de forma considerável nos diferentes vales, planícies, montanhas e canais da Escandinávia.

Os nomes e naturezas dos mundos, e seus primórdios, são descritos em uma série de textos mitológicos compilados na *Edda poética*, bem como em forma narrativa mais longa por Snorri, em seu manual em prosa. Suas informações são bastante difíceis de avaliar precisamente *por serem* muito detalhadas e abundantes. Por que esse astuto político cristão, que tinha aguda consciência de seu lugar no mundo, se daria ao árduo trabalho de registrar as complexidades de uma religião morta que era um anátema para a Igreja cujos interesses ele defendia? A resposta talvez esteja no fato de que os temas espirituais nos poemas escáldicos citados por ele eram quase todos organizados em nome de uma única causa: o louvor de reis e o registro de seus feitos. Se essas alusões e metáforas mitológicas não fossem ativamente mantidas, não haveria possibilidade de compreender e perpetuar de maneira adequada as heroicas histórias reais. Pode ter sido essa a razão pela qual Snorri escreveu sua *Edda*: acionar esse recurso a serviço da memória aproveitada para fins políticos. Felizmente para os estudiosos dos vikings, a lealdade de Snorri à ideia da monarquia escandinava nos presenteou com um tesouro de conhecimento desses outros mundos. Sempre de modo indireto, à medida que perguntas e respostas se desenrolam, ou o conhecimento é transmitido de má vontade, emerge uma imagem fragmentária – mas quase o suficiente.

No centro de tudo estava uma árvore, *a* Árvore ou a "Árvore do Mundo", que abarcava todos os mundos e os unia. Um grande freixo, cujo nome era Yggdrasill, literalmente o "corcel do terrível". Ygg, "o terrível", é um dos nomes de Odin, e a árvore também é chamada de "o cavalo de Odin", uma dica acerca das propriedades mais amplas da árvore, pois ela não apenas conectava os reinos, mas também servia como estrada entre os reinos para aqueles que sabiam como montar nela. Que o primeiro homem tenha sido feito da mesma substância talvez não fosse coincidência, o que implica alguma qualidade sutil da humanidade que infundiu o universo.

No princípio, nada havia além de Ginnungagap, a "garganta do abismo" sem grama, uma lacuna de nada que se estendia para todo o sempre. Embora não fosse um vazio completo, pois em suas profundezas jazia um potencial adormecido, um poder e uma presença dentro da ausência, esperando para despertar. No norte [as direções são importantes aqui] estava o espaço gelado de Niflheim, o "mundo escuro". Ao sul ficava Muspellsheim, o mundo das chamas. Rios de veneno, o Élivágar, jorravam de uma nascente em Niflheim e congelavam em Ginnungagap. Quando as brasas e fagulhas do fogo de Muspell encontraram as geleiras, as calotas geladas começaram a derreter e, no processo, a mudar – as gotículas que caíam lentamente foram tomando forma e feitio. O primeiro ser de toda a criação foi gerado: o gigante do gelo, Ymir. A ele logo se juntou outra coisa, algo muito diferente, cujo nome era Authumbla [ou Audhumla] – uma grande vaca sem chifres que cambaleava no vazio. O leite que fluía de suas tetas manteve o gigante vivo.

Assim como os primeiros humanos que mais tarde surgiriam do tronco de uma árvore, os próprios deuses tiveram uma origem semelhante. Como o gado costuma fazer, Authumbla gostava de lamber a branca geada salgada que se formava nos blocos de gelo espalhados por Ginnungagap, e foi sob sua língua que o primeiro deles acordou para a vida. A língua da vaca lambia o gelo, e no primeiro dia deixou à mostra o cabelo de um homem; no segundo dia, a cabeça; por fim, no terceiro, a forma completa saiu do gelo para o frio. Esse homem era Búri, o ancestral dos deuses Aesir, a família divina. Logo apareceram mais e mais criaturas nesse lugar desolado. De alguma maneira, mais gigantes se aglutinaram a partir do suor sob as axilas de Ymir. Uma de suas pernas se acasalou com a outra e gerou um filho. Entre esses descendentes estavam Bölthorn e sua filha Bestla, os ancestrais dos gigantes.

É difícil saber como as pessoas da Era Viking compreendiam essas histórias, com suas estranhezas, contradições e aparentes absurdos. Será que sabiamente assentiam com a cabeça para concordar com os mistérios, diante da sabedoria ancestral transmitida aos privilegiados? Elas riam? Os mais velhos julgavam que eram verdades profundas e lendárias, ao passo que para os jovens não passavam de histórias? A única certeza é que, de uma forma ou de outra, as narrativas sobreviveram por séculos e chegaram até os nossos dias: alguém – na verdade muitas pessoas ao longo dos anos – deve tê-las considerado realmente muito importantes.

Búri, também misteriosamente, teve um filho – Burr. De sua união com a giganta Bestla nasceu o primeiro dos Aesir. Seus filhos eram Odin e seus dois irmãos, Vili e Ve, e foram eles que começaram a moldar os mundos, por meio de assassinato, cuidadosamente planejado.

Os três jovens deuses ficam de tocaia, aguardando Ymir. Armam uma emboscada e o matam a punhaladas, e literalmente o despedaçam. O sangue que jorra de Ymir cria uma torrente que vai subindo e subindo e afoga todos os gigantes, exceto dois, Bergelmir e sua esposa, que sobrevivem subindo em um tronco que os carrega como uma jangada. Ele e sua espécie, os gigantes do gelo, farão o seu próprio mundo; retornarão e se lembrarão do que Odin e seus irmãos fizeram.

Quando os rios de sangue começam a descer, os deuses arrastam o cadáver de Ymir para o centro de Ginnungagap. Da carne dilacerada do gigante, moldam a terra. Seu cabelo se transforma em árvores e as águas fluem de seu sangue – todos os rios e lagos vermelhos. Seus ossos empilhados são as rochas e montanhas; seus dentes, seus molares, são os rochedos e o cascalho. Acima de tudo está a cúpula do céu feita da abóbada do crânio de Ymir. Para suportar seu grande peso, os deuses colocaram quatro anões nos cantos da terra: seus nomes são Austri, Vestri, Nordri e Sudri – os pontos cardeais. Em seguida, jogam nacos do cérebro do gigante para os céus, formando as nuvens.

Em torno de tudo isso, os deuses colocaram uma grande cerca feita com as sobrancelhas e cílios de Ymir – uma fronteira defensiva para o mundo, uma poderosa barreira marítima contra o oceano de sangue circundante. Chamam a esta paliçada de Midgard, o nome pelo qual toda a terra será conhecida, o lugar do Freixo e do Olmo.

Esse componente final de Midgard, sua fronteira, exemplifica um conceito central na mentalidade viking que é encontrado em toda a sua mundividência. O sufixo *-garðr* significa literalmente espaço fechado, um lugar definido por um limite, uma borda ou divisa. Ainda hoje nas línguas escandinavas a palavra *gård* significa simplesmente "fazenda", e este é o seu sentido básico – um lugar estabelecido, um lugar *confinado, delimitado*, até mesmo um mundo inteiro; no mesmo sentido de recinto ou terreno cercado, é a raiz da palavra *yard*, que em inglês moderno quer dizer "pátio, terreiro, quintal, curral, viveiro, depósito". Essa ideia de estar intramuros, dentro de limites, em contraste com o que está além e, portanto, fora do controle, está no cerne dos conceitos de estabelecimento, povoamento e ordem da Era Viking. É um vislumbre de sua maneira de pensar.

Até então, Midgard ainda estava às escuras, mas os deuses trouxeram luzes, arrebatadas das brasas derretidas de Muspellsheim, e as colocaram ao redor do firmamento. No início, os corpos celestes ficaram confusos; nas palavras da *Profecia da Vidente* [*Vǫluspá*]:

> Sól [sol] não sabia
> onde era seu lar.
> Máni [lua] não sabia
> a força que tinha para lutar.
> As estrelas não sabiam
> onde estava seu lugar.

Então os deuses trouxeram ordem ao céu. O crânio de Ymir começou a brilhar enquanto a carruagem do dia cavalgava em sua abóbada, iluminada pelo sol; seu irmão Máni seguia os cavalos da noite para completar o ciclo (apenas de passagem, à guisa de mais uma informação esclarecedora sobre a mentalidade nórdica, vale a pena notar o sexo incomum dos corpos celestes, o sol feminino e a lua masculina). Para definir o ritmo do sol e da lua, mesmo agora, os dois são perseguidos por lobos, uma caçada infinita que só vai acabar no Ragnarök, a derradeira batalha que trará o fim dos dias e a queda de todas as coisas.

É então que Odin e seus irmãos caminham pela praia, onde a madeira flutuante está à espera. Onde nós estamos à espera.

À medida que Midgard e seu povo tomavam forma (como sempre, o período de tempo é tão ambíguo quanto todo o resto), os outros mundos ao redor deles vão surgindo, o grande freixo em seu meio. Até certo ponto, existem pelo menos localizações relativas. Acima estava *Ásgarðr*, ou Asgard – outro espaço delimitado –, literalmente o "lar dos Aesir", em outras palavras, o reino dos deuses. Era uma paisagem vasta e ondulante de campos e florestas, montanhas e lagos, essencialmente um espelho divino do mundo humano abaixo, no qual tudo foi devidamente dimensionado em tamanho e grandeza descomunais, como condiz com seus residentes.

Uma estrada, ou melhor, uma ponte, corria entre o reino dos deuses e a casa dos humanos: o arco-íris formando um arco entre os mundos. Seu nome era Bifröst, o "caminho cintilante" e que, de acordo com os poemas, ardia em chamas. Conhecida também como "ponte dos Aesir" e "caminho do poder", era também uma linha de defesa contra os gigantes. Abaixo dela, havia dois rios caudalosos, Körmt e Örmt, sempre em inundações torrenciais.

A água corrente também separava Midgard do reino ou jardim dos gigantes, Jötunheim (às vezes encontrado em uma forma plural, "mundos gigantes"), que ficava a leste. Em algum lugar nessa fronteira estava também *Járnviðr*, "floresta de ferro", onde mulheres *troll* gigantes deram à luz os lobos que, no final, engolirão os corpos celestes.

Ainda mais a leste ficava *Útgarðr*, Utgard, "o lugar externo" ou "terreno externo", um deserto literalmente além dos mundos dos humanos, deuses e gigantes, como seu nome indica. Nas histórias há poucos detalhes, mas Utgard parece ter sido um espaço turbulento, sombrio e informe, o lar de coisas em que não se podia confiar – *trolls*, monstros e poderes malignos. Não era um lugar aonde gostaríamos de ir. Nos textos, tanto o mundo dos gigantes quanto o mundo além dele se deslocam continuamente para o norte, à medida que as fontes medievais se afastam no tempo da Era Viking, talvez uma reorientação que reflete uma das localizações cristãs do inferno.

Os nórdicos também tinham um reino especial para os mortos, embora não haja nenhuma sugestão contemporânea de que fosse um lugar ruim ou um ambiente de punição. O nome desse mundo era Hel, desconcertantemente próximo de *hell* [inferno], seu negativo equivalente cristão em língua inglesa; a relação exata entre eles, se houver, é desconhecida, mas matizes cristãs podem ser vistos claramente em fontes posteriores. Alguns filólogos argumentaram que, em nórdico antigo, o nome original se relacionava, em vez disso, a algo subterrâneo, essencialmente uma metáfora para o túmulo, explicação que faz sentido. De acordo com Snorri, o caminho para Hel se dirige do alto para baixo e rumo ao norte. Era sem dúvida um reino inferior, estendendo-se por cerca de 38 quilômetros solo adentro, através de nove mundos de morte, com Niflhel, "Hel sombrio", o mundo escuro feito de névoa fria, no fundo. Era delimitado por uma grande cerca, Nágrind, ou "portão dos cadáveres", protegida por um terrível cão de guarda. Para chegar lá era necessário cruzar um rio de águas encrespadas de facas e espadas e colidir com blocos de gelo sobre a ponte Gjallabrú, colmada de ouro cintilante e guardada por uma giganta.

Conectando todos esses reinos, novamente, estava o grande freixo, Yggdrasill. Já se fizeram inúmeras tentativas de visualizar as relações espaciais dos mundos nórdicos, todas elas especulativas e algumas imersas, com descuidado abandono, na fantasia da Nova Era. Esses mundos tinham a forma de discos concêntricos, um dentro do outro, movendo-se para fora em duas dimensões, como ondulações da pedra atirada da Árvore do Mundo? Ou eram dispostos como uma pilha, uma prateleira vertical de camadas de reinos enfiados no tronco de Yggdrasill como um fuso? Talvez fossem empoleirados nos galhos individuais da árvore. De acordo com o poema *Os ditos de Grímnir*, a árvore tinha três raízes que cobriam respectivamente os mundos dos humanos, dos gigantes e dos mortos; a versão de Snorri é um pouco diferente: eles se estendem sobre os deuses, os gigantes e Niflheim.

Yggdrasill era uma árvore de folhas perenes, ao contrário de seus análogos terrestres, e se nutria de três fontes em suas raízes. Mais uma vez o material de pesquisa histórica diverge, mas parece claro que pelo menos duas delas surgiram de poços. Abaixo da raiz que levava ao reino dos gigantes do gelo estava o Poço de Mímir,[6*] guardado por um ser de mesmo nome. Suas águas continham toda a sabedoria e podiam ser tomadas no Gjallarhorn, o chifre de Heimdall, o guardião dos deuses. A

---

6 * O gigante Mímir, o sábio, é tio de Odin e guardião da fonte da sabedoria em Jötunheim. (N.T.)

raiz dos deuses subia aos céus (é o que diz Snorri, em consonância com a contraditória física do cosmo nórdico), mas abaixo dela estava o Poço de Urd, a "fonte do destino" onde se localizava também a assembleia dos Aesir. A terceira raiz descia para o mundo escuro, alimentando-se da fonte Hvergelmir, "o caldeirão borbulhante" em terna ebulição, em que todos os rios do mundo tiveram sua origem.

É evidente que parte da cosmologia nórdica se baseava na natureza física – afinal, quase todo mundo já viu Bifröst, a ponte arco-íris, em um momento ou outro da vida. Da mesma forma, as paisagens vulcânicas da Islândia, onde a maioria das fontes foi registrada em forma escrita, são um pano de fundo natural para a volátil mistura de fogo e gelo a partir da qual os mundos foram formados. A Árvore também pode ter uma manifestação na percepção cotidiana. Sabe-se relativamente pouco sobre o modo como os vikings entendiam o céu noturno, as estrelas e as constelações; exceto por algumas referências ambíguas em Snorri, que alguns estudiosos rejeitam ao passo que outros levam a sério, há poucas informações concretas. No entanto, um acadêmico islandês está convencido de que Yggdrasill pode ser lida como uma interpretação da Via Láctea – certamente uma ideia plausível, em especial quando alguém escapa da poluição luminosa noturna de nossas cidades e vê sua majestade erguendo-se nos píncaros, impossivelmente vasta, com seus braços enevoados estendendo-se por todo o céu feito galhos.

A forma dos mundos nórdicos pode ser vagamente percebida através de séculos de distância, a grande Árvore conectando-os de uma ponta à outra do vazio. Mas e quanto a seus habitantes?

Os vikings sofreram sobremaneira com os estereótipos, em um grau que só encontra paralelo na forma como seus deuses e outros seres sobrenaturais têm sido concebidos. Na imaginação popular, o mundo divino de Asgard tem um único e grande salão ou saguão: Valhalla (na verdade, uma corruptela ortográfica vitoriana de *Valhöll* ou *Valhoöll* [que em língua inglesa também se grafa Walhalla, Valhall e Walhall]), lar de Odin e hoje famoso mundialmente como o "paraíso viking", o destino para onde iam os que tiveram mortes honrosas em batalha desde o início dos tempos, e sinônimo nórdico da vida após a morte. No entanto, os mitos são claros no sentido de mostrar que o palácio de Valhalla era apenas uma de muitas dessas residências, já que cada um dos deuses principais vivia em sua própria morada. Cada uma dessas propriedades teria sido entendida como um salão principal circundado por cabanas, celeiros e estábulos para a família e os animais – reflexos do tamanho de deuses das casas-grandes senhoriais das elites de Midgard. Asgard estava mais para uma paisagem, um mundo por seus próprios méritos.

As origens literais dos deuses mais antigos, emergindo do gelo primordial, de forma alguma explicam todas as divindades nórdicas. Eles vieram de duas famílias, os Aesir – de quem Odin é o chefe – e os Vanir, que de alguma maneira bizarra parecem ser os mais velhos dos dois grupos, apesar do fato de não aparecerem no mito básico da criação. Os Vanir eram deuses da terra e suas riquezas, representando a relação de dependência entre os humanos e o solo numa sociedade agrícola. Os Aesir eram distintos, com uma estrutura familiar mais patriarcal e maior propensão para a violência (o que não equivale a dizer que os Vanir, embora menos belicosos, fossem inteiramente pacíficos). A *Profecia da Vidente* descreve como, a princípio, as duas famílias travaram um violento confronto em uma guerra cruenta, com batalhas que abalaram Asgard e foram resolvidas apenas após negociações complexas e a entrega de reféns.

Não está claro o que as duas famílias divinas realmente significam, ou mesmo se essa é uma questão relevante. Seriam os Vanir remanescentes das supostas religiões baseadas na terra remontando à Idade do Bronze e ao início da Idade do Ferro, muitos séculos antes? A guerra entre os deuses seria uma imagem amplificada das turbulências do mundo real dos humanos e (nos termos artificiais dos historiadores) uma metáfora da transição do século V para a "Idade do Ferro tardia"? Alguns estudiosos pensam que sim, mas está longe de haver consenso acerca do que os mais distantes escandinavos pré-históricos realmente acreditavam. Apesar de extraordinárias evidências arqueológicas acumuladas nos últimos dois séculos e analisadas em profundidade, não podemos ter certeza. O sol e o ciclo dos corpos celestes eram importantes, assim como os lugares liminares, como brejos e pântanos, uma sugestão de poderes ctônicos existentes abaixo. Tudo isso foi referenciado na cultura material, retratado na arte e homenageado por meio de oferendas aquáticas de ouro, metais caros, alimentos, animais – e humanos sacrificados. Parece ter havido uma preocupação clara com a propiciação, uma espécie de apólice de seguro sagrado e ações rituais para agradar as divindades e pedir sua mercê para a prosperidade agrícola, a fertilidade individual e, provavelmente, o sucesso na guerra. Os povos da Idade do Ferro não estavam sozinhos no que dizia respeito a essas preocupações, mas não é difícil encaixar os Vanir nesse cenário.

Nos contos e relatos, os Vanir se juntaram aos Aesir depois que se declarou uma trégua na guerra entre as duas famílias, e depois disso eles aparecem juntos em Asgard – uma imagem de uma sociedade refeita? As qualidades peculiares dos deuses mais velhos surgem, portanto, como habilidades e atributos específicos ao lado daqueles de seus novos primos, em vez de diferenças que separavam fundamentalmente as famílias.

O chefe dos Vanir é Njörd [ou Njord], uma fonte de sabedoria, a deidade que propiciava colheitas abundantes, pescaria farta e ventos favoráveis enfunando as velas. Como padroeiro dos agricultores e regente dos marinheiros, teria sido um deus de elevada posição na Idade do Bronze e no início da Idade do Ferro. Seu salão é Nóatún, o "recinto do navio". Desde o início, essa figura fundadora incorpora um dos principais aspectos dos Vanir segundo o que aparece nas fontes – um desconcertante e reprovável desvio sexual. Seus filhos são Freya [ou Freyja] e Freyr [ou Frey], e sua mãe era irmã do próprio Njörd. Por sua vez, havia rumores de que os dois irmãos, além de gêmeos, também eram amantes. Embora a carnalidade aberta fosse decerto uma característica dos Vanir, a noção de que era um atributo negativo pode muito bem ser uma intervenção cristã nas fontes. Freya, em especial, era exatamente o tipo de mulher de comportamento sexual independente que aterrorizava a Igreja.

Freyr aparece nos textos como um senhor da chuva e do sol, o deus dos campos de cultivo, que montava um javali dourado e era o senhor de um navio especial que poderia ser dobrado para caber no bolso. Por alguma razão, é frequentemente associado a gigantes e pode ser encontrado lutando contra eles e cortejando-os. Sua tentativa de seduzir a giganta Gerðr [ou Gerd], conduzida por procuração (por meio de recados de um criado), é feita com ameaças violentas e abusivas. Freyr é um ser bastante sensual, e uma descrição do século XI do que parece ser sua imagem em um templo o descreve como dotado de uma ereção gigantesca. Seu salão fica em Álfheim, "lar dos elfos".

Sua irmã, Freya, é rotineiramente imaginada como uma deusa da fertilidade, e às vezes até do amor, como se fosse uma espécie de Vênus viking. Esses clichês têm pouca semelhança com a forma como ela surge nos contos. Freya é, principalmente, uma personificação das mulheres e de todos os aspectos da vida feminina, de sua agência e potencial, incluindo o parto. Sobretudo, é um ser poderoso, uma das divindades mais extraordinárias. Sempre no controle, ela desafia as tentativas de deuses, anões, gigantes e outros de objetificá-la e coagi-la. Dirige uma carroça puxada por gatos. A sexualidade de Freya está no cerne de seu ser, e ela a usa para seu prazer e desfrute, às vezes com conotações afetuosas, mas também como manipulação e meio de violência. Embora casada com Ód, seu marido está praticamente ausente da mitologia, e Freya tem muitos amantes (de acordo com Loki, ela dormiu com todos os elfos de Asgard, bem como com todos os Aesir). Ela comprou o colar de Brísingamen ao se deitar com seus quatro ferreiros anões, um de cada vez, e era muito cortejada por gigantes. Seduzia reis, persuadindo-os a cometer um erro fatal; dividia seu afeto entre rivais, levando-os à destruição mútua; tirava proveito da luxúria dos outros para obter ganhos materiais. Alguns dos outros deuses, sobretudo Loki, tentam constrangê-la qualificando-a como vadia e acusando-a de promiscuidade; Freya ignora todas as ofensas. É claro que ela é dona de seu corpo e decide a quem prestar favores sexuais (o que provavelmente irritava os deuses) e também tem pouca consideração pelas opiniões alheias. É também uma divindade do campo de batalha e seus desdobramentos. Ao contrário da suposição geral de que todos os guerreiros vikings mortos em combate iam para Odin em Valhalla,[7*] apenas metade deles realmente encontrava um lar póstumo lá; os restantes viajavam para a casa de Freya, o palácio de Sessrúmnir, o "salão dos muitos assentos".

Problemas de atitude semelhantes (antigos e modernos) tendem a afligir as outras deusas, a quem conotações de "fertilidade" e "fecundidade"

---

7 * Se para Valhalla iam apenas os que tiveram mortes honrosas em batalha, para os domínios de Hel iam aqueles que morriam fora de batalha ou que, durante a vida, fizeram o mal. [N. T.]

também se tornaram tão frequentes a ponto de constituir uma espécie de *tópos* reflexivo. Assim, Iduna, a guardiã das maçãs especiais que garantiam a juventude eterna dos deuses, é vista como uma passiva deusa da "abundância", em vez de ser aquela que detém em seu poder a própria vida dos imortais. Iduna não era a única deusa com influência sobre a sorte e o destino. Frigga, cujo marido era Odin, atuava como gerente de Asgard e controlava os arranjos do mundo dos deuses; outros se curvavam à autoridade de Frigga, que era um atributo dela mesma, não uma permissão concedida por algum deus masculino. Sim, as deusas eram lindas, exata-

3. Um potentado no trono? Essa pequena cadeira de prata fundida com ocupante foi encontrada por um detector de metais em 2009 perto da antiga localidade real de Lejre, na Dinamarca. Datada de *c.* 900, seus detalhes de corvos, lobos e o fato de que a figura tem um olho só (confirmado por análise microscópica) sugerem que pode ser Odin em seu assento de poder e autoridade real, o trono Hlidskjálf. O fato de a figura estar vestindo o que convencionalmente seria interpretado como roupa feminina apenas aprofunda sua interessante ambiguidade. (Crédito: Ole Manning, © Museu de Roskilde, usada com gentil permissão.)

mente como diz o estereótipo, mas de uma forma que inspirava terror e desejo em igual medida.

Entre os Aesir, a principal figura é claramente Odin, ainda que nas fontes escritas a noção de que ele é de fato o senhor supremo de tudo, o "pai-de-todos", é algo que quase sempre permanece ambíguo. Odin tem mais de duzentos nomes: ele é Máscara, Terceiro, Falcão, Árvore da Vitória, Senhor dos Fantasmas, Estripador, Grito da Batalha, e muitos mais. Odin é um deus da guerra e um assassino, brandindo sua lança, Gungnir. É o protetor de reis, dos proscritos e rejeitados, mas também um mentiroso contumaz. Pode conceder a quem quiser os belos dons da poesia ou ludibriar qualquer um com a mais pérfida traição. Provavelmente dormirá com a esposa ou, possivelmente, com o marido de todo mundo – um ser de contradições e seduções, em quem é imprudente confiar. Mas a sabedoria é seu prêmio, sua fome (ele deu seu olho por ela), e há poucas coisas que Odin não fará para realmente *saber*. Em especial, conversa com os mortos por meio de feitiços e é capaz de fazer falar um cadáver enforcado. Odin é hábil em abrir uma pequena fresta nas costuras onde os mundos se unem, apenas o suficiente para passar, montando seu garanhão de oito pernas cujo nome, Sleipnir, significa "deslizante", e cujos dentes são gravados com runas. Odin é o mestre supremo da feitiçaria, e envia projeções de sua mente e memória na forma de corvos para vasculhar os mundos em busca de notícias. Odin tem vários palácios e residências, como convém a um rei: Valaskjálf, Gladsheimr e, é claro, Valhalla, o "salão dos mortos em batalha".

Os líderes dos Aesir eram em larga medida aparentados entre si, embora através da mais emaranhada das árvores genealógicas. Thor era filho de Odin com uma giganta, em um de seus muitos casos amorosos fora do casamento com Frigga. Thor era o mais forte dos deuses, o senhor dos ventos e do clima, o invocador das tempestades e do trovão. Um grande cinturão duplicava sua força já prodigiosa, e suas luvas de ferro lhe davam poder, em especial para manejar seu famoso martelo, Mjölnir. Amuletos no formato dessa arma foram encontrados em todo o mundo viking, e o deus do trovão era de fato venerado por humanos. Thor era o flagelo dos gigantes; há um poema que é simplesmente uma lista de suas muitas vítimas, e essas interações constituem a maior parte dos mitos. Sua morada é Bilskírnir, que Snorri chama de "o maior edifício jamais construído", com 540 quartos. Ele compartilha o palácio com sua esposa, Síf, cujos cabelos loiros e dourados eram a inveja de todos, e usados pelos poetas como uma metáfora para o ouro.

Baldr [Baldur ou Balder], o deus belo e radiante, é filho de Odin e Frigga, e reside em Breidablikk. Amado por todos, ele é, por causa disso, impenetrável a ferimentos. A inesperada morte de Baldr, arquitetada por Loki e executada involuntariamente por seu irmão cego Höd [ou Hodur],

4. Martelo dos deuses. A arma sagrada de Thor, o Mjölnir, parece ter sido adotada como símbolo de seu culto relativamente tarde na Era Viking, talvez em reação ao uso cristão da cruz. Encontrados como pingentes e em anéis de amuleto, esses itens estão entre os objetos mais comuns ligados à religião tradicional. Esse exemplar de Købelev, Lolland, Dinamarca, traz a útil inscrição rúnica "Isto é um martelo". (Crédito: John Lee, © Museu Nacional da Dinamarca, usada com gentil permissão.)

outro filho de Odin, desencadeia eventos que, com o tempo, levarão ao fim dos mundos. Höd, por sua vez, será morto por Váli, mais um filho do deus da guerra com outra deusa, Rindr – camadas dentro das camadas da matança em família.

E há Ull [também grafado Ullr ou Uller], o deus arqueiro, rastreador, caçador, esquiador e filho de Síf (embora não, ao que parece, com Thor). Ull praticamente não dá as caras em qualquer lugar nos mitos, e ainda assim parece ter sido um deus popular, encontrado em nomes de lugares sagrados na Escandinávia, em especial na Suécia. Seu culto parece ter sido bastante difundido um dia. Snorri diz: "É bom orar para ele em um combate individual". A morada de Ull ficava em Ýdalir, e ele usava um escudo como barco.

Heimdall, o soprador do chifre, reside em Himinbjörg, que se localiza no final da Bifröst, protegendo a ponte do arco-íris contra o inevitável momento em que os gigantes finalmente entrarão em guerra com Asgard. As histórias de Heimdall estão enterradas na obscuridade, mas ele era evidentemente muito velho quando os relatos um tanto contraditórios foram por fim escritos. Heimdall é filho de nove mães; tem dentes de ouro; é capaz de enxergar a 160 quilômetros de distância; pode ouvir a grama crescendo. Passará a eternidade como o vigia na muralha até que o galo Gullinkambi ("favo de ouro") cante para anunciar que o Ragnarök começou.

Týr, que segundo Snorri é mais um filho de Odin, mas outras fontes afirmam ser descendente de gigantes, é um dos deuses mais antigos, com raízes que remontam à pré-história germânica. Era conhecido por sua coragem e bravura, embora haja pouquíssimos detalhes a seu respeito, e seu culto era popular (a julgar, novamente, pelos topônimos). Como os outros grandes deuses, ele nos deu o nome de um dia da semana: a terça-feira, que em inglês é *tuesday*, derivado de *Týr's Day* (dia de Týr), que antecede os dias de seu pai Odin e o dia de Freyr.[8*] A semana terminava

---

8 * Depois do domingo (em inglês, *Sunday*, derivado de *Sun's Day*, o dia do sol) vinha a segunda-feira – *Monday*, derivado de *Moon's Day*, o dia da lua. A quarta-feira era *Wednesday*, *Woden's Day*, o dia de Odin – *Woden* é uma variação do inglês antigo para o nome de Odin. A quinta-feira é *Thursday*, derivação de *Thor's Day*, dia de Thor. A sexta-feira é *Friday*, derivado de *Frigg's Day*, dia de Frigga, a esposa de Odin e madrasta de Thor. [N. T.]

com um dia que em língua inglesa tem o nome de um deus romano, Saturno, mas nas línguas escandinavas ainda é *lördag*, derivado da palavra que em nórdico antigo designa uma fonte termal de águas quentes – em outras palavras, "noite de banho", um adorável vislumbre sobre os hábitos de higiene dos vikings.

E, finalmente, há Loki, um dos seres de presença mais constante nos contos mitológicos, mas também um tanto misterioso. A mãe de Loki é Laufey, e não se pode nem mesmo dizer se ele é de fato um deus. Alguns o veem como um semideus e trapaceiro, uma figura clássica com paralelos em muitas outras culturas, mas esse tipo de nomenclatura talvez não ajude a compreendê-lo a partir da perspectiva dos próprios vikings. Loki muda de forma, aparecendo com a aparência de um peixe, um pássaro ou um inseto, a seu bel-prazer. Com a giganta Angrboda, ele gerou monstros, incluindo o lobo Fenrir, a serpente de Midgard e a jovem Hel [ou Hela], que cuida do domínio dos mortos. Na forma de uma égua, deu à luz Sleipnir, o cavalo de Odin (um ato de perversidade verdadeiramente perturbadora na mentalidade nórdica). Nos muitos relatos e narrativas a seu respeito, Loki causa intermináveis danos para os deuses e cria problemas com os gigantes, quase sempre para resolver sozinho e de forma matreira a bagunça resultante. É agradável e belo de se contemplar, bem-humorado, astuto e malicioso, tudo ao mesmo tempo. Foi Loki quem cortou o cabelo original de Síf, e depois fez um acordo com os anões para forjarem suas novas madeixas mágicas que brilhavam como ouro e o sol, mas cresciam como cabelo normal; ele também teve um caso com ela, para a fúria de Thor. Por ter causado o assassinato de Baldr, Loki será finalmente preso nas entranhas de seu próprio filho, veneno escorrendo em seu rosto para sempre, até o Ragnarök, quando todas as correntes são quebradas. No final, Loki vai conduzir o navio das hordas de mortos contra os deuses.

As listas dos Aesir são longas. A deusa Sága reside em Sökkvabekk, "margem afundada", onde bebe todos os dias com Odin. Skadi, filha do gigante Thjazi, mas também citada como uma das deusas, a princípio é casada com Njörd e mais tarde amante de Odin e Loki – com saudades de casa no salão de Njörd à beira-mar, ela por fim retorna para suas amadas montanhas e sua residência em Thrymheim. Forseti, filho de Baldr, em seu salão de ouro e prata em Glitnir.

Muitos desses deuses tiveram filhos com gigantes ou suas esposas, e invariavelmente em tantas combinações que a estrutura familiar é bastante complexa. Existem também muitas outras divindades mencionadas apenas uma ou duas vezes – um nome e nada mais, em certas ocasiões um breve vislumbre do que devem ter sido, mas incompleto e difícil de ver. O barbudo Bragi, um deus da poesia, casado com a Iduna das maçãs. Fulla, a serva pessoal da deusa Frigga e guardiã de seus segredos. Vídar, filho de Odin e da giganta Grithr, e que vingará a morte de seu pai no Ragnarök. Eir, uma deusa da cura. Gefjon, em alguns contos uma deusa da virgindade; em outros, a amante de um dos filhos de Odin. Uma lista poética das *ásynjur*, as deusas, é a única fonte para algumas delas: Sjöfn, a incitadora da paixão; Lofn, a consoladora; Vár, deusa dos juramentos; Vör, uma personificação da consciência e sabedoria; Syn, que guarda as portas e cujo nome significa "recusa"; Snotra, a sábia; Gná, a mensageira, cujo corcel pode cavalgar através dos mares e dos céus.

Alguns desses deuses e deusas provavelmente eram lembranças na época dos vikings, talvez apenas nomes; teriam ressoado, certamente, mas como ecos distantes de antigas crenças do mundo da memória ancestral que os escandinavos sempre levaram em conta em camadas cada vez mais profundas de sabedoria e herança. Nunca se deve esquecer que os vikings também tiveram um passado; contavam suas histórias e não eram avessos ao mistério.

A grande variedade de muitos contos e histórias traz à baila uma questão importante. Além das personalidades e qualidades individuais dos deuses, de suas aventuras que constituem muitos dos mitos, está a questão mais básica do que eles realmente *fazem*. Fora do âmbito das grandes religiões monoteístas, de alguma forma nos acostumamos com divindades que são deuses de algo, personificações individuais do clima, da colheita, da caça e assim por diante. Isso não é válido no caso dos Aesir e dos Vanir, uma vez que muitos deles incorporavam várias coisas ao mesmo tempo, muitas vezes sobrepondo-se uns aos outros em seus interesses e atividades (exatamente como nós, verdade seja dita). É óbvio que havia deuses da guerra, por exemplo, mas cada um se relacionava com as batalhas de uma maneira que se ajustava à sua personalidade. Nesse contexto, Thor era a força bruta, a luta propriamente dita; Odin era planejamento, comando, sorte e agressão frenética; Freya era a malícia, a crueldade calculista necessária para prevalecer contra tudo e todos; e também havia outros, mais personalistas em suas lealdades e preferências.

É claro que os deuses nórdicos não eram necessariamente admiráveis sob a óptica moderna, e talvez os próprios vikings também pensassem assim. Ainda que os Aesir e os Vanir pudessem dar seu apoio aos planos e indivíduos humanos, isso acontecia sobretudo por capricho ou impulso, quase por diversão. Eles também podiam ser rudes, estúpidos, assustadoramente preconceituosos aos nossos olhos, violentos e cruéis – em essência, os deuses como uma família briguenta, em grande medida indiferente aos humanos, exceto como objetos de interesse temporário. Aqui há um paralelo a ser encontrado entre os residentes de Asgard e os panteões mais antigos das culturas mediterrâneas clássicas, as desavenças familiares das divindades gregas do monte Olimpo e seus descendentes romanos, e isso suscita uma questão mais ampla que exige exame minucioso: é possível rastrear uma conexão genuína entre as crenças dos vikings e as da Antiguidade clássica?

Por certo existem muitos pontos de semelhança, não apenas nas famílias divinas, mas também em detalhes da própria mitologia. Na cosmogonia grega, conforme relatado por Hesíodo por volta de 700 AEC, os mundos começaram no *caos* (como um termo original e específico) que tinha o sentido de um vazio primordial de caráter informe, ilimitado e indefinido – tal qual o Ginnungagap. Mesmo a continuação da história da criação é similar, pelo menos em parte, com deuses gerados espontaneamente ou nascidos de cópulas improváveis, e um cosmo criado a partir de assassinatos e sangrentos esquartejamentos. Há outros elementos em comum, como Garm, o grande cão que guarda as portas de Hel, equivalente a Cérbero, o cão tricéfalo guardião dos infernos subterrâneos gregos habitados pelos mortos, e há outros mais a serem encontrados.

Alguns estudiosos veem os deuses nórdicos como sombras posteriores de precursores ancestrais, argumento aventado em especial no caso de Odin. Outros localizam a linhagem de Asgard em um passado ainda mais remoto e alegam, de forma controversa, que remonta às religiões vagamente perceptíveis dos indo-europeus, que em tese se originaram nas estepes asiáticas ou na Anatólia milhares de anos antes da época dos vikings.

É possível fazer comparações razoáveis, que também começam a construir uma ponte entre os imensos intervalos de tempo envolvidos. Por exemplo, alguns rituais registrados para o período védico da Índia da Idade do Bronze (c. 1500-500 AEC) são extraordinariamente próximos de algumas práticas nórdicas. Em última análise, porém, o abismo cronológico e geográfico é vasto e as ligações são, na melhor das hipóteses, hipotéticas.

Em algum nível há, sem dúvida, uma teia de herança cultural, de forma alguma confinada à religião, que vincula as pré-histórias de muitos povos do Norte, e isso pode muito bem se estender para além da própria Europa. Entretanto, quando examinamos com mais profundidade momentos e lugares específicos, surgem qualidades singulares – e isso não é surpreendente. Apesar das semelhanças individuais, há muitos outros aspectos nos quais o mundo espiritual da Escandinávia da Era Viking diferia acentuadamente do que existira antes (mesmo os paralelos clássicos são apenas casos isolados). Quando analisados juntos em toda a sua maravilhosa complexidade, os produtos da mente nórdica formam uma categoria própria, e é dessa forma que devemos abordá-los.

Para citar apenas um exemplo do reino dos deuses, parece bem pouco apropriado falar de um "panteão" nórdico, pelo menos no sentido clássico do termo. Com exceção do poema *A discórdia de Loki* e um punhado de outras histórias, como a morte de Baldr e alguns elementos da *Profecia da Vidente*, as divindades nórdicas raramente parecem se encontrar ou interagir umas com as outras nos contos míticos. O mundo de Asgard oferece a impressão de ter sido tão cosmopolita quanto seu espelho humano localizado abaixo, e sua população crescia ao longo do tempo com a incorporação de recém-chegados de todas as partes – uma reprodução marcadamente fiel de Midgard, na verdade.

Há uma outra dimensão intrigante da vida dos deuses. Estranhamente, Asgard continha também templos, edifícios de culto onde *os próprios deuses faziam oferendas* – mas para que, ou, para quem? A mitologia dos vikings está entre as poucas culturas do mundo nas quais as divindades também praticavam a religião. Isso sugere algo atrás e além deles, mais antigo e opaco, e não necessariamente "indo-europeu". Não há nenhuma indicação de que o povo da Era Viking sabia do que se tratava, assim como nós não sabemos.

A ideia de um poder relacionado aos deuses também se conecta aos seus próprios outros, os gigantes. Eles estão presentes na cosmogonia desde o início – na verdade, antes do aparecimento do primeiro deus. São seres primais e recorrentes, em muitas histórias de aventuras divinas, como inimigos de Asgard. Como vingança pela morte de Ymir, o crime no âmago do mundo viking, o ódio que os gigantes sentem pelos Aesir se estenderá até o próprio Ragnarök, quando seus exércitos de gelo e fogo invadirão a morada dos deuses. Já houve inúmeras tentativas de entender o que os gigantes "significam". Diferentemente dos deuses, eles não parecem ter afetado minimamente o mundo humano de Midgard, mas fazem parte dos estratos mais profundos e mais antigos dos contos míticos. São espíritos do vasto ermo, os adversários definitivos? Representam os sámi, associados aos deuses nórdicos, mas nitidamente diferentes? As intermináveis cópulas de gigantes e deuses Aesir são de alguma forma simbólicas de casamentos rituais reais, unindo os grupos constituintes de um reino? Simplesmente não sabemos, mas os gigantes são inseparáveis da arena mais ampla dos grandes poderes.

Acima de tudo, um conceito era central para o relacionamento dos deuses com o mundo humano e se entrecruzava com a vida dos outros habitantes sobrenaturais desse mundo: a ideia de destino. A predeterminação do futuro regia os seres de todos os tipos – mortais e divinos, vivos e mortos; estava no cerne da mentalidade nórdica. Para os escandinavos da Era Viking, o destino não era a representação da ausência de escolha, mas sim a manifestação de uma verdade preexistente. O livre-arbítrio existia, mas exercê-lo inevitavelmente levava o indivíduo a se tornar a pessoa que, na verdade, ela sempre foi.

O destino era incorporado em muitas formas, mas nenhuma mais clara do que as Nornas, seres femininos sobrenaturais de imenso poder, responsáveis pelo desenrolar do destino individual. Como sempre, as fontes são confusas e ambíguas, combinando versos éddicos e poemas escáldicos com a prosa de Snorri. As mencionadas com mais frequência são as três mulheres – Urd, Verdandi e Skuld –, cujos nomes provavelmente têm conotações de passado, presente e futuro (ou talvez apenas diferentes perspectivas sobre *o ser*). "Urd", pelo menos, tem claras conotações de "destino", e as três Nornas viviam em um salão perto do poço de Urd na raiz da Árvore do Mundo que se conectava com Asgard. Todos os dias elas pegavam argila úmida da beira da água, com a qual lambuzavam o tronco e os galhos a fim de manter Yggdrasill fresca e saudável. Em algumas descrições poéticas, são gigantas; em outras, meninas; sua idade relativa é incerta, mas não se deve confiar muito no clichê de "donzela, mulher, velha" que muitas vezes se atribui a elas. Nos versos escáldicos, as Nornas aparecem como metáforas do julgamento, advogadas da vida trazendo uma espécie de definitiva arbitragem do destino.

As Nornas punham em prática seu poder nas sombras, invisíveis, embora às vezes aparecessem em sonhos. Em suas unhas estava gravada uma runa, os símbolos dos segredos. As Nornas muitas vezes são retratadas tecendo o destino dos seres em um tear, outro motivo comum a várias tradições mitológicas. Num tear vertical, a urdidura de um tecido tem sempre um padrão inerente desde o início e determinado pelo enfiamento dos fios nos liços. Isso é feito por decisão da tecelã, mas não pode ser totalmente percebido até que o tecido se aproxime do estado final. É uma elegante metáfora para o esboço essencial de uma vida, revelado através da experiência humana, terminando apenas quando o último fio é cortado.

Alguns poemas da *Edda* se referem a muitas outras Nornas ligadas a tipos de seres além dos humanos – incluindo elfos, anões e até deuses. Vez por outra há referências a Nornas "boas" e "más", responsáveis por diferentes reviravoltas do destino, embora não se saiba ao certo se isso deve ser interpretado ao pé da letra. Snorri diz que as Nornas dos Aesir visitam cada criança humana que acabara de nascer, moldando o curso de seus dias vindouros. Pode ser que essa multiplicidade de Nornas seja a mais verdadeira imagem nórdica, e que a ideia de uma trindade primária seja influenciada por modelos clássicos, talvez filtrados por escritores cristãos.

Ao lado das principais celebridades do "panteão" nórdico, os outros seres sobrenaturais mais conhecidos hoje em dia são as valquírias. Elas também eram agentes do destino, mas como seu nome – "as que escolhem os mortos" – sugere, sua província era a guerra. As valquírias são excepcionalmente bem documentadas em fontes escritas, tanto em prosa como em verso, do final do século IX até o século XIII e além. Imagens que supostamente as representam são encontradas com frequência na iconografia da Era Viking, e não há dúvida de que eram uma parte genuína do sistema de crenças. Como os próprios vikings, as valquírias também foram obscurecidas por séculos de apropriação e estereótipos.

Na literatura, as valquírias são servas e mensageiras de Odin, responsáveis por selecionar e recolher as almas dos mortos que perderam a vida bravamente em batalha. À primeira vista poderia não parecer algo positivo, mas, na verdade, era um elogio para aqueles que as valquírias escolhiam, pois significava que eles se juntariam ao deus da guerra em Valhalla. Enquanto os mortos se preparavam para o Ragnarök, as valquírias, no papel de anfitriãs do salão, lhes serviam hidromel, e talvez oferecessem conforto mais pessoal. As valquírias são descritas como divindades guerreiras armadas com lança, espada e escudo, vestindo cota de malha e às vezes usando elmo. Cavalgam pelo céu; quando vemos orvalho na grama, é o suor que caiu dos flancos dos corcéis das valquírias. Algumas vezes essas mulheres guerreiras vestem peles e asas de cisne, o que lhes permite voar. Nos poemas da *Edda*, as valquírias podem eleger um herói humano individual, protegendo-o em combate e muitas vezes se apaixonando – mas é nesse ponto (se não antes) que começam a se fundir com o que se tornaria sua lenda.

Hoje uma pesquisa de imagens na internet revela uma versão das "valquírias" infinitamente reciclada através do olhar masculino, e elas geralmente são descritas como mulheres jovens e voluptuosas com grandes espadas e roupas exíguas. Esse triste cenário tem pouca semelhança com os demônios de carnificina da mitologia nórdica, mas ecoam vagamente o que a mente cristã medieval parece ter encontrado nas valquírias. Os homens do clero, em particular, tinham suas próprias fantasias e criaram a imagem delas como heroínas apaixonadas. Remodeladas como mulheres belas, armadas e protegidas por armaduras, eram uma empolgante subversão tanto das realidades medievais quanto do ideal cavalheiresco. Nos poemas heroicos em nórdico antigo, superam obstáculos para resgatar ou pelo menos prantear seus namorados humanos, até mesmo abraçando o cadáver revivido do amado no túmulo. O posterior *frisson* do horror gótico parece não estar muito distante, atraindo especialmente os vitorianos, e essas Brünnhildes [Brunhildes ou Brunhildas] viviam uma longa vida após a morte para povoar *O anel do Nibelungo* de Wagner e

5. Uma mulher guerreira. Essa estatueta em prata dourada datada do século X, de Hårby, Dinamarca, é a primeira imagem tridimensional conhecida de uma mulher armada no mundo viking. O modelo não está claro – se é uma valquíria, uma deusa da guerra, uma guerreira humana ou algum outro ser marcial –, mas sua espada e escudo são inequívocos, com o característico penteado com tranças e coques que parece ter sido o principal marcador feminino na arte Viking. (Crédito: John Lee, © Museu Nacional da Dinamarca, usada com gentil permissão.)

seus análogos. No entanto, essa versão delas tem pouco lugar na consciência da Era Viking ou de séculos anteriores, quando as valquírias originalmente surgiram.

Essas valquírias "primais" não visitavam o campo de batalha, mergulhando em um voo rasante para arrebatar os heróis escolhidos; em vez disso, eram entidades que se manifestavam diante dos guerreiros no calor do combate e personificavam as duras realidades das pelejas. De fato, parecem ter representado literalmente os aspectos da luta, o que é revelado por seus nomes. Temos conhecimento sobre cerca de 52 valquírias individuais, e há muitas outras, agrupadas de forma anônima em coletivos. É extraordinária, e reveladora, a quantidade de diferentes termos para "batalha" e "guerra" que podem ser encontrados nos nomes das valquírias. Fica evidente que muitos incorporavam a própria condição do combate, frequentemente por meio da metáfora de uma violenta tempestade. A sensação de caos circundante é amplificada pela significativa porção de valquírias cujos nomes se referem a ruído, ao estrondo avassalador e aos gritos do pandemônio de um campo de batalha da Era Viking. Assim, encontramos Göndul, a "portadora dos grilhões da guerra", que causava uma hesitação paralisante que poderia ser fatal; talvez seja o mesmo significado do nome de Hlökk, a "corrente", ou névoa, ou "a bruma". Ao lado delas vinham Hjalmthrimul, "o estrépito do elmo"; Hjörthrimul, "o ruído da espada"; e Hjlód, "a uivante". Há Randgnithr, a "raspadora do escudo", e atrás dela, Skalmjöld, "o tempo"; Sváva, "a assassina"; e Tanngnithr, "a que faz rilhar os dentes". Outros nomes das valquírias giram em torno de armas em combinação com diferentes elementos – Geirahöd, "lança de batalha"; Geirdríful, "a que arremessa a lança"; Geirskögul, "a que chacoalha a lança"; e assim por diante. Os nomes de suas muitas irmãs incluem "tecedora de batalha", "desordem", "cheiro da batalha", "espuma da vitória"; "vibração", "instável", "andarilha", "branco de cisne", "destruidora de escudos", "ajudante", "armadura", "devastação" e "silêncio". A lista continua.

Há muito a aprender aqui sobre as realidades das guerras medievais primitivas, e também sobre os espíritos de batalha que, na crença dos vikings, regiam sua sorte nos combates. As valquírias eram de fato servas de Odin, mas no sentido que convém aos servos cruéis de um deus da guerra. Há apenas evidências mínimas para sugerir que eram fisicamente atraentes, mas muitos para indicar que eram aterrorizantes. Talvez ecoando a governança de Odin da mente militar, até mesmo a visão das valquírias podia ser hipnótica e fatal – como diz a *Völsunga Saga* [Saga dos Völsungos], referindo-se ao seu papel como donzelas de escudo ou donzelas guerreiras, "olhar para elas era como fitar as chamas".

Como agentes do destino, as valquírias também têm ligações óbvias com as Nornas, e Snorri chega a dizer que a Norna "mais jovem", Skuld, cavalga com as valquírias para escolher os mortos. Em um estranho poema de batalha intitulado "A trama de lanças", datado do século X ou XI, uma trupe de doze valquírias desmonta de seus cavalos para entrar em uma cabana. Quando o observador espreita lá dentro, as vê trabalhando em um imenso tear feito de partes de um corpo humano, tecendo um pano de entranhas tingidas de sangue, e usando armas como ferramentas. As mulheres entoam versos que deixam claro que estavam, de fato, tecendo o resultado de uma batalha distante, e que os movimentos de seus instrumentos imitam (e colocam em prática) os arremessos de dardos e projéteis no campo de batalha. Nesse caso, as valquírias e as Nornas estão em efetiva combinação. Quando o pano fica pronto, elas o rasgam em pedaços, montam em seus cavalos e vão embora levando os restos.

As valquírias eram a essência da violência, perturbadora e terrível.

Nem todos os habitantes sombrios e não humanos do mundo nórdico eram tão perigosos. Muitos eram extensões da beleza natural que circundava os escandinavos diariamente.

Além de suas vibrantes paisagens urbanas, aos olhos dos forasteiros os países nórdicos ainda hoje são uma região de paz irrestrita, uma vasta tela de florestas, montanhas e canais que é aparentemente um dos últimos lugares na Europa a propiciar a verdadeira solidão da natureza selvagem. Para alguém que vivia na Era Viking, essa visão seria incompreensível. Qualquer pessoa que se movesse pelas paisagens de árvores e pedras, neve e gelo, vento e água, teria a compreensão de que se encontrava em meio a uma vida abundante – não apenas de animais e insetos, mas de muito mais – aquela outra população de seres com quem os humanos compartilhavam seu mundo.

É difícil encontrar um substantivo coletivo para eles, e até mesmo termos individuais podem ser difíceis em línguas modernas. Pode-se falar de "elfos" e "anões", por exemplo, mas seria falso afirmar que tais seres podem ser de fato compreendidos agora sem que se pense em suas versões posteriores presentes em Tolkien e outras fantasias. Ao mesmo tempo, os personagens dos jogos e filmes de hoje são muito diferentes dos *álfar* e *dvergar* que os vikings conheciam. As criaturas desse tipo são importantes não apenas por seu interesse intrínseco, mas porque desempenhavam um papel muito maior na vida cotidiana das pessoas do que os poderes superiores dos deuses e seus servos. No sueco moderno, são chamados de *väsen*, termo geral que não tem tradução fácil e imediata, mas abrange toda a variedade de "seres sobrenaturais", embora aqui mais uma vez haja problemas, uma vez que sua essência era *inteiramente* "natural"; o nórdico não faria uma distinção como fazemos a esse respeito.

Meu termo predileto para descrevê-los vem da Islândia moderna (embora com precedentes mais antigos), onde são conhecidos como os *huldufólk*, o "povo oculto", vocábulo vago do ponto de vista prático, mas que sintetiza a distinção correta por enfatizar o fato de que o que os separa de nós é principalmente sua discrição. Na Islândia atual, a crença no povo oculto ainda sobrevive (embora em um grau muito menor do que os guias e panfletos turísticos gostariam de nos fazer pensar) como parte de um respeito mais profundo e generalizado pela espiritualidade corrente do passado em relação a uma paisagem que está longe de ser inerte.

Os *álfar*, ou elfos, eram provavelmente os seres da natureza de presença mais constante na vida nórdica, e com frequência estavam em contato direto com os humanos. Podiam ser influentes na prosperidade de uma fazenda, já que eram capazes de causar danos ao gado ou prejudicar as plantações, se assim o desejassem, e cair em suas boas graças era o mais recomendável. O mais provável é que a pessoa "média" da Era Viking raramente sentisse a presença dos deuses, mas colocar manteiga para os elfos que viviam na rocha atrás da casa fazia parte da rotina em uma fazenda. Os *álfar* podiam curar os enfermos ou fazer as pessoas adoecerem. Podiam trazer sorte ou infortúnio. Várias sagas contam cerimônias de oferendas para os elfos – sacrifícios *álfablót* realizados em salões em intervalos regulares –, portanto podem ter feito parte do calendário de rituais, de forma semelhante aos dias sagrados das religiões mundiais de hoje.

Os anões eram distintos dos elfos, embora Snorri os chame de *svartálfar*, ou "elfos negros", e pareça pensar que de alguma forma tinham algum grau de parentesco. Nas poucas imagens confiáveis que existem deles, por exemplo em esculturas que retratam cenas familiares da lenda de Sigurd, os anões parecem ter a mesma aparência que os humanos. Não há o menor indício de que eram especialmente pequenos, o que foi um adendo medieval. Viviam principalmente no subsolo e eram criaturas das montanhas, pedras e penedos. Nos mitos, aparecem como hábeis artesãos, joalheiros e mineiros, mestres da transformação mística de minérios, minerais e cristais em belos objetos. Não há registros de rituais realizados para eles, e parecem ter sido uma presença de modo geral amigável no mundo humano. Eram muito reservados.

Alguns seres de outro mundo eram mais pessoais em suas interações com os humanos. Entre estes, os mais importantes eram as *dísir*, ambígua mistura de deusa e espírito que pareciam representar a herança ancestral das famílias – talvez as almas de suas matriarcas mortas. Essas mulheres sobrenaturais costumavam ser invisíveis, mas apareciam em sonhos e também podiam ser percebidas por quem possuísse o dom. De vez em quando assumiam aspectos marciais, com traços das valquírias, ou representavam "visões" da perspectiva da vitória antes das batalhas. Em outras ocasiões eram fiadoras da fertilidade, principalmente da colheita. Como espíritos tutelares, as *dísir* agiam individualmente ou em grupos, e podiam aparecer como cavaleiras envergando manto e capuz. Nos sonhos, a cor de suas roupas, preta ou branca, pressagiava o bem ou o mal. Essas variantes eram conhecidas como *spádísir*, "*dísir* da profecia". Há uma sugestão de que esses seres também tinham uma ligação especial com Odin. A própria palavra "*dís*" era sinônimo de deusa e de mulheres em geral; ocasionalmente aparece como parte de nomes pessoais femininos.

Realizavam-se sacrifícios em homenagem às *dísir*, e existiam até mesmo menções de edifícios especiais para esse fim – os *dísasalir*, "salões das *dísir*". Em Uppsala havia um mercado e uma assembleia anual das *dísir*, o Disting, em que as oferendas eram feitas "pela paz e prosperidade". De forma bastante maravilhosa, essa tradição tem uma história contínua e é mantida ainda hoje, todos os anos no início de fevereiro, porém incorporada ao calendário cristão na Candelária, a Festa das Candeias.

A maior parte da população invisível é mais difícil de categorizar, e talvez seja melhor nem tentar. Os nórdicos os chamavam de *vaettir*, "espíritos" ou "gênios", e aparentemente o significado do termo era tão vago quanto agora. Havia espíritos da terra, da água, do mar e do ar. Os da terra eram especialmente poderosos, agindo como guardiães da localidade e talvez também como administradores de seus recursos. Também lemos sobre os *dísir* da terra que viviam nas rochas. Um código legal registrado no *Landnámabók* – "O livro da colonização" ou "O livro dos assentamentos" – da Islândia medieval mostra como os navios que se aproximavam da costa tinham que remover suas figuras de proa para não assustar os espíritos. Essas restrições legais tendiam a não ser frívolas, então isso devia ser levado a sério.

Em seguida, havia os seres mais perigosos do ermo, os *trolls* e *thurs*, palavra difícil de traduzir, mas que significa algo como "ogro". Assim como os anões, viviam em pedras e nos subterrâneos, mas em lugares mais remotos, e de maneira geral eram ameaçadores. Raramente são descritos em detalhes, e com frequência parecem representar perigos abstratos, uma sugestão do que poderia acontecer aos incautos. Na Idade Média, os *trolls* tornaram-se monstros indefinidos em histórias para assustar as crianças na hora de dormir, mas na Era Viking eram bastante "reais". As sagas e poemas usam o sufixo -*troll* como parte de palavras compostas que implicam maldade e perversidade sobrenatural em geral, às vezes com uma sugestão de magia negra. Os *trolls* eram seres de Utgard, o reino selvagem além das fronteiras. De modo quase exclusivo em meio à população invisível, é possível que uma representação dos *trolls* remanescente da Idade do Ferro tenha sobrevivido na ilha báltica de Bornholm, na forma de monstrinhos grotescos feitos de ouro gravado – toscas criaturas cheias de protuberâncias, com rostos no peito, orelhas pontudas e braços grandes. Hoje sobrevivem como arte turística, bobagens cativantes para chamar a atenção dos estrangeiros, símbolos dos países nórdicos para consumo externo, muito distante de suas origens como os flagelos da natureza.

Na forma como é compreendida e comunicada hoje, a Era Viking é uma experiência intensamente visual: a intrincada arte entrelaçada, as linhas elegantes e predatórias dos navios, as paisagens dos sepultamentos e celebrações – e, é claro, as próprias pessoas, vistas ao longo de vários séculos de mediação em pinturas românticas, xilogravuras e reconstruções em páginas e telas. Em última análise, derivando dos relatos das culturas letradas com as quais os escandinavos travaram contato em seus ataques e viagens, especialmente os ingleses, francos e árabes, essa é a imagem de "alteridade" que moldou de forma esmagadora a percepção popular dos vikings em nosso próprio tempo.

No entanto, mundos muito diferentes estavam sendo construídos dentro da mente nórdica. Aqui está outra distinção entre aparência e realidade, entre a superfície e o que ela esconde. Das problemáticas fontes escritas medievais e ocasionais menções nos *Eddas* e da poesia escáldica emerge um dos aspectos mais singulares dos vikings: a divisão quádrupla do ser e uma noção extremamente complexa do que pode ser, de forma vaga, chamado de alma.

Se você encontrasse na rua um escandinavo da Era Viking, veria seu *hamr* – o "invólucro", a "forma" dele ou dela – essencialmente o que para nós é o corpo. Concebido como um receptáculo ou recipiente para outros aspectos da pessoa, o *hamr* era a manifestação física de alguém, mas que, de forma decisiva, *poderia se alterar*. É daí que vem o conceito de mudança de forma, no sentido de que se acreditava que as estruturas reais do corpo eram fluidas e cambiáveis. Mas isso não se aplicava a todos os seres, apenas aos dotados (ou, talvez, os amaldiçoados). A maioria das pessoas mantinha a mesma aparência, mas algumas, em circunstâncias especiais – em certas noites, quando ficavam estressadas ou amedrontadas, com raiva ou em momentos de extremo relaxamento –, podiam se metamorfosear em outra coisa.

Para homens com essas habilidades, a forma alternativa era na maioria das vezes um grande predador, a exemplo de um urso ou lobo (um dos vikings mais famosos de todos os tempos, o poeta-guerreiro Egil Skalla-Grímsson, tinha um avô chamado Kveldulf, "lobo do anoitecer", com tudo que isso implicava). As mulheres parecem ter tido uma afinidade especial com criaturas aquáticas, especialmente focas, como constatamos em histórias sobre peixes bodiões e lendas sobre as *selkies* (mulheres-foca), que têm paralelos em muitas culturas do Norte. Algumas mulheres podiam se transformar em pássaros. Qualquer que fosse a forma desses metamorfos, seus olhos sempre permaneciam humanos.

Esses indivíduos transpunham as fronteiras entre pessoas e animais. Não sabemos qual era a percepção exata que seus contemporâneos tinham a respeito deles, mas em nossos termos, talvez tenham formado um tipo especial de gênero. Nosso próprio espectro em expansão inclui de bom grado muitas variações do eu ou da individualidade, mas todas são limitadas pelo humano; pode ser que os vikings tenham ido além, rumo ao que agora é chamado de pós-humanismo (mas chegaram lá primeiro). No entanto, é possível, embora seja estranho para a mentalidade moderna, que essas habilidades fossem tratadas mais como uma espécie de aptidão do que qualquer outra coisa. Algumas pessoas eram boas em carpintaria, outras tinham uma bela voz para cantar, e um vizinho era capaz de se transformar em urso quando se irritava.

Dentro da "forma" de uma pessoa estava a segunda parte de seu ser, o *hugr*, da qual nenhuma tradução moderna realmente dá conta. Combinando elementos de personalidade, temperamento, caráter e em especial a mente, o *hugr* equivalia àquilo que *alguém* realmente era, a absoluta essência da pessoa, livre de todos os artifícios ou influências superficiais. É a coisa mais próxima que os vikings tinham para descrever a alma independente encontrada em religiões posteriores, pois podia deixar o corpo físico para trás. As crenças vikings acerca da vida após a morte, que certamente existiam em complexa variedade, serão analisadas no devido tempo, mas é menos claro qual parte de uma pessoa "mudava" após a morte. Até onde sabemos, provavelmente era o *hugr*.

De maneira decisiva, algumas pessoas com dons diferentes e igualmente inquietantes eram capazes de *ver* esses aspectos dos outros. No fragmento poético conhecido como o *Ljóðatal*, a "Lista de feitiços", Odin se gaba de sua habilidade mágica com uma série de encantos individuais, e, em um deles, vemos a verdadeira perniciosidade de seu poder:

Conheço um décimo [feitiço]:
Se vejo feiticeiras
tramando pelo ar,
posso urdir
que se percam, se extraviem
da casa de suas formas [*heimhama*]
da casa de sua mente [*heimhuga*].

O feitiço é dirigido contra os espíritos independentes das bruxas, que, a serviço das andanças de suas donas, são enviados para fora do corpo.

Arrancando a alma do corpo, o encantamento de Odin é terrível, já que a ruptura leva as almas a se dissipar para sempre.

Na mente viking, em algum lugar dentro de cada um de nós também existe um *hamingja*, um ser notável que é a personificação da sorte de uma pessoa, a materialização da boa fortuna ou de um espírito guardião. Trata-se de um atributo muito importante para o povo do Norte no final da Idade do Ferro, já que o caminho que todos trilhavam na vida era determinado pelo destino, mas percorrido numa maré de boa sorte. Uma mulher ou homem que tivesse sorte, e que seus contemporâneos considerassem sortudo ou sortuda como resultado de seu sucesso, era uma pessoa afortunada – e realmente respeitada. Não é por acaso que Leif Eiríksson, supostamente o primeiro europeu a desembarcar na América do Norte, também era conhecido como *hinn heppni*, "o sortudo". Curiosamente, os *hamingjur* (em sua forma plural) podiam deixar o corpo e andar por aí, quase sempre invisíveis, exceto para aqueles com o tipo certo de visão. Existem relatos em sagas de homens que bateram em retirada de uma batalha iminente porque seus oponentes claramente vinham acompanhados de muitos espíritos da sorte, e ninguém em sã consciência desafiaria tamanha desvantagem. É curioso notar que um *hamingja* também tinha vontade independente e, em situações extremas, até poderia optar por abandonar sua pessoa. Na verdade, as expressões segundo as quais alguém está "sem sorte" ou sua sorte "se esgotou" ou "sua sorte fugiu" tomam por base um provérbio nórdico – exceto pelo fato de que os vikings queriam se referir literalmente a isso.

A última parte da alma quádrupla era algo totalmente diferente: uma entidade separada que de alguma forma morava dentro de cada ser humano, inseparável dele, mas também distinta. O *fylgja* era um espírito feminino – sempre feminino, mesmo para um homem – e acompanhava uma pessoa a todos os lugares ao longo da vida. Que maravilhosa subversão do estereótipo machista o fato de que cada homem viking era habitado por uma mulher-espírito literalmente dentro de si.

A palavra *fylgja* significa "seguidor", embora às vezes seja traduzida como "buscar" e equiparada a seres semelhantes das culturas vizinhas. O *fylgja* era um guardião – um protetor –, mas também a personificação da ligação com os ancestrais do indivíduo (em alguns textos, são uma forte reminiscência das *dísir*, e às vezes os dois seres parecem ser o mesmo). Quando a pessoa morria, o *fylgja* se perpetuava, continuava na mesma linhagem (no entanto, não se sabe exatamente como – o *fylgja* esperava pelo próximo descendente a nascer ou uma pessoa poderia herdar um muito depois do nascimento?). De qualquer forma, todas as pessoas carregavam consigo – e através de si – o espírito de família, que zelava por elas e guiava seus passos. Os *fylgjur* não podiam ser vistos a não ser em sonhos, onde apareciam para trazer avisos e conselhos. De todos os seres espirituais da Era Viking, esses provaram ser os mais tenazes. Os islandeses modernos reviram os olhos quando visitantes lhes indagam, pela enésima vez, se acreditam em elfos, mas pergunte sobre seus *fylgjur* e talvez você se depare com um olhar fixo e até uma mudança brusca de assunto.

Essa noção de algo totalmente estranho existente sob a pele, que de tempos em tempos se manifestava por meio de ações ou palavras, talvez tenha sido uma das diferenças mais significativas entre os vikings e os povos com quem eles interagiram. Claro que para um cristão europeu a alma múltipla e compósita, com suas formas e invólucros, teria sido algo bastante desconcertante. Também pode ter parecido irritantemente familiar, pois a Europa pré-cristã manteve muitas dessas crenças, arraigadas o suficiente para sobreviver ao advento da nova fé, enterradas na memória e no folclore.

A esta altura deve ter ficado claro que os vikings não foram os bárbaros toscos do estereótipo. Em igual medida, não deve haver dúvida de que o mundo mental (e, em seus termos, físico ou natural) que eles habitavam não era o mesmo dos francos, alemães ou ingleses, para citar apenas alguns. Quando os cristãos continentais abriam suas portas e janelas pela manhã, não viam o trabalho dos elfos, anões e espíritos da natureza; seu dia não era ordenado pelas Nornas; o orvalho na grama não era o suor que caía de cavalos sobrenaturais; um arco-íris não conduzia a Asgard e aos salões celestiais dos deuses. Mesmo as batalhas, embora ferozes, não eram o parque de diversões de terríveis mulheres guerreiras vociferando raiva e maldade em meio aos estrondos. Os vikings, em resumo, eram diferentes.

2

Uma era de lobos, uma era de ventos

A Era Viking não teve início com as famosas incursões oeste afora, com barcos encalhando em mares encrespados para perseguir os ingleses e apavorar os clérigos. Tampouco começou com os vikings, um rótulo que às vezes obscurece mais que ilumina. O mundo que o Freixo e o Olmo povoariam tomou forma muito antes – séculos atrás, no que os arqueólogos chamam de Idade do Ferro. Para entender os vikings, primeiro é necessário descobrir seu próprio passado.

Os escandinavos do primeiro milênio viviam à sombra da única superpotência de seu mundo, o Império Romano, em seu apogeu e também durante seu longo e lento declínio. A fronteira imperial corria ao longo do Reno, cortando as terras das tribos germânicas não muito longe do sul da Dinamarca. O comércio e a troca – de ideias e atitudes, tanto quanto de mercadorias – foram o elemento básico da vida escandinava por centenas de anos, especialmente entre as elites.

Quando o Império Romano do Ocidente começou a se desintegrar no século V, isso também afetou o Norte. Na Europa, o poder romano aos poucos se dissipou e se desfez, assumindo novas formas, rompendo estruturas arcaicas e desencadeando eventos que convulsionaram o continente. As pessoas estavam em movimento: na forma de expedições militarizadas, de fluxos de refugiados, de qualquer outra maneira e por todos os motivos que os seres humanos deixam sua casa em busca de uma vida nova em outras plagas. Ao mesmo tempo, a autoridade romana foi parcialmente absorvida e aprimorada por seu gêmeo imperial no Leste – o que mais tarde seria denominado de Império Romano do Oriente ou Império Bizantino, com capital em Constantinopla (atual Istambul). Novas políticas e novos políticos estavam em ascensão e marcando presença. Essas redes de influência e contato também alcançaram a Escandinávia, e o povo do Norte sempre se manteve intimamente conectado com seus arredores.

O impacto geral dessas convulsivas mudanças no Sul sobre os escandinavos foi de instabilidade, de mudança, mas também de oportunidade – muitas vezes para poucos às custas de muitos. O que os arqueólogos há muito identificam como o "Período de Migração", que se estende do século V até meados do século VI, incluiu crises prolongadas com efeitos de longo alcance. Seu impacto foi ainda mais acelerado por causa de um terrível desastre climático que ninguém poderia ter previsto e que causou mortandade em massa no Norte. As origens mais profundas da Escandinávia da Era Viking podem ser encontradas nessas turbulências sociais e políticas. A recuperação de meio século de trauma foi o início de algo diferente, uma nova ordem de líderes militares e senhores da guerra e seus séquitos, de diminutos reinos governados em grandes salões – e toda a cultura do poder ritual mitificado que lhes dava respaldo – que acabaria por definir o palco para o fenômeno viking.

A lenta derrocada de Roma criou consequências imprevisíveis que, séculos depois, levaram à ascensão dos vikings. Em um sentido muito concreto, o "novo mundo" da Escandinávia da Era Viking começou em um frio e interminável inverno sob um sol escurecido. Roma sempre fez parte da "longa" Idade do Ferro Escandinava, nome dado pelos arqueólogos. Mesmo os nomes convencionais atuais para seus componentes cronológicos são relativos ao Império Romano, que estranhamente começa antes de seu início: o período "pré-romano" teve início por volta de 500 AEC e se estende até a queda da República e a ascensão dos Césares.

Idade do Ferro Escandinava
Cronologia e terminologias regionais

Subdivisões	Datas	Noruega	Suécia	Dinamarca
INÍCIO DA IDADE DO FERRO	500-0 AEC	Idade do Ferro Pré-romana		Idade do Ferro Céltica
	0-400 EC	Idade do Ferro Romana		
IDADE DO FERRO TARDIA	400-550 EC	Período de Migração		Início da Idade do Ferro Germânica
	550-750 EC	Período Merovíngio	Período Vendel	Idade do Ferro Germânica Tardia
	750-1050 EC	Era Viking		

Como qualquer construto imperial, em seu apogeu o poder romano era uma entidade complexa com administrações regionais, forças armadas dispersas e uma ampla economia de rede. Esses elementos operavam com diferentes graus de autonomia, e seus dirigentes, além de cumprir seus deveres formais, muitas vezes atuavam a serviço de suas próprias pautas de interesses. Dividido por tensões internas e conflitos domésticos, o Império Romano também se empenhava na realização de missões de "manutenção da paz" dentro de suas fronteiras e de expedições pacificadoras além de seus domínios. Tudo isso variava em âmbito regional e mudou com o tempo; o império estava longe de ser estático. No decorrer de cerca de dois séculos – de 370 a 560 –, essa fluidez solapou o tecido do próprio poder imperial. O Império Romano do Ocidente começou a se fragmentar, ao mesmo tempo que um grande número de povos fronteiriços, muitas vezes caracterizados por uma expressão um tanto enganosa – "tribos bárbaras" –, começou a se deslocar.

A questão do Império Romano decadente e do assim chamado Período de Migração continua a atormentar os historiadores, e às vezes suscita debates acirrados, mas ainda assim veio à tona uma série de posições claras, que essencialmente ocupam pontos em uma escala que num extremo vê uma estrutura imperial se esfarelando sob o aumento da crescente pressão externa de invasores móveis e migrações militarizadas, ao passo que a perspectiva oposta vê as graduais transformações internas do próprio Império como um estímulo aos movimentos dos povos fronteiriços. Não há dúvida de que foi uma época de grandes mudanças, de inversões do equilíbrio estratégico em pontos críticos das fronteiras imperiais às novas estruturas sociais emergentes além das *Limes* (como eram chamadas essas fronteiras),[9*] nas quais a influência de Roma desempenhou um papel importante. O Período de Migração não foi uma simples linha do tempo marcada por invasões e depredação, o clássico mapa europeu enganosamente entrecruzado por setas coloridas para marcar as "tribos" em movimento.

A partir do século III, a coesão imperial foi posta à prova de modo mais ou menos constante – tanto por dentro como por fora. Conflitos desestabilizadores ocorreram na Gália, na Espanha e no Norte da África durante o início do século V, enquanto o poder romano se desgastava sob os contínuos ataques de Átila e seus hunos. Essas ações, por sua vez, causaram deslocamentos sociais por todo o Império Romano, enquanto uma sucessão de usurpadores militares tentava se apossar do trono imperial. Na realidade, a "queda" de Roma não foi um processo único, e existem apenas incidentes isolados que mostram um declínio acentuado (embora alguns deles tenham sido drásticos, como o próprio saque de Roma, a "Cidade Eterna", pelos godos em 410). Anos bons e ruins ocorriam ao mesmo tempo em diferentes regiões do Império Romano. Para os cidadãos do Estado e as pessoas além de suas fronteiras, mas ainda dentro de sua órbita, tudo isso teria sido sentido de uma miríade de maneiras, algumas repentinas e outras lentas, a ponto de serem imperceptíveis à medida que se desenrolavam.

Rotas comerciais eram realinhadas à medida que a produção de certas mercadorias cessava ou mudava de mercado, ao passo que outros gêneros surgiam para preencher a lacuna. Certamente havia escassez, itens que as pessoas já não conseguiam encontrar no mercado, mas também reorientações do comércio para atender às mudanças na demanda ou às

---

9 * As fronteiras naturais eram demarcadas por meio de rios e montanhas; consistindo basicamente de fortificações no formato de muralhas e torres, as *Limes* eram construídas pelos romanos para delimitar e/ou defender seu território. [N. T.]

novas realidades econômicas. Esses processos foram catalisadores para alterações mais profundas, à medida que os padrões de povoamento e a demografia se transformavam. Em termos modernos, pode-se pensar em bem-sucedidas comunidades de beira de estrada que veem sua prosperidade erodir à medida que uma nova rodovia passa por elas e o tráfego de veículos as deixa para trás.

As pessoas sempre se mudam de um lugar para o outro em tempos difíceis, à medida que as inseguranças se infiltram no tecido da vida diária e tanto os indivíduos quanto as coletividades enfrentam escolhas difíceis. Em parte, o "Período de Migração" foi exatamente uma dessas situações; as pessoas – em movimentos grandes ou pequenos – começaram a partir para as estradas em busca de mudanças positivas. Algumas delas estavam fugindo, outras, perseguindo. A maioria estava à procura de estabilidade econômica, segurança e uma vida mais tranquila, enquanto uma minoria poderosa tentava, de forma proativa, moldar um mundo mais ao seu gosto. O todo foi caracterizado por um afrouxamento do poder (já descentralizado) e um constante processo de negociação local. As pessoas e comunidades politicamente organizadas estavam elaborando maneiras de se adaptar e sobreviver, e no processo formaram novas identidades e etnias.

Na Escandinávia, o povoamento humano sempre foi determinado pela geografia e topografia singulares da região: os montanhosos fiordes da Noruega com suas franjas agrícolas marginais; as grandes florestas, lagos e planícies aráveis e férteis da Suécia; a paisagem da Dinamarca, de baixa altitude, rica em potencial agrícola e com acesso total ao mar. Tão logo as terras agrícolas viáveis foram estabelecidas e liberadas para o cultivo, o padrão de vida se estabilizou em uma paisagem de fazendas dispersas e pequenas aldeias.

Por volta do século V, a vida na Escandinávia era centrada na casa longa ou casa comunal, traço característico básico das comunidades lá existentes por milênios antes da época dos vikings. Nas fazendas havia uma variedade de animais domésticos, incluindo gado, ovelhas e cabras, bem como cavalos e cães. Durante o Período de Migração, assim como antes, humanos e animais muitas vezes compartilhavam a habitação principal, o gado era alojado numa extremidade da estrutura em um estábulo dividido em baias ao longo das laterais com uma calha central no meio. O calor dos animais contribuía para o aquecimento do edifício, talvez uma compensação pelo mau cheiro de estrume e peles molhadas. Mesmo hoje, muitas partes da área rural da Escandinávia são revestidas com muros baixos de pedra que outrora dividiam os campos da Idade do Ferro e demarcavam as trilhas pode onde o gado era levado para o pasto todos os dias. No verão, os animais iam pastar mais longe, colinas e montanhas acima.

A cevada e a aveia eram as principais culturas de cereais, complementadas por pequenas quantidades de trigo. Outras plantas, como o linho, também eram cultivadas. Era um sistema cíclico, em que o feno dos campos alimentava os animais, que por sua vez forneciam estrume para as colheitas. No decorrer da Idade do Ferro, as tecnologias simples dessas práticas foram sendo aperfeiçoadas, o que levou a uma expansão da base agrícola da região ao longo dos séculos IV e V, e a uma população cada vez maior. O desmatamento para a agricultura continuou, e evidências arqueológicas atestam, ao norte, a roçada de regiões para a agricultura. Os solos mais férteis, é claro, sustentavam as fazendas mais ricas, e seus produtos – em especial um excedente que podia ser comercializado – tornaram-se intimamente associados à ideia de poder e status.

Em áreas marginais, os recursos marinhos e a caça constituíam a maior parte da economia de subsistência. Secavam-se os peixes para o inverno, e mamíferos marinhos, como focas, morsas e baleias, eram utilizados de várias maneiras. As florestas eram povoadas por animais como alces, ursos, pássaros e outros de pequeno porte que incrementavam a dieta dos caçadores e forneciam couros e peles.

Autoridades mais do que capazes de uma organização coordenada existiam no Norte desde tempos pré-romanos. A estratificação social provavelmente se desenvolveu séculos antes, durante a Idade do Bronze, devido à capacidade de certos grupos de controlar o fluxo de matérias-primas importadas usadas na produção do metal. Esses níveis de complexidade social continuariam a aumentar. Foi também no final da Idade do Ferro Romana que os costumes funerários começaram a mudar e a cremação se tornou a norma para a eliminação dos mortos, prática que perduraria durante o período pré-cristão até que o processo de conversão ganhasse força durante a Era Viking tardia.

Grupos escandinavos locais e regionais (não existe um vocabulário adequado – tanto "tribos" quanto "povos" parecem aquém) havia muito interagiam com o Império Romano, especialmente mais ao sul. Durante os primeiros séculos da Era Comum, no auge do poderio romano, também há boas evidências de contatos entre partes da Noruega e as províncias gaulesas, e certo grau de comércio também é detectável. Mercadorias romanas, como copos e talheres refinados e de alta qualidade, chegaram à Escandinávia. É claro que os itens de status eram os preferidos, pois transmitiam a seus proprietários uma nova dignidade social, por associação com a distante autoridade imperial. Simplificando: tomar vinho era considerado mais "elegante" do que beber cerveja ou hidromel.

Armas romanas também foram encontradas, em grande quantidade, como produtos importados para o território que hoje é a Dinamarca. É uma estratégia conhecida – o Império Romano vendia armamentos não para seus vizinhos imediatos, mas para aqueles em *suas* fronteiras distantes, ajudando a manter suas divisas sob controle. Que essas sociedades eram capazes de travar guerras em larga escala fica evidente a partir das enormes quantidades de equipamento militar contemporâneo encontradas nos pântanos do Sul da Escandinávia. Esses depósitos foram interpretados como oferendas, provavelmente presentes para poderes sobrenaturais após a derrota das forças inimigas invasoras. Vários desses conjuntos de itens encontrados nos pântanos são compostos de armas e itens pessoais característicos do Oeste e do Sul da Noruega, o que implica que foi daí que esses atacantes específicos se originaram. É difícil entender a natureza exata das comunidades que poderiam organizar expedições marítimas dessa envergadura, ou suas razões exatas para fazê-lo, mas parece plausível que um extenso sistema tribal ou baseado em clãs deve ter se desenvolvido nesse período.

Já se argumentou que as unidades militares que podem ser depreendidas nesses depósitos foram organizadas segundo os moldes do exército romano. Materiais descobertos em pântanos dinamarqueses, que datam do final da Idade do Ferro Romana, também indicam que grupos da Suécia empreendiam expedições de ataque em todas as ilhas dinamarquesas e incursões à península da Jutlândia (a maior parte da atual Dinamarca, conectando-se com o continente). Vínculos com o Império Romano também são atestados por refinados objetos importados que teriam servido como visíveis marcadores de elevação social. Digna de nota é a espetacular máscara de cavalaria romana de Hellvi, na ilha de Gotlândia, no mar Báltico, provavelmente feita no final do século II, mas encontrada em um contexto do século VI. Como e quando esse elmo, originalmente planejado para uso em exibições da cavalaria e jogos equestres romanos, chegou a Gotlândia é um mistério, mas o fato de que esse objeto era muito antigo na época em que foi depositado implica que deve ter sido um item especialmente estimado ou reverenciado, que emprestava status e poder a seu proprietário.

Em especial, muitos escandinavos foram contratados como mercenários auxiliares nas forças do Império Romano tardio, organizados segundo critérios étnicos e, assim, formando unidades de guerreiros do mesmo ponto de origem. O constante movimento desses grupos potencialmente violentos de avanço e recuo através das fronteiras não apenas contribuiu para a importação das influências romanas no Norte, mas também criou um efeito retroativo desestabilizador dentro do Império Romano. Muitas das "migrações", em última análise, tiveram origem nesse tipo de milícias estrangeiras organizadas e auxiliares. Um grupo de soldados sempre se fixava no local onde suas unidades eram desmobilizadas (ou onde desertavam), e os estertores do período romano não foram exceção.

O ímpeto mais amplo do Período de Migração na Europa e a transformação demográfica que veio em sua esteira foram consideráveis. Mas o que a queda do Império Romano do Ocidente realmente significou para a Escandinávia no longo prazo?

O quadro geral durante a Idade do Ferro Romana e o final do século V é de crescimento em todas as áreas. Pode ser visto no número e na escala das fazendas e aldeias, no desmatamento de florestas para cultivo, por meio de conexões comerciais e nas economias domésticas. Mas isso mudaria. Quando tentamos rastrear as origens mais profundas das trajetórias sociais que produziriam as culturas da Era Viking, é difícil (e muitas vezes imprudente) isolar eventos individuais acima dos processos. No entanto, há muito se sabe que algo extraordinariamente drástico aconteceu ao mundo do Norte da Europa no século VI, o que é sinalizado na arqueologia por uma mudança um tanto súbita na natureza dos registros remanescentes.

No final do século V e na primeira metade do VI, e em especial mais para meados do século, verificou-se um acentuado declínio no número de assentamentos, sepulturas e, com efeito, na maioria dos outros marcadores de atividade humana. Em muitas regiões do Centro e no Sul da Suécia, por exemplo, viu-se um abandono quase completo de locais de povoamento que eram ocupados, em alguns casos, havia milênios. Bem mais de mil fazendas ficaram desertas nas ilhas Bálticas de Gotlândia e Öland. O mesmo aconteceu com os cemitérios, que caíram em desuso ao mesmo tempo que os núcleos de povoamento a que serviam. Os suntuosos rituais de sepultamento e a primorosa cultura material do século anterior também desapareceram. Existem correspondentes descontinuidades de produção em artigos de cerâmica e muitos outros. O fato mais significativo de todos: análises de pólen mostram que a floresta cresceu de novo sobre o que antes eram campos cultivados. Não resta dúvida de que esses lugares foram realmente abandonados e desabitados.

Deslocamentos semelhantes foram detectados no repertório simbólico da arte escandinava, no rápido desaparecimento de estilos e esquemas decorativos que tinham persistido por séculos. Há todas as razões para acreditar que grande parte da "arte" da Idade do Ferro era intensamente carregada de significado e, portanto, que se tratou de uma mudança em mais aspectos do que apenas de ornamento e gosto. Nesse momento, bracteadas[10*] de ouro foram enterradas em grandes quantidades, e outras práticas rituais sofreram mudanças drásticas.

Tomados em conjunto, esses impactos representam uma nítida ruptura com um modo de vida anterior, uma diferença fundamental não apenas em padrões de povoamento e economia, mas nas crenças – as estruturas da mente. Uma coisa é rotular como "crise" esse pacote de declínio de fins do Período de Migração – mas o que realmente aconteceu e qual foi o resultado? O que poderia ter causado uma mudança tão profunda na vida dos escandinavos?

---

10 * Na numismática, bracteadas ou bracteatas são moedas ou pequenas medalhas cujo nome vem do latim *bractea* (folha de metal), por serem feitas de uma simples folha, de prata e algumas vezes de ouro, tão delgada de espessura que o relevo produzido pelo cunho a tornava côncava no reverso e de desenho saliente no anverso, isto é, impressa de um só lado. [N. T.]

Existem poucas evidências a sugerir que a expansão no Período de Migração tenha ido longe demais, como os estudiosos outrora acreditavam: não se tratou da exploração excessiva dos recursos ou de níveis populacionais insustentáveis. Na verdade, os fazendeiros do início da Idade do Ferro tinham uma compreensão sofisticada de seu ambiente e potencial, como seria de esperar. Praticava-se a rotação de colheitas; um sistema de cultivo interno (o terreno mais próximo à casa era lavrado) e externo (as terras mais distantes da fazenda eram usadas como pastagem) era utilizado havia séculos, juntamente com o uso de fertilizantes naturais; e a produção de cereais mesclava-se à pecuária em grande escala, adaptada ao clima setentrional. Obviamente havia nesses padrões variações regionais, relacionadas às possibilidades oferecidas pelo clima e topografia locais. O que funcionava para os moradores nos prados iluminados pelo sol de um vale poderia ser inadequado para seus vizinhos do outro lado das colinas, quase sempre sob sombras mais frias. Claramente as diferentes regiões da Escandinávia seguiram suas próprias trajetórias, influenciadas não apenas pelas condições ambientais e práticas de subsistência, mas também pelo sabor da política local.

Alguns estudiosos sugeriram que a progressiva desestabilização foi causada pela guerra no continente, parte das lutas entre facções que lá irromperam tão logo a autoridade romana definhou. Esse padrão é conhecido a partir de conflitos mais contemporâneos: unidades há muito acostumadas a emprego lucrativo e combates ativos se encontram à deriva, e às vezes se voltam contra as mesmas autoridades que as contrataram, ou retornam para casa em busca de encrenca. Essas situações correm o risco de criar um mundo de pequenos senhores da guerra e uma espécie de cultura de gangsterismo – parte bandidos, parte exércitos pouco numerosos, mas eficazes –, solapando o trabalho das instituições sociais e deixando o caos na esteira de seus violentos conflitos civis. Em uma cultura que não registra formalmente sua história, até o mais profundo dos traumas pode desaparecer com relativa rapidez, sem deixar muitos vestígios materiais. No entanto, esses bandos bélicos *estavam* em movimento no Norte e deviam estar entrando na Escandinávia em número considerável. A recente descoberta de um local de massacre na fortaleza de Sandby Borg na ilha de Öland é uma evidência ímpar das incursões hostis que provavelmente eram o lugar-comum. Sistemas de fortificações inteiros foram construídos nessa época ao longo de um cinturão marítimo desde Bornholm, na Dinamarca, até Gotlândia, na Suécia, e também mais para o interior. Esses locais eram alvos de frequentes ataques e incêndios, e está claro que uma zona de conflito se estendia do Skagerrak [estreito entre o sul da Noruega, a Bohuslän sueca e a Jutlândia dinamarquesa] à Suécia central.

Outros pesquisadores sugeriram um papel de grande relevância dos hunos, originários do Cáucaso. Sob a liderança de Átila, suas invasões à Europa no início do século V trouxeram não apenas violência, mas também influências de todos os tipos, incluindo artísticas, e novos modos de pensar. Considera-se que seu impacto foi especialmente importante na esfera da religião, com aspectos da crença nórdica encontrando paralelos nas culturas da estepe. Nos turbulentos anos do século VI, o apogeu do poder dos hunos já acabara havia muito tempo, mas é significativo que sua memória tenha permanecido vívida mesmo muito depois da própria Era Viking. Deve haver uma razão pela qual a Horda aparece com tanto destaque nas sagas lendárias.

É provável que outro fator para a derrocada tenham sido as desconexões no comércio internacional e na economia mercantil, às quais até mesmo os sistemas robustos são vulneráveis se a situação do abastecimento externo mudar (sobretudo se isso acontecer de forma relativamente repentina). Tais rupturas ocorreram no final do século V e início do VI.

Durante décadas, estudiosos acadêmicos tenderam a ir a extremos em suas interpretações acerca do que estava acontecendo no século VI, fosse para interpretar esses anos como uma crise de proporções quase catastróficas ou então para ressaltar resiliência e continuidade. Isso não apenas simplifica em demasia a questão, mas pressupõe também que condições semelhantes prevaleceram em todos os lugares e que as comunidades em diferentes áreas reagiram de maneira idêntica. Nada mais distante da realidade. Também é importante enfatizar que o "súbito" declínio visível na arqueologia é dependente de datas e cronologias às vezes imprecisas, e que esses processos, no entanto, ocorreram ao longo de décadas – pelo menos, ou talvez mais tempo. Pode ser que o abandono de cemitérios tenha a ver com comportamento, em vez de aspectos demográficos, e essas coisas podem ser difíceis de interpretar. Tanto no caso dos núcleos de povoamentos quanto nos cemitérios, deve-se também levar em consideração o grau em que um "declínio" foi, na realidade, mais uma reorganização, mas não há dúvida de que estava em curso algum tipo de contração social de grandes proporções. Claramente, a "crise" do Período de Migração deve ter tido múltiplas causas combinadas, e isso continuou por um longo tempo.

No entanto, um crescente trabalho colaborativo entre cientistas naturais, historiadores e arqueólogos revelou outro elemento na mistura: uma curta sequência de eventos, tão enormes em escala e impacto que levou os pesquisadores a se questionarem se poderiam ser reais. Teve início com a análise ambiental de amostras de gelo coletadas na Groenlândia e na Antártida, e a identificação de significativas camadas de aerossóis de sulfato – o subproduto que resulta de erupções vulcânicas. Mais ou menos ao mesmo tempo, refinamentos nas cronologias de anéis de árvores constataram que a datação dos aerossóis correspondia a um curto período de crescimento florestal acentuadamente reduzido em grandes porções do mundo. Por sua vez, os cientistas naturais observaram que os dados de pólen indicando a regressão da região florestal e a perda de terras cultivadas também correspondiam a esse período de tempo. Um conjunto cada vez maior de evidências acumuladas de múltiplas fontes de dados representativos indicava claramente um único evento climático, ou talvez vários em um curto número de anos, que juntos tomavam proporções importantes.

De início, as descobertas foram rejeitadas pelos historiadores, e um deles chegou a chamá-las de "a mais recente teoria do Grande Desastre". Isso mudou rapidamente. Após anos de trabalho paciente em todo o mundo, vulcanologistas e criadores de modelos climáticos agora têm certeza: nos anos 536 e 539/540, ocorreram pelo menos duas erupções vulcânicas de magnitude quase sem precedentes. A primeira delas pode ter sido em algum lugar nos trópicos, embora a localização ainda não tenha sido determinada de forma conclusiva. A segunda foi no lago de Ilopango, atual El Salvador, uma explosão tão gigantesca que todo o vulcão desabou e deixou apenas a caldeira inundada, que hoje pode ser vista, grande o suficiente para conter a capital do país.

Estima-se que o Ilopango sozinho produziu até 87 km³ de rocha densa, cifra suficiente para causar olhares de surpresa até mesmo das autoridades mais céticas (sim, *quilômetros cúbicos*). As emissões de sulfato podem ter medido até duzentas megatoneladas, significativamente mais altas que as de Tambora (1815), que foi a segunda maior erupção da história. A erupção do Ilopango foi uma das dez maiores da Terra nos últimos 7 mil anos e, lembre-se, foi precedida pelo vulcão 536, até então não localizado. Uma nova pesquisa também sugere que isso pode ter sido seguido por uma *terceira* erupção de grandes proporções, em 547.

Os efeitos foram devastadores, pois o material ejetado (partículas, cinzas, gases sulfurosos) e os aerossóis de dióxido de enxofre atingiram a estratosfera inferior e começaram a circular ao redor do globo. A luz do sol foi bloqueada por uma névoa que não permitia que o calor penetrasse, enquanto à noite os céus se enchiam de cortinas oscilantes de cor ígnea, como um pôr do sol que durou meses (a famosa pintura de Edvard Munch, *O grito*, mostra esses céus apocalípticos, resultado de uma erupção do Krakatoa, na Indonésia).

Os cientistas se referem a esse fenômeno como o "véu de poeira".

O impacto não foi diferente de um inverno nuclear. Impedidas de crescer, as árvores começaram a definhar e mirrar, como se viu no registro dendrocronológico. O frio fora de época atingiu o Hemisfério Norte, com neve em plenos meses de verão, visível na altitude da Noruega. A luz solar enfraquecida afetou de forma mais direta todos os tipos de plantas, incluindo as plantações, literalmente acabando com as provisões de comida. Fontes escritas da China e Índia descrevem problemas nas colheitas e transtornos nos padrões climáticos; há evidências ambientais consistentes da América do Norte à Europa continental. No mundo mediterrâneo, escritores entre os godos e outros militarizados sucessores imperiais descreveram a fome generalizada, os distúrbios e a agitação civil que resultaram do fracasso das colheitas no interminável inverno.

Todavia, na Escandinávia, as consequências ecológicas foram bem piores. Lá, as condições ambientais naturais significavam que seu povo já subsistia nos limites da resiliência; na melhor das hipóteses, sua produção agrícola era extremamente vulnerável a flutuações na temperatura e outras alterações climáticas. Parece claro que as temperaturas caíram pelo menos dois graus, e possivelmente três ou até quatro. Estimativas de 2019 sugerem uma queda temporária de temperatura de talvez 3,5 graus Celsius. Na Noruega, onde, para começo de conversa, apenas 3% das terras são adequadas para a agricultura, isso teria sido suficiente para tornar inabitáveis porções significativas do país, devido ao colapso do cultivo viável de cereais. A regressão da floresta para o que outrora tinham sido campos de produção de alimentos mostra que, em muitos lugares, a agricultura em si havia cessado. Pode ser que a chuva ácida causada pelas erupções tenha afetado até mesmo a vida marinha, incluindo a pesca, embora em menor grau do que a catástrofe agrícola.

A pior parte desses efeitos durou três anos. Em 2016, uma equipe de cientistas do clima sugeriu que o impacto ecológico cumulativo e de longo prazo do véu de poeira persistiu em vários graus por até *oitenta anos*.

Vimos os efeitos sobre os padrões de povoamento e agricultura, o abandono em massa de locais de moradia e terras aráveis, mas o que isso significou em termos simples? As fazendas ficaram vazias porque as pessoas foram embora. As consequências do véu de poeira literalmente as mataram. Aqueles que sobreviveram lutaram entre si para se apossar do que restou. E para agravar ainda mais a penúria da região, também é possível que a pandemia da "Praga de Justiniano", que assolou a Europa de 541 em diante, também tenha atingido a Escandinávia; ela foi detectada até no Norte da Alemanha.

As estimativas da perda de população na Escandinávia chegam a 50% – número que vulcanólogos e arqueólogos consideram razoável –, uma vez que dezenas de milhares morreram de fome à medida que as principais fontes de alimento simplesmente deixaram de existir. Para efeito de comparação histórica, acredita-se que a peste bubônica (a "Peste Negra") ceifou a vida de 45% a 60% dos europeus em meados do século XIV. A Guerra dos Trinta Anos de 1618-1648 talvez tenha matado um terço da população do continente. Após esses dois eventos, demorou bem mais de um século para que os níveis populacionais se recuperassem.

A situação na Escandinávia parece ter sido tão ruim que deixou uma marca na própria religião, naquilo que os estudiosos chamam de geomitologia, área de estudo em que eventos naturais e desastres ganham significado por meio de sua articulação em contos sagrados mitológicos. A geomitologia é, por sua própria natureza, um conceito inexato: inerentemente improvável, sujeito a viés de confirmação e dificultado pela falta de datação precisa, tanto de fontes textuais quanto arqueológicas. No entanto, há aqui uma argumentação convincente a ser feita em defesa desse vínculo, um paradoxo em que partes da Era Viking podem ter se originado, precisamente, a partir da imaginação de seu fim.

Uma das narrativas mais conhecidas dos mitos nórdicos diz respeito à queda dos mundos – o fim de todas as coisas, a cataclísmica batalha final do Ragnarök, em que deuses e humanos perecerão para todo o sempre. O prelúdio do apocalipse viking é, na verdade, bastante específico em seus detalhes, conforme foi registrado em uma variedade de poemas. Eis o que diz Snorri, em sua *Edda*:

> Primeiro chegará um inverno chamado Fimbulwinter.
> Então a neve cairá em rajadas dos quatro pontos cardeais, incessante.
> Virão geadas inclementes, soprarão ventos possantes.
> O sol de nada servirá.
> Três invernos semelhantes suceder-se-ão,
> e entre eles não haverá verão.

A descrição dessa terrível distorção das estações, o "Fimbulwinter", o "grande e poderoso inverno", é notavelmente semelhante ao ciclo que os cientistas postulam como os efeitos imediatos das erupções vulcânicas. Em vários poemas éddicos, a exemplo da *Profecia da Vidente*, encontra-se a mesma descrição:

> Enegrecem os raios do sol
> nos verões sucessivos,
> o clima é traiçoeiro.

Alguns versos depois, pode-se ler novamente que "o sol começa a enegrecer"; há uma série de descrições claras e surpreendentemente precisas de uma escuridão que toma conta dos céus como prelúdio para o Ragnarök. A "ruína da lua" vem na forma do lobo que a perseguiu desde o início dos tempos. À medida que o sol vai minguando até desaparecer, as estrelas despencam no mar, onde seu calor faz subir uma grande nuvem de vapor que cobre o céu.

Pode haver algo semelhante em uma mitologia vizinha, a *Kalevala* dos finlandeses, epopeia em que também aparece a lenda de um contínuo escurecimento dos corpos celestes e do céu causado pela Senhora da Terra do Norte, que captura o sol e a lua. As descrições são assustadoramente semelhantes:

> Que assombro bloqueia a lua
> que névoa obstrui o caminho do sol
> a ponto de a lua não reluzir
> e o sol não brilhar de forma alguma?
> [...]
> O sol não brilha
> tampouco a lua dourada reluz
> [...]
> A riqueza [ou seja, as colheitas] esfria,
> os rebanhos em estado pavoroso;
> para os pássaros do ar é estranho,
> para a humanidade é exaustivo
> o sol nunca mais brilhar
> a lua nunca mais iluminar.

Outra versão do texto, a chamada *Kalevala Antiga*, diz que o sol se extinguiu há anos:

> Agora a noite é perpétua,
> longa, escura como breu, profundeza que o sol não alcança.
> Por cinco anos fez-se noite, sem sol por seis anos,
> sem lua por oito anos.

Parece improvável ter sido uma coincidência que, nessa época, a imagem da roda do sol ardente, que durante vários milhares de anos fora um motivo central na iconografia sacra escandinava, desaparecesse. O sol

6. O pôr do sol. Um monumento memorial chamado de "pedra pictórica", da ilha de Gotlândia, datado do século V ou VI e mostrando o característico disco ardente que supostamente representaria o sol, com a lua e as estrelas. Durante a crise climática do século VI, essas imagens desapareceram quando o sol perdeu seu poder, para nunca mais ressurgir na arte da Idade do Ferro do Norte. Essa pedra ornada é da igreja de Sanda e tem 3,5 metros de altura. (Crédito: Fredrik Sterner, Museu de Gotlândia, usada com gentil permissão.)

havia sumido e as pessoas recorreram a qualquer alternativa que pudessem imaginar. As novas oferendas de bracteadas de ouro (discos solares?) e outros metais preciosos podem ser vistas como rituais de crise, tentativas cada vez mais desesperadas de invocar a ajuda de poderes superiores a fim de evitar a terrível fratura da sociedade, que apenas se intensificava. Isso também é visível na poesia nórdica antiga, não apenas com disputas e combates civis, mas também na destruição da estrutura dos costumes e da propriedade. Mais uma vez a *Profecia da Vidente*:

> Uma era de espadas, uma era de machados
> – os escudos estão rachados –
> uma era de lobos, uma era de ventos –
> antes que o mundo despenque abismo adentro.

O poema especifica como irmãos assassinam irmãos, primos "violam os laços de parentesco" – uma referência ao incesto – e famílias são arruinadas. As crises de meados do século VI devem ter suscitado no Norte um generalizado sentimento de dissolução, à medida que o cimento social que unia as comunidades escandinavas começou a perder seu efeito. Em muitos aspectos, a estrutura da vida evidentemente se desagregou.

Um argumento óbvio contra o véu de poeira como modelo para o "Fimbulwinter" é que o mundo escandinavo não terminou de fato em meados do século VI. Mas isso depende da perspectiva e da visão retrospectiva – em um sentido muito real, um modelo de sociedade realmente foi destruído nas convulsões da época. É claro que o inverno vulcânico não foi a única causa, talvez nem mesmo a principal. Mas acrescentou combustível a um incêndio já existente e certamente desempenhou papel muito significativo. O que emergiu do caos *foi*, em certo sentido, um novo mundo, baseado sobre princípios sociopolíticos bastante diferentes dos antigos. Essa renovação também é reproduzida no mito mais amplo do Ragnarök, do qual o "Fimbulwinter" é o início – mas falar disso agora é antecipar demais a nossa história.

Mesmo os veteranos e as vítimas civis das guerras modernas teriam dificuldade em imaginar a morte de metade da população e o consequente colapso das instituições sociais. Hoje, no entanto, até mesmo os piores desastres, com o mais medonho número de baixas, ocorrem em contraste com uma arena mais ampla, onde essas coisas não estão acontecendo. Não é difícil imaginar o modo como os escandinavos do século VI tiveram a sensação de que todo o seu mundo estava se transformando em ruínas e deslizando ladeira abaixo de volta para o vazio primitivo de onde surgiu. Em uma cultura que depende de tradições orais para preservar e mediar a história, não seria surpreendente se, duzentos anos depois, o trauma ainda estivesse claramente embutido nas histórias – uma visão aterrorizante de fins e começos que também faziam parte de um ciclo mais longo. Afinal, a predestinação, a predeterminação do destino, a inevitabilidade do Ragnarök e o conhecimento dos deuses sobre sua destruição iminente formam *o* pulso constante da mitologia nórdica.

Nem todos os lugares foram afetados em igual medida. Em partes do Leste da Noruega há diferenças perceptíveis até mesmo de um distrito para o outro, dependendo da topografia local, estruturas políticas e os fatores externos das mudanças climáticas. No Extremo Norte da Escandinávia, o cenário é diferente, talvez devido à disponibilidade de recursos marinhos que foram menos afetados pelos eventos climáticos das décadas de 530 e 540. Em algumas áreas, nenhum núcleo de povoamento foi abandonado, e houve pouquíssimos outros sinais de declínio. Algumas áreas sofreram imensamente, ao passo que outras podem ter prosperado às suas custas – por exemplo, parece ter havido um deslocamento do poder, do Oeste da Noruega para a região Leste ao redor do fiorde de Oslo, hoje Østfold e Vestfold, com seu protegido acesso ao mar. Algumas regiões parecem ter enriquecido, vendo uma oportunidade e se ajustando a uma nova realidade para seus próprios fins.

Para os escandinavos do Período de Migração, o "Fimbulwinter" (em combinação com outros fatores lentos e graduais) foi um final, mas também o começo de outra coisa, que é o ponto-chave. As novas sociedades que se construíram a partir da desolada paisagem que restou dos anos sem verão foram erigidas com base em um novo modelo, criando estruturas de poder e comunidade fundamentalmente diferentes, e, a reboque delas, modos de vida alterados em que foram lançadas as sementes do futuro dos vikings. Com o tempo, então, os arqueólogos passaram a ver as transformações no início da Idade do Ferro Tardia não apenas em termos de recuperação, porém mais como escolhas deliberadas, a adoção de novas estratégias políticas e o surgimento de novas formas de poder – especificamente, a ascensão de elites militarizadas.

Esse novo mundo era Midgard, o lar do povo de cuja consciência coletiva esse mundo dos humanos emergiu: os escandinavos. Mas qual era o aspecto de Midgard?

No imaginário popular, sobretudo quando contemplada de certa distância, a Escandinávia ainda é um lugar de gelo e neve – o arquetípico Norte congelado. A realidade é bastante diferente, com variações na forma do relevo, clima e condições sazonais que estão entre as mais extremas do mundo. No entanto, em certo sentido, o estereótipo corresponde à verdade, na medida em que foram os efeitos da última Era do Gelo que criaram a paisagem que reconhecemos ainda hoje.

Em toda a Europa, a Escandinávia foi uma das áreas onde as geleiras perduraram por mais tempo, enterrando a terra sob uma camada de gelo de quase dois quilômetros de espessura, e ainda assim grande parte do continente foi colonizada por caçadores, pescadores e coletores móveis. Quando as geleiras começaram seu longo derretimento, por volta de 13 mil anos atrás, quando o Norte começou a se aquecer, foi o recuo dos glaciares que formou os fiordes, rios e lagos que se tornariam tão característicos da terra natal dos vikings. Isso também desencadeou outra transformação que continuaria, ininterrupta, por milênios, manifestada em mudanças no nível relativo do mar. À medida que derreteram, as geleiras liberaram água no oceano circundante, ao mesmo tempo que o alívio de seu imenso peso fez com que a própria terra se recuperasse e se erguesse. O grau de mudança flutuou e também diferiu por região, mas o resultado líquido foi uma queda constante no nível relativo do mar: desde a época dos vikings, partes da Suécia central subiram cerca de cinco metros acima da linha d'água de então. Isso significa que as pessoas daquela época conheceram rios cuja capacidade de tráfego de barcos para o interior era maior do que a desses mesmos cursos de água hoje, portos mais profundos que ofereciam melhor acesso a embarcações maiores e lagos que desde então se tornaram terra seca. O processo continua ainda hoje, à medida que a Suécia central aumenta a uma taxa de alguns milímetros por ano. Na Era Viking e nos séculos anteriores, a paisagem era, aqui e ali, substancialmente diferente de sua aparência atual, e tinha muito mais corpos d'água abertos.

De todas as áreas da Escandinávia, a atual Noruega é a que mais claramente carrega a marca do gelo. À medida que as geleiras se moveram devagar para o oeste, sulcaram vales profundos no leito de rocha, que então inundou e originou os fiordes – golfos sinuosos, escarpados, profundos e extensos – que permanecem como a característica definidora do terreno norueguês. Ao longo de mais de 20 mil quilômetros de costa recortada, esses produtos da última glaciação fizeram da Noruega um ambiente sumamente marítimo, sua população sempre dependente do mar para a subsistência. Ao longo da costa, conjuntos de ilhotas criaram passagens abrigadas que protegiam as embarcações dos flagelos do clima do oceano e que converteram as vias marítimas em uma importantíssima rota de transporte. A maior parte da massa de terra da Noruega continental é ocupada por montanhas que se estendem em sucessivas cordilheiras para formar um grande espinhaço norte-sul de terreno elevado ao longo de todo o comprimento da península escandinava. Lá o clima é sempre difícil e inóspito, com invernos letais de tão frios e profundas camadas de neve que perduram por muitos meses a cada ano, intercalados com ciclos de geada e degelo. O Extremo Norte do país é uma zona de tundra sem árvores, porém mais ao sul os fiordes eram delimitados por regiões de floresta.

A Suécia era naturalmente separada da Noruega a oeste por cadeias de montanhas. Abrangendo o Círculo Polar Ártico nas altas latitudes, cerca de 60% do país é conhecido hoje como Norrland (literalmente "Northland", [a Norlândia ou Terra do Norte]) e fica dentro da zona de taiga que, em última análise, se estende para o extremo leste e adentra as planícies da Sibéria. A paisagem aqui é caracterizada por elevações baixas e colinas de topo arredondado cobertas por vastas florestas de coníferas, que tornavam a região praticamente intransitável na Era Viking. No Norte da Suécia, em larga medida o povoamento agrícola se restringiu, portanto, às margens dos rios que cortam vastos e arrebatadores vales voltados para o leste em direção ao mar – um padrão de subsistência amplamente semelhante àquele encontrado ao longo dos fiordes noruegueses.

Nas regiões Central e Sul da Suécia, as florestas de coníferas escassearam e se fundiram com espécies decíduas, criando um ambiente de floresta mais aberto, mais parecido com partes do continente europeu. Férteis planícies de argila cobrindo o leito de granito formam o coração agrícola do país, que é pontilhado por lagos que, novamente, resultaram dos efeitos da glaciação. Serranias de cascalho deixadas pelo gelo formavam rotas de transporte naturais ao longo das redes de canais navegáveis e rios. O clima aqui sofria forte influência sazonal, com uma extraordinária variação anual. Na Era Viking tardia, a época do Período Quente Medieval, não teria sido incomum para um morador da Suécia central sentir na pele uma variação de temperatura na faixa de cinquenta a sessenta graus Celsius no decorrer de um mesmo ano, do inverno nevado ao verão escaldante.

A paisagem da Dinamarca é acentuadamente diferente da de seus primos do Norte, consistindo quase por completo de planícies agrícolas de baixa altitude com solos leves, mas férteis, salpicados de lagos, brejos e pântanos. Na Era Viking, grande parte do terreno de suaves ondulações da região era coberta por floresta decídua, mas, mesmo assim, um produtor essencial no âmbito da economia agrária escandinava. Embora com diferenças em escala e topografia, a Dinamarca tinha uma sociedade marítima de escopo tão amplo quanto a da Noruega, e nenhum lugar do país está a mais de 45 quilômetros do mar. Sobretudo no Norte do país, fiordes profundos penetram na terra, ainda que sejam delimitados por colinas suaves em vez de montanhas. Apesar de não ter os animais selvagens de caça de grande porte de seus vizinhos do Norte, a Dinamarca combinava os recursos do mar com a extensa produção de cereais, possibilitada pelos solos férteis das planícies.

Durante o Período de Migração dos séculos V e VI, estima-se que cerca de quarenta a cinquenta comunidades organizadas politicamente se estabeleceram ao longo das regiões costeiras e centros agrícolas do interior da Escandinávia. Restaram vestígios delas na arqueologia, correlacionados (até certo ponto) com reflexões muito obscuras em fontes escritas posteriores e vinculados a áreas geográficas definidas em larga medida pela topografia.

É difícil saber como chamar esses pequenos centros de poder. O primeiro etnônimo ou adjetivo étnico – um nome para um povo – nativo que temos da Noruega vem da própria Era Viking e, na verdade, da primeira descrição da Escandinávia que sobreviveu de um de seus habitantes. Isso está preservado em um admirável documento inglês que registra as conversas entre Alfredo, o rei de Wessex, e um visitante de sua corte na década de 880, conforme mencionei no prólogo. Ali nomeado

"Ohthere", é quase certo que fosse chamado de Óttarr em seu próprio idioma e parece ter vindo da região ao redor das ilhas Lofoten na Noruega ártica. De acordo com o escriba inglês que registrou o encontro, Óttarr chamou seu país de Norðveg, que em nórdico antigo teria aproximadamente o mesmo significado que se manteve: "Caminho do Norte". Era quase literalmente a passagem para o norte, uma clara referência a uma rota marítima ao longo da costa da Noruega. Os que viviam lá, o povo do próprio Óttarr, eram os "Homens do Norte", exatamente o mesmo sentido que se mantém nos termos em língua inglesa moderna: *Norway* (Noruega) e *norwegians* (noruegueses). Nas palavras de Óttarr, filtradas pelo texto em inglês antigo:

> Ele disse que a terra dos Homens do Norte era muito comprida e muito estreita. Todas as partes que eles conseguem pastar ou arar ficam à beira-mar; e mesmo assim é muito rochosa em alguns lugares; a leste, e lado a lado com a terra cultivada, estendem-se montanhas selvagens.

É difícil pensar em uma descrição mais sucinta e exata.

Ao contrário da Noruega, não há etnônimo universal conhecido que seja usado pela população que vive no que hoje corresponde à Suécia para descrever sua terra, ou a si próprios, durante o primeiro milênio da Era Comum. Há algumas evidências a sugerir que tanto as identidades políticas quanto também as étnicas tiveram orientação regional ao longo dos séculos imediatamente anteriores à Era Viking. O Centro-Sul da Suécia, em essência os territórios ao sul de Norrland, foi dividido entre dois grupos ou clãs, embora seja difícil encontrar com precisão um nome que reflita a natureza de sua organização política. Mais ao sul, abrangendo as terras do grande lago de Vänern e Vättern, e fazendo fronteira com a barreira da floresta de Småland, estavam os *gautar* ou *götar* (gautas ou gotas, termo às vezes anglicizado, de maneira problemática, como godos).[11]*
Eles ocuparam a região da ilha de Gotlândia [Götaland, Gotalândia ou

---

11 * Não confundir com os goths (godos), povo germânico tido como bárbaro que vivia entre os rios Elba e Vístula e que se espalhou pela Europa nos primeiros séculos de nossa era. [N. T.]

Gotland], que hoje se reflete nas províncias e comunas do leste e do oeste de mesmo nome.

Ao norte deles, centrados no vale do Mälar [ou Mälaren] e nas extensas planícies que fazem fronteira com ele, viviam os *svíar*, termo que hoje é grafado *svear* – os suenos ou suíones. Há muitas formas do nome, mas uma que ganhou uso generalizado vem do nórdico antigo ocidental: *Svíþjóð*, o "povo *svíar*", vocábulo às vezes empregado para descrever seu território, Svealand. São estas as pessoas que deram seu nome a todo o país (em sueco moderno, *Sverige*, literalmente "o reino dos *svear*"). Apesar da unificação simbólica, a Suécia permaneceria politicamente fragmentada até meados da Idade Média, e as relações sociopolíticas entre Svealand e Götaland continuam sendo uma questão polêmica, que ainda hoje geram certo grau de tensão.

Em meio a tudo isso, as estruturas políticas da Era Viking na Suécia diferem significativamente das da Noruega, onde o processo de unificação política se iniciou em uma data muito anterior, e ainda mais das da Dinamarca, que parece ter alcançado certo grau de coesão social e política muito antes de seus vizinhos do Norte. O registro mais antigo do nome *Denamearc* vem do mesmo texto inglês já mencionado: a descrição feita pelo norueguês Óttarr de sua terra natal e suas viagens por ocasião do encontro com o rei Alfredo. O termo latino para seus habitantes, *dani* ("daneses" ou "dinamarqueses"), tem antecedentes mais antigos, e achados arqueológicos corroboram que uma identidade regional se formou relativamente cedo.

Parte da razão para isso reside na geografia, na conexão da península da Jutlândia com a Europa continental e o arquipélago de mais de quatrocentas ilhas que guarda a entrada do Báltico através dos estreitos de Skagerrak e Kattegat. Toda essa área desenvolveu laços sociais muito próximos pelo menos meio milênio antes da Era Viking, com uma cultura bastante coesa que se estendeu da Jutlândia às maiores ilhas dinamarquesas de Zelândia e Fiônia [Fyn] e ao continente do que hoje é o Sul da Suécia. Essa última região foi separada da região de grandes lagos da Suécia central por uma fronteira natural de floresta densa e colinas, hoje essencialmente a província de Småland. A área ao sul, consistindo de Skåne e partes das províncias de Blekinge e Halland, foi considerada, em termos culturais e políticos, parte da Dinamarca até bem depois da Idade Média, e só seria formalmente incorporada à nação sueca no final do século XVII.

Além das três áreas principais da Escandinávia e seus arquipélagos costeiros, cada um deles dividido em várias pequenas comunidades organizadas no início da Era Viking, havia também uma série de importantes ilhas bálticas que conservavam sua própria cultura, mas ainda assim faziam parte da esfera nórdica mais ampla. Entre elas se incluem Bornholm, a leste da Zelândia, na Dinamarca; as ilhas de Öland e Gotlândia, situadas ao largo da costa sul e central da Suécia; e a cadeia estendida das ilhas Åland entre a Suécia e o que agora é a Finlândia. Todas desfrutavam de climas temperados adequados para assentamentos agrícolas, e ocupavam boa posição dentro das redes marítimas que se estendiam Báltico afora e além.

Este livro diz respeito principalmente à população do que hoje chamamos de Escandinávia. Problemas de terminologia e rótulos à parte, os vikings eram falantes de línguas indo-europeias, com origens, em última instância, no norte do continente, vivendo nos territórios da moderna Noruega, Suécia e Dinamarca. Mas não estavam sozinhos lá. Embora não desempenhe um papel de protagonismo aqui, o povo sámi seminômade variava amplamente como caçadores, pescadores e coletores e interagiram bastante com seus vizinhos "germânicos".

As origens dos sámi [também chamados de lapões ou saame] são desconhecidas, embora evidências genéticas e linguísticas sugiram que migraram rumo ao norte desde o sul da Europa para a Escandinávia durante a Idade da Pedra. Já se desperdiçou muita energia no acirrado debate sobre quem "chegou primeiro" na região e, portanto, qual dos povos nórdicos ou sámi pode reivindicar o epíteto de população nativa da Escandinávia. Está claro, sobretudo por causa da língua, que os dois grupos tinham identidades e culturas fundamentalmente diferentes. Nos últimos anos têm havido sugestões de que sua etnicidade se desenvolveu muito mais tarde durante a Idade do Ferro, de fato como uma divisão entre uma existência agrária fixa e estável e uma economia baseada na caça e, portanto, móvel. No entanto, embora essas diferentes estratégias de subsistência tenham coexistido, não há evidências de que eram mutuamente exclusivas e menos elementos ainda para sugerir que representavam em si mesmas uma espécie de dicotomia sámi-nórdicos.

Na Era Viking, é certo que os nórdicos e os sámi se estabeleceram na Escandinávia havia milênios. Hoje a terra natal dos sámi, conhecida como *Sápmi*, ignora as fronteiras geopolíticas dos países nórdicos e se estende pelas áreas do Norte da Noruega, Suécia e Finlândia, com uma pequena extensão território russo adentro na península de Kola. Na Era Viking, no entanto, os sámi perambulavam muito mais ao sul. Sepultamentos realizados em conformidade com rituais que em outros lugares seriam claramente entendidos como sámi – os característicos vestígios de acampamentos de tendas circulares com lareiras de pedra centrais – e itens isolados de objetos decorados com estilos de arte comuns entre os sámi foram encontrados em torno do condado de Trøndelag na região central da Noruega e mesmo ao norte de Oslo; na Suécia central, estavam presentes em Uppsala. A identidade é uma questão mais complexa do que os padrões de ornamento ou os ritos funerários, mas, tomada em conjunto, a massa de dados é convincente, em especial se contrastada com os núcleos de povoamento do tipo "nórdico", igualmente típicos, existentes no entorno.

Alguns sámi pastoreavam renas domesticadas (o animal chamado de caribu na América do Norte), das quais aproveitavam todas as partes, incluindo seu leite para o sustento diário e sua carne e as matérias-primas fornecidas por seu corpo. Outros caçavam e capturavam animais com armadilhas em busca de comida e peles, ou pescavam nos rios, lagos e praias. Os sámi eram gente da montanha, imagem que prevalece hoje no imaginário popular, mas também dos rios, das matas boreais de taiga e da tundra ao norte.

Acima de tudo, os sámi eram gente do tambor – o instrumento sagrado que era a principal ferramenta de seus *noaidi*, ou o que os antropólogos chamam de xamã. Suas crenças e práticas espirituais tinham conexões profundas com as de outras culturas circumpolares e diferiam marcadamente das dos escandinavos. No início do período moderno, quando missionários tentaram converter os sámi ao cristianismo, muitas vezes por meio da força brutal e da destruição intencional de seus valores espirituais ancestrais, cunhou-se uma palavra para representar os costumes dos velhos tempos, o passado que rapidamente esmaecia, sintetizando tradições que remontavam à Era Viking e além: *goabdesájgge* (no idioma lule dos sámi), o "tempo do tambor". Ao longo das narrativas deste livro, deve-se sempre ter em mente que o tempo dos vikings também foi o tempo dos tambores.

A Escandinávia da Era Viking, portanto, abrigava duas populações distintas vivendo em estreita proximidade e em relativa cooperação – vez por outra nos mesmos núcleos de povoamento ou até mesmo compartilhando residências –, mas seguindo seus próprios modos de vida e empregando tipos de cultura material substancialmente diferentes. Os sámi parecem ter tido pouco papel ativo na consolidação política do Norte, embora estivessem integrados a sua economia. No entanto, o apoio de suas comunidades nas florestas e montanhas pode ter sido um fator decisivo para a manutenção da estabilidade e o controle do poder.

Na Noruega, as primeiras comunidades organizadas tinham como eixo central os fiordes, tendo em vista o controle das rotas marítimas e as pequenas faixas de terras agrícolas ao longo dos vales. Na Suécia, suas áreas eram maiores em torno das planícies e lagos do Centro e do Sul, mas menores e concentradas na foz dos rios no Norte, estendendo-se pelas rotas aquáticas montanhas abaixo. Na Dinamarca – região menos extensa e mais plana em termos espaciais, e também mais próxima dos grandes blocos de poder do continente –, as comunidades incipientes eram ainda maiores, seguindo o vago impulso em direção a uma coesão política mais rápida, que podia ser sentido lá no início da Idade do Ferro.

Esses domínios em miniatura parecem ter sido conceituados como reinos, mas muito pequenos aos olhos modernos. Um fator fundamental nas novas estruturas de poder era o direito à propriedade da terra, que por sua vez dependia de como essa terra era obtida. Na ordem social que emergiu após o "Fimbulwinter", aparentemente a posse da terra estava concentrada nas mãos de poucos, e em seguida foi dividida em porções sob a forma de arrendamento. O apossamento das terras absenteístas parece ter começado bem antes do véu de poeira em 536, mas claramente se acelerou depois. Uma transição desse tipo teria ocorrido à força, ou talvez as fazendas desocupadas – vazias por causa da morte ou desaparecimento de seus habitantes – tenham sido simplesmente apropriadas, outro contexto no qual a passagem das armas pode ter proporcionado sua própria legitimidade.

Essa efetiva tomada da riqueza fundiária foi, então, consagrada em uma complexa camada de consolidação. Pode ser vista na construção de grandes salões e residências "reais" para os novos "monarcas". Aparece na atribuição de propriedades a militares de confiança, cuja violência leal propiciava tanto o caminho para a chegada ao poder quanto a garantia cabal de sua manutenção. Isso é possível de ser percebido no vigoroso apoio dado ao câmbio e aos mercados domésticos e estrangeiros, que proporcionavam luxos necessários ao pagamento dos séquitos. Deixou um vestígio na criação de tradições ancestrais espúrias de prática legítima – associadas aos deuses e antepassados míticos, respaldadas por rituais religiosos que homenageavam essas divindades da guerra. E, em sua conclusão mortal, manifestou-se na construção de montes tumulares maiores do que quaisquer outros jamais vistos, um registro permanente do poder estabelecido de forma inevitável na paisagem para que todos pudessem testemunhá-lo. Todo esse esforço se concentrava nos indivíduos, os autonomeados representantes de coletividades que eram em parte suas próprias criações, e os primeiros passos na fundação de dinastias familiares que as levariam futuro adiante.

O vácuo do poder romano que outrora servia como modelo político foi conscientemente preenchido por essas novas elites, que emulavam até mesmo a linguagem simbólica da antiga autoridade imperial – as linhagens divinas, retratos e uma versão escandinava de seus grandiosos monumentos. Isso não surpreende, pois eles ou seus ancestrais imediatos conheciam bem o Império Romano e seu mundo visual. Nunca se apartaram por completo do que Roma se tornou. O poder no Norte tornou-se sinônimo da exibição do poder em uma linguagem visual tosca o suficiente para tornar seu significado evidente para quem quer que fosse.

Dadas as pressões ecológicas do século VI e seu rescaldo, há um sentido inteiramente literal no fato de que as novas elites foram produtos de seu meio ambiente. Em termos mais específicos e mais direto ao ponto, daí em diante todo autodenominado "rei" escandinavo fez de seu ambiente uma extensão de si mesmo, à medida que ele e suas milícias imprimiam sua marca tanto na terra como nas pessoas. Nos duzentos anos imediatamente anteriores à Era Viking, alguma versão desse sistema foi implementada de uma ponta à outra do Norte, amplificada e consolidada por cada regente sucessivo em cada minúsculo reino. Esse processo envolveu também todos os seus líderes militares, seus homens e suas famílias e criados. São esses governantes e governados que povoam a poesia da Era Viking, as histórias e contos ancestrais que mantiveram o passado próximo. Embora seja um texto escrito em língua anglo-saxã (inglês antigo), a epopeia *Beowulf* conta uma história exclusivamente escandinava dos dinamarqueses, suecos e gautas, de suas guerras e rivalidades, e da cultura obcecada pela honra que lhes dava sustentação. Ecos confusos das mesmas memórias compartilhadas, e por vezes os mesmos indivíduos, aparecem nas sagas lendárias islandesas. Em todos os casos, os protagonistas são membros de dinastias familiares: os Ynglingar [ou Ynglingos], os Skjöldunga [ou Escildingos], os Völsunga [ou Volsungos] e outras. Eram os novos-ricos, os homens do final da Idade do Ferro que venceram por mérito próprio, que por meio da luta chegaram ao poder e criaram pequenos mundos à sua imagem e semelhança. Um historiador chamou esses senhores da guerra de "oportunistas violentos", e ele está certo.

Esse modo de vida foi codificado em monumentais paisagens de montes funerários e grandes salões dos quais ainda se podem encontrar vestígios hoje em lugares como Gamla (isto é, "Velha") Uppsala, na província sueca de Uppland [Uplândia]; Borre, em Vestfold, na Noruega; e Lejre, perto de Roskilde, na Dinamarca. Representam uma confluência de fatores familiares de tempos mais recentes, sobretudo a ênfase na exclusividade e na importância do pertencimento dentro de um grupo definido. Seu *éthos* militarista prosperou com base em noções de companheirismo honrado, fortalecido por laços de obrigação e juramentos de apoio mútuo, e em certo sentido representou um refinamento de identidades que estavam presentes na Escandinávia pelo menos desde a Idade do Bronze. Construído em torno daquilo que um estudioso chamou de "a beleza do guerreiro", combinava uma estética violenta com lealdade juramentada e uma deslumbrante cultura material de matança.

Os montes reais em Uppsala eram, todos, túmulos de cremação; assim, as riquezas que antes continham foram reduzidas a fragmentos incinerados, mas os arqueólogos conseguem reconstruir os colares de ouro, elmos, armas incrustadas com gemas (granadas, por exemplo) e artigos de luxo importados. A partir de achados de outros sítios, como em Högom, na região sueca de Norrland, é possível conhecer as roupas que eles usavam:

peças inteiras de tecido vermelho brilhante, com botões de ouro e fios de ouro e prata debruando e enfeitando bordas, punhos e bainhas. Conforme a pessoa se movimentava, o traje captava a luz; não era roupa para gente modesta nem discreta.

A poucos quilômetros de Uppsala fica o cemitério de Valsgärde, conjunto de sepulturas do que parece ser uma família estendida durante toda a Idade do Ferro. Cerca de quinze barcos funerários enterrados foram encontrados ali, um para cada geração, com magníficas insígnias: enormes escudos, às vezes três por túmulo, suas tábuas revestidas por armações decoradas em forma de animais e entrelaçadas; pesadas lanças de guerra; e armas douradas decoradas com os característicos padrões de vermelho sobre ouro de granadas cloasonadas, técnica de esmaltagem com filetes metálicos para separar cores.

O símbolo máximo do código social era a espada-anel, mencionada na poesia e representada por muitos achados arqueológicos – uma arma com um anel de ouro engastado em sua empunhadura. Era o símbolo de lealdade em batalha, juramentado e aceito, a marca de um comandante de guerra. Nas grandes cerimônias fúnebres realizadas em barcos dos séculos VI e VII, o mais impressionante são os elmos, cada um deles uma máscara de guerra que cobria o rosto (e às vezes toda a cabeça e o pescoço em uma cota de malha). A superfície desses capacetes é composta por dezenas de pequenas placas, cada uma decorada em relevo com cenas da mitologia do Norte: minúsculos guerreiros a pé e a cavalo, monstros, criaturas aladas, metamorfos e o que parecem ser os próprios deuses da guerra. Esses homens eram uma ilustração ambulante da ideologia nórdica. Os túmulos também contêm os restos mortais de cães de luta, com coleiras com pontas e coleiras de corrente, bem como aves de rapina treinadas para pousar no punho do dono. Os barcos eram cercados por animais abatidos, como cavalos e gado, que deviam encharcar o solo com seu sangue. As próprias embarcações eram decoradas, as amuradas eriçadas com espirais curvas de ferro, talvez inclinadas à frente à guisa da crina de um dragão, fazendo as vezes de acrostólio.

Eram homens que ninguém deixaria de reconhecer, que se destacavam na multidão aonde quer que fossem – uma personificação literal da hierarquia.

Na Suécia, o primeiro desses locais a ser descoberto – o campo de barcos fúnebres em Vendel, em Uppland – deu seu nome a todo um período de tempo, cerca de 550 a 750, os dois séculos que levaram à Era Viking. As terminologias variam; na Noruega, o Período Vendel é conhecido como Período Merovíngio, enquanto na Dinamarca se combina com o Período de Migração para nomear a Idade do Ferro Germânica.

A nova ordem social envolvia todos os membros da comunidade, não apenas as elites predominantemente masculinas. Em Valsgärde, os barcos fúnebres são intercalados com cremações e câmaras mortuárias, em muitas das quais mulheres eram enterradas com objetos de alto status, de maneira semelhante ao sepultamento dos senhores dos navios. É apenas o preconceito moderno que considera os "espetaculares" ritos fúnebres nos barcos mais importantes que os demais. Na verdade, a poesia desses reinos celebra explicitamente o poder das rainhas, influentes figuras de destaque nos salões, levando hidromel para os autodenominados heróis em taças enfeitadas com joias preciosas.

A escala dessas paisagens mortuárias também precisa ser avaliada. Nas províncias de Uppland, Södermanland e Västmanland, na Suécia central – os territórios que fazem fronteira com o lago Mälaren e, portanto, a porta de entrada para o Báltico –, há quase trezentos monumentais montes tumulares com mais de vinte metros de diâmetro. Isso é muito maior do que qualquer túmulo convencional construído com terra e pedras, e essas sepulturas são os túmulos dos novos "reis", seus apoiadores da elite e os membros do mais alto escalão de seus séquitos. O padrão se repete no oeste da Suécia e, em uma escala muito menor, no Norte do país.

O mapeamento desses jazigos nos permite estimar o tamanho das comitivas que os senhores da guerra podiam comandar. A julgar pelos montes tumulares, a região de Uppsala provavelmente poderia abrigar de quarenta a cinquenta líderes do tipo enterrados nos barcos de Valsgärde, reforçados por uma hoste de talvez quinhentos a oitocentos guerreiros. Se quisessem entrar na água, cerca de cinquenta ou mais barcos do tipo de Valsgärde seriam necessários para transportá-los. Era o "exército" que os reis de Uppsala levavam consigo para a guerra.

Existem também aspectos dos monumentais cemitérios que suscitam outras questões, já que alguns dos magníficos barcos fúnebres eram cobertos por tendas sámi feitas de casca de bétula com característica decoração chamuscada, usadas para envolver alguns dos navios funerários; da perspectiva sámi, o invólucro transformava toda a embarcação em um túmulo, embrulhado de acordo com sua prática. É difícil saber o que isso significava – talvez um presente diplomático, como um dignitário estrangeiro depositando uma coroa de flores no funeral de um político moderno, ou algo mais interativo? Uma relação próxima entre os escandinavos e os sámi nos níveis mais altos, no entanto, parece estabelecida.

A transformação social do Norte se estendeu às casas dos fazendeiros, e até mesmo o projeto e o desenho dos edifícios mudaram para se ajustar às novas normas da vida doméstica. As festas e os banquetes comunitários ao ar livre, com o uso de caldeirões e fogueiras em buracos abertos no chão para cozinhar, deram lugar à cultura do interior do salão, reproduzida em menor escala nas casas dos camponeses e suas famílias.

A arquitetura foi especialmente crucial para as novas ideologias do Norte, uma vez que os novos dramas de poder exigiam expansivos espaços performativos para sua encenação. É possível buscar nessa época evidências da ascensão da cultura do salão. Essencialmente um desdobramento da tradicional casa longa escandinava, a área de estar foi redefinida como um espaço comunal feito para exibição pública. As áreas onde se cozinhava eram separadas em uma das extremidades, fora da vista, enquanto os aposentos privativos do senhor ficavam na outra, também apartados do salão principal. Essas estruturas eram dotadas de entradas diferentes para convidados de categorias distintas e, às vezes, áreas de recepção ou vestíbulos onde era possível remover as armaduras e armas antes de entrar.

Compridas lareiras ocupavam o centro do salão, com plataformas de ambos os lados onde os convidados se sentavam em bancos. Mais tarde, depois que os móveis e utensílios eram retirados, deitavam-se ali para dormir. Numa extremidade do salão, ou no meio de uma longa lateral, ficava o assento alto do senhor do salão, o dono da casa – o lugar principal. Os convidados eram bem-vindos; na verdade, sua presença era em parte a razão de ser do salão, inseparavelmente ligado à sombria lógica da hospitalidade obrigatória e recíproca que fazia parte do código da elite. Os salões eram arenas de reconhecimento mútuo, lugares onde se contavam histórias durante banquetes e bebedeiras (especialmente bebedeiras), onde se davam e recebiam anéis e outros símbolos de generosidade com os quais o senhor controlava seus homens, que por sua vez faziam cumprir os desejos do senhor entre as pessoas. Essas edificações também eram lugares de acentuadas marcas de gênero, repletos de simbolismo ligado aos papéis de homens e de mulheres.

O salão tinha sua própria moeda verbal, uma linguagem especial de honra pessoal, amor-próprio e elogios públicos de encomenda que mediavam as mensagens de poder que o edifício fora projetado para transmitir. O salão era o principal ambiente social e cultural de circulação da poesia e de seus mestres, os *skalds* ou escaldos. Numa sociedade oral sofisticada como a Escandinávia de Vendel, e mais tarde viking, uma das principais tarefas dos poetas era encontrar uma linguagem memorável por meio da qual destilar o que era necessário saber, permitindo às pessoas reter o que precisavam guardar de seu passado coletivo. Esse projeto cresceu com o tempo, parte dos mecanismos de autoperpetuação que mantiveram essas sociedades em movimento. Hoje podemos perguntar o que um poema "significa", mas isso não faria sentido para o trabalho dos escaldos. Ao esboçar suas complexas imagens-palavras, esses bardos simplesmente possibilitaram que as coisas que descreviam e contavam fossem, elas mesmas, mais verdadeiras.

Em certo sentido, esse "mundo ficcional" do final da Idade do Ferro dependia, para sua vitalidade, do cenário da habitação, o bruxuleante círculo de luz ao redor da lareira – fosse na casa longa de um fazendeiro ou no espaço épico do salão. O interior da casa era a proximidade de contadores e ouvintes de histórias, e o lado de fora, a escuridão. No mais formidável poema de meados da Idade Média, *Beowulf*, um edifício famoso desse tipo é quase um personagem central. Aqui, o salão é civilização, luz, fama, honra, memória, história e alegria – além de suas portas e, no poema, literalmente esmagando-os, estão os monstros de caos e a noite.

Muitos dos poemas nórdicos antigos apresentam complexas e detalhadas narrativas de feitos de reis e da destreza de heróis, façanhas que muitas vezes contrastam com atos menos dignos de homens inferiores. Funcionavam por meio de elaborados esquemas métricos e rítmicos, por meio de imagens e jogos de palavras. Há também o mundo ricamente texturizado dos símiles, ou "*kennings*", tipos de figuras de linguagem em que dois ou mais substantivos e descritores são combinados para evocar um objeto, em termos visuais ou metafóricos. Assim, o oceano era "a estrada das baleias", um navio era um "cavalo das ondas" e os pensamentos de uma pessoa eram "ondas na costa do mar da mente". Árvores eram analogias frequentes para humanos, quase certamente brincando com o Freixo e o Olmo. Nessa criação de um arsenal imagético, as pessoas eram os "troncos" que carregavam outras coisas – assim, os homens podiam ser chamados de "árvores de armas", as mulheres, "árvores de joias" e assim por diante, enquanto braços e pulsos eram "galhos" nos quais objetos podiam pousar como pássaros. Ao descrever os jogos da luz incidindo sobre armas ou armaduras, usavam a circunlocução "como o sol em um campo de gelo quebrado". Novamente, qualquer um que duvide da sofisticação da mente escandinava do final da Idade do Ferro precisa apenas se voltar para a poesia deles, fonte inesgotável de maravilhas. Essas habilidades tinham um mito todo próprio.

> *No final da guerra das famílias divinas, os deuses selaram a paz cuspindo em um vaso comunitário, e da saliva fizeram um homem. Seu nome era Kvasir; ele sabia a resposta para todos os enigmas e era capaz de desvendar qualquer quebra-cabeça e jogo de palavras. Em suas viagens, Kvasir foi emboscado e assassinado por dois anões [Fjalarr e Galarr], que misturaram seu sangue com mel para fazer um hidromel que continha todos os poderes da poesia. Após uma série de atos malignos, os anões entraram em conflito com um gigante e, para escapar com vida, foram forçados a entregar a bebida. A fama do hidromel que concedia a quem o bebia o dom da arte poética se espalhou, mas era guardado dentro de uma montanha pela filha do gigante, Gunnlöd. Tendo tentado usar de ardis para provar o sabor da poção [história que, com brutalidade característica, envolve o assassinato de nove escravos], Odin, assumindo a forma de uma cobra, finalmente abriu um túnel dentro da rocha e seduziu Gunnlöd. Passou três noites com ela. Ela deu a ele três goles de hidromel, mas ele engoliu tudo de uma vez. Transformado em águia, Odin voou de volta para Asgard, escapando dos gigantes que os perseguiam e vomitando o hidromel dentro de recipientes que os deuses colocaram em prontidão.*

O conto tem todas as características marcantes de Odin: astúcia, violência, trapaça sexual, roubo, metamorfose e vitória. Para todo o sempre o dom da poesia estava em poder do deus, e, assim, um verdadeiro escaldo ficou marcado como beneficiário do favor divino, devidamente estabelecido no assento de um rei.

O salão e a cultura do salão eram a máquina no cerne dos novos regimes escandinavos. É fascinante examiná-los por dentro.

Escavações em Gamla Uppsala ao longo de muitos anos revelaram uma sequência de extraordinários salões reais em terraços elevados no ponto mais alto do sítio. Erguendo-se sobre a planície circundante, teriam sido visíveis a quilômetros de distância, e é isso o que *"Uppsala"* significa: "os salões altos". A estrutura principal tinha cinquenta metros de comprimento e doze metros de largura, provavelmente com dois andares – um dos maiores edifícios do Norte. As colunas internas de sustentação do telhado eram árvores inteiras, escavadas metros no terraço abaixo. Uma ampla rampa processional conduzia da planície às suas portas duplas acima, totalizando três metros de um lado ao outro. Em algum ponto a estrutura se queimou, preservando muitos detalhes intactos, enquanto fragmentos de seus adereços foram cuidadosamente recolhidos e enterrados como oferendas de encerramento ao longo de paredes e postes.

Proporcionando uma imagem ainda melhor de qual era o aspecto desse edifício, dezenas de espirais de ferro foram encontradas ao longo das linhas da parede e agrupadas em torno das portas – a menor delas tem o comprimento de um dedo, a maior o tamanho de um antebraço. O salão era coberto com pontas de ferro curvas, projetando-se da madeira. São idênticas às espirais de navios nos arredores dos barcos funerários de Valsgärde, sugerindo uma espécie de emblema para o povo da região. Ainda mais empolgante era a decoração em ferro trabalhado nas portas: mais espirais, niveladas com a madeira, juntamente com volutas e outros ornatos e padrões, o todo assemelhando-se a portas de igrejas medievais (decerto essa tradição era muito mais antiga do que se pensava antes). E por fim havia as dobradiças das portas: lanças de verdade, marteladas em uma curva em torno das ombreiras, dispostas para que as lâminas ficassem apoiadas sobre as superfícies da porta, as pontas em direção ao centro.

A entrada para o salão se dava, portanto, através de um portal de armas, trazendo à mente a descrição da própria residência de Odin, Valhalla – outra ressonância para os reis de Uppsala.

Em Lejre, Dinamarca, a residência dos reis Skjöldunga da Zelândia, (possível localização do salão Heorot em *Beowulf*), fieiras de edifícios do palácio real foram escavadas na crista da encosta, elevando-se sobre a planície como em Uppsala. Novamente com quase cinquenta metros de comprimento, mas aqui o complexo é circundado por edifícios anexos auxiliares, oficinas e estruturas de culto que os arqueólogos estão apenas começando a distinguir nos sítios suecos. As dimensões desses salões variavam com o clima. O maior de todos, em Borg, nas ilhas Lofoten na Noruega ártica, tem *oitenta metros de comprimento* – o tamanho da catedral medieval de Trondheim, construída séculos depois. Poucas pessoas hoje já viram uma construção em madeira nessa escala, realmente merecedora do conceito de espaço épico.

Essa arquitetura se repete em todo o Norte. Exemplos semelhantes, ainda que não tão grandiosos, ocorrem em muitos locais. São encontrados em Borre e em Kaupang, na Noruega, onde o lugar era conhecido como Skiringssal, o "salão reluzente". Achados de fornos de cal indicam que os salões em Tissø, na Dinamarca, tinham paredes caiadas de branco, e algo semelhante foi descrito pelo historiador romano Tácito cerca de setecentos anos antes, entre as tribos germânicas continentais. Esses grandes edifícios teriam brilhado ao sol.

Com o auxílio da arqueologia, alguma ajuda de registros escritos e um pouco de imaginação, pode-se vislumbrar o cenário em seu interior. Em particular, há descrições posteriores, como um maravilhoso episódio da *Saga de Egil Skalla-Grímsson*, do século XIII. Nela, o famoso poeta-guerreiro e seus homens estão se divertindo no salão de seu inimigo mortal, o ódio recíproco encrespando-se sob as rígidas regras de hospitalidade. Serve-se boa comida; o chifre de cerveja passa de mão em mão na luz fraca e esfumaçada, onde é difícil saber exatamente o que está acontecendo. Os brindes sem fim; homens desmaiando e vomitando, alguns chegando até as portas, outros não. Mulheres observam, cautelosas, servindo cerveja e comida, tentando manter-se fora do caminho. Tensão insuportável por um momento, bonomia embriagada no seguinte; a violência mortal é sempre uma possibilidade, instigada por uma palavra descuidada (ou bem premeditada).

Mais uma vez podemos recorrer a *Beowulf*, todo o poema épico uma longa encapsulação desse *éthos* guerreiro do salão. Aqui está o jovem herói Wiglaf, filho de Weohstan, defendendo seu senhor diante deste último e exortando seus companheiros a se lembrarem de seus juramentos:

> Lembro-me de quando o hidromel jorrou,
> de como juramos lealdade ao nosso senhor no salão,
> prometemos ao que nos deu o anel que valeríamos nosso preço,
> que faríamos bom uso dos equipamentos de guerra,
> a dádiva daquelas espadas e elmos, como e quando
> sua necessidade exigisse. Ele nos escolheu a nós
> em meio a todo um exército, nos honrou e nos julgou
> aptos para esta ação, deu-me estes luxuosos presentes –
> e tudo porque nos considerou os melhores
> entre seus guerreiros portadores de armas.

Esse era o tipo de verso declamado em torno da lareira.

A luz do fogo também tinha um efeito perturbador que emprestava um aspecto sobrenatural aos senhores reunidos no salão. A poesia descreve como usavam seus elmos dentro de casa, e as bruxuleantes chamas alaranjadas da lareira animavam as imagens em relevo que cobriam suas pequenas placas de metal prensado. Os rostos dos senhores da guerra estavam velados por uma massa de figuras em movimento, dançando nas sombras. Mais uma vez pela ação da luz do fogo, parecia faltar um dos olhos a algumas das imagens do elmo, efeito obtido pela omissão seletiva em suas feições do reflexo da folha de ouro que revestia as granadas cloasonadas – um senhor de olho único simbolizando o deus de um olho só, Odin, o patrono supremo da nova realeza. Isso poderia até mesmo ter sido interpretado como uma possessão, quase uma transformação.

O mesmo efeito era cultivado pelos visitantes. Em muitos dos salões, arqueólogos encontraram pequenas folhas retangulares de ouro puro, finas como uma hóstia e estampadas com imagens. Há figuras humanas, sozinhas ou em pares, fazendo gestos formais – apontando, dando um abraço, um beijo – ou com os braços em posições tão específicas que devem significar algo. As figuras geralmente estão de perfil, mas vez por outra são vistas de frente. Suas roupas e estilos de penteado são retratados com minúcia, uma fonte importante para nosso conhecimento sobre moda, vestimentas de gênero e sinais sociais. Carregam cajados, armas, chifres e taças. As figuras ficam dentro de bordas de ouro frisado ou em meio a padrões entrelaçados. Algumas nem sequer estão nas placas das folhas de ouro, mas parecem desenhos recortados em estilo livre como bonecas de papel sobre metal precioso. Em número ainda menor, há algumas que não são humanas nem divinas, mas algo totalmente diferente: formas estranhas e inchadas – monstros, talvez, ou seres de outro mundo. As folhas de ouro tendem a se agrupar em torno dos buracos das colunas de sustentação do teto e provavelmente eram fixadas nas vigas com resina ou algum adesivo desse tipo.

Nas poucas ocasiões em que as matrizes de estampas usadas para a produção em massa das folhas de ouro foram encontradas, ficou evidente que havia temas e motivos específicos para complexos de salões individuais; em outras palavras, um projeto específico denotava um único lugar ou suas pessoas. Talvez as folhas fossem elegantes cartões de visita de alto nível, ou símbolos diplomáticos apresentados pelos visitantes e, em seguida, afixados no lugar do anfitrião no salão. Múltiplas imagens repetidas nas folhas presas colunas de sustentação indicam o retorno de visitantes e, portanto, uma recepção generosa. Quanto maior a variedade de folhas em um só lugar, mais conhecido o senhor por receber hóspedes de todos os lugares. No brilho do fogo, as folhas de ouro também brilhavam, as altas escoras do telhado aparecendo através da fumaça como pilares de luzes douradas e brilhantes.

Mas, no fim das contas, como tudo isso era pago e mantido?

O comércio de longa distância não era novidade na Escandinávia. As redes da Idade do Bronze já haviam atravessado a Europa e, mesmo após uma contração no início da Idade do Ferro, a influência do Império Romano trouxe inovação e produtos importados para o Norte. Mas essas conexões também sofreram o baque do declínio imperial – foram uma parte real da crise do Período de Migração e possivelmente até mesmo uma de suas causas. Há muito se sabe que os líderes militares pré-vikings de alguma forma conseguiram restaurar, revitalizar e até mesmo realinhar e ampliar conexões no exterior, mas estudos recentes mostram que o alcance dessas ligações é muito maior do que se pensava antes – chegam além do que, não faz tanto tempo, imaginava-se serem as fronteiras de seu mundo.

Escavações de oficinas de joalheiros suecos revelaram provisões escondidas de granadas, gemas importadas como matéria-prima da Índia e do Sri Lanka. O marfim do elefante talvez tenha percorrido um caminho semelhante, através do golfo Pérsico e depois por terra nas rotas de caravanas ou através do mar Vermelho para os portos do Mediterrâneo. Joias e vidraria romana, assim como objetos de metal bizantinos, vieram da mesma maneira. Há contas de cornalina de Sindh, preciosas conchas de cauri de Arábia, e até peles de lagarto de Bengala. No assentamento próximo aos cemitérios de Sutton Hoo, no leste da Inglaterra, o exato contemporâneo e equivalente aos cemitérios de Vendel na Suécia, havia um balde decorado do Egito. A lista continua, e somente agora os arqueólogos, rastreando os itens que as percorriam, estão começando a descobrir como essas redes funcionavam e até onde se estendiam. A hipótese mais recente – e convincente – é que, entre os séculos VI e o VIII, o Norte efetivamente formou o ponto-final ocidental da Rota da Seda, que por fim se estendeu até Tang, na China, Sila e até a Coreia, e, no século VIII, a Nara, no Japão.

As elites escandinavas desenvolveram estratégias cuidadosas para acessar essas redes comerciais. Para participar de um comércio tão amplo e largamente distribuído, deviam ter um estoque pronto de bens muito procurados fora do país. Que coisas eram essas e de onde vinham? Na última década de pesquisas arqueológicas, veio à tona o fato de que além de promover a troca de presentes de prestígio e o uso de bens estrangeiros, os novos governantes também criaram teias mutuamente benéficas de comércio de longa distância *dentro* da Escandinávia – os recursos de um pequeno reino complementando de forma conveniente e vantajosa a riqueza doméstica de outro. Na prática, mesmo os produtos de áreas remotas do Norte poderiam ser redirecionados para os reinos ascendentes da costa, que em seguida os canalizariam para o comércio exterior.

A descoberta dessa economia transacional significa repensar as estruturas da própria fazenda, que regiam o modo como as mercadorias eram produzidas e movimentadas – sobretudo o conceito tradicional de sistema de cultivo interno (a área lavrada imediatamente próxima à casa da fazenda onde as lavouras eram semeadas) e as terras afastadas. Essas "terras de fora" costumam ser vistas como campos de pastagem e áreas de pastoreio, em geral prados de terras altas, ambientes marginais, embora úteis para a criação de animais que eram utilizados longe da fazenda ou, sazonalmente, em microclimas mais inóspitos. Agora está claro que as "terras afastadas" como uma zona econômica nocional poderiam de fato se estender centenas de quilômetros a partir dos pontos que elas abasteciam, exigindo uma redefinição do que eram – e, mais importante, para que serviam.

Para citar apenas alguns exemplos, uma indústria de fabricação de alcatrão cresceu em uma escala que teve um aumento contínuo até o final da Idade do Ferro, as exportações das florestas suecas sendo transportadas para o mar e atendendo a uma demanda para a proteção de madeira e velas (comércio que os suecos continuariam a operar até meados do século XIX). Da mesma forma, no Sul da Suécia apareceram peles de ursos caçados nas florestas do Extremo Norte – as peles eram levadas ao longo da costa a partir de locais nos estuários de rio de Norrland. Um comércio paralelo conectou os caçadores de peles de Jämtland, na fronteira com a Noruega, aos consumidores das terras chãs suecas. Todas essas áreas eram, portanto, "terras afastadas" de comunidades agrícolas do outro lado da Escandinávia, tanto quanto as pastagens de animais a algumas centenas de metros de seus campos de cultivo interno.

As terras afastadas incluíam até mesmo os longínquos pesqueiros de alto-mar do Atlântico. Assim, uma baleia espetada com um arpão nas águas árticas de Lofoten, arquipélago na Noruega, poderia fornecer o osso para uma peça com a qual alguém poderia ganhar uma partida do popular jogo de tabuleiro *hnefatafl* em Uppsala, na Suécia, ou a placa na qual um dinamarquês alisaria uma camisa de linho. O catálogo dessas mercadorias está sendo ampliado o tempo todo.

Nem tudo isso é produto da "crise" e sua resposta. A caça de alces e renas por meio do uso de armadilhas de queda, por exemplo, claramente começou a se acelerar no século V, antes do declínio do assentamento principal. A exploração indiscriminada das terras afastadas que começou a decolar no século VI foi, portanto, em parte uma adaptação de tendências que já haviam começado, embora talvez tenham sido aplicadas mais prontamente em novos contextos. É certo que pelo menos a partir do século VI (e talvez muito antes) havia conexões mercantis entre o Extremo Norte da Escandinávia e o Sul, entre o Leste e o Oeste e também pelo continente europeu. Mas a ampliada utilização doméstica das terras afastadas (nessa sua nova definição) forneceu os bens comerciais para ativar o câmbio, em especial na forma de peles, e corroborou imensamente a expansão dos pequenos reinos.

Assim, a utilização das terras afastadas a partir do século VI atuou como uma espécie de campo de treinamento experimental para a expansão mercantil de maior fôlego que viria a caracterizar a Era Viking. A diferença é que no período pré-viking parece que em grande medida o comércio veio *para* a Escandinávia, talvez por meio de agentes intermediários de uma arena de comércio comunal no Báltico e ao longo de sua costa. Na Era Viking, os próprios escandinavos levaram o comércio para o exterior, pelo mar e por via terrestre, até seus pontos de origem.

A partir do início do século VI, podemos detectar também um aumento na produção de ferro – usado para armas, armaduras e cavilhas, pregos e rebites que uniam as peças da construção dos navios. Isso não apenas sinaliza o mesmo tipo de uma nova iniciativa econômica que pode ser vista em outras mercadorias, mas as utilizações específicas do ferro são reveladoras: a Escandinávia estava se armando.

Ao longo desse período de profundas mudanças, a Escandinávia estava longe de ser um lugar isolado na Europa, e esses desdobramentos não se limitaram ao Norte. Havia conexões ativas com o que hoje equivale à Polônia, à região da fronteira alemã, ao Norte da Itália, à Hungria e além. Mesmo que seja difícil determinar com precisão a natureza dessas ligações, havia forças militares móveis constantemente tirando proveito do lucrativo resultado da retirada imperial. À medida que o "novo Norte" começava a tomar forma, os merovíngios lutavam de forma semelhante para abocanhar reinos na França, com aspirações que se estendiam a partes do Sul da Alemanha; os lombardos assumiam o poder do outro lado dos Alpes, na Itália; os saxões consolidavam seu domínio ao longo da região da fronteira dinamarquesa.

Esse mesmo período pós-romano também viu os primeiros assentamentos de povos germânicos do norte no sul da Britânia, que ao longo dos séculos se tornaram ingleses e, por fim, deram origem à nação que leva seu nome. As conexões entre as terras baixas norueguesas e suecas e o leste da Inglaterra eram particularmente estreitas e, de certa forma, essa ligação nunca se perdeu. O famoso navio funerário em Sutton Hoo, datado de cerca de 625, continha um elmo, trajes de gala, insígnias e joias da Coroa, e um conjunto de armas que não estaria fora de lugar na Suécia e, de fato, parece ter sido pelo menos em parte importado de Uppland. Uma das placas de imagem no capacete foi inclusive gravada em uma matriz feita na mesma oficina de uma sepultura real em Uppsala, enterrada com rituais que indicam um conjunto compartilhado de valores e ideias políticas. A cosmovisão do período pré-viking, em termos de pensamento, atitudes, sistemas de crenças, suposições, quer os estudiosos de hoje o chamem de Período Vendel ou Período Merovíngio, se estendeu de maneira homogênea pelo mar do Norte.

O argumento não deve ser exagerado, mas é impressionante que os princípios-chave das novas sociedades que surgiram da crise do Período de Migração parecem ter incluído uma acentuada ascensão da ideologia militarista, infundida com códigos de honra intransigentes, lealdade sob juramento e obrigações de retribuição violenta. Esses valores foram expressos no crescimento de uma cultura de elite expansionista e baseada em salões, cuja visão elevada de si mesma era alimentada por um apetite constante pela guerra. O fundamento de todo esse aparato era uma dependência cada vez maior da família e dos parentes – uma dependência dos insuperáveis redutos da coesão social e de seus laços inquebrantáveis. Não é difícil ver isso tudo como um baluarte contra a memória distante do colapso do século VI.

Estes, então, foram os componentes da Era Viking, estabelecida mais de duzentos anos antes: o lento colapso do poder pós-romano; a reação em cadeia de seus efeitos diretos em termos econômicos e instabilidade militar no Norte; e as manobras oportunistas dos que tentaram tirar proveito desses efeitos. Uma situação já instável desmoronou de vez por causa de algo terrível que aconteceu na década de 530 – o escurecimento dos céus, que lançou dúvidas sobre as próprias bases das crenças dos povos do Norte em seus deuses. À medida que o véu de poeira continuou e continuou, "três desses invernos, sucessivos,/ e nenhum verão entre eles", e as colheitas morreram, os laços da sociedade em si começaram a se esgarçar. Então teve início a fome generalizada, seguida pelos anos de luta pelas sobras. Talvez metade de toda a população escandinava tenha perecido, o Ragnarök prefigurado. No decorrer de décadas e séculos, o Norte se recuperou, mas se refez e se remodelou em um tipo diferente de mundo. É possível rastrear nessa época o esboço de quase tudo o que estava por vir: as estruturas sociais e políticas, a economia e as conexões com comércio de longa distância no exterior, os rituais e estados emocionais, e a propensão para a violência.

3

A rede social

Em última análise, todos na Escandinávia da Era Viking viviam dentro da órbita estendida da fazenda e da família, e também dentro dos códigos sociais que os uniam. O mais importante de tudo eram os laços de parentesco, fosse por sangue, fossem adquiridos por meio de instituições como o casamento. Os homens, sobretudo, também estavam ligados por um tipo especial de amizade formal e por alianças políticas incorporadas em laços pessoais. Esses vínculos eram complexos e de vasta abrangência, mas firmes. Todos os aspectos da vida – desde a possível escolha do parceiro até a ordem da lareira e da casa, até mesmo o que uma pessoa vestia e comia – dependiam da rede social e do lugar que o indivíduo ocupava nela. Essas estruturas, esses relacionamentos e todos os muitos, muitos objetos de uso diário estão no cerne do mundo social dos vikings – fisicamente localizados ao redor da fazenda e dentro da casa. Eles devem ser examinados juntos.

Algumas surpresas aparecem de imediato. Muitos casamentos vikings eram políginos, por exemplo – os homens podiam se casar com mais de uma mulher, embora cada mulher só pudesse ter um marido. Ademais, havia uma instituição de concubinato, que na Era Viking estava muito longe da subserviência sexual evocada pelo clichê do harém oriental, e também ligava homens e mulheres uns aos outros de maneiras complicadas e variadas.

A arqueologia permite reconstruir em detalhes essa rede social, desde os tipos de arquitetura até a comida na mesa, bem como o comportamento que ocorria lá. Talvez seja nesse ponto que os vikings se revelem mais claramente como o oposto do lugar-comum dos "cabeludos bárbaros". Na verdade, homens e mulheres da Era Viking se arrumavam e se vestiam com apuro, e cuidavam tão bem da aparência a ponto de serem fastidiosos – nada mais adequado, uma vez que viviam em um mundo totalmente visual. Suas roupas, bens, móveis, veículos e edifícios eram todos adornados – assim como sua pele. A noção de "arte" não faz justiça a esse mundo envolvente de simbolismo e exibição, e é apenas mais um motivo pelo qual os vikings tantas vezes se distanciaram de seus contemporâneos.

A maior parte da população da Era Viking encontrada na arqueologia e nas fontes escritas era de "agricultores livres", no *tópos* tantas vezes repetido. Isso é verdade, até certo ponto, mas é importante não confundir com igualdade. As sociedades da Era Viking eram profundamente estratificadas, e o lugar que um indivíduo ocupava dependia em grande medida dos recursos de que dispunha – na forma de terras, propriedades e, sobretudo, o apoio de outras pessoas. Uma pessoa sem terras estava apenas meio passo acima dos não livres e totalmente empobrecidos.

As relações de parentesco e consanguinidade eram a cola que mantinha unidas as comunidades da Idade do Ferro, e podem ser vistas de forma mais nítida quando começaram a afrouxar, por exemplo na crise do século VI e suas consequências. A maioria das pessoas pertencia à classe média rural dos *boendr* (agricultores), vivendo no ambiente protetor da *hjón*, a família. Isso nem sempre era independente, mas poderia abarcar o conceito de arrendamento e a obrigação de pagar alguma espécie de taxa ou imposto a um senhor. Incluía também a esfera protetora da família, que se abrigava sob esse refúgio.

Esse vínculo íntimo entre as pessoas se estendia também à terra. Reivindicações de posse podiam ser feitas enterrando-se bens pessoais, que às vezes eram quebrados para enfatizar que os ocupantes estavam lá para ficar. Talvez os depósitos feitos dentro da propriedade fossem dedicados aos ancestrais, e os demais, além das linhas, a outros seres. Com o tempo, à medida que essas ações se acumulavam por gerações, juntamente com montes funerários no perímetro e memoriais de pedra que demarcavam as fronteiras, "a propriedade pertencia aos proprietários".

É difícil saber quantas pessoas viviam em uma casa "média" da Era Viking, mas provavelmente havia semelhanças com as sedes de fazendas dos séculos anteriores. A estimativa habitual para uma propriedade de pequeno porte é talvez de sete a dez indivíduos, compreendendo uma família nuclear de pai, mãe e filhos, um ou dois parentes idosos, e possivelmente dois ou três trabalhadores braçais. Nas propriedades maiores, o número de ocupantes podia aumentar para trinta ou quarenta, incluindo constelações de família estendida, juntamente com criados e um número muito maior de pessoas escravizadas.

A vida familiar era consagrada e perpetuada na condição de casamento, mas isso escondia muitas nuances. Na Era Viking, o casamento era, primordialmente, um contrato entre famílias, em vez de indivíduos. Representava um meio pelo qual as estruturas de parentesco, identidades e hierarquias sociais e políticas eram formadas e adaptadas. A ênfase estava, em igual medida, tanto em relacionamentos cuidadosamente planejados como em laços de sangue; verdade seja dita, os primeiros poderiam ter mais peso que os últimos. Um casamento favorável, por exemplo, não era apenas essencial para garantir o status social e político dos indivíduos e de seus parentes, mas também, em alguns casos, para garantir a sobrevivência durante períodos de conflito. Os homens empregavam um sem-número de estratégias para conseguir parceiras no casamento, o que lhes permitia dominar as questões da diplomacia familiar. Isso, por sua vez, representava implicações para as relações, diretrizes políticas e conflitos intrafamiliares.

As negociações eram manobras complexas, e as meninas podiam ficar noivas bem cedo – com apenas 13 anos de idade –, embora muitas vezes o casamento fosse adiado até a noiva completar 16 anos. Na *Saga de Gunnlaug Língua-de-Serpente*, uma certa Jófríd já era viúva quando se casou, aos 18 anos, com Thorsteinn. Isso não era incomum. O costume era que os homens se casassem depois de já terem chegado a certa idade, o que significava que, com o tempo, muitas mulheres enviuvavam e se casavam novamente. As mulheres mantinham seus direitos de propriedade no casamento. Os dotes eram pagos não pela família da noiva, mas pela do noivo, como *mundr*, ou "preço da noiva". Na *Saga dos confederados*, um homem lamenta que ainda não conseguiu casar nenhuma de suas filhas, pois nenhum homem era rico o suficiente para comprá-las.

Todas essas redes se tornavam mais complexas e carregadas de potenciais consequências quanto mais se avançava na escala social. Nesses níveis mais altos, os casamentos eram, antes de mais nada, alianças entre famílias – alavancagem e garantia em estratégias de poder engendradas para promover os interesses de longo prazo das elites. Os efetivos costumes de casamento também parecem ter variado na prática entre os estratos sociais, e o que a nobreza considerava adequado poderia ter sido muito diferente da forma como as coisas eram feitas "no interior rural". O poema éddico *A canção de Ríg*[12*] descreve uma requintada cerimônia de matrimônio de status elevado, com toalhas de mesa primorosas e muita celebração. No outro extremo, um episódio na *Saga de Egil Skalla-Grímsson* relata que um fazendeiro compra a filha de outro por uma onça [equivalente a 28,349 gramas] de ouro, para "uma espécie de casamento"; não é difícil imaginar o resto.

O divórcio não era incomum, e o processo poderia ser iniciado tanto pela esposa quanto pelo marido. Ela poderia citar uma variedade de razões, incluindo simples insatisfação, e tudo tendia fortemente a seu favor. Na *Saga de Njáll, o queimado*, uma mulher abandona o marido devido à impotência dele, o que era considerado causa formal. Na *Saga de Gísli*, uma mulher ameaça se divorciar quando seu marido faz objeções a seu adultério. A pobreza extrema – culpa do marido por não sustentar sua família – também era motivo suficiente. A violência doméstica era um fator recorrente e significativo das petições de divórcio, embora a gravidade das lesões citadas em tais casos seja tão grande que aparentemente o limiar de tolerância à agressão masculina era alto.

De suma importância é o fato de que os casamentos da Era Viking podiam ser políginos. A existência dessa prática tem se mostrado controversa entre os estudiosos acadêmicos, o que é intrigante, uma vez que as evidências são persistentes; isso talvez aponte mais uma vez para a resiliência do estereótipo, sugestivo do tipo de Era Viking que as pessoas estão preparadas (ou não) para aceitar. Há referências a homens com várias esposas nos relatos de primeira mão de viajantes árabes que os encontraram na Rússia no século X. Mais de cem anos depois, por volta de 1070, o clérigo

---

12 * Rígsþula, também conhecida como O canto de Ríg e A lista de Ríg. [N. T.]

alemão Adão de Bremen escreveu sobre os suecos que "um homem, de acordo com seus meios, tem duas ou três ou mais mulheres ao mesmo tempo, homens ricos e príncipes em número ilimitado". Páginas antes, na mesma obra, ele relatou os problemas de seu amigo, o rei da Dinamarca, que havia sido censurado por se casar com a prima, alegando que logo depois "tomou para si outras esposas e concubinas, e novamente ainda outras". Trata-se de uma informação de primeira mão sobre um homem que Adão conheceu. É significativo que essas fontes pareçam fazer uma distinção entre esposas e concubinas.

A poliginia também é encontrada, até certo ponto, no *corpus* do nórdico antigo. O *Poema sobre Helgi Hiovardsson* começa com um prólogo que descreve as quatro esposas de um rei. Na *Saga do rei Haroldo Cabelos Belos* [Haraldr Hárfagri], lê-se que ele "teve muitas esposas", em uma passagem que em seguida cita os nomes de três delas. Especifica-se ainda que um de seus casamentos trouxe consigo a estipulação de "que ele se livrou de nove de suas esposas". Um verso escáldico relata os vários distritos da Noruega de onde essas mulheres vieram, e os capítulos anteriores deixam claro que, além das esposas, ele tinha concubinas. Na *Saga de Haraldr Sigurdsson,* há também uma breve menção ao rei tomar uma segunda esposa.

A poliginia é, com efeito, bastante inequívoca nas fontes legais islandesas, continuando até o período cristão (longe de ter sido uma inovação introduzida pela Igreja). Um "orador das leis"[13*] era casado simultaneamente com uma mulher e a filha dela. O papa foi forçado a escrever duas vezes ao clero islandês protestando contra a prática (por parte dos eclesiásticos, entre outros), e padres eram enterrados com várias esposas e filhos, costume que perdurou até 1400, por exemplo, em Skríðuklaustur. A instituição era eufemisticamente conhecida como *bi-fruar*, cuja tradução aproximada seria "esposas secundárias" ou "esposas adicionais". Dois bispos islandeses foram canonizados em parte por terem sido os únicos clérigos a permanecer celibatários em todo o país. O casamento sempre

---

13 * Em inglês, *lawspeaker* (em sueco: *lagman*, sueco antigo: *laghmaþer* ou *laghman*, dinamarquês: *lovsigemand*, norueguês: *lagmann*, islandês: *lög (sögu) maður*, feroês: *løgmaður*, finlandês: *laamanni*), é uma instituição jurídica exclusivamente escandinava, baseada numa tradição oral germânica em que os sábios "homens da lei" eram solicitados a recitar as leis, mas foi apenas na Escandinávia que essa incumbência evoluiu para uma função pública, exercida, por exemplo, por Snorri Sturluson (1179-1241). [N. T.]

esteve sujeito ao controle como ferramenta decisiva de poder, razão pela qual a poliginia durou mais tempo entre a classe dominante do que entre a população em geral.

O *corpus* de inscrições em runas da Era Viking tardia na Suécia central inclui muitos textos que mencionam relações conjugais, mas quase nenhum em que mais de uma esposa é nomeada. Isso não é tão contraditório quanto parece. Em primeiro lugar, é claro que casamentos políginos quase sempre têm hierarquias internas de status relativo entre as esposas, e de nenhuma forma há a certeza de que outra mulher além da "primeira esposa" seria nomeada em inscrições que invariavelmente tinham a ver com herança e reivindicações de terras. Em segundo lugar, e a questão mais importante: as pedras suecas são quase todas do século XI, já no final da Era Viking, e geralmente têm um claro contexto cristão. Diante da peremptória posição da Igreja acerca da poliginia – rejeição consagrada em forma de dogma legal –, seria surpreendente se as pedras *realmente mencionassem* esses relacionamentos. Existem duas exceções – de Uppinge, em Södermanland, e Bräcksta, em Uppland –, pois ambas as pedras têm inscrições mencionando duas esposas do mesmo homem. Nas estelas da Suécia central são citados também inúmeros meios-irmãos e meias-irmãs, provavelmente de ascendência mista, combinada com a rotineira prática de várias famílias patrocinarem um único memorial. Isso contrasta com as inscrições do Sul da Suécia, que se converteu muito antes, e onde apenas patrocinadores únicos são a norma.

Fora do casamento e seu prelúdio no noivado, o concubinato proporcionava outro tipo de relacionamento formalizado. A instituição era importante no contexto literal da política sexual, e encampava várias categorias de acordo por meio de contrato verbal, cada um com seu próprio vocabulário. Esses arranjos incluíam ligações articuladas com o propósito de conectar famílias poderosas, fortalecer laços políticos ou aprimorar as complexas redes de obrigações mútuas que eram decisivas na vida pública nórdica. Outros tipos dessas relações confinavam-se essencialmente à companhia sexual; algumas delas envolviam laços de afeto genuíno desde o início (ou o afeto surgia com o tempo).

As mulheres da Era Viking não iniciavam ou conduziam formalmente esses relacionamentos, embora pudesse acontecer que, de tempos em tempos, fossem um meio pelo qual os vínculos emocionais seriam moldados em conjunto com algum grau de sanção social, além do que, às vezes, deviam ter sido casamentos sem amor. Não obstante, nos códigos jurídicos fica claro que os homens (que faziam as leis) atribuíam a si mesmos o papel dominante nesses arranjos. Além do mais, a mulher que se tornava concubina renunciava ao direito de obter o dote para sua família, visto que não se casaria, mas estava então "comprometida".

É significativo que um homem pudesse ter mais de uma concubina, além de mais de uma esposa, todas ao mesmo tempo. Cada uma das mulheres envolvidas, de todos os status, estava ligada a um só homem, a quem devia obrigações morais e legais. Até o ponto (questionável) em que se pode confiar nessas fontes, as sagas de família também incluem vários desses relacionamentos. Na *Saga do povo de Laxardal*, um homem casado compra uma mulher escravizada para compartilhar sua cama como concubina. Na *Saga do povo de Vatnsdal*, outro homem casado tem claramente uma relação sexual formalizada com uma concubina, que mais tarde dará à luz um filho dele. Na *Saga de Njáll, o queimado*, o personagem principal reconhece abertamente para a esposa seu caso extraconjugal anterior, e mais uma vez a união adúltera envolve um filho.

Era possível impor o concubinato contra a vontade da mulher, embora isso fosse tecnicamente ilegal. Havia casos em que os governantes locais sequestravam as filhas de seus arrendatários ou lhes davam pouca opção a não ser entregar as mulheres. Geralmente eram mantidas em cativeiro por algum tempo e depois libertadas. Há sugestões de que se tratava de um jogo de poder – uma forma de desonesto e extorsivo esquema de proteção – por parte das elites, ou mesmo que os criados estavam tentando obter favores (há casos inequívocos em que fazendeiros ofereciam suas filhas aos reis). Da mesma forma, há evidências poéticas de que essa prática poderia estar relacionada a rituais de fertilidade pelos quais o senhor era responsável como procurador divino. Pode ser que a realidade tenha sido algo intermediário, ou variável, mas, em qualquer caso, sem levar em conta o consentimento feminino. A palavra contemporânea generalizada para concubina, *frilla*, chegou ao início dos tempos modernos e continuou como uma sugestão pejorativa de conquista sexual casual, promiscuidade ou mesmo prostituição pura e simples, tudo em termos definidos por homens.

As mulheres escravizadas também podiam ser concubinas, elevadas (embora talvez não muito) acima do abuso sexual que quase sempre acompanhava sua lamentável posição. As sagas mencionam algumas mulheres que conseguiram usar esses relacionamentos como uma escada para uma vida melhor, caso da nobre irlandesa Melkorka, que, na *Saga do povo de Laxardal*, é apreendida em uma invasão e escravizada antes de finalmente se casar na Islândia. Em *Beowulf*, até mesmo a majestosa rainha dinamarquesa Wealhtheow, anfitriã do salão Heorot, sempre carrega consigo uma história de fundo muito diferente como prisioneira de guerra: alguns já sugeriram que seu nome significa "escrava estrangeira".

Ao lado do casamento e do concubinato, com seu impacto no parentesco por meio da conexão, havia também outro componente da rede social na Escandinávia da Era Viking, que em fontes escritas posteriores é denominado *vinátta*, cujo significado literal é "amizade", mas tinha conotações sutilmente diferentes do conceito moderno. O norreno *vinr*, "amigos" (as línguas escandinavas modernas têm *venner* e *vänner*), combinava a proximidade de "camaradas de armas" com a mesma complexidade dos vínculos sociais de parentesco. A mecânica e o impacto social da amizade, nesse sentido especial, são mais claros do século X em diante, mas seus códigos fundamentais podem ser percebidos também no início da Era Viking. Embora fossem redes masculinas, havia também um equivalente feminino; as mulheres podiam recorrer a sistemas de apoio entre suas "amigas".

A amizade viking era outro meio de estruturar uma mútua assistência no âmbito de comunidades que de outra forma não tinham garantias totalmente confiáveis de segurança e apoio. A resultante sobreposição de redes sociais era a chave para uma sociedade (relativamente) pacífica. A amizade era cimentada por meio da oferta de presentes, por exemplo entre senhores e criados, com a obrigação legal de retribuição.

Um elemento-chave desses relacionamentos (para os homens) era a compreensão da proteção mútua – não apenas fisicamente na batalha, mas também no sentido de zelar pelo interesse dos amigos. Isso poderia incluir apoio em processos judiciais, mas também afetava a complexa dinâmica da guerra. Um homem podia se vincular a um senhor por meio de votos de lealdade, o mundo da violência obrigatória que permeava a cultura do salão. No entanto, se o amigo de um homem fosse visto entre as hostes de um exército inimigo antes do início da batalha, há referências a tréguas sendo negociadas a fim de evitar o delicado problema de forçar "amigos" a lutarem entre si e escapar do consequente teste de lealdades relativas que não trariam benefícios a ninguém. Isso, por sua vez, estava atrelado a sistemas de amizade formalizada entre chefes de clãs e reis, e até mesmo com os deuses.

Famílias – mesmo que compostas – pressupõem vida familiar e a casa que era sua arena. A unidade básica de povoamento na Escandinávia da Era Viking era a fazenda, a *garðr* ou *gård*, o conceito familiar que denotava um lugar fechado e habitado.[14*] Era aqui que (quase) tudo se passava no ciclo da vida rural pouco diferente daquela de séculos posteriores. Parte da poesia éddica preserva uma espécie de filosofia simples e rústica, uma série de aforismos sobre como viver na terra. Do poema éddico *Hávamál* [*As palavras do Altíssimo* ou *O discurso do Altíssimo*]:

> Junto ao fogo é lugar de beber cerveja,
> no gelo deve-se patinar;
> compre uma égua magra
> e uma lâmina embotada –
> cavalo se engorda em casa,
> mas o cachorro come na casa do vizinho.

Teria havido um edifício central, um comprido casarão retangular ou uma estrutura mais curta, provavelmente construída de madeira. O telhado era escorado por postes verticais (tábuas ou troncos inteiros), formando três corredores internos, e as paredes eram feitas de painéis de vime revestidos de reboco de argila. A madeira era abundante, e nas casas de algumas pessoas mais abastadas as paredes eram feitas de pranchas sólidas, empilhadas horizontalmente entre postes verticais ou a prumo, perpendi-

---

14 * À guisa de comparação: em norueguês antigo, o pátio era *garth*; em anglo-saxão, *geard*; em inglês moderno, *yard*, que significa também "cercado (para animais ou lavoura), curral, depósito, armazém". [N. T.]

culares a vigas de sustentação. Quando disponíveis, pedras eram usadas como base de uma parede de madeira, protegendo-a da umidade do solo. Em áreas de clima mais severo, o isolamento térmico era um problema, e as paredes eram mais grossas, com pedras e pesadas camadas de torrões de turfa empilhados que podiam se estender sobre a cobertura. Cascas de árvore também seriam usadas como proteção contra intempéries, mesmo sob telhados de palha. Quem realmente dispunha de recursos de sobra era capaz de mandar colocar um telhado com milhares de telhas de madeira.

A maior parte das atividades domésticas ocorria nesse espaço comunitário – comer, dormir, realizar trabalhos manuais e artísticos. O interior poderia ser transformado com facilidade, arrastando-se para fora as camas, enrolando-se os cobertores, limpando-se e guardando-se as coisas rapidamente. Alguns tamboretes básicos estavam à disposição quando se precisava de um assento extra. Os pertences pessoais eram guardados dentro de caixas e baús, bem trancados (não é incomum encontrar cadeados em escavações), ou em sacos. Carnes e ervas eram postas para secar no telhado, defumando sobre o fogo. Coisas de todos os tipos poderiam ser armazenadas em plataformas construídas nas vigas – não era propriamente um segundo andar formal, mas um lugar útil para guardar itens soltos. Alimentos eram embalados, e muitas vezes preservados, em barris.

A "sala de estar" central dos edifícios domésticos – fosse a espaçosa câmara de um salão ou o ambiente mais apertado de uma cabana ou casa urbana – era mal iluminada mesmo durante o dia. A luz entrava pela porta, em casos muito raros através de uma pequena janela coberta de pele ou provida de venezianas, ou na forma de um feixe de luz por entre um buraco no telhado para o escape da fumaça. Candeias a óleo feitas de argila, pedra ou metal poderiam ser usadas, sobre uma superfície plana ou fixadas nas paredes, seus pavios dando uma luz suave. A principal fonte de iluminação e calor era a lareira central, montada em torno de pedras e encerrada em uma estrutura robusta para evitar que faíscas se espalhassem – o fogo é um dos maiores perigos a todos os edifícios de madeira.

À noite, a lareira era o centro da comunidade. Tratava-se do principal espaço para cozinhar, onde todas as refeições eram preparadas, ou em vasilhas de barro colocadas diretamente sobre as brasas, ou grelhadas e fritas em panelas de ferro, ou suspensas sobre a lareira dentro de caldeirões em correntes ou tripés. A maior parte dos utensílios de cerâmica era muito básica, mas algumas famílias usavam artigos pretos eslavos de melhor qualidade. Uma casa mais abastada poderia ter um ou dois recipientes de cerâmica do continente, sobretudo da Alemanha, que vinham por terra através da fronteira dinamarquesa. Entre eles, jarras esmaltadas, tigelas, uma espécie de peneira e até mesmo um tipo de louça de barro da Renânia decorada com uma folha prateada que reluzia, em especial quando molhada.

As refeições eram consumidas em torno das chamas reconfortantes. Quando se trata da cultura alimentar dos vikings, de alguma forma ainda parecemos presos às cenas de taverna dos filmes medievais, onde todos estão bêbados e dão gargalhadas ruidosas e entusiásticas, rasgando pedaços de carne com os dentes enquanto ao fundo irrompe uma briga. A realidade era bem diferente e incluía uma gastronomia variada e sofisticada.

Os modos à mesa eram respeitados. No mundo viking todos carregavam um canivete – um pequeno item utilitário para as necessidades diárias e em especial para comer. Absolutamente onipresentes, são encontrados em quase todos os túmulos; alguns exemplares eram mais requintados e ornamentados, mas todos tinham a mesma utilidade prática. Tão importante quanto uma faca era uma pedra para afiá-la. Elas também foram recuperadas aos milhares, pequenos retângulos de pedra, muitas vezes perfurados com um laço para suspensão. Muitas eram meramente práticas, porém outras eram feitas de ardósia multicolorida, escolhida por sua beleza funcional. Independentemente da aparência, as pedras de amolar continuaram sendo uma parte essencial do kit de ferramentas do dia a dia.

Garfos com dentes grandes eram usados para se servir da carne cozida em caldeirões e outros recipientes grandes, mas não se conheciam garfos de mesa individuais. Colheres e conchas eram feitas de madeira ou chifre, muitas vezes decoradas, e grande parte da comida era pelo menos semilíquida, na forma de caldos grossos e ensopados, mingaus de aveia e outros cereais.

Nas casas simples, a comida era servida em tigelas de madeira ou em travessas. Os talheres de melhor qualidade eram torneados, resultando em superfícies lisas com textura agradável; nos mercados, esses produtos faziam sucesso estrondoso e vendiam feito água; eram produzidos por especialistas dotados de equipamentos de alta qualidade. Uma alternativa mais básica era a tigela de madeira entalhada à mão ou oca, tosca, mas eficaz, e talvez com seu próprio charme. Placas de madeira e superfícies de corte eram a norma mesmo nas famílias de status mais elevado, embora talvez tivessem entalhes decorativos. Pouquíssimas casas tinham pratos de metal. Em algumas refeições, o pão era usado efetivamente como um prato, absorvendo o alimento colocado sobre ele antes de ser ingerido.

Já se escreveram teses de doutorado inteiras apenas sobre o pão viking, e é em detalhes da vida diária como este que a intensidade do mundo dos vikings realmente vem à tona. A partir dos contextos de sepulturas e núcleos de povoamento por toda a região da Suécia central, mas especialmente dos túmulos de Birka, conhecemos pelo menos nove tipos distintos de pão. Havia os retangulares assados em uma fôrma; redondos amarrados com um arame fino; pãezinhos ovais; pães achatados e finos, macios e dobráveis feitos em uma chapa circular – como uma espécie de *tortilla* nórdica a ser recheada com comida; finos discos achatados, secos e crocantes com um orifício central por onde poderiam ser pendurados para armazenamento (ainda hoje é possível comprar todos eles na Escandinávia); pelo menos dois tipos diferentes de biscoitos; bolinhas de massa frita; e crocantes petiscos em forma de oito que lembram *pretzels* ou, mais especificamente, os acepipes suecos ainda hoje chamados de *kringlor*. Faziam seu pão com cevada e aveia descascadas, às vezes trigo para as formas mais finas, e, raramente, centeio.

O pão era feito de maneiras conhecidas, todas as quais podem ser rastreadas na cultura material da panificação. O cereal era moído e reduzido a farinha em moinhos manuais de pedras rotativas; a massa era misturada e sovada em tinas de madeira, enrolada e achatada por meio do trabalho com as mãos, ou ganhava forma em moldes. Alguns deles tinham padrões decorativos pontiagudos na superfície (foram encontradas as cunhas de ferro usadas para fazê-los). A massa podia ser escaldada na água fervente, frita em frigideiras de cabo longo ou assada em fornos de barro. Pode-se ver até mesmo quantas vezes diferentes pães e bolos eram virados, e se gostavam deles com os lados arredondados, macios e borrachentos, ou secos e crocantes. Pelo menos uma parte dos pães parece ter sido aromatizada com ervas, ou com sementes polvilhadas por cima para decorar e acrescentar sabor. Mas ainda não sabemos até que ponto isso era típico: o estilo de panificação de Birka era afamado em todos os cantos, dava para comer os mesmos tipos de pão em qualquer lugar, ou cada região contava com suas próprias tradições?

A carne era uma parte popular da dieta, a julgar pelos restos de ossos com marcas características de trabalho de açougueiro, encontrados em montes de lixo e fossas. Os vikings comiam carne de carneiro, cabra, vaca e pareciam gostar especialmente de porco. Viajantes árabes no Oriente comentaram o quanto os escandinavos gostavam dessa carne; é bastante importante o fato de que a carne de javali é a comida servida aos heróis mortos em Valhalla. Criavam-se galinhas para o aproveitamento de ovos e carne, ao passo que patos, gansos e outras aves aquáticas eram caçados. Achados de estreitos espetos de carne mostram que uma espécie de *kebab* estava à disposição à mesa do jantar, e havia versões maiores que se assemelhavam a uma espécie de lança de carnes para segurar pedaços realmente grandes que eram assados sobre o fogo. Alces e renas forneciam grandes quantidades de proteína saborosa, e a carne de javali era valorizada. Mamíferos marinhos, incluindo focas e baleias, eram um suplemento nutritivo. Os vikings pescavam muitas espécies de peixes de água doce, e conheciam até mesmo algumas de águas profundas. Ervas eram cultivadas em canteiros e usadas para dar sabor a alimentos de todos os tipos. Criavam-se abelhas para consumir o mel. Laticínios feitos com leite de vacas, ovelhas e cabras incluíam queijos, soro de leite e resíduos lácteos azedos que também podiam ser usados como uma alternativa ao sal para conservar e armazenar a carne durante o inverno. Comiam o delicioso laticínio chamado *skyr*, ainda hoje popular na Islândia como uma espécie de espesso lanche parecido com iogurte, azedo, mas com um leve toque de doçura (experimente, se puder encontrar). Nas florestas havia uma profusão de frutas silvestres disponíveis para colheita (misture-as no seu *skyr*!), além de cogumelos e tubérculos.

É lamentável, mas pouco se sabe sobre o que exatamente os vikings faziam com toda essa fartura. Não existem receitas rúnicas, mas a grande variedade de comida disponível sugere que os escandinavos não eram menos criativos na cozinha do que em qualquer outro lugar. Dado o influxo de comerciantes estrangeiros e outras influências do exterior, que se intensificaram durante a Era Viking, não há razão para supor que isso não incluísse os costumes alimentares. Pelo menos nos grandes centros mercantis, provavelmente havia pratos "étnicos" disponíveis – que talvez também tenham sido levados ao interior, se as pessoas aceitassem uma mudança no cardápio. Também é possível imaginar um servo estrangeiro na fazenda oferecendo uma contribuição inovadora em torno do caldeirão ou da fogueira, talvez ansioso para sentir de novo o gostinho de sua terra natal.

Tudo isso era regado a cerveja e hidromel, bebida alcoólica fermentada à base de mel e água.

O costume era beber de chifres ou canecas feitas de couro ou madeira, e entornar tudo de uma vez, mas também há muitas referências textuais a um chifre sendo passado de mão em mão. Talvez em uma irritada resposta ao ver a bênção cristã, no final da Era Viking há descrições de pessoas que faziam um sinal de martelo sobre a caneca antes de beber – em deferência a Thor.

Uma alternativa mais fraca era o leite, e talvez a água corrente, quando acessível. Em ocasiões especiais, bebia-se a *beor*, que na verdade não era cerveja [*beer*, em inglês] como o nome sugere, mas aparentemente um tipo de mistura doce como um vinho frutado, consumido em taças pequenas. Algumas bebidas eram certamente muito fortes. Viajantes do califado viram os vikings bebendo algo que foi traduzido para o árabe como *nabīdh*, claramente alcoólica, mas de natureza incerta. Depois de uma ou duas taças, as pessoas começavam a cambalear. No funeral de um líder, o que poderia ser uma ocasião excepcional em muitos sentidos, um desses visitantes viu pessoas bebendo pesadamente por dez dias e notou que às vezes *morriam* assim, com um copo nas mãos. Não parece ter sido um exagero.

O vinho era certamente conhecido entre as elites, como já era desde antes da época romana, embora, sendo uma mercadoria importada, fosse caro e raro. Nos túmulos mais ricos existem delicadas taças trazidas (ou saqueadas) da França e de outros lugares da Europa continental. Às vezes eram zelosamente consertadas com pequenos pedaços de metal, indicando o quanto eram valorizadas, não apenas em si mesmas, mas como um símbolo de status para aqueles que tinham dinheiro para beber vinho e adquirir a parafernália que o acompanhava. Não raro, esses recipientes eram feitos em cônico e, portanto, não podiam ser colocados sobre a mesa. Isso em alguns momentos foi interpretado como indício de que até mesmo o vinho era bebido de um só gole, como a cerveja, mas o mais provável é que os copos ficassem constantemente (e de forma ostensiva?) na mão do bebedor, ou então apoiado em algum tipo de suporte de madeira – outro pequeno vislumbre sobre a etiqueta. Nesses copos cabia um pouco menos que uma taça de vinho normal de hoje em dia, em contraste com alguns estimulantes exemplares do Período de Migração, que continham mais da metade de uma garrafa moderna.

A visão que os vikings tinham sobre a bebedeira atingia sua expressão máxima na vida após a morte, como se lê na descrição do Valhalla, o salão de guerreiros imortais de Odin. No poema éddico *Os ditos de Grímnir*,[15*] os *einherjar*, nome que designa os guerreiros mortos, são servidos pelas valquírias, que lhes trazem cerveja em chifres. Mas o próprio anfitrião, presidindo o banquete noturno dos mortos, não precisa nem sequer comer: "Só de vinho vive o glorioso e belígero Odin". Nas maneiras à mesa do regente dos deuses encontramos a definitiva fantasia de luxo dos vikings.

O consumo de comida e bebida era, no devido tempo, seguido por outras necessidades (exceto talvez em Valhalla). No campo, a natureza fornecia seus próprios banheiros ao ar livre, mas nos povoamentos as latrinas eram geralmente cavadas como fossas profundas nas proximidades dos edifícios residenciais. Em ambientes urbanos, ficavam nos pátios e quintais. Muitas vezes forradas com vime para maior estabilidade, às vezes tinham um pedaço de pau ou – a opção majestosa – até mesmo uma prancha de madeira com um orifício sobre o qual o usuário se agachava. Quando ficava quase cheia, a fossa era preenchida e selada, e uma nova era cavada nas proximidades. Estão entre os elementos mais desagradáveis do início da vida medieval para se escavar, sobretudo se o solo estiver alagado, assim preservando todo o conteúdo das latrinas em estado primitivo, ainda úmido e com seu buquê original; certa feita, passei uma semana repugnante tentando prender a respiração enquanto cavava a base

---

15 * Grímnismál, também traduzido nos estudos vikings e escandinavos como A balada de Grímnir e A canção de Grímnir. [N. T.]

de uma em York. Dentro dela, os pedaços de musgo usados como papel higiênico, os trapos que eram o equivalente viking de absorventes higiênicos e, aqui e ali, todos os tipos de outros objetos que as pessoas deixavam cair enquanto estavam ocupadas, mas sensatamente decidiam não recuperar. As latrinas também são o sonho de um arqueólogo ambiental: coprólitos (matéria fecal fossilizada) podem ser testados para parasitas intestinais, reconstruir a flora intestinal e a saúde da Era Viking; restos de sementes, proteínas e outros detritos alimentares fornecem pistas sobre a dieta.

Durante a refeição, enquanto algumas pessoas discretamente saíam, outras usavam a luz da lareira para realizar as tarefas domésticas que não exigiam visão de perto e, é claro, conversavam. Havia também jogos de tabuleiro, como o *hnefatafl*, em que o objetivo era conduzir o rei em manobras estratégicas com peças feitas de osso, chifre ou vidro. A lareira também era a arena das histórias – tanto em humildes casas de agricultores como no teatro escáldico dos salões. Vez por outra são encontrados alguns instrumentos musicais, incluindo os mais simples apitos de madeira e flautas de pã, o cavalete de uma lira – os tipos de sons e tons que teriam acompanhado recitais poéticos.

As crianças corriam de um lado para o outro e brincavam, como sempre, e em vários sítios de escavação foram encontrados brinquedos: cavalos de madeira em miniatura, um deles sobre rodas; barcos de madeira (vários, portanto devem ter sido populares); bolas feitas de trapos; também algumas máscaras de monstros de tecido e couro, embora possam ter servido a algum propósito ritual. Existem até pequenas espadas e outras armas feitas de madeira e de tamanho reduzido para se ajustar a mãos pequenas, mas seguindo as mesmas tipologias de desenho das versões adultas; em outras palavras, as crianças queriam espadas parecidas com as que seu *faðir* (pai) – ou, possivelmente, sua *móðir* (mãe) – tinha. Em depósitos do século XI em Lund, no Sul da Suécia, arqueólogos encontraram fragmentos de uma cadeira infantil feita de faia, com uma cavilha que poderia ser fixada na frente para impedir um pequenino viking de escapar. É o mais antigo móvel infantil sobrevivente na Europa.

Esses ambientes também eram muito enfumaçados. Sabemos disso não apenas a partir de descrições das sagas, que provavelmente foram baseadas em salões medievais que tinham essencialmente as mesmas condições internas. Na *Saga do rei Hrólf Kraki* [Hrólfs saga kraka], por exemplo, uma mulher se vê obrigada a sair com urgência do salão, e uma amiga perdoa seu comportamento dizendo que ela passou mal, nauseada por causa da fumaça da lareira; ninguém se surpreende. Claramente, ar fresco era uma necessidade para todos em algum momento da noite.

Na hora de dormir, a porta externa era trancada ou aferrolhada por segurança. Nas casas modestas, as pessoas simplesmente dormiam em grupos nos bancos ou enrodilhadas junto à lareira, enroladas em cobertores. Nos salões maiores, era possível encontrar privacidade atrás de biombos internos, e havia até camas, bastante baixas para os padrões modernos, embora as pessoas da Era Viking fossem de estatura mediana em comparação com os europeus de hoje. Provavelmente as camas serviam mais para as pessoas se sentarem, escoradas por travesseiros e colchas. Nas alcovas das casas longas posteriores da Islândia as pessoas claramente dormiam sentadas ou de lado, com as pernas dobradas. Nas sepulturas dos ricos, encontramos almofadas e edredons estofados com plumas, proporcionando um luxuoso calor de inverno. Nesses contextos, foram encontradas penas de galinha e corvo, e, nas roupas de cama dos grupos mais abastados, até mesmo de corujas da variedade mocho-real. Em um túmulo de alto status do século X em Mammen, na Dinamarca, havia um travesseiro especial que afundava no centro, mas tinha um enchimento extra de cada lado; talvez fosse dobrado em volta do pescoço e ombros para propiciar maior conforto.

Pela manhã, a maioria das pessoas se lavava rapidamente em uma das muitas tigelas ou bacias dispostas ao redor e penteava o cabelo – nada a ver com a lenda de vikings desgrenhados e desmazelados. A arqueologia indica que os vikings davam atenção relativamente alta à higiene pessoal. Os pentes, em particular, eram um artigo universal, feitos de osso ou chifre e guardados em uma caixa especial para proteger seus dentes cortados com esmero. Vinham em muitos formatos e tamanhos, muitas vezes magnificamente decorados, e sua fabricação era uma indústria de grande importância que alimentava o comércio de longa distância de matérias-primas. Um especialista nesses objetos chega ao ponto de colocar seu desenho, sua manufatura e uso no centro do que ele chama de "estilo de vida viking". Os pentes também atraíam um rico simbolismo, sinalizando a importância do indivíduo e sua presença. Caixas de pentes quebradas de caso pensado e enterradas em buracos de colunas de arrimo de edifícios militares sugerem um juramento de permanecer no lugar: "Aqui estou".

Um cronista muito citado de Oxfordshire, escrevendo por volta de 1220, mas trabalhando a partir de fontes mais antigas, registrou que homens vikings recém-chegados à Inglaterra penteavam o cabelo todos os dias, lavavam-se uma vez por semana, trocavam de roupa regularmente e "chamavam a atenção para si por causa de muitos desses caprichos frívolos" – comportamento tão espantoso que as mulheres inglesas os preferiam em detrimento dos próprios maridos. Até mesmo as raras imagens tridimensionais sobreviventes de homens da Era Viking, a exemplo do famoso retrato esculpido em chifre de Sigtuna, na Suécia, mostram bigodes cuidadosamente torcidos e cabelo comprido caindo em cachos na nuca. Outras representações mostram homens com cabelo liso penteado na altura dos ombros, e barba bem aparada e escovada formando um cavanhaque; um exemplo mostra *dreadlocks* e barba comprida. No Oriente, um comandante escandinavo em Bizâncio foi descrito como um homem de cabeça raspada, exceto por duas longas mechas ao lado das orelhas, o conjunto rematado por um grande brinco de cornalina vermelho.

O cabelo feminino é frequentemente retratado de maneira padrão na arte: longo e amarrado atrás em um rabo de cavalo frouxo. Em alguns casos, a longa cabeleira chegava quase aos calcanhares. Vez por outra temos imagens que mostram mulheres de frente, e não de perfil, e parece que o cabelo é puxado para os dois lados em volumosas tranças. Existem outras representações de cabelos repartidos ao meio e puxados para trás em um coque apertado. O que todos esses estilos de cabelo têm em comum é que são meticulosos e deliberados.

Os cuidados com a aparência pessoal não paravam por aí. Quando um soldado diplomata árabe chamado Ahmad ibn Fadlān encontrou vikings no rio Volga em 922, observou como "cada um dos homens, da ponta dos pés ao pescoço, está coberto de linhas verde-escuras, imagens e coisas do gênero". Devia estar escrevendo sobre tatuagens, aparentemente universais (*cada um* dos homens) e de corpo inteiro. É um contexto oriental, mas o grupo viajou até lá a partir da Escandinávia.

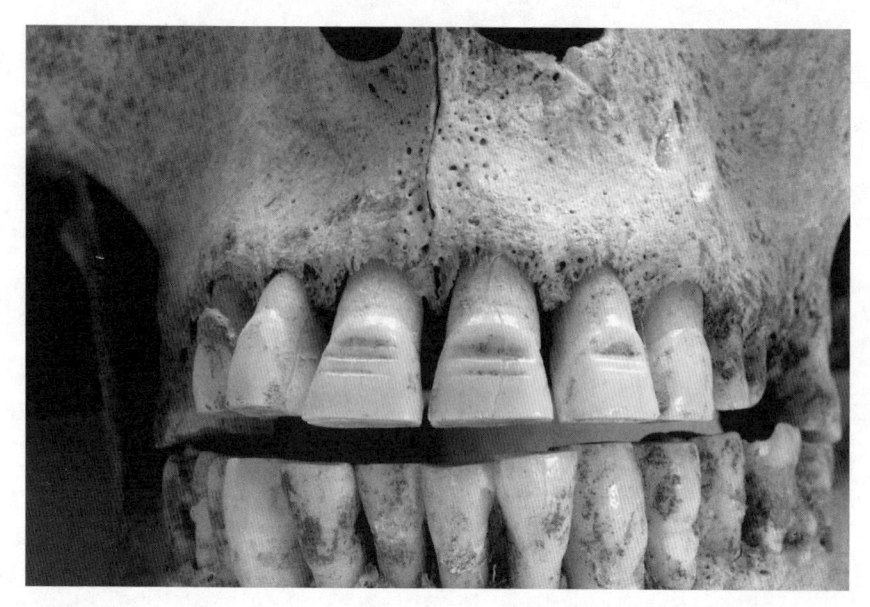

7. Modificação dentária. Sulcos horizontais feitos por raspagem do esmalte dos dentes de um homem da Era Viking; esse exemplo é de Vannhög, Suécia. (Crédito: Staffan Hyll, cortesia de Caroline Ahlström Arcini.)

Alguns homens também lixavam os dentes. Pesquisas nos cemitérios da Era Viking revelaram uma descoberta extraordinária: entre 5% e 10% dos homens, a maioria dos quais morreu com menos de 40 anos, tinha alguma modificação dentária, na forma de ranhuras que desgastavam o esmalte dos dentes da frente, formando linhas horizontais e, vez por outra, divisas. Alguns homens tinham apenas um sulco, outros vários, às vezes no mesmo dente. Esses sulcos provavelmente eram coloridos com resina, visíveis como linhas vermelhas nos dentes. Um sorriso viking devia ter sido algo admirável.

A modificação dentária parece ter sido um atributo exclusivamente masculino e, além disso, estava restrita a uma freguesia específica – homens ligados aos portos comerciais, estações nas redes de viagens do mundo viking, e ao mar. Em outras palavras, os homens que lixavam os dentes pertenciam à porção da comunidade da Era Viking que vivia em movimento. A prática continuou por pelo menos dois séculos; os homens podiam ter seus dentes limados em diferentes padrões e em várias ocasiões sucessivas. Era uma forma de arte corporal à qual se acrescentaram novidades com o tempo. O *significado* disso é outro tema sobre o qual podemos apenas especular, mas parece provável que a modificação dentária refletia de alguma forma um modo de vida específico e, talvez, as conquistas no âmbito dele. É possível pensar nas tradicionais tatuagens de marinheiros de tempos mais recentes, com variações para os mares que a pessoa navegou, os estilos e motivos relacionados ao tempo que passou em determinados portos, e assim por diante. Ou os sulcos nos dentes indicavam outra coisa – uma marca de status, um sinal de realização pessoal ou identificação pessoal, de iniciação ou afiliação a um grupo, ou até mesmo o número de inimigos mortos? É difícil resistir à noção de que essas marcações de alguma forma digam respeito a uma vida "viking" no sentido exato do termo. Há pouca razão para supor que a raspagem dos dentes comunicava sempre o mesmo – não é difícil ter havido muitas e sutis variações de significado que são opacas para nós.

Por fim, temos uma única referência a cosméticos faciais nos escritos de Ibrāhīm ibn Ya'qūb, viajante judeu da Espanha que empreendeu uma memorável viagem pelo centro comercial de Hedeby, na Dinamarca. Durante sua estadia lá na década de 960, observou: "Também há uma maquiagem artificial para os olhos. Quando alguém a usa, homem ou mulher, sua beleza é realçada e nunca desaparece". Mais que isso não se sabe, se era uma moda dinamarquesa ou mais difundida, mas minha imaginação é tocada por uma imagem absolutamente diferente dos vikings sobre os quais aprendi na escola.

Folheie as páginas de qualquer livro bem ilustrado sobre os vikings, ou visite um festival com reconstituições históricas do início da Idade Média, e seria fácil pensar que as roupas e a moda do período são bem conhecidas por nós. Essa noção está em nítido contraste com duas descobertas feitas por detectores de metais na Dinamarca, em 2012 e 2014.

A primeira aconteceu no final de dezembro, no solo congelado de Hårby, arredores de Roskilde: uma estatueta de prata dourada, representada em três dimensões (coisa rara na arte viking), na forma de uma pessoa de pé armada com espada e escudo. Detalhes da decoração sugerem uma data por volta de 800. A figura tem um longo rabo de cavalo trançado, que a convenção toma como marcador feminino e, portanto, é quase universalmente interpretada como uma mulher, mas também há ambiguidades de gênero. A figura não tem seios óbvios, embora haja tão poucas imagens humanas tridimensionais que não sabemos se isso era uma convenção artística ou mesmo uma preferência cultural da Era Viking por um peito mais achatado. Poderia ser um indivíduo de corpo masculino com um corte de cabelo transgressor?

A roupa também é incomum, e é difícil definir a que gênero pertence. A figura de Hårby usa uma saia de baixo preguedada que parece cair até os tornozelos, mas os pés da imagem estão quebrados, então não se pode dizer ao certo. Por cima disso está o que parece ser uma espécie de camiseta, com um profundo decote em V e duas alças finas que deixam uma área bem aberta ao redor da parte superior dos braços. A roupa de baixo não parece se estender acima da cintura, pois a figura está aparentemente nua sob o "colete". Curiosamente, a bainha da camiseta não é reta, mas cortada em ângulo inclinado para baixo, da direita para a esquerda da figura. Além do aspecto bastante marcante, um efeito é deixar menos tecido na altura da cintura junto à mão direita, que segura a espada, ao passo que as largas cavas do colete também proporcionam boa liberdade de movimentos. Como uma espécie de colete que vai até o chão e cobre a camiseta e a saia, a figura usa (talvez) um manto de caimento reto fartamente ornamentado com desenhos entrelaçados, destacados em uma espécie de esmalte preto chamado *niello*. A roupa da estatueta de Hårby é de um tipo jamais visto.

O segundo objeto apareceu em 2014 em Revninge, no Leste da Dinamarca – um curioso pingente de prata folheada com pouco menos de cinco centímetros de comprimento na forma de uma figura humana. O corpo é plano, em duas dimensões, ao passo que a cabeça se avoluma em relevo tridimensional e é perfurada atrás com um orifício para pendurar. Também é um objeto singular e, com base nos estilos de arte, pode ser datado do início do século IX – mesma data da figura de Hårby. A peça de Revninge é especial por causa das roupas extraordinariamente detalhadas que usa (talvez seja o exemplar mais intrincado conhecido), as surpresas que revela e o fato de que, tal qual a figura de Hårby, dá poucas pistas sobre o gênero da pessoa.

8. Ambiguidades da vestimenta. A enigmática figura de Revninge, Dinamarca, com suas roupas requintadas. (Crédito: John Lee, © Museu Nacional da Dinamarca, usada com gentil permissão.)

A figura usa uma anágua, por cima da qual está um vestido de manga comprida com cinto que desce até os pés. O corpete é justo e parece haver uma espécie de xale em volta dos ombros. Cada peça de roupa é apresentada em um estilo e decoração diferentes, que certamente representa uma variedade de tecidos, padrões e, talvez, até mesmo cores. Se convertêssemos essa imagem em realidade, o efeito seria impressionante. Sobre o xale, a figura usa um colar trançado em múltiplos filamentos. As mãos estão agarradas ao corpo abaixo da cintura, uma de cada lado de uma "fivela" que tem a aparência de um grande broche de trevo. Normalmente esse tipo de joia seria usado na parte superior do corpo, amarrando um xale, portanto sua posição aqui é incomum e inesperada. Em escavações foram encontrados exemplares de encaixes de espada em trifólio fabricados na Frância, quase tão grandes quanto o da figura de Revninge, reutilizados em contextos escandinavos – talvez este aqui seja um deles. Duas linhas descem, com rodelas a meio do caminho, do fecho do trevo, e não está claro se são as pontas longas pendentes do cinto ou as orlas bordadas do vestido. O cabelo é puxado para trás em um coque, repartido ao meio para deixar as orelhas descobertas.

No início, a figura de Revninge foi descrita quase universalmente como feminina, e com frequência como uma deusa da fertilidade ou uma valquíria – os clichês comuns na pressa de pespegar rótulos. Mas as dúvidas logo se insinuam; na verdade, há pouca coisa que indique se esse indivíduo é homem, mulher ou se está além de tais padrões binários. Nas imagens escandinavas do final da Idade do Ferro, muitas figuras ostensivamente masculinas são retratadas com longos casacos ou túnicas estilo cafetã, com uma seção inferior semelhante a uma saia que se alarga. Aparecem nas placas de elmos da Período Vendel, em vários pingentes e nas pedras pictóricas de Gotlândia, entre inúmeras outras.

Juntando as duas estatuetas, Hårby e Revninge, pode-se olhar para as roupas, ainda reconstruí-las até certo ponto, mas no final não há como saber se essas eram formas humanas – e, em caso afirmativo, qual o status social, embora certamente pareçam ricas. Se essa era a roupa de um deus (ou deusa) ou algum outro ser sobrenatural, a figura de Hårby revela o rosto de uma valquíria, talvez pela primeira vez? A imagem de Revninge é a aparência de um *fylgja*, ou uma *dís*, as ancestrais mulheres-espírito do Norte? Isso tudo provavelmente seria óbvio para alguém da Era Viking, mas não para nós. Há algo a ser aprendido com o fato de que dois achados de estatuetas de cinco centímetros alteraram, na verdade solaparam, a compreensão presumida dos estudiosos das roupas da Era Viking. Com essa nota de cautela, o que realmente se sabe sobre as vestimentas e a moda daquela época?

A maior parte do que temos vem de imagens, como o grande número de figuras humanas retratadas em pedras pictóricas (um tipo de esculturas ilustradas encontradas apenas na ilha de Gotlândia) e folhas de ouro, e também de fragmentos de roupas encontrados em túmulos e preservados nos produtos da corrosão de objetos de metal outrora encostados aos tecidos. Essas informações podem ser combinadas com joias e outros acessórios de vestimenta escavados de jazigos, com funções que podem ser inferidas a partir de suas posições no corpo. Trata-se de um banco de dados que foi construído ao longo de mais de um século de trabalho de campo e incorpora milhares de exemplos variados. As roupas em si foram reconstruídas por meio do trabalho paciente de dedicados especialistas, como a equipe do Centro de Pesquisa Têxtil em Copenhague e seus colegas em instituições semelhantes.

Mulheres de todas as classes sociais parecem ter usado um vestido largo ou camisolão básico, que ia até os tornozelos e era feito de lã ou linho, embora este último exigisse certos cuidados. Esses itens eram cuidadosamente alisados em cima de placas de osso de baleia – muitas vezes decoradas com lindas imagens de animais rosnando – com "pedras alisadoras" de vidro oco, verde ou azul, com um lado plano que encostava no pano. O camisolão tinha uma fenda vertical no decote da frente, fechado por um pequeno broche – essas joias existiam em todos os tipos de metal, do chumbo ao ouro, dependendo do orçamento. Talvez a isso se limitasse o guarda-roupa dos mais pobres.

Algumas mulheres usavam vestidos de corpo inteiro por cima do camisolão – um traje simples e prático para o dia a dia. As de status superior, no entanto, parecem ter preferido uma roupa parecida com um avental que começava na altura do peito e ficava pendurada nos ombros por alças finas que se soltavam na frente e eram presas acima dos seios por dois broches ovais, um de cada lado. As alças eram recolhidas atrás de cada broche e fixadas com um alfinete, embora a junção estivesse oculta por baixo do metal. Como cada broche podia ser desatado de forma independente, permitindo que um dos lados do avental fosse dobrado enquanto a camiseta de baixo era puxada para o lado, considera-se que o desenho da peça auxiliava a amamentação. Dentro das formas de carapuça de tartaruga dos broches, os arqueólogos às vezes encontram várias camadas de tecido, como se vários itens diferentes de roupa tivessem sido pregados com alfinete simultaneamente lá embaixo. Ao que parece, algumas mulheres usavam retângulos de tecido adicionais suspensos na frente – talvez para exibição ou como avental para proteger o resto de suas roupas ao realizar tarefas.

O broche oval se tornou o marcador supostamente feminino mais comum nos túmulos da Era Viking, onde sua presença é usada com frequência para determinar o sexo, caso nenhum osso humano tenha sobrevivido. Vinham em muitos padrões e formatos, bem como variavam quanto ao material – de bronze e liga de cobre, de prata, folheado a ouro, até ouro maciço. Os estilos de arte usados podem ser datados com precisão, o que fornece uma das mais importantes cronologias para o período. Alguns dos broches podiam ser desmontados e tinham a superfície superior perfurada, permitindo a colocação de tecido de cor contrastante no interior, o que potencializava o efeito. Muitos dos broches ovais eram totalmente recobertos de motivos decorativos, com entrançados retorcidos ou animais míticos, às vezes em alto-relevo.

Por cima de toda a roupa, as mulheres podem ter usado um vestido mais pesado que se estendia até o chão, com mangas largas e profundas. Alguns exemplares são abotoados ou presos no alto do pescoço, enquanto outros eram cortados na frente de modo que o vestido de baixo, os broches ovais e as contas ficassem visíveis na abertura. As mulheres usavam um casquete simples que cobria os cabelos e se alongava sob o queixo, feito ou de linho fino ou, para os ricos, de seda importada do Mediterrâneo, do Oriente Médio ou até mesmo da China. Em alguns túmulos, também encontramos finas faixas de prata usadas ao redor da testa e têmporas, como uma espécie de tiara ou, mais provavelmente, segurando um lenço no lugar.

Foram encontrados sapatos e botas de couro, alguns até a altura do tornozelo e presos com uma simples aba pendente na frente. Outros eram amarrados em um círculo por meio de vários laços logo abaixo da parte superior da abertura, não na frente como os sapatos de hoje. Era um calçado barato e prático, embora alguns exemplares fossem decorados com fios coloridos. As botas sofisticadas, por outro lado, podiam chegar à panturrilha ou ao joelho e eram feitas de couro pesado trabalhado e decoradas com desenhos entrelaçados (uma das minhas melhores memórias de escavação é a de encontrar uma dessas botas, que se revelou aos poucos na lama negra e espessa de uma cidade viking inundada). Dentro dos calçados, meias de lã tricotadas, às vezes por meio da técnica *nålebindning*, mantinham os pés aquecidos e secos. As pessoas mais pobres provavelmente tinham que se virar com grama e palha em volta dos pés, garantindo o isolamento e um ajuste confortável.

Uma pergunta que raramente se faz, e que é difícil de responder, diz respeito a como as pessoas da Era Viking *usavam* roupas; o que sentiam em relação às roupas – as combinações de tecidos, a sensação na pele, as circunstâncias em que eram usadas. Assim como nós, os vikings tinham moda, e o uso de roupas indicava não apenas riqueza e bom gosto, mas também muitas outras coisas, sobretudo o poder (ou a falta dele, no caso dos que tinham menos liberdade para escolher seus próprios trajes). As roupas transmitiam conquistas, mas também aspiração. A tela internacional da Era Viking propiciou novas fontes de tecidos e roupas com as quais experimentar e novas arenas para experimentá-los. Pode ser que pelo menos alguns daqueles que buscavam uma vida móvel, com todas as suas oportunidades e riscos, se vestissem conforme o tipo de pessoa que desejavam ser – talvez no fim das contas tenham se tornado.

Usavam-se colares de contas, às vezes em múltiplos fios, pendurados entre os broches ovais ou às vezes apenas enrolados em volta do pescoço. Feitos de vidro importado do Mediterrâneo como matéria-prima e depois retrabalhados no Norte, eram fabricados em uma ampla gama de formatos e cores. Em meados da Era Viking, contas de cornalina já acabadas e outros materiais entravam em profusão na Escandinávia vindos do Levante.[16*] Ibn Fadlān menciona o quanto os comerciantes que ele conhecia valorizavam esses itens, em especial os verde-escuros. Cada um tinha um valor em moedas efetivas e, portanto, fazia as vezes de uma demonstração ambulante de riqueza. Arqueólogos encontraram também exemplares de contas de âmbar e cristais de rocha.

---

16 * O Levante (Mediterrâneo) é um termo geográfico tradicionalmente utilizado por historiadores e arqueólogos dos períodos pré-histórico, antigo e medieval para descrever um vasto território da Ásia ocidental, formado pelas regiões à leste do mar Mediterrâneo que se estendem ao norte até os montes Tauro e ao sul até o deserto da Arábia, incluindo o vale fértil entre os rios Tigres e Eufrates e a antiga Anatólia. De forma geral, a região abrange Síria, Jordânia, Israel, Palestina, Líbano e Chipre. Outras fontes definem o Levante de maneira mais ampla, incluindo porções da Turquia, do Iraque, da Arábia Saudita e do Egito. [N. T.]

Havia uma grande variedade de broches ornamentais que poderiam ser usados para fins de ostentação, exatamente como hoje. Existiam broches zoomórficos, com animais e monstros, e outros no formato de navios, cavaleiros montados e muito mais. Os pingentes tinham diversos feitos – por exemplo, pilhas enroladas das chamadas "bestas-feras engalfinhadas", criaturas bastante estranhas que parecem sorrir enquanto se engancham e se estrangulam uma à outra. Havia também enigmáticas estatuetas usadas em volta do pescoço, pequenas figuras femininas de prata segurando chifres (valquírias, talvez?), "dançarinos de armas" (talvez Odin?) e muitos outros, incluindo uma perturbadora, encontrada na Suécia, que retrata uma figura com o rosto sem expressão e um único orifício onde deveriam estar seus olhos.

Após o início das incursões violentas no século VIII, os despojos dos saques estrangeiros algumas vezes eram reaproveitados como joias – leitoris de tomos eclesiásticos transformados em broches, encaixes de espada ingleses refeitos em feitio semelhante, moedas perfuradas e penduradas em colares. Na Noruega há um relicário irlandês ou escocês, quase certamente saqueado de um mosteiro, que parece ter sido usado por uma mulher como um pequeno cofre ou porta-joias; nele há inscrições em runas em que se lê: "esta caixa pertence a Ranveik".

As joias femininas tinham muitas variações regionais, estilos prediletos e modas locais, mas em nenhum lugar isso era tão evidente quanto na ilha de Gotlândia. Embora as formas-padrão fossem encontradas aqui, a maioria das mulheres mais ricas substituiu os broches ovais por fíbulas de cabeça de animal, um pouco parecidas com ursos ou texugos, seus longos focinhos repousando sobre os ombros. O fecho do xale não era um disco ou broche de trevo, mas uma pequena caixa redonda, usada da mesma forma, que podia ser aberta e servir como recipiente. Tal como no caso de todas as joias, também essas vinham com diversos graus de elaboração e numa grande variedade de materiais e acabamentos. Os broches em formato de caixa são especialmente fascinantes, pois podem fornecer uma pista a respeito da identidade dos mercadores que Ibn Fadlān conheceu no Volga. Ao descrever as mulheres, ele diz especificamente que elas usam no peito uma coisa redonda parecida com uma caixa – eram moradoras de Gotlândia? Faria sentido, dada a sua rota de viagem.

Ambos os sexos usavam anéis nos dedos, geralmente peças grossas e pesadas com retângulos planos decorados com gravações ao estilo "círculos e pontos". Pulseiras e braceletes também eram usados e tinham um padrão semelhante, assim como grandes colares e gargantilhas de ouro e prata, pesados, espetaculares e caríssimos. Ibn Fadlān registra essas "faixas de ouro e prata", e que um homem presenteou sua esposa com uma delas para cada dez mil dirrãs que possuía – uma soma vultosa.

Em seu encontro com os escandinavos no Oriente, Ibn Fadlān descreve os homens da seguinte maneira: "Nunca vi corpos mais perfeitos que os deles – são como palmeiras, são claros e avermelhados, e não usam túnica ou cafetã. O homem usa uma capa com a qual cobre metade do corpo, deixando um dos braços descoberto". Isso está de acordo com os achados arqueológicos.

Quando podiam pagar, os homens tinham uma túnica de baixo, talvez de lã macia ou, mais provavelmente, de linho, um tecido respirável. Por cima dela, uma camisa de mangas compridas com uma abertura alta e larga no pescoço, e que era puxada por sobre a cabeça. Essa camisa às vezes era bordada na gola e nos punhos, e ligeiramente larga abaixo da cintura.

As calças do tipo que se usava durante a Idade do Ferro eram bem justas, coladas às pernas. A julgar pelos achados em sepulturas, quase todo mundo usava um cinto, provavelmente um complemento vital para calças de cós folgado na cintura, e foram encontrados fragmentos de peças de vestuário com alças por onde se passava o cinto. Algumas dessas calças sobreviventes têm pés, como os pijamas e macacões de crianças pequenas de hoje, e isso também chega a ser mencionado nas sagas. Mesmo quando as calças eram um pouco mais grossas, alguns homens usavam bandagens (faixas de tecido enrolado) do tornozelo até o joelho para isolamento e facilidade de mobilidade. Em pedras pictóricas e em outras imagens, bem como em fontes escritas, também encontramos evidências de calças que seguiam uma moda nitidamente oriental e se tornaram populares na Escandinávia após a Era Viking, feitas de quantidades extravagantes de tecido para produzir uma aparência muito larga e estufada sobre as coxas e abaixo dos joelhos, com o tecido franzido nas botas ou com o uso de faixas para um ajuste mais firme na parte inferior da panturrilha.

Durante a fabricação, um conjunto especial de técnicas de tecelagem chamado de *röggvar* anexava à urdidura pedaços de lã extras, que em seguida eram arrancados da superfície (como puxar por acidente o fio de um suéter de lã, embora fazendo isso de propósito) para dar um efeito felpudo. Há alguma evidência que isso poderia ser usado para produzir um tipo particularmente exagerado de calças, e pode ser isso que esteja por trás do apelido do famoso viking do século IX Ragnar Lothbrók, sobrenome que significa "calças peludas", "calças felpudas" ou "calças desgrenhadas". O efeito teria sido impactante e, como algumas modas modernas, seu sucesso devia depender do carisma de quem as usava para cruzar a linha que separava o ridículo do estiloso.

Dependendo do clima, as pessoas poderiam usar uma jaqueta de lã grossa, às vezes forrada de pele. Alguns desses casacos eram influenciados pela moda oriental e mais se assemelhavam a cafetãs, com os dois lados sobrepostos na frente e fechados por um cinto. Os escandinavos que atuavam nos rios russos também optavam por uma espécie de jaqueta com brocado, fixada com pinos ou laços e com retângulos trabalhados em prata na frente.

Muitos desses tecidos poderiam ser enriquecidos por padrões bordados ou outros designs, provavelmente do tipo conhecido da metalurgia. Até mesmo os botões eram decorados com entalhes em osso ou enfeites fundidos em metais preciosos. Assim como no caso de outros tipos de joias unissex, alguns homens também usavam colares, embora estes às vezes fossem muito diferentes dos das mulheres. Os pingentes incluíam dentes de urso esculpidos, martelos de Thor, armas em miniatura e afins.

Curiosamente, não se encontrou nenhuma roupa da Era Viking, nem de homens nem de mulheres, com bolsos, o que tem implicações para os tipos de bolsas e outros acessórios necessários para transportar até mesmo itens pequenos.

Os capotes eram presos no ombro, ou por um simples alfinete circundado por um anel (invenção exclusivamente nórdica e que é possível usar para identificar um sítio viking) ou por um broche penanular de variados graus de esmero. Se um homem da Era Viking usasse algum adorno na cabeça, poderia escolher entre uma boina de lã simples ou, se estivesse se sentindo endinheirado e de bem com a vida, um chapéu cônico mais elaborado feito de seda e peles.

As roupas infantis eram essencialmente uma versão em miniatura da moda adulta, embora tendendo mais para camisolões e túnicas simples para os pequenos. Meu achado arqueológico favorito da Era Viking na Islândia é um pequeno par de meias-luvas infantis de lã grossa, uma ainda presa à outra por um longo cordão que devia passar pelas costas e cair por dentro das mangas de uma jaqueta. As luvas cabiam nas mãos de uma criança de 2 ou 3 anos, e pode-se imaginar algum menino ou menina da Era Viking brincando no frio e balançando as luvas penduradas. Pelo menos não as perdiam.

O trabalho diário assumia uma variedade de formas. A lida manual na fazenda envolvia principalmente semear, adubar e cuidar das lavouras, ao que se pode acrescentar a faina de pastorear o gado e supervisionar os movimentos dos animais pelos campos.

Entre os animais da fazenda incluíam-se vacas, bois, porcos, ovelhas, cabras e às vezes galinhas. Os galos desempenham um papel claro na mitologia nórdica, com seu canto anunciando eventos grandiosos; na fazenda, sua cantoria também devia ser o arauto do início de mais um dia. Os cavalos serviam para o trabalho de carga e montaria, mas também eram caros de manter. Figuravam com destaque em muitos rituais, e os cristãos consideravam que comer carne equina era uma parte tão integral do paganismo que proibiram explicitamente essa prática. Na Era Viking, os cavalos também eram treinados para lutar, e combates entre dois garanhões se escoiceando e se mordendo (muitas vezes até a morte) era um esporte popular nas sagas; há até mesmo representações dessas violentas disputas nas pedras pictóricas de Gotlândia. Ainda na fazenda, os cães eram mantidos para pastoreio e caça (e, em alguns casos, batalhas – como nos barcos funerários de Valsgärde). Gatos eram criados para companhia e também para aproveitamento de sua pelagem.

Tudo isso exigia ferramentas, que eram feitas de madeira e ferro. A maioria das fazendas tinha uma ferraria básica, onde trabalhavam dois ou três indivíduos: o braseiro e os bicos de fole, a bigorna e resquícios de refugo foram encontrados em muitas escavações de povoamentos. Nas sepulturas, arqueólogos encontraram o resto: tenazes e alicates, pinças e martelos, cunhas e tudo o mais que era adequado para a produção e reparo de utensílios de ferro domésticos básicos, incluindo foices, lâminas de todos os tipos, facas de cozinha, equipamentos para cavalos e outros acessórios. Algumas das instalações da forja eram levemente elaboradas, incluindo apetrechos adicionais como a incomparável pedra de Snaptun – uma espécie de tijolo de ventaneira que protegia o fole do calor da forja – na Dinamarca, decorada com um entalhe representando um rosto masculino com os lábios costurados, quase certamente o deus da trapaça, Loki – escolha apropriada para um escudo de fogo. A maioria das oficinas, entretanto, era bastante simples.

Escavações em ambientes alagados de portos urbanos – em lugares como Hedeby, na Dinamarca, e Birka, na Suécia – revelaram os aspectos orgânicos da vida diária que raramente sobrevivem, incluindo ferramentas de madeira como pás, marretas e um curioso tipo de carrinho de mão que, em vez de ter rodas, era carregado por duas pessoas, um pouco como uma maca. Há muitos itens para armazenamento, robustos baús de madeira, caixinhas e recipientes selados com resina feita de casca de bétula. E cordas – muitos tipos de corda. Parece que os objetos eram enfeixados com fibras retorcidas ou carregados em arreios por humanos e animais. Mercadorias a granel talvez fossem penduradas no ombro ou amarradas a carrinhos. A imensa quantidade de tiras entrelaçadas de fixação, cordas, cabos e afins oferece uma imagem vívida de uma sociedade prática na correria dos afazeres diários. Arqueólogos encontram também alças de madeira de bolsas de tecido, semelhantes às usadas para artesanato e tricô hoje, além de uma série de bolsas de couro, alças e mochilas. A madeira era usada para fazer pinos, cavilhas e fechos de todos os tipos.

Toda essa atividade agitava o solo, de modo que as veredas regulares nos núcleos de povoamento eram cobertas de feixes de gravetos, tábuas e pranchas nas piores partes e – em alguns mercados e centros mercantis chamados de empórios[17*] – até mesmo pedra triturada. Por toda parte havia também lascas de madeira de todos os tipos de árvore. Certa vez, no centro urbano russo de Novgorod, onde o solo alagado preserva bem essas coisas, sorvi o cheiro de pinheiro fresco com mil anos de idade, o sítio inteiro saturado com a fragrância de todos os resíduos dos trabalhos

---

17 * Nos registros medievais o *emporium* (no plural, emporia) é conhecido como "cidade-mercado". [N. T.]

de marcenaria que jaziam onde os carpinteiros da Era Viking os haviam deixado.

A esfera doméstica da administração das residências e propriedades ficava principalmente sob o controle das mulheres. Abastecer, preparar e servir a comida consumiam muito tempo. Além disso, no entanto, entre as principais atividades femininas estavam a manufatura e o trabalho de tecidos e sua transformação em uma variada gama de produtos; de roupas até velas.

Um verticilo de fuso era usado para limpar, separar e cardar a lã até que estivesse pronta para o tear. Na Escandinávia da Era Viking utilizava-se a variedade de tear vertical conhecida como tear de urdidura, em que os fios pendem de uma barra apoiada em postes verticais que podem ser colocados em uma inclinação conveniente contra uma parede; o tear era pouco mais alto que um adulto e geralmente posicionado perto de uma entrada para aproveitar o máximo de luz. Produziam-se muitos tipos diferentes de tecido; o mais comum era o *vaðmál* caseiro, também usado como um meio de troca padrão. Encontram-se diversas variedades de sarja, bem como outras padronagens. Existem também fragmentos de tecidos, geralmente mantos, feitos com as técnicas *röggvar*, que criavam um efeito de "pele falsa". Nas roupas de luxo usavam-se sedas importadas e brocados para revestimentos, punhos, bainhas e golas decorados. Acabamentos, guarnições e orlas em pele eram usados para o mesmo fim.

A maioria das famílias produzia seu próprio tecido e o transformava nas roupas necessárias; havia alfinetes de bronze, agulhas de osso e tesouras de todos os tipos. "Ir às compras", na acepção que damos ao conceito, teria sido algo raro – e caro –, possível apenas em um mercado ou, talvez, ao adquirir mercadorias de vendedores ambulantes. Demorada, mas essencial, a produção de tecidos provavelmente constituía a maior parte das atividades diárias das mulheres.

Na extremidade superior da escala, o trabalho têxtil podia ter também outras consequências, como o papel desempenhado por mulheres como contadoras de histórias através de seus trabalhos de tecelagem e bordado de tapeçarias pictóricas de parede. Essas narrativas visuais eram histórias tanto quanto os contos verbais, e, portanto, repositórios de memória social, história politizada e sabedoria religiosa. Ao controlar esse meio, as mulheres adquiriram mais uma fonte de poder efetivo, potencialmente subversivo. Era o caso sobretudo nos ambientes de salões de alto status, cujas paredes ostentavam esse tipo de decoração.

E a exibição era importante. Assim como todas as superfícies dos grandes salões dos líderes militares pós-romanos (e seus sucessores) eram revestidas de adornos, também decorados eram quase todos os aspectos da cultura material da Era Viking. Os arqueólogos passaram um bom tempo estudando "estilos de arte", mudanças de tendências na ornamentação visual que são usadas em metal, madeira, osso, pedra, couro e panos. Existe uma pequena biblioteca dedicada a tratar apenas desse assunto, mapeando a evolução da expressão estética dos vikings do século VIII ao XI. Foram delineados seis grupos estilísticos principais, parcialmente sobrepostos no tempo e nomeados de acordo com os locais onde foram identificados pela primeira vez.

Variam de esculturas de linhas finas ligeiramente barrocas no início da Era Viking a cadeias de anéis entrançados e bestas-feras engalfinhadas que, com o tempo, se transformam em grandes animais escarranchados e entrelaçados com textura pontilhada. No século XI a arte entrançada, em particular, gerou gavinhas carnudas enroscadas em criaturas elegantes e imponentes. Prédios inteiros podiam ser cobertos por essa ornamentação esculpida e vigorosa. De uma ponta à outra da Escandinávia existem variações regionais desses estilos e fusões com outras tradições culturais (também com formas híbridas) na diáspora viking – daí os chamados estilos anglo-escandinavos do Norte da Inglaterra, as tradições hiberno--nórdicas da Irlanda e assim por diante.

Esses esquemas da história da arte são úteis e necessários, sobretudo para a datação de objetos e lugares na ausência de material para análises científicas mais precisas, mas devem ser estudados em paralelo com o contexto humano em que foram empregados. Correndo apenas um pequeno risco de exagero, sujeito a restrições de tempo, ferramentas e orçamento, o povo da Era Viking decorava mais ou menos tudo o que era possível. Usavam roupas bordadas com ornamentos junto com joias que eram uma massa de criaturas e padrões contorcidos. Todos os itens de madeira, inclusive os mais básicos, eram entalhados, às vezes com esmero. O mesmo se pode dizer dos trabalhos em metal de todos os tipos, e as decorações mais intrincadas são feitas com tanto primor que é preciso usar uma lupa para vê-las da forma apropriada. Cadeiras, camas, tigelas, carroças, arreios de cavalos, paredes das casas – imagens por toda parte. Suas armaduras e armas, especialmente, eram cobertas por símbolos visuais e códigos pictóricos.

Tudo tinha um significado. Quando se entende como "ler" alguns dos desenhos entrelaçados, desenredando não apenas os diferentes animais enroscados e contorcidos juntos, mas também tentando estabelecer uma correspondência entre eles e as narrativas das mitologias e dos contos heroicos, o que vem à tona é um mundo de histórias contadas em imagens. Algumas tinham a finalidade de projeção exterior – para exibição e proclamação (de lealdades, opiniões ou identidades?) –, enquanto outras eram privadas. Há, inclusive, metal trabalhado em broches que só fazem sentido quando vistos da perspectiva do homem ou da mulher que o está usando, fitando seu próprio corpo. Como as ideologias ilustradas sobre a migração e elmos do Período Vendel, isso também é uma mensagem, uma declaração cultural coletiva de como o povo do Norte se sentia. Visto de fora, ajuda a explicar por que os vikings eram muitas vezes tidos como indivíduos tão diferentes daqueles que encontravam.

Havia também diferenças no âmbito da própria sociedade viking. Fora do escopo de suas redes sociais, as pessoas da época se sentiam cercadas por uma população invisível de espíritos e outros seres, mas muito mais perto de casa havia também outra comunidade, mais tangível, a dos marginalizados e ignorados. Em um sentido real, boa parte do "mundo viking" foi construída, sustentada e mantida pelos escravizados. Por um milênio ou mais, eles desapareceram das histórias da Era Viking, e é hora de devolvê-los ao seu legítimo lugar de destaque.

4

A busca da liberdade

Um dos componentes mais duradouros e discutidos da imagem dos vikings é a noção de liberdade – a aventura de um horizonte distante e tudo o que vinha a reboque. Mas para muitos, essa era uma esperança inatingível. Qualquer leitura verdadeira da vida na Era Viking deve, primeiro, chegar a um denominador comum com um aspecto da experiência cotidiana que provavelmente representava a divisão mais elementar nas sociedades da época: a diferença entre os que eram livres e os que não eram. Sob a rede social, qualquer outra distinção de status, classe, oportunidade e riqueza empalidece ao lado do fato mais básico da liberdade e o consequente potencial de escolha.

A instituição da escravidão tinha antecedentes longevos na Escandinávia, provavelmente datando de milhares de anos antes da época dos vikings. Por volta do século VIII, já havia uma considerável população de pessoas não livres vivendo no Norte, sendo sua condição em grande medida hereditária, construída ao longo de gerações. Na Era Viking, esse quadro mudou drasticamente, já que pela primeira vez os escandinavos começaram a fazer da aquisição ativa de bens móveis humanos uma parte fundamental de sua economia. Esse foi um dos principais objetivos das invasões e campanhas militares vikings, e o resultado foi um aumento maciço no número de pessoas escravizadas na Escandinávia.

Portanto, para que fique claro, afirmemos com todas as letras: os vikings não eram apenas escravistas, o sequestro, a venda e a exploração forçada de seres humanos sempre foi um pilar central de sua cultura.

Uma razão pela qual essa realidade teve tão pouco impacto público é que os vocabulários convencionais da escravidão – conforme empregados por acadêmicos e outros que se debruçam, por exemplo, sobre o comércio transatlântico de escravos dos séculos mais recentes – raramente foram aplicados à Era Viking. Sobretudo, há ambiguidade na terminologia, pois para se referir ao indivíduo privado da liberdade e submetido à vontade de um senhor, no lugar de *slave*, sempre se usou uma palavra muito diferente: o vocábulo em nórdico antigo *þræll* – que nos deu o inglês moderno "*thrall*", da qual derivou o adjetivo "*enthralled*", palavra que agora usamos no sentido de estar "cativado", "dominado", "subjugado", "encantado", "fascinado", "absorto", "arrebatado", "enfeitiçado", "mesmerizado" por uma pessoa, uma obra de arte ou uma ideia.

É impossível saber em que ponto na pré-história escandinava a prática da escravidão se originou. De maneira plausível, os estudiosos propõem que era uma instituição presente pelo menos na Idade do Bronze, e talvez ainda mais antiga. Não há razão para acreditar que tenha havido qualquer descontinuidade no uso de trabalho não livre e servidão involuntária durante toda a Idade do Ferro. Com relação ao período viking, uma criteriosa combinação de fontes arqueológicas e textuais é capaz de produzir uma imagem relativamente abrangente a respeito da posse de escravos.

O termo para escravidão era *ánauð*, que significa "servidão", "subordinação", "dominação", "cativeiro", ou "compulsão" – o sentido central é de pessoas submetidas à força e desprovidas de livre-arbítrio. Em nórdico antigo existe uma terminologia básica e suas gradações, preservadas nas leis de *Gulathing* norueguesas. Um homem escravizado era um *þræll*, um servo. Dentro dessa categoria, havia um termo específico, *þjónn*, para designar um escravo que atuava como criado doméstico. A mulher escravizada era uma *ambátt*. Se trabalhasse principalmente com a tecelagem, era uma *seta*; se suas tarefas incluíssem panificação, era uma *deigja*. Havia também os *fjósner*, "escravos de vida estável", categoria especial de servos que não apenas cuidavam dos animais, mas também se alojavam com eles.

É claro que existia uma espécie de estado intermediário de servidão que era até certo ponto voluntária, embora motivada por considerável compulsão econômica – por exemplo, como meio de saldar dívidas. Também era possível que uma pessoa servisse como escrava por um período determinado, após uma sentença judicial por ter cometido um crime. O sistema escravista nórdico nem sempre era de escravidão total, mas a maioria dos escravos tinha pouca capacidade de agir. Como dois proeminentes estudiosos dos vikings observaram cinquenta anos atrás, "o escravo não podia ter a posse de nada, herdar nada, deixar nada". Os escravos não recebiam remuneração, é óbvio, mas em algumas circunstâncias eram autorizados a reter uma pequena parte dos rendimentos que obtinham no mercado ao vender produtos para seus proprietários. Como resultado, era tecnicamente possível, embora raro, que um escravo comprasse a própria liberdade. Os escravizados também podiam ser alforriados a qualquer momento. Alguns estudiosos argumentaram que o número de escravos reais na sociedade da Era Viking era relativamente baixo. No entanto, à medida que se realizaram novos trabalhos de pesquisa junto aos detalhados registros europeus de incursões vikings para a captura de escravos, a escala desse comércio escravista foi revisada para cima.

Alguns já nasciam escravos: se o pai ou a mãe fossem escravos, ou se um homem livre que engravidasse uma mulher escravizada se recusasse a reconhecer a criança. Outros eram submetidos à condição de escravidão depois de capturados em ataques frequentemente empreendidos para esse fim, ou como prisioneiros de guerra. Embora um indivíduo escravizado pudesse passar por muitas mãos em uma jornada que durava meses ou anos, quase sempre começava com um sequestro violento. Por trás de todo ataque viking, que hoje geralmente visualizamos como uma flecha ou topônimo em um mapa, estava o terrível trauma que sentiam todos aqueles que se tornavam escravizados: a incrédula experiência de passar de pessoa a propriedade em questão de segundos.

Nem todas as pessoas escravizadas – na verdade, talvez apenas uma minoria – eram mantidas pessoalmente por seus captores e colocadas para trabalhar. A maioria entrava na rede mais ampla de tráfico e era transportada para mercados e pontos de venda em povoamentos em todo o mundo viking e além. Os escravos eram transferidos através dos postos comerciais da Escandinávia, bem como por distâncias mais longas, até os centros de comércio da Europa Ocidental. A prática era totalmente legal nos Estados cristãos. Com o tempo, a escravidão também se tornaria indiscutivelmente *o* principal elemento do comércio que se desenvolveria durante a Era Viking ao longo dos rios orientais da Rússia europeia e o que hoje corresponde à Ucrânia. Não existia uma infraestrutura sólida de mercados de escravos construídos para essa finalidade específica, como casas de leilão ou palanques nos quais um leiloeiro apregoava, e similares. Em vez disso, as transações provavelmente eram realizadas em pequena escala, mas com frequência, com um ou dois indivíduos sendo vendidos ao mesmo tempo em quaisquer circunstâncias que parecessem viáveis.

Os escravos aparecem frequentemente nas sagas, em que homens executam trabalhos manuais e realizam as tarefas diárias da fazenda enquanto as mulheres servem dentro de casa e cuidam dos animais no estábulo. As histórias descrevem como as mulheres escravizadas sofriam, vez por outra, abusos sexuais dos homens da casa, o que poderia levar à tensão com as esposas. É difícil estimar o número de escravos, mas provavelmente havia dois ou três numa fazenda de tamanho médio, enquanto as grandes propriedades podiam abrigar dezenas.

Um dos poemas éddicos, *A canção de Ríg*, é uma obra curiosa que descreve a origem divina das classes sociais entre os humanos. A essência de sua trama é que o deus Heimdall, usando o nome Ríg, visita três casas de família. A primeira é humilde e empobrecida; a segunda é modesta, mas muito bem cuidada; enquanto a terceira é suntuosa e orgulhosa. Ríg passa três noites em cada casa, dormindo entre os casais que moram lá e, no devido tempo, nascem diversas crianças, respectivamente os progenitores dos escravos, dos agricultores e das elites. O poema inclui uma lista de nomes pessoais apropriados à sua posição na vida para cada uma das classes sociais. O "primeiro casal" dos escravos é formado por Thrall (escravo) e Thír (que efetivamente significa "mulher-escrava"). Na tradução, os nomes de seus filhos são Barulhento, Cavalariço, Rechonchudo, Pegajoso, Parceiro-de-cama, Bafudo, Curto-e-grosso, Rolha de poço, Lerdo-preguiça, Grisalho, Corcunda e Pernalonga. As filhas são chamadas Curta-e-grossa (uma variante feminina do equivalente masculino, com o sentido de uma piada degradante), Atarracada, Panturrilha-estufada,

Nariz-de-fole, Gritaria, Amarrada, Fofoqueira, Quadril-maltrapilho e Canela-de-garça. Todos claramente pejorativos, vários dos nomes sugerem problemas de saúde e falta de higiene, e um se refere claramente à servidão sexual. Nenhum deles reconhece identidade ou personalidade individual.

O poema também enumera as tarefas dos escravos: "consertavam cercas, adubavam com esterco os campos, tratavam dos porcos, cuidavam das cabras, cavavam a turfa". O homem Thrall também carregava pesados feixes de gravetos e fibras entrançadas para fazer cestas. O corpo dos escravos traz as marcas do pesado trabalho manual, com a pele enrugada e escurecida pelo sol, unhas cobertas de crostas, nós dos dedos deformados e olhos opacos. Seus pés descalços estão sempre sujos de terra.

As mulheres escravizadas eram extremamente vulneráveis ao abuso sexual nas mãos de seus donos, o que elas sentiam na pele como um perigo constante, ao lado da labuta manual da vida diária. Por definição, um proprietário de escravos não poderia ser acusado de estuprar seus próprios escravos, pois, como sua propriedade, as servas não tinham direitos dentro de sua casa, e o dono poderia usufruir do corpo delas como bem desejasse. Nas sagas há referências a visitantes do sexo masculino que recebiam a oferta de pegar uma escrava "emprestada" para passar a noite, e parece que a hospitalidade sexual também fazia parte da instituição mais ampla de generosidade para com os convidados. Os governantes também recompensavam ativamente seus seguidores militares com mulheres escravizadas, destinadas a lhes servir na cama. O poema escáldico encomiástico *Hrafnsmál*, "Os provérbios do corvo", escrito em homenagem a Haroldo Cabelos Belos, registra que o rei dá a seus homens "ouro de Hunland e escravas das terras do Leste".

Os homens escravos também poderiam ser explorados dessa forma. O nome do escravo traduzido como Parceiro-de-cama, Kefser (literalmente, "servil parceiro com quem dividir a cama"), está listado entre os escravos do sexo masculino. O nome *Leggialdi*, "Pernalonga", carrega um senso de aprovação condescendente – uma espécie de cantada ao estilo "fiu-fiu" – e também é masculino. Até as deusas eram conhecidas por dormir com escravos do sexo masculino, por tédio, luxúria ou, em um caso, como forma de repreender um marido.

Pelo menos parte do comércio de escravos dos vikings dependia explicitamente do tráfico sexual, sobretudo no Leste. Havia núcleos de povoamento direcionados especificamente para a escravidão de mulheres, enquanto os homens delas eram com frequência mortos no local. As mulheres jovens eram transportadas por longas distâncias para serem vendidas como escravas sexuais, e ao longo do caminho sofriam constantes agressões de seus captores. Ahmad ibn Fadlān, que se encontrou com escandinavos no Volga em 922, observou vários casos desses abusos. Seu relato é ainda mais brutal por ser a descrição de uma testemunha ocular. Ele deixa claro que as jovens que viajavam com os negociantes de escravos eram escolhidas por sua aparência, com um olho voltado para sua venda futura como servas sexuais. Como parte da rotina diária, Ibn Fadlān descreve que os vikings faziam sexo grupal com as mulheres – aparentemente diante de suas próprias esposas, que a tudo observavam, despreocupadas. Mesmo no ponto de venda, por vezes uma mulher era estuprada uma última vez na presença de seu comprador. O texto de Ibn Fadlān deve ser leitura obrigatória para qualquer pessoa que tente glorificar os "heroicos" guerreiros vikings.

Fontes árabes registram que alguns dos líderes vikings no Oriente, como faziam no Ocidente, premiavam seus homens com mulheres escravas para usufruto sexual, além de lhes ceder outras escravas pessoais para suas necessidades domésticas. Embora disfarçado em imagens de "flertes" ou "namoricos" frívolos, o direito de tirar proveito sexual dos indivíduos não livres era visto como uma óbvia e inquestionável prerrogativa da riqueza. Por exemplo, na *Primeira balada de Helgi Hundingsbani*, um poema éddico, alguém insulta um senhor com a alegação de que tudo o que ele faz na vida é beijar escravas na mó. Provavelmente o mesmo se aplicava entre proprietários e suas propriedades nas fazendas pequenas, mas em uma escala reduzida.

Nas sagas, o status dos escravizados como objetos de posse, em vez de pessoas, é ambivalente. Em alguns casos, as narrativas apontam para qualidades em termos favoráveis – um escravo excepcionalmente habilidoso em uma tarefa particular, tido e havido como sensato e confiável, ou de aparência especialmente bela. No entanto, quando as rixas entre vizinhos, mote frequente das sagas, começam a se agravar além das palavras ásperas para a ação violenta, isso muitas vezes toma a forma de matança de escravos dos oponentes, o que evidentemente era visto como uma forma pessoal de causar danos à propriedade alheia. Um enfoque alternativo sobre esse sombrio sistema de valores vem mais uma vez do relato de Ahmad ibn Fadlān, que presenciou escravos que adoeciam e morriam durante a viagem sendo simplesmente descartados como lixo. Se assim desejassem, os donos de escravos também poderiam matá-los sem sofrer penalidades legais. Talvez os escravos idosos e enfermos demais para trabalhar, bem como os filhos indesejados dos escravizados, fossem eliminados dessa mesma maneira.

Os escravizados tinham muito poucos direitos legais e, em quase todos os casos, aparecem na lei apenas como propriedade. Quase todos os pagamentos de indenização por ferimentos ou morte eram direcionados aos proprietários, já que o "prejuízo econômico" era deles. Duas exceções incomuns se destacam, ambas relacionadas a crimes sexuais contra esposas de escravos. Na lei de *Borgarthing* do Sul da Noruega, um escravo que flagrasse sua esposa na cama com outro homem deveria "ir até o riacho, encher um balde de água, despejar sobre eles e desejar a seu 'parente por vínculo originado em casamento' que durma bem". Isso demonstra a severidade fingida, da boca para fora, com a qual as ofensas contra a instituição do casamento eram tratadas na lei para as pessoas livres, mas ao mesmo tempo consegue transmitir desprezo ao transformar a situação do escravizado em uma piada cruel. Na Islândia, a situação era diferente; um escravo traído tinha o direito de matar qualquer homem que seduzisse sua esposa. O que torna isso especialmente insólito é que um proprietário de escravos que considerasse uma escrava como "sua mulher" (como a lei asseverava) *não* poderia matar nenhum outro homem que dormisse com ela, pois o relacionamento deles era desigual. Da mesma forma, era algo vergonhoso morrer nas mãos de um escravo.

Um pequeno punhado de textos preserva as vozes reais dos escravizados. Um deles é uma pedra rúnica do século XI, fartamente decorada, de Hovgården, a propriedade real na ilha de Adelsö, defronte ao empório de Birka, no lago Mälaren, na Suécia. A inscrição homenageia o administrador da propriedade do rei e é um raro exemplo de pessoas erguendo uma pedra para si mesmas em vida:

Leiam estas runas! Foram devidamente cortadas por Tolir, o *bryti* em Roden, nomeado pelo rei. Tolir e Gylla, marido e mulher, mandaram esculpi-las para sua própria memória [...] Hákon fez o entalhe.

O fato chave aqui é que um *bryti* era uma classe especial de escravos, alguém a quem se confiava um bocado de responsabilidade, mas mesmo assim era um indivíduo privado de liberdade. Em outras culturas existem muitos paralelos da ascensão dos escravos a posições de poder por vezes considerável, borrando as linhas do que seu status realmente significava. Em Adelsö, está claro que Tolir conseguiu se casar (se esse casamento tinha validade e reconhecimento legal é outra questão) e teve condições de pagar por uma magnífica declaração de sua posição como servo real.

Outra pedra de data semelhante de Hørning, na Dinamarca, conta uma história mais simples, mas talvez mais comovente:

Tóki, o ferreiro, ergueu esta pedra à memória de Thorgisl, filho de Gudmund, que lhe deu ouro e o libertou.

Um escravo liberto ocupava um status ambíguo, que não era escravidão, mas também não era a liberdade completa. Todos os homens e mulheres alforriados ainda tinham dívidas de obrigação para com seus antigos proprietários e deles se esperava que ajudassem seus ex-donos, mas nunca eram considerados totalmente iguais às pessoas nascidas livres. Os códigos legais previam menores direitos de indenização aos ex-escravos. A pedra erigida por Tóki indica sua profissão – uma coisa prática e útil a se fazer, mas não está claro se isso era algo novo ou um legado de suas antigas tarefas. Com o tempo, as crianças e os netos de escravos libertos viriam a ganhar todos os direitos dos nascidos livres.

Os reflexos materiais da escravidão são escassos, mas significativos. No nível mais básico, grilhões de ferro foram encontrados nos centros urbanos de Birka, Hedeby e um punhado de outros sítios ligados ao comércio. São itens até certo ponto ambíguos, no sentido de que alguns deles podem ter sido usados para conter animais, mas o mais provável é tenham sido projetados para cingir um pescoço, pulso ou tornozelo humanos. Em

9. Vida de escravo. Um colar de escravos da Era Viking da cidade-ilha de Birka, no lago Mälaren, na Suécia. (Crédito: Christer Åhlin, Museu da História Sueca, Creative Commons.)

10. Realidades da invasão. Nessa pedra gravada encontrada no mosteiro insular de Inchmarnock, na Escócia, o que parecem ser invasores vikings usando armaduras levam pelo menos um prisioneiro agrilhoado a um navio que os espera. (Crédito: Headland Archaeology Ltd, usada com a gentil permissão de Chris Lowe.)

um sítio irlandês foi escavada uma extensa corrente com argolas de ferro. Em Hedeby, as cinco gargalheiras encontradas na área do porto sugerem ou uma perda bem ao lado do navio, ou talvez que o comércio de escravos estivesse ocorrendo de fato no molhe.

Pelo menos uma imagem parece retratar o momento da escravidão. Um grafite gravado em uma chapa de ardósia do sítio monástico insular de Inchmarnock, na Escócia, datado provisoriamente do século VIII ou IX, mostra o que parece ser o resultado de uma incursão viking cujo intuito era a captura de escravos. Três figuras armadas usando cota de malha, incluindo uma com barba e um penteado extravagante, se deslocam em direção a um navio que as aguarda. A figura barbada conduz um cativo, talvez um monge do sexo masculino, cujas mãos estão entrelaçadas, uma argola de algum tipo em volta do pescoço.

Uma segunda representação desse tipo é de natureza mais formal e vem de Weston, em North Yorkshire, Inglaterra. Encontrado na igreja local, trata-se de um fragmento de escultura de pedra que outrora formou a parte superior do braço de uma cruz independente. Originalmente de fabricação ânglica, foi cortado novamente no século IX ou X na tradição anglo-escandinava. De um lado, o braço da cruz traz uma representação frontal de um guerreiro de elmo com um machado de batalha numa das mãos e uma espada na outra. No lado oposto, o que parece ser a mesma figura ainda empunha uma espada, mas sua outra mão está agarrando uma mulher pela garganta; as mãos dela estão unidas e pode ser que estejam amarradas. É a única ilustração da violência masculina direta contra uma mulher em qualquer parte do mundo viking – claramente é uma escolha incomum de tema, talvez considerado impróprio. Em uma tradição semelhante, outras cruzes de pedra da Nortúmbria também retratam guerreiros armados, e já se sugeriu que são os mecenas ou patrocinadores do trabalho ou, de alguma forma, referências a cenas militaristas na Bíblia.

Acerca da vida doméstica dos escravos, até hoje apenas uma única descoberta foi feita na Escandinávia. Não é da Era Viking, mas do início do século I EC, nos tempos da Idade do Ferro Romana; há continuidade cultural, no entanto, e o achado quase certamente preserva os restos mortais de pessoas escravizadas em um ambiente doméstico. Em Nørre Tranders, na Jutlândia, na Dinamarca, arqueólogos encontraram os restos incinerados de uma casa longa do clássico tipo existente na Idade do Ferro, da qual apenas metade – a seção do estábulo – sobreviveu. O prédio foi totalmente consumido pelo fogo. A arqueologia experimental demonstrou que apenas três ou quatro minutos após o início de um incêndio, o ar dentro dessas estruturas torna-se letal de tão tóxico, devido aos efeitos da fumaça. Se um incêndio começasse à noite, enquanto os ocupantes dormiam, era improvável que sobrevivessem. Algo assim parece ter acontecido em Tranders. Os arqueólogos descobriram os cadáveres do gado e dos cavalos que morreram em suas baias, e um rebanho de ovelhas e cordeiros amontoados na porta norte, onde, em pânico, aparentemente bloquearam a saída. Os animais não estavam sozinhos. Encontrou-se o corpo de um homem no meio das ovelhas; um segundo homem e três crianças estavam deitados na empena leste, depois da fieira de baias dos animais, onde talvez tenham morrido tentando romper a parede externa. Por que adultos e crianças estariam dessa maneira entre o gado? Aparentemente eram *fjósner*, "escravos de vida estável", categoria especial de pessoas escravizadas que viviam com os animais dos quais cuidavam. De maneira extraordinária, as ruínas da casa comunal não foram removidas, mas, em vez disso, toda a estrutura – corpos carbonizados e tudo – foi coberta com um monte, efetivamente convertendo todo o edifício em uma "sepultura". É notável, e talvez eloquente, que não se fez nenhuma distinção entre humanos e animais. A aldeia continuou em uso por décadas após o incêndio, e seus habitantes seguiram levando sua vida diária com um enorme túmulo no meio de seu povoado, uma tumba para os escravos. O que quer que tenha acontecido, os eventos daquela noite devem ter sobrevivido em histórias.

A maior parte do material arqueológico é mais difícil de ler, pois reflete apenas indiretamente a presença dos escravizados. Eles precisavam de moradia e alimentação, e seu trabalho deve ter sido não apenas integrado à economia, mas talvez também um de seus principais motores. No início da Era Viking, por exemplo, quem forneceu a mão de obra intensiva para atender à rápida expansão da indústria de produção de alcatrão, juntamente com o aumento paralelo da exploração das terras afastadas? Mais tarde, na Era Viking, houve uma reorganização adicional da economia, no mesmo ritmo de uma crescente necessidade de tecidos para vela (e, portanto, lá e também ovelhas), com óbvias implicações para o consequente e vertiginoso aumento na necessidade de homens para o árduo trabalho braçal. Houve também desdobramentos nos ambientes construídos das propriedades, com um aumento das estruturas menores (talvez alojamentos para os escravos?), em adição aos salões principais e edifícios anexos auxiliares. À medida que se intensificavam os ataques vikings para a captura de escravos, o trabalho dos escravizados era necessário para construir, equipar e manter as frotas usadas nessas incursões, e assim por diante, em um sistema de autorreforço.

Uma questão relacionada diz respeito à cultura material *dos* escravizados, e se há alguma coisa na arqueologia dos povoados que pertencia a eles. Isso permanece incerto, mas, a julgar pelas descobertas feitas em contextos onde se sabe que eles trabalharam – a exemplo de cabanas de tecelagem e similares –, aparentemente não existia nenhum marcador material específico da escravidão, mas de maneira geral a roupa e as posses de escravos refletiam o nível mais baixo de status social, e talvez fossem indistinguíveis das roupas e posses das pessoas livres mais pobres de todas. É possível que os poucos itens que elas "possuíam" (já que, a bem da verdade, não tinham a posse de coisa alguma) fossem descartes, coisas indesejadas que os outros rejeitavam e jogavam fora, mas ainda assim uma parte integrante do repertório material geral da época.

Uma das primeiras identificações arqueológicas de pessoas escravizadas estava no registro de enterros e na descoberta de túmulos onde o suposto ocupante principal foi acompanhado na morte por um ou mais indivíduos que evidentemente foram assassinados durante os ritos fúnebres. Isso está longe de ser comum, mas agora existem dezenas de exemplos em toda a diáspora viking. Cada jazigo é diferente, mas, até o ponto em que é possível generalizar, os túmulos contêm uma única pessoa, em geral do sexo masculino, enterrada de acordo com as normas vigentes. Os "sacrifícios" eram em seguida depositados na sepultura com o principal ocupante – ao lado ou sobre o corpo – ou em um patamar superior no mesmo monte tumular. Com frequência esses indivíduos tinham as mãos ou os pés amarrados e eram enforcados, decapitados ou mortos com golpes severos na cabeça. Um dos exemplos mais expressivos e escabrosos vem de Ballateare, na ilha de Man, onde um jovem escandinavo de status elevado foi enterrado em um caixão com uma variedade de armas. Seu túmulo foi coberto por um esmerado monte tumular feito de várias camadas de solo trazidas de diferentes localidades (seus campos de cultivo, talvez?). Quando o monte ainda estava inacabado, o cadáver de uma mulher de 20 a 30 anos foi colocado por cima; a parte de trás do crânio dela foi removida com um único golpe, forte e abrupto, provavelmente de uma espada. O *rigor mortis* já havia se estabelecido no momento em que ela foi levada ao monte, e talvez tenha morrido até 72 horas antes. Em seguida seu corpo foi coberto pelas cinzas queimadas de um cavalo, um boi e uma ovelha, antes que o monte fosse finalmente arrematado e encimado por um poste.

A sugestão de que essas infelizes vítimas pudessem ser escravas, e, portanto, essencialmente apenas mais exemplos de posses dos falecidos donos, foi feita no início da história da arqueologia viking. Há uma lógica óbvia, mas é difícil de provar; pode ser que alguns ou todos eles fossem criminosos, prisioneiros de guerra ou qualquer outra pessoa cuja morte foi considerada necessária pela comunidade e apropriada para uma cerimônia pública. Também não existe razão para que a mesma explicação se aplique a todos os exemplos. A favor de tal interpretação, no entanto, estão as numerosas e inequívocas descrições precisamente dessa prática nos relatos de testemunhas oculares árabes acerca de funerais escandinavos no Oriente, que descrevem que pessoas escravizadas de ambos os sexos (mas na maioria das vezes mulheres e jovens) eram assassinadas durante rituais de enterro. Também existem observações bizantinas de práticas idênticas, incluindo o massacre em massa de prisioneiros de guerra.

Tirando proveito de novos métodos científicos, trabalhos recentes mostraram que existem, de fato, diferenças reais entre os sepultamentos "primários" e os indivíduos executados. Um estudo de isótopos de oxigênio de sepulturas da era viking norueguesa desse tipo constatou que os "sacrificados" tinham uma dieta acentuadamente inferior ao dos outros falecidos, provavelmente indicando um status social inferior. Um estudo semelhante de túmulos suecos descobriu o mesmo, com um consumo muito maior de peixes de água doce entre as vítimas. Além disso, foi descoberto que vários desses indivíduos tinham as conhecidas modificações dentárias de sulcos limados. Era de fato um marcador de escravidão, semelhante a uma marca a ferro quente na carne? Por outro lado, muitas pessoas escravizadas tinham sido livres outrora; sua condição poderia mudar, voluntariamente ou não. Portanto, esses homens sacrificados talvez tenham sido cativos de guerra, ou os dentes lixados poderiam significar algo bastante diferente nesse contexto.

Parece razoavelmente seguro afirmar que as pessoas mortas nas sepulturas alheias eram de status inferior, o que fortalece a ideia de que pelo menos algumas eram escravizadas. Sem dúvida, trabalhos futuros iluminarão ainda mais esse aspecto, mas está claro que a deplorável experiência de vida dos escravizados se estendia, em alguns casos, até mesmo às circunstâncias e forma de sua morte.

Para os escravizados, a experiência de viver de meados do século VIII a meados do XI foi totalmente diferente daquela das pessoas livres a seu redor. A Era Viking foi uma época de fronteiras – entre culturas e modos de vida, entre diferentes visões da realidade, e entre indivíduos, inclusive ao nível da própria liberdade. Trata-se também de um período em que essas fronteiras foram transgredidas, postas à prova e às vezes apagadas: isso também é uma parte fundamental do que torna tão importantes esses séculos.

É possível ver os vikings por um prisma, cada movimento das placas de vidro produzindo novas pessoas, novos reflexos. Todos tinham sua própria identidade – sua autoimagem – e suas projeções externas; com algumas temos familiaridade, outras parecem assustadoramente estranhas. A travessia de fronteiras, em todos os sentidos possíveis da expressão, estava no cerne da Era Viking, e agora é hora de ir para o outro lado.

5

Travessia de fronteiras

Ser humano na Escandinávia da Era Viking não era uma condição restrita às partes externas do corpo ou à vida interior da alma: havia também a natureza individual da própria pessoa.
    Parte da imagem viking de hoje é uma caricatura da masculinidade – o guerreiro de cabelos compridos ainda incorporado aos logotipos ou anúncios publicitários de produtos que apelam a um suposto ideal de comportamento masculino. Na cultura popular o equivalente disso é uma imagem, clichê quase em igual medida, da mulher independente de uma forma singular, ativada ou como um arquétipo supostamente "nórdico" ou (com um olhar mais simpático) como um exemplo de comportamento e modelo para a autoconfiança e emancipação femininas. Portanto, é irônico que a realidade da Era Viking encampe uma verdadeira fluidez de gênero.
    A norma da sociedade viking era o patriarcado, no entanto subvertido a todo momento, com frequência de maneiras que – o que é fascinante – estavam inseridas em suas estruturas. Decerto os vikings estavam familiarizados com o que hoje seria chamado de identidades *queer* – elas se estendiam por um amplo espectro que ia muito além dos binários convencionais do sexo biológico e até mesmo ultrapassavam as fronteiras do que chamaríamos de humano. As fronteiras eram rigidamente policiadas, às vezes com conotações morais, e as pressões sociais impostas a homens e mulheres eram reais. Ao mesmo tempo, no entanto, essas fron-

teiras também eram permeáveis, com certo grau de sanção social. Há aqui uma clara tensão, uma contradição que pode ser produtiva para qualquer pessoa que tente entender a mente viking.

Hoje desenvolvemos um rico vocabulário de identidades e preferências, de orientação sexual e suas infinitas expressões, acerca de nossos corpos e de como os habitamos, de nossos relacionamentos com os outros, incluindo nossas formas de tratamento preferidas – em essência, uma terminologia que, na melhor das hipóteses, reconhece e empodera quem cada um de nós sente ser. Também podemos articular o que acontece nas interfaces entre essas identidades e as reações da sociedade a elas, para o bem e para o mal. Ao examinarmos os equivalentes antigos de vidas modernas, pode ser problemático transferir diretamente as percepções de hoje para a Idade do Ferro Tardia. Alguns acadêmicos defendem com veemência o argumento de que é impossível fazer isso. As línguas nórdicas antigas não continham palavras para muitos dos conceitos que usamos hoje; talvez as pessoas daquela época não compreendessem a si mesmas nesses termos, tampouco considerassem tais rótulos necessários; e o contexto social era também diferente em alguns aspectos fundamentais.

É claro que a sociedade viking estabelecia de forma bastante enfática expectativas com base nos conceitos normativos do sexo masculino e feminino, expressas em padrões de comportamento de gênero para mulheres e homens. Algumas das fontes (sobretudo Snorri) transmitem informações através de um filtro fundamentalmente cristão e masculino, mas há textos menos preconceituosos.

Há uma sensação de que para os homens o mundo era um reino ao ar livre, ao passo que o domínio das mulheres ficava no interior da habitação, mas essas duas esferas eram entendidas como lugares de genuíno poder e autoridade. Essa distinção não era literal, mas em vez disso se referia a arenas de responsabilidade – assim, "a casa", na prática, significava a administração da fazenda como um todo, tanto em termos econômicos quanto sociais. Uma vasta gama de tarefas domésticas também era da competência das mulheres, incluindo a cozinha e toda sorte de atividades relacionadas à alimentação, ao trabalho têxtil (um enorme esforço, como vimos) e à rotina diária da vida agrícola. Nada disso era desvalorizado por meio de noções paternalistas de "trabalho de mulheres"; ao contrário, eram atividades imprescindíveis, e a aptidão e competência necessárias para levá-las a cabo angariavam respeito. Para dar apenas um exemplo, isso pode ser visto claramente em um notável monumento rúnico datado de cerca de 1050, uma pedra da paróquia de Fläckebo, no condado de Västmanland, na Suécia, erigida em memória de uma abastada senhora de nome singular, Óðindísa ("mulher Odin", embora usando o espírito *dísir* como metáfora): "À terna memória de Hassmyra/ nenhuma dona de casa/ cuida melhor da fazenda".

Além do mais, as mulheres desempenhavam um papel fundamental na conduta de rituais domésticos e comunitários – por exemplo, oficiando sacrifícios aos elfos e aos *dísir*. Em um sentido real, administravam também a economia espiritual das pessoas. Essa era outra fonte de verdadeiro poder social, resguardando as linhas de comunicação entre a comunidade e os outros mundos, canais que talvez precisassem ser abertos a qualquer momento.

Para os homens, o "mundo mais amplo" se estendia ao mar, à caça e à pesca, à metalurgia e às forjas, às assembleias públicas, ao comércio, ao direito e à guerra. Acima de tudo, a política era reduto reservado aos homens. Um influente estudo do início da década de 1990 argumentou que a sociedade viking operava em um modelo que, essencialmente, fazia uma distinção entre os poderosos e os destituídos de poder, independentemente do sexo. Os papéis masculinos eram priorizados, mas as mulheres podiam assumi-los se as circunstâncias assim exigissem (por exemplo, no caso de viúvas sem nenhum homem adulto na família). A maioria dos acadêmicos se afastou da rigidez desse conceito, enfatizando, em vez disso, a independência relativa das mulheres e sua capacidade de agir por direito próprio, mas não há dúvida de que às vezes poderiam assumir tarefas e deveres masculinos, aparentemente sem sofrer preconceito social. Existem exemplos claros de mulheres que atuavam nos tribunais, tinham e vendiam propriedades e realizavam comércio.

Algumas arenas sociais eram estritamente ligadas ao gênero, a exemplo de tudo o que estava relacionado ao parto, em que não há nenhuma indicação de envolvimento masculino. Em contraste, as mulheres costumavam estar isentas das represálias diretas da violência decorrente de contendas – embora não, é claro, de suas consequências.

Também é igualmente produtivo e necessário levar em consideração as características compartilhadas *através* das fronteiras de gênero, em que a identidade era formada tanto pelo papel social quanto pelo gênero ou sexo. Isso é diferente do modelo unissexual, pois este não dá primazia ao poder masculino. Um recente estudo sobre os costumes funerários na Noruega, por exemplo, mostrou que muitas sepulturas não parecem ser de forma alguma abertamente norteadas pelo gênero, e que a identidade dos mortos pode ser mediada de várias maneiras. Um estudo detalhado revela também que as suposições sobre as conexões entre gênero e atividade (problemáticas em si) não podem ser aplicadas de forma consistente em toda a Escandinávia; por exemplo, entre os noruegueses, utensílios de cozinha são mais comuns nos enterros masculinos do que nos femininos. Também devemos nos lembrar de que, sem dúvida, as culturas da Escandinávia da Era Viking reconheciam graus de liberdade pessoal, de tipos de servidão (in)voluntária à escravidão total. Essas condições de vida estavam profundamente atreladas ao gênero.

O status também poderia se entrecruzar com o gênero, suscitando questões de hierarquia. Quando outros fatores são adicionados à mistura, por exemplo a idade e maturidade relativas, as definições podem se tornar problemáticas, como a natureza da infância na Era Viking e o limiar para a idade adulta. O que, na prática, tudo isso significava em relação ao modo como uma pessoa era vista (mesmo se e quando fosse uma pessoa), ao que elas tinham permissão para fazer ou ao que se esperava que fizessem? Existem poucas evidências de que na Escandinávia pré-cristã as crianças eram, de maneira automática, tidas como seres totalmente sociais já desde o nascimento. Vez por outra, arqueólogos encontram crianças a partir dos 5 anos enterradas com conjuntos completos de "bens mortuários", os objetos que as acompanham a sete palmos. A maioria desses itens tem as dimensões reduzidas para uso dos pequenos (joias minúsculas, por exemplo), mas em alguns casos as crianças eram enterradas com objetos de tamanho adulto. Isso é especialmente evidente no caso de meninos muito jovens e armas, o que implica uma confirmação ou atribuição de status, talvez vinculado à identidade da família enlutada. No entanto, esses são casos raros.

As crianças que sobreviviam à infância parecem ter passado por diversos ritos de passagem (como o desmame, a atribuição de um nome e assim por diante) antes de ingressarem com relativa rapidez na força de trabalho em qualquer função que fossem capazes de realizar. Por volta dos 14 anos ou depois, quaisquer diferenças entre "crianças" e "adultos" desaparecem nas sepulturas, e esse parece ter sido o limiar da maturidade. Aqui estão incluídos o casamento e a participação na guerra. Não era uma época sentimental.

Estudos bioarqueológicos de restos de esqueletos às vezes revelam os sinais de desnutrição infantil, e os resultados são esclarecedores. Pelo menos na Suécia central, um padrão consistente parece emergir: até 7% dos homens eram desnutridos quando crianças, em comparação com até 37% das mulheres. A mortalidade infantil era alta, estimada entre 30% e 60%, o que leva a uma conclusão inevitável: meninas e meninos recebiam diferentes quantidades e qualidades de alimentos, com forte vantagem para os meninos e em um grau potencialmente fatal para as meninas. É impossível não ver nessa discrepância um assustador sistema de valores.

Uma questão difícil diz respeito à possibilidade de infanticídio, o assassinato deliberado de crianças indesejadas. Isso se tornou um *tópos* padrão sobre o período, mas as evidências concretas são raras e, com frequência, duvidosas. Os homens pareciam ter o direito de rejeitar qualquer filho de sua esposa ou concubina, e a inclusão do infanticídio nas narrativas de sagas sugere que era praticado, embora não se saiba em que medida. Isso é corroborado por numerosos códigos de leis medievais cristãos, que incluem estatutos que prescrevem punições para o abandono de crianças às intempéries, indicando que essa prática persistiu muito depois da conversão.

A recuperação de restos mortais de crianças em monturos, *cairns*[18*] e fossas de lixo, por exemplo, serve como um argumento de que se tratava de uma prática corrente. No entanto, mesmo além disso, não foram encontradas sepulturas infantis em número suficiente para corresponder à taxa de mortalidade infantil, o que deve indicar que nem todas as crianças recebiam um túmulo convencional. Aqui também dispomos de um ponto de vista externo, o relato do viajante judeu do século X Ibrāhīm ibn Ya'qūb, que observa que crianças indesejadas em Hedeby, na Jutlândia,

---

18 * Montes de pedras erigidos sobre um túmulo ou como marco, comuns entre os celtas na Gália e na Grã-Bretanha. [N. T.]

foram atiradas ao mar. Dado que os códigos legais se referem ao abandono das crianças, o que não deixaria vestígios arqueológicos, devemos observar que isso está de acordo com o relato de Ya'qūb. O infanticídio *feminino* seletivo é especialmente difícil de rastrear, embora haja pequenas sugestões na arqueologia. Nas inscrições em runas da Suécia central, até seis filhos são mencionados como membros de uma mesma família, mas nunca mais do que duas filhas. Isso não corresponde às taxas de natalidade natural, embora possa ser a consequência de preconceito ou costume, em vez de infanticídio.

O registro de enterros sugere outros paralelos para esse desequilíbrio também entre os adultos. Um estudo de túmulos escandinavos no Norte da Escócia revela igual número de mortos enterrados com armas e joias; contudo, em partes do Oeste da Noruega, esse número é de 77% e 12%, respectivamente. Se as suposições relativas a artefatos são norteadas pelo gênero, isso implica um tratamento radicalmente diferente de homens e mulheres mortos nessas duas áreas, o que com certeza representou um contraste em atitudes sociais também.

Noções de gênero, e as relações entre os indivíduos, também são intimamente vinculadas à sexualidade – sobretudo em termos de orientação e sua expressão no comportamento sexual, seja socialmente sancionado ou não.

O casamento heterossexual, às vezes poligínico, era a manifestação nuclear de valores familiares na sociedade da Era Viking, incluindo o que se considerava sexualidade legítima. No entanto, nem todas as relações entre amantes obedeciam aos códigos de casamento ou concubinato, e algumas eram bem mais informais. Curioso notar que, embora o adultério fosse desaprovado, não era necessariamente motivo para divórcio (na verdade, a intolerância em relação a um casamento aberto *poderia levar* à separação). Mulheres casadas que tinham amantes aparecem em vários contos e narrativas, incluindo a *Saga de Grettir*, a *Saga do povo de Eyri* e a *Saga dos islandeses* (não confundir com a categoria genérica, *Íslendingasögur*); na *Saga do povo de Ljósavatn*, uma moça tem uma série de namorados.

Também havia equivalentes divinos. No curioso e engraçadíssimo poema éddico *A discórdia de Loki*, o deus da trapaça interrompe os outros deuses em um banquete em Asgard e passa a insultar cada um deles com vívidas acusações referentes a uma ampla variedade de indecências sexuais. Torna-se claro que não apenas todas as alegações de imoralidade e conduta sexual imprópria dos deuses são essencialmente verdadeiras, mas também que ninguém se importa muito com elas. Quando as deusas são acusadas de infidelidade, o deus Njörd[19*] dá uma resposta interessante: "Há pouco mal se as mulheres arranjarem um homem, um menino à parte, ou ambos". Claramente, embora todas sejam casadas, as deusas agiram de acordo com seus impulsos e desejos. Diz-se que Frigga, para se vingar de uma desfeita do marido, dormiu com cada um dos irmãos de Odin, e também com um escravo; Iduna[20*] levou para a cama o assassino de seu irmão; a deusa Gefjon[21*] "colocou sua coxa sobre" um jovem não nomeado (e, portanto, está por cima dele); Loki fez sexo com as esposas de Týr,[22*] Thor e, na verdade, com o próprio Njörd; e Freya dormiu com todos os deuses no salão, incluindo seu irmão.

Exceção feita ao incesto, isso pode ser o reflexo prático do concubinato, licença dada ao desejo feminino, embora aceita sem uma estrutura formal comparável. A legitimidade dos sentimentos sexuais das mulheres é mencionada várias vezes nas fontes, e o mesmo é verdade para seres sobrenaturais femininos, como as valquírias, que choram por seus amantes humanos mortos. Assim, a guerreira titular do *Poema de Gudrún*, presente na *Edda*, lamenta a ausência de seu homem, "no trono e na cama".

Muitas das sagas enfatizam também a atração mútua como a base adequada para os relacionamentos sexuais, com um elemento constante de escolha por parte das mulheres livres (distintas das escravizadas). Os encontros sexuais são iniciados puxando-se uma pessoa para perto de modo a sentar-se ao lado ou no colo dela e, em seguida, beijá-la. Isso aparece nas sagas como um comportamento consensual. O sexo é descrito em termos de um abraço apaixonado, *faðmr* e *faðmlag*, literalmente envolvendo um parceiro com os braços. Os casais "se voltam" um para o outro na cama.

Essa ideia da liberdade sexual das mulheres escandinavas aparece também em textos estrangeiros, como o relato de uma missão diplo-

---

19 * Deus Vanir, pai de Freyr e Freya. [N. T.]
20 * Deusa Aesir, guardiã das maçãs da imortalidade, que dão aos deuses a juventude eterna. [N. T.]
21 * Deusa da agricultura, das dádivas, associada ao ato de arar a terra. [N. T.]
22 * Deus maneta da guerra, filho de Odin. [N. T.]

mática do emirado muçulmano na península Ibérica à corte viking instalada no que se julga ser o Sul da Dinamarca, preservado em uma fonte do século XIII. Em meados do século IX, o embaixador Yahyā b. Hakam al-Jayyānī, conhecido como Al-Ghazāl ("a Gazela"), por causa de sua bela aparência, passou algum tempo com a realeza escandinava e era um favorito da rainha viking chamada, em árabe, de Nūd, o que alguns estudiosos leram como o nome nórdico Aud. De acordo com o texto, al-Ghazāl se enerva com a atenção que lhe é dispensada por uma mulher tão nobre, ao que ela lhe diz: "Não temos essas coisas [tabus sexuais] em nossa religião, tampouco temos ciúme. Nossas mulheres estão com nossos homens apenas por sua própria escolha. Uma mulher fica com o marido dela se lhe agrada fazê-lo, e o deixa se não lhe agradar mais". É difícil saber até que ponto essas informações são confiáveis – e alguns estudiosos rejeitaram o texto inteiro alegando ser uma confusão medieval, mas provavelmente podemos, pelo menos, nos fiar nas sagas. Outras fontes árabes mencionam não apenas o que consideram promiscuidade das mulheres escandinavas, mas em várias ocasiões fazem referência ao fato de elas terem o direito de iniciar o divórcio; isso é bastante acurado, repetido em diversos textos independentes, e não pode ser descartado como mero preconceito sobre estrangeiras de vida supostamente imoral. Também está bem correlacionada com as fontes nórdicas, incluindo as leis.

O *corpus* poético contém vários encantos para atrair o sexo oposto, a maioria deles usados por deuses, mas evidentemente um reflexo dos interesses humanos. Odin às vezes usa o que chama de *mánvelar*, "feitiços de amor", para seduzir de uma só vez grupos de mulheres, em poemas éddicos como *Canção de Harbard*. Da mesma forma, a "Lista de feitiços" em *As palavras do Altíssimo* inclui dois deste tipo:

> Conheço um décimo sexto [feitiço]:
> Quando quero de uma moça esperta desfrutar,
> possuir toda a sua mente e amor-prazer,
> começo a revirar
> as ideias da mulher de braços brancos
> e ponho os pensamentos dela de pernas para o ar.

Conheço um décimo sétimo [feitiço],
Para que muito tarde [ou seja, nunca]
uma moça solteira me rejeite.

As sagas também relatam vários casos de feiticeiras sendo contratadas por amantes infelizes. Existem feitiços para induzir a impotência, e seu oposto, a voracidade até o ponto da disfunção. Outros encantos davam ao destinatário a aparência externa de outra pessoa, a fim de seduzir alguém sob o disfarce do parceiro sexual preferido dele ou dela. Um golpe do cajado de um feiticeiro poderia induzir submissão sexual ou desejo ingovernável. Um feitiço particularmente cruel permitia a um homem deliciar-se com os favores de todas as mulheres, exceto daquelas que ele de fato amava, talvez uma visão dos costumes sociais da Era Viking. Parte dessa magia era realizada com a ajuda de runas, três das quais tinham nomes que significavam aproximadamente Luxúria, Ardor Sexual e Necessidade Insuportável. As feiticeiras dotadas desse poder eram consideradas sexualmente predatórias, e era imprudente conhecê-las bem demais. A elas atribuía-se a capacidade de encobrir a mente de um homem em uma espécie de névoa carnal.

Por certo, o sexo também poderia ser prosaico e vulgar. Existe outro vocabulário bastante diferente em nórdico antigo, um mundo mais grosseiro onde os homens se gabavam uns para os outros, alardeando quem gostariam de *serða* e *streða*, "comer" e "foder". Às gargalhadas, faziam piada sobre "brincar na barriga de uma mulher" ou "acariciar a virilha dela".

A cultura material preserva alguns instantâneos arqueológicos extraordinários. Em Oslo há um osso com inscrições rúnicas datado do século XI no qual se lê, em um entalhe profundo: "Me beija". Só podemos especular para quem foi entregue. Outro conjunto de exemplos vem de um lugar muito improvável. Na maior ilha do arquipélago das Órcades, na costa norte da Escócia, está o grande túmulo neolítico de Maeshowe. Construído milhares de anos antes da época viking, é um dos mais formidáveis monumentos da Europa da Idade da Pedra Tardia. Nele também está contida a maior coleção de inscrições rúnicas fora da Escandinávia, feitas no final da Era Viking e no início do século XII, quando colonizadores nórdicos invadiram o interior, esvaziaram-no e usaram seus convenientes nichos funerários para finalidades bem diferentes daquelas originalmente pretendidas. Não há dúvida de que Maeshowe era um lugar de encontros – um local isolado para aqueles que buscavam privacidade longe do vento, com alcovas de pedra que, com um cobertor e uma vela de junco, poderiam rapidamente tornar-se confortáveis. As inscrições – muitas delas assinadas – cobrem uma gama de assuntos, mas incluem vários com alusões sexuais grosseiras, uma delas referindo-se ao corredor longo e baixo pela qual se entra na câmara (os nomes dos homens estão em itálico):

Ingibjörg, a bela viúva. Muitas mulheres já ficaram de quatro aqui. Uma exibição e tanto. [assinado] *Erlingr.*

Ingigerd ... sexo [?] ... é o mais bonito... [texto fragmentário ao lado da gravura de um cão babando]

Thorný fodida. *Helgi* esculpiu [as runas].

De modo geral, não há quase nada na arte e na iconografia da Era Viking com um tema explicitamente erótico. Algumas das placas de folha de ouro – os aristocráticos "cartões de visita" fixados nas colunas dos salões – contêm cenas de casais abraçando-se e beijando-se de modo casto. Encontrou-se um punhado de estatuetas masculinas em diferentes estados de excitação sexual, geralmente nuas, exceto por um cinto preso em suas mãos, em depósitos nos arredores das casas longas, mas essas figuras parecem mais emblemas da virilidade divina (ou secular) – o sexo como poder, outra dimensão da cultura do salão. O mesmo pode se aplicar à famosa estatueta de bronze tridimensional descoberta em um monte funerário em Rällinge, condado de Södermanland, na Suécia, reproduzida em *todos* os livros sobre os vikings e invariavelmente rotulada como uma representação do deus Freyr. Nu, exceto por um elmo e pulseiras, está sentado de pernas cruzadas, uma mão no joelho e a outra segurando a barba, e ostentando uma vistosa ereção. Apesar da sólida confiança da identificação tradicional, simplesmente não há como saber se é um deus, alguma outra criatura de notória reputação libidinosa como um anão ou um homem. Mais uma vez, a postura estranha e detalhes específicos

11. Encaixados em um beijo. Duas figuras abraçadas em uma folha de ouro da Suécia, datada do início da Era Viking. Imagens desse tipo são a evidência primordial com relação às convenções de vestimentas norteadas pelo gênero para os homens (à esquerda) e para as mulheres (à direita). (Crédito: Gunnel Jansson, Museu da História Sueca, Creative Commons.)

da vestimenta sugerem algo além de um significado puramente sexual. O contexto em que se pretendia que a imagem fosse usada ou vista, ou mesmo escondida, é em igual medida desconhecido – sabe-se apenas que acompanhou alguém no túmulo.

Até onde posso saber, em todo o universo de imagens escandinavas da Era Viking existe apenas uma única representação de relação sexual. Em uma pedra rúnica de Onslunda, em Uppland, Suécia, erguida por três irmãos em memória de seu pai, Ófeig, há um par de figuras humanas deitadas juntas, a barbuda por cima, as pernas de ambas entrelaçadas de maneira improvável. A imagem parece ser um grafite (embora longe de fortuito, pois deve ter sido difícil gravá-lo), adicionado depois que a pedra foi erguida. Parece não ter relação com o projeto original e a inscrição pintada de vermelho, embora possa ter sido algum tipo de comentário sobre a pessoa homenageada.

Por fim, há um artefato intrigante que tem indiscutíveis conotações sexuais, mas função incerta. Desde antes da Era Viking, a fronteira sul da península da Jutlândia era protegida por uma fortificação linear, um complexo conjunto de muralhas conhecido como Danevirke. Em um de seus bancos de terra do século IX, arqueólogos encontraram um falo de madeira de 23 centímetros de comprimento, esculpido como se estivesse ereto, e quebrado na base. Pode ter vindo de algum tipo de ídolo, pode ser um brinquedo sexual, mas, como tantos outros sinais da Era Viking, seu verdadeiro significado agora é obscuro.

Nem todas as relações sexuais eram consensuais. O manuscrito das leis *Grágás* ("ganso cinzento", nome de significado obscuro) da Islândia primitiva data do século XIII, mas é quase certo que esse código jurídico seja uma compilação de vários lugares e tempos, que seu conteúdo, provavelmente, pertença a um período muito mais antigo da história da Islândia e remonte, pelo menos em parte, ao século X. De acordo com seus estatutos, uma mulher poderia alegar como razões para o divórcio uma ampla gama de circunstâncias, incluindo a violência conjugal. Trata-se de um problema importante que também ocorre com bastante frequência em outros códigos legais, embora sua data medieval (em larga medida contemporânea às sagas de família) torne difícil saber até que ponto refletiam as realidades da Era Viking. Em geral acredita-se que esses escritos continham resquícios de costumes anteriores e, em alguns casos, o que eles prescrevem é tão provocadoramente anticristão que de forma alguma poderiam ter sido um produto da nova fé.

Partindo do pressuposto de que a proibição legal é muitas vezes um guia para sabermos o que pelo menos algumas pessoas estão efetivamente fazendo, esses textos proporcionam uma leitura repugnante. Embora haja pouco a indicar que a Escandinávia do início da Idade Média fosse excepcional a esse respeito, a imagem está sem dúvida em total desacordo com o estereótipo da "mulher viking independente". As leis são terrivelmente específicas, com penalidades explícitas para lesões visíveis no rosto, para braços ou pernas quebrados a ponto de impossibilitar o movimento ou trabalho, para a perda de um olho – e assim por diante. Uma categoria de "ferimentos graves" inclui aqueles em que há penetração no cérebro, a cavidade corporal e a medula. A violência contra as mulheres é punida em especial quando cometida no quarto, sugestão de que se reconhecia o conceito de estupro marital.

As sagas contêm pouquíssimos exemplos de consequências práticas e negativas que a violência doméstica poderia acarretar para quem a cometia. Na *Saga de Njáll, o queimado*, por exemplo, um homem chamado Gunnar Hámundarson acerta um tapa no rosto de sua esposa Hallgerd durante uma discussão, e ela responde dizendo que um dia ele terá motivos para se arrepender desse ato. Anos depois, quando Gunnar se vê cercado por inimigos em sua casa, a corda de seu arco se quebra no meio da luta e, desesperado, ele implora à esposa que lhe dê um novo. Ela se recusa, lembrando-o do golpe com que uma vez ele a atingiu; como resultado, Gunnar é facilmente derrotado e assassinado.

A agressão sexual e o estupro eram categorizados nos corpos das leis, e o andamento dos processos jurídicos se dava de acordo com o status social relativo do agressor e de sua vítima. Um estuprador nascido em berço de ouro era punido com menos severidade do que um predador escravizado que cometesse o mesmo crime, mas ambos eram tratados com maior indulgência se a vítima fosse de baixo status. Por outro lado, uma sobrevivente rica poderia exigir a punição máxima de seu agressor, fosse ele quem fosse.

Como em muitas sociedades essencialmente patriarcais, a honra das mulheres era um bem valioso de suas famílias, a ser vingado em caso de perda e a ser utilizado como moeda de troca. Segundo as leis *Grágás*, qualquer homem que encontrasse outro na cama com sua esposa, filha, mãe, irmã, filha adotiva ou madrasta tinha o direito de matá-lo, independentemente de ter havido ou não um ato sexual. Se uma mulher solteira engravidasse, era responsabilidade do pai cuidar da mãe e do filho. Se a mulher grávida se recusasse a divulgar o nome do homem, os parentes homens dela tinham autorização legal para empregar "força" a fim de obrigá-

-la a divulgar essa informação, contanto que não deixassem "ferimentos duradouros ou marcas visíveis" (nas palavras da lei). Dito isso, também está claro que se impunha aos homens culpados de crimes sexuais um elevado grau de responsabilidade pessoal. O estupro de uma mulher de origem humilde era um delito ainda mais grave que o adultério consensual cometido com uma mulher de alto status. Da mesma forma, os códigos legais parecem reconhecer genuinamente o direito de uma mulher à integridade de seu corpo e sua pessoa – por ela mesma, e não somente como uma extensão de seus parentes. Havia leis contra toques indesejados sem violência, com penalidades que variavam de acordo com a parte do corpo em que o homem colocava as mãos ou lábios.

Os códigos legais, portanto, reconheciam tanto a independência e agência femininas quanto a culpabilidade individual dos agressores de mulheres e autores de crimes sexuais, mas também reforçavam as teias inevitavelmente misóginas de obrigação transacional, honra e posição social em que todos estavam enredados.

De maneira geral, temos poucos motivos para duvidar que a maioria das pessoas, pelo menos aparentemente, se sujeitava às normas sociais de comportamento e sexualidade aceitas – o que um estudioso dinamarquês chamou "a ideia do bem". Testemunhos sobre essas pessoas, na forma de resumos biográficos breves, mas em tom laudatório, estão entalhados nos memoriais rúnicos do final da Era Viking, sem dúvida com diferentes graus de veracidade. No entanto, havia muitas maneiras de viver uma vida viking. Existem claras sugestões de identidades *queer* (com uma ressalva para a aplicação retrospectiva de vocabulários contemporâneos). Isso pode ser difícil de definir, acessar e ver em uma resolução adequada para estudo, mas em alguns casos é possível fazê-lo.

Dados úteis podem ser extraídos dos códigos legais. Muitas normas sociais se manifestavam na aparência das pessoas, e as roupas eram claramente norteadas pelo gênero – no corte e estilo, talvez nas cores, e sem dúvida na decoração e nos adornos. As correlações entre gênero e status também se expressavam em termos de qualidade. Embora alguns tipos de joias fossem unissex, a maior parte visava a servir a homens ou a mulheres (o que não quer dizer que esses sinais não pudessem ser subvertidos).

O código de leis *Grágás* define como crime inequívoco homens e mulheres vestirem roupas ou usarem cortes de cabelo adequados ao sexo oposto. Isso não apenas confirma a existência de normas masculinas e femininas de higiene pessoal e cuidados com a aparência, mas também que algumas pessoas evidentemente as contradiziam e desrespeitavam.

Quase não existem exemplos disso na literatura das sagas. Em um episódio da *Saga do povo de Laxardal*, ambientada nos séculos IX e X, um homem se divorcia de sua esposa alegando que ela usa calças "como uma mulher masculina", tendo anteriormente reclamado de todas as coisas terríveis que supostamente poderiam acontecer se "as mulheres andarem por aí vestidas como homens". Existem também equivalentes femininos, quando as mulheres terminam um casamento por causa da suposta afeminação de seus maridos, o que se manifesta por usarem camisas de corte tão baixo que expõem o peito (não é irrelevante o fato de que – como nesse caso – as roupas de homens casados geralmente fossem feitas por suas esposas, o que oferece intrigantes vislumbres de agência dentro de um relacionamento). Existem também contos divinos de travestismo, nos quais Thor e outros deuses acabam vestindo trajes femininos em contextos de disfarce e engano tão intrincados que são dignos de Shakespeare; aqui, o efeito geralmente é de ridículo e zombaria. Em todos esses casos, fica claro que as escolhas de roupas têm o objetivo de sugerir uma orientação sexual diferente das convenções heteronormativas, e que isso era visto de forma negativa. O que isso significa para a *prática* da Era Viking são outros quinhentos.

Existe uma possível imagem arqueológica de homens travestidos em duas pedras pictóricas gotlandesas de Lärbro Tängelgårda, mostrando figuras em vestidos esvoaçantes que normalmente parecem representar mulheres, algumas delas segurando chifres de bebida, mas várias delas parecem ter barbas e talvez elmos. Numa das pedras estão quatro dessas figuras lado a lado, e as "barbas" são muito destacadas, embora seja claramente possível que isso represente alguma outra convenção do estilo local ou da preferência do artista; sinais característicos de determinado sexo nesse tipo de material são tão difíceis de ler que podem nem sequer estar presentes.

Indivíduos com corpos masculinos enterrados trajando roupas femininas convencionais e/ou com acessórios normativamente femininos foram encontrados em vários locais, incluindo Klinta, em Öland, Suécia. Em sepulturas na Inglaterra, por exemplo, em Portway, em Andover, no Sul do país, um corpo identificado por meio da osteologia como o de um homem foi enterrado com um vestido de mulher, incluindo um conjunto completo de joias. Existem outros exemplos.

Não há dúvida de que era um período de extrema homofobia, e podemos traçar um caminho claro, embora cronologicamente interrompido, até os povos germânicos do tempo de Tácito. Ele relata como os homens considerados culpados de atos homossexuais eram afogados dentro de gaiolas de vime em pântanos. Arqueólogos encontraram muitos cadáveres de homens da Idade do Ferro nos charcos da Alemanha e Dinamarca, muitas vezes nus, às vezes amarrados, geralmente exibindo vários ferimentos traumáticos: gargantas cortadas, profundas depressões cranianas causadas por golpes brutais, garrotes em volta do pescoço. Algumas dessas vítimas foram encontradas aos pares e cobertas por vime, exatamente como na descrição de Tácito.

Na Era Viking, homens homossexuais eram tratados com extremo desdém e um complexo tipo de horror moral, sobretudo aqueles que se permitiam ser penetrados – esses homens eram chamados de *ragr*, não somente homossexuais por inclinação e ação, mas também habitando um estado de ser que se estendia às qualidades éticas e sociais. Esse complexo de conceitos foi exaustivamente esmiuçado, e, nas palavras de seus principais estudiosos, "o homem pouco másculo é tudo o que um homem não deve ser no que diz respeito à moral e ao caráter. Ele é afeminado e é covarde e, portanto, desprovido de honra".

Não há nas fontes textuais descrições positivas de relacionamentos entre pessoas do mesmo sexo, embora isso não seja surpreendente, visto que foram compiladas por cristãos medievais. Referências negativas vêm principalmente na forma de insultos formais, o que os nórdicos chamam de *nið* (termo em geral grafado na forma anglicizada *nid*). Os códigos legais dedicam espaço considerável a essas difamações, indicando o alto valor que se dava à honra assim atacada. Todos esses insultos e insinuações referem-se exclusivamente a homens. A alusão nas sagas às "mulheres masculinas" de calças não tem necessariamente que incluir uma dimensão sexual, mas a implicação pode ser lida a partir dela. Relações homossexuais entre mulheres simplesmente nunca são mencionadas no mundo narrativo dos autores das sagas. Insultos homofóbicos são usados de forma tão recorrente em sagas e poemas, e são mencionados com tanta frequência nas leis, que devem ter sido relativamente comuns. Um exemplo arqueológico dá o sabor tedioso: uma inscrição rúnica riscada em um osso que nesse particular se refere a uma segunda inscrição, entalhada nas paredes de madeira de uma igreja. O texto assume a forma de um diálogo e é escrito em duas caligrafias diferentes (H1 e H2), o que implica que foi passado entre duas pessoas enquanto escreviam:

H1: O que foi que você entalhou na igreja da Cruz?
H2: Óli não se limpou e foi fodido no cuzinho.
H1: Parece que foi bom!

Esse tipo de *nid* foi categorizado formalmente pela lei. As primeiras leis de *Gulathing* norueguesas da Idade Média, por exemplo, descrevem *tréníð*, "*nid* de pau", como uma representação entalhada de dois homens envolvidos em um ato sexual, ou então uma descrição rúnica da mesma situação (o idiota da igreja da Cruz mencionado teria cometido esse crime). Havia também o *nid* verbal, uma afirmação caluniosa de práticas homossexuais implícitas. Declarações desse tipo eram *fullrétisorð* – palavras pelas quais era preciso pagar a penalidade total. Uma outra categoria de "expressão exagerada" englobava acusações de coisas vergonhosas que não poderiam acontecer na vida, mas que carregavam tons de repulsa, como alegar que um homem havia dado à luz. Havia mais categorias desse tipo, e todas acarretavam o cumprimento de uma pena por desacato à lei, a mesma para assassinato e estupro. Em essência, essa punição gerava a pecha de marginal, e consistia literalmente nisto: a pessoa era colocada fora do escopo da lei, vulnerável a danos físicos sem reparação.

No cerne do *nid*, e da homofobia da Era Viking, estava a premissa de "que um homem que se submete a outro em assuntos sexuais fará o mesmo em outros aspectos". A chave para esses insultos não era tanto a acusação de perversão sexual percebida, mas um ataque à honra de um oponente. Este último definia em parte o gênero cultural para os vikings, e também em parte dependia dele para ter significado. O que chamaríamos de orientação sexual estava, na Era Viking, completamente atrelado a códigos de comportamento e dignidade muito mais amplos e profundos, estendendo-se muito além da preferência física e emocional. O *nid* vinculava conceitos sexuais e éticos e os entrelaçava com noções predominantes sobre masculino e feminino. Nada disso implica desprezo pelas mulheres; ser feminino e efeminado não são a mesma coisa.

As mulheres podiam, de tempos em tempos, assumir os papéis sociais dos homens, além de seus próprios domínios de poder específicos e importantes. No entanto, elas não podiam se parecer com homens de maneira aceitável ou tentar, simbolicamente, ser eles (como no exemplo da mulher que usava as calças do marido na *Saga do povo de Laxardal*). Para os homens não havia essa indefinição de fronteiras, e não se tolerava que um homem assumisse qualquer aspecto da vida e dos deveres das mulheres. Interessa observar que o gênero do homem era limitado e intensivo, enquanto o das mulheres era até certo ponto ilimitado e extensivo. Ao mesmo tempo, a masculinidade demonstrativa era uma pedra angular dos alicerces sociopolíticos. O *nid* contestava isso, mas também afirmava isso porque os acusados eram obrigados a se defender, dessa maneira defendendo com vigor e mantendo as normas esperadas de poder norteado por gênero.

Talvez o maior potencial para a recuperação do homoerotismo na Era Viking esteja na análise da magia e seus papéis nessa sociedade. Todos os níveis de comunicação entre a comunidade e os outros poderes estavam implicados no exercício da feitiçaria, que apenas as mulheres poderiam praticar de forma aceitável. Os homens podiam e praticavam magia, mas ao custo de entrar em um estado de *ergi*[23*] – tornando-se *ragr* e arcando com toda a carga de conotações pouco masculinas. Existe uma ampla terminologia para feiticeiros do sexo masculino, assim como para suas contrapartes femininas, mas algumas das palavras são depreciativas. Há referências a fêmeas de animais (vacas, éguas, cadelas e assim por diante) e, novamente, sua capacidade de dar à luz. Categorias inteiras de *nid* também eram ativadas no contexto da magia, como a alegação de que um homem gerou nove lobos em uma feiticeira.

[23*] Normalmente o adjetivo *ergi* significava "efeminado", indicando fraqueza e covardia. Também a perda da virilidade masculina (na velhice, por exemplo) podia ser considerada um sinal de *ergi*. [N. T.]

Ao que tudo indica havia algo na mecânica e no equipamento dos rituais que tinha conotações sexuais explícitas e adequadas ao gênero para as mulheres, mas que imputaria a um feiticeiro do sexo masculino um papel efeminante. A principal ferramenta do feiticeiro era um bastão de metal que ele provavelmente segurava entre as pernas e girava (parece que serviam como fusos de fiar simbólicos, e eram usados para "enrolar de volta" a alma viajante do feiticeiro, ligada ao corpo por uma espécie de fio espiritual). Vários dos termos para esses cajados são sinônimos para o órgão masculino; as descrições dos bruxos falam deles "cavalgando"; e a postura corporal é sugestiva. Alguns estudiosos também propuseram que os cajados eram empregados na penetração sexual literal, como parte de rituais com indiscutíveis objetivos carnais (as fontes detalham longas listas do que é essencialmente magia sexual). Mesmo em xilogravuras medievais, há representações de bruxas nuas com cajados entre as pernas, sem sombra de dúvida referenciando conceitos de sexualidade desviante.

Uma pergunta óbvia: se a prática masculina da feitiçaria trazia consigo o que era efetivamente uma forma de morte social e representava o risco real de uma sanção capital, por que um homem escolheria seguir abertamente esse caminho? A resposta é que a prática de artes mágicas conferia poderes e experiências que não poderiam ser obtidos de outra maneira; estava imbuída de qualidades – e talvez um tipo de status subversivo – que faziam com que valesse a pena, mesmo por um preço tão alto. O curioso é que às vezes isso acontecia de uma maneira que, no entanto, carregava tons de aceitação social, indo muito além da conveniência do "não pergunte, não revele". Nas sagas existem vários exemplos de reis que empregavam equipes inteiras de feiticeiros do sexo masculino para fins mágicos específicos, sem qualquer reação social negativa.

A demonstração definitiva dessa barganha vem da própria Asgard, o lar dos deuses. Odin era o mestre da magia, mas em particular era o senhor precisamente do tipo de feitiçaria que tornava um homem *ragr*. Para se ter uma ideia de como era profunda a contradição social, basta imaginar o deus do cristianismo medieval, com suas penas capitais para muitos tipos de suposta transgressão sexual, sendo claramente descrito nos textos bíblicos em situações nas quais se envolve em relações homossexuais. Assim, temos Odin – senhor dos deuses, divindade da guerra e da poesia, protetor das elites reais para quem o ideal heterossexual masculino era central – retratado também como o praticante supremo da magia homofobicamente vergonhosa para os homens que a realizavam. Alguns anos atrás uma estudiosa norueguesa foi ao cerne da questão em uma série de inovadores artigos sobre o ser divino que ela chamou de "Odin, a bicha". O mesmo termo certamente se aplica aos homens da magia, que acionavam o desdém social ao mesmo tempo que o controlavam e o transformavam em arma como uma forma de poder. Pode ser que todos os praticantes de magia e feitiçaria fossem de um gênero diferente, pelo menos quando vistos à luz de seus primos muito mais bem documentados nas culturas circumpolares dos últimos trezentos anos. Em grande parte da Sibéria, por exemplo, argumentou-se muitas vezes que o "xamã" (ou seus equivalentes) constitui um gênero em si mesmo.

Outros aspectos da feitiçaria e do culto envolviam claramente o desempenho sexual. Há uma descrição extraordinária desses rituais na *História de Völsi*, narrativa em prosa com elementos poéticos preservada dentro do manuscrito *Flateyjarbók*, do século XIV, que, com base em detalhes internos, contém informações autênticas da Era Viking. Relata um rito doméstico do início do século XI, período em que o paganismo estava sendo suprimido na Noruega, e conta como um rei cristão e sua comitiva participam, disfarçados, de uma cerimônia. Como parte de uma festa comunitária, realiza-se uma longa série de rituais em que um pênis de cavalo preservado é passado de mão em mão enquanto versos espontâneos são proferidos. O conteúdo sexual é explícito, bem como a ação sexual, pois fica claro que se espera que as criadas da casa usem o objeto para se masturbar:

[Verso falado pelo filho mais velho]
Para você, donzela-serva,
este falo será
bastante animado
entre as coxas.

[Resposta de uma mulher escravizada ao pegar o objeto]

> Eu não seria capaz de
> me abster de
> empurrá-lo para dentro de mim
> se estivéssemos deitados sozinhos
> em prazer mútuo.

Há mais do mesmo, incluindo a observação feita com todas as letras pela filha dos donos da casa, de que o falo "ficará molhado esta noite". Outros textos também esboçam conexões sexuais entre mulheres e cavalos, e há diversos poemas misóginos que usam imagens de animais no cio para descrever o desejo feminino.

Esses temas e conexões podem ser investigados no estudo de sepulturas. Os arqueólogos determinam o sexo dos mortos enterrados por meio da análise de seus ossos (o que é confiável, embora não seja infalível) ou de DNA (que usa uma definição cromossômica geralmente incontroversa, embora seja necessário estar ciente de que também existem outras maneiras de fazer sexo com base na genitália ou órgãos internos). Isso fornece a determinação do sexo biológico de indivíduos de corpo masculino e feminino, mas não é o mesmo que estabelecer seu gênero, o que está além do alcance da ciência.

No entanto, em muitos casos, os falecidos eram cremados, e é difícil determinar de forma confiável o sexo por meio da análise das cinzas resultantes. Com frequência, as condições de preservação no solo são desfavoráveis à sobrevivência do osso em qualquer estado, e há muitas sepulturas sem nenhum vestígio humano (embora, é evidente, estivessem presentes originalmente). Nesses casos, durante séculos os arqueólogos recorreram à determinação do sexo dos mortos por meio da associação com objetos em tese característicos de determinado gênero – assim, armas em uma sepultura são usadas para sugerir um homem, conjuntos de joias denotam uma mulher e assim por diante. Além dos óbvios problemas de combinar sexo e gênero, e também atribuir de modo efetivo um sexo ao metal, essas leituras correm o risco de apenas empilhar um conjunto de suposições sobre o outro, no que os tomadores de decisões forenses chamam de "bola de neve de vieses" de interpretações cumulativamente questionáveis. Por isso é obviamente insatisfatório e, na pior das hipóteses, pode levar a uma interpretação errônea potencialmente vasta dos gêneros na Era Viking, a partir das dezenas de milhares de sepulturas que foram analisadas dessa forma ao longo dos anos.

Mas nem tudo está perdido; para começar, é necessário reconhecer que, embora as possíveis advertências devam ser mantidas, a maioria dessas correlações de sexo/gênero/artefatos provavelmente reflete a realidade da Era Viking. Não há nenhuma evidência que sugira o contrário. Contudo, *nem todos* os enterros obedeciam a esses padrões, e estar aberto às exceções – que sabemos que existiam – é imprescindível. Sem isso, nunca será possível fazer justiça arqueológica ao espectro de gêneros discernível nos textos medievais ou comparar isso com a realidade empírica da Era Viking. De modo mais empolgante, a arqueologia é capaz de encontrar evidências de identidades e gêneros que não chegaram às fontes escritas.

O ponto de partida vem das sepulturas em que há sobrevivência óssea viável. Nesses casos, os arqueólogos vez por outra encontram pessoas enterradas com objetos e roupas normalmente associados ao sexo oposto, seguindo uma perspectiva binária. Isso inclui esqueletos masculinos usando o que parecem ser vestidos do tipo que, segundo a convenção, eram enterrados com mulheres, ou com os broches ovais que seguravam o avental junto ao peito, e combinações semelhantes. No caso de enterros com corpos femininos, um equivalente é a presença de armas em número suficiente para sugerir de forma plausível uma identidade de guerreiro para os mortos. No sítio de Vivallen, em Härjedalen, na Suécia, encontrou-se até mesmo uma pessoa de corpo masculino enterrada de acordo com os rituais sámi, em um assentamento sámi, mas usando equipamento masculino sámi convencional por cima de um vestido feminino de linho usado por mulheres nórdicas, completo e com joias combinando – um cruzamento de normas culturais e de gênero.

Os mortos, diz o provérbio, não enterram a si mesmos, e os objetos colocados dentro de uma sepultura não refletem necessariamente as posses do falecido em vida. Novas identidades *post mortem* podem ser criadas por meio da associação entre artefatos e o cadáver. Como saber, como fazer essa distinção? É possível ler a vida de um indivíduo a partir do repertório material de seu funeral? A cautela é essencial; cada caso deve ser examinado de maneira contextual e em termos de igualdade, trabalhando-se em prol de um equilíbrio de probabilidades. Para uma identidade guerreira, por exemplo, existe o respaldo de evidências de poemas que descrevem de forma inequívoca a realidade de guerreiros que eram enterrados com suas armas, como uma demonstração e afirmação da função que exerciam. É sempre aconselhável revisitar os dados e questioná-los mais uma vez.

O exemplo mais notável que se conhece até hoje combina de forma útil quase todo o gênero viking em um único túmulo, suscitando mais perguntas que respostas. Em uma câmara mortuária do século X designada Bj.581 de um cemitério urbano na cidade de Birka, na Suécia, um cadáver vestido com roupas caras foi enterrado em posição sentada e rodeado por um conjunto completo de armas (o que é raro), com dois cavalos de montaria. Esse túmulo verdadeiramente espetacular foi escavado em 1878, e o cadáver tem sido considerado um exemplo de guerreiro de alto status de meados do século X, uma espécie de "viking definitivo" da época. E Bj.581 foi divulgado nos textos como tal ao longo de gerações de obras padrão. Como parte desse pacote interpretativo, sempre se presumiu que o falecido fosse um homem, pois guerreiros eram "obviamente" homens (combinando-se sexo e gênero de maneira costumeira). Em 2011, no entanto, um estudo osteológico sugeriu que a pessoa enterrada era uma mulher, e isso foi confirmado por análise genômica em 2017 – o defunto carregava cromossomos XX. O debate que se seguiu sobre a suposta "guerreira" de Birka se tornou decisivo e agora convulsiona os estudos sobre os vikings, em uma discussão às vezes vituperativa que pouco tem a ver com mulheres e guerra, e mais com questões subjacentes às linhas de falha das suposições de gênero na disciplina e outros campos.

Em certo sentido, a verdade é que pouco importa se a pessoa no túmulo de Birka era ou não uma mulher guerreira com corpo feminino (embora, como um dos principais autores da equipe de pesquisa, eu tenha a firme convicção de que ela era todas essas coisas). Essa pessoa pode igualmente ter sido transgênero, nos termos que usamos, ou não binária, ou de gênero fluido. Existem outras possibilidades, também, mas o ponto é que *todas elas devem ser reconhecidas como possíveis identidades da Era Viking*, embora – de forma crucial – não supondo que esse seja o caso. Não menos importante, na interpretação de Bj.581, acadêmicos devem ter o cuidado de não negar a agência básica das mulheres e seu potencial de escolher um modo de vida em detrimento de outros; essa pessoa não precisa ser necessariamente diferente. Além do mais, *todas* essas interseções de atividade e identidade tinham em si mesmas profundas ligações com o gênero – da "condição de guerreiro" a tudo o mais. É importante ressaltar que nada disso precisava ser fixo e permanente. Nos textos em prosa posteriores, mesmo sendo fontes difíceis, encontramos indivíduos que mudam de nome quando se enveredam por um novo caminho na vida – quando certas mulheres se tornam guerreiras, por exemplo. Mas apenas às vezes – não há universais aqui, e como sempre as fontes medievais são problemáticas, tardias, ambíguas e incertas.

Há corpos de todas as formas, e há uma área importante da vida viking sobre a qual se sabe relativamente pouco: as atitudes em relação à deficiência física. Existem referências literárias a indivíduos com limitações de mobilidade e destreza, fossem por causas naturais ou em decorrência de ferimentos. Os registros funerários contêm também diversos exemplos de pessoas sem braços e pernas ou com condições naturais que restringiam severamente seus movimentos; também existem sepulturas contendo indivíduos de crescimento limitado. Tudo isso implica de maneira irrefutável que as pessoas poderiam sobreviver até a idade adulta e ser enterradas como o restante da população, embora tenham vivido com várias formas de deficiência física. Vez por outra, deviam receber cuidado e assistência.

Um indivíduo famoso, Ívarr hinn beinlausi, Ivar, o Sem Ossos, foi um comandante guerreiro do século IX que lutou nas ilhas da Inglaterra; algumas tradições de saga o consideram filho de Ragnar Lothbrók. Seu apelido já foi matéria de muitos debates e, de qualquer forma, é uma questão problemática, uma vez que é atribuído pela primeira vez a ele em textos que datam de muito tempo depois de sua morte. Uma fonte do século XII afirma: "Dizem que ele não tinha ossos", embora a palavra para "ossos" também possa significar "pernas". Se o nome fosse real, e se fizesse referência (como alguns acreditam) a um homem que por alguma razão perdera o uso das pernas, então é intrigante que ele tenha sido capaz de ascender a uma posição de respeitado comando.

A deficiência visual, completa ou parcial, ocorre em vários tempos na mitologia – sobretudo em conexão com Odin, mas também como tema recorrente nas sagas. Foram encontradas muitas figuras de metal, em duas e três dimensões, com olhos aparentemente diferentes um do outro; de forma alguma todas elas podem ser interpretadas de imediato como deuses. É difícil desvendar os significados disso, mas parece que as noções vikings de normatividade do corpo eram relativamente inclusivas.

A essa altura, também é apropriado lembrar a fronteira distintamente porosa entre a natureza dos humanos e a dos animais, manifestada nas qualidades potencialmente mutantes do *hamr*, a "forma". Hoje reconhecemos e apoiamos identidades LGBTQIA+ e tentamos estender essa sensibilidade às pessoas do passado, mas é empolgante considerar que a mente viking ia além dos limites do humano a esse respeito.

Embora algumas das normas vikings possam parecer rígidas, de alguma maneira os escandinavos as aplicaram de maneiras que também permitiam que fossem questionadas, solapadas e desmentidas. De muitos modos e por muitos anos, os estudiosos acadêmicos dos vikings foram ingênuos e simplistas acerca da validação e do reconhecimento, por parte dos vikings, da variação de gêneros no final da Idade do Ferro. Com muita frequência, nossos estudos se restringiram a explorações reconhecidamente profundas da vida das mulheres, relegando, assim, metade da humanidade a uma entidade distinta e guetizada, contrariando uma suposta norma masculina assumida por padrão. Além de suprimir a presença e a agência óbvias das mulheres, isso também ignora o vasto oceano de vidas transcorridas em termos diferentes.

Até certo ponto, deve-se também resistir ao impulso de categorizar: talvez as pessoas da Era Viking escolhessem e renegociassem suas identidades todos os dias, assim como muitos de nós fazemos. Suas ideias sobre gênero iam muito além dos ordenamentos binários do sexo biológico, como os estudiosos acadêmicos agora começam a entender. Infelizmente, há muito menos consciência do privilégio necessário para conceder a nós mesmos essa inocência por tanto tempo.

6

O desempenho do poder

O lento surgimento de novas instituições escandinavas em meio ao caos do final do Período de Migração foi em grande medida um realinhamento de poder e suas interseções com a sociedade mais ampla. Do Período Vendel até o século VIII – o começo da Era Viking –, esse foi o início do longo caminho em direção a reinos unificados, a um senso genuíno de Estado e, por fim, às nações nórdicas que são reconhecíveis ainda hoje. No entanto, por trás desse processo inevitavelmente irregular havia algo mais antigo e de raízes mais profundas nas culturas escandinavas – a noção de poder como uma entidade pública, algo a ser visto e debatido, falado e executado. À medida que as trajetórias políticas das novas elites ganhavam impulso entre os séculos VIII e XI, suas pautas de prioridades estavam em constante tensão com os resquícios dessa ordem anterior. O que pode, em muitos sentidos, ser enquadrado como uma conversa social (ou talvez, de forma mais apropriada, uma discussão) sobre maneiras de viver e governar constitui outro dos motivos-chave da história da Era Viking.

As arenas desse conflito – ou diálogo, se preferirmos um enfoque mais gentil – eram as instituições da assembleia popular e as leis lá promulgadas – ambas manifestadas em monumentos na paisagem circundante e a eles incorporadas. Um componente crucial disso era a comunicação, principalmente na forma oral. A manutenção de registros era uma questão de memória, mas também, até certo ponto, de notação na forma de escrita rúnica. Milhares de inscrições rúnicas sobreviveram, em madeira, osso e, sobretudo, em pedra, o que atesta a importância que tinham na vida viking – fosse no dia a dia, na política ou em questões de espiritualidade.

As forças sociais gêmeas da lei e da alfabetização se unem na expressão do poder, mas havia também uma terceira força, que em certo sentido passou a ocupar o centro da imagem popular dos vikings: a mobilidade. Os povos da Escandinávia da Era Viking viviam em constante movimento, primeiro como indivíduos e coletivos e, ao fim e ao cabo, como nações. Deslocavam-se por estradas e rios, e no gelo durante os meses de inverno, mas viajavam especialmente por mar. O navio viking, a imagem mais clichê, foi realmente uma das principais expressões de seu poder e a ferramenta de seu sucesso.

Ao examinar esses elementos díspares no desempenho do poder, chegamos mais perto dos vikings e de sua sociedade de modo a entender de onde vieram, para onde estavam indo e, em particular, por que e como.

No rescaldo da crise, e nos anos do véu de poeira com seus traumas concomitantes, o surgimento e a rápida ascensão de estruturas de poder baseadas em elites militarizadas se estabeleceram com bases sólidas. Isso incluiu a criação de uma "cultura de salão" erigida em torno dos governantes e seus séquitos, e da infraestrutura que os mantinha. Em formas variadas, esse modelo de hierarquia social – em essência, uma espécie de pirâmide – continuaria Era Viking afora, embora com variações no tamanho, na forma e nos territórios da política. No entanto, por trás desses senhores da guerra e seus pequenos reinos, e da escada social na qual tentaram subir, estavam as continuidades da vida política que durante séculos havia feito parte da cultura escandinava. Era a chamada *thing* (em nórdico antigo, *þing*), uma reunião realizada a intervalos regulares de representantes eleitos que eram investidos do exercício prático do poder em nível local. Com raízes que remontavam ao passado pré-histórico, pelo menos à Idade do Ferro Romana, as assembleias reuniam homens livres em idade de portar armas, para falar em nome de suas comunidades, resolver questões de interesse mútuo e arbitrar disputas legais. Embora variassem em sua forma precisa por região, os conjuntos operavam em diversos níveis, abordando assuntos de maior relevância de acordo com o critério de antiguidade social e geográfico da *thing*.

Na Noruega, onde o fenômeno foi investigado de forma mais meticulosa por meio de levantamentos arqueológicos e documentais, cerca de trinta *things* locais são conhecidas desde o primeiro milênio EC. Algumas ficavam no interior, mas a maioria se aglomerava ao longo da costa em áreas de povoamento mais denso. No âmbito destas, havia aparentemente três níveis de assembleias: o condado (*fylki*), o meio condado e a quarta parte de condado. Essa divisão tripartite também pode ser rastreada em outras regiões da Escandinávia, mesmo em contextos bastante diferentes; por exemplo, a força militar "norueguesa" do início do século III, cujas armas e equipamentos foram sacrificados em Illerup Ådal, na Dinamarca, após uma invasão derrotada, parece ter sido claramente dividida em três níveis de classificação – provavelmente correspondendo à mesma divisão social encontrada nos locais das *things*.

Os lugares onde eram realizadas as assembleias norueguesas assemelhavam-se a pátios – e outrora chegaram a receber esse nome –, consistindo em uma série de estruturas parecidas com casas longas dispostas em um círculo aberto ou em forma de ferradura ao redor de um espaço central. Os edifícios serviam para o alojamento temporário dos delegados, que viajavam para participar das reuniões regulares realizadas na área fechada. Em cada região há uma extraordinária e íntima correlação entre as características arqueológicas da Idade do Ferro e as unidades administrativas de terra e população registradas para as mesmas áreas nos códigos de leis e levantamentos do início da Idade Média, adentrando até mesmo o início do período moderno. No sítio de Dysjane, em Tinghaug (literalmente "monte de *thing*"), em Rogaland, por exemplo, as 32 estruturas construídas em torno da característica área de pátio parecem corresponder aos 32 distritos navais registrados mais tarde para a região de Ryger, onde se encontra a assembleia. Em alguns casos, até mesmo a disposição do complexo de edifícios reproduzia a geografia relativa dos bairros que cada estrutura parecia representar. O local do pátio formava, assim, uma espécie de mapa físico das áreas de onde vinham os delegados, para que pudessem percorrer o local como se andassem pela paisagem administrativa que a assembleia refletia. Dependendo de onde estivessem alojados (talvez também em combinação com marcadores distintos nas roupas ou estandartes), seria imediatamente óbvio quem era cada homem e quem ele representava.

Dentro dos limites do pátio, definia-se uma área restrita, provavelmente protegida por guardas, onde se tratava de assuntos graves e onde se tomavam decisões acerca de todo tipo de disputa, desde rixas locais até crimes capitais. Quanto mais alto o nível da assembleia, mais próxima dos "assuntos de Estado" e das funções parlamentares (naqueles pequenos mundos) ela ficava. Se uma questão não pudesse ser resolvida, passava para o nível seguinte da assembleia, às vezes com um intervalo de alguns meses.

Os delegados representavam seus distritos, em geral com porta-vozes especialmente talentosos para falar em público ou argumentar em questões jurídicas. Os discursos eram ouvidos pelo oficial que presidia a sessão – o "orador das leis" – que, como o nome sugere, era obrigado a literalmente memorizar e recitar as leis. Valendo-se desse recurso, era também o juiz dos casos apresentados, embora em circunstâncias contenciosas fosse às vezes necessário conquistar a opinião dos próprios delegados reunidos. O faccionalismo era endêmico, sobretudo nas experiências posteriores no republicanismo, como na Islândia, e um dos principais deveres da assembleia era refrear as rixas interpessoais ou familiares antes que fugissem do controle. Essas vendetas podiam ser fatais em pequenas comunidades, e um sistema de honra em que todas as ofensas deveriam ser compensadas ou vingadas exigia rígida moderação; muitas das histórias das sagas islandesas giram em torno do que pode acontecer quando as brigas e disputas se intensificam além da capacidade de contenção da lei.

As *things* não eram estritamente democráticas, mas ainda assim tinham como foco ideias formais de representação justa e uma tentativa de criar espaços neutros nos quais as disputas pudessem ser ouvidas. Claro está, certamente na Islândia, que as famílias dominantes exerciam (ou tentavam exercer) uma influência desproporcional sobre os procedimentos judiciais, e as sagas relatam frequentemente as tentativas de afetar de antemão os julgamentos e obter o parecer mais favorável.

Alguns dos locais de realização das assembleias norueguesas contavam com uma disposição dos edifícios ligeiramente diferente; outros incluíam enormes instalações lineares de fogueiras em buracos no chão, cercadas por tijolos ou pedras, para a realização de festas ao ar livre. Na Suécia e na Dinamarca, com climas mais amenos e terreno mais hospitaleiro, parece ter havido menor necessidade de locais estabelecidos com edifícios semipermanentes e, em vez disso, o foco eram áreas abertas onde as pessoas poderiam se reunir de forma conveniente. Muitos "montes de *things*" (em cima dos quais os oradores provavelmente se posicionavam para falar) ainda sobrevivem no interior rural, às vezes reservados ou como parte de cemitérios, e vez por outra delimitados por água para formar uma fronteira ritual da lei. Um complexo particularmente intrincado pode ser encontrado em Anundshög, em Västmanland, na Suécia, onde um enorme monte tumular foi cercado por um cemitério menor, por complexos arranjos de pedras no formato de navios, uma linha de aduelas de madeira e uma pedra rúnica. Mais acima na hierarquia desses locais estavam aqueles associados à realeza, como o "monte de *thing*" no cume do cemitério em Gamla Uppsala, provavelmente concebido a princípio como um túmulo, mas depois nivelado no topo e usado para a assembleia. Construídos pelas novas elites para fortalecer seu domínio, esses lugares foram estabelecidos de maneira estratégica no meio de suas paisagens monumentais autoafirmativas.

Dependendo das condições meteorológicas, pode-se imaginar o alastramento de barracas que originavam pequenas cidades em torno dos locais, acomodando um grande número de pessoas por curtos períodos. Como acontece com qualquer reunião, as atividades não se restringiam aos assuntos jurídicos e administrativos do momento, mas se estendiam para a socialização geral nas margens. As assembleias serviam não apenas como órgãos de governo comunal, mas também como uma oportunidade para a troca de mercadorias e fofocas em uma atmosfera que faz lembrar uma feira de condado. Formavam também uma arena para a encenação de rituais religiosos públicos.

Sobretudo na Noruega (onde há maior resolução dos dados), mas também no restante da Escandinávia, a grande questão é o que aconteceu com esse sistema de governo comunal em seus pontos de contato com o poder crescente dos reis. Não é por acaso que esse atrito político começa a ser sentido precisamente no século VIII, no início do que chamamos de Era Viking. Embora sua relação com os senhores do salão e as novas monarquias mudasse com o tempo, as *things* nunca desapareceriam por completo. Ainda hoje, o *Alþingi* da Islândia, a *allthing* [ou Althing] que era o mais alto nível de assembleia para todo o país na Era

Viking, persiste em Reykjavík como o mais antigo parlamento contínuo do mundo; divide essa honraria com o Tynwald da ilha de Man, também uma construção nórdica.

Um dos elementos-chave na estrutura do poder era a propriedade da terra, e a posse de terras absenteístas foi um dos possíveis alicerces das elites do final da Idade do Ferro. Um fator importante nisso eram direitos de herança, incluindo a transferência de terras no interior das famílias. No primeiro caso, a terra sempre passava pela linhagem masculina, embora as mulheres pudessem herdar na ausência de parentes homens. Nos casamentos sem filhos, a propriedade geralmente era revertida para a família de onde viera. Assim, um viúvo sem filhos não herdaria a terra de sua falecida esposa, mesmo se o casal tivesse lavrado a terra durante os anos em que estiveram casados; em vez disso, a terra voltaria para os parentes dela. Um conceito central encontrado nas leis medievais da Noruega e da Suécia e objeto de controvérsias quanto às suas possíveis origens na Era Viking era o *óðal*, ou *allodium*. Se um lote de terra tivesse pertencido a membros da mesma família por um longo período de tempo (seis gerações era a convenção), seus herdeiros teriam o direito inalienável a ele, e a venda a terceiros ficava bloqueada. Um efeito interessante disso foi proteger a primazia dos direitos de herança das filhas, que ficavam com a terra em detrimento dos direitos dos parentes homens fora da família imediata.

Uma das principais funções das pedras rúnicas posteriores no século XI era registrar esses direitos de herança, traçando claras linhas de descendência e, imagina-se, enfatizando a legalidade das reivindicações que haviam sido (e talvez ainda estivessem sendo) objeto de litígio judicial.

Uma pedra em particular – Hillersjö, em Uppland – ganhou fama, e com justiça, não apenas pelos detalhes sem precedentes dos relacionamentos familiares que descreve, mas pelo desfecho deles:

> Leiam! Germundo desposou Gerlög, uma donzela. Tiveram um filho antes de [Germundo] se afogar, e depois o filho morreu. Em seguida, ela aceitou Gudrik como marido. Ele [...] esta [texto danificado aqui, mas provavelmente se referindo *à* aquisição da Hillersjö]. Então eles tiveram filhos, mas apenas uma menina

sobreviveu, seu nome era Inga. Ragnfast de Snottsta a tomou por esposa. Depois disso, ele morreu e, logo em seguida, o filho. E a mãe [Inga] herdou de seu filho. Mais tarde ela se casou com Eirík. Aí ela morreu. Então Gerlög herdou de Inga, sua filha. Thorbjörn, o escaldo, esculpiu as runas.

Assim, temos Gerlög, por duas vezes viúva, que viu todos os seus filhos e os netos morrerem antes dela, e que no final herdou às avessas as terras de três famílias. Uma vida e tanto, e em microcosmo uma imagem da vida de seus contemporâneos da Era Viking: mortalidade infantil, casamentos múltiplos, mortes prematuras, nenhuma certeza, e em torno de tudo, a lei em sua permanência gravada na pedra.

Três outros exemplos proporcionam o mais puro sentido da riqueza a ser encontrado nas inscrições (e há milhares delas), o vínculo íntimo com a terra e a natureza crucial da propriedade, bem como todos os detalhes humanos intermediários.

> Östen mandou erguer esta pedra em memória de Torgärd, sua irmã, Hallbjörn, em memória da mãe dele.
> Bergaholm, Södermanland

> Sibba ergueu a pedra em memória de Rodiaud, sua esposa, filha de Rodgair, em Anga. Ela morreu jovem, deixando filhos pequenos.
> Ardre, Gotlândia

> Sibba mandou fazer esta pedra em memória de sua filha e de Rodiaud.
> Ardre, Gotlândia

Na primeira pedra, de Bergaholm, Suécia, Hallbjörn é menor de idade, razão pela qual seu tio é o principal patrocinador da pedra; ele, como procurador, tem o controle legal das terras de Torgärd e registra sua reivindicação de herança caso algo aconteça ao menino. As duas "pedras de Sibba" de Gotlândia, criadas pelo mesmo homem para sua esposa e filha, enfatizam os direitos dos filhos pequenos à herança e salientam também que os filhos herdarão de seu avô materno: essas são as palavras de um homem protegendo o futuro de sua linhagem.

A terra não era apenas reivindicada, mas, claro, também nomeada. Muitos topônimos referem-se a características topográficas óbvias – um riacho ou nascente, uma floresta, um vau ou um prado – ou são associados a eles com o nome pessoal de alguém. Às vezes, assentamentos inteiros são designados dessa forma. Datar nomes desse tipo (ou de qualquer outro) não é tarefa fácil, e ocupou todo um campo de estudos por mais de um século, mas agora temos uma ampla ideia acerca da paisagem nomeada da Idade do Ferro.

Os costumes variaram ao longo do tempo, especialmente em aspectos regionais. Foi possível discernir certo zoneamento de função, representando não apenas as divisões administrativas, mas também a localização física dos elementos distintivos de poder. Além dos lugares conectados com a realeza, existiam nomes com o sufixo *-by* ("aldeia" ou "vilarejo") vinculados a cargos e funções, situando, assim, essas pessoas em uma rede de consolidação, dominação e resposta rápida em todo o país. Tomando apenas exemplos suecos, temos as aldeias do *rinkr* (uma espécie de oficial militar), os *karlar* (literalmente "os homens", efetivamente o próprio séquito), até mesmo os *smed*, os ferreiros – não era um componente de pouca importância, para quem quisesse ter acesso imediato a consertos de armaduras e armamentos. Existem nomes para os centros de poder administrativo e os próprios lugares centrais, como *tuna* e *husa* e muitos mais.

E então, talvez acima de tudo e de todos, ou talvez também enredados nas mesmas teias de poder, estavam os deuses. No que são chamados de topônimos teofóricos, uma divindade está ligada a um tipo de lugar, na maioria das vezes algum tipo de local de culto. Os exemplos incluem *-lund*, um bosque ou arvoredo sagrado, portanto *Odenslunda*, "o bosque sagrado de Odin"; *-vé*, o nome de um santuário fechado, e assim *Ullevi*, "o Santuário de Ull"; *-åker*, algum tipo de campo sagrado, talvez onde as oferendas acontecessem, e, portanto, *Torsåker*, "campo de Thor"; e assim por diante. Outro exemplo é *Frösö*, "ilha de Freyr", e outros tipos de topônimos vinculados a uma palavra para o sagrado, portanto *Helgö*, "ilha sagrada". A maior parte dos tipos de nomes de culto está ligada a vários dos deuses.

Os nomes teofóricos variam amplamente em termos de distribuição, com uma tendência de deuses específicos se agruparem em certas regiões. Não há nomes de Ull na Dinamarca, mas eles são abundantes no Centro-Leste da Suécia; os nomes de Týr são encontrados quase que somente na Dinamarca; lugares com o nome de Thor são comuns na Suécia e na Noruega; nomes de Odin raramente são encontrados a oeste das montanhas; e assim por diante. Alguns acadêmicos argumentaram que isso sugere diferentes regiões focais para a adoração dessas divindades, e talvez seja o caso, mas as diferenças de costumes não refletem necessariamente uma mudança nas crenças que os corroboram. Por exemplo, Jesus é um nome comum em certos países da América Latina, mas raramente se encontra um europeu chamado Jesus – o que não significa que inexistem católicos na Europa. Isso pode ser verdade também para os nomes teofóricos nórdicos.

Como vimos, o principal papel oficial nas assembleias era o do "orador das leis", aquele que, entre outras tarefas, era incumbido de recitar as leis de memória, agindo assim como fiador da legalidade do processo. As mesmas necessidades de recordação e documentação precisas eram respondidas nas inscrições rúnicas. Isso traz à baila óbvias questões de manutenção de registros orais, e a relação entre a palavra falada e a palavra escrita.

A questão da alfabetização é interessante quando se trata dos vikings. Hoje, quando usamos a palavra, geralmente queremos nos referir à capacidade geral de ler e escrever, com tudo o que isso implica para o modo como nós (ou outros) usamos essas habilidades na vida diária. Para os escandinavos da Era Viking, entretanto, o conceito de alfabetização tinha um sentido diferente, muito mais focado em propósitos e circunstâncias específicos. Certamente havia escritos disponíveis para uso, na forma de runas, que se desenvolveram muito antes na Idade do Ferro e não são, de forma nenhuma, uma invenção viking, apesar de suas associações populares. As runas tiveram protótipos não apenas na Europa germânica, mas também uma clara relação com o latim.

As runas são sinais deliberadamente angulares, projetados para serem facilmente cortados em superfícies duras, como pedra e, em especial, madeira. Às vezes eram também pintadas. Existem, em termos gerais, duas formas do alfabeto rúnico escandinavo, conhecido como *fuþark* ou *futhark* antigo e o mais jovem, devido à combinação de suas letras iniciais. A série anterior tinha 24 sinais. A versão posterior, que floresceu na Era Viking, era menor, com 16 signos, mas reutilizou letras de seu antecessor:

```
ᚠ  ᚢ  ᚦ  ᚭ  ᚱ  ᚴ  ᚼ  ᛁ  ᛅ  ᛋ  ᛏ  ᛒ  ᛘ  ᛚ
f  u  þ  ą  r  k  h  i  a  s  t  b  m  l
```

Cada runa poderia ser usada para vários sons, conforme expressa por meio do filtro de diferentes dialetos regionais. O significado das primeiras inscrições pode ser especialmente difícil de determinar devido a mudanças no próprio idioma. O *futhark* de dezesseis runas dos vikings parece ter sido uma inovação consciente, adaptada para a simplificação e redução do sistema mais antigo – em resumo, uma resposta a uma necessidade. A fidelidade linguística às propriedades fonéticas da fala foi sem dúvida reduzida, mas a escrita era também mais acessível e provavelmente mais leve e rápida de usar. Como enfatizou um dos maiores runologistas: "Era fácil para *o escritor* soletrar palavras nesse novo alfabeto, mas nem sempre é fácil para o leitor concluir o que significavam".

Existem muitas variantes locais e exemplos de toques (ou confusões) pessoais trazidos por diferentes autores de inscrições rúnicas. Além disso, no entanto, o *futhark* mais jovem é encontrado em duas formas. O primeiro era uma versão "comum" de caracteres claros, bastante formais e decorosos. Na Era Viking, são os sinais encontrados com mais frequência em monumentos como pedras rúnicas, e também são os mais conhecidos hoje. Os do segundo tipo eram as chamadas runas de ramo curto (há muitos nomes alternativos) para uso rápido – efetivamente um tipo de taquigrafia rúnica –, e eram os sinais que as pessoas da Era Viking usavam nas comunicações diárias. As runas também tinham nomes, alguns deles associados a qualidades, embora muitos dos supostos "significados" rúnicos popularizados hoje sejam de épocas relativamente modernas ou de fontes de proveniência duvidosa. As inscrições rúnicas geralmente consistem apenas em uma lista dos sinais em *futhark* – a sequência completa ou apenas as letras iniciais. Dependendo do contexto, essas inscrições poderiam representar qualquer coisa, desde a prática da escrita a um ato de significado ritual.

A mitologia atribui às runas uma origem sagrada e mística, a de que vieram a Odin em um transe de fervor extático. Depois de se pendurar na Árvore do Mundo por nove noites, seu corpo perfurado com sua lança sagrada – um literal autossacrifício ("eu mesmo para mim mesmo", como ele diz) –, o deus tem uma visão. Segundo *As palavras do Altíssimo*:

Peguei as runas,
aos gritos eu as peguei,
então caí de lá.

Essa associação das runas com energias mágicas e religiosas tem uma longa estirpe, e figura com muito destaque na imaginação popular ainda hoje. Runas foram gravadas nos dentes do corcel de oito patas de Odin, Sleipnir, e nas unhas das Nornas, mulheres-espírito que decidem o destino de todos os seres. Sabe-se que *poderiam* ser usadas para feitiçaria e encantos quando entalhadas em gravetos ou utensílios domésticos, inscritas em "postes de maldição" e afins, ou mesmo na carne. Ocorrem várias vezes nesse contexto nas sagas, em cenas de intenso poder. Um dos poemas éddicos, *A balada de Sigrdrífa* [*Sigrdrífumál*], inclui uma lista detalhada de runas para finalidades especiais – para proteção na batalha, para facilitar o parto ("devem ser cortadas nas palmas das mãos e apertadas contra as articulações"), para cura e viagens em segurança no mar ("na proa devem ser cortadas, e no leme, e enfiadas no remo, queimando a madeira"). Existem até mesmo "runas da fala", para propiciar eloquência à oratória legal, e "runas da mente", para assegurar um raciocínio lúcido. Da mesma forma, também são encontradas em amuletos rúnicos e pedaços de metal com inscrições escavados em túmulos e nas camadas de ocupação dos assentamentos, servindo como medidas profiláticas contra males e doenças, ou como agentes ativos de maldade contra outras pessoas. Algumas runas também preservam fórmulas mágicas ou escritos enigmáticos que precisam ser decifrados antes de revelar o conteúdo mitológico (em geral básico), a exemplo de nomes de deuses. Por mais importantes que sejam, no fim das contas representam um uso periférico de algo que, em sua essência, era simplesmente um escrito. Obviamente, as letras romanas de hoje também têm sido usadas para todos esses propósitos e muitos mais, mas não são mágicas em si mesmas como era o caso das runas.

Ao todo, milhares de inscrições rúnicas chegaram até nós, sobretudo na forma de mensagens meticulosamente gravadas em rochas independentes entre si – as famosas "pedras rúnicas" ou "estelas rúnicas" aqui mencionadas muitas vezes –, em textos contidos entre lindas bordas e outros desenhos de símbolos e bestas-feras selvagens se contorcendo. Originalmente pintados em cores brilhantes, às vezes os desenhos e inscrições eram talhados diretamente nas superfícies lisas de pedras e matacões naturais na paisagem. Os primeiros exemplos são anteriores à Era Viking e se estendem até o Período de Migração no século V, antes de aumentar em número considerável no final da Idade do Ferro e explodir em popularidade durante o século XI (em especial na Suécia central) com a introdução do cristianismo. O que quase todas têm em comum é que são memoriais aos mortos – algumas vezes como efetivas lápides tumulares, mas via de regra instaladas em lugares de destaque ao longo de estradas e pontes onde seriam mais visíveis. Pouquíssimas foram erguidas por pessoas em vida, em confiantes gestos de autopromoção. A partir do final dos tempos romanos, runas também passaram a ser encontradas riscadas na superfície por objetos de metal, como discos de bracteadas, e como marcas de propriedade em armas e itens de joalheria. Essa prática continuaria ao longo da Era Viking.

Tudo isso sugeriu a acadêmicos que a alfabetização rúnica era um atributo das elites e, em si mesma, um sinal de status. Apenas os que levavam uma vida relativamente confortável em termos materiais poderiam se dar ao luxo de encomendar um memorial rúnico em homenagem aos parentes falecidos, e a exibição pública desses monumentos era também uma demonstração de posição social. No entanto, isso naturalmente trazia à tona a questão de quem era capaz de ler as inscrições rúnicas, a menos que o xis da questão fosse a exclusividade ativa por meio de uma ênfase de que alguns poucos conseguiriam entender os sinais angulares, ao passo que a maioria não. O argumento segundo o qual as runas eram um privilégio das elites recebeu um golpe decisivo em meados do século XX, por causa de descobertas nas cidades portuárias norueguesas de Bergen e Trondheim. Foram encontradas centenas de tabuinhas de madeira com inscrições rúnicas, preservadas e intactas, nos depósitos medievais alagados das ruas junto ao cais. Haviam servido a uma variedade fascinante de funções. Algumas eram registros da contabilidade de comerciantes, com anotações sobre o conteúdo de sacolas e caixas; havia listas de compras, bilhetes de amor, cartões de identidade denotando propriedade, tentativas vulgares de humor e muito mais. Tratam de preocupações corriqueiras e mundanas – "Sigmund é dono deste saco"; "Ingibjörg me amou quando eu estive em Stavanger"; "Gyda diz pra você ir embora pra casa" (este aqui tem uma tentativa de resposta com uma caligrafia diferente, mas é um rabisco bêbado ilegível); "As coisas estão ruins pra mim, parceiro. Não fiquei nem com a cerveja nem com o peixe. Quero que você saiba disso, e te peço pra não me pressionar" – em suma, a matéria-prima da vida cotidiana, expressa por escrito. Nem todo mundo era alfabetizado, mas muitas pessoas obviamente eram, talvez até as crianças. Nas décadas mais recentes, descobertas semelhantes foram feitas em todo o mundo viking.

As pedras ou estelas rúnicas eram produzidas sob encomenda em oficinas gerenciadas por especialistas. As letras rúnicas propriamente ditas eram entalhadas por mestres, que orgulhosamente assinavam seu nome. Muitas inscrições terminam com essas assinaturas, e podemos mapear "escolas" de trabalhos em runas nas regiões da Escandinávia, às vezes até mesmo seguir os passos de um escultor se deslocando para realizar obras de encomenda. Por exemplo, Ärnfast e Åsmund foram ativos em Uppland, assim como Öpir, que já mereceu inclusive uma biografia acadêmica; muitos outros escultores foram registrados. Algumas inscrições chegam inclusive a detalhar o processo, e, de tempos em tempos, encontramos não apenas o nome do escultor, mas também toda a equipe: aquele que deu forma à pedra em si, outro que estabeleceu os padrões entrelaçados dentro dos quais as runas ficariam (sabemos por um desses textos que elas eram chamadas de algo como "fitas-cobras" ou "enguias-cobras", embora a palavra seja difícil de analisar), e um terceiro que as coloria. Uma linda e muito requintada pedra de Gotlândia enumera todos os trabalhadores dessa maneira, mas, de modo admirável, inclui também algumas pequenas runas trêmulas e adicionais que não seguem o esquema do desenho principal, mas vagam, desordenadas, para bagunçar o que deveria ser um espaço em branco: "e Gairlaiv [fez] algumas do melhor jeito que pôde".

É de se perguntar se a equipe fez um intervalo para o almoço e, quando voltou, encontrou seu infeliz assistente envolvido no trabalho, entusiasmadíssimo. Não importa – sempre teria sido possível preencher e pintar, e não é certo que o cliente tenha percebido.

A maioria das inscrições posteriores, quase todas de tom cristão, seguem linhas semelhantes: uma lista de patrocinadores e suas relações familiares, o(s) nome(s) do(s) homenageado(s), talvez um lugar ou profissão associada. Algumas incluem breves comunicados sobre onde e/ou como a pessoa morreu – em batalha, em uma expedição, no Oriente, com Ingvar no comando. Em casos muito raros, há um poema. Com frequência, há uma cruz e uma oração pela alma. Às vezes as inscrições mencionam um ato comemorativo, como a construção de uma ponte ou de outros monumentos, como fileiras de monólitos ou postes. De vez em quando é possível ter um vislumbre da história de uma localidade e, por meio de grupos de pedras unidas, acompanhar o destino geracional de suas principais famílias. O *Léxico de nomes de runas nórdicas* (em sueco) lista mais de 1.500 nomes pessoais encontrados nas pedras – um tesouro de conhecimento da Era Viking que nos aproxima das pessoas e de seus interesses, ocupações e problemas.

As pedras rúnicas pareciam atender às necessidades dos vikings com relação a registros permanentes, o que os livros claramente não faziam. Trata-se de um ponto importante, pois não há dúvida de que entendiam o que eram aquelas pilhas encadernadas de pergaminho ilustrado, como fabricá-las e como funcionavam. Escrever em latim com uma pena não é muito diferente de esculpir runas com uma faca. Ninguém sabe exatamente por que os escandinavos rejeitaram os livros e a inconfundível cultura literária que vinha a reboque deles, mas o mais provável é que os livros não lhes davam o que eles queriam. Na mente viking, o conhecimento era uma coisa precária. Em igual medida, o monopólio da Igreja sobre o ensino e o emprego da escrita – livros sagrados com homens santos para interpretá-los – era sutilmente diferente e sufocante para o sentido viking do que era um escrito.

A ilustração definitiva é a estela rúnica de Rök, em Östergötland, Suécia, datada do início do século IX, que registra a mais longa inscrição em toda a Escandinávia. Um grande pedaço de granito, completamente

12. Runa de Rök. Com a mais extensa inscrição rúnica da Escandinávia, essa estela do século IX em Östergötland, na Suécia, preserva listas crípticas de histórias fragmentárias, ligadas a segredos mitológicos e à celebração dos mortos. (Crédito: Bengt Olof Åradsson, Creative Commons.)

coberto de sinais em todos os ângulos de sua superfície, incluindo o topo (o que é difícil até de ver), seu longo texto contém alusões a várias histórias – insinuando de caso pensado fragmentos que presumem conhecimento prévio de alguns leitores e enfatizam sua exclusividade para outros. Há enigmas, jogos de palavras e referências ao passado profundo do Período de Migração e à mitologia do presente do entalhador. Tudo isso, por sua vez, se relaciona com as famílias e questões da área local; acima de tudo, em sua primeira linha, a pedra é um memorial erigido por um homem a seu filho. Nem todos conseguiam ler as runas da pedra Rök, e nem todos os que eram capazes chegavam a entender seus significados mais profundos, mas – como todos os memoriais desse tipo e outros usos da escrita rúnica – ela tinha imensa visibilidade e estava profundamente incorporada ao tecido social, de uma forma que as culturas livrescas do continente nunca desejaram ser.

Essas mesmas características podem ser vistas também entre os deuses, sobretudo em relação a Odin. Fica sempre claro que o conhecimento odínico é obtido a um preço alto, e também é contingente: ele sabe, enquanto outros não; ele pode passar adiante o que aprendeu, mas igualmente pode optar por reter seu conhecimento. Odin ensina as runas (não é por acaso que a palavra também significa "segredos") a seus favoritos. Seus feitiços e encantos podem ser aprendidos por alguns poucos, já seus conselhos são para todos. Há uma intimidação nesse uso de sabedoria, informação e memória, e sua tradução em uma forma particularmente pura de poder que é, no entanto, diferente daquela do sacerdócio cristão letrado.

Embora muitas pessoas permanecessem em casa, dentro e ao redor da fazenda, e de fato nunca fossem a lugar algum, uma boa parte da comunidade estava, pelo menos periodicamente, em movimento.

A paisagem era riscada por numerosas rotas – trilhas de terra batida, estradinhas em valas, desgastadas pelo uso constante e seguindo os contornos do terreno, como faziam havia séculos. Viagens eram realizadas em carroças ou carrinhos de madeira, com rodas sólidas presas com pinos encaixados, rolando ladeiras abaixo atrás de um par de animais de carga. Alguns dos equipamentos dos cavalos eram extraordinariamente refinados e vistosos, com arreios e distribuidores para evitar que as rédeas se enroscassem, tudo coberto de adornos entrelaçados, animais e seres míticos; alguns poucos eram inclusive trabalhados em ouro. As carroças tinham compartimentos de carga destacáveis, que podiam ser carregados separadamente e mudados de lugar. As pessoas iam montadas no lombo dos cavalos (de novo, com arneses fantasticamente ornamentados) ou a pé, serpeando ao longo de cumes, em torno das bordas de terreno elevado, ou através de desfiladeiros, gargantas, cruzando rios via vaus ou pontes, quando necessário. Alguns cemitérios da Era Viking ainda preservam as linhas dos caminhos que os atravessavam, e hoje é possível seguir as pegadas de velhos hábitos e costumes semelhantes através de charnecas, contornando pântanos e a paisagem rural ao longo das rotas que por milênios antes do transporte veicular moderno eram as mais obviamente sensatas e menos árduas.

Desde o primeiro assentamento na região, as sociedades escandinavas foram naturalmente caracterizadas por seu íntimo relacionamento com a água. Essa conexão se manifestou não apenas na exploração de rios, lagos e do mar como meio de subsistência e transporte, mas também em expressões rituais que incluíam o depósito de riqueza material, armas, objetos do dia a dia e até mesmo pessoas em turfeiras e outros contextos aquáticos.

A importância da água para essas comunidades, no entanto, torna-se mais evidente durante a Era Viking. Cultura verdadeiramente marítima, a dependência da água regia muitos aspectos da vida cotidiana. Alterações no nível do mar, por exemplo, tiveram consequências importantes na península escandinava, com implicações cruciais, e em constante evolução, para as comunicações e o povoamento. Em contraste com a visão predominante de hoje, a água não era percebida como uma barreira à comunicação e ao transporte, mas sim como um meio de facilitá-los. Comunidades costeiras e das ilhas não eram consideradas remotas e inacessíveis, mas em vez disso intimamente ligadas umas às outras por meio de uma extensa rede de rotas marítimas.

Um conceito chave é o do tempo-distância, por meio do qual o transporte não é entendido em termos da separação física dos lugares, mas pelo cálculo do tempo que se gasta para viajar entre eles. Acostumados como estamos a ver a geografia em mapas (o que a digitalização não mudou), talvez seja difícil entender que a Inglaterra e a Noruega poderiam estar "mais próximas" em termos perceptivos via água do que uma viagem por terra de cinquenta ou sessenta quilômetros. O recente experimento dinamarquês a bordo do *Garanhão do mar*, réplica de um barco longo viking com base em um exemplar do século XI escavado nos arredores de Roskilde, demonstrou que, com ventos favoráveis, é facilmente possível viajar da Dinamarca para a costa leste da Grã-Bretanha em apenas alguns dias. Se o tempo permitir, uma viagem de retorno de quinze dias ou mais não é de forma alguma impossível, enfatizando o quanto as comunidades do mar do Norte estavam intimamente conectadas umas com as outras.

Quando esses cálculos são aplicados na Escandinávia, a onipresença do transporte marítimo torna-se patente.

Os rios, fiordes, lagos e canais costeiros do Norte formavam o principal meio de movimentação na Escandinávia da Era Viking, mas esses deslocamentos não precisavam ser feitos por via aquática; no inverno, realizava-se uma quantidade significativa de viagens ao longo das mesmas rotas por meio de transporte sobre o gelo. Trenós de todos os tipos, inclusive alguns modelos puxados por cavalos que acomodavam vários passageiros, foram encontrados em túmulos da Era Viking. Usavam-se patins de gelo feitos de ossos de gado amarrados aos sapatos com tiras de couro e pano; o usuário movia-se para a frente com a ajuda de uma única vara robusta, muito semelhante a uma gôndola em um canal. Tanto os humanos quanto os animais usavam *crampons* [ganchos de ferro com pontas voltadas para baixo e orientadas para a frente, dobradas e fixadas em cascos ou calçados]. Usavam-se também esquis, pranchas simples ou duplas com extremidades afiladas que muitas vezes eram ricamente esculpidas e, de novo, impulsionadas com uma única vara.

De todas as imagens associadas à Era Viking, uma das mais poderosas é a de seus navios, sobretudo as grandes embarcações com uma cabeça de dragão na proa, que se popularizaram em filmes e outras mídias. No entanto, é necessário lembrar que esses navios de grande porte representavam apenas um dos muitos tipos de embarcações utilizadas no período. O barco mais comum da Era Viking era a humilde igara, embarcação simples que poderia propiciar a quase qualquer pessoa acesso ao transporte marítimo e às rotas de comunicação. Escavadas em um único tronco de árvore, essas canoas variavam em tamanho e podiam ter a forma de uma embarcação miúda e primitiva para uma só pessoa ou um barco maior de até dez metros em comprimento e com espaço para pessoas e carga. Essas embarcações são muitas vezes esquecidas na literatura mais ampla sobre a Era Viking, mas sua presença original em grande número atesta a mobilidade marítima daquele tempo. Outra embarcação relativamente comum era o barco a remo ou esquife, pertencente talvez a pescadores prósperos. Fazendeiros importantes de um distrito poderiam muito bem navegar em um barco a vela de dez metros de comprimento ou mais.

Navios maiores teriam sido encomendados por grandes proprietários de terras e suas famílias, consórcios de mercadores ou a nobreza. Eram conhecidos havia muito tempo apenas por imagens em moedas, tapeçarias – como a tapeçaria de Bayeux – e grafites. Somente no final do século XIX o mundo pós-medieval teve seu primeiro vislumbre da coisa em si. Fragmentos danificados de um barco longo com doze pares de remos foram encontrados em Tune, em Østfold, na Noruega, em 1867. Eram empolgantes, mas difíceis de reconstruir; mais tarde o navio foi datado de cerca de 910. No entanto, em 1880, no monte funerário Gokstad, em Vestfold, também na Noruega, descobriu-se o primeiro dos grandes navios funerários intactos. Aparentemente coincidindo com os relatos textuais das sepulturas, continha um homem adulto, mas a maior parte dos objetos que o acompanhavam havia sido saqueada na Antiguidade. O navio tinha 24 metros de comprimento e cinco metros a meia nau, com 32 remos. Sua tripulação regular era talvez de quarenta pessoas, mas podia transportar cerca de setenta, se necessário. A dendrocronologia datou sua construção em cerca de 890 – o reinado de Haroldo Cabelos Belos –, e era uma verdadeira belonave apropriada para o alto-mar.

Em 1904, um terceiro e ainda mais espetacular barco funerário foi encontrado na vizinha Oseberg, achado que ainda é o mais rico túmulo escavado da Era Viking de todos os tempos. Enterrado por volta de 834, quando tinha apenas algumas décadas de uso, o navio de Oseberg tinha 21,5 metros de comprimento, cinco metros de largura, e era impulsionado por quinze pares de remos. Um pouco menor e mais velho que Gokstad, talvez tenha sido uma barcaça aristocrática para uso ao longo da costa. Oseberg foi a nave funerária de duas mulheres, uma na casa dos 80 anos, e a outra cerca de trinta anos mais jovem. Não sabemos qual das duas, se é que é o caso, era a falecida "principal", mas o status do túmulo é certamente compatível com a realeza. Teriam sido uma rainha e sua empregada, e, em caso afirmativo, quem era quem? Ou ambas eram iguais em termos sociais? O radiocarbono indica que morreram na mesma época ou quase na mesma época, e estudos de isótopos mostram que desfrutavam de dietas igualmente ricas. Análises recentes de DNA sugeriram que a mulher mais jovem tinha ascendência familiar bastante próxima do Oriente Médio, possivelmente da Pérsia, o que atesta a realidade das

viagens e contatos de longa distância e um importante lembrete de que
– para dizer em termos simples – nem todos no Norte tinham cabelos
loiros e olhos azuis. Os navios funerários de Gokstad e Oseberg foram
acompanhados por pródigos sacrifícios de animais.

Ao longo do século XX, o *corpus* de navios vikings redescobertos,
conservados principalmente apenas como pregos e rebites e fragmentos
do casco depois que as madeiras se deterioraram ou queimaram, cresceu
de forma exponencial. O conjunto inclui os campos de barcos funerários de Uppland, na Suécia – inicialmente em Vendel e Valsgärde –, mas
ganhou a companhia de sepulturas comparáveis de Ultuna, Tuna Alsike
e Tuna Badelunda, Arboga e muitas mais, incluindo o próprio sítio de
Gamla Uppsala. Naus funerárias também foram encontradas no território dos götar, Sudoeste da Suécia, mostrando que se tratava de um rito
pancultural.

Em um contexto diferente, em 1962, uma inovadora escavação por
meio da construção de ensecadeira (para desviar o fluxo do rio para um
túnel ou canal) revelou cinco navios que haviam sido deliberadamente
afundados no século XI para fazer parte de um bloqueio submerso que
visava controlar o acesso ao fiorde da cidade de Roskilde, na Dinamarca.
Por fim ficou claro que as embarcações eram de tipos jamais vistos na
arqueologia, mas que expandiram a tipologia da navegação viking de
maneiras que se correlacionavam perfeitamente com as fontes escritas:
um pequeno navio de guerra do tipo *snekkja*; um navio de guerra maior,
de trinta metros de comprimento, com um calado de apenas um metro e
uma tripulação de até oitenta pessoas; e três navios cargueiros de diferentes tamanhos, dois deles para uso ao longo do litoral e viagens em águas
costeiras, e o terceiro, uma embarcação comercial de alto-mar do tipo
conhecido como *knarr*. Este último era o tipo de navio que transportava
colonos através do Atlântico Norte – menos conhecido do que os belos
barcos longos, mas, na verdade, os burros de carga, confiáveis e robustos,
do poder marítimo da Era Viking. Desde então, vários outros navios de
carga de grande porte foram encontrados em Klåstad, na Noruega, em
Hedeby, na Dinamarca e em Äskekärr, na Suécia.

Na mesma área os trabalhos arqueológicos tiveram continuidade sob
a batuta do Museu de Barcos Vikings de Roskilde, criado para abrigar

13. Um burro de carga viking. Os restos do navio Skuldelev 1, escavado no fiorde de Roskilde, na Dinamarca, mas originalmente fabricado no Oeste da Noruega, por volta de 1030. Embarcação do tipo *knarr* era o esteio da navegação da Era Viking, usada para viagens em mar aberto e como navio cargueiro. (Crédito: Casiopeia, Creative Commons.)

as cinco embarcações escavadas; outros foram descobertos, incluindo o maior barco já encontrado – 32 metros de comprimento, com uma tripulação de oitenta homens que poderia chegar a 160 para a guerra. Datado do início século XI, tem as dimensões que as sagas atribuem à mais alta categoria de navios de guerra reais.

Na Dinamarca também há os impactantes navios funerários de Ladby, Hedeby e outros sítios; na Noruega, numerosos exemplares foram encontrados em Borre, Avaldsnes e em vários locais ao longo do litoral. Agora existem pequenos cemitérios de barcos vikings nas Órcades, na Escócia continental e ilha de Man, bem como um exemplar espetacular da Île de Groix, ilhota na costa da Bretanha. Mais recentemente foram encontrados dois barcos funerários com valas comuns e dezenas de corpos – o que não tinha precedentes – em Salme, na ilha de Saaremaa, na Estônia. Datado de cerca de 750, o maior dos dois navios forneceu a primeira evidência conclusiva do uso da vela na Escandinávia; seu ponto de origem parece ter sido a Suécia central – a mesma região dos cemitérios de barcos fúnebres de Uppland e o coração do então emergente reino dos suenos.

A profusão de restos mortais, juntamente com a sobrevivência orgânica das embarcações da região de Vestfold, fornece muitas pistas sobre a evolução dos navios vikings. Os achados de Salme demonstram que navios de guerra a vela estavam disponíveis para os escandinavos desde pelo menos 750, e que provavelmente complementavam os navios a remo encontrados nos cemitérios de barcos funerários de Uppland. Os barcos a remo menores como o Salme I, talvez também com a possibilidade de se fixar um mastro, serviam como navios-tênder e barcos auxiliares de apoio. Certamente tinham condições de acompanhar os navios maiores nas águas do Báltico. Como sugeriu um arqueólogo marítimo, é possível que a introdução "tardia" da vela possa ter sido apenas outra manifestação das aristocracias em ascensão na Escandinávia pré-viking – mais um componente em seu kit de ferramentas de dominação. Se for esse o caso, o comando demonstrável de navios a vela pode ser visto como parte da arquitetura do poder, em pé de igualdade com os grandes salões e os túmulos monumentais. Como eles, a vela atendia a uma necessidade e exigia tecnologias especiais que eram extremamente visíveis tanto em sua aplicação quanto nos recursos necessários para criá-las.

No final do século VIII, parece que os navios se tornaram mais largos e espaçosos – seria para facilitar as viagens oceânicas (sobretudo através do mar do Norte), em vez das viagens mais regionais do Báltico, que eram a norma até aquela época? As vias fluviais da Europa Ocidental não estiveram fechadas aos navios escandinavos anteriores, mas as marés mínimas do Báltico certamente seriam mais manejáveis.

Ao longo dos séculos IX e X, houve uma aceleração maciça no desenvolvimento da tecnologia de navegação nas áreas de eficiência, capacidade e diversificação. Considerando que os navios mais amplos do início da Era Viking parecem ter sido polivalentes e de múltiplas funções, capazes de transportar tripulações e cargas, a partir do final do século IX há evidências de embarcações especializadas que vão desde barcos de patrulha a pouca distância da praia até o equivalente a iates reais, cargueiros de alto-mar, barcos pesqueiros de mastro único com tanques para peixes e, é claro, uma gama de navios de guerra predatórios, estreitos e de diferentes tamanhos. Essas belonaves variavam de embarcações adequadas para defesa ou pirataria ao longo das costas e fiordes a barcos longos projetados para grandes expedições de saque e invasão e guerra marinha efetiva. Dadas essas variações de tamanho e função, os navios vikings devem ter mantido uma tripulação que ia de uma única pessoa até bem mais de uma centena, e nos navios de guerra de grande porte a tripulação complementar poderia ser aumentada para missões de combate de curto alcance.

A arqueologia e as imagens visuais fornecem detalhes impressionantes. Foram encontradas grimpas feitas de liga de cobre dourada e projetadas para serem fixadas na proa ou mastro dos navios a fim de indicar a direção do vento. Decoradas com as grande bestas-feras típicas do século XI, têm também fileiras de buracos dos quais fitas esvoaçavam com a brisa. Um deles tem amassados, aparentemente causados por projéteis. Um insólito osso entalhado de Bergen mostra as proas de uma frota inteira ancoradas lado a lado, e em algumas delas essas grimpas são visíveis. As cintas – as longas pranchas horizontais que formam o casco do navio – podiam ser pintadas de cores alternadas (como se vê nos tecidos), e as velas talvez fossem quadriculadas ou ostentassem costurados os símbolos de seus capitães.

Foram encontradas diversas figuras de proa datadas do início da Idade do Ferro, mas até agora não se conhece nenhuma da Era Viking propriamente dita. No entanto, existem várias representações esculpidas e gravadas dessas criaturas – cabeças de dragão e de outros animais – que se estendem até uma cauda enrolada na popa. No navio de Oseberg, proa e popa terminam nas espirais de uma cobra esculpida, parte integrante da embarcação que não pôde ser removida. Os navios de Ladby e de Groix, e talvez alguns dos barcos de Valsgärde, continham uma série de espirais que equivalem às jubas das figuras de dragão representadas nos alfinetes de metal do vestido de Birka e outros sítios; parece que esses navios também tinham proas de dragão, que foram entalhadas em madeira, mas com detalhes em metal destacados.

Que recursos eram necessários para sustentar esse nível de poder marítimo? A necessidade óbvia era a madeira, que teria sido cultivada em florestas controladas ao longo de muitos anos, com a correspondente exigência de manejo e habilidades florestais. Em seguida, havia o ferro para os pregos, rebites e ferramentas, envolvendo um processo de vários estágios de aquisição e fabricação de recursos. Entre os materiais orgânicos, devemos ter em mente o cordame e os acessórios e guarnições, todos os baldes de madeira, pinos e grampos, os remos e suas cavilhas – em suma, o equipamento completo de uma embarcação de alto-mar. Os requisitos têxteis deviam incluir vestes propícias para proteger a tripulação do mau tempo e alguma muda de roupa para os marinheiros. Acima de tudo, é claro, as velas. O comprometimento de tempo e labuta era imenso e compatível com a capacidade de organização e investimento necessária para colocar tudo em movimento. Fabricar um navio e todo o aparato de que ele precisava era uma tarefa de fato muito séria e cara. Construir uma frota era uma indústria.

Depois de zarpar, também era necessário cuidar da manutenção dos navios. Para mencionar apenas um exemplo, todos os tipos de barcos precisavam de alcatrão para isolar seus cascos e impermeabilizar as velas de lã. Os reparos nas embarcações devem ter sido uma característica constante da atividade nas docas. Em torno dos molhes de Birka e Hedeby, sobretudo, os arqueólogos encontraram dezenas de pincéis quebrados com pontas de trapos e tecidos, com um denso revestimento de alcatrão dentro do qual eram supostamente mergulhados pouco antes de uma pincelada descuidada quebrar o cabo e mandar tudo para debaixo da água, onde seria descoberto mil anos depois.

Nossa imagem final das embarcações da Era Viking pode ser mais obscura e, de novo, um instantâneo do passado que normalmente não é levado em consideração. Na *Saga de Magno, o descalço*, parte da *Heimskringla* de Snorri ambientada no século XI, pode-se ler sobre os navios reais alinhados em formação no fiorde de Trondheim:

> Na primavera, avizinhando-se a Candelária, o rei Magno partiu na calada da noite, e manteve seu curso distante da costa em seus navios com tendas e luzes sob elas, e navegou para o cabo Hefring, onde pernoitaram, e fizeram-se grandes fogueiras na terra.

Imagine uma frota viking ancorada durante a noite, as lonas que cobriam os conveses iluminadas por dentro, a água cintilando com pontos suaves de luz, como um festival fluvial asiático.

Vamos deixá-los lá no fiorde e rumar para uma arena diferente do desempenho do poder, na verdade para outros mundos – o mundo dos deuses e outros seres, e seus muitos e perturbadores pontos de contato com o reino dos vivos.

7

Encontrando os "outros"

O conceito de religião, no sentido que tendemos a lhe atribuir hoje, era algo que uma pessoa da Era Viking teria dificuldade em compreender. Essa também era uma das tensões entre as espiritualidades tradicionais da Escandinávia e as religiões baseadas em livros que os vikings encontraram na forma do cristianismo e do islã. A distinção entre crença e conhecimento é significativa para as relações dos vikings com a população invisível com quem compartilhavam seu mundo. No entanto, essas duas atitudes para com o "outro" também são um tanto abstratas – localizam-se na mente, não no reino tangível da ação e da prática.

Dito de outra forma, uma coisa é entender de que maneira os vikings pensavam sobre seus deuses e todos os outros seres (sobre)naturais dos nove mundos que constituíram o cosmo nórdico, outra é saber o que eles *faziam* a respeito. Para citar exemplos de algumas religiões mundiais bastante conhecidas, um cristão, muçulmano ou judeu piedoso ficaria inteiramente à vontade com a noção de uma vida estruturada pela observância religiosa, a execução de rituais (incluindo a oração) e visitas regulares a edifícios sagrados, sejam igrejas, mesquitas ou sinagogas. Os vikings tinham algo equivalente a isso e, em caso afirmativo, o que seria?

Navegar nessa paisagem divina de prática religiosa é encontrar um mundo de lugares especiais dedicados à comunicação com os poderes. Poderiam ser edifícios, configurações de pedra, estranhas plataformas erguidas em pântanos nas ilhas – ou mesmo apenas bosques de árvores ou campos, sua alteridade manifesta de maneiras que não eram imediatamente visíveis. Eram locais de sacrifício, de oferendas de objetos preciosos, ou de sangue, ou de tempo, para obter favores junto aos seres que eram capazes de concedê-los.

Esses lugares e rituais podiam ser ativados de diferentes maneiras em vários pontos no decurso de uma vida, e também por diferentes tipos de intermediários entre as pessoas comuns e os "outros". Os vikings tinham especialistas em rituais (na falta de palavra melhor) que se dedicavam a abrir canais de comunicação muito específicos – com os deuses em geral, ou um deus em particular; com os elfos; com as *dísir*, as divindades femininas; e mais. Tinham também muitos tipos diferentes de feitiçaria e magia – e indivíduos que as praticavam – para fins mais pessoais, que poderiam ser alcançados na negociação com coisas além do humano.

Para os vikings, encontrar os "outros" era provavelmente uma experiência perturbadora e incerta, mas não desconhecida. A fim de compreendê-los, são encontros que também precisamos levar em consideração.

O equivalente mais próximo de "religião" encontrado no nórdico antigo é *forn siðr*, "os antigos costumes", contrastando explicitamente com "os novos costumes" (*nýr siðr*) ensejados pela agência dos reis cristãos posteriores. No entanto, não se trata de um termo formal para algo distinto, e sim mais uma forma de distinguir algo de seu oposto. O que esses antigos costumes efetivamente abrangiam? Independentemente das diferenças sectárias, muitos dos credos mundiais hoje são, pelo menos até certo ponto, religiões do livro (no mais amplo sentido das escrituras sagradas), com ortodoxias e regras mais ou menos rígidas de comportamento que geralmente incorporam conceitos de obediência e adoração. Esse último aspecto é importante, uma vez que também implica aprovação irrestrita do(s) deus(es). Os vikings não teriam reconhecido nada disso. O que hoje isolaríamos como religião era tão somente outra dimensão da vida diária, ligada de forma inextricável a cada outro aspecto da existência. Isto incluía os próprios deuses, que simplesmente *estavam lá* como uma parte imutável dos mundos. É bem verdade que talvez fosse necessário apaziguar os deuses para cair em suas graças (e continuar a agir de acordo com suas vontades), mas no processo ninguém precisava gostar deles.

Um conceito que a meu ver sintetiza à perfeição a essência da espiritualidade nórdica é o de um "religioleto". Assim como um dialeto codifica uma variante local da fala, esse termo faz o mesmo com a religião, combinando crença e prática em um pacote distinto que poderia ser ativado em determinados lugares ou situações sociais. Religioletos específicos podiam estar ligados a um grupo étnico, aos seguidores de um indivíduo ou a um conjunto de circunstâncias contextuais nas quais tipos específicos de expressão espiritual se manifestavam ou eram exigidos. Assim, o principal especialista nesse campo fala de religioletos do salão, da fazenda, das ilhas, do litoral. Pode-se imaginar algo semelhante relacionado à guerra, à fertilidade, ao trabalho de tecelagem ou até mesmo ao linear mundo de atividades dos comerciantes de longa distância, limitado pelo tempo. Para dar um exemplo da etnia sueca, os povos sueno (svear) e götar provavelmente também eram diferentes nesse quesito, e também era provável que cada séquito real tivesse seus próprios códigos de comportamento ritual.

Um religioleto constitui diferença não apenas nas práticas rituais, mas também, potencialmente, em sua ética e seu dogma subjacentes. Essas variações abrangem ainda outros aspectos da sociedade, incluindo status ou sexo, ambientes externos ou domésticos, e assim por diante. Os religioletos não são necessariamente exclusivos, mas também podem ser – como o termo indica – um meio de comunicação. Talvez estivessem em jogo nas fronteiras da crença, por exemplo, entre os nórdicos e os sámi. Traduzem fielmente o núcleo da diversidade na paisagem mental viking.

Há um sentido curioso em que na verdade a própria noção de uma religião nórdica pode ser, em parte, um produto cristão. Isso parece, à primeira vista, algo contraditório, mas tem paralelos em outras culturas, nas quais os missionários chegavam e tentavam suplantar as crenças tradicionais com uma igreja regulamentada. É muito mais fácil opor-se ao que é codificado, organizado e efetivamente sistêmico (tudo o que a crença nórdica não era), pois é um alvo coerente e pode ser suprimido como uma entidade única. E se isso ainda não existisse, então poderia ser representado nessa imagem. Assim teve início o processo que por fim transformou o mundo vivo e orgânico da história do Norte em "mitos nórdicos"

– uma espécie de escritura pagã que nunca de fato existiu. Em nada ajuda o fato de que os cristãos também parecem ter mal compreendido muita coisa que encontraram e, por sua vez, incorporaram seus conceitos equivocados à ortodoxia pagã retrospectiva por eles criada.

Para entender verdadeiramente o universo espiritual da Era Viking, é necessário cavar abaixo desses acréscimos posteriores para alcançar os estratos originais de crença e prática.

Pode ser difícil tratar de um enfoque espiritual das coisas que não priorizam deus(es). Muitos cristãos hoje em dia ainda reconhecem os santos e seus poderes de intercessão; os muito piedosos podem acreditar em anjos como verdade literal, e uma minoria de pessoas especialmente bem versada nos textos talvez fosse mais longe para afirmar que os muitos outros habitantes do céu (e o outro lugar) são em parte um produto de complicadas hierarquias eclesiásticas medievais. No entanto, *nenhum* desses crentes colocaria quaisquer outros seres em lugar de maior destaque em assuntos humanos do que Deus.

Os vikings não ignoravam seus deuses, de forma alguma, e certamente tinham rituais de reconhecimento e necessidade, "chegando a um acordo" com eles e se resignando aos desígnios divinos. Isso poderia ser um processo privado e reservado a ocasiões específicas, sem validade estendida e dependente do indivíduo, como fazer uma oração silenciosa. No nível do corpo político, no entanto, havia também "estruturas cúlticas" (o termo aparentemente neutro que os arqueólogos usam para evitar dizer "templos") em que esses ritos eram realizados, e especialistas em rituais para ajudar. De novo, a terminologia é considerada insuficiente, uma vez que esses homens e mulheres – sobretudo mulheres – não eram "sacerdotes", mas sim membros destacados da comunidade cujas habilidades ou conexões significavam que assumiam funções de intermediários espirituais além de, ou por causa de, sua posição social geral.

As "novas elites", cuja ascensão ao poder nos séculos V e VI em parte iniciou a longa trajetória de mudança social que culminou na Era Viking, tinham uma ideologia claramente articulada que serviu para legitimar sua posição. Um componente-chave disso era sua alegação de descendência genealógica de Odin, Freyr e os demais. O direito divino dos reis costumava ser uma noção literal e não se limitava a monarcas cristãos. No nível mais alto, esses reis sagrados eram, eles próprios, agentes nas comunicações de mão dupla com os outros mundos e, em algumas circunstâncias, podiam assumir pessoalmente aspectos transubstanciados dos deuses. Em tempos de extrema necessidade e inquietação popular – após uma sucessão de colheitas fracassadas, por exemplo –, os reis também podiam ser sacrificados pelas assembleias populares, dados como oferendas aos seus antigos protetores em Asgard.

No dia a dia, no entanto, as pessoas estavam mais preocupadas em conviver com a população invisível de espíritos e de seres da natureza. Todas essas criaturas também exigiam apaziguamento, até mesmo uma forma de suborno espiritual. Eram relações transacionais e pragmáticas encenadas em uma paisagem numinosa de poder sobrenatural em meio à qual cada pessoa da Era Viking tinha que encontrar seu próprio caminho. Os edifícios e as construções cúlticos especiais para os deuses também poderiam servir como portais de acesso a esse mundo fervilhante, mas havia festivais sazonais especiais dedicados à adoração dos deuses (como o *álfablót* e *dísablót*), bem como muitos banquetes e rituais realizados ao ar livre. Claro que era ali que esses seres viviam e, às vezes, era um gesto de polidez ir ao seu encontro.

Como eram esses locais de culto e o que acontecia por lá? As fontes escritas preservam o termo *hörgr*, que parece descrever pequenos edifícios ou recintos onde eram realizados os rituais de serviço aos deuses. Em várias ocasiões, escavações empreendidas ao longo dos anos em mansões de status elevado – os grandes complexos de salões – revelaram estruturas quadradas adjacentes ao edifício principal, muitas vezes delimitadas por uma cerca. Claramente não são residências domésticas, e com frequência eram locais muito limpos (portanto, obviamente foram mantidos dessa forma) ou então apinhados com vários tipos de oferendas enterradas. Foram encontrados na Dinamarca, Noruega e Suécia, e a lista de sítios cresce sem parar. A proximidade espacial desses edifícios especiais com os grandes salões, dentro do limite geral do local, mas também dentro de seus próprios recintos, quase sugere uma função de "capelas privativas", de um tipo com o qual as aristocracias cristãs estão mais familiarizadas. Isso não significa que o populacho não tinha onde conversar com intimidade com as potências divinas, mas serviria para reforçar as hierarquias militarizadas com base nas quais essas sociedades foram construídas, e também para enfatizar as alegações dos soberanos de um relacionamento pessoal com os deuses – o senhor precisa falar *a sós* com o Pai-de-Todos.

Um desses sítios é realmente extraordinário, principalmente por sua longevidade de ocupação e grau de preservação. Em Uppåkra, na província de Skåne, no Sul da Suécia (que na Era Viking fazia parte da Dinamarca), foi escavado um imenso assentamento que parece ter sido um centro de poder protourbano e um precursor do que mais tarde se tornaria Lund (em si um nome de local sagrado). Ao lado dos salões e outras estruturas havia um prédio de estrutura retangular muito pequeno por dentro, mas também muito alto – as vigas internas de sustentação do teto estendiam-se metros adentro em valas no solo e eram essencialmente troncos de árvores. É quase certo que a estrutura tinha ou um segundo andar ou talvez uma projeção em formato de torre no centro; reminiscência das várias tradicionais igrejas de aduelas de madeira [as *stavkirke*] cristãs que ainda sobrevivem na Noruega (talvez não seja coincidência). Tinha três portas, número desnecessário do ponto de vista funcional que sugere diferentes propósitos ou restrições sociais; numa delas havia também uma extensão semelhante a uma varanda.

Ao que parece, os postes de sustentação do teto e as paredes do edifício de Uppåkra eram revestidos de folhas de ouro; mais de duzentas delas foram encontradas nas valas para a colocação de vigas e ao longo das linhas das paredes. Eles brilhavam no escuro, refletindo a luz da enorme lareira central. Pelo visto, no interior do recinto ficava muito quente. Dentro da sala principal foi encontrado um "anel de juramento" de ferro, conhecido a partir de fontes escritas como o objeto sobre o qual os votos mais sagrados eram feitos; um segundo exemplar foi recuperado no terreno do lado de fora do prédio. Enterrados no chão estavam uma tigela de vidro importada do mar Negro, fragmentos de várias outras e muitos objetos de ouro e joias, tudo aparentemente depositado como oferendas durante a vida útil do edifício. Ao lado da lareira havia um copo de bronze e prata adornado com faixas de ouro decorado – objeto de grande poder ritual. Todas essas coisas não apenas foram deixadas lá quando por fim se abandonou a estrutura, mas depois ninguém jamais ousou roubá-las.

O "templo" de Uppåkra (pelo menos uma vez a palavra pode ser justificada) era flanqueado ao norte e ao sul por oferendas de armas – sobretudo lanças e escudos quebrados – e outros depósitos de sacrifícios que incluíam restos humanos. Situado no coração do complexo de Uppåkra, em certo sentido funcionando também como uma sala de recepção como a câmara central do corredor, o edifício de cultos teve uma vida útil extraordinária: suas primeiras fases de construção datam do século III EC; passou por pelo menos seis reconstruções no mesmo local, e continuou em uso até a Era Viking.

Alguns edifícios de aspecto secular também parecem ter tido propósitos religiosos, em especial os grandes salões de importantes famílias. Hoje há um consenso de que os principais proprietários de terras e chefes locais podem ter desempenhado um papel fundamental nos rituais cúlticos, e que vez por outra os salões de festas e banquetes de suas propriedades serviam de palco para sacrifícios e outras cerimônias. A palavra em nórdico antigo para esses lugares de culto era *hof*, vocábulo que nas línguas escandinavas modernas passou a significar uma corte real. Nós o vemos em topônimos da Era Viking, como Hofstaðir, na Islândia, onde foram encontradas evidências de oferendas de animais. Essa integração das funções de salão e "templo" parece ter se tornado a norma durante a Era Viking, já que as "capelas privativas", antes separadas, efetivamente se fundiram com as residências das elites.

Pode ter sido algo semelhante a esses edifícios, combinados com a pura força visual de Uppåkra, que Adão de Bremen tinha em mente quando escreveu o que se tornou uma das mais famosas descrições da Era Viking. É o mesmo Adão que escreveu sobre a poliginia entre os escandinavos, mas para os estudiosos vikings o maior presente que ele legou está principalmente em outra passagem da mesma obra. Era um clérigo a serviço do arcebispo Adalberto de Hamburgo; por volta de 1070, enquanto trabalhava no mosteiro de Bremen, no Norte da Alemanha, compilou uma história oficial da arquidiocese, que incluiu suas atividades missionárias no Norte. Ele tinha muitas fontes, mas uma delas foi o rei dinamarquês Suevo Ástríðarsson que lhe forneceu detalhes em primeira mão. É incerto em que medida ele, ou Adão, tinha uma proposta cristã de propaganda antipagã. O relato inclui uma longa descrição do grande templo em Uppsala, um enorme edifício com correntes douradas, contendo ídolos de madeira:

> Esse povo [os svear] tem um templo muito famoso chamado Ubsola, situado não muito distante da cidade de Sictona. Nesse templo, inteiramente adornado com ouro, as pessoas adoram as estátuas de três deuses, de sorte que o mais poderoso deles, Thor, ocupa um trono no centro da câmara, ladeado por Wodan e Fricco [Freyr]. O significado desses deuses é o seguinte: Thor, dizem eles, comanda o ar, rege os trovões e relâmpagos, os ventos e chuvas, o bom tempo e as colheitas. O outro, Wodan,[24*] isto é, o Furioso, faz a guerra e dá força ao homem contra seus inimigos. O terceiro é Fricco, que concede paz e prazer aos mortais. É representado com um imenso falo ereto. Mas Wodan eles esculpem de armadura, como nosso povo costuma representar Marte. Thor, com o seu cetro, aparentemente se assemelha a Jove [Zeus ou Júpiter]. As pessoas também veneram heróis que já foram homens e se tornaram deuses, a quem dotam de imortalidade em virtude de suas façanhas notáveis, como se lê na *Vita* de santo Ansgário que fizeram no caso do rei Eric.

Adão incluiu também um detalhe relacionado à noção de salões como templos, pois a palavra latina que ele emprega para a sala onde os rituais ocorrem é *triclinium*,[25*] normalmente o termo para a sala de jantar de uma casa – o que pode ter sido exatamente o que ele quis dizer.

É uma descrição exaustiva, na qual Adão pormenoriza também uma árvore perene com grandes galhos espalhados, sacrifício divinatório humano em um poço sagrado e um bosque sagrado. Adão descreve também o calendário ritual de Uppsala e um "teatro" natural rodeado por "montanhas" onde os ritos eram realizados. Este último pode estar correlacionado à

24* O nome de Odin estava associado à fúria tanto no nórdico antigo Ódr (que significa "louco, frenético, furioso, veemente, ansioso") quanto no germânico antigo Wodan. [N. T.]

25* Triclínio, que na antiga Roma era a sala de jantar com três ou mais leitos inclinados, ao redor da mesa, sobre cada um dos quais se podiam recostar os convivas. [N. T.]

planície cercada pela arrebatadora curva do espinhaço do cemitério, no qual os túmulos reais foram erguidos – não exatamente montanhas, mas ainda assim elevando-se sobre os arredores. Adão menciona também que tudo isso era acompanhado de festividades tão obscenas que "é melhor passar por elas em silêncio" (caramba).

Ao longo dos anos, toda uma massa acadêmica tentou analisar o texto de Adão, com vários graus de credulidade e rejeição, mas nas últimas décadas os paralelos entre o que ele descreve e as descobertas dos arqueólogos estão se tornando cada vez mais próximos. Mesmo os rituais que tanto o preocupavam têm notável semelhança com a magia erótica e as celebrações sexuais que acompanham deuses como Freya e Freyr, o que teria sido o suficiente para enviar qualquer cristão à confissão. O sentimento que prevalece hoje é que o relato de Adão pode ser confiável em termos gerais, embora alguns estudiosos ainda discordem. A descrição de Adão também tem semelhanças com o relato de Thietmar de Merseburg sobre os sacrifícios de sangue, em uma escala ainda maior, realizados no século X, em Lejre, a contraparte dinamarquesa de Uppsala. Não eram fenômenos isolados.

Nos textos nórdicos antigos, também encontramos o *vé*, uma espécie de santuário encontrado em topônimos que parecem ter deixado vestígios arqueológicos. Em Lilla Ullevi (o "pequeno *vé* de Ull") em Uppland, Suécia, encontrou-se um amontoado de pedras retangulares com duas projeções lineares de rocha que parecem formar uma espécie de adro, o conjunto todo situado na borda de uma colina proeminente. Há evidências de plataformas e pilares verticais construídos posteriormente em volta delas, criando uma linha adicional de cercamento e separação. Em torno dessas estruturas havia depósitos rituais de objetos enterrados – supõe-se que os presentes fossem oferecidos às potências divinas – na forma de armas, pedras-de-fogo e mais de sessenta anéis de amuleto. Essas oferendas parecem ter sido feitas no início do período Viking, com atividades no local que remontam a pelo menos um século antes disso.

Um segundo santuário sueco foi escavado em Götavi ("*vé* dos deuses") em Närke, com peculiaridades ainda mais extraordinárias. O nome implica também que o lugar tinha uma clientela espiritual mais ampla que a de locais nomeados em referência a apenas uma única divindade

14. Encontrando os deuses. O local de rituais ao ar livre em Lilla Ullevi, Uppland, Suécia. Oferendas eram enterradas no solo, tanto na frente da plataforma de pedra quanto ao redor das laterais; atrás havia postes. Um "local de culto" tipicamente enigmático do final da Idade do Ferro. (Crédito: Max Marcus / Hawkeye, usada com gentil permissão.)

– talvez, como o Panteão em Roma, um "templo" de todos os Aesir? No meio de uma planície aberta e bastante pantanosa, nove fileiras paralelas de substanciais amontoados de pedra tinham sido dispostas e enterradas sob uma camada de argila. A construção retangular resultante parece ter tido uma leve depressão em formato de tigela no centro e delimitada por uma cerca. Análises químicas mostram que muito sangue foi derramado dentro do recinto, sobretudo perto de uma das extremidades, onde enormes postes foram erguidos. Parece evidente uma ligação com sacrifícios animais (e talvez humanos). Em torno do perímetro da plataforma de argila, durante um longo período de tempo, muitas fogueiras arderam. O que exatamente acontecia dentro do recinto teria sido encoberto pelo anteparo de uma parede de fumaça, ao mesmo tempo em que os rituais em curso eram visíveis de uma distância considerável. Essa aparente intenção de separar os "iniciados" (ou como quer que os chamemos) de um grupo mais amplo se reflete também na posição do local, já que a plataforma de argila teria essencialmente formado uma ilha no solo pantanoso – não um pântano literal, de qualquer forma, mas um terreno traiçoeiro o suficiente para dificultar o acesso, um lugar onde se devia tomar cuidado por onde se pisava.

Ao contrário de Lilla Ullevi, o santuário de Götavi é surpreendentemente tardio, com indicações de que ainda estava em uso durante o século XI quando, por exemplo, a Dinamarca já era cristã havia mais de um século. Isso parece corroborar as muitas tradições literárias (e Adão de Bremen) que retratam a Suécia como foco de resistência à influência cristã por muito mais tempo do que o restante da Escandinávia.

As nove pilhas de pedras em Götavi também trazem à tona um componente importante e recorrente da mente viking: o número sagrado. O nove – e sua raiz quadrada, três – aparece inúmeras vezes nos contos mitológicos dos nórdicos. As divindades do mar Aegir e Rán têm nove filhas, que são os espíritos das ondas; Heimdall tem nove mães; o gigante Baugi tem nove escravos; a bela Menglod tem nove servas; sua mãe, Gróa, tem nove amuletos protetores; Odin tem dezoito feitiços – duas vezes nove; Thrivaldi, outro gigante morto por Thor, tem nove cabeças. Freyr espera por sua amante e mais tarde esposa, Gerda [ou Gerthr], por nove noites, o mesmo período de tempo que Odin fica pendurado na árvore em autossacrifício, e sua entre as fogueiras em *Os ditos de Grímnir*, e faz sua longa cavalgada até Hel montado em Sleipnir. Em Valhalla, a cada nove noites, oito anéis caem do grande anel mágico de ouro, Draupnir (totalizando, assim, nove), a fonte da riqueza de Odin. A princesa de Muspell, Laegjárn, tem um baú que deve ser fechado com nove fechaduras, uma a uma. A lista continua indefinidamente e é reproduzida no mundo humano de Midgard: de acordo com Adão, os grandes sacrifícios em Uppsala duram nove dias e são realizados a cada nove anos, e nove criaturas de cada tipo são mortas (ao avaliar a veracidade do texto de Adão, a propósito, alguém pode se perguntar como ele teria sido capaz de inventar apenas *esse* pequeno detalhe para se ajustar tão bem a um contexto mais amplo que Adão não tinha meios de conhecer).

E, claro, existem nove mundos e nove camadas de Hel, nove léguas abaixo da terra. No final, no Ragnarök, o Thor mortalmente ferido dará nove passos largos para a morte.

Dentro de todos esses edifícios e recintos, deve ter havido uma gama de atividades rituais constantes, mas o centro de todas elas era o *blót*, termo que com frequência se traduz como "oferenda", mas que significava muito mais do que sacrifício. Mais próximo de uma dádiva, o *blót* era geralmente um ato de abate em que animais (e às vezes humanos) eram mortos ritualmente e seu sangue despejado em tigelas ou pedras. Mergulhavam-se galhos no líquido vermelho, que era borrifado sobre os espectadores e edifícios.

A escala dos rituais dependia do status das pessoas que participavam e oficiavam a cerimônia. No salão do templo de Hofstaðir, Norte da Islândia, durante muitos anos decapitavam-se bois em rituais sazonais regulares, e os crânios dos animais eram afixados nas paredes do edifício – um registro permanente e visível do respeitoso pacto entre os que habitavam o salão e os poderes divinos ao redor deles. Análises osteológicas de traumas ósseos revelaram que os animais eram executados com golpes de espada ou machado no pescoço, desferidos pelo lado enquanto as feras eram imobilizadas por uma segunda pessoa. O método era calculado para produzir um grande arco de sangue arterial – uma demonstração explicitamente violenta de comprometimento, algo a ser testemunhado. A matança de pássaros, em especial, também parece ter sido uma característica comum dos rituais nórdicos, e há a sugestão de que a morte das aves funcionava como um meio de abrir caminho entre os mundos, sobretudo para os mortos.

Em outros locais, está claro que depósitos de material se acumularam ao longo do tempo, à medida que os objetos foram sendo repetidamente espalhados ou enterrados dentro e ao redor das estruturas cúlticas. Os exemplos incluem não apenas armas e anéis-amuletos já mencionados, mas também outros objetos, como *crampons* de gelo (talvez em oração pedindo uma jornada de inverno tranquila), colares e pulseiras de contas quebradas e escória de metalurgia. Também não resta dúvida de que os participantes comiam nessas cerimônias – provavelmente em banquetes rituais –, e às vezes as sobras eram esparramadas por toda parte.

Além desses santuários e edifícios de culto, também há ampla evidência de rituais conduzidos ao ar livre e em lugares da natureza com significado sagrado. As oferendas eram feitas em pântanos, charcos e zonas de maré. As armas eram depositadas em rios ou riachos e, muitas vezes, em áreas limítrofes – comportamento que também se observava nas colônias ultramarinas dos vikings. Em contrapartida, anéis e outros preciosos trabalhos em metal eram jogados dentro da água parada, em lagos e lagoas, dados aos seres que viviam sob a superfície.

Em lugares que não eram nem terra nem água e, portanto, uma espécie de espaço liminar "intermediário", os vikings construíram estruturas especiais para realizar seus sacrifícios. Variantes incluíam plataformas feitas de pedra ou madeira rachada pelo fogo, rodeadas por restos de festas rituais. Foram encontrados animais cobertos de caniços e juncos, e enfeixados em linho. As oferendas mais comuns nas plataformas incluíam gado, mas também porcos, cães e especialmente cavalos. A maioria era sacrificada com golpes na cabeça, em alguns casos até com machados de pedra datados do Neolítico, feitos milhares de anos antes dos vikings. Ferramentas como essas foram evidentemente recolhidas nos campos por pessoas que viveram na Era Viking, assim como ainda hoje são encontradas no interior rural; e existe um folclore que as liga ao deus Thor. Os vikings viam essas antigas armas de pedra como "raios", e podem ter acreditado que continham poderes especiais, o que fazia delas um instrumento de sacrifício especialmente carregado de significação.

Nem todas as partes das carcaças eram utilizadas, sobretudo as dos cavalos. Na maioria dos casos foram encontrados apenas o crânio e as extremidades externas, sugerindo que de fato eram somente peles com a cabeça e os cascos presos. Existem descrições textuais desses terríveis artefatos sendo colocados em andaimes na borda das áreas de sacrifício, e parece que algumas das plataformas – por exemplo, em Bokaren, na província sueca de Uppland – eram circundadas por eles. Em outras plataformas, arqueólogos acharam vasos de cerâmica com um orifício cortado da base. Qualquer coisa derramada ou colocada dentro desses vasos, que ficavam de pé nas madeiras inundadas, desaparecia lentamente, derretendo como se consumida pelos poderes da água – prova da aceitação das oferendas.

As imolações nos pântanos passaram a ser uma constante na Escandinávia a partir do final da Idade do Bronze, com armas, itens de equipamento, preciosos objetos de metalurgia, veículos e até navios inteiros depositados nas águas. Portanto, o povo da Era Viking estava dando continuidade a uma longeva tradição, que, de forma significativa, sempre incluiu a oferenda de sacrifícios humanos. Está claro que alguns perdiam a vida em ritual para acompanhar outros na morte. No entanto, as oferendas de sangue também podiam ser feitas fora do contexto de funerais, e é relativamente comum encontrar restos humanos ao lado dos corpos de animais dados aos deuses ou outras forças sobrenaturais. Na Suécia, muitos dos sítios onde os arqueólogos encontraram sacrifícios humanos também reaparecem em crendices populares muito posteriores e são frequentemente associados a um tipo de espírito ou duende das águas chamado Näcken. Em geral essa entidade aparece como um homem nu, ou às vezes um cavalo branco com olhos perturbadoramente humanos, cantando ou tocando uma rabeca de uma tal maneira que obrigava o ouvinte a se aproximar. A menos que se fizessem as oferendas apropriadas, o azarado visitante seria puxado para baixo da água pelo Näcken, para nunca mais ser visto. Será uma vaga lembrança dos rituais de sangue da Era Viking, em que algumas pessoas que iam até o local lá permaneciam para sempre?

Nos pântanos eram colocadas também figuras de madeira de formas vagamente humanas – talvez fossem ídolos ou representassem pessoas de carne e osso, uma espécie de sacrifício permanente. Escavações em pântanos encontraram inúmeros desses objetos, que podem ser bem grandes, mais altos que humanos (o que talvez seja apropriado, se realmente forem deuses). Muitas vezes sua matéria-prima vinha de árvores escolhidas por causa de alguma peculiaridade de crescimento natural na madeira que pudesse ser utilizada para sugerir detalhes anatômicos – tais como a figura masculina em que um galho saliente forma um enorme pênis. Podem ser vistas inclusive na poesia. Em *As palavras do Altíssimo*, Odin está vagando pelas estradas em sua persona de pária desterrado e faz uma observação curiosa:

> Minhas roupas dei no caminho
> a dois homens de madeira;
> acharam-se paladinos
> por terem roupas,
> o homem nu tem vergonha.

Alguns dos locais de sacrifício mais impressionantes e públicos são os bosques sagrados, os mesmos que aparecem nos topônimos. Adão de Bremen menciona um deles como parte de seu relato dos rituais de Uppsala, um aglomerado de árvores "divinas" em que cerca de 72 corpos de animais machos (nove de cada) – incluindo homens e bichos de grande porte, como garanhões – foram pendurados e deixados para apodrecer. Cenas semelhantes são retratadas nas pedras pictóricas de Gotlândia e nas tapeçarias de Oseberg da Era Viking. Pode não ser coincidência que vários dos nomes de Odin se refiram a ele como o deus da forca, e que alguns dos mitos relatem como era capaz de acordar os mortos por enforcamento e interrogá-los sobre o futuro. A adivinhação desempenhava um papel importante nos rituais viking, e isso também pode ter relações com os bosques de sacrifício.

Os missionários viam essas exibições com particular opróbrio. As culturas cristãs da Europa consideravam normal condenar pessoas à morte de várias maneiras públicas e asquerosas, e ainda assim recuavam, de terror atávico, diante de uma árvore com cadáveres de animais pendurados.

Esses locais são muito difíceis de rastrear por meio da arqueologia, mas algo desse tipo sobreviveu de modo admirável em Frösö (a mesma "ilha de Freyr" que encontramos anteriormente como topônimo), no Norte da Suécia. Quando reformas que estavam sendo feitas no interior de uma igreja medieval exigiram a remoção do piso sob o altar, arqueólogos encontraram um toco de bétula bem preservado, rodeado por centenas de fragmentos de ossos. A análise de radiocarbono mostrou que a árvore foi cortada no final do século XI – em outras palavras, mais ou menos na época em que a primeira igreja de madeira foi construída (e em data bem próxima à do relato de Adão de Bremen sobre o arvoredo de Uppsala). Os depósitos ósseos remontam ao século X, assim determinando com sólida convicção que a data das atividades em torno da árvore se insere na Era Viking.

Os ossos representavam um número substancial de animais de várias espécies, e provavelmente foram oferecidos no local em sacrifício por muitos anos – talvez os corpos fossem até enforcados nos galhos. Ao todo, foram encontrados os restos mortais de onze porcos, duas vacas e cinco ovelhas ou cabras, além das cabeças de seis alces e dois veados, juntamente com as carcaças completas de cinco ursos. Devia ser uma visão extraordinária. Partes de corpos de esquilos, renas, cavalos e cães também forravam o solo. Em uma perturbadora correlação com os textos, essa *assemblage* incluía ossos humanos – havia pessoas entre as oferendas na árvore de Freyr. Pesquisas recentes sobre os restos de animais de Frösö mostraram como as matanças eram realizadas de maneira sazonal, sobretudo na primavera, o que sugere claramente que os rituais podem ter sido parte de um *vårblót*, ou sacrifício primaveril. Alguns dos porcos (o animal sagrado de Freyr) também eram selecionados por causa do comprimento e ferocidade incomuns de suas presas – mais uma vez, o espetáculo visual era fator importante.

Sem dúvida a árvore estava lá para ser vista, pois se situava no ponto mais alto da ilha, com vista para os lagos e as montanhas. O topônimo desse local também é revelador: Hov – em outras palavras, *hof*, a palavra que designava os salões-templos. Da mesma forma, não é acidental que os cristãos tenham construído sua igreja precisamente nesse local (também é provável que tenham inclusive mandado derrubar a árvore), e até mesmo ergueram o altar sobre o toco. Especialistas costumam falar de sincretismo religioso – a fusão de diferentes tradições ou crenças em uma facilitação de transição, mas é raro encontrar algo desse tipo na arqueologia, embora aqui seja melhor ler as evidências como indicadores de apropriação violenta. Como em outras situações semelhantes, é claro que os cristãos nem sempre destruíam diretamente os costumes espirituais do Norte, mas, em vez disso, tentavam convencer seus adeptos de que eles eram um precursor malogrado da nova fé – de que a conversão exigia um movimento, um ajuste, não uma rejeição total de quem eles eram.

O mundo da feitiçaria avulta na espiritualidade viking, assim como as mulheres e homens *ergi* que a praticavam. O papel dos feiticeiros na vida e no pensamento nórdico era crucial, mas tem sido negligenciado. Mais do que as pessoas ao seu redor, esses homens e mulheres especiais estavam familiarizados com as costuras do mundo. Conheciam os pontos onde os diferentes aspectos da realidade se sobrepunham, e também as lacunas às vezes deixadas entre eles. Por serem diferentes dos outros, esses trabalhadores da magia parecem ter sido empurrados à força para as margens da sociedade – mas era lá também que encontravam seu poder. Em certo sentido, percorreram a passadas largas os rios entre os reinos, deixando pegadas em ambas as margens.

Era por meio da feitiçaria, e não do culto, que a maior parte das conversas com as potências sobrenaturais se realizava. Muita tinta já foi derramada em vãs tentativas de classificar ou definir a magia nórdica, ignorando o fato de que seus praticantes provavelmente nunca fizeram isso de verdade e, portanto, tampouco nós deveríamos tentar. Em sua forma mais simples, a feitiçaria era um meio, ou método, um conjunto de mecanismos pelos quais as pessoas tentavam influenciar ou obrigar os "outros" a cumprir suas ordens. Na Era Viking, esse era um campo de comportamento que pertencia ao reino das comunidades comuns, e não a uma espécie qualquer de sacerdócio ou burocracia da realeza.

As evidências de feitiçaria na Era Viking são difíceis de avaliar, pois estão predominantemente nas sagas e poemas medievais; por outro lado, estão saturadíssimas de magia. Em maior ou menor grau, a feitiçaria aparece em quase todas as histórias, muitas vezes nos termos mais vívidos. Assim, num episódio da *Saga do rei Hrólf Kraki* [*Hrólfs saga kraka*], na qual a feitiçaria corre solta e desenfreada, lemos que "o ar e os caminhos se avivam de magia" – isso sintetiza o estranho poder dos nórdicos antigos, a tensão crepitante do "outro mundo" em sua intersecção com o nosso. Nada disso é reportagem direta ou algo parecido, claro está, mas é impressionante como o mundo literário da magia escandinava definitivamente *não* é uma réplica da bruxaria europeia medieval tal como era entendida na época dos escritores de sagas. Na verdade, a cultura material retratada nas sagas é de maneira geral consistente com o mundo da Era Viking que elas descrevem, não o mundo medieval de sua produção de escriba, o que constitui um forte argumento a corroborar pelo menos uma base em circunstâncias históricas e memória oral.

Outro aspecto da feitiçaria que transparece nas fontes é a sua diversidade. Havia diferentes formas de magia, algumas relativamente bem definidas, outras tão vagas quanto os termos usados hoje. Estas, por sua vez, eram executadas por uma grande variedade de praticantes, alguns dos quais de fato muito especializados.

A magia mais elevada e terrível – o tipo que fazia parte do conjunto de habilidades de Odin e Freya (que ensinou a ele essa feitiçaria) – era o *seiðr* ou *seithr*. Podia ser usado para ver o futuro, prever o destino, melhorar as colheitas ou encher de peixes um fiorde. O *seithr* era capaz tanto de curar quanto de machucar. Podia trazer boa sorte ou infortúnio. Podia ser usado para falar com os mortos. Podia ser usado para seduzir, encantar ou reduzir uma pessoa à submissão sexual. O *seithr* podia confundir e distrair em um momento fatal, ou enevoar a mente com terror. Podia fortalecer braços e pernas ou inutilizá-los, dar a alguém destreza divina ou reduzir uma pessoa à tropeçante inutilidade. Podia tornar as armas inquebráveis ou frágeis feito o gelo. O *seithr* podia ferir, podia matar, e com ele era possível ressuscitar os mortos. Era a magia do campo de bata-

15. Morte de uma feiticeira. Câmara mortuária Bj. 660 em Birka, Suécia; o enterro de uma praticante de feitiços, identificada como tal por seu cajado de ferro e seu colar de amuletos. (Reconstrução por Þórhallur Þráinsson, usada com gentil permissão.)

lha, da fazenda, do campo de plantação, do corpo, do quarto de dormir e da mente. Nada havia de coincidência em suas associações com as divindades da guerra, do sexo e do intelecto.

E havia também a magia *galdr*, cantoria estridente que, alguns argumentam, sobrevive até certo ponto no *Kulning*, o método vocal de chamar o gado que está entre as principais e inconfundíveis marcas da música folclórica nórdica. O *gandr*, outro tipo de magia, era usado com frequência por homens, e existiam muitas outras formas de feitiçaria, com uma terminologia cujo razoável grau de diferenciação em nórdico antigo simplesmente não somos capazes de traduzir. Todas podiam ser usadas de modo individual ou em combinação, incluindo com o *seithr*, para dar conta de realizar o trabalho. Pense em um kit de ferramentas repleto de implementos mágicos seletos para cada etapa de uma tarefa.

Assim como a prática da magia era intensamente diversa, diversificado também era o alcance de seus praticantes. Temos quase quarenta termos diferentes para designar os feiticeiros de sagas e poemas. Alguns têm funções ou conexões específicas – carregam cajados; profetizam; um grupo deles "cavalga" na escuridão ou no frio; usam tipos especializados de magia. Outros termos têm significados mais genéricos semelhantes ao sentido moderno de "bruxa", ou mesmo "mago". Tudo isso tinha uma profunda codificação com conotações sexuais.

Provavelmente existe a possibilidade de rastrear esses tipos de pessoas na arqueologia, como nos mais de cinquenta túmulos contendo cajados de metal muito semelhantes às descrições que as sagas fazem do principal atributo de uma feiticeira, consagrado até mesmo em nome do tipo mais comum de mulher que usava magia – a *völva*, ou "portadora do cajado". Determinou-se que as pessoas enterradas nessas sepulturas são mulheres, por causa das problemáticas associações artefatuais mencionadas anteriormente, e sem dúvida os corpos usam as roupas femininas "convencionais" da Era Viking. Contudo, nada havia de convencional nos praticantes de magia, e pode ser que alguns dos portadores de cajados fossem homens travestidos ou mulheres trans, ou pessoas que viam a si mesmas de maneira bem diferente. Além dos cajados, essas sepulturas incluem outras "ferramentas do ofício": alucinógenos, várias partes de corpos de animais, talismãs e amuletos, e detalhes de vestimentas fora do comum. Não podemos afirmar com certeza que o túmulo de uma *völva*, ou qualquer outro tipo específico de adepto das artes mágicas, foi identificado, mas as práticas feiticeiras descritas nas fontes escritas medievais parecem ter o respaldo genuíno dos dados escavados da Era Viking.

Uma interpretação das práticas mágicas como o *seithr* está em vigor há mais de cento e cinquenta anos, a saber, a ideia de que representam alguma espécie de equivalente nórdico do que em outras plagas foi chamado de xamanismo. As evidências incluem as viagens da alma fora do corpo, o transe de Odin e os rituais sexuais do cajado para trazer os espíritos de volta à "casa de suas formas". Esses debates continuam, mas o complexo mundo social da feitiçaria nórdica parece encontrar um lugar natural como uma tradição cultural independente dentro do padrão mais amplo de espiritualidade do Norte.

Todas essas variadas práticas, e suas arenas igualmente diversas, em última análise dizem respeito aos vivos e a suas tentativas de se comunicar com outros tipos de seres. Mas os próprios vivos também poderiam cruzar uma dessas fronteiras, reino da morte adentro. Em qualquer cultura, o tratamento dado aos mortos pode fornecer um valioso reflexo de atitudes acerca da vida – e também de identidade, gênero, poder, status e muito mais. O modo como os vikings lidavam com a morte não era apenas espetacular, mas também espetacularmente variado. Ao delinearmos os contornos da mente viking, ao examinarmos a criação de Midgard, onde todos moravam, as fronteiras da própria vida constituem a derradeira fronteira.

8

Lidando com os mortos

Hoje em dia, o "funeral viking" é um dos *tópos* mais comuns em relação a esse povo: rumar à eternidade a bordo de um barco em chamas – isso sim é que é jeito de ir embora. Talvez de forma surpreendente, pelo menos alguns escandinavos do início da Idade Média de fato fizeram exatamente isso. Mas muito mais, e uma das marcas do ritual funerário da Era Viking é que quase todas as sepulturas são singulares em seus detalhes.

O exame dos registros nacionais de monumentos antigos nos mostra que são conhecidos cerca de 28 mil cemitérios do período de 100 a 1000 EC na Suécia e na Noruega, dos quais talvez a metade date da Era Viking. A esses números devem-se adicionar a Dinamarca, depois a Islândia, a Groenlândia, as ilhas Faroé e as colônias em territórios ocupados em toda a diáspora. Juntos, representam uma série de sepultamentos individuais na casa dos poucos milhões, apresentando um desafio de "*big data*" em termos de análise e interpretação. Essa é uma tarefa para a qual a arqueologia ainda não está à altura.

O potencial de pesquisa desse enorme *corpus* de informações – efetivamente um enorme repositório de ações, emoções e crenças humanas – é distorcido de outras maneiras também. O viés mais dramático e de longo alcance na compreensão dos rituais de morte da Era Viking é, em termos simples, o fato de que nem todos recebiam um túmulo de um tipo que pode ser detectado por meios arqueológicos. Recorrendo à correlação provisória entre assentamentos identificados, densidade populacional nas fazendas e o número de enterros registrados, alguns estudiosos estimam que até 50% da população esteja "ausente" do registro funerário.

Da mesma forma, não se sabe se essas pessoas eram de status baixo, ou escravizadas, ou se havia algum outro fator que determinasse a maneira específica com que seu corpo era descartado na morte. A *Ynglingasaga* [*Saga dos Ynglingar*], de Snorri, faz uma tentativa um tanto confusa de explicar os costumes funerários do passado pagão, mas a bem da verdade afirma que muitos dos mortos foram cremados e *suas cinzas jogadas na água* – talvez devêssemos simplesmente acreditar no que ele diz, pois isso explicaria o que (não) se vê na arqueologia. Os sepultamentos de crianças também estão sub-representados.

A maioria dos túmulos contém apenas um indivíduo. Vez por outra são dois – em geral, um corpo masculino e um feminino –, e às vezes a sepultura de um adulto podia conter os restos mortais de uma criança (talvez o resultado de um parto difícil que matou mãe e bebê). Também não era incomum que monumentos funerários fossem revisitados, fosse para o depósito de um segundo ou até mesmo um terceiro cadáver na mesma sepultura do ocupante original, fosse para fazer o que os arqueólogos chamam de sepultamento secundário – por exemplo, colocar as cinzas de outro corpo ao lado de um monte sem acessar a sepultura principal. Exceção feita às valas comuns relacionadas a batalhas, execuções ou epidemias (não é tão fácil encontrá-las), as mais raras de todas são aquelas com vários sepultamentos simultâneos. Muitos funerais desse tipo eram realizados em câmaras mortuárias, mas a maioria dos enterros de várias pessoas era feita em barcos. A maneira viking de lidar com a morte nunca para de nos surpreender.

O *corpus* textual em nórdico antigo contém pouquíssimas descrições a respeito da vida e crença vikings que realmente foram escritas com o intuito de informar, em vez de narrativas a partir das quais um acadêmico pode ter a esperança de desvendar algo pelo caminho. Mas há exceções, e uma delas é o primeiro livro da *Heimskringla* de Snorri Sturluson, sua monumental gesta dos reis da Noruega contada desde um vago passado pré-histórico até o século XIII. Sua saga introdutória discute a sorte dinástica da linhagem dos Ynglingar, governantes da Suécia central e da Noruega que também estavam entre os primeiros das "novas elites" do século VI a deixar sua marca na literatura. Tiveram uma história de sucesso na Era Viking.

Parte dessa narrativa inclui a tentativa de Snorri de racionalizar os deuses pré-cristãos, em especial Odin, retratando-os como figuras humanas do passado remoto que mais tarde assumiram aspectos divinos na crença popular. É uma mistura nauseante, já que Snorri tenta, na marra, atochar fé pagã nas sensibilidades cristãs, mas o elemento de interesse aqui é uma lista das chamadas leis de Odin, por meio da qual expõe o que era supostamente o tratamento adequado dos mortos de acordo com os "costumes antigos". Vale a pena citar na íntegra:

> Odin estabeleceu em sua terra as leis que haviam sido observadas anteriormente entre os Aesir. Ordenou que todos os mortos fossem queimados e seus bens colocados na pira com eles. Determinou que todos deveriam ir para Valhöll levando consigo toda a riqueza que tivessem em sua pira, e que cada um teria também o benefício de tudo o que ele próprio tivesse enfiado na terra. Mas as cinzas deveriam ser levadas para o mar ou sepultadas nas entranhas da terra, e montes deveriam ser construídos como memoriais para grandes homens, e pedras memoriais deveriam ser erguidas a todos aqueles que fossem de alguma importância, e este costume perdurou por um longo tempo depois disso.

Nessa mistura medieval, a verdade da Era Viking, se houver, é muito difícil de avaliar. No entanto, tais leis efetivamente guardam estreita relação com o mundo funerário discernível na arqueologia. Entre as coisas interessantes a serem observadas: *todas as coisas queimadas juntamente com os mortos são seus bens*, que acompanhariam o falecido rumo ao outro mundo; coisas enterradas desacompanhadas de corpos também são para uso após a morte, e podem ser selecionadas para esse propósito pelos vivos, que tomam providências para sua própria vida pós-morte; os montes funerários são apenas para homens "notáveis" (é difícil saber o grau de androcentrismo que essa afirmação realmente pretendia ter); pedras devem ser erguidas para homenagear qualquer pessoa importante; e nem todos os mortos são tratados da mesma maneira.

Tendo isso em mente, a estrutura completa dos rituais mortuários vikings pode ser vista em três níveis abrangentes, todos identificados por arqueólogos, mas também correspondendo a algo que, no passado, deve ter sido perceptivelmente real.

A primeira decisão funerária que se tomava após uma morte era a mais dura – queimar o corpo ou enterrá-lo (ou alguma outra alternativa, qualquer que tenha sido, que não deixou vestígios). Está claro que o que as pessoas escolhiam variava por região, mas as razões para isso são desconhecidas. Na Suécia, a cremação era, de forma esmagadora, a norma em toda parte, exceto em tipos especiais de lugares, como os centros mercantis. Na Noruega e Dinamarca, praticava-se uma mistura de cremação e inumação.

O segundo aspecto-chave do sepultamento diz respeito à sua forma externa – o "tipo" de sepultura. Aqui havia uma considerável variação, mas dentro de um conjunto limitado e essencialmente consistente de escolhas que parecem ter sido feitas a despeito da decisão de cremar ou enterrar o falecido. A forma de sepultura mais comum era o monte de barro, que poderia ser construído em uma gama de tamanhos. Pedras também podiam ser dispostas em padrões – retângulos, círculos, formas de navios, e outros –, no interior dos quais os mortos seriam colocados para repousar. Também era possível depositar os corpos em quartos subterrâneos de madeira, ou enterrá-los dentro de navios e outras embarcações. Vez por outra, essas variantes eram combinadas – ou seja, pedras numa borda ao redor de um monte ou colocadas por cima. Arqueólogos têm uma terminologia mais ou menos precisa para esse repertório de opções funerárias, e escrevem sobre "câmaras mortuárias", "barcos funerários" e afins. Temos pouca ideia de como as pessoas da Era Viking se referiam a elas, mas as formas de túmulos são tão consistentes que deviam ter uma nomenclatura que pelo menos se aproximasse da nossa – ou, dito de outra forma, deviam ter algum meio de dizer: "Quero um *destes* para a minha mãe", e os arqueólogos provavelmente reconheceriam a que estavam se referindo.

O terceiro nível de rituais fúnebres vikings era o mais complexo; na verdade, era quase infinito. Dentro de cada monte, barco, pedra ou câmara individual (e as demais categorias conhecidas, uma dúzia ou mais), o que realmente se fazia no decorrer dos rituais era singular em quase todos os casos. As variações eram geralmente muito pequenas, embora vez por outra enormes, mas em todos os casos há uma noção do indivíduo, da maneira apropriada de enviar uma pessoa específica através da fronteira para uma vida diferente.

Como era o cerimonial tumular? Mulheres enterradas vestindo peles de lince ou colocadas sob pesadas peles de urso; espadas cravadas verticalmente em uma cova; um escudo cobrindo o rosto ou posicionado junto à cintura; uma moeda, apenas uma, com um século de uso e já gasta; uma fila de sepulturas em que cada cadáver segura na mão uma pedra lisa e branca; um cavalo conduzido cova adentro, de pé sobre o cadáver, antes de ser imolado; ao pé do mesmo túmulo, dentro da sepultura, uma pedra em cima da qual o corpo de um cachorro era esmagado e despedaçado; o homem e o menino enterrados na mesma cova enorme, deitados de través, seus corpos formando um macabro X; a fileira de verticilos de fuso cuidadosamente dispostos ao longo de uma bainha de espada; o cajado de uma feiticeira sob o peso de uma rocha; dois cavalos cortados ao meio, e as metades de seus corpos trocadas; uma fossa lotada de crianças assassinadas, cavada na lateral de uma vala comum do exército; um homem em um túmulo modesto em cima do qual, décadas depois, um barco apinhado de gente seria colocado de forma que a quilha o cobrisse perfeitamente – um ritual repetido com mais homens e mais barcos ao longo dos anos. Seria possível encher um livro com esse tipo de relato.

Esse grau de variação se aplica tanto às montagens de artefatos quanto aos próprios ritos ou cerimônias. A seleção, a combinação, o tipo específico, a qualidade, a quantidade e o posicionamento exato desses objetos são, todos, fatores dentro do ritual mortuário da Era Viking. Nesse espectro de comportamento, detalhes podem fornecer informações sobre a sequência de eventos, o tempo que podiam levar para serem executados e a arena espacial do ritual que em alguns casos devia se estender consideravelmente além do próprio túmulo. Pode ser que uma parte disso fosse espontânea, outra planejada, e ainda outras partes ditadas por costumes ou mesmo a lei.

Além da variação entre sepulturas individuais, em maior escala há também padrões de expressão regional, até mesmo local. Tudo isso, por sua vez, devia implicar pelo menos algum grau de variação no significado por trás dessas práticas e, portanto, nas crenças relativas ao tratamento dos mortos.

Queimar os mortos não era uma tarefa fácil, a ser feita de modo fortuito por parentes enlutados. Exigia assistência especializada, não apenas para a construção da pira de toras cruzadas, que deveria ser acesa de maneira a permitir a melhor circulação de ar e consequente combustão, mas também para mantê-la ardendo e ajustar o cadáver ao lado dos outros elementos a serem cremados. Os mortos tinham de ser preparados para a pira, até mesmo eviscerados (arqueólogos encontraram marcas de corte diagnósticas em alguns fragmentos de osso incinerado), o que proporcionaria um processo final menos sangrento. Depois de construída a pira, o cadáver era colocado em cima da construção de madeira, às vezes dentro dela, ou, em ocasiões mais raras, queimado diretamente sobre o chão (o que era pouco eficiente).

Não se tratava de uma experiência ambivalente. Poemas como *Beowulf* descrevem como o fogo "consumiu a casa de osso", como a carne recuava e os crânios rebentavam nas chamas. A menos que fossem manejados e mantidos no lugar pelos "administradores funerários", um cadáver poderia até acabar sentado no meio da pira. Com frequência, corpos humanos eram acompanhados por animais, às vezes em grande número nas sepulturas mais ricas; os cadáveres também se moviam, murchavam e explodiam. Graças à arqueologia sabe-se que de vez em quando uma pederneira era adicionada a uma cremação, e experimentos revelaram como elas podiam de súbito explodir para produzir chuvas de faíscas coloridas; devia ser intencional.

Era possível avistar fogo e fumaça a longas distâncias, sobretudo se as piras estivessem em terreno alto. Existem descrições de testemunhas oculares bizantinas de vikings no Oriente queimando seus mortos à luz da lua cheia – em outras palavras, à noite. Nas sagas há relatos de corpos sentados em câmaras fúnebres iluminadas e rodeados por "luzes", e o poema éddico conhecido como *O despertar de Angantyr* menciona "fogueiras-sepulturas" ardendo em torno dos túmulos construídos com terra e pedras. Também foram encontradas lâmpadas em muitos túmulos, incluindo várias câmaras mortuárias e navios funerários – não resta dúvida de que a iluminação era parte dos rituais, e a pergunta óbvia é por quê. Uma resposta pode ser a intensificação do impacto visual da chama e da luz do fogo em contraste com o pano de fundo da escuridão.

Hoje são poucos aqueles que já viram as consequências imediatas de uma cremação, e tendemos a estar relativamente isolados das realidades corporais da morte. Vikings as conheciam bem de perto. Assim que a pira crematória se extinguia, o corpo não estava de forma alguma reduzido a cinzas convenientes e organizadas. Os tecidos moles e as roupas queimavam, mas o esqueleto em si poderia ficar substancialmente intacto, embora bastante carbonizado e fraturado. Ao escavar os resquícios de sepulturas, arqueólogos puderam constatar como os ossos humanos eram recolhidos, organizados, limpos e às vezes esmagados. Geralmente mantidos separados dos restos mortais dos animais colocados junto a eles nas chamas – também retirados dos detritos e tratados –, mas vez por outra suas cinzas se misturavam. Os restos mortais podiam ser colocados em um vaso de cerâmica, ou um saco, ou ainda uma caixa; amontoados em uma pequena pilha; ou simplesmente espalhados. Isso poderia ser feito diretamente no local da pira ou enfiado num buraco cavado nos escombros, com uma sepultura construída por cima dela no local. Uma alternativa era transportar os ossos e as cinzas para um local separado, ou vários locais diferentes, longe da pira. Há exemplos em que o mesmo evento na pira, para mais de uma pessoa, resultou em sepulturas diferentes, com as cinzas cuidadosamente selecionadas e distribuídas de acordo com um esquema que não compreendemos.

Tudo isso suscita outro enigma. Sabemos que uma proporção considerável da população não recebeu uma sepultura que os arqueólogos possam detectar; entretanto, para além disso, o fato de que pouquíssimas das cremações que encontramos contêm restos humanos em quantidade suficiente para se equiparar a um corpo adulto. Apenas uma parte pequena – às vezes, *muito* pequena – do cadáver queimado era colocada na terra. Uma cremação profissional moderna reduzirá um adulto do sexo masculino a cerca de sete ou oito litros de cinzas e material ósseo, e ligeiramente menos que isso no caso de uma mulher adulta. As cremações da Era Viking raramente continham mais de um litro de restos mortais.

Ninguém sabe o que isso significa. O funeral envolvia uma separação das cinzas – uma parte para a família ou os espectadores e enlutados, um pouco para a terra, e assim por diante? Talvez os mortos ficassem guardados em casa, embora não em uma forma permanente que possa ser rastreada. De maneira preocupante para as estatísticas, restos mortais de uma pessoa podiam ser enterrados em vários monumentos, criando uma espécie de sepultura distribuída que foi equivocadamente registrada como vários túmulos individuais. Talvez os mortos cremados fossem dados ao meio ambiente, para a própria Midgard – sim, uma parte deles ia para a terra, mas outros aspectos de seu corpo eram lançados ao ar e à água. É pouco provável que todas essas possibilidades sejam esclarecidas, mas ficamos com a incômoda sensação de que a própria definição do que constitui uma "sepultura" da Era Viking é questionável.

Os mortos, humanos e animais, obviamente não estavam sozinhos na pira. Os cadáveres ocupavam o centro de complexos arranjos de objetos, a começar pelas roupas e ornamentos pessoais do falecido. Nos extremos, estes podiam variar desde as surradas vestes do mais pobre lavrador, um broche de cobre e uma faca de mesa, aos trajes de gala adornados por joias de um rei. Além do corpo e do que o revestia, "bens mortuários" em sua forma mais ampla podiam abranger praticamente todo e qualquer aspecto da cultura material viking. Alguns eram colocados intactos na pira, ao passo que outros – por razões desconhecidas – eram despedaçados antes. Tudo isso encontrava um lugar (ou, de caso pensado, não encontrava) na sepultura definitiva. Assim como se fazia com os restos humanos e animais, alguém os retirava das cinzas, os limpava, às vezes os quebrava e retorcia de maneiras estranhas, e por fim os incorporava aos processos rituais dos quais os arqueólogos encontram apenas o resultado. Isso poderia incluir também o depósito de objetos que *não eram* queimados juntamente com os restos da pira – mais uma etapa do processo, igualmente opaca para nós. Um recente estudo de túmulos suecos mostrou que de quando em quando ovos de pássaros eram colocados em meio às cinzas das cremações, para fins desconhecidos. Pelo menos alguns eram ovos de corvos, talvez sugerindo uma conexão com Odin, o deus cuja mente e pensamentos estavam incorporados nesses pássaros.

Não se sabe por que algumas pessoas da Era Viking escolhiam enterrar seus mortos em vez de cremá-los. O costume é encontrado em maior ou menor grau em toda a Escandinávia, embora com algum nível de sobreposição de épocas e lugares. Para alguns, a escolha pode ter sido emocional, quase instintiva, enquanto para outros talvez tivesse claras implicações espirituais. Nas sagas há descrições dos mortos enterrados "vivos" em seus túmulos, incluindo um maravilhoso episódio da *Saga de Njáll, o queimado*, em que os homens passam por um túmulo à noite e constatam que de alguma forma está aberto – lá dentro, seu ocupante morto está sentado, muito empertigado, alegremente cantando e fitando a lua.

O já mencionado poema éddico *O despertar de Angantyr* relata a viagem de uma filha à ilha de Samsø (equidistante das regiões dinamarquesas da Jutlândia, Zelândia e Fiônia), que é descrita como um estranho tipo de lugar intermediário reservado aos mortos. Hervör é uma das mais completas e impactantes representações de donzelas guerreiras em toda a literatura nórdica antiga, e aqui é retratada em busca do túmulo do pai para recuperar sua espada encantada, Tyrfing, com a intenção de usá-la como instrumento de vingança. O poema é difícil de entender, e mais ainda de datar; não faz parte do *corpus* éddico convencional, embora seja claramente composto no mesmo estilo e, portanto, às vezes compilado com o conjunto restante. É admirável por suas informações sobre as atitudes em relação ao sepultamento e à natureza da vida "debaixo das raízes da árvore", como diz a heroína, e vale um momento do nosso tempo.

A ilha aparece como um sinistro espaço liminar que, de alguma maneira, é simultaneamente parte de nosso mundo e de outro; as portas entre os dois se abrem à noite, rodeadas de chamas. Hervör é guiada dentre os túmulos por um pastor, claramente apavorado:

> Disse o pastor:
> "Tolo me parece quem anda por aqui,
> um homem totalmente só, em meio às sombras da noite escura;
> o fogo voa, os montes se abrem no negrume,
> terra e pântano ardem – vamos logo!"

Hervör disse:

"Cautela, que o ruído não cause pânico,
ainda que o fogo se alastre por toda a ilha!
Não se pode permitir que os guerreiros mortos
nos assustem de súbito; vamos conversar."

Determinada em sua missão de "conversar" com o falecido, Hervör caminha através da névoa de chamas e fumaça, passando pelos cadáveres perfilados ao lado de seus túmulos, até o monte de seu pai, que foi enterrado com sua guarda de *berserkir*, guerreiros que lutavam em frenesi extático:

Hervarth, Hjorvarth, Hrani, Angantyr!
É Hervör quem vos chama debaixo das raízes da árvore,
com elmo e cota de malha, com afiada espada,
com escudo e arreios, com lança avermelhada.
Vós, filhos de Arngrim, violenta estirpe,
agora convertidos em terra amontoada.

Os ocupantes do túmulo ficam consternados. O morto Angantyr responde em tom de crescente desespero enquanto tenta proteger sua filha das consequências de sua vingança: "as portas para Hel se abriram,/ sepulturas se escancaram,/ toda a superfície da ilha parece estar em chamas!". Repetidamente o poema fala da "abertura" dos túmulos – as chamas por toda parte guardando seus portais –, e por duas vezes o túmulo é descrito como o limiar dos "salões". Nada disso surte efeito. Mesmo quando seu pai avisa que a lâmina amaldiçoada trará a ruína para a casa dela, Hervör se mantém firme, com um verso magnífico que sintetiza não apenas o poder da poesia nórdica, mas também os conceitos da mente (o "involucro do *hugr*"). Vale a pena ver o original pelo seu complexo jogo de palavras:

Brenni þér eigi bál á nóttum,
svát ek við elda yðra fælumk;
skelfrat meyju muntún hugar,
þótt hon draug séi í durum standa.

De nada valeria acender fogueiras,

pois tuas chamas é que me apavoram;
o invólucro do pensamento da donzela não treme,
embora veja diante de si um espectro.

É importante ressaltar que Hervör ameaça o pai com a alegação de que, se ele não restituir sua herança e não lhe der a espada, os mortos ficarão cravados no chão, "com os fantasmas apodrecendo no túmulo". Claramente os mortos devem ir para algum lugar, ao mesmo tempo que também permanecem imóveis no túmulo – imagem contraditória que de fato faz sentido quando se olha para as evidências funerárias na arqueologia. *O despertar de Angantyr* é uma fonte muito negligenciada em termos da nossa compreensão da visão dos vikings sobre a morte e o sepultamento, bem como talvez um dos melhores poemas éddicos. Uma tradução diferente capta a natureza do lugar, enquanto Hervör encara sem medo sua sina, seu futuro ominoso, já tendo ousado o que poucos outros fizeram antes dela:

Agora caminhei entre os mundos,
vi os círculos de fogo.

Se você passear pelos cemitérios da Era Viking de hoje, paisagens suaves e nada ameaçadoras de colinas cobertas de grama que podem ser bons lugares para um piquenique, convém se lembrar da ilha de Angantyr e seus terrores noturnos de fogo funerário, sepulturas abertas nos portões de Hel. Hervör não vacilou ao cruzar essa fronteira, mas, por outro lado, sua história não é feliz.

Quase sempre os rituais de inumação envolviam depositar um corpo diretamente dentro de uma sepultura retangular, com ou sem caixão ou mortalha. Diferentes recipientes também poderiam ser usados, incluindo compartimentos de carga destacáveis de carroças de madeira, que parecem estar relacionados a mulheres de status elevado. Vez por outra encontram-se pequenas pilhas de restos de esqueletos humanos, aparentemente enterrados em caixas; podem ser os restos desarticulados daqueles que morreram durante a viagem, levados de volta para casa a fim de serem entregues à família. Se for o caso, revela uma interessante consideração pelos ossos, distintos do corpo como um todo.

Na maioria dos casos, os corpos eram colocados de costas, mas às vezes são encontrados de lado, com as pernas meio puxadas para cima. Em certo sentido, os mortos estão descansando ou dormindo, ideia reforçada pelos achados de "roupas de cama" na forma de travesseiros sob a cabeça, cobertores e colchas. Às vezes, ramos de ervas eram enterrados, talvez como um desodorante mortuário.

Outra característica dos enterros é a ocasional deformação do corpo, com membros retorcidos ou quebrados de maneira não natural, ou mesmo ausentes; uma cabeça arrancada e colocada junto ao torso, uma mandíbula de animal pousada sobre o pescoço; cadáveres deitados de bruços na sepultura ou cobertos com pedras pesadas; e muitos outros exemplos de distorções, a respeito do que os arqueólogos, na falta de um termo melhor, chamam de "trauma ritual". Essas práticas costumavam ser consideradas "desviantes" no sentido de um afastamento da norma; todavia, após um estudo prolongado durante os últimos anos, agora se sabe que eram muito mais comuns do que se pensava anteriormente; a grande variedade ocultava a escala de sua presença coletiva. Qualquer que tenha sido o significado dessas ações, também faziam parte da regular irregularidade nos comportamentos funerários.

Decerto havia preferências regionais, e vemos claras indicações de uma maneira local de fazer as coisas. Em partes da Noruega e na Suécia, os mortos eram enterrados no que dificilmente poderíamos chamar de caixão – está mais para uma enorme caixa alongada de até três ou quatro metros de comprimento. O mais provável é que fossem construídos na própria sepultura e não carregados para lá, mas, mesmo assim, eram rasos (feito um caixão de madeira) em vez de uma verdadeira "sala" tridimensional como as câmaras mortuárias.

Na Islândia, sobretudo no Norte do país, arqueólogos encontraram evidências de estruturas de postes de madeira sobre as sepulturas – pequenas construções ou pelo menos arranjos de postes. Seriam casas mortuárias, residências para os mortos, ou um lugar para os vivos irem visitá-los? Ao lado de algumas sepulturas dinamarquesas escavadas há buracos para mourões inclinados para dentro, em direção ao cemitério em um ângulo de 45 graus, de modo que as vigas se projetavam para fora do local de descanso dos mortos. Não há como saber qual era sua relação com os túmulos, se que é tinha alguma, e muitas vezes esses postes eram queimados até a base. Várias sepulturas têm indicações de postes verticais erguidos sobre elas, à feição de um marcador convencional. No final de seu relato de um enterro no Volga, Ibn Fadlān menciona que um poste de bétula foi colocado no topo do monte tumular e "cortado" (esculpido com runas?) com o nome do homem morto e seu rei.

No campo das inumações há a mesma gama de presentes funerários (ou oferendas, ou posses mortuárias, ou o que quer que fossem) visível nas cremações, embora por razões óbvias sejam mais bem preservados. Quando vemos os restos mortais dos funerais vikings em nossos museus, o contraste entre os fragmentos contorcidos que outrora repousavam sobre uma pira e os itens corroídos, mas relativamente intactos, das inumações não deve nos cegar para o fato de que o repertório material dos diferentes ritos funerários era, em essência, muito semelhante. Há que se levar em conta também o que não pode ser visto nas cremações, mas que se pode presumir que, provavelmente, estava lá: comida e bebida, tecidos, móveis, implementos de madeira e toda sorte de recipientes.

É provável que os menores túmulos nunca passassem de meras saliências no solo, com menos de um metro de altura. Os maiores superariam em tamanho casas modernas de três andares. Às vezes esses montes aparecem individualmente, mas o mais comum era se agruparem ao redor de uma fazenda ou formarem grandes cemitérios coletivos que serviam a uma aldeia ou várias comunidades combinadas. Existem tendências regionais na escala em que os mortos eram enterrados, mas mesmo nos maiores cemitérios pode ser possível identificar "jazigos familiares" com mais segurança, agora que o DNA permite estabelecer esses relacionamentos. Nos grandes centros mercantis, esses cemitérios podiam conter milhares de sepulturas. Esses cemitérios provavelmente deveriam ser vistos menos como planos de sítios arqueológicos e mais em termos de paisagens de experiência – lugares para *sentir* com mais facilidade a presença dos "outros" e, talvez, comunicar-se com eles.

Os montes poderiam ser aprimorados com amontoados de pedra e bordas de vários tipos, ou rochas colocadas em formato de círculos, retângulos, triângulos, estrelas e outros padrões. Alguns eram deixados desguarnecidos com terra nua que rapidamente era engolida pelo capim, ou com uma fina cobertura de pedregulhos que lhes davam a aparência de um *cairn*. Por cima de algumas campas eram erguidas pedras verticais de todas as formas e tamanhos, tendo em comum apenas sua proeminência deliberada. Em suas origens são conhecidas como *bautastenar*. O melhor exemplo de um cemitério tal como apareceu originalmente é encontrado em Lindholm Høje, no Norte da Jutlândia, onde uma necrópole foi enterrada pela areia soprada pelo vento e, portanto, sobreviveu intacta. Quase todos os túmulos são marcados por pedras, muitas vezes sem um padrão aparente, mas claramente uma parte integrante do ritual funerário.

Outros túmulos não são encimados por montes, apenas amontoados de pedra, seguindo uma série de padrões semelhantes aos que vimos. Existem também diferentes formatos, sobretudo o contorno de navios, em uma escala que poderia variar de um ou dois metros até o maior já encontrado, de 360 metros de comprimento, no sítio real de Jelling, na Dinamarca. Algumas vezes as pedras parecem ter sido escolhidas de maneira aleatória, mas também há exemplos em que foram cuidadosamente organizadas e dispostas em ordem de tamanho de modo a reproduzir o perfil inclinado do navio, as pedras mais altas na proa e na popa. Os navios de pedra aparecem individualmente, em pares e até mesmo em séries de três ou quatro, encostados proa contra popa. Dentro dos navios há uma ou às vezes várias cremações, posicionadas em diversos pontos ao redor do contorno do "navio", e também os restos de fogueiras e banquetes. Isso pode não ter ocorrido durante o funeral ou funerais, mas talvez indicasse um relacionamento contínuo com o local de sepultamento.

Existem também estranhas formas de pedra triangulares com lados côncavos, conhecidas pelo termo sueco *treuddar*, "três pontas". Sem dúvida são (em geral) túmulos, mas o significado da disposição das pedras é desconhecido. Um arqueólogo especulou que o formato representa as raízes de uma árvore – possivelmente o grande freixo Yggdrasill e, portanto, uma ligação direta com a mitologia e ideias mais amplas do cosmo.

Uma classe singular de monumento funerário, já encontrada várias vezes, é constituída pelas chamadas pedras pictóricas. Presente apenas na ilha báltica de Gotlândia e em um punhado de lugares relacionados com seus habitantes, são lajes verticais de calcário local, escolhidas por sua onipresença e também pela facilidade com que podiam ser destacadas em superfícies planas eminentemente adequadas para entalhes. O uso de pedras pictóricas em Gotlândia começou no início do Período de Migração e se estendeu até o fim da Era Viking, com uma variedade de formas, que ao longo do tempo mudaram de tocos retangulares e baixos no início da sequência para estelas maciças de até quatro metros de altura nos séculos X e XI. O que as diferencia das pedras rúnicas do continente é, em primeiro lugar, a ausência de inscrições (embora tenham aparecido mais para o final), mas sobretudo o fato de que suas superfícies eram cobertas por imagens esculpidas – daí seu nome. Fora de Gotlândia, as únicas outras pedras pictóricas conhecidas são uma em Uppland, duas em Öland e uma em Grobina, na Letônia, todas tidas como homenagens aos habitantes de Gotlândia que lá morreram.

As pedras pictóricas eram memoriais aos mortos e foram encontradas em cemitérios, onde parecem ter sido erguidas sobre ou ao lado de túmulos. Assim como as runas convencionais, também eram colocadas ao longo das estradas e em outros locais de destaque à vista de todos. As pedras de Gotlândia serviam praticamente ao mesmo propósito que suas contrapartes do continente, mas utilizando meios visuais em vez de textuais. Nas runas suecas, o desenho e as cores eram aprimoramentos, mas a mensagem era transmitida pelas inscrições e sua colocação (nomes ou palavras de destaque posicionados de modo a chamar a atenção, e talvez em cores diferentes). Nas pedras pictóricas, as imagens contavam a história.

São difíceis de decifrar, embora muitos estudiosos tenham identificado, de forma convincente, cenas e episódios da mitologia nórdica – Odin se transformando em águia após roubar o hidromel da poesia; a história de Völund, o ferreiro; Gunnar no covil de cobras; e em especial, o épico de Sigurd, o matador de dragões. Não menos importante, as pedras fornecem evidências da genuína antiguidade das histórias da Era Viking, que, de outra forma, apenas são preservadas em textos medievais, e também abrem uma inigualável janela para as narrativas por meio das quais os vikings atribuíam sentido a seu mundo. A escala absoluta da paisagem pictórica de Gotlândia confirma a importância das narrativas retratadas, quer compreendamos completamente ou não o que cada imagem "significa". É fundamental reconhecer, no entanto, que tudo isso estava ligado ao status dos mortos.

Em linhas gerais, pedras pictóricas organizam suas imagens de duas maneiras: misturadas sem um padrão perceptível ou dispostas em uma pilha de painéis horizontais, como uma tirinha ou história em quadrinhos. Esses painéis podem ser lidos em sequência, começando na parte inferior e seguindo a história de baixo para cima. Pedras pictóricas às vezes eram instaladas perto dos limites de uma fazenda, e o painel superior de uma pedra poderia ser idêntico ao inferior da pedra seguinte, acompanhando sua posição em torno de uma divisa de propriedade – em outras palavras, uma história "a ser continuada". Como as pedras são memoriais aos mortos, à medida que cada geração de monumento era adicionada, elas não somente faziam a conexão clara entre família e terra, mas também reuniam tudo isso no que, efetivamente, compunha sucessivos capítulos pictóricos em uma saga dinástica. Para adicionar um toque final, as pedras desse tipo tinham um peculiar contorno em forma de buraco de fechadura que podia representar uma porta (em comparação com os portais de edifícios de madeira posteriores) e, portanto, talvez uma entrada para... outro lugar.

> *Imagine um passeio pelas terras de uma família abastada de Gotlândia, demarcadas por memoriais erguidos para cada geração de proprietários. Este é meu pai, e lá está o pai dele, e a pedra desgastada perto do riacho é meu bisavô. Sempre estivemos aqui e, quando chegar a minha hora, sei o que minha história vai mostrar. Vamos subir até as portas. Vamos dar uma olhada e conversar um pouco com eles?*

Que fique claro: nem toda pedra pictórica funcionava assim, e a compreensão arqueológica também é limitada não apenas pelos exemplares que restaram (raramente ainda em suas posições originais), mas também por nossa restrita capacidade de ler essas imagens. Eram histórias gravadas em pedra, mas também parecem ter tido outro propósito, talvez simultâneo, que pode explicar por que determinadas imagens foram escolhidas, e também o significado dos arranjos aparentemente aleatórios em algumas delas. Em quase todas as pedras pictóricas da Era Viking, de qualquer tipo, o tema mais recorrente é o de um navio a vela equipado e pronto para zarpar, amiúde retratado em minuciosos pormenores com sua tripulação, figuras de proa e até mesmo o traçado da vela. Nas pedras "tipo painel", o navio cobre a metade inferior da pedra com as tiras de história acima dela. Nas pedras pictóricas, enganosamente aleatórias, o navio figura de várias maneiras, mas sempre proeminente. Ao tentar entender o significado do navio, vale a pena notar que em Gotlândia – uma ilha, e o centro literal do comércio do Báltico e seu mundo de contatos marítimos – não há um único barco fúnebre ou navio funerário. E se as pedras pictóricas fossem, em certo sentido, *barcos funerários pictóricos*, servindo às mesmas funções rituais, mas expressando sua mensagem na forma de imagens, em vez de objetos? No continente, os barcos depositados sob montes fúnebres parecem ter sido reservados apenas aos membros de status mais elevado ou régio da comunidade, o que é razoável supor que se aplique também às pedras pictóricas. A cultura material e os costumes de Gotlândia eram diferentes daqueles que vigoravam no continente em quase todos os outros aspectos, então por que não aqui também?

Isso não é tudo. Se as pedras pictóricas centradas na imagem do navio eram barcos fúnebres simbólicos, alguns dos monumentos funerários menores na ilha podem ter representado, de forma semelhante, sepultamentos em carroças – outra categoria de rito funerário não encontrada em Gotlândia. Um conjunto de exemplos é o primoroso monumento funerário de Ailikn, a esposa de Liknatr, de Ardre. Quatro pedras formam as laterais de um recipiente, provavelmente para conter seus ossos ou cinzas, cada pedra moldada em um peculiar retângulo com uma borda superior ondulante idêntica ao perfil das carroças retratadas em outras pedras pictóricas de Gotlândia, como o da paróquia de Grötlingbo. Assim como o corpo de uma carroça era um recipiente fúnebre de elevado status para mulheres importantes na Escandinávia continental, então seu equivalente em termos de design servia a uma função semelhante em Gotlândia. O paralelo com os sepultamentos em barcos funerários pictóricos é exato.

Essas pedras pictóricas provavelmente representam a única janela mais ampla para a mundividência da verdadeira Era Viking (distinta de sua cosmovisão mediada por textos medievais) a ter sobrevivido em qualquer parte da diáspora. Os estudiosos acadêmicos têm dedicado sua vida profissional a entender as imagens dos vikings, e todos os anos trazem novas revelações.

Essas comunidades insulares apresentam outras variações que podem iluminar tradições mais amplas. Como talvez fosse de se esperar, os rituais funerários de Gotlândia, Öland, Bornholm e Åland são todos diferentes das práticas fúnebres de seus respectivos continentes mais próximos. No caso específico de Gotlândia, havia preferência por cemitérios maiores, que permaneceram em uso por séculos ou mesmo milênios, bem como uma frequência acentuadamente maior de sepultamentos individuais, com comportamento mortuário incomum que incluía variedades de trauma ritual. Nas ilhas Åland, entre Suécia e Finlândia, praticava-se um rito insólito: após a cremação, as cinzas do defunto eram depositadas num pote de cerâmica, por cima do qual colocava-se uma pequena pata de animal de barro, em geral um urso ou castor. O costume é de tal forma ímpar que só é encontrado em Åland e alguns punhados específicos de sepultamentos idênticos ao longo dos rios Volga e Kljaz'ma, na Rússia – provavelmente os túmulos de viajantes nativos das Åland. Assim, os vikings levaram seus diversificados rituais funerários consigo para além da Escandinávia, uma diáspora dos mortos.

Os túmulos que os arqueólogos chamam de câmaras mortuárias são, na realidade, saletas de madeira, construídas no subsolo e geralmente de formato retangular. Podem ter até quatro metros de comprimento e cerca de dois metros de largura, e não é incomum que cheguem a dois metros de profundidade – apenas o suficiente para um adulto ficar de pé. Eram escorados por vigas de madeira, formando assim uma câmara selada, cuja parte superior costumava ficar nivelada com a superfície original do solo, ou ligeiramente mais baixa. Na maioria dos casos, era coberta por um monte em seguida.

O ritual de sepultamento na câmara mortuária era conhecido desde os séculos anteriores à Era Viking, em especial na Idade do Ferro Romana e no Período de Migração, mas atingiu o auge nos séculos IX e (principalmente) X. Devido à combinação de seu tamanho e dignidade, o esforço exigido para sua construção (sobretudo no solo congelado do inverno) e a qualidade das roupas e objetos enterrados com os mortos, câmaras mortuárias eram locais de descanso dos ricos ou privilegiados. Quase sempre inumações, tendem também a exibir um quadro de contatos culturais marcadamente mais amplo do que a maioria dos outros túmulos, e com frequência contêm objetos e acessórios de vestuário importados, trazidos de longas distâncias. Via de regra, isso refletia os contatos do falecido (ou daqueles que realizavam o enterro), ou servia como uma indicação de que se tratava de um indivíduo viajado ou, em alguns casos, que a pessoa era estrangeira.

As câmaras mortuárias são mais comuns na Suécia, onde 111 exemplares foram encontrados apenas em Birka; cerca de sessenta são conhecidas da Dinamarca e do Norte da Alemanha. O último agrupamento nos arredores de Hedeby, e parece provável que as primeiras cidades foram epicentros para a propagação do que se tornou um rito funerário incomum, mas inter-regional. Na Noruega, o costume não era tão difundido, e nenhum desses túmulos foi encontrado em Kaupang (o equivalente mais próximo de Birka e Hedeby). Embora vários exemplos sejam conhecidos de Vestfold, sepulturas em câmaras mortuárias parecem, por enquanto, um fenômeno principalmente relegado ao leste e ao sul.

Por dentro, as câmaras eram mundos em miniatura. Mortos jaziam em caixões, de costas ou de lado no chão (que em alguns casos era uma plataforma de tábuas de madeira ou pelo menos esteiras de casca de bétula), às vezes assentados em cadeiras, ou até mesmo confortavelmente aconchegados em uma cama. Em torno deles, muitas vezes havia animais, incluindo em alguns casos um ou dois cavalos posicionados ao pé da câmara em uma plataforma elevada. Outras características típicas das câmaras mortuárias são a profusão, a variedade e a qualidade dos objetos enterrados com os mortos. As coisas eram empilhadas no colo do cadáver ou colocadas em suas mãos; itens eram escorados na lateral das câmaras ou encostados em uma cadeira; penduravam-se armas e outras peças nas paredes; havia caixas repletas de vestimentas e roupas de cama, que também podiam ser empilhadas no piso da câmara; os corpos dos defuntos eram cobertos dos pés à cabeça com roupas e joias suntuosas. Era muito comum que os objetos fossem colocados "na frente" da pessoa morta.

Os mortos enterrados em posição sentada parecem ser em sua maioria do sexo feminino, pelo menos nas câmaras mortuárias; vez por outra havia homens sentados no convés de navios enterrados. Os cadáveres sentados mantinham a capacidade de agir. Nos túmulos desse tipo em Birka, por exemplo, mulheres mortas eram posicionadas – onde quer que sua cova estivesse localizada – de modo que seu rosto olhasse para a área povoada, provavelmente em direção a sua casa. O homem morto da *Saga de Njáll, o queimado*, cantava em sua cadeira, e há outros episódios de sagas em que o falecido está sentado. A *Saga de Grettir*, por exemplo, na verdade descreve o saque de uma câmara mortuária que é perfeitamente compatível com a arqueologia. Para entrar na sepultura o ladrão avança através do monte, primeiro rompe as madeiras do telhado e, em seguida, cai em um espaço fedorento, pousando entre ossos de cavalo numa das extremidades da câmara. Cambaleia para a frente aos trancos e barrancos e, tateando no escuro, sente o espaldar de uma cadeira e, em seguida, o ombro de alguém sentado nela – essa pessoa então *se levanta* e... vá ler a saga.

Algumas das câmaras mortuárias são simplesmente desconcertantes. Em um par de exemplares escavados em Birka, a cadeira central contém *duas* pessoas, uma em cima da outra, em ambos os casos uma mulher sentada no colo de um homem, mantidos no lugar por uma corrente ao redor dos corpos. O que quer que isso signifique, assim como o restante, não foi nada aleatório.

Às vezes há lanças enfiadas verticalmente no chão da câmara, ou encaixadas com firmeza nos revestimentos da plataforma, onde devem ter sido arremessadas com força considerável. Em outras ocasiões, lanças eram enfiadas nas paredes, suas hastes agora apodrecidas, mas originalmente estendendo-se até o meio da câmara para formar uma espécie de treliça sobre os mortos. Em um túmulo, machados foram atirados nas laterais da câmara, com tanta força que as lâminas quase se enterraram na madeira. Em uma ou duas sepulturas da Era Viking finlandesa, há caixões pregados com lanças. Esses rituais com armas contam sua própria história, quase sempre perdida, embora haja indícios em fontes escritas. Por exemplo, há duas referências ao ato de jogar uma lança sobre as pessoas como forma de dedicá-las a Odin.

Em Mammen, na Dinamarca, uma das mais opulentas câmaras mortuárias de toda a Era Viking foi feita por volta de 970 para um homem cujas roupas nos permitiram reconstruir as vestimentas dos mais altos escalões da sociedade. A própria câmara se assemelhava a um salão e tinha até um teto inclinado de duas águas, tudo escondido sob um grande monte. O homem foi enterrado com um magnífico machado decorado de uma tal forma que deu nome e fama ao estilo Mammen de arte viking. Foi colocado em um caixão com uma vela enorme no topo, acesa, que continuou a queimar no escuro até que todo o oxigênio da câmara fechada fosse embora.

Em um dos cemitérios de Hedeby, vários guerreiros do sexo masculino foram enterrados na mesma câmara, embora um deles estivesse separado dos demais por uma divisória baixa no chão – pensamos em Angantyr e seus companheiros *berserkir* na mesma cova. Depois que todos os animais, armas e outros objetos foram colocados dentro e a câmara lacrada, um navio de guerra inteiro foi posicionado no topo antes de ser coberto por um monte. Seu mastro se projetava na superfície, enquanto a proa e a popa se projetavam de ambos os lados do túmulo, como chifres voltados para cima.

Este capítulo começou com o estereotipado "funeral viking", uma forma de sepultamento que regularmente vem à baila em qualquer discussão sobre os vikings e seu tempo. O enterro em barcos funerários foi sem dúvida a mais espetacular (e reveladora) de todas as variedades de comportamento mortuário da Era Viking. Sabe-se muito sobre os sepultamentos em navios em parte devido aos vários exemplares que foram escavados, mas em particular à mais extraordinária fonte escrita que sobreviveu da Era Viking: o relato da missão de Ahmad ibn Fadlān, que já mencionamos várias vezes.

Em 922, Ibn Fadlān foi enviado desde Bagdá pelo califa abássida rumo a uma longa e arriscadíssima jornada às terras da corte do rei dos povos de Bolğar, cuja capital ficava na curva do rio Volga.[26*] O relato de Ibn Fadlān, que em várias versões fragmentadas de segunda mão e um

---

[26*] Não confundir com a Bulgária; herdeira do império protobúlgaro e conhecida como Bulgária do Volga, Bolğar hoje é parte do interior da República do Tataristão. [N. T.]

manuscrito mais longo, mas ainda incompleto (nenhum deles é, em qualquer sentido, o "original"), cobre apenas a fase externa de sua viagem por centenas de quilômetros de terreno hostil e encontros multiculturais. O texto relata, também de forma oblíqua, o modo como os perigos do périplo causaram tantas deserções da comitiva diplomática que, gradualmente, Ibn Fadlān parece ter sido promovido de seu papel original – essencialmente um guarda-costas letrado – para se tornar o secretário de toda a missão. Assim, foi incumbido de entregar uma mensagem do califa ao regente búlgaro do Volga, numa empreitada cujo propósito combinava a tarefa de explicar a lei islâmica aos povos de Bolğar e firmar um aguardado acordo comercial. O documento que temos é o relato de Ibn Fadlān sobre o resultado, mas também talvez uma espécie de *curriculum vitae* ou portfólio para atrair futuros empregos. Ibn Fadlān era uma pessoa excepcional, mas infelizmente, a não ser por esse texto, nada se sabe a seu respeito – nem sequer sua data de nascimento ou de morte, nem mesmo como sua grande jornada terminou (está claro que ele voltou para casa). Embora seu relato contenha muitas passagens de interesse quase antropológico, e de fato ele era um homem curioso e observador, sua fama hoje se baseia nas descrições que fez das pessoas que conheceu enquanto esteve no entreposto comercial de Bolğar, que hoje fica em algum lugar perto da cidade russa de Kazan. Ele as chamou de *al-Rūsiyyah*, anglicizado como rus', e nós as conhecemos como os mercadores predominantemente escandinavos que se dedicavam ao comércio fluvial na Eurásia – em outras palavras, os vikings em sua manifestação oriental.

Além de descrições gerais da aparência dos rus', suas roupas e hábitos pessoais, o maior presente que Ibn Fadlān deixou para a posteridade está em sua detalhada observação dos rituais que se seguiram à morte de um líder de clã rus', culminando em sua cremação em um navio. O relato já era famoso muito antes de os primeiros navios funerários vikings preservados serem escavados. Em 1883, o texto de Ibn Fadlān serviu de inspiração para uma impactante tela do artista polonês Henryk Siemiradzki, muito admirada nos salões europeus. Juntamente com as emocionantes histórias das sagas (que nessa época eram interpretadas mais ou menos ao pé da letra), foi um dos fundamentos da visão romantizada acerca da Era Viking que predominou no final do século XIX e início do XX. A descoberta dos navios funerários em Gokstad, e especialmente em Oseberg, mudou tudo isso – foi como ver o texto árabe ganhar vida: a câmara mortuária no convés, os sacrifícios de animais, até mesmo sua posição e suas condições. Quando um manuscrito muito mais completo do relatório de Ibn Fadlān foi encontrado em Mashhad, no Irã, em 1923, voltou a figurar com força total entre arqueologia e texto, corroborando ambos. Ao longo das décadas seguintes, novos achados de sepultamentos com o uso de barcos continuaram a sugerir paralelos, e as escavações correspondiam ao relato de Ibn Fadlān com exatidão quase inquietante – as roupas suntuosas dos mortos, as armas e outros bens caros colocados a bordo, as oferendas de animais e a presença de um sacrifício humano – nesse caso, uma jovem escrava. O resultado foi que a identidade essencialmente escandinava dos rus' de Ibn Fadlān passou a ser incontestável, e permanece assim até hoje para todos, exceto para os céticos irremediáveis.

O que a arqueologia *não* registra são os eventos e emoções em torno dos artefatos, mas estes estão no cerne da escrita de Ibn Fadlān: a extraordinária narrativa dos rituais funerários do chefe local, que se desenrolou dentro e ao redor do navio por mais de uma semana antes da cremação do defunto, cerimônias das quais ele deixou o único registro de uma testemunha ocular existente. Por muitas razões, esse relato é, portanto, um dos textos centrais de toda a Era Viking. A narrativa é muito longa (felizmente para a pesquisa acadêmica), mas vale a pena examiná-la na sequência.

Quando Ibn Fadlān soube que um dos líderes dos rus' havia morrido, fez um esforço para comparecer ao funeral, pois, como deixa claro, ouvira dizer que era um espetáculo.

E estava certo, embora possa ter se arrependido de sua decisão. A primeira coisa que Ibn Fadlān notou foi que os preparativos para o funeral eram tão elaborados que exigiam dez dias completos após a morte do homem. Durante esse tempo, construía-se uma edificação temporária para o depósito do morto – com lápides temporárias, incluindo comida, bebida e instrumentos musicais; há uma forte sugestão de que tudo isso se destinava ao entretenimento do falecido enquanto ele aguardava o funeral definitivo; portanto, supunha-se que o morto estava de alguma forma *consciente*. O mesmo período de dez dias é de contínuas festividades no acampamento dos rus', incluindo música, sexo e bebedeira pesada; todos se mantinham bêbados o tempo todo. Também eram confeccionadas para o chefe morto roupas especiais de enterro, ricas em adornos, nas quais se gastava nada menos que um terço de sua riqueza (isso tem implicações preocupantes para o arqueólogo, no sentido de que esses elementos são feitos para o túmulo). Outro terço dos bens do falecido era gasto na fabricação de quantidades adequadas de bebidas alcoólicas a serem consumidas durante os dez dias, e apenas o terço restante ficava para os herdeiros.

Todos esses procedimentos são presididos por uma mulher de meia-idade, corpulenta e zangada, cujo título (de acordo com o que Ibn Fadlān entendeu por intermédio de seu intérprete) significa o "Anjo da Morte". Isso é interessante, pois o termo no texto é *Malak al-Mawt*, o anjo do Alcorão responsável por escolher quem vai morrer, separar a alma do corpo do morto e, em seu tempo predestinado, recolhê-lo e levá-lo a seu lugar designado – pode não ser coincidência que isso seja muito próximo do que alguém que tentasse traduzir "valquíria" para o árabe teria entendido. Em torno do navio, arrastado para a margem e escorado com toras de madeira esculpidas no formato de homens, as pessoas andavam de um lado para o outro, tocando música e cantando; infelizmente, o intérprete de Ibn Fadlān não estava lá nesse dia, então ele não entendeu o que diziam.

Logo no início da cerimônia, escravos do homem morto eram reunidos e indagados sobre qual deles iria se "oferecer como voluntário" para ser imolado; uma garota dá um passo à frente, e o árabe indica que ela está no meio da adolescência. Essa escrava é posteriormente referida como a "noiva" do defunto; está vestida com roupas e joias finas, e tem suas próprias servas (são as filhas do "Anjo"). Ela passa os dez dias anteriores ao enterro bebendo e festejando e, durante esse tempo, faz sexo com muitos dos homens do acampamento, especialmente com os parentes do falecido.

No décimo dia o navio é arrastado até a pira, descrita como uma estrutura de madeira semelhante a uma caixa (para Ibn Fadlān, é quase parecida com um edifício, então devia ser de tamanho substancial). Uma barraca ou cabana de madeira é montada no convés, com uma cama feita de brocado de ouro bizantino em seu interior. O morto é exumado – seu corpo ficou enegrecido, mas não cheira mal –, vestido com suas roupas mortuárias e levado para o navio, onde, escorado em almofadas, é sentado na cama. Em várias visitas sucessivas, seus pertences (Ibn Fadlān afirma explicitamente que é disso que se trata) são trazidos a bordo, e uma variedade de alimentos, bebidas e ervas são dispostos ao redor do cadáver.

Em seguida os rituais se intensificam. A escrava vai de barraca em barraca ao redor do navio, faz sexo com cada um dos homens, que anunciam, aos berros, que cumpriram o seu dever. Um cachorro é então levado ao navio e cortado em dois, e as metades de seu cadáver são atiradas a bordo. As armas do homem são colocadas na cabana; por que recebem tratamento diferente de suas outras posses? Cavalos e vacas são sacrificados – não abatidos com destreza, mas esquartejados com espadas. Primeiro os cavalos são exercitados até a exaustão, de modo que seus corpos reluzem de suor. Algumas galinhas são decapitadas; os pedaços dos animais são atirados com precisão, primeiro para os lados do navio e, por fim, convés adentro.

Antes de entrar no navio, a garota escravizada é erguida por homens para examinar uma coisa estranha – uma moldura de porta construída especialmente para a ocasião e colocada na vertical ao ar livre. A moça descreve três visões sucessivas do próximo mundo e seus habitantes: um "paraíso" lindo e verde como um jardim, onde sua família morta já a está esperando e onde ela vê seu senhor morto chamando por ela. Em seguida as filhas do "Anjo" retiram suas joias. A moça escravizada sobe ao convés do navio pisando nas palmas das mãos levantadas dos homens com quem ela já teve relações sexuais.

Ela canta uma despedida de seus companheiros escravos; meio a contragosto, bebe rapidamente dois copos de bebida alcoólica forte. Fica confusa, parece estar tentando se deitar, e reluta em entrar na cabana. Quando é forçada a entrar (o "Anjo" agarra a cabeça dela), a garota começa a gritar, mas seus gritos são abafados pelos homens que esperam no convés, batendo estacas em escudos, "que eles trouxeram para esse propósito" (esses detalhes circunstanciais – a distração embriagada da moça, a premeditação dos homens com seus escudos e estacas – estão entre os desconcertantes recursos que diferenciam o relato de Ibn Fadlān, e por que parece tão terrivelmente verdadeiro).

A moça é então colocada na cama ao lado do cadáver do seu senhor, e estuprada por seis parentes do falecido. Depois disso, enquanto quatro dos homens seguram seus braços e pernas, os outros dois a estrangulam puxando as pontas de um véu enrolado. Ao mesmo tempo, o "Anjo da Morte" a esfaqueia repetidamente entre as costelas, "num lugar e depois noutro".

Assim que os vivos deixam o navio, a pira é então acesa pelo archote de um homem nu que caminha de costas ao redor da embarcação; ele mantém seu rosto virado e cobre seu ânus com os dedos (todos os orifícios de seu corpo estão, portanto, apontando para longe do navio ou protegidos). Enquanto o fogo consome o navio e seus ocupantes, alimentado por um vento cada vez mais intenso, os rus' conversam em tom de aprovação sobre como a fumaça está sendo carregada para bem alto no céu e que, portanto, seu "senhor" está satisfeito. Quando as cinzas esfriam, um monte é erguido sobre os restos da pira e um poste de bétula montado no topo, no qual é entalhado o nome do homem morto e o de seu rei. Depois disso, os rus' vão embora.

A tudo isso devem-se adicionar os "efeitos audiovisuais", para usar uma expressão cruel: os gritos dos animais; suas entranhas sujando as madeiras do navio; os caros tecidos cobertos de sangue coagulado; o pânico da moça; as moscas nas poças pegajosas de sangue; a mistura dos odores de sexo recente, morte antiga e assassinato violento. É difícil acreditar que alguém poderia permanecer totalmente calmo em meio a esses atos – é claro que Ibn Fadān não está tranquilo; na verdade, ele é indiretamente ameaçado por um dos espectadores, que teria dito que os árabes eram tolos por enterrarem os seus entes queridos para serem comidos por vermes e insetos, em vez de queimá-los. Deve ter sido desesperador para ele. Como já frisei, a horrível narrativa de Ibn Fadlān é um corretivo essencial para quem acha os vikings admiráveis.

O que a arqueologia acrescenta a isso, ou o que ela altera?

O rito do sepultamento no barco funerário precede a Era Viking em vários séculos e abrange todos os tipos de embarcações. As pessoas podiam ser enterradas em pequenos barcos a remo para uma única pessoa, em sepulturas talhadas para se parecerem com barcos, ou até mesmo com apenas uma ou duas pranchas de madeira de barco, que aparentemente bastavam para estabelecer a mesma conexão e exigiam menos gastos (nem é preciso dizer que qualquer tipo de barco é uma coisa muito cara para ser transformada em túmulo). Os grandes navios oceânicos que se tornaram tão famosos são o ponto mais alto da escala, mas ainda assim existiram em grande número.

Em sua maioria, os barcos funerários eram arrastados para a costa e colocados em trincheiras rasas, profundas o suficiente para mantê-los estáveis e em pé, mas deixando partes substanciais do navio acima do nível do solo. Os corpos de um ou mais homens e mulheres eram colocados a bordo e dispostos de várias maneiras – deitados no meio do navio ou descansando na cama, sentados em cadeiras ou apoiados em almofadas, às vezes cobertos por felpudas peles de urso. Com frequência, os mortos são depositados em uma câmara, em geral construída a meia-nau (sim, exatamente como Ibn Fadlān diz). Os navios exibem todo o espectro de "bens mortuários": armas, joias, ferramentas, utensílios domésticos, incluindo teares, equipamentos agrícolas e uma grande variedade de peças de mobília, artigos de decoração e tecidos. No navio de Oseberg havia até mesmo tapeçarias penduradas no entalhe do teto da câmara mortuária. Caixas, pacotes e trouxas de roupas eram colocados ao redor. Também no navio de Oseberg os travesseiros foram dispostos em uma pilha organizada, uma única semente de cânhamo colocada de forma intrigante entre cada um deles. Também poderiam estar presentes equipamentos para uso ao ar livre: tendas, trenós, até mesmo uma carroça inteira e botes para chegar à costa. No navio de Oseberg, o passadiço com degraus foi lançado a bordo. Havia fartura de comida e bebida.

Os mortos costumavam ser acompanhados por um grande número de animais sacrificados – até vinte cavalos decapitados, por exemplo, estavam presentes no túmulo de Oseberg. Voltemos a Ibn Fadlān: pense na barulheira e no sangue, o chão se avermelhando ao redor do barco. Corpos inteiros ou pedaços esquartejados de animais domésticos, como vacas, ovelhas, porcos e cabras foram encontrados. Cães de caça são presença frequente nos navios; em Kaupang, na Noruega, há um barco funerário com um cão que parece ter sido dilacerado com lâminas, sua cabeça decepada descansando em uma tigela no colo de uma mulher. Os sangrentos rituais da festa sacrifical do *blót* parecem ter continuado com sepultamentos. Aves de rapina, criaturas absurdamente caras como falcões e várias espécies de gaviões, também são encontrados. E há os animais verdadeiramente exóticos: corujas, águias e grous, por exemplo. O barco funerário de Gokstad continha até um pavão.

No que diz respeito às cremações em navios, em oposição a enterros verdadeiros, muita coisa precisa ser inferida a partir de vestígios às vezes extremamente fragmentários. Mesmo confinados, os navios geralmente se deterioram e são visíveis apenas como linhas de rebites de ferro que marcam onde outrora havia madeiras. Algumas cremações parecem ter sido as maiores de todas: em Myklebost, na Noruega, um enorme navio de guerra foi queimado contendo 54 escudos, cujos umbos foram cuidadosamente recolhidos em meio às cinzas e depositados em baldes. Era a personificação de um "funeral viking".

Além dos túmulos de Oseberg, Gokstad e Tune, como vimos, agora muitos mais são conhecidos na Escandinávia, embora os achados noruegueses sejam de longe os mais bem preservados. No exterior, barcos funerários são encontrados nas ilhas britânicas, em especial em comunidades insulares nas Órcades, onde às vezes são revestidos de pedras na proa e na popa. Na Escócia continental, a descoberta de um navio funerário repleto de armas em Ardnamurchan expande o mapa funerário viking. O atípico barco funerário na Île de Groix, próximo à costa sul da Bretanha, estava em uma escala bastante diferente, rodeado por pedras verticais e com uma linha de pilares de pedra que parecem formar um caminho processional que conduz a ele.

A conclusão dos rituais também tem algo a nos dizer. Ibn Fadlān descreve um funeral de dez dias em cujo final tudo parece depender de um homem nu, que é o único a se aproximar da pira, tomando precauções ao fazê-lo. Ele parece esperar que algo esteja *ativo* lá; ao proteger todos os orifícios de seu corpo, parece acreditar que algo lá pode se mover. No momento em que acende a fogueira funerária, tudo está aparentemente seguro, e os outros se apresentam para adicionar uma tocha acesa ao incêndio.

Em Oseberg há algo que faz lembrar essa cautela, embora o enterro seja uma inumação, e não uma cremação. A maioria dos objetos foi depositada com muito cuidado e atenção, mas no fim a maioria dos itens de madeira maiores – carroça, trenós e assim por diante – foi literalmente jogada no convés de proa, itens lindos arremessados do nível do chão para a lateral do navio, danificando-se no processo. A extremidade acessível da câmara mortuária foi então selada com pranchas marteladas na empena aberta, mas usando-se qualquer pedaço de madeira que parecesse estar à mão. As tábuas foram colocadas de forma aleatória – qualquer coisa para preencher a abertura da câmara onde os mortos jaziam. Os pregos foram martelados tão rapidamente que se pode ver onde os trabalhadores erraram, amassando a madeira, entortando ou quebrando as cabeças dos pregos. Por que tanta pressa? Estavam com medo, como o homem que acendeu a pira no relato de Ibn Fadlān?

Alguns outros detalhes comportamentais encontrados no texto de Ibn Fadlān também podem ter correspondências na arqueologia e nos textos nórdicos antigos. Parece, por exemplo, que os escandinavos podem ter recorrido a pranteadoras profissionais, semelhantes às carpideiras encontradas em fontes clássicas mais conhecidas. O poema éddico *Guðrúnarhvöt*, "Lamento de Gudrún", talvez seja um registro desse tipo de performance, uma vez que a personagem que dá título ao poema chora por sua filha assassinada, Svanhildr, e instiga seus filhos a vingarem a irmã morta. A partir do registro arqueológico, algumas das estatuetas "femininas" bidimensionais têm bocas esticadas em uma espécie de beicinho uivante, com linhas profundas gravadas nas bochechas. Sugeriu-se que podem ser símbolos de luto – as mulheres cantando lamentos e arranhando o rosto até sangrar. *Beowulf* também menciona mulheres chorando em funerais.

Até mesmo as oferendas de comida propiciam um exame mais aprofundado dos rituais. Já temos exemplos da extraordinária variedade de pães de Birka, mas há um tipo de biscoitos menores que quase só se encontram em sepulturas, e talvez fossem feitos especialmente para funerais – pão para os mortos. Devia haver razões muito específicas pelas quais eram colocados para tostar em piras já meio frias em vez de serem queimados com os cadáveres. Ainda mais instigante é a evidência de como os pães eram divididos. Vários deles preservam cortes de faca em sua superfície, em padrões muito peculiares, que marcam o pão em muitas porções desiguais numa mistura de linhas e talhos radiais, tudo no mesmo pão. Essas medidas eram feitas de acordo com o status, papel social, laços familiares ou algum outro critério? Um especialista em rituais distribuía os pedaços, nomeando cada deus ou o espírito local? É improvável que algum dia saibamos.

As conhecidas histórias sequenciais em algumas das pedras pictóricas de Gotlândia nos levam a perguntar que papel os ancestrais podem ter desempenhado na existência viking. Alguns acreditam que sua adoração formou o alicerce de crença pré-cristã na Escandinávia e, portanto, que um relacionamento com os mortos era de extrema importância para os vivos. Uma das funções do ritual funerário pode ter sido fazer uma espécie de introdução formal dos recém-falecidos ao coletivo de ancestrais mortos – talvez na esperança ou crença de que pudessem, por sua vez, ajudar os vivos.

O simples fato de estar morta não tornava uma pessoa necessariamente um "ancestral", que de alguma forma deveria ser elevado acima da norma, efetivamente eleito como um modelo de comportamento adequado e exemplo a ser seguido – e não somente pelos vivos, mas, de forma curiosa, talvez também pelos mortos. Os ancestrais eram os guardiões da tradição, todos aqueles "costumes" que os vikings valorizavam tanto e que era sua aproximação mais cerrada do conceito de religião, e também os árbitros da moralidade. Esse aspecto era decisivo, porque os ancestrais eram explicitamente ligados a indivíduos e famílias, residiam na casa (ou perto dela, em seus montes tumulares). Os ancestrais, portanto, formavam uma via de comunicação entre os mundos muito mais pessoal do que os seres "superiores", por exemplo deuses e deusas; assim, é fácil compreender por que era considerado essencial manter esse relacionamento.

Se o folclore posterior é digno de crédito, os mortos da família também eram convidados para festivais importantes entre os vivos – notadamente a celebração do *Jul* [ou *Jól*], o Yuletide.[27*] Refeições magníficas eram preparadas para eles e colocadas na mesa à noite, o cenário iluminado por velas de fabricação especial. Esse jantar era precedido por um *bastu*, uma sauna rural alimentada a lenha em uma cabana, ainda hoje muito comum no interior rural nórdico, na qual a sala cheia de vapor era preparada e depois esvaziada para que os mortos se lavassem antes de

---

27* O Yule é um festival nórdico pagão celebrado durante o solstício de inverno. Alguns historiadores atribuem o Yule a um festival em homenagem aos mortos; outros afirmam que era uma festa de adoração às divindades para garantir a fertilidade e sobrevivência durante o rígido inverno que se aproximava. Posteriormente, o Yule teria sido apropriado pelos cristãos, que se utilizaram do festival para estabelecer o Natal. [N. T.]

comer. Como em muitos outros aspectos da vida na Era Viking, manter boas relações com os mortos pode ter sido apenas mais um fator de vida vulnerável em um ambiente imprevisível.

Como alguém se tornava ancestral? A resposta pode estar na complexidade dos próprios funerais. Os serviços prestados aos mortos podiam, em alguns casos, ter incorporado o processo de estabelecer os mortos em uma espécie de panteão local ancestral. Mesmo assim, nem todos os ancestrais eram iguais, e a estratificação social aplicava-se tanto aos mortos quanto aos vivos. É significativo que tantos textos poéticos e em prosa falem de heróis humanos que mantiveram seu status após a morte (Adão de Bremen menciona o mesmo).

Os túmulos eram lugares de cuidado e vigília, onde talvez as pessoas passassem alguns minutos em contemplação ou recordação, ou eram outra coisa? A evidência tende para essa última hipótese, conectada ao que a conduta ativa – o "serviço", se preferirmos – dos funerais pode ter significado em primeiro lugar.

É possível, até provável, que aquilo que os arqueólogos chamam vagamente de "rituais" fosse na verdade a performance literal de histórias. Registros de escavações de sepultamentos podem, de fato, documentar os restos de algum tipo de dramatização encenada à beira do túmulo, conduzida abertamente com uma mensagem pública, ou várias mensagens, dirigidas de diferentes maneiras a diferentes segmentos da plateia. Pense no palco no final de uma produção de *Hamlet*. Como fica a cena depois que o príncipe dinamarquês morre? É uma tragédia de Shakespeare, então existem vários cadáveres, mas em termos materiais estes são complementados por suas roupas, armas e outros adereços, e também pelas peças do cenário em si. Trata-se de um ambiente complicado se o imaginarmos como um sítio arqueológico, e esse é o ponto-chave. Os complexos quadros-vivos apresentados nas sepulturas e seus conteúdos representam efetivamente o palco ao término de uma peça teatral? A(s) pessoa(s) morta(s), os animais mortos, todos os objetos, incluindo até mesmo os navios e outros veículos, talvez estejam na posição em que foram parar depois de terem desempenhado seus papéis no drama do próprio funeral. Voltando a *Hamlet*, a cena ao final da apresentação é bastante complexa, mas de resto há toda a ação da peça que conduz até ela. E quanto a todos os atores que *não* estão presentes na cena derradeira, mas desempenharam papéis de protagonismo no desenrolar do drama? O mesmo se aplica a todos os diferentes cenários e configurações, às horas de diálogo, à ação, à narrativa histórica, aos temas mais profundos da escrita, até mesmo ao humor usado para compensar os temas mais sombrios. Podemos pensar novamente em Ibn Fadlān e naqueles dez dias de ação: o que estavam realmente *fazendo*?

E se cada sepultamento era uma história, ou uma peça, o que dizer das conexões entre um funeral e outro? Talvez seja isso o que se vê nas histórias aparentemente dinásticas das pedras pictóricas de Gotlândia, e pode ter havido algo semelhante na Escandinávia continental, embora em forma material em vez de visual. No cemitério de Gausel em Rogaland, Noruega, por exemplo, túmulos que numa análise superficial parecem diferentes (um corpo feminino enterrado em um caixão, um corpo masculino sepultado num barco funerário etc.) estão, na verdade, ligados por meio de consistências entre eles – nesse caso, a deposição de uma cabeça de cavalo decepada com cabresto completo, um em cada túmulo. Me referi a isso como "motivo funerário", ao passo que outro acadêmico chamou de "citação mortuária", mas o efeito é o mesmo: a continuação de um conjunto de ideias, repetidas entre enterros separados no tempo.

Seguindo a ideia de narrativas materializadas embutidas na paisagem de sepultamento, portanto, parece que essas histórias podiam estar ligadas a grupos sociais distintos, como famílias ou clãs. Indivíduos nas camadas superiores da sociedade podem ter tido funerais mais personalizados, o sepultamento em navio-túmulo completo, por assim dizer. Talvez o assunto da história fosse a narração dos feitos dos mortos como um meio de incorporar os recém-falecidos a uma saga maior, literalmente ancestral. Essas performances poderiam, portanto, estar relacionadas ao indivíduo, sua família e comunidade, contos mais amplos de identidade e história (espiritual), ou às grandes histórias de heróis e mitos da cultura: qualquer um ou todos esses elementos combinados, alterados e renegociados em um espetáculo funerário incomparável, específico para o falecido – apenas para *esta* mulher, *aqui, agora* –, por sua vez, inserido em um ambiente de poder numinoso.

Existem ainda outras camadas de significado que podem ser encontradas nos túmulos vikings. Em alguns dos barcos fúnebres, a disposição relativa dos objetos corresponde à posição relativa de diferentes funções no salão – utensílios de cozinha numa extremidade, a "câmara" do senhor no centro, a cama do lado oposto e assim por diante. Os navios também são casas ou salões dos mortos? Nessa interpretação, é importante que os mortos permaneçam no monte, protegendo ou servindo sua comunidade com poder espiritual – essa dualidade com a ideia oposta da morte como uma jornada. Também não havia razão para que partes dos mortos não pudessem fazer a viagem enquanto outras ficavam; talvez essa seja a mesma noção por trás das porções "ausentes" de restos mortais cremados.

Tudo isso não terminava com o funeral, se é que se pode ter certeza sobre quando realmente "acabava". Muitas culturas e religiões ainda hoje têm ciclos muito longos de luto e observância formais, e parece que os vikings podem ter sido semelhantes nesse quesito.

A primeira pista vem com o fato evidente de que as sepulturas eram visitadas e utilizadas por um longo período após o término dos ritos funerários iniciais. No grande navio fúnebre de Oseberg, está claro a partir dos registros de escavação que o monte tumular que o cobre foi originalmente concluído apenas até a metade de sua extensão final, criando uma face vertical de terra sobre o meio do navio, de modo a deixar aberta uma empena na extremidade da câmara mortuária. Os restos ambientais indicam que, sem dúvida, essa situação permanecia assim por semanas e provavelmente meses. Durante esse período, a circulação na proa do navio estava, ao que parece, liberada. As pessoas podiam acessá-la, andar sobre ela e até entrar na câmara mortuária para serem admitidas à presença dos mortos. Também é possível imaginar os efeitos da decomposição de uma sepultura aberta. Essa era a situação em que o convés ficava repentinamente atulhado de pilhas de objetos, e a câmara se fechava com pressa frenética.

O mesmo arranjo foi proposto para alguns dos navios funerários de Valsgärde, embora no caso deles possam ter sido alojados dentro de uma espécie de versão mortuária de um galpão ou abrigo de barco, novamente aberto numa extremidade quando emergiu da colina do cemitério.

Vez por outra, sepulturas mais humildes também eram abertas e objetos mudados de lugar ou levados embora. É claro que isso poderia acontecer logo após o funeral, pois os cadáveres ainda estavam articulados e ainda não haviam apodrecido. Da mesma forma, é difícil imaginar que esses "roubos de túmulos" (como costumavam ser denominados) fossem uma atividade secreta. Como alguém poderia cavar metros de solo, desmantelar construções de pedra e até mesmo cortar componentes de madeira em silêncio, a apenas alguns metros das moradias? Não menos importante é o fato de que, nessas pequenas comunidades, teria sido impossível andar por aí com a espada do avô de alguém e esperar que ninguém notasse. Pode haver várias explicações, uma das quais seria uma espécie de pilhagem sancionada, em que as coisas de fato valiosas demais para legar ao solo eram depositadas apenas como formalidade durante um funeral, mas depois discretamente recuperadas, com a anuência da comunidade, que fazia vistas grossas. Outra possibilidade é que se tratava de atos agressivos cometidos como estratagemas de profanação no contexto de rixas, ou, em uma escala mais elevada, como parte da guerra dinástica. Os barcos tumulares noruegueses foram abertos dessa forma, e a recente datação das espadas usadas para cavar os buracos de acesso indicam que ocorreu durante o reinado de Haroldo Dente Azul (Haraldr Blátǫnn), um predatório rei dinamarquês que estava de olho na Noruega. Talvez estivesse eliminando rivais entre os ancestrais de seus oponentes e, portanto, por meio de um ataque à honra da sua família, também enfraquecendo o poder deles e o domínio que exercem sobre a terra.

Um fator óbvio para a compreensão dos sepultamentos vikings é a questão de para onde os indivíduos mortos iriam. Apesar dos estereótipos de Valhalla, na verdade sabe-se relativamente pouco acerca das crenças específicas sobre a vida após a morte, e o que existe contém muitas contradições. Os túmulos fornecem pequenas pistas, embora sejam difíceis de interpretar. Por exemplo, os mortos enterrados, e até mesmo os cavalos que os acompanhavam, às vezes usavam *crampons* nos pés – esses ganchos de ferro significavam que o funeral acontecia no inverno ou que os mortos viajariam para algum lugar frio? As fontes escritas mencionam "sapatos para o Hel" especiais, cujo intuito era acelerar os mortos em sua jornada – isso é algo semelhante? Um dos corpos no barco funerário no vilarejo de Scar, na ilha de Sanday nas Órcades, Escócia, era de um homem cujos pés haviam sido quebrados e torcidos para trás; isso servia para impedi-lo de acompanhar os outros em sua jornada ou para não deixar que voltasse para assombrar os vivos?

As fontes textuais são muito claras com relação às crenças a respeito dos mortos inquietos – *draugar*, em nórdico antigo. Eram concebidos em termos profundamente tangíveis como cadáveres reanimados que voltavam a um tipo de vida. Nos contos há pouco fundamento lógico para explicar quem retornava dessa maneira e quem não, embora na maioria das vezes se tratasse de pessoas que, durante a vida, eram encrenqueiros, bruxos e, em geral, gente ruim. Alguns *draugar* adquirem tamanho sobre-humano e ganham força e poder em seu estado de mortos-vivos; nas sagas, costumam voltar para assombrar a área em redor da campa e se envolvem em lutas contra os heróis, que livram os distritos de sua presença malévola. Uma pequena minoria desses mortos-vivos é realmente útil – por exemplo, mulheres mortas que voltam para cozinhar e limpar em uma fazenda, quase sempre para o horror de seus residentes vivos. De maneira geral são ambíguos os relatos de *como* os mortos voltam. Repetidas vezes, parecem não ser capazes de se arrastar fisicamente para fora da sepultura, mas com mais frequência aparecem como fantasmas, apesar de seu estado corpóreo. Vez por outra, escapam de perseguidores vivos afundando solo adentro. Às vezes são encontrados túmulos nos quais o cadáver foi entalado sob pedras ou mutilado, e os arqueólogos especulam que isso pode ter sido um meio de garantir que permaneceriam onde estavam. Fontes escritas mencionam também procedimentos legais que poderiam ser usados para proibir, em termos formais, a porta de entrada dos *draugar*, convocando-os individualmente para ouvir sua sentença e ser devolvido aos mortos.

Quando veículos, sobretudo navios, estão envolvidos em enterros, muitas vezes se presume que a morte era, consequentemente, uma viagem, e que o falecido viajaria de barco, carroça ou trenó para o outro mundo. Talvez isso seja verdade, mas pode representar apenas a presença de bens excepcionalmente caros dos mortos (ou seus parentes vivos) ao lado de todos os outros artefatos. No maior sepultamento com barcos já encontrado até hoje, em Oseberg, o navio-túmulo foi, na verdade, ancorado na sepultura por um cabo amarrado a uma enorme pedra; ao que parece, a intenção era que não "viajasse" para lugar nenhum.

Não há razão para esperar consistência, já que os próprios vikings certamente não esperavam. Para pegar apenas um exemplo, com o qual agora já estamos familiarizados, um espectador rus' no funeral do navio testemunhado por Ibn Fadlãn diz com todas as letras que os mortos são queimados (em vez de enterrados) de modo a entrar no "Paraíso" imediatamente, e que o "Senhor" do falecido desempenhou um papel importante ao enviar um vento forte para garantir que isso acontecesse. Não há razão para não levarmos isso a sério; forneceria uma justificativa lógica e inteiramente sensata para o rito de cremação.

Os rituais fúnebres provavelmente incluíam pelo menos algum tipo de preparativo para o mundo vindouro, talvez até na forma de um arranjo voltado a tornar um futuro póstumo mais provável do que outros. Isso nem sequer precisava envolver um enterro, ou pelo menos não de um corpo. Um exemplo é o fenômeno do depósito de tesouro, a ocultação de riqueza (em geral, prata) no solo. Gerações de numismatas viram essas reservas essencialmente em termos econômicos, uma forma muito básica de proteção financeira na ausência de um sistema bancário, o equivalente terreno de guardar o dinheiro debaixo do colchão. Até certo ponto, isso provavelmente é verdade, e o clichê do "tesouro enterrado" às vezes é uma realidade. Entretanto, em lugares como Gotlândia, onde em quase todas as fazendas se encontrou pelo menos um tesouro de prata, pode não ser a única explicação: simplesmente não é crível que a quase totalidade dos moradores ocultou o dinheiro da família no quintal e depois morreu antes de contar isso a alguém. O mais provável é que houvesse muitas explicações simultâneas para o comportamento de acumulação, que poderia estar relacionado ao ritual mortuário ou na ausência de um cadáver ou em adição a um corpo depositado ou descartado em outro lugar. Existe também uma alternativa referente às ações de uma pessoa, homem ou mulher, em antecipação a sua própria morte. Alguns indivíduos ambiciosos foram capazes de, ainda em vida, erigir memoriais rúnicos em homenagem a si mesmos, o que faz lembrar a sugestão de Snorri de que era possível a pessoa enterrar a fortuna que acumulara a fim de, com ela, ter meios para se divertir na vida além-túmulo. Muitas vezes os acadêmicos se mostram propensos em demasia a desconsiderar detalhes do relato da *Ynglingasaga* (*Saga dos Ynglingar*), e, no entanto, esse é o tipo de observação reveladora que, tanto quanto a imaginação de Snorri, pode refletir a realidade da Era Viking.

O reino divino de Asgard tinha dois destinos principais para os mortos: Valhalla e Sessrúmnir, o último sendo o salão de Freya em seus campos de Fólkvangr. A poesia e os textos posteriores deixam claro que ambos eram reservados aos guerreiros mortos – metade para Odin, metade para Freya.

Sessrúmnir, o "salão dos muitos assentos", era "grande e bonito", de acordo com Snorri, e parece que se tratava realmente de uma Valhalla paralela. Em um poema, a deusa é chamada de Valfreya, "Freya dos mortos", formulação semelhante à das próprias valquírias. Isso corresponde a uma passagem no poema éddico *Os ditos de Grímnir*, em que Odin afirma claramente que, dia após dia, Freya *escolhe* metade dos mortos, e que ela o faz primeiro, enquanto Odin "tem" a outra metade. Fólkvangr significa "campo do povo" ou "campo do exército", uma espécie de desfile sobrenatural, onde, dizem os poemas, a deusa decide quem deve se sentar nos bancos de seu salão. O papel de Freya como uma divindade da guerra é muitas vezes negligenciado.

Valhalla aparece nas fontes como um lugar extraordinário, erguendo-se em uma planície e cintilando à distância. Suas vigas são hastes de lanças, "e escudos dourados cobriam seu telhado à guisa de telhas", nas palavras de Snorri. Em vez de cobertores ou juncos, seus bancos são cobertos por uma cota de malha (bastante desconfortável, pode-se pensar). Um lobo, a besta-fera da batalha, paira sobre sua soleira enquanto uma águia sobrevoa em círculos. Nos poemas éddicos há uma sugestão de que Valhalla contém outros salões, mas isso não está claro.

Dentro, há animais. A cabra, Heidrún, pode ser ordenhada para obter hidromel de qualidade divina, produzida aos barris. Da galhada de um veado, Eikthyrnir, goteja orvalho que é a água mais pura de todos os mundos. É claro que em Valhalla está toda a parafernália da pomposa vida dos salões de Midgard, mas em grau de magnitude muito maior. Os criados recolhem gravetos para as fogueiras; há porcos para alimentar; cavalos pastam do lado de fora, e cães de caça estão a postos. Os *einherjar* – os imortais guerreiros mortos – bebem, disputam partidas de jogos de tabuleiro e lutam entre si como esporte. Se morreram no campo de batalha, a cada noite se levantarão novamente a tempo do jantar: cortes selecionados de carne do javali Saehrímnir são assados todos os dias, e o animal reaparece inteiro no dia seguinte para ser consumido novamente.

Valhalla tem 540 portas (como o salão de Thor), pelas quais cerca de oitocentas *einherjar* sairão para lutar no Ragnarök. Especula-se que essa imagem pode ter sido influenciada por uma vaga recordação de quem havia visto o Coliseu em Roma, imponente estrutura de tamanho impressionante e coberta por aberturas em arco, dentro das quais gladiadores lutavam em um espetáculo sem fim. Essa noção perdeu fôlego nos debates acadêmicos atuais, mas pode haver algum sentido nela; os modelos romanos não eram novidade no Norte.

O salão de Odin e o de Freya contêm "todos os homens que caíram em batalha desde o início", mas serão muito poucos "quando o lobo vier", e Fenrir inevitavelmente virá no Ragnarök. Reis e seus séquitos são, portanto, especialmente bem-vindos, e as valquírias servem vinho para os convivas da realeza. Um poema – entre as primeiras fontes sobre o salão dos mortos – resume tudo. É o *Eiríksmál*, "Palavras para Érico", composto por ordem da rainha Gunnhild [ou Gunnhildr], a viúva feiticeira do rei Érico Machado Sangrento" [Eirík Haraldsson, Eiríkr Blóðøx] de York. Morto em uma emboscada em "um certo lugar solitário" em 954, Érico foi um dos vikings por excelência, no melhor e no pior sentido, e sua fama não desapareceu do século X até hoje. No poema, Odin e seu servo ouvem um poderoso exército aproximar-se de Valhalla, um senhor com uma comitiva de reis em seu rastro, o mais formidável de todos os hóspedes que já fizeram por merecer um lugar em Valhalla:

Heill nú, vel skalt hér kominn ok gakk í hǫll
Saudações, sê bem-vindo aqui e vem para o salão!

O outro principal reino dos mortos era Hel (pronuncia-se aproximadamente como a palavra inglesa *heal* [curar], ou seja, "ríl"), com uma etimologia problemática que pode ou não estar relacionada ao seu quase homônimo cristão (*hell*, inferno). Localizado ao norte, era governado por um ser de mesmo nome – Hel [ou Hela], mulher cujo corpo é metade uma bela deusa e metade azul e negro, a cor de um cadáver. Ela é filha de Loki com uma de suas complicadas ligações amorosas, e é considerada sombria e lúgubre. Seus salões são "altos", muito grandes e numerosos (o que implica a necessidade de espaço e uma população crescente).

As descrições mais detalhadas vêm de Snorri e de outros textos tardios, mas tanto o lugar quanto sua anfitriã também são mencionados na poesia éddica e escáldica.

O longo e tortuoso caminho para Hel aparece como um tema específico diversas vezes nos poemas. É a estrada que Odin percorre montado em Sleipnir, numa jornada desesperada para encontrar uma explicação para os preocupantes pesadelos que perturbaram seu filho Baldr. Ele desperta a feiticeira morta nos portões orientais do salão de Hel para lhe perguntar sobre os sonhos de Baldr (que têm seu próprio poema com esse nome), e se horroriza ao ver os bancos internos sendo esvaziados para receber o menino. Existe até um poema éddico intitulado *A viagem de Brünnhilde a Hel* – a história de uma valquíria morta e apaixonada que viaja para lá na carroça na qual foi queimada em sua pira.

Saber se Hel era realmente um lugar "ruim" vem sendo, há muito tempo, uma questão central para quem quer deslindar a vida após a morte nórdica. Há muitos pontos negativos – a aparência e o comportamento de sua governante, as conotações que o Norte tinha na mentalidade viking e a longa estrada "para baixo" até ele, nove profundos níveis de escuridão e névoa adentro. Não soa bem. Por outro lado, talvez sejam interpolações cristãs dos textos posteriores, especialmente devido às semelhanças do nome. Pode ter sido difícil para os autores medievais torná-lo outra coisa senão o oposto de Valhalla, conceito que eles entendiam. Isso é enfatizado pelos floreios retóricos que Snorri não resiste em acrescentar: a faca de Hel se chama Inanição, sua vasilha é Fome, ela dorme no Leito de Morte, o portal de seu salão é a Pedra de Tropeço, seus servos são Caminhantes Preguiçosos, e assim por diante. Nenhum outro aspecto da vida após a morte nórdica, ou qualquer outra morada divina, é descrito usando-se esse tipo de vocabulário de instrumentos contundentes e de força bruta.

Na verdade, não há nenhuma indicação inicial de que Hel era um lugar desagradável; com efeito, há muito pouco a indicar que as ações de uma pessoa durante a vida afetavam o lugar para onde ela iria após a morte (exceto atos heroicos no campo de batalha). Baldr, o mais nobre e belo dos deuses, vai para Hel depois de ser morto por seu irmão Höd, e até mesmo Egil Skalla-Grímsson – herói da saga, a quinta-essência dos vikings, poeta-guerreiro e adorador de Odin por excelência – diz a si mesmo que Hel está à espera dele "no promontório de sua velhice". Na poesia anterior, diz-se que os homens moribundos entravam no "abraço de Hel". Há todas as sugestões de que muitas pessoas iam para lá, que tinham a expectativa de ir, e de que essa ideia de forma alguma as entristecia. Devemos ser cautelosos ao equiparar Valhalla a algum tipo de paraíso cristão, ou comparar Hel com seu gêmeo infernal.

Um fato perturbador a enfatizar de que sabemos muito pouco acerca da "religião" nórdica é que temos pouca ideia de para onde iam as mulheres após a morte. Provavelmente, a maioria fazia a viagem para Hel, assim como a maioria de homens, mas isso explica os muitos enterros femininos de status elevado que são, em todos os sentidos, iguais a seus equivalentes masculinos? Talvez as contrapartes femininas dos *einherjar* também fossem recebidas por Freya, viajando para seus salões nas carroças que são encontradas em seus túmulos. Uma única personagem feminina da *Saga de Egil Skalla-Grímsson* diz algo parecido, mas esse é o único exemplo. Por outro lado, isso pode ser a prova de que Hel (o lugar) não era negativo nem sombrio, simplesmente um destino diferente que de bom grado acolhia a todos.

Para enfatizar ainda mais as lacunas em nosso conhecimento, um único verso no poema éddico *Canção de Harbard* sugere um mundo inteiro, com atitudes e suposições das quais nada se sabe. Como diz o poema (o itálico é meu):

> Odin tem os nobres que caem em batalha
> e *Thor tem a raça dos escravos.*

Assim, havia uma eternidade para os escravos, também, aparentemente aos cuidados do deus do trovão e das tempestades.

Havia também uma vida após a morte do mar, separada para aqueles que lá morriam. Os afogados – todos eles – eram recolhidos em uma rede por Rán, a deusa do mar casada com Aegir, senhor do oceano. O salão subaquático deles, não nomeado, pode ter sido em alguns sentidos um equivalente marinho de Valhalla ou de Hel, embora não se saiba se uma morte terrestre era realmente um requisito para ir a esses lugares (o que dizer de um valoroso guerreiro que morresse numa batalha naval, por exemplo?). As divindades aquáticas eram antigas, uma vez que são mencionadas tanto na poesia éddica como na escáldica. Rán tinha nove filhas, a personificação das ondas do mar, que às vezes trazem uma sugestão da leve carga erótica atribuída às valquírias. Nos textos, o pai delas, Aegir, parece bastante amigável, hospitaleiro e generoso, ao passo que sua esposa personifica a natureza traiçoeira e imprevisível do mar.

Assim como os *einherjar* lutariam pelos deuses no Ragnarök, os afogados também tinham sua posição, embora terrível, que pareciam não merecer. No fim de tudo, quando todas as potências se juntarem na derradeira batalha, algo se agitará no fundo do oceano, o maior navio viking já feito. Seu nome é Naglfar, "navio de unhas", assim chamado porque é construído com as unhas das mãos e dos pés de todos que já morreram; portanto, a embarcação vai crescendo gradualmente ao longo dos milênios, até que na época do Ragnarök terá dimensões inimagináveis. Quando os galos começarem a cantar, anunciando a batalha que se aproxima, Naglfar se desprenderá do leito do mar e subirá à superfície, com suas madeiras encharcadas, verdes e apodrecidas. Sua carga serão todos os mortos de Hel, os gigantes e os *einherjar*; seu capitão é o gigante Hrym; Loki está ao leme. Os afogados são sua tripulação.

Por fim, nas sagas islandesas há também episódios que apresentam além-túmulos mais terrestres – lugares físicos em Midgard onde alguns dos mortos residem (além da noção específica de que "vivem" em seus túmulos). Quase sempre são montanhas, penedos ou colinas de formas estranhas, afloramentos que surgem de súbito de planícies planas e afins. Seus nomes geralmente são alguma variante de Helgafell, "montanha sagrada", e ainda hoje é possível visitar vários desses locais na paisagem islandesa. Cada um está claramente ligado a um distrito específico, e muitas vezes a seus principais clãs. Em essência, as montanhas sagradas funcionam como uma espécie de abóbada familiar, combinando as conhecidas conexões com a terra e um genuíno destino *post mortem*. Talvez seja esse o tipo de lugar que fica do outro lado das "portas" abertas pelas pedras pictóricas de Gotlândia. Alguém pode se perguntar se isso é uma relíquia de um conjunto de crenças mais antigo, mais pessoal e suscetível a um maior grau de controle local do que as vidas depois da morte mais abstratas de Asgard, Hel e os salões de Rán. Em todo caso, o mundo dentro da rocha

16. Montanha Sagrada. O sítio de Helgafell, na península de Snæfellsnes, Islândia, é um dos vários afloramentos sagrados, que na Era Viking funcionavam como moradas dos mortos. A heroína da Saga do povo de Laxardal, Gudrún Ósvifrsdóttir, supostamente está enterrada sob a rocha. (Crédito: Creative Commons.)

sagrada parece agradável e é descrito como um banquete de aconchego, comida e bebida – uma cena de literal vida após a morte.

Embora alguns desses lugares pareçam atraentes, não havia nada de "merecimento" na maior parte da vida após a morte nórdica. É difícil encontrar um esquema moral na mente viking ou nas ações de seus deuses. Qualquer um pode se afogar, e nem todo mundo é um herói no campo de batalha – e ainda assim, os habitantes dos salões tanto de Hel como de Aegir acabam lutando pelo mal quando chega o crepúsculo dos deuses, o fim de todas as coisas. Para os vivos, deve ter sido estranho imaginar onde realmente estava um parente perdido no mar, e o que aconteceria com ele ou ela no devido tempo.

O conhecimento dos vikings acerca do destino final de sua alma (na falta de um termo melhor), do destino de cada pessoa – sua *ruína*, no sentido adequado da palavra – e da iminente guerra do Ragnarök lhes dava uma perspectiva muito diferente de qualquer um de nosso tempo.

Essa diferença era de crenças espirituais e de rituais de morte, de mundividência e de como a própria realidade era percebida; estendia-se ainda mais, permeando todos os estratos sociais e dentro de cada indivíduo. Mas o que acontecia quando essa diferença encontrava o mundo exterior de seu próprio tempo?

Claro, os escandinavos tinham conexões com as regiões vizinhas que remontavam à Idade do Ferro e recuavam ainda mais no tempo até a pré-história remota. Tinham bastante experiência com terras estrangeiras e, até certo ponto, eram figuras imediatamente reconhecíveis além das difusas fronteiras do Norte. Contudo, em meados do século VIII, vários fatores se somaram de modo a impulsionar e atrair os vikings para o exterior, de novas maneiras e em contingentes cada vez maiores.

Eles apareceriam nos anais históricos primeiramente como invasores e piratas, uma ameaça que no fim das contas se expandiu e se intensificou até alcançar a escala de frotas e exércitos. Como comerciantes, os vikings chegaram mais longe do que nunca, e em última análise penetraram nas profundezas da estepe eurasiana. Como colonos, se estabeleceram na Europa Ocidental e Oriental; como viajantes, colonizaram novas terras no Atlântico Norte até a costa das Américas.

Entrar nesse "fenômeno viking" – entender como ele começou e, em seguida, se espalhou lentamente pelo mundo do Norte – exige pensamento matizado. Não há sentido em buscar "gatilhos" ilusórios e "provas cabais" onde não existiam. Em vez disso, devemos investigar o fundamento racional para as invasões; a natureza das forças de mercado que as impulsionou; e a economia política da cultura guerreira que corroborava tudo.

Resumindo: é hora de colocar o "viking" na Era Viking.

O fenômeno víking

9

Incursões

Não raro, o início da Era Viking é visualizado por meio de um mapa, sobretudo em livros como este. O mapa usa setas para mostrar as rotas, datas e alvos dos "primeiros ataques", geralmente divididos em nacos de tempo distintos – meio século, digamos – e, portanto, também delineando a progressão das incursões marítimas que, para muitos, definem esses três séculos. De costume, os movimentos de "vikings" são mostrados em um sentido bastante abstrato, talvez indicando um ponto de origem e, portanto também, sucessivas "ondas" de ataque.

Muitos desses mapas têm como ponto de partida a invasão do mosteiro insular de Lindisfarne, na costa da Nortúmbria, Norte da Inglaterra, que foi atacado em junho de 793 – primeiro exemplo registrado com segurança. Depois disso, em mapas posteriores, segue uma série crescente de ataques a outras casas monásticas, povoados vulneráveis e, no fim das contas, regiões inteiras acessíveis a partir das costas e rios das ilhas britânicas e do noroeste do continente europeu. Muitos acadêmicos tentaram dividir a Era Viking em fases, quase sempre determinadas por mudanças nos padrões de violência marítima. A visão convencional enxerga um período inicial de ataques esporádicos de cerca de 789 a 805, e em seguida uma mudança focada em alvos na Irlanda e Escócia até 834, antes do avanço de verdadeiros exércitos vikings com campanhas durante invernos inteiros após essa data.

É um padrão que costumo seguir, embora tenha a lúcida e constante noção de que se trata de uma imposição da percepção retrospectiva, não um reflexo da vida tal qual era vivida. E, claro, sabemos que a Era Viking foi muito mais que isso, pelo menos nos séculos subjacentes a seus ostensivos primórdios. Eram povos com seu mundo cultural de nuançadas texturas, herdeiros de sofisticadas tradições escandinavas, de práticas e visões de mundo construídas ao longo de milênios. Os vikings tinham suas próprias motivações e fundamentos lógicos para o que faziam. Acima de tudo, suas ações em terras estrangeiras coadunavam-se com as tendências e ideologias políticas que estavam totalmente incorporadas nas sociedades da Escandinávia.

Na história humana, de tempos em tempos é possível discernir o que os teóricos de sistemas chamam de singularidades – mudanças sociais relativamente pequenas em si, mas com impactos de longo prazo e em grande escala. Elas podem ser difíceis de entender, muitas vezes o resultado de muitos elementos separados que de súbito se juntam de uma maneira que pode ser mais ou menos aleatória. Uma vez colocadas em movimento, no entanto, podem ser difíceis ou mesmo impossíveis de reverter – o proverbial ponto de inflexão. A arqueologia lida com a cultura material, literalmente com coisas que sobreviveram do passado até o presente e, como tal, é raro que os registros enterrados preservem singularidades de forma direta. Com esforço e cuidado, porém, podem-se discerni-las nos padrões que se formam em torno delas, e é possível fazer isso em relação ao início da Era Viking.

Antes de se aventurar por aí, no entanto, há algo mais, quase um imperativo moral. A Era Viking "cartográfica", os mapeamentos das incursões, é uma maneira útil, mas confortavelmente distante, de abordar esses eventos. É necessário realizar uma violenta verificação da realidade – um corretivo e necessário reconhecimento do verdadeiro significado do labirinto de datas, setas e topônimos.

No seu momento mais imediato, no local, no ato, para muitos os ataques foram o fim mais amargo de todos. Por trás de cada notação em nossos mapas estava um presente urgente de pânico e terror, de talhos feitos por lâminas cortantes e pontas afiadas, de dor repentina e feridas abertas; de corpos à beira do caminho, e crianças órfãs; de mulheres estupradas e todos os tipos de pessoas escravizadas; de linhagens familiares inteiras terminando em banho de sangue; de gritos seguidos de silêncio onde deveria haver uma barulheira animada; de edifícios em chamas e ruína; de perda econômica; de convicções religiosas aniquiladas em um átimo e substituídas por humilhação e raiva; de estradas congestionadas de refugiados enquanto colunas de fumaça se erguiam atrás deles. De absoluta e implacável brutalidade, expressa em todas as suas formas.

Na tentativa de explicar suas incursões no exterior, nunca se deve esquecer quem e o que os vikings – os vikings *genuínos* – realmente eram, além das fascinantes complexidades de sua visão de mundo e do maravilhoso fato de que cada um carregava dentro de si a personificação da sorte e um guia espiritual feminino. Em poesia, os ingleses os chamavam de *wælwulfas*, "lobos da matança", e com bons motivos – mas os próprios vikings diziam isso. Aqui está o grande poeta-guerreiro islandês do século X, Egil Skalla-Grímsson, descrevendo suas experiências de invasão (em um esforço para impressionar uma mulher em um banquete, o que também diz algo a seu respeito):

Farit hefi ek blóðgum brandi
svá em mér benþiðurr fylgði,
ok gjallanda geiri;
gangr var harðr af víkingum.
Gjǫrðum reiðir róstu,
rann eldr de sjǫt maná,
ek lét blóðga búka
í borghliðum soefask.

Fui com lâmina ensanguentada
no encalço das perdizes feridas [corvos]
e com as lanças gritando;
os vikings lutaram, ferozes.
Furiosos, combatemos,

> o fogo trespassou as casas dos homens,
> deixei corpos banhados em sangue
> dormindo nos portões do vilarejo.

Nas últimas décadas do século VIII, uma singularidade composta de intrincadas correntes que se entrecruzavam na sociedade escandinava – e sua interação com o mundo mais amplo – começou a surgir. Não ocorreu nenhum evento ou fator único e conveniente que tenha desencadeado a "Era Viking"; em vez disso, houve muitos deles, em combinação. Na tentativa de entender o que eram todos esses componentes e de que modo se amalgamaram em um drama tão violento e de escala tão grande, a ênfase deve estar sempre em multicausalidade e complexidade.

De modo decisivo, no âmago de tudo estava uma exportação das tendências e comportamentos que já vinham acontecendo na Escandinávia havia séculos – a longa trajetória desde o fim do Período de Migração até a véspera da Era Viking. Esse pacote cultural já incluíra contatos e interações internacionais. Na prática, os invasores vikings nunca foram um acontecimento inesperado, desconhecidas velas bárbaras despontando no horizonte do mar do Norte. As vítimas dos vikings encontraram escandinavos muitas vezes antes, mas como comerciantes em vez de agentes de caos; a surpresa estava na violência, não no contato.

Por volta do século VIII, o conflito que era endêmico entre os pequenos reinos da Escandinávia durante a maior parte do final da Idade do Ferro tornou-se insustentável, sobretudo ao longo das costas norueguesas. As tensões se agravaram a ponto de exigir uma arena maior para sua resolução. Não é difícil ver a conveniência de buscar riqueza material no exterior, em direção ao oeste, usando essas arriscadas aventuras para expandir as forças militares disponíveis e mantê-las por meio da promessa de recompensa. Também houve estímulos econômicos nas ambições mercantis dos reis do mar noruegueses e também de seus homólogos na Dinamarca e na Suécia do Báltico. Olhando para o oeste e para o leste, viram uma oportunidade no comércio exterior proativo. Em conjunção com isso, havia as pressões sociais – os efeitos da poliginia criando uma subclasse de rapazes privados de direitos pelas leis de herança e com perspectivas mínimas de casamento. Um ou dois verões de violência marítima ofereciam o potencial para mudanças capazes de alterar a vida em muitas direções. Por último, havia a própria mundividência tradicional escandinava e sua expressão armada em um ataque às culturas cristãs que realmente estavam empenhadas em sua destruição.

Mas antes de examinarmos essas causas subjacentes nos capítulos seguintes, primeiro é necessário compreender seus efeitos.

Ao abordar os eventos individuais do início da Era Viking, em vez de fazer isso no nível de processos de longo prazo, é fácil cair em uma espécie de tirania das fontes escritas. Textos mais ou menos contemporâneos, como a *Crônica anglo-saxônica*, preservam listas úteis de anais, que declaram com todas as letras o que aparentemente ocorreu e quando (como o ataque a Lindisfarne em 793). Apesar de todas as críticas acadêmicas sobre os detalhes, não é surpreendente que a imagem que contêm tenha se tornado o foco das atenções.

No entanto, a evidência concreta mais antiga de um ataque viking não é textual, mas arqueológica. De maneira decisiva, considerando que é anterior ao ataque a Lindisfarne em mais de quarenta anos, não vem do Ocidente e das ilhas britânicas, mas do Oriente e do Báltico.

Em meados do século VIII, por volta de 750, uma expedição marítima sueca sofreu uma violenta tragédia na ilha de Saaremaa, ou próximo a ela, na costa da Estônia. Sabemos disso pelas descobertas fortuitas, entre 2008 e 2012, de dois barcos cheios de guerreiros mortos, enterrados à beira-mar onde hoje fica o vilarejo de Salme. Eles haviam sido depositados paralelamente à água, separados por cerca de quarenta metros, em um istmo, num ponto estratégico por onde os navios passavam. Os túmulos teriam sido um marco visível – a intenção era que fossem vistos e lembrados. Antes da escavação do achado de Salme, o maior número de corpos encontrados em um barco funerário viking era quatro, talvez cinco. A primeira das embarcações de Salme, a menor das duas, continha os cadáveres de sete homens; surpreendentemente, o segundo continha nada menos que 34 corpos. Juntos, os dois barcos de Salme são excepcionais, não apenas pelas constatações que fornecem sobre os primeiros ataques, e, portanto, vale a pena examiná-los detidamente.

A menor das duas embarcações era um barco a remo de cerca de 11,5 metros de comprimento e dois metros de largura, talvez uma espécie do bote do navio. A tripulação mortuária foi colocada sentada nos bancos: seis deles em três pares nos remos, e o sétimo, e mais velho, numa extremidade – é provável que fosse o timoneiro na popa. Os homens foram enterrados com uma variedade de ferramentas e utensílios, algumas armas (embora não o suficiente para cada um deles), grandes quantidades de carne, e os corpos sem cabeça de dois falcões.

A segunda embarcação era muito maior: um verdadeiro navio oceânico de dezessete metros de comprimento e três de largura. Numa extremidade do barco, provavelmente a proa, 34 homens foram enterrados em quatro camadas, colocados lado a lado no casco. Sobre eles e ao seu redor havia pelo menos 42 espadas, muitas com acabamento de alta qualidade, incluindo empunhaduras enfeitadas de joias e decoração de ouro. Uma delas tinha até mesmo uma lâmina incrustada com desenhos em ouro, algo totalmente desconhecido antes da descoberta de Salme. Já as joias dos homens limitavam-se a alfinetes de mantos, sugerindo equipamentos práticos e resistentes para uso no mar – nada pomposo. As exceções eram alguns que usavam miçangas e dois com colares de dentes de urso; deviam ter uma aparência impressionante. Peças de jogos cobriam os cadáveres espalhados. Sobre alguns havia peixes cuidadosamente colocados; outros seguravam nos braços pássaros marinhos. Empilhados sobre o peito de alguns dos homens havia costeletas de vitela, carneiro e porco. O convés estava repleto de cortes de carne bovina e suína.

Toda a pilha de corpos estava coberta por um "monte tumular" feito de escudos, posicionados com placas sobrepostas para formar uma cúpula de madeira sobre os mortos. Cada saliência dos escudos foi aplainada a base de marteladas; as tábuas foram cortadas e muitas das armas deliberadamente envergadas. O monte tinha sido coberto por uma única peça de tecido grosseiro, e o mais provável é que o único item grande o suficiente tenha sido uma vela, colocada sob o peso de um amontoado de pedras. Havia três aves de rapina acomodadas sobre o "monte de escudos". Seis cães, cortados em pedaços, foram distribuídos sobre os escudos ao redor do perímetro. Duas espadas cravadas verticalmente encimavam o topo do monte.

Os sepultamentos de Salme foram claramente precedidos por algum tipo de luta. Muitos dos corpos, sobretudo nas camadas superiores do "monte de escudos" e no barco menor, exibiam sinais de alguma perfuração, penetração e/ou trauma de golpe contundente, com cortes no rosto e braços, ferimentos de flechadas nos quadris, e mais. No centro do monte estava um homem com alguns dos piores ferimentos e também as melhores armas, incluindo uma espada de empunhadura circular – a marca distintiva de um líder de status *muito* elevado. Diferentemente dos outros corpos, o seu não estava coberto com uma peça de jogo; em vez disso, tinha apenas uma, o rei, que fora colocada em sua boca.

A idade dos mortos variava do final da adolescência até a maturidade, com a maioria na casa dos 30 anos – eram homens na flor da idade. Eram também excepcionalmente altos. Estudos de isótopos dos dentes sugeriram que (com apenas um punhado de exceções) seu local de origem estava em algum lugar no vale do lago Mälaren, na Suécia central, conclusão corroborada pelos paralelos entre as armas e equipamentos Salme e os barcos funerários de Uppland.

A sugestão clara, reforçada por enormes ferimentos em muitos dos corpos, é que os sepultamentos de Salme resultaram de uma expedição marítima suena (svear) que terminou em violência – em outras palavras, uma invasão. Também já se argumentou que se tratava de uma missão diplomática; era comum usar falcões como presentes de prestígio, embora fosse extraordinariamente difícil manter vivos esses animais no transporte. Se for esse o caso, a diplomacia deve ter falhado, para dizer o mínimo.

O cuidado com os mortos, o tempo e o esforço, a semelhança com os rituais dos navios da Suécia continental, tudo isso sugere que os mortos foram enterrados por seus amigos e, portanto, o que quer que tenha ocorrido, ao fim e ao cabo os suecos acabaram prevalecendo. Estudos de DNA mostram também um amplo padrão de relacionamentos, o que implica que a maioria deles veio do mesmo ambiente local e do mesmo contexto familiar, ainda que muito estendido. Quatro eram na verdade irmãos, enterrados juntos em um grupo. Em conjunto, isso se parece muito com parte de uma das dinastias familiares que formaram os principais blocos de poder no século VIII.

Que o Austmarr – o "mar do leste", como era chamado em nórdico antigo – era uma arena chave do jogo de poder marítimo da Escandinávia, incluindo incursões hostis, não deveria em nada nos surpreender. A história semimítica que Snorri conta sobre a dinastia Ynglingar descreve com clareza as operações do reino da Suécia central por lá. Os dinamarqueses provavelmente vinham fazendo algo semelhante ao longo da costa sul do Báltico. É necessário asseverar mais uma vez a conclusão: as invasões vikings, no sentido literal e exato do termo, foram de início um fenômeno não do Oeste, mas do Leste. Foram também, em grande medida, uma atividade "doméstica" que ocorreu nas "águas territoriais" escandinavas, para usar um anacronismo moderno que, no entanto, é apropriado. É por isso que, ainda mais tarde no período, existem pedras rúnicas que falam em proteção *contra* os vikings: eles eram predadores de oportunidades iguais.

Um dos reis Ynglingar, Yngvar, morreu nessa expedição, como conta Snorri:

> O rei Yngvar fez as pazes com os dinamarqueses e então começou a invadir o Báltico [Austrvegr]. Num verão, formou um exército e rumou para Eistland [Estônia] e atacou durante o verão, no lugar chamado Steinn. Depois, os Eistr [estonianos] apareceram com um grande exército e eles travaram uma batalha. O exército nativo era tão numeroso que os svíar não ofereceram resistência. Então o rei Yngvar morreu e seu exército debandou. Ele está enterrado em um monte, perto do mar. Isso foi no distrito de Adalsýsla. Os svíar voltaram para casa após essa derrota. Assim conta Thjódólf [o poeta das "Listas dos Ynglingar", o *Ynglingatal*]:

> Dizem
> que Yngvar foi
> pelo povo sýsla
> assassinado,
> junto ao "Coração do Mar" [coração do mar: rocha: Steinn]
> a hoste dos Eistr
> matou o líder,

o de tons alvos,
e o mar do leste
entoa a canção
de Gymir para saudar [Gymir: personificação do mar]
o rei caído.

O distrito de Adalsýsla é o continente diretamente oposto a Saaremaa, mas a localização de Steinn, a rocha no coração do mar, é incerta. Talvez a resposta possa ser encontrada na *Historia Norvegiae*, história latina da Noruega mais antiga que a *Heimskringla* de Snorri, e que diz explicitamente que Yngvar "foi morto pelos habitantes durante uma campanha em uma ilha no Báltico chamada Eysysla". O topônimo é a origem do moderno Ösel, o nome sueco de Saaremaa – em outras palavras, quando essas fontes são combinadas, Yngvar parece ter morrido e sido enterrado *em um monte à beira-mar naquela ilha*. O reinado de Yngvar é geralmente datado do início do século VII, cem anos antes dos enterros de Salme, mas ainda assim é de se perguntar, pelo menos tendo em vista o homem com a peça do rei na boca.

Se esse foco inicial oriental, em vez de ocidental, é compreensível, está igualmente claro que a ideia de lançar expedições sérias de longa distância rumo ao mar aberto e, portanto, para além da zona de conforto cultural imediata dos vikings (por assim dizer) apontou para o oeste, tendo como alvos as ilhas britânicas e, quase simultaneamente, o Sudoeste da Frância, que hoje correspondem à França e aos Países Baixos.

Os vikings entram de forma ameaçadora no registro escrito nas páginas da *Crônica anglo-saxônica*, os anais da corte do reino de Wessex, para o ano de 789:

Aqui Beorhtric [Bertric] desposou a filha do rei Offa [da *Mércia*], Eadburh. E em seus dias vieram os primeiros três navios de nórdicos de Hordaland: e então o bailio cavalgou até lá e quis obrigá--los a ir para a cidade do rei porque não sabia o que eram eles; e então eles o mataram. Esses foram os primeiros navios dos homens dinamarqueses que buscaram a terra da raça inglesa.

Os *Anais de São Neots* especificam o local como "a ilha que é chamada de Portland", que fica ao largo da costa de Dorset, perto de Weymouth. Deve-se dizer que a data não é precisa, na medida em que apenas localiza o evento no período do reinado do rei de Wessex, 786-802; o encontro, portanto, não se deu necessariamente no ano do registro histórico, que foi compilado de forma retrospectiva. Também não está de todo claro se Portland foi uma invasão ou ataque hostil, em vez de alguma espécie de mal-entendido de controle alfandegário, ou por que navios escandinavos carregados teriam vindo tão longe ao sul sem descer à terra em ocasiões anteriores. A confusão é aumentada pela identificação de sua origem como Hordaland no Oeste da Noruega, mas ao mesmo tempo o escriba diz que eles eram "dinamarqueses". O genérico Dani (e *pagani*, "pagãos") para designar os escandinavos se repetiria em todas as fontes inglesas do período. Por fim, o registro contém um erro flagrante, talvez uma inverdade deliberada: sabemos que os escandinavos já tinham estado em contato com os ingleses por pelo menos um século, provavelmente muito mais tempo. As possíveis razões para as reservas da *Crônica* aqui ficarão evidentes.

A versão da *Crônica* para as primeiras incursões dos vikings precisa ser complementada pela evidência de cartas e licenças de ocupação de terras contemporâneas, que sugerem que Portland pode nem mesmo ter sido a primeiro delas. Em 792 uma carta do rei Offa da Mércia faz referência ao reino de Kent, e à necessidade de ações militares contra "pagãos marítimos" (que só podem ser escandinavos) em frotas migratórias que provavelmente estavam ativas fazia algum tempo.

O primeiro ataque ocidental registrado de forma segura ocorreu no ano seguinte, e, é claro, o famoso ataque a Lindisfarne, o mosteiro da Nortúmbria dedicado a são Cuteberto e localizado na ilha Santa, que era ligada ao continente por uma ponte de maré. Como afirma a *Crônica anglo-saxônica*:

> Nesse ano, presságios ferozes e agourentas advertências tomaram conta da terra dos nortumbrianos, aterrorizando o povo que, infeliz, estremeceu; turbilhões de ventos, relâmpagos e dragões de fogo foram vistos sobrevoando o firmamento. A essas tremendas

pragas seguiu-se uma grande fome; não muito tempo depois, aos seis dias de janeiro do mesmo ano, chegou a devastação na forma de desgraçados homens pagãos, cujo ataque assolou a igreja de Deus em Lindisfarne.

Os Anais de Lindisfarne alteram a data para 8 de junho, o que faz mais sentido em termos de clima. Essa segunda descrição do ataque, mais uma reação, também está entre as passagens mais citadas de todo o período. Em uma carta escrita ao rei da Nortúmbria pelo clérigo inglês Alcuíno, então em residência temporária na corte franca, pode-se ler:

> Nunca antes se viu tanto terror na Grã-Bretanha como agora sofremos nas mãos de uma raça pagã, tampouco se pensou que tal invasão do mar pudesse se materializar. Eis a igreja de são Cuteberto respingada com o sangue dos sacerdotes de Deus, despojada de todos os seus ornamentos; um lugar mais venerável do que todos na Grã-Bretanha é dado como presa aos povos pagãos.

Relatos posteriores descrevem como os monges foram mortos imediatamente, jogados no mar para se afogar ou escravizados, e o prato de esmolas da igreja foi levado.

Alcuíno voltou a mencionar o ataque a Lindisfarne várias vezes em suas cartas e anotações, mas um tema aparece de forma recorrente – a ideia de surpresa, a noção de que aquilo nunca tinha acontecido antes. Os estudiosos costumavam enfatizar frequentemente esse ponto, que, todavia, começou a ser questionado na década de 1980, quando foi encontrada a primeira evidência arqueológica concreta de comércio pré-viking no mar do Norte, implicando estreitas ligações entre os povos anteriores aos ataques. As atenções se voltaram para outra passagem da mesma carta de Alcuíno para Etelredo [Ethelred ou *Æðelrðd*] da Nortúmbria:

> Observa os trajes, o penteado e os luxuosos hábitos dos príncipes e do povo. Olha o penteado, como gostarias de imitar os pagãos em seu estilo de barbas e cabelos. O terror não ameaça aqueles cujo penteado desejarias ter?

Em outras palavras, as vítimas do ataque a Lindisfarne já estavam suficientemente familiarizadas com o povo invasor, a ponto de em algum momento terem visto aqueles homens como exemplos de moda a serem imitados – o que, é claro, requer observação cuidadosa. Estudiosos há muito discutem sobre a palavra *navigium*, que a convenção costuma traduzir como "invasão a partir do mar", como evidência de um ato sem precedentes. Outra interferência no manuscrito alterou para *naufragium*, um "desastre", e, embora essa seja provavelmente uma adição posterior, o sentido pode ser o mesmo: Alcuíno queria se referir a uma *agressiva* incursão marinha, não apenas uma espécie de contato marítimo. O que espantou Alcuíno e seus contemporâneos era que seus amigos escandinavos trouxeram espadas em vez de mercadorias para o comércio, e é isso que marca o verdadeiro ponto de inflexão comportamental do fenômeno viking – pelo menos em seus aspectos abertamente violentos, no olhar dos estrangeiros. Quando Alcuíno se ofereceu para negociar a devolução dos reféns capturados em Lindisfarne, em sua carta ao bispo, Higbald, é evidente que de alguma forma ele tinha uma linha de comunicação com os captores, o que novamente sugere que os conhecia.

Os vikings voltaram no ano seguinte, e já sabiam do que gostavam: casas monásticas isoladas, indefesas, mas muito ricas. Provavelmente estavam bem familiarizados com elas por causa das transações comerciais, já que os mercados às vezes eram realizados nos arredores dessas instituições. Qualquer escandinavo que entrasse em uma igreja desse tipo – bastante enfadonha do lado de fora e povoada por homens com aparência de fracotes e cortes de cabelo ridículos – devia ficar maravilhado com a quantidade de ouro e prata lá dentro. Motivação não é um problema aqui. Outro mosteiro foi atacado na Nortúmbria: as casas gêmeas de Monkwearmouth-Jarrow. Durante a incursão, um dos comandantes vikings foi morto e alguns dos navios foram "despedaçados" pelo mau tempo, que afogou alguns dos que estavam a bordo; quando as tripulações sobreviventes chegaram, cambaleantes, à praia, foram massacradas pelos moradores locais. Mesmo no início, não foram interações inteiramente unilaterais.

Em 794, os *Anais de Ulster* [*Annála Uladh*] registraram ataques maciços na Grã-Bretanha, embora em termos gerais. Após o revés em

Monkwearmouth, a sabedoria convencional diz que as atenções dos vikings se voltaram para a Escócia, e em 795 a abadia da ilha de Iona foi saqueada, com muitas baixas entre os monges (Iona foi atacada novamente em 802 e 806, e acabou sendo abandonada). No entanto, em 797 Alcuíno escreveu aos cidadãos da Cantuária para lamentar o que a seu ver era "um povo pagão se acostumando a devastar nossas costas com roubos piratas", o que não parece refletir apenas um punhado de ataques na distante Escócia e através do mar da Irlanda. Alcuíno registra combates com agressores marítimos na França em 799 e, apenas alguns anos depois, há uma menção a um ataque à Frísia (atual Holanda) com espantosos duzentos navios.

A Irlanda foi atacada pela primeira vez em 795, o mesmo ano que Iona, em um local semelhante na ilha de Rathlin. As incursões continuaram na costa oeste, também em mosteiros mais insulares – Inishmurray e Inishbofin. Holmpatrick na costa leste foi alvo de um ataque em 798. No início do século IX, a Irlanda era invadida quase continuamente, os principais alvos sendo os mosteiros costeiros, repetidas vezes considerados presas fáceis. Em 808, os *Anais reais francos* mencionam piratas que capturaram um enviado papal para obter resgate; como o rescaldo de Lindisfarne deixa claro, havia alguma forma de relação diplomática com os vikings. As mesmas fontes francas também mencionam ataques especialmente intensos na Irlanda entre 811 e 813.

Ao mesmo tempo, no Sul da Inglaterra, o quadro se torna ainda mais claro, quando documentos e licenças de ocupação de terras de Kent cobrindo o período de 811 a 822 mencionam em várias ocasiões defesas contra os vikings, que parecem estar se movendo para o oeste ao longo da costa. Há uma sugestão de fortificações e, possivelmente, uso de barcos como barreiras de dissuasão. Uma carta de 811 se refere inclusive à destruição de acampamentos, implicando que os vikings tinham de fato estabelecido algum tipo de base terrestre; outras cartas deixam claro que havia fortificações contra os pagãos e outras fortalezas construídas por eles. Em 814, as cartas fazem referências semelhantes a defesas antipagãs, sugerindo repetidas incursões provavelmente a cada verão. Os ataques estavam começando a se acelerar em termos de frequência. Em 822, são mencionadas incursões em Milton, que fica a quinze quilômetros em direção ao interior. Essa mesma carta alude a "pagãos inimigos", o que suscita a questão sobre se também poderia ter havido pagãos "amigos". Todas as cartas referem-se à construção de pontes, que podem ter servido como bloqueios de rios (tática usada com sucesso cinquenta anos depois na Frância).

Curiosamente, nada disso aparece na *Crônica anglo-saxônica*, que menciona pela primeira vez o agravamento dos ataques vikings da década de 830 em diante. No entanto, a *Crônica* era o braço de propaganda da corte da dinastia Wessex. Parece que notícias de certo tipo não eram bem-vindas, ou talvez o objetivo fosse colocar panos quentes nas ineficazes defesas do início do século IX em favor dos "heroicos" esforços de Wessex contra os dinamarqueses décadas depois. Apesar disso, em outras escrituras o mesmo padrão se repete na Mércia, na região das Midlands, centro da Inglaterra. A sugestão de negociações com os vikings e os estranhos silêncios da *Crônica* até mesmo levaram um historiador a sugerir que a aquisição da Mércia por Egberto de Wessex em 825 podia ter contado com a assistência militar escandinava.

Uma questão óbvia é de onde os escandinavos vinham, e como. Os primeiros invasores eram principalmente da costa oeste da Noruega, mas sempre se supôs que sua rota para a Grã-Bretanha seguia diretamente ao sul das "Ilhas do Norte" (as Shetland e as Órcades). De lá, pensava-se que os invasores navegavam para o leste ao longo da costa inglesa até os mosteiros da Nortúmbria, ou em direção oeste e mar da Irlanda adentro, em ambos os casos dando meia-volta na hora de voltar para casa. Tendo em vista as novas interpretações dos documentos e licenças de ocupação de terras de Kent, totalmente ausentes da *Crônica* e, portanto, distorcendo nossas percepções dos eventos, aventou-se a plausível possibilidade de que, em vez disso, as incursões norueguesas percorriam a costa europeia, bordeando o litoral da Dinamarca e dos Países Baixos, antes de seguirem para as ilhas britânicas pela rota mais curta. De lá, viajavam para o norte de volta à Noruega, ou diretamente ao longo da costa leste da Inglaterra e passando pela Nortúmbria, ou adentrando o mar da Irlanda a partir do sul (vez por outra até mesmo passando a oeste da Irlanda), saqueando ao longo de todo o caminho de volta para casa.

Um ataque isolado na foz do rio Loire em 819 parece um esforço paralelo ou suplementar numa dessas viagens para o oeste ao redor do

Sudoeste da Grã-Bretanha antes de rumar para o mar da Irlanda. Dorestad [Dorostate ou Dorestadum], o grande centro comercial da Frísia, atingiu seu apogeu na década de 830 e, por esse motivo, também foi alvo de frequentes investidas vikings, o que faz sentido se as frotas de ataque estivessem viajando por essa rota do sul.

A combinação dos barcos funerários de Salme e os novos trabalhos de pesquisa na Grã-Bretanha representam uma revisão radical de como se desenrolou o impacto inicial dos vikings. Do Báltico ao mar do Norte, isso, por sua vez, estava inevitavelmente atrelado ao lugar de onde – e por que – vinham esses invasores –, e tudo isso tinha estreitas ligações com a economia política na Escandinávia. Ademais, as forças de mercado, a demografia e a ideologia desempenharam um papel fundamental, e é nessa constelação de fatores que é possível encontrar as verdadeiras origens da Era Viking.

10

Maritoria

Os ataques vikings eram violentos, brutais e trágicos. Eram também muito lucrativos, embora com riscos inerentes. Como tais, tinham profundo teor político e também representavam a manifestação da política econômica – em geral de maneiras que muitos de seus participantes (e não seus comandantes) poderiam não ter reconhecido na época.

Nos séculos anteriores ao início da Era Viking surgiu o que poderia ser chamado de *maritoria*, uma forma de poder que combinava as aspirações dos pequenos reis com controle do território, o que tinha estreitas ligações com uma nova forma de mercado, tudo isso articulado com uma relação com o mar. As razões para os ataques podem ser encontradas nessas especiais comunidades organizadas politicamente e em seus fundamentos.

Como acontece com grande parte dos primórdios do Norte, esses acontecimentos tiveram suas raízes no gradual declínio do Império Romano do Ocidente e nas mudanças que se abateram sobre as sociedades escandinavas à medida que as instituições imperiais ao sul se contraíam ou definhavam. As aristocracias em ascensão – as "novas elites" com sua cultura de salão, honra pessoal escáldica e túmulos monumentais – eram apenas parte do quadro geral. Ao lado delas, mas intimamente entrelaçados às suas ambições, estavam o renascimento e a reorientação da economia pós-romana. Foi a revolução nessas forças de mercado, tanto quanto a ascensão dos senhores da guerra, que lançou as bases para a Era Viking.

Nos séculos VI e VII, no mais tardar, as elites escandinavas já estavam se expandindo além das economias localizadas e estratégias de subsistência, para encampar atividades mais organizadas e de longa distância. Assim, uma baleia-da-groenlândia do Atlântico Norte capturada ao largo da costa norueguesa abastecia um mercado local com óleo, gordura e carne, ao passo que sua pele e sobretudo seus ossos sobremaneira esculpíveis eram exportados para o restante da Escandinávia. Essas conexões estendiam-se ainda mais, tanto para os incipientes impérios europeus que se refizeram segundo modelos pseudorromanos quanto para o leste, com as rotas comerciais das rotas marítimas da seda através do golfo Pérsico até o oceano Índico e, no fim das contas, até mesmo a distante China. A chave para tudo isso era o controle do sistema, que era exercido por meio do estabelecimento de centros de mercado especializados, fundados como estratégias deliberadas de poderio econômico tendo em vista o comércio interno e externo.

Essa reorientação de redes de redistribuição e troca de presentes para um comércio mais desincorporado não foi um desdobramento isolado. Os novos horizontes mercantis da Escandinávia eram reflexo de um fenômeno geral do Noroeste europeu: o ressurgimento da economia pós--romana com uma plataforma internacional. Na Inglaterra e na Frância, novos *"emporia"* ou pontos de comércio desse tipo eram conhecidos como *wics*, componente preservado hoje em nomes de cidades da costa leste, a exemplo de Ipswich (Gipeswic) e Norwich (Norvic). Incluíam Hamwic (atual Southampton) e Lundenwic (Londres, com centro no sudoeste da cidade romana), e também se estendeu para outros reinos mais ao norte, como a Nortúmbria, com locais como Eoforwic (York).

Em uma forma de povoamento conhecida como "desenvolvimento em escada", vários desses lugares assumiram de início a forma de duas ruas paralelas à costa, uma acima da outra, com ruas transversais (os "degraus" da escada) conectando-as em intervalos. A via pública à margem da água ligava-se diretamente ao tráfego marítimo que chegava – as embarcações eram arrastadas para a areia ou, posteriormente, passaram a atracar em docas e molhes. Não é por acaso que a rua principal de Lundenwic era chamada de *strond* (agora encapsulada como a rua Strand, dentro da cidade de Westminster, em Londres) – literalmente "a praia". Na rua de trás ficavam as residências, oficinas e o coração comercial dos assentamentos. As "escadas" logo se expandiram, com a adição de mais ruas longe da água e ao longo de sua fachada.

No âmbito do Império Franco, havia um centro de comércio semelhante em Quentovic, assentamento hoje perdido no rio Canche, perto de Étaples no Pas-de-Calais, cujas atividades comerciais dirigiam-se principalmente para Kent, do outro lado do canal da Mancha. Além de Quentovic, a Frísia – que equivale mais ou menos à atual Holanda – emergiu como um marcante fulcro de comércio específico para o Noroeste europeu. A Frísia era essencial precisamente porque também era liminar, fazendo fronteira com os territórios dos francos, saxões e dinamarqueses e, portanto, decisiva para todos eles – sobretudo como um canal de comércio. Tinha conexões marítimas a oeste e a sul, a nordeste até a base da Jutlândia e também com as terras dos alemães. O local-chave aqui era Dorestad, situada na região de Utrecht, perto de uma bifurcação crucial do Reno que proporcionava excelentes comunicações. Do século VII em diante, cresceu rapidamente como o principal mercado e porto do norte do Império Franco. De longe o maior entreposto de seu tipo, Dorestad se desenvolveu em um extraordinário empreendimento linear de vários quilômetros de extensão ao longo do rio. Seus amplos cais de madeira se estendiam a perder de vista água adentro, tão abarrotados que, em essência, formavam um prolongamento do próprio mercado.

No início do século VIII, o mesmo fenômeno estava aparecendo na Escandinávia.

Na Dinamarca, a primeira região escandinava a consolidar uma maior autoridade política, essa transformação teve como centro a cidade de Ribe, no Sudoeste da Jutlândia, perto da fronteira do reino. Provavelmente o primeiro dos empórios escandinavos em expansão, parece ter sido fundada no início do século VIII, estimulada pela proximidade com os *wics* ingleses e francos, e em especial com o comércio frísio. Em poucos anos, uma série de lotes de terra longos e regulares foram dispostos por todo um sistema básico de ruas, delimitadas por cercas baixas e contendo áreas de oficinas para a produção de contas, trabalhos em metal e outros tipos de artesanato. Provavelmente não era grande coisa no início, e talvez tivesse ocupação apenas sazonal, mas Ribe foi o início de uma experiência econômica e política que teria consequências de longo alcance.

17. O primeiro mercado. Uma reconstrução da Ribe do final do século VIII – pequenos lotes divididos por cercas baixas com oficinas simples e atividade artesanal. Esse lugar se tornaria uma das primeiras cidades da Escandinávia. (Crédito © Flemming Bau.)

Por volta de 770, um segundo grande mercado dinamarquês foi fundado na costa oposta da Jutlândia em Hedeby (atual Haithabu, no Norte da Alemanha, mas, na época, uma firme porção da Dinamarca da Era Viking). Situada no rio Schlei, Hedeby ficava mais ao sul do que Ribe e foi integrada ao baluarte defensivo Danevirke, a série de fortificações que protegia a fronteira. Uma nota nos *Anais reais francos*, um dos registros históricos oficiais da corte do império de Carlos Magno, relata como, em 808, o rei dinamarquês Godofredo vinha fazendo incursões nos territórios eslavos a leste, onde destruiu o assentamento comercial de Rerik (a atual Groß Strömkendorf, no Norte da Alemanha). À época aliada dos francos e servindo como uma espécie de porto franco, Rerik era essencialmente uma espécie de Ribe dos eslavos ocidentais, e é claro que Godofredo apreciou seu potencial. Os *Anais* registram como Godofredo, em vez de ocupar um local longe de sua base, simplesmente "transferiu" seus comerciantes atacadistas para Hedeby, instalando-os sob seus auspícios.

O mesmo processo estava ocorrendo em outras partes do Norte. Na Suécia, algo semelhante foi criado em uma ilha no lago Mälaren, situada a alguma distância do mar, mas propiciando um porto protegido de águas profundas e acesso rápido tanto ao Báltico como às rotas fluviais para o interior. Neste assentamento de Birka, as primeiras camadas de ocupação datam de cerca de 750 – em algum momento entre a fundação de Ribe e Hedeby. O que talvez pode ter sido um mercado local não demorou a se tornar permanente, com casas, oficinas e ruas dispostas em um crescente, com sua extremidade aberta junto à água, as vielas descendo para molhes de madeira com alicerces de pedra que se estendiam até o lago. A primeira missão cristã à Suécia chegou a Birka em 829 sob a liderança de um padre veterano (e mais tarde arcebispo) chamado Anscário,[28*] e os registros de seus esforços, em grande parte malsucedidos, também contêm detalhes do mercado, que ao que parece estava sob a administração real e era dirigido por um agente, enquanto o rei local ocupava um de seus complexos de salões do outro lado da água, numa ilha vizinha. A arqueologia nos diz que o interior do assentamento era acanhado, cheio de pequenas estruturas e provavelmente nem um pouco higiênico. Na periferia ao norte de Birka, séries de casas longas ficavam separadas, cada uma em seu próprio terraço artificial, elevando-se acima do lago, talvez a comunidade "casa de campo" dos moradores mais abastados que não queriam se misturar com a sujeira e a miséria do assentamento principal. Um castelo fortificado foi estabelecido na ponta da área ocupada, e logo todo o centro comercial seria cercado por um muro que também o apartava do número crescente de cemitérios externos.

Esses empórios e mercados de praia – locais como Hedeby e Birka – eram manifestações das mudanças na história econômica da Europa pós--romana, conforme foi reescrita por sociedades em ascensão. No novo vocabulário acadêmico, são vistos como "pontos nodais estratégicos" em redes internacionais, conectando diferentes reinos minúsculos e permitindo que fizessem negócios como pares. No decorrer da Era Viking, alguns deles se transformaram em verdadeiros centros urbanos.

---

28 * São Anscário ou Ansgário (801-865), bispo de Hamburgo e Bremen, apóstolo da Escandinávia. [N. T.]

Havia uma nítida hierarquia de mercados; na extremidade inferior as transações cotidianas eram feitas entre a população rural, fosse entre os próprios camponeses ou por intermédio de vendedores ambulantes. Desde pelo menos o início da Idade do Ferro Tardia, pelo menos, havia redes interconectadas de pontos de comércio menores – de tudo um pouco, variando de um único cais com vendas feitas diretamente na lateral de um barco até feiras e mercados locais. Um estudo aprofundado de Gotlândia, por exemplo, mostrou que toda a linha costeira de atracadouros e pontos de desembarque viáveis era coberta por pequenos portos – cerca de cinquenta ao todo –, a maioria dos quais não passava de uma rampa de pedra, uma área com uma trilha aberta para a areia e pouco além disso, mas suficiente para as necessidades locais.

Como entrepostos regionais, também poderiam atuar como intermediários para uma distribuição mais ampla de produtos dos mercados maiores. Da mesma forma, todas as principais instalações costeiras e fluviais não apenas serviam ao comércio marítimo primário, mas também cumpriam o papel de conectores – "portas de entrada", nome que os historiadores econômicos lhes dão – para as rotas mercantis terrestres do interior. Estas, por sua vez, alimentavam as redes preexistentes de troca local que provavelmente eram utilizadas havia milênios, assegurando assim que as mercadorias de longa distância que chegavam a, digamos, Ribe pudessem alcançar as comunidades rurais e fazendas.

Uma função que os mercados maiores como Birka e Ribe claramente cumpriam era a de portos de comércio para a importação de mercadorias do exterior. No entanto, nas primeiras sociedades da Era Viking várias camadas de troca estavam em operação. Uma ênfase na importação controlada de mercadorias estrangeiras, tanto as exóticas como as triviais, pode tender a ofuscar o valor da produção doméstica, que, é claro, também pode ser gerenciada e tomada como propriedade. Também parece ter havido um conceito de "moeda-mercadoria", em que produtos e matérias-primas de vários tipos – fossem tecidos, pentes ou mesmo gêneros alimentícios – eram trocados mediante taxas, combinadas de antemão, literalmente como dinheiro, não como escambo. No século VIII, com o surgimento dos empórios e centros de comércio, esses itens eram produzidos no campo e movimentados para os mercados; mais tarde, na

Era Viking propriamente dita, as próprias cidades mercantis assumiriam o controle dessa produção.

A arqueologia dos principais mercados traz à tona uma das qualidades dessas cidades acima de outras – a saber, que foram cuidadosamente planejadas em lotes regulares, muitas vezes dispostos em uma grade básica de ruas, com cercas que demarcavam zonas bem definidas de propriedade e controle. Em suma, esses lugares eram organizados, ainda que saber se sob a batuta de uma autoridade central ou por meio do esforço coletivo e comunitário seja outra questão. Não é difícil ver como esse zoneamento poderia assumir também outras dimensões, na forma de direitos exclusivos de comércio ou mesmo uma forma de protecionismo.

Considerando esse nível de organização, uma questão perene nos estudos sobre os vikings diz respeito aos papéis desempenhados pelas elites no estabelecimento desses primeiros centros comerciais. Enquanto o ímpeto econômico era fornecido por patrocinadores entre os diminutos reis e outros governantes regionais, lugares como Ribe eram movidos também por padrões de comércio mais amplos. A introdução da vela na tecnologia de navegação escandinava parece coincidir com o surgimento desses centros mercantis, e foi, portanto, outro possível componente dessas novidades econômicas.

Muitos centros comerciais atuavam também como locais de assembleia, e a dupla função reunia as pessoas em contingentes cada vez maiores; Birka, por exemplo, era das mais importantes nesse quesito. É difícil ter certeza, mas alguns dos nomes dos mercados regionais regulares também sugerem conotações cúlticas, como o Disting, "a assembleia Dísir", realizada em Uppsala. Talvez os seres ligados a essas ocasiões também funcionassem como algo semelhante a um santo padroeiro do comércio.

Por meio da associação com as assembleias, essa base "democrática" é importante. Parece evidente que a força de suma importância para o comércio regional e internacional não era a vontade das elites políticas, mas a capacidade de agir dos mercadores e artesãos. Isso estava ligado, por sua vez, a uma clara percepção da oferta em resposta à demanda, entrelaçada com as variáveis de gosto e moda. Nesse aspecto, os reis estavam mais para empresários, investindo em um provável empreendimento, e talvez em uma posição melhor que a de outros para aproveitar uma oportunidade. Nas estruturas de poder da política escandinava às vésperas da

Era Viking, havia uma teia de relações regendo a produção, distribuição e consumo de bens, não apenas por e para as elites, mas se estendendo a todos os níveis da sociedade.

Outra questão correlata diz respeito a quem realmente morava em Ribe, Birka e os demais mercados. O câmbio local era uma questão muito diferente do comércio internacional em grande escala realizado com um navio estrangeiro, e cada forma de transação exigia uma infraestrutura diferente. Isso se refletia nos assentamentos que cresceram ao redor desses locais à medida que se desenvolviam, com populações que, de modo geral, estavam mais intimamente integradas à atividade mercantil que passou a dominar todos os outros aspectos do lugar. Esses prósperos pontos de comércio viram também a criação do que com efeito se tornaria uma genuína classe profissional – artesãos especializados em manufatura artesanal e lojistas dedicados à venda desses artigos.

Essas cidades incipientes não eram apenas centros aspiracionais das primeiras "economias de gotejamento".[29*] Todos esses lugares tinham seu lado mais sombrio – seus desvios, subversões e ilegalidades. Beber era uma atividade suficientemente popular para exigir tabernas especializadas, mesmo que sejam difíceis de detectar na arqueologia; o mesmo provavelmente se aplica ao trabalho sexual. Também é provável que as atividades criminosas tenham tomado formas novas nos mercados. Sem dúvida os invasores que voltavam do mar poderiam encontrar outras fontes de renda nas ruas movimentadas ("que bela oficina você montou aqui, seria uma pena se algo acontecesse com ela"). Qualquer aumento repentino no comércio envolvendo bens físicos valiosos requer também segurança, guarda-costas, alguma espécie de seguro – um tipo diferente de citadinos. Certamente a Era Viking tinha seu submundo, e suas sombras.

Essas novas funções, estimuladas pelos novos mercados, às vezes assumiam formas muito provincianas. Em Gotlândia, por exemplo, os joalheiros expressaram sua lealdade local com tipos peculiares de vestimentas e acessórios encontrados apenas na ilha, mas que incorporavam desenhos

---

[29*] Conceito da teoria econômica utilizado para designar os efeitos positivos do aumento de renda da fatia mais rica da população, que mais cedo ou mais tarde "respingaria" para a renda da população mais pobre por causa dos efeitos do crescimento da economia. [N. T.]

e símbolos de outras tradições e culturas. O resultado foi uma identidade insular, sinalizada na pessoa, mas reconhecendo o contexto mais amplo em que os ilhéus atuavam alegremente. O mesmo pode ser dito de Ribe, Hedeby, Birka e outros locais semelhantes. Ao mesmo tempo, em todos esses centros de comércio é claro que a população tinha acesso regular e antecipado a produtos não locais, com implicações para seus contatos com as terras do interior mais amplo, conectando as populações rurais e "urbanas". Carne e hortifrútis eram trazidos do interior. Os peixes podiam ser pescados na esfera local, mas em algumas cidades, como Birka, havia também uma vasta exploração dos recursos das aves, a exemplo do êider, que eram caçadas na primavera no arquipélago.

Essas pessoas são também caracterizadas por uma acentuada mobilidade, e estudos de isótopos dos primeiros cemitérios de Birka mostraram uma tendência de os indivíduos iniciarem deslocamentos por volta dos 13 anos ou 14 anos – talvez o limiar da idade adulta. O alcance geográfico dessas andanças parece se estender por até cem quilômetros em qualquer direção.

Os primeiros mercados atuaram, então, como canais para o comércio e portas de entrada para contatos estrangeiros. No século VII e nas primeiras décadas do VIII, esses contatos estavam, quase que inteiramente, chegando *à* Escandinávia; o comércio ainda não tomara a forma de mercadores do Norte aventurando-se no exterior. Isso mudou em meados do século VIII, e o povo do Norte começou a se deslocar *para* o comércio e a exercer controle direto sobre ele. Foi um dos principais fatores que contribuíram para a singularidade da Era Viking – o motor econômico em operação ao lado e atrás da força de incursões hostis.

Lembrando as primeiras evidências dessa atividade, os navios de Salme e o violento fim dos homens a bordo deles, examinaremos detidamente esse mundo mercantil primeiro no Leste, através do Báltico. Depois, podemos seguir a cronologia dos ataques – Portland, Lindisfarne e o resto – e rumar para o oeste.

O Báltico, "mar do leste" para os nórdicos (ainda é o nome sueco para ele, Östersjön), já era um centro de comércio durante toda a pré-história, e o fluxo de entrada e saída de mercadorias no Norte ocorria pelo menos desde a Idade do Bronze. As ilhas de sua borda ocidental – Gotlândia, Öland e Bornholm – eram culturalmente escandinavas, embora com suas peculiaridades e expressões de identidade locais, como em qualquer outra região.

A revolução econômica do Oeste, visível no estabelecimento de centros comerciais organizados, também teve sua contraparte oriental; as mesmas tendências apareceram no Báltico precisamente ao mesmo tempo. Esses vikings do Ocidente e do Oriente eram todos as mesmas pessoas, atuando quase da mesma maneira em toda a extensão de suas viagens e contatos, embora com um comportamento que naturalmente variava de acordo com as condições e contingências locais.

Havia sem dúvida um ativo comércio com o que hoje corresponde à Finlândia, provavelmente através do arquipélago Åland, que na Era Viking foi, para todos os efeitos, um posto avançado cultural escandinavo, embora um pouco mais distante do que Gotlândia. A liga de cobre era um importante artigo de importação, usado para os peculiares ornamentos em joias femininas. Broches circulares finlandeses aparecem em Gotlândia, em Birka e em outras partes do vale do lago Mälaren, enquanto broches ovais escandinavos são encontrados no interior finlandês.

Na costa sul do Báltico, a partir de meados de 650 pode-se detectar um ressurgimento eslavo entre os rios Oder e Vístula, manifestado no estabelecimento de algo semelhante aos entrepostos de intensa atividade comercial no mar do Norte. Mercados maiores estavam surgindo – como Rerik, que desempenhou um papel fundamental na fundação de Hedeby –, mas também havia muitos centros menores. Os arqueólogos encontraram cerca de quinze pontos de comércio ao longo do Norte da Alemanha e do litoral polonês – todos eles com uma presença escandinava por volta do século VIII. Esses locais eslavos ocidentais eram caracterizados por abrigos parcialmente subterrâneos, organizados em moldes semelhantes aos existentes nos empórios escandinavos, embora com um toque local.

Parece ter quase havido uma colônia escandinava em Grobina, na atual Letônia, e é nessa época, em meados do século VIII, que as principais rotas comerciais ganharam forma perceptível. Existia um "caminho do âmbar" para o fluxo mercantil dessa valiosa mercadoria, que se estendia ao longo do rio Visla via Truso (na atual Polônia) e Grobina, que se conectava à Escandinávia através de Gotlândia. Esse itinerário era paralelo a uma rota oriental que partia do vale do lago Mälaren, talvez via Åland, para a costa da Estônia. Toda a costa dos Estados bálticos de hoje era importante nesse contexto porque proporcionava acesso ao interior do Leste Europeu por meio de uma série de rios – o Neman [ou Nemunas], o Venta, o Daugava e outros, que com frequência contavam com a proteção de fortalezas ao longo de sua extensão e, portanto, passar por eles exigia negociações complexas (e pagamento de tributos ou impostos), em etapas sucessivas, uma vez que essas hidrovias cortavam os territórios de diferentes tribos.

No Báltico do século VIII, o principal empreendimento mercantil dos escandinavos foi a decisão de se deslocar para o leste – até o extremo leste –, através do golfo da Finlândia e adentrando o que hoje equivale ao território da Federação Russa. Não há dúvida de que isso representou uma significativa mudança nos contatos culturais e comerciais existentes; não se tratava, de forma alguma, de uma terra incógnita para os escandinavos. Indivíduos pelo menos da Suécia continental e de Gotlândia haviam viajado para lá muitas vezes, mas não há evidências de viagens em grande escala em qualquer sentido organizado, e certamente não de povoamento. Isso mudaria em torno de 750, concomitantemente com o mesmo desdobramento no Noroeste da Europa.

O foco desse movimento rumo ao leste estava em um lugar agora conhecido como Staraia (Velha) Ladoga, localizado na foz do rio Volkhov, onde deságua no lago Ladoga, o maior corpo de água doce da Europa. O acesso do Báltico e do golfo da Finlândia era direto, ao longo do rio Neva, às margens do qual São Petersburgo seria fundada um milênio depois, de lá ao longo da costa de Ladoga e rio acima alguns quilômetros até o assentamento. O Volkhov era o principal meio de acesso aos sistemas fluviais mais ao sul que levavam do e para o interior da Rússia, mas também, em última análise, para o sistema do rio Dniepre, cujo curso poderia ser seguido até o que hoje é a Ucrânia através do mar Negro, e até chegar ao mercado mais rico de todos: Bizâncio.

Os primeiros vestígios de ocupação em Ladoga datam de 753, precisão alcançada com cronologias de anéis de árvores das primeiras estruturas de madeira preservadas no solo alagado. Assim, vemos a mesma data de fundação dos outros centros comerciais desse tipo, essa mesma mudança no equilíbrio da sociedade, do comércio e do poder. No final do século, o acampamento estava prosperando.

Disposta ao longo do Volkhov na confluência de um tributário menor, Ladoga era uma construção fortemente linear que se estendia seguindo as duas margens. A área central era onde as águas se encontravam, com uma mistura de estruturas quadradas de madeira típicas dos povos eslavos e casas longas retangulares do estilo nórdico. Essa mistura étnica estava lá desde o início, com eslavos, escandinavos, finlandeses, bálticos e até sámi e outros, todos se acotovelando no mercado em constante expansão. A área ocupada era circundada por defesas básicas, e parece que algum tipo de fortaleza foi construído logo no início no topo do promontório com vista para a confluência.

As ribeiras fora da área central e os campos atrás do assentamento estavam salpicados de cemitérios, aparentemente separados por zonas étnicas e com uma variedade de sepulturas típicas das diferentes tradições entre os cidadãos de Ladoga. Com o tempo, esses sinais começaram a se fundir e se misturar, sem dúvida exatamente como aconteceu com a vida das pessoas que os fizeram, mas, ao que parece, foram os escandinavos que fundaram o mercado e o dominaram desde o início.

Podemos imaginar que um lugar como Ladoga era semelhante aos assentamentos de fronteira do Oeste dos Estados Unidos, cujo rápido crescimento os convertia de um punhado de tendas com suprimentos de navios e necessidades básicas a rudimentos de pequenas cidades. O mais provável é que fossem lugares barra-pesada, potencialmente violentos e também empolgantes, dependendo do gosto de cada um: um lugar para uma pessoa fazer fortuna e, em seguida, fixar residência ou seguir em frente, desde que sobrevivesse aos riscos. Pense em uma Deadwood[30*] lamacenta e ribeirinha com maior variedade étnica, além de espadas e uma infinidade de deuses, e provavelmente essa imagem não estará tão longe da

---

30* Referência à série televisiva *Deadwood* (HBO, 2004-2006); ambientada na década de 1870 na pequena cidade mineradora de Deadwood, Dakota do Sul, documenta o crescimento do lugar, desde um acampamento inicial a uma cidade grande. [N. T.]

verdade. O Leste era um lugar para começar de novo, para moldar uma vida diferente, e talvez esquecer uma vida anterior. Esse empenho não deve ser visto apenas em termos de sucesso. Imagine todos os esperançosos e ingênuos escandinavos, uns caipiras ansiosos por construir um futuro nos rios do Leste, recebidos de braços abertos pelos pilantras de rosto anguloso de Ladoga. Precisa de suprimentos? Pode vir aqui. Está com sede? É claro, meu companheiro. Está sem dinheiro? Bem, a sorte é sempre caprichosa, mas felizmente nós temos crédito, e em condições de pagamento *muito* boas. Os ladoganianos são seus mais novos amigos, um tapinha nas costas e um chifre de cerveja – e de repente mais três sobre a mesa, tão generosos! –, mas os olhos deles nunca sorriem. Você aperta a mão e fecha o negócio, e então aquele eslavo grandalhão se move para bloquear a porta. Provavelmente não existia lugar mais fácil para uma pessoa desaparecer, de bom grado ou não, e devia ter havido muitas covas anônimas.

Imaginar essas fantasias é divertido, mas o fato é que se tratava de um mundo de genuínas oportunidades. Os mercados e bazares eram cadinhos étnicos, caldeirões apinhados de uma babel de línguas provavelmente equacionada na língua franca do comércio. As interações operavam em dois níveis de instituição. Em termos formais, a troca mercantil deve ter sido limitada por jurisdições, regulamentos, códigos de conduta e leis. Do ponto de vista informal, tudo isso era permeado por expectativas de tradições, normas culturais e observações rituais igualmente locais, e assim por diante. Talvez o mais fundamental de tudo fosse o fornecimento de um ambiente seguro onde tudo isso poderia acontecer – um mercado totalmente desguarnecido e desregrado não duraria muito. As moedas dessas trocas eram peles, prata e escravos – uma trindade que se repetiria durante séculos.

No século VIII, o comércio fluvial do Leste ainda não era totalmente controlado pelos escandinavos – sua influência se expandiria no século IX Antes de atingir seu zênite no século X. Ladoga foi o começo – o pé na porta –, mas pelo menos durante a última metade do século VIII e talvez bem no início do século IX, essas rotas aquáticas provavelmente representaram um desafio.

As incursões hostis e o comércio eram dois componentes, quase duas expressões variantes, do mesmo fenômeno: a busca e a consolidação do poder, expressa por meio da aquisição e redistribuição de riqueza portátil.

As ambições expansionistas dos reis suenos (*svear*) da Suécia produziram lugares como Ladoga – mas também eventos como aqueles por atrás dos barcos funerários de Salme e o violento fim daquela expedição marítima provavelmente régia.

Ao mesmo tempo, no Oeste, especificamente na costa da Noruega, a realidade do poder era muito pessoal, de fato, e é aqui que a política se fundiu totalmente com a economia para produzir algo repentino e violento: as incursões. É o mesmo padrão visto de forma vaga no Leste, mas entrando em foco e se tornando muito mais nítido.

Em meados do século VIII, talvez cerca de quinze pequenos "reinos" tenham se aglutinado ao longo da costa norueguesa – por meio da competição (violenta ou não), absorção, expansão e aliança –, alguns deles se estendendo para o interior ao longo dos fiordes até as pequenas áreas de terras férteis. Dentro dessas estruturas, todavia, emergiu um padrão sociopolítico mais especializado, relacionado à topografia singular da região e seu potencial econômico, e diferindo de maneiras significativas dos agrupamentos comparáveis no restante da Escandinávia.

A região a que Snorri Sturluson se referiu como Midlands, estendendo-se de Rogaland ao sul a Nordmøre ao norte, produziu dados excepcionalmente bons. No coração agrícola de Jæren está o local-chave de Avaldsnes, que, juntamente com as terras adjacentes ao longo do estreito de Karmsund, é uma lente útil para iluminar esse período e lugar decisivos. Há evidências de um intrigante sistema político de duas camadas. Nas regiões do interior de solos férteis, havia mais de trinta propriedades rurais e grandes residências senhoriais – fazendas de aspecto imponente e majestoso, essencialmente –, com economias de subsistência agrária que tiravam proveito dos recursos disponíveis. É mais ou menos o mesmo padrão de povoamento e estrutura política do restante da Escandinávia. No entanto, havia *também* uma elite costeira externa, com cerca de dez mansões baseadas em ilhas e locais a pouca distância da praia – aparentemente de olho no tráfego marítimo ao longo da costa. Esta última parece ter sido algo novo na Escandinávia do final da Idade do Ferro.

Uma das mais relevantes evidências a corroborar essa estrutura de poder diferenciada vem na forma dos locais de assembleias estilo "pátio" que formavam o nível básico de governança. Um novo projeto de datação mostrou que em sua maioria os locais de assembleia em Rogaland (a área ao redor de Avaldsnes) minguaram e foram abandonados no século VIII. Em outras áreas, como Hålogaland, mais ao norte, as *things* continuaram em uso até a Era Viking.

Em termos práticos, isso significa que a parte centro-sul da costa oeste – de frente para a Grã-Bretanha – passou por uma drástica mudança nas relações de poder ao longo do século VIII. Foi, é claro, o mesmo período em que se deu o estabelecimento dos centros comerciais mais ao sul e ao leste, na Dinamarca e na Suécia, e quando os rios russos estavam se abrindo.

Parece provável que as primeiras assembleias da Idade do Ferro desempenharam um papel significativo na eleição de líderes, talvez até mesmo dos primeiros reis, função que naturalmente passou a ser assunto sério quando as novas elites do período pós-romano começaram a moldar seu próprio futuro. No entanto, à medida que o poder real crescia para superar o papel governamental das *things*, as assembleias começaram a restringir seus negócios a procedimentos legais. Em Rogaland, isso parece ter ido ainda mais longe, com os reis assumindo também essa jurisdição – uma clara centralização de poder nas mãos das elites.

Era patente que a natureza do governo estava mudando ao longo da costa norueguesa, mas de uma maneira diferente, e talvez mais rapidamente, do que no restante da Escandinávia. Aqui, o século VIII viu o surgimento de um novo tipo de governante, e as fontes em nórdico antigo até mesmo preservaram um nome para ele (eram todos homens): o *sækonungr*, o "rei do mar". Esses monarcas são mencionados principalmente nas sagas lendárias, nas imagens metafóricas de poemas escáldicos e, vez por outra, nas listas de sinônimos poéticos, bem como na *Ynglingasaga* [*Saga dos Ynglingar*] de Snorri, onde consta esta interessante definição: "Naquele tempo [...] havia muitos reis do mar que comandavam tropas numerosas e não tinham terras". É claro que sua "realeza" não dependia da linhagem – que havia se consolidado no século VIII –, mas do poderio militar marítimo em si mesmo.

Na década de 1930, compilou-se uma lista de todos os nomes pessoais de reis do mar a partir de fontes escritas, separando aqueles com origens no século IX ou anteriores. Esse trabalho é de imensa importância para a compreensão de quem eram esses homens. Como afirma o compilador, os nomes são "imagens históricas em miniatura", pouco adequados para os reis das sagas posteriores, mas sumamente apropriados como descritores do mundo real de líderes militares violentos e beligerantes. Eles quase saltam da página: Áti, "companheiro de refeições"; Beiti, "o viajante"; Ekkill, "o que navega sozinho"; Geitir, "o bode"; Gestill, "o pequeno convidado"; Jalkr, "o gritador"; Mysingr, "o rato"; Maevill, "a gaivota"; Rökkvi, "o que veleja ao crepúsculo" – e cerca de dezessete outros. São nomes de piratas. Pensamos em Barba Negra, Calico Jack e os demais, analogias que são realmente viáveis. O ponto principal é que esses são nomes vikings no sentido propriamente dito da palavra, a coisa real.

Cada um dos territórios dos reis do mar era um *maritorium* genuíno, abrangendo toda uma comunidade culturalmente orientada para o oceano. Aspecto decisivo é que não se baseavam no controle da terra, além do que era necessário para suprir as necessidades das casas senhoriais centrais. Lugares como Avaldsnes eram, portanto, feudos guerreiros – bases para os senhores da guerra do mar, com terras interioranas que os abasteciam de comida e bebida, bem como as matérias-primas para equipar e manter os navios. As fazendas dos distritos vizinhos podiam fornecer homens para a defesa de emergência e um pronto suprimento de tripulações para os próprios navios.

O maior dos reis do mar foi Haroldo Cabelos Belos, o homem que tentaria unificar a Noruega no século IX e iniciou o processo de formação de Estado que chegaria à conclusão duzentos anos depois; Avaldsnes foi uma de suas mansões senhoriais. De modo significativo, no início de sua carreira como rei do mar, Haroldo adotava um nome diferente: Lúfa, "cabeleira espessa", outro epíteto pirático de chefe de quadrilha mais tarde rearranjado para dar origem a sua alcunha régia. Haroldo era notório por suas muitas esposas e concubinas, e um estudioso chegou a sugerir que esses relacionamentos eram um meio de ligar as diferentes regiões do interior de seu reino na teia de alianças necessárias para respaldar seu poder marítimo. É uma imagem atraente.

Ao contrário de seus vizinhos do Sul, as comunidades organizadas ao longo da costa norueguesa do mar do Norte não tinham acesso direto aos mercados da Frísia e não dispunham de centros comerciais próprios, do tipo Ribe. Os reis do mar das Midlands norueguesas parecem ter compensado isso com um investimento no comércio de longa distância de matérias-primas e produtos do Ártico, incluindo peles, couro, lanugem, marfim de morsa e, especialmente, pedras de amolar, posicionando-se como os maiores negociantes dessa lucrativa mercadoria. O comércio parece ter decolado por volta de 720, com pico de produção na última década do século VIII – período que coincide com os primeiros ataques sérios na Europa Ocidental.

A consolidação do poder dos reis do mar envolveu assegurar o domínio das passagens marinhas ao longo da costa norueguesa, o que salvaguardava o vaivém do transporte de mercadorias e garantia a continuidade (e controle) do comércio. A influência dos reis do mar pode ter sido ainda mais profunda. Em Rogaland, as *things* parecem ter desaparecido exatamente no momento em que eles fortaleciam seu poder. Se os direitos das assembleias populares foram transferidos para a pessoa do rei, tratou-se de uma impactante apropriação de autoridade, expressa em termos que teriam feito sentido em meio à população e se manifestado no abandono dos locais de reunião que por gerações haviam servido suas comunidades. As sagas de família islandesa falam, com detalhes vívidos, do descontentamento de muitos dos noruegueses, insatisfeitos com a nova ordem real que angariava para si cada vez mais poder – à custa da classe agrícola. No relato histórico retrospectivo (e certamente tendencioso) dos escritores de sagas medievais, esses proprietários de terras independentes foram alguns dos principais impulsionadores por trás da decisão de estabelecer uma nova colônia no Atlântico Norte e fundar a república de fazendeiros livres que se tornaria a Islândia.

Os reis do mar foram essenciais para o início da Era Viking no Ocidente, e suas tentativas de expandir seu poder ao longo de toda a faixa costeira formam o pano de fundo político para as incursões hostis dos vikings. Dessa área vieram os invasores de Lindisfarne. Esse foi o ambiente social que os criou e os motivou. Era também a casa para a qual retornavam com navios abarrotados dos frutos das pilhagens – enormes somas de riqueza portátil que, por sua vez, sustentavam o mundo dos reis do mar.

A essa altura devemos refletir brevemente sobre algumas das outras teorias que já foram apresentadas como explicações para os ataques e, portanto, como catalisadores para a própria Era Viking. Cada um desses "gatilhos" tem problemas inerentes ou, quando considerado de maneira isolada, é uma explicação insuficiente.

Uma das teorias mais persistentes está relacionada à tecnologia, em termos específicos ao design de navegação escandinavo. O argumento é que as inovações náuticas – a introdução da vela e a criação de navios de calado raso construídos com pranchas sobrepostas para maior velocidade e agilidade de manobra – tornavam possível em termos práticos que os vikings navegassem para o exterior dessa maneira; pode até ser que teriam lançado seus ataques antes, mas ainda não tinham a capacidade de fazê-lo. Seguindo essa linha de pensamento, os avanços na construção de barcos proporcionaram um "fator de impulso" que impeliu os escandinavos mundo afora: eles tinham os navios, então os usariam. Essa hipótese tem vários problemas. Em primeiro lugar, a guerra marítima não era novidade no final do século VIII, ou mesmo em meados de 750. Os sacrifícios em pântanos na Dinamarca indicam importantes níveis de incidência de batalhas navais, mesmo no início da Idade do Ferro, e não é tão grande a distância entre a costa dinamarquesa e o resto da costa europeia. Da mesma forma, os barcos do estilo de Oseberg do início da Era Viking eram decerto embarcações maravilhosas, mas os navios de guerra de fato mortíferos foram uma novidade do final do século IX e meados do século X. Não há dúvida de que os escandinavos eram mestres da marinharia, e de fato seus navios eram nitidamente melhores que os das culturas circundantes do Noroeste da Europa, mas as viagens marítimas já vinham sendo um lugar-comum havia séculos – a pirataria e aventuras militares marítimas estavam longe de ser invenções vikings. Navios e poder bélico naval estavam no cerne do que os verdadeiros vikings fizeram, mas não são fatores que explicam, sozinhos, o *porquê* e o *quando*.

E há um argumento ambiental, de acordo com o qual o aquecimento do clima fez com que, de súbito, novos empreendimentos em direção a ambientes outrora inóspitos como o Atlântico Norte se tornassem mais viáveis e atraentes. Como parte do efeito, afirma-se, os escandinavos que optaram por partir se arriscaram em invasões e assentamentos em outros lugares em suas viagens. Contudo, o muito debatido Período Quente

Medieval só começou a se manifestar mais de um século *após* o início das incursões hostis – talvez até mais tempo. A Islândia e a Groenlândia já estavam colonizadas na época em que a temperatura começou a subir. A influência climática do "véu de poeira" do século VI é clara, e já investigamos suas contribuições para a sociedade que acabaria por gerar o fenômeno viking, mas em meados do século VIII ela estava soterrada em algum lugar profundo na mistura.

Alguns acadêmicos veem os centros comerciais europeus não como parte de um realinhamento econômico mais amplo, mas como um "fator de atração" correspondente ao suposto "empurrão'" dos navios. O argumento é simples: os vikings começaram a atacar para invadir porque houve uma rápida expansão de lugares que valia a pena saquear – o que os militares de hoje chamam de "ambientes ricos em alvos". No entanto, isso não se alinha totalmente com a cronologia. Está claro que os empórios sofreram repetidos ataques (Dorestad foi especialmente desafortunada) e que, como canais para a riqueza das manufaturas do comércio de importação e exportação, propiciavam e facilitavam objetivos tentadores e lucrativos. Mas seria equivocado ver esses tipos de redes comerciais de longa distância como um mero desdobramento do século VIII quando os ataques realmente começaram, e não se deve esquecer que os próprios escandinavos também realizavam transações comerciais nesses lugares, além de arrasá-los.

É quando o papel dos centros comerciais se combina com a política da própria Escandinávia que a situação em meados do século VIII começa a se tornar mais nítida.

A natureza destrutiva e agressiva do poder na cultura de salão da Escandinávia já foi estabelecida. Alguns veem a ascensão dos reis do mar ao longo da costa norueguesa como a cristalização dos aspectos predatórios dessa sociedade. À medida que seu domínio sobre a região se consolidou, reis do mar podem ter atuado como fiadores da segurança geral e, assim, para reduzir gradualmente as oportunidades de ataques "domésticos" dentro da Noruega. A ideia é que as perspectivas reduzidas dos invasores em âmbito doméstico os empurraram para o exterior, e esse teria sido o pontapé inicial dos clássicos ataques às ilhas britânicas.

Não há dúvida de que os invasores que assolaram a costa da Inglaterra no final do século VIII, e logo depois a costa da Escócia e da Irlanda, vieram dessa região da Noruega – achados arqueológicos do butim de pilhagem insular e tesouros monásticos, muitas vezes quebrados e reaproveitados, são abundantes nos túmulos contemporâneos dessas regiões. No entanto, isso não nos diz quem esses "vikings" realmente eram e por que não foram integrados às sociedades que esses novos reis do mar estavam construindo – afinal, os piratas de uma pessoa podem facilmente se tornar a marinha de outra. Em contraste, acredito que podemos ver os reis do mar como os verdadeiros *originadores* dos ataques ocidentais, e que os "vikings" eram uma parte totalmente integrada de sua base de poder; havia pouca diferença perceptível entre eles. Em todo caso, fossem como catalisadores das agressões vikings ou como participantes ativos nos ataques, os efeitos das ambições dos reis do mar foram os mesmos.

Algo similar pode ser observado na jornada dos svear rumo ao leste e ao sul através do Báltico. Os estímulos econômicos incluíram o papel das rotas fluviais do Leste como fontes de riqueza potencialmente enormes, o que se revelou no decorrer do início do século VIII por meio de um número crescente de expedições a essa região e de interações com os povos que lá residiam. A partir da década de 750, os pequenos reinos da Escandinávia estavam prontos e tinham condições de agir com base nessas informações.

Ao mesmo tempo que esses "reis e vikings" procuravam ativamente oportunidades além das fronteiras da Escandinávia, os povos que eles tinham *em sua alça de mira* vivenciavam um período de vulnerabilidade sem precedentes. No nível das comunidades de escala relativamente pequena na Inglaterra e na França, a defesa civil era desorganizada e prevalecia o completo despreparo para se defender contra ataques em ritmo acelerado. Em nível estadual, tanto o Império Inglês quanto seus reinos estavam à beira da guerra civil ou simplesmente eram incapazes de reagir com rapidez suficiente. No entanto, a coisa também funcionava na direção contrária. Apesar do foco tradicional na hostilidade viking, durante grande parte do período os povos do Sul da Escandinávia estavam sob ameaça quase constante da beligerância de seus vizinhos cristãos. O Império Franco estava sendo esculpido na ponta de uma espada pelas guerras expansio-

A imagem viking. Um navio de guerra reconstruído digitalmente do final da Era Viking, com base em exemplares escavados, incorporando o estereótipo, mas refletindo a realidade. Reconstrução elaborada por © Arkikon.

Vestidos para impressionar. Reconstrução moderna de armaduras, insígnias e emblemas encontrados em barcos funerários em Valsgärde e Vendel, Uppland, Suécia, mostrando a aparência dos novos líderes militares que ascenderam ao poder após a crise do Período de Migração. Foto de © Lindsey Kerr, grupo Wulfheodenas Living History, usada com gentil permissão.

O lugar do poder. Uma foto de drone do centro do poder real no Período Vendel e na Era Viking em Gamla Uppsala, na Suécia, sede da dinastia Ynglingar. Os monumentais montes funerários podem ser vistos claramente ao longo da cordilheira, enquanto os grandiosos salões ficavam em terraços onde hoje se localiza a igreja medieval. Foto de Daniel Löwenborg, usada com gentil permissão.

Casa e lar. Fazenda de status mediano da Era Viking em um outono chuvoso, com base em exemplares escavados. Imagem de © Arkikon.

Uma senhora de posses. Vestido reconstruído de uma mulher rica da Era Viking enterrada em um barco fúnebre em Gamla Uppsala, Suécia. Reconstrução de Þórhallur Þráinsson, usada com a gentil permissão do Museu de Gamla Uppsala.

Conjunto de achados de joias do tipo geralmente associado a mulheres; dois broches ovais com um colar no meio e dois outros fechos de roupa. Foto de Lennart Larsen, © Museu Nacional da Dinamarca, usada com gentil permissão.

Pulseiras, braceletes, anéis de pescoço e broches de prata de vários tesouros escondidos da Era Viking, Gotlândia. Foto de Katarina Nimmervoll, Museu da História Sueca, Creative Commons.

Histórias na pedra. Uma pedra pictórica da Era Viking em Lärbro, Gotlândia, com imagens organizadas em tiras sequenciais; são cenas da mitologia, narrativas heroicas ou homenagens aos mortos? Foto de Neil Price.

Teatro funerário. Provável aspecto do navio fúnebre de Oseberg, c. 834, durante os rituais de sepultamento – o navio enterrado apenas pela metade, de modo a deixar uma arena aberta para a interação com os mortos. Reconstrução elaborada por © Anders Kvåle Rue, usada com gentil permissão.

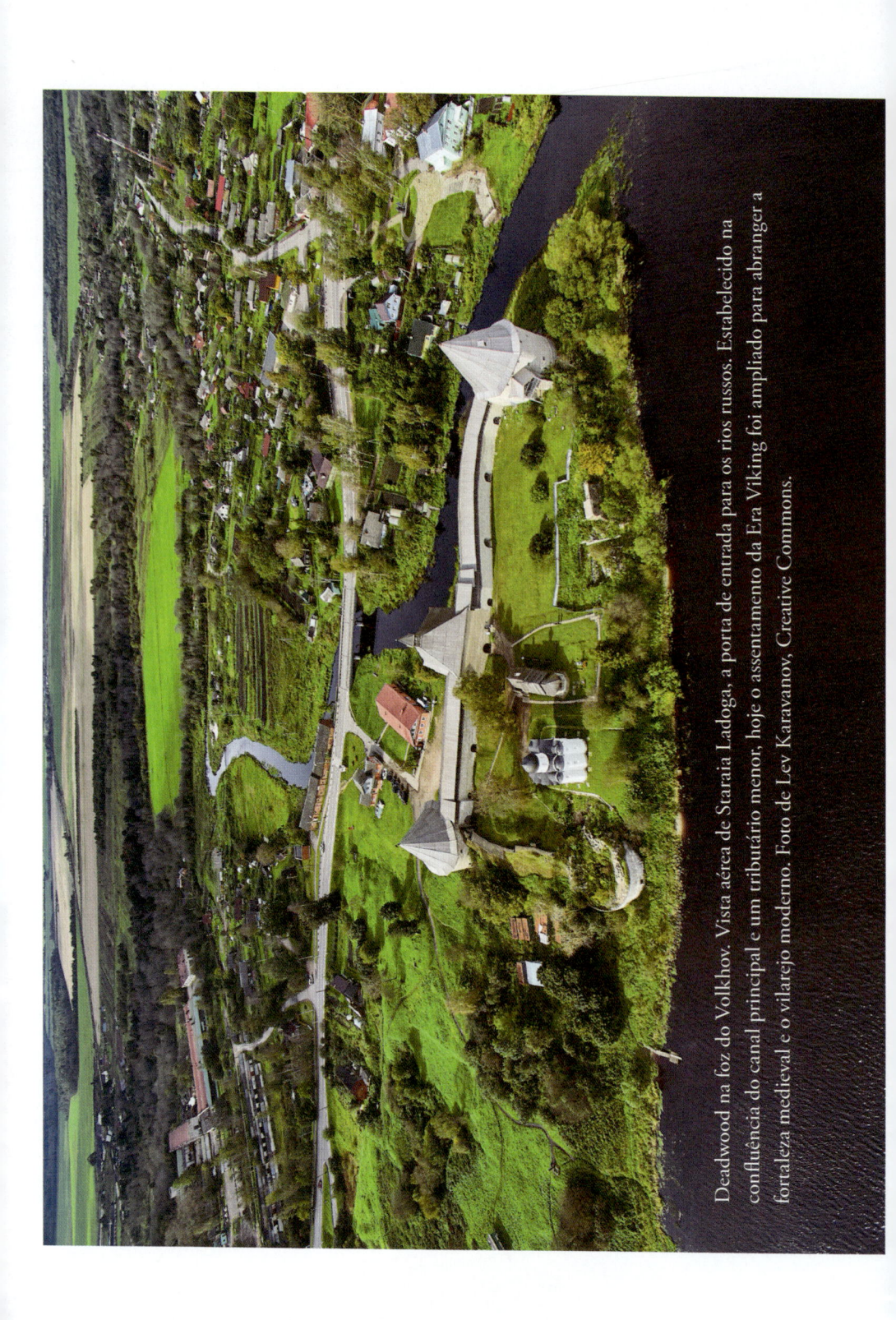

Deadwood na foz do Volkhov. Vista aérea de Staraia Ladoga, a porta de entrada para os rios russos. Estabelecido na confluência do canal principal e um tributário menor, hoje o assentamento da Era Viking foi ampliado para abranger a fortaleza medieval e o vilarejo moderno. Foto de Lev Karavanov, Creative Commons.

Miklagarðr. Reconstituição da cidade de Constantinopla, capital do Império Bizantino e a maior metrópole do mundo, com o aspecto que deve ter tido no final da Era Viking. O "Grande Lugar" era o principal destino dos viajantes escandinavos no Leste. Imagem © Projeto Byzantium 1200 e Tayfun Odner, usada com gentil permissão.

Uma aventura ibérica. O interior da Mezquita, a Grande Mesquita de Córdoba, na Espanha, e um dos edifícios da Era Viking mais bem preservados existentes no mundo; foi o centro de poder atacado por Björn e seus invasores na década de 860. Foto de Ronny Siegel, Creative Commons.

A cidade na charneca. Hedeby, na Jutlândia [Jylland], observada do alto. Ainda se pode avistar o grande arco de seu baluarte, coberto de árvores, encerrando o assentamento urbano; gado e edifícios dão a noção da dimensão. Agora em descampados abertos, no século X era o principal centro comercial do Norte, com ligações mercantis por toda a Europa e além. Foto © Departamento Estatal de Arqueologia, Schleswig-Holstein, usada com gentil permissão.

Pescadores piratas. A Torre de Deerness, nas Ilhas Órcades, em escavação em 2008. Um assentamento nórdico foi estabelecido no monólito isolado, controlando o oceano e a terra. Foto de Vicki Herring. © Instituto McDonald, Universidade de Cambridge, usada com a gentil permissão de James Barrett.

Ascensão da Rus'. O Portão Dourado em Kiev, reconstrução soviética no próprio local do portão fortificado do século XI, preservando uma seção transversal através da muralha da cidade, agora com elementos de madeira para restaurar sua aparência original. Foto de George Chernilevski, Creative Commons.

Um monarca militar: A fortaleza circular de Trelleborg, na Dinamarca, uma das cinco instalações desse tipo construídas pelo rei Haroldo Dente Azul no final do século X. Foto de Thue C. Leibrandt, Creative Commons.

A capital de um rei. Reconstrução do centro real em Jelling, na Jutlândia (Jylland), sítio com os grandes montes construídos para os pais do rei Haroldo e o complexo de salões monumentais. Imagem de © Franziska Lorenz e Jochen Struhrmann.

Planícies do Parlamento. Thingvellir (Þingvellir), na Islândia, local da assembleia nacional que se reunia em uma fissura vulcânica natural. O "orador das leis" ficava de pé ao lado do mastro branco, sua voz ecoando na grande parede de lava, enquanto os delegados se alojavam em cabines ao longo das planícies à beira-rio. Foto de Bob T, Creative Commons.

Cristo chega à Groenlândia. A capela construída para Thjodhild, esposa de Érico, o Vermelho, em sua casa em Brattahlid. Esta réplica fica ao lado da original, no sítio da fazenda, com Eiríksfjord (o "fiorde de Erik", hoje conhecido como Tunulliarfik). Foto de Claire Rowland, Creative Commons.

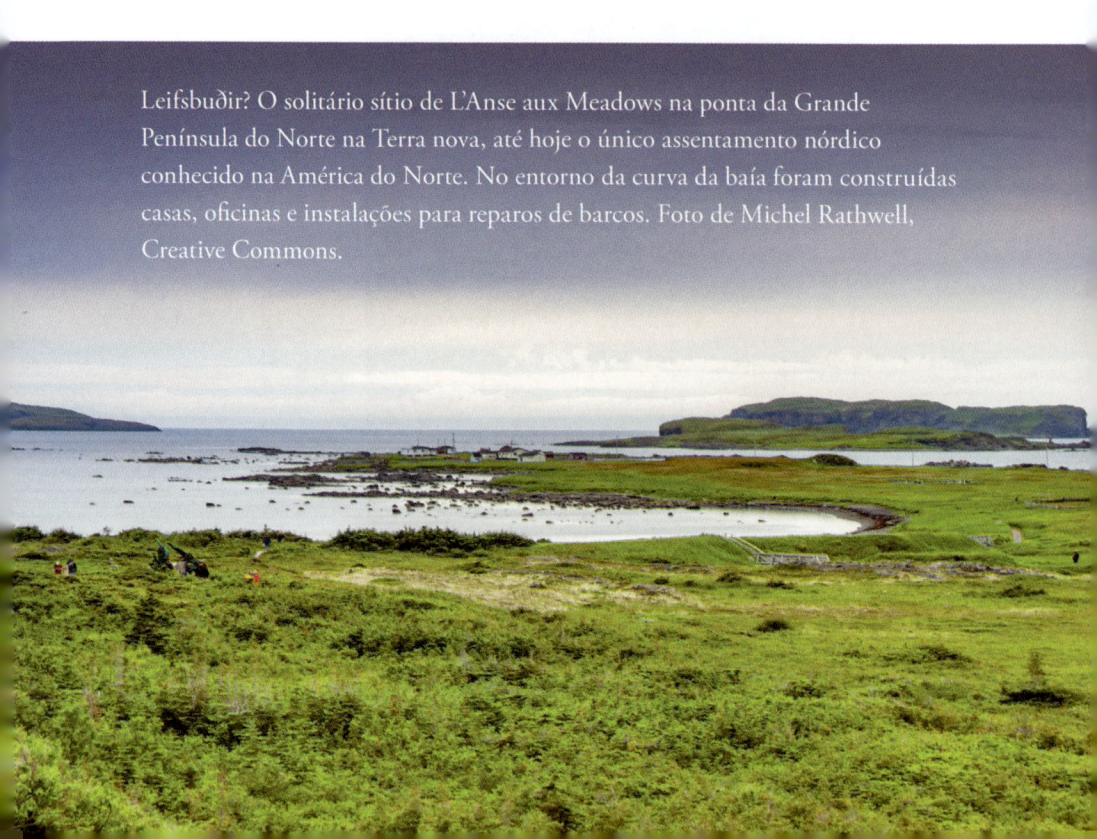

Leifsbuðir? O solitário sítio de L'Anse aux Meadows na ponta da Grande Península do Norte na Terra nova, até hoje o único assentamento nórdico conhecido na América do Norte. No entorno da curva da baía foram construídas casas, oficinas e instalações para reparos de barcos. Foto de Michel Rathwell, Creative Commons.

nistas de Carlos Magno no final do século VIII, e o Norte teria sentido essas pressões sociais na época dos primeiros ataques (o "grande homem" morreu em 814, décadas após o início dos ataques marítimos). A divisão do Império no século IX, após anos de guerra civil, de nada serviu para aliviar as tensões ao longo da fronteira dinamarquesa, e há pouco a sugerir que em algum momento as comunidades politicamente organizadas dos vikings, em lenta expansão, tenham se sentido a salvo por completo de ataques do Sul, mesmo no novo milênio. As campanhas militares escandinavas quase sempre incluíam um elemento de defesa proativa, lado a lado com suas ambições mercenárias mais imediatas.

Tomados em conjunto, esses elementos nos apresentam uma visão de mundo total de uma cultura de violência e competição expansiva que se estendeu desde as áreas centrais dinamarquesas ao longo das respectivas costas da Noruega e da Suécia. No entanto, tendo Salme e Ladoga como símbolos de algo maior, começamos a ver um componente subestimado do fenômeno viking, ou seja, que em meados do século VIII isso já tinha começado a ser projetado para fora, não para oeste, mas para leste, no que eram essencialmente águas domésticas. As incursões hostis e as invasões, as jornadas de comércio e a apropriação de terras que se tornariam características notórias das aventuras ocidentais dos escandinavos já eram padrões de comportamento estabelecidos no Báltico, o "mar do leste" do mundo nórdico.

A intersecção de todos esses fatores socioeconômicos, convergindo de meados até o final do século VIII, explica o que estava acontecendo. Tendo como pano de fundo as tendências de longo prazo no sentido da consolidação política tanto na Escandinávia quanto entre seus vizinhos, os competitivos reinos do Norte precisavam de fontes de receita e riqueza portátil para alimentar suas ambições expansivas em âmbito doméstico. As culturas vizinhas estavam fragmentadas em termos políticos, mesmo dentro de suas estruturas estatais maiores, e em grande medida incapazes de montar defesas coordenadas contra investidas rápidas que lançavam mão de táticas de ataque e fuga. O resultado foi uma rara combinação de circunstâncias: de oportunidade e desejo, oferta e demanda.

O mesmo intervalo de datas – os anos em torno da metade do século VIII, por volta de 750 – se repete continuamente em todas essas discussões, quarenta anos *antes* do ataque a Lindisfarne. Foi quando Birka foi fundada na Suécia, seguindo o exemplo de Ribe na Dinamarca. Foi quando Ladoga se estabeleceu como uma porta de entrada para os rios do Leste. Foi também quando os reis dos mares noruegueses estavam fortalecendo seu domínio na costa e gradualmente começando a estender seu alcance para além-mar, rumo a oeste. E essa é a data da expedição de Salme. Economia, política e sua "extensão por outros meios", violência marítima: uma combinação poderosa.

O componente final dos ataques vikings é, de muitas maneiras, o mais óbvio: os próprios invasores. Num momento em que a noção de indivíduo era socialmente elevada e reconhecida – na poesia, nos conselhos rituais, códigos morais e epitáfios rúnicos –, a capacidade pessoal de ação e arbítrio também foi decisiva. É a eles que nos voltaremos agora.

11

Guerreiros

Uma única e lucrativa expedição de invasão – em que não seria necessário ficar longe de casa por mais de três semanas – poderia mudar uma vida (e acabar com muitas outras, é claro). Entre seus beneficiários incluíam-se indivíduos de uma gama de classes sociais, e o que eles ganhavam com isso, suas prioridades, diferiam conforme sua posição na sociedade. Mas havia aí muito mais que oportunismo, e a ganância individual era ativada no contexto de esquemas maiores de outros. Tratava-se de um empreendimento direcionado, em maior ou menor grau.

Isso é importante, pois devemos prescindir da noção de espontaneidade, de um elemento no "caráter" viking que os impelia ao ataque. Qualquer ação desse tipo requer um planejamento considerável em termos de recursos, logística e pessoal. Também pressupõe a possibilidade de poupar as tripulações dos navios das atividades que realizavam em casa e a disposição de outras pessoas para assumir suas responsabilidades enquanto estivessem fora. Havia também consideráveis necessidades e restrições tecnológicas – e tudo isso quando qualquer possibilidade de embate violento ainda estava no horizonte distante.

As violentas incursões vikings não serviam apenas para recompensa material, uma questão de saques e pilhagens. Em uma cultura que privilegiava a fama, as façanhas corajosas e realizações demonstráveis, ofereciam também oportunidades para obter tudo isso. Como afirmou um estudioso acadêmico: "O ato de adquirir prata era tão importante quanto a prata em si". Uma mentalidade norteada pela guerra e o militarismo profundamente arraigado que acompanhou a ascensão das novas elites combinaram-se a claras noções de fatalismo predeterminado para produzir um estado de espírito que impulsionou os ataques vikings com fervor militante – quase uma forma de guerra santa.

Pode ter sido quase literalmente o caso, no contexto da resistência às expansivas ambições missionárias cristãs no final do século VIII, gerando uma necessidade de se apropriar e converter em arma as crenças tradicionais do Norte a serviço das elites. À medida que os indivíduos aderiram a esse *éthos*, tornaram-se um meio eficaz de sua agressiva expressão.

Nesses processos havia também um nível pessoal. Tenha em mente os ataques a alvos como Lindisfarne, lugares onde os escandinavos vinham realizando transações comerciais e onde, portanto, viram com seus próprios olhos não apenas a riqueza dos mosteiros, mas também o quanto esses estabelecimentos eram desprotegidos. Não é difícil imaginar um jovem comerciante – ou talvez o guarda-costas desse comerciante – refletindo sobre sua situação, como sua vida poderia ser melhorada, e então sugerindo a seus amigos: "Por que simplesmente não vamos lá e *pegamos* a coisa toda?". E por que não? Depois de passar um inverno inteiro ruminando essa ideia, ela deve ter se tornado mais tentadora a cada dia. Talvez ele até mesmo julgasse que pensava nisso por conta própria, embora os reis do mar locais discretamente mantivessem a ideia viva em sua mente.

Ser um guerreiro na Era Viking era uma questão de status tanto quanto de ação. As ações eram realizadas visando à imortalização, e motivadas por uma preocupação com a reputação após a morte. A condição de guerreiro podia ser tanto simbólica quanto prática, outorgada por meio da identificação com seus atributos – sobretudo armas. As sepulturas que continham grandes quantidades de armamentos podiam ser os túmulos de guerreiros de carne e osso, ou daqueles que ostentavam toda a parafernália e os paramentos de guerreiro, mas sem "viver a vida" de um, ou mesmo de pessoas que por algum motivo adquiriam essa identidade apenas na morte.

Tudo isso pode ser visto em inscrições rúnicas, que fornecem um vislumbre do ideal marcial na forma de textos memoriais de homenagem ao morto. Uma seleta desses textos pode nos dar uma amostra da ideologia guerreira, e revela muito sobre como era expressa e robustecida por meio de monumentos bastante visuais. Repetidamente, vemos pedras rúnicas erigidas pelos sobreviventes em memória dos camaradas que tombaram em combate, homenageando os mortos e ao mesmo tempo a si mesmo por associação; muitas vezes os que encomendavam a pedra são mencionados na inscrição com mais destaque do que o falecido cuja memória está sendo honrada.

A Batalha de Fýrisvellir [Batalha dos Campos do Firis], travada nos arredores de Uppsala na década de 980 entre o rei sueco Érico VI e seu sobrinho Estirbiorno [Stýrbjörn], parece ter deixado uma marca singular na consciência da época, mesmo que sua verdade histórica resvale em lenda. Eis o que se lê numa das três pedras de Hällestad, em Skåne, hoje parte da Suécia, mas que na época pertencia à Dinamarca da Era Viking:

> Áskell ergueu esta pedra em memória do filho de Tóki Gormr,
> para ele um senhor fiel.
> Ele não fugiu em Uppsala.
> Homens valentes ergueram, em memória de seu irmão,
> a pedra na colina, firmada por runas.
> Eram os mais próximos de Tóki de Gormr.

Duas outras pedras no mesmo local também mencionam criados do mesmo Tóki. Há nova menção a Fýrisvellir em uma das três runas de Högby em Östergötland, embora dessa vez seja provavelmente um parente de Eirík, o homenageado. A pedra também é excepcional na medida em que registra os destinos violentos de uma família inteira:

> O bom homem Gulli teve cinco filhos.
> O bravo e valente Ásmundr tombou em Foeri [Fýris];
> Assurr encontrou seu fim no Leste da Grécia;
> Halfdan foi morto em Holmr [*Bornholm?*];
> Kári foi [morto] em Oddr [provavelmente no Noroeste da Zelândia];
> também morto [está] Búi.

Outra alusão rúnica a Fýrisvellir é uma das pedras mais conhecidas de todas, a estela Karlevi, na ilha de Öland. Combinando a prosa com o mais antigo exemplo registrado de verso escáldico na métrica adequada para príncipes, parece, a julgar pela datação, ter sido erguida pela comitiva de um senhor dinamarquês (talvez no caminho de volta para casa) que havia morrido na batalha. A estela Karlevi também inclui entre seus maravilhosos *kennings* o nome de uma valquíria. É um dos mais espetaculares "memoriais de guerra" da Era Viking:

> Esta pedra é erguida em memória de Sibbi, o bom, filho de Fuldarr,
> e sua comitiva colocou uma pedra [...]
>> Ele repousa encoberto,
>> aquele que realizou
>> os maiores feitos
>> (a maioria dos homens bem sabe),
>> E seguiu a árvore de Þrúðr[31*] do combate
>> neste monte;
>> jamais um homem tão calejado pela batalha,
>> o poderoso domínio de Viðurr-da-carruagem de Endill,[32*]
>> reinará, inexcedível no combate, o país da Dinamarca.

Além da camaradagem básica e do significado ambíguo de "irmão", inscrições desse tipo costumam ter o cuidado de colocar os vivos em uma relação social com seu senhor. Isso se aplicava tanto aos vivos (demonstrando lealdade) quanto aos mortos (honrando suas realizações e, assim, mantendo seus juramentos). Algo semelhante está registrado em outra famosa pedra rúnica de Sjörup, na região de Skåne:

> Saxi mandou fazer esta pedra em memória do filho de Ásbjörn Tófi, seu parceiro. Ele não se rendeu em Uppsala, mas continuou matando enquanto foi capaz de empunhar uma arma.

---

31 * Þrúðr: uma valquíria; sua árvore de batalha: chefe tribal; chefe guerreiro.
32 * Viðurr: nome de Odin, "assassino ou "guerreiro"; Endill: deus do mar; sua carruagem: kenning para navio; navio-guerreiro do mar.

"Parceiro" aqui significa companheiro de bordo, colega de navio, ecoando uma expressão gravada na pedra de Aarhus, na Dinamarca, provavelmente erigida em homenagem a um homem que morreu na batalha de Svöldr em 999. No decisivo contexto dado em suas palavras finais, está entre os mais concisos memoriais vikings:

> Gunúlfr e Øgotr e Aslakr e Hrólfr mandaram fazer esta pedra em memória de Fulr, seu camarada de armas. Ele encontrou a morte [...] quando os reis estavam lutando.

A noção de fraternidades militares – irmandades de guerreiros – há muito tempo faz parte dos estudos sobre os vikings. Nas sagas há ligeiros indícios dessas questões, com todas as advertências usuais, incluindo uma narrativa um tanto sinistra acerca de uma comunidade inteira deles, supostamente existente no século X e baseada em Jómsborg, perto de Wolin, hoje, Polônia. Como vimos, várias pedras rúnicas mencionam a noção de camaradagem, de companheiros de guerra, mas é difícil definir isso com mais clareza, por mais convincentes que sejam as menções. Por outro lado, existem inequívocas evidências arqueológicas de um simbolismo das habilidades masculinas em batalha: uma cultura, quase um culto, de armas e equipamentos de guerra decorados, tendo como fundamentos conexões com a poesia da violência e inspiração divina.

A investigação mais aprofundada desse tópico há muito tem sido prejudicada em virtude do entusiasmo por tais "sociedades militares secretas" demonstrado pelos nazistas (e seus sucessores modernos), como parte de sua paixão geral pelos vikings. Essas atitudes são politicamente enviesadas das piores maneiras possíveis, totalmente desprovidas de qualquer conexão factual com o passado, e podem ser perigosas – mas também não se deve permitir que desviem a atenção do que realmente ocorria em torno dos assuntos da guerra na Era Viking.

O conceito central na organização de grupos de guerreiros vikings – no dizer de um acadêmico, "bandos de irmãos" – parece ter sido o *lið*, termo que não é possível definir com exatidão, mas geralmente é usado para se referir a um bando ou grupo de guerreiros a bordo de um navio, indivíduos que faziam parte de expedições militares sob o comando de um líder, chefe ou rei, a quem juravam lealdade e cuja responsabilidade era alimentá-los, equipá-los e recompensá-los por seus serviços. O tamanho e a natureza de *lið* parecem ter variado de um par de tripulações de navios até contingentes que chegavam a cem ou duzentos indivíduos. Esses grupos provavelmente formavam o núcleo das primeiras unidades de ataque e, mais tarde, os menores componentes dos grandes "exércitos" vikings, que eram coalizões de *lið* em vez de grupamentos unidos sob o comando de um único líder. A natureza distinta e autônoma do *lið* é enfatizada nos *Anais de são Bertino*, que em 861 descrevem os vikings em uma frota composta de *sodalitates*, "irmandades", que se dispersavam da força principal para invernar em vários portos ao longo do rio Sena. Um *lið* pode, portanto, ser considerado um grupo de combate armado, leal a um único líder autônomo, que operava com regularidade sazonal ou permanente.

A formação de um *lið* e suas atividades efetivas só poderiam ter ocorrido com significativos níveis de cooperação, manifestada de várias maneiras, inclusive por meio da cultura material. Embora o *lið* representasse uma das formas mais básicas de um coletivo armado – um bando de guerreiros em seu sentido literal –, não se pode dizer com certeza se sua formação foi baseada na família ou outras relações sociais (lembre-se dos quatro irmãos no túmulo do navio de Salme), ou se compreendia indivíduos que não compartilhavam nenhum vínculo social ou político preexistente. O recrutamento para atrair elementos para esses grupos transcendia não apenas o parentesco, mas também a etnia; um *lið* podia incorporar indivíduos de vários locais dentro da própria Escandinávia e além-fronteiras.

Em certo sentido, a invasão era uma forma de aliviar as tensões sociais domésticas que, em outras circunstâncias, tinham a chance de sair do controle. Isso poderia ser até mesmo o que ocorria dentro de cada *lið* e entre os *lið*, ocasionado pelas delicadas redes de "amizade" e parentesco, que carregavam consigo complexas teias de obrigação mútua, estendendo-se além das fronteiras de rivalidades políticas, de modo a dificultar as políticas expansionistas das elites quando competiam entre si "em casa". Contudo, guerreiros que não precisavam se preocupar em lutar contra seus "amigos" poderiam ser utilizados como uma força unificada para a projeção exterior de potência. Isso também seria uma bola de neve, criando turbulência no equilíbrio político na Escandinávia. Se um reino começasse a fazer isso, os outros poderiam ter desejado, ou precisado, seguir o exemplo.

O maior especialista nos rígidos códigos de amizade viking especulou que uma justificativa lógica adicional para os ataques foi precisamente porque os alvos prováveis excluíam aqueles que poderiam se enquadrar nas estruturas protetoras do pacto social escandinavo. Por extensão, as pilhagens no exterior poderiam ser usadas para cimentar ainda mais esses relacionamentos em âmbito doméstico e até mesmo para estender seu círculo de "amigos" nesse sentido específico. Ligada a isso está a perturbadora conclusão de que o principal produto de exportação da Escandinávia da Era Viking não era o comércio, mas a violência – uma espécie de capitalismo de agressão. Da perspectiva dos próprios vikings, a partir de sua entranhada mentalidade de sociedade militarizada, o tipo de violência por eles praticada era o "melhor", a escolha predileta de destruição. Deve ter sido um grande incentivo para as elites, uma válvula de segurança a ser aproveitada em seu benefício.

A violência associada às incursões pode assumir outras formas, ainda mais feias, por razões que estavam enraizadas em costumes sociais e conectadas à vida guerreira.

Uma das ideias iniciais sobre as razões para as invasões centrou-se em um suposto aumento repentino da população em toda a Escandinávia, acima do que a terra era capaz de prover, sobretudo nas regiões agrícolas marginais da Noruega. Isso também resvalava desconfortavelmente na noção de uma "onda de avanço", segundo a qual os povos germânicos de alguma forma se expandiam e conquistavam de modo irresistível e irrefreável, inclusive com a sugestão de que de alguma forma estivesse "em sua natureza" o ímpeto de fazê-lo. Há aqui uma incômoda sensação de colonialismo inerente que, para usar termos brandos, é melhor evitar em conexão com os vikings, cuja cultura já sofreu abusos políticos demais. A demografia talvez seja a menos convincente das explicações apresentadas para as incursões hostis dos vikings, até porque não há nenhuma evidência real de pressão populacional. Na verdade, a região ainda estava se recuperando do maciço declínio do Período de Migração, e a população também cresceria muito depois da Era Viking, sem mudanças realmente drásticas na produção agrícola. Uma noção abstrata de "pressão da terra" e argumentos legais em torno dos padrões de herança também não explicam as invasões. Houve uma transição para a posse de terras absenteístas, até certo ponto, mas não ocorreu nenhum repentino ponto de virada da juventude deserdada.

No entanto, *havia* uma conexão importante entre posse de terra e riqueza, ambas entrelaçadas com honra, status e a essência do autorrespeito. Isso tudo, por sua vez, estava ligado à família e às coisas que a mantinham unida, sobretudo o casamento. Um desses aspectos, acima dos demais, foi relevante para as incursões dos vikings.

Como vimos, as sociedades da Era Viking praticavam a poliginia, por meio da qual os homens podiam se casar legitimamente com mais de uma mulher, mas as mulheres só podiam ter um parceiro do sexo masculino. Se partirmos do princípio de um número igual de homens e mulheres (a proporção deve ser de cerca de um para um em taxas normais de natalidade), a poliginia deixará uma proporção significativa da população masculina sem possibilidades socialmente sancionadas de formar parcerias com o sexo oposto. Em termos de praticidade social, em vez de possibilidade física, isso resulta em um desequilíbrio no número relativo de homens e mulheres sexualmente ativos capazes de formar ligações. Como a cultura da Era Viking incluía também a instituição do concubinato, em igual medida um padrão de dominação masculina e *em acréscimo* à possibilidade de ter várias esposas, isso distorcia ainda mais as proporções. Mesmo levando em consideração a orientação e preferência sexual, e o fato de que relacionamentos ilícitos poderiam ocorrer, a conclusão ainda é inevitável: um número potencialmente muito grande de homens da Era Viking não tinha esperança de se casar ou encontrar parceiras em sua terra natal.

Como vimos, há pelo menos algumas evidências de que as comunidades da Era Viking praticavam também o infanticídio. Se havia um viés para as crianças do sexo masculino, isso introduz a possibilidade de que o equilíbrio dos sexos era desigual, para começo de conversa, resultando em uma população com mais homens que mulheres em termos absolutos. As evidências do infanticídio feminino seletivo são precárias, mas certamente há sinais de tratamento diferenciado das crianças em termos de nutrição. Se tudo isso fosse combinado, a situação poderia ter se tornado realmente grave.

Isso teria se manifestado de duas maneiras, das quais a primeira seria uma busca por riqueza portátil para usar como dote a ser pago à família da noiva por ocasião do casamento e, assim, "subir" na hierarquia dos homens núbeis; se nesse momento houve uma inflação dos valores do dote, só teria exacerbado essas condições. E se a moeda do dote mudou, talvez como resultado das novas formas de riqueza portátil que estavam entrando do exterior no sistema escandinavo na esteira das incursões, isso também poderia ter levado a uma inflação maciça. Se os homens jovens dispusessem de seus próprios meios de pagamento nesse sistema – por exemplo, por meio de pilhagem –, isso teria levado a uma maior independência de seus familiares, mas também privaria efetivamente sua prole. O circuito de retroalimentação desse processo é óbvio, com implicações igualmente claras como um dos vários fatores por trás de uma escalada dos ataques.

O segundo resultado possível do desequilíbrio sexual está entre os aspectos mais desagradáveis da Era Viking, e já o vimos antes. Se um homem não conseguisse encontrar uma mulher disposta a se casar ou coabitar com ele, ou se não tivesse condições de atender às expectativas econômicas pactuadas desse acordo, as incursões proporcionaram oportunidades para arrebatar mulheres à força como escravas sexuais. São abundantes as evidências de que muitos homens escolheram fazer exatamente isso.

Se a "economia sociossexual" *estava* se tornando desequilibrada, então na década de 750 isso poderia ter causado um verdadeiro estresse social, afetando a coesão da família e a sustentabilidade de estruturas políticas que, em todo caso, eram em larga medida mantidas apenas pela força armada. Isso não é sugerir que as tentativas dos homens de melhorar suas perspectivas de casamento foram o principal gatilho para as invasões, mas esse fator tampouco pode ser ignorado. Não menos importante, isso estava ocorrendo em sociedades movidas por uma predisposição ideológica para a predação marítima (e com um longo pedigree nessa prática).

A escravidão, inclusive para fins de tráfico sexual, era um dos piores aspectos práticos dos ataques – a mais brutal das motivações de lucro combinada com a gratificação misógina. Mas as expedições tinham também outros elementos tangíveis, sobretudo o processo efetivo de luta marítima, respaldado por uma cultura material de armamentos e armaduras.

Precisamos saber *como* era um ataque.

Um componente-chave na imagem dos vikings também está incorporado à realidade dos invasores: o porte de armas. Como em tantos outros aspectos da vida viking, as armas também estavam sujeitas a estereótipos.

O uso efetivo dos armamentos vikings dependia de muito mais que força bruta, ao contrário do grosseiro clichê bárbaro ainda hoje propagado. Os homens treinavam desde tenra idade, e passavam anos aprimorando constantemente suas habilidades com uma variedade de armas, cada qual exigindo diferentes habilidades. Usá-las em combinação era uma espécie de dança letal, uma interação coreografada de movimento, equilíbrio, destreza e força – o tempo todo empunhando ferramentas mortais para cortar ou perfurar.

Além das facas pessoais, onipresentes, mas usadas apenas como último recurso, a arma mais básica, mais ou menos disponível a todos, era o machado comum. É importante distinguir entre as ferramentas feitas para uso na fazenda e as armas reais – não eram intercambiáveis. A tipologia dos machados é bastante ampla, mas em geral eles se converteram em armas de guerra especializadas à medida que os cabos se alongaram (por fim exigindo uma empunhadura com ambas as mãos), e as cunhas ficaram mais pesadas, com uma lâmina de corte progressivamente mais longa, afiada e feroz. Na sua versão mais extrema, o grande machado de guerra dos dinamarqueses era capaz de derrubar um cavalo e um cavaleiro com um único golpe. Como não eram difíceis de forjar nem especialmente caros, os machados acabavam sendo usados de forma mais ou menos ampla. Nas sagas, essas armas às vezes são chamadas de *trolls* – adequadamente rombudos para serem máquinas de matar brutais, mas eficazes.

As lanças também eram armas baratas em termos comparativos, embora não necessariamente de baixo status – e apesar de suas pontas às vezes serem ricamente decoradas com prata incrustada ou até mesmo com lâminas ostentando intrincados detalhes soldados, o tipo básico não era muito mais que uma haste de metal de superfície achatada ou pontiaguda com bordas afiadas e, na base inferior, rematada por um encaixe

18. Figura em um pingente de prata de Klahammar, Suécia, uma insólita representação de um guerreiro armado com machado e espada. (Crédito: Max Jahrehorn, Oxider AB, usada com gentil permissão.)

fixado com pregos ou por rebitagem. As lanças variavam em comprimento e tinham diferentes larguras de ponta, adaptadas para arremessar ou, o que era mais comum, para serem empunhadas com as duas mãos e usadas como arma de combate corpo a corpo. As mais finas tinham perfis aguçados e hastes de freixo de até dois metros, apropriadas para um arremesso à distância ou um ataque montado. As variedades mais pesadas tinham cúspides mais grossas e lâminas mais largas e perfurantes, suficientes para abrir ferimentos amplos e profundos. Às maiores acrescentava-se uma barra transversal atrás da lâmina, o que conferia peso à estocada e também tornava mais fácil puxar a lança de volta após um golpe penetrante. A julgar pelas representações em metal, esse tipo também podia ser usado a cavalo, preso entre a perna de um cavaleiro e o flanco do animal e, provavelmente, em combates de choque.

As espadas vikings exigiam tempo e perícia para serem fabricadas. Um exemplo muito básico não necessariamente custava os olhos da cara, mas nos extremos do investimento, eram os emblemas definitivos de destreza e prestígio militares. As espadas eram armas cortantes, projetadas para retalhar em vez de apunhalar. No início da Era Viking, era um pouco mais comum usar espadas de gume único, enquanto as lâminas de gume duplo se tornaram a norma mais tarde. A maior parte das empunhaduras terminava em um pesado arremate chamado botão, uma ponta alargada e geralmente trabalhada – os melhores eram feitos para contrabalançar exatamente o peso da lâmina. Usavam-se várias técnicas de forja, das quais a melhor era a soldagem de padrões, em que barras de ferro separadas eram repetidamente aquecidas e dobradas juntas antes de serem achatadas à base de marteladas. O resultado era uma lâmina flexível e letal com alta resistência à tração, mas também um objeto extraordinariamente belo, já que as espirais e camadas do metal eram visíveis como linhas finas. O efeito é mencionado na poesia como "cobras" se contorcendo no ferro. As bordas eram de aço endurecido e afiado. Cada parte do punho também podia ser decorada – a guarda, o botão, às vezes até mesmo a empunhadura em si, se fosse feita de arame bem amarrado ou placas de metal em vez do couro ou chifre mais comuns.

As bainhas eram feitas de painéis de madeira amarrados ou colados, geralmente forrados com lã untada com lanolina, que lubrificaria naturalmente a lâmina interna. As bainhas às vezes eram cobertas de couro, com intrincados desenhos que também podiam ser pintados na madeira. Uma chape (ponteira de metal) protegia a extremidade pontiaguda da bainha, enquanto a boca e outras partes da bainha podiam ser reforçadas com suportes de bronze. A bainha era suspensa por um cinto ou usada em um cinturão ou boldrié que cruzava o corpo diagonalmente por cima de um dos ombros. Qualquer parte ou todo o conjunto podia ser decorado, e a extremidade mais alta da escala era uma massa de figuras retorcidas comparável às armas de prestígio dos períodos de Migração e Vendel.

Esses objetos de status elevado eram o tipo de espadas que poderiam adquirir nomes, sobre os quais se narravam contos – armas com histórias de vida, até mesmo uma espécie de biografia material. Egil Skalla--Grímsson tinha uma Dragvandil, nome que provavelmente se refere a uma lâmina tão comprida que se arrastava no chão. Magnús Óláfsson (Magno, o descalço), rei norueguês do século XI, tinha uma espada com o prosaico nome de Morde-pernas. As sagas e poemas estão repletos de lâminas mágicas: Angrvadall, "Jorro de aflição", que reluzia intensamente na guerra, mas brilhava com uma luz pálida em tempos de paz, e cuja lâmina continha inscrições rúnicas; havia Gramr, "Ira", a espada de Sigurd, o matador de dragões; Hrunting, a espada supostamente invencível, mas cujos poderes falham quando Beowulf a empunha em sua luta contra a mãe de Grendel; Sköfnung, a espada de gume extraordinariamente afiado do lendário rei dinamarquês Hrólfr Kraki, na qual estavam amarradas as almas de doze *berserkir*; Tyrfing, que Hervör arrancou de seu pai morto Angantyr, uma espada forjada pelos anões, com uma lâmina que brilhava feito labaredas. Existem muitas mais, às vezes com um fio sobrenatural que, de maneira infalível, matava um homem cada vez que era sacada, mas muitas vezes com consequências fatais para o portador. No mundo mitológico, a espada de Heimdall [Hofund] é chamada de "Cabeça de homem"; *A balada de Svipdagr* menciona uma lâmina chamada "Estraga-gravetos", e assim por diante.

Uma característica dos barcos funerários de Salme suscita várias questões sobre armas brancas: o surpreendente fato de que há mais espadas que homens. É possível que estivessem lá como símbolos, presentes para honrar os mortos, substitutos para os indivíduos cujos corpos estão ausentes, ou qualquer outra explicação que não as vincule diretamente como posses dos homens nos barcos. Por outro lado, podem ter sido as armas que os homens tinham em vida, seguindo-os até a morte; algumas foram colocadas nas mãos dos homens mortos. Em geral, espadas são consideradas armamentos de elite reservados aos ricos, devido a seu elevado custo – o guerreiro viking "médio" empunhava armas inferiores, como lanças e machados. Mas e se isso estiver errado, como uma leitura de Salme sugeriria? Outra possibilidade é que nossa percepção das espadas como itens caros esteja correta, e que a expedição de Salme era, portanto, uma equipe *do mais alto escalão*, até mesmo uma comitiva da realeza.

As espadas mais cobiçadas eram produtos dos ferreiros francos, cujas lâminas chegavam ao Norte como produtos importados e lá eram equipadas com punhos. Uma oficina da Renânia muito famosa que começou a funcionar no século IX pode ser reconhecida pelo nome Ulfberht incrustado em suas lâminas. Originalmente (presume-se) a assinatura de seu mestre ferreiro tornou-se um dos primeiros logotipos em um sentido quase moderno, e espadas marcadas com ele continuaram a ser produzidas por mais duzentos anos. Havia também muitas versões falsas de qualidade inferior e, às vezes, até com o nome grafado incorretamente – as imitações fajutas vendidas em barracas nos mercados da Era Viking. Mais de cem espadas Ulfberht genuínas foram encontradas, a maioria em túmulos escandinavos, mas também se estendendo na diáspora até o Volga.

A preferência dos vikings por lâminas francas é fácil de entender. Famosas por seu acabamento e, em especial, por sua resistência flexível, eram um equipamento de guerra ao qual se confiava literalmente a vida e o pescoço. Na biografia de Carlos Magno escrita por Notker, o gago, há um episódio em que algumas espadas escandinavas produzidas em âmbito doméstico são oferecidas ao imperador como tributo e, em seguida, testadas. Carlos Magno tenta dobrar uma lâmina para que sua ponta toque o cabo, mas ela se rompe e ele a rejeita, enojado. Usando a espada de um emissário, ele executa a tarefa com facilidade "e depois deixa-a se endireitar gradualmente". Foram essas as espadas francas que Ibn Fadlān testemunhou entre os rus', as melhores que se podia obter.

Uma segunda arma de lâmina tornou-se cada vez mais comum no final da Era Viking. Não tem um nome formal, sendo muitas vezes referida como uma faca de combate ou faca de batalha, e foi em essência um desdobramento da faca longa *seax* do Período de Migração. Com uma lâmina de gume único e cujo lado oposto ao fio era grosso para adicionar peso ao golpe curto e penetrante, a *seax* parece ter sido concebida como uma arma de reserva. Por volta do século X, as facas de batalha tinham bainhas ornadas com detalhes intrincados e eram usadas horizontalmente junto ao cinto, permitindo que, caso o guerreiro perdesse a espada, a puxasse para a frente do corpo por trás de um escudo; em uma variante, ficava pendurada em um ângulo em um esmerado arnês. Parece que também pode ter sido usada nas costas – de novo, para uma estocada rápida por cima do ombro.

O arco era o componente final do conjunto completo e "convencional" de armas de ataque. A forma comum na Escandinávia era uma variante mais curta do que viria a se tornar o arco longo medieval: um pedaço reto de madeira de freixo dobrado e a cujas extremidades se amarrava uma corda; e capaz de disparar uma flecha a longas distâncias com grande poder de penetração. No século X, após a ascensão da cultura rus' e influências do Oriente, vemos também a importação de arcos mais curtos, especializados do tipo recurvado, combinados com aljavas largas do mesmo tipo usado pelos nômades das estepes. Feitas para disparo rápido de cima de um cavalo, eram armas mortais que exigiam um considerável treinamento para serem utilizadas de forma eficaz.

As flechas vinham em muitos formatos e formas – de extremidades largas projetadas para causar sangramento abundante na carne desprotegida a tipos estreitos e pontiagudos semelhantes a estiletes ou punhais para perfurar entre os elos da cota de malha. A forma polivalente mais comum tinha uma ponta no formato de folha; de vez em quando arqueólogos encontram variedades muito especializadas, por exemplo um "tridente" pontiagudo usado para arremessar panos em chamas contra as velas e o cordame dos navios (havia uma nos túmulos de Salme). Havia muitos outros formatos adaptados para caça, com variedades específicas para diferentes animais.

Para defesa, o escudo básico era uma peça circular de madeira feita de tábuas finas coladas, geralmente cobertas com couro, e com um aro prendendo tudo no lugar. Inserido em um orifício central havia uma saliência redonda de ferro, rebitada na madeira e com uma barra transversal de madeira por dentro que se estendia até o reverso, fazendo as vezes de alça e proteção para a mão. Alguns escudos eram personalizados para combinar com seus proprietários, com itens sob medida ajustados ao indivíduo. Tanto a partir da arqueologia como da literatura fica claro que as pranchas de madeira eram pintadas ou de uma única cor (há registros de escudos pretos, amarelos, vermelhos e brancos) ou com padrões – um redemoinho de linhas curvas que irradiam da saliência parece especialmente frequente. Em alguns túmulos de guerreiros montados existem dois escudos, e em imagens de cavaleiros lavradas em metal há representações de um segundo escudo pendurado ao longo do flanco do cavalo.

Os escudos eram tanto armas de ataque como de defesa, usados para desarmar oponentes ou rechaçar os ataques de suas armas, geralmente em combinação com espadas ou machados. O escudo poderia matar um oponente, se a borda atingisse com força o pescoço dele. Também há descrições de estágios posteriores e mais desesperados de luta depois que as placas de madeira de um escudo foram cortadas, deixando apenas a saliência de ferro em torno do punho de seu dono – ainda mortal em um golpe brutal num combate corpo a corpo.

A armadura era principalmente orgânica, feita de couro acolchoado ou na forma de jaquetas com retalhos acolchoados que proporcionavam um mínimo de proteção, sobretudo contra golpes contundentes de força bruta ou cortes de raspão. A cota de malha era certamente conhecida e teria sido usada por cima dos tecidos por aqueles que tinham dinheiro para comprá-la. Composta por milhares de anéis entrelaçados, cada um dos quais tinha que ser feito separadamente e depois unido, uma cota de malha completa era uma coisa caríssima. Podia ir até a altura da cintura ou, no final da Era Viking, usada quase até os tornozelos. Na região do Báltico, sobretudo em Birka, há evidências do uso de armaduras lamelares, produzidas com centenas de pequenos retângulos de ferro atados em filas horizontais e costurados dentro de tecido para oferecer uma defesa flexível e articulada. Usadas como camisas compridas e também como proteção das extremidades, era uma tradição oriental que provavelmente entrou na Escandinávia pelas rotas fluviais.

Sabe-se relativamente pouco sobre os capacetes da Era Viking. Apenas um exemplar de elmo mais ou menos completo foi encontrado em Gjermundbu, na Noruega. Trata-se de um boné arredondado de ferro com um protetor facial que cobria o nariz, encimado por um protetor de olhos em formato de óculos. O pescoço e provavelmente também a parte inferior do rosto eram cobertos por uma cortina de malha. Capacetes desse tipo são mostrados nas pedras pictóricas, embora seja possível que fossem de couro endurecido. Alguns outros fragmentos de capacete foram encontrados em sítios de assentamento ou em cemitérios e são exibidos em uma ampla gama de imagens, incluindo esculturas tridimensionais. A partir disso, duas coisas ficam claras. Em primeiro lugar, capacetes (de todos os tipos, incluindo os mais baratos) eram relativamente comuns, o que não é surpreendente, dada a necessidade óbvia de proteger a cabeça em combate. Em segundo lugar, pelo menos as variedades de metal de elmos eram consideradas tão valiosas que quase nunca acompanhavam seus donos no túmulo. Desnecessário dizer que nenhum deles tinha chifres.

Um dos componentes mais duradouros do mito dos vikings pode ser encontrado nos *berserkir* [*berserkr*, no singular] – os alucinados guerreiros que lutavam nus, consumidos por um frenesi de fúria incontrolável, enlouquecidos por cogumelos. Esta é, como dizem, uma verdade com modificações.

Não há dúvida que os *berserkir* eram uma realidade da Era Viking, mas quase todos os outros aspectos de sua natureza estão abertos a interpretações. A própria palavra se refere a uma camisa (*serk*) com um *bear-* ou *bare-* (urso) como prefixo, comunicando assim a imagem de um guerreiro ursino ou de um homem sem camisa no sentido de estar sem armadura ou mesmo nu. O fato de que a conexão com o urso seja a mais relevante das duas é reforçado por uma contraparte lupina dos *berserkir*, na forma de *úlfhéðinn* (singular) e *úlfhéðnar* (plural), que significa "peles de lobo".

Na arqueologia existem as famosas imagens dos "dançarinos de armas", homens nus ou vestidos com peles de lobo e empunhando espadas e lanças. Elas ocorrem principalmente nos períodos de Migração e Vendel, mas também se estendem a objetos da Era Viking, tapeçarias, moedas e uma pedra pictórica. Existem imagens comparáveis de figuras armadas com cabeças de javalis ou ursos em peças de metal como pingentes, em tecidos e até mesmo em uma runa representando um guerreiro-animal, completo com orelhas caídas. Em Hedeby, duas máscaras de animais, feitas de feltro e bastante perturbadoras, foram encontradas enroladas e usadas como calafetagem em um navio naufragado, e também podem ter feito parte do equipamento de um *berserkr*; mais se assemelham a cães ou bois.

Algo relacionado pode estar por trás da inscrição em uma runa de Istaby em Blekinge, Suécia, que lista três gerações de homens da mesma família, todos com nomes que combinam termos de batalha com um elemento lupino. Talvez isso implique alguma forma de animal totêmico percorrendo as gerações:

> Hathuwulfr [lobo-de-batalha],
> filho de Heruwulfr [lobo-espada],
> corta estas runas em memória de Haeriulfr
> [lobo-da-hoste-de-guerra].

Existem também relatos escritos contemporâneos de fora da Escandinávia que descrevem os vikings em combate, incluindo alguns detalhes sugestivos. Uma crônica bizantina de guerras contra os rus' inclui descrições de guerreiros uivando feito animais e um comandante que luta com um abandono frenético tão extremo que se assemelha à loucura literal; os veteranos imperiais nunca tinham visto nada parecido. Da mesma forma, imagens de lobos às vezes são empregadas quando se discutem as forças escandinavas no campo de batalha. Isso pode ser uma convenção poética ou, talvez, algo mais.

A mais antiga referência literária nórdica a esses guerreiros está no poema de louvor escáldico *Haraldskvæði*, de Thórbjörn hornklofi. Em parte, descreve a batalha de Hafrsfjörðr, que ocorreu por volta de 872; o poema foi, ao que tudo indica, composto por volta de 900. Os detalhes são explícitos além das convenções normais dos versos escáldicos – os guerreiros são descritos como homens que bebem sangue, por exemplo –, e claramente são vistos como algo à parte em comparação com outros tipos de combatentes:

> Eles [os navios da frota de Haroldo Cabelos Belos] foram carregados com comandantes-fazendeiros e escudos largos, com lanças de Vestland e espadas francas; urraram os *berserkir*, era o momento da batalha, uivaram os *ulfheðnar*, sacudindo suas armas.
>
> Da fúria *berserkr* eu pergunto, sobre os bebedores do mar-cadáver [sangue]: o que há com estes homens, que avançam felizes para a batalha?
>
> De *ulfheðnar* são chamados, eles que carregam escudos ensanguentados na matança; avermelham as lanças quando entram na batalha; lá atuam juntos, organizados para a tarefa; sei que o honrado príncipe só confia em homens valentes, que com seus golpes destroem escudos.

A descrição mais citada é muito posterior e vem da *Ynglingasaga* [*Saga dos Ynglingar*], de Snorri:

> Seus homens [de Odin] foram [para a batalha] sem cota de malha e eram selvagens feito cães ou lobos, mordiam seus escudos, eram fortes como ursos ou bois; matavam pessoas, mas eles próprios não se feriam nem por fogo nem ferro; a isso se chama "lutar como um *berserkr*".³³*

Não há qualquer evidência, em arqueologia ou texto, de que os *berserkir* fizessem uso de alucinógenos, enteógenos ou qualquer outra forma de drogas ou substâncias químicas que alteram a mente, incluindo o consumo de fungo agárico (apesar do fato de que o verbete sobre *berserkir* na Wikipedia em língua inglesa recomende ao leitor que procure também as expressões "*Dutch courage*" [literalmente, "coragem de holandês", mas usada no sentido de "coragem de bêbado", a falsa coragem produzida pelo álcool] e, de fato, "*going postal*" [enlouquecer, ficar furioso, ficar possesso]).

O termo *berserksgangr* (geralmente traduzido como "à moda de um *berserkr*", "agir como um *berserkr*") descreve literalmente uma maneira de se mover, "andar como um *berserkr*", e não tem nada a ver com uma fúria de batalha, algo que poderia se encaixar muito bem com as posturas estranhamente formais dos "dançarinos de armas" e dos guerreiros que vestiam peles de animais por cima das peças de metal. Poderia ser um ritual, uma espécie de performance militarizada, e um acadêmico sugeriu que essas encenações eram a verdadeira raiz da natureza *berserkr* – efetivamente uma preparação simbólica para a guerra, em vez de refletir qualquer tipo de comportamento no campo de batalha. Um não precisa anular o outro, sobretudo diante da natureza geralmente dramática de outros rituais vikings perceptíveis na arqueologia. Devemos nos lembrar do poema de *Thórbjörn* e as descrições não escandinavas de ações que verdadeiramente se parecem com uma fúria suicida na batalha, agressão em estado puro.

---

33 * Em língua inglesa a expressão "to go berserk" é usada no sentido de ficar furioso, ficar fora de controle, ficar violento; ir à loucura; enlouquecer; ficar doido por empolgação. [N. T.]

Nas sagas, os *berserkir* aparecem principalmente como vilões tradicionais – antagonistas banais e úteis para os heróis matarem –, ainda que, nas sagas dos reis, às vezes apareçam como partes regulares de um séquito real, uma espécie de força especial viking. Curiosamente, o tema recorrente de que mordiam os escudos, gesto geralmente descartado como uma fantasia literária, é de fato encontrado *antes* da maioria dos textos islandeses, na forma das "sentinelas" do famoso Xadrez de Lewis, coleção de peças de xadrez de marfim que provavelmente datam do século XII. Embora sejam difíceis de entender (algo que talvez ocorresse na época também), apesar de todos os problemas de interpretação, deve-se dar a esses homens incomuns seu lugar como parte da máquina de guerra viking.

Ao lado dos *berserkir*, outro símbolo persistente da guerra da Era Viking são as donzelas de escudo ou donzelas guerreiras, que várias vezes aparecem amalgamadas com as valquírias e outras guerreiras femininas nos poemas heroicos da tradição éddica, em poemas escáldicos e, com alguma frequência, nas citações poéticas da *Edda* de Snorri. Nas sagas dos islandeses, em contraste, mulheres armadas não dão as caras de forma alguma, a não ser em contextos isolados de autodefesa, fúria momentânea ou vingança planejada. Todavia, as donzelas de escudo aparecem com frequência nas sagas lendárias: na figura de Hervör recuperando a espada de seu pai Angantyr, e também na Saga de *Ragnar Lothbrók*, a *Saga de Hrólf Gautreksson* e várias outras. As primeiras partes da *História Danesa* ou *Os feitos dos daneses* [*Gesta Danorum*], escrita pelo clérigo Saxo Grammaticus a partir de fins do século XII, também incluem muitas descrições impactantes de donzelas guerreiras. Em várias dessas fontes, a ação se passa não apenas na Era Viking, mas também nos séculos que a precederam, desde o Período de Migração.

Nas fontes, essas mulheres podem aparecer sozinhas ou em pequenos grupos – que por vezes se compunham especificamente de mulheres guerreiras –, ou mais integradas a forças de combate em geral. Em casos individuais, podem assumir posições de comando liderando exércitos e conduzindo campanhas. Vez por outra são descritas com aparência diferente e um tanto transgressiva (vestem roupas masculinas, por exemplo). Lutam com e sem armadura. Para algumas dessas mulheres, assumir

19. Mulher guerreira? Uma reconstituição da pessoa enterrada na câmara mortuária de Birka Bj.581, com base nos dados escavados e com detalhes de roupas extrapolados de outros sepultamentos de Birka e sepulturas contemporâneas no Cáucaso. (Crédito: Tancredi Valeri, usada com gentil permissão.)

tal identidade envolve uma mudança de nome, e até mesmo de gênero gramatical, em que se utilizam palavras masculinas. Os contos adotam uma variedade de pontos de vista morais e sociais, às vezes enquadrando as mulheres como raras exceções a seu sexo e, em outros casos, dando poucos sinais de que eram consideradas fora do comum.

Apesar de todas as suas qualidades literárias, no entanto, é claro que nenhuma dessas fontes representa algo próximo a um registro histórico fiel. As sagas lendárias são especialmente problemáticas, e, de maneira quase universal, especialistas em textos interpretaram a figura da donzela de escudo como um produto literário posterior, desenvolvido no âmbito de narrativas que refletem as preocupações sociais da época. A existência de mulheres guerreiras *reais* na Era Viking, ao contrário de um simulacro delas surgido de uma espécie de ficção medieval, já foi tema de muitos debates.

Isso mudou em 2017, quando se realizaram análises de DNA no corpo sentado em uma das câmaras mortuárias de Birka (discutidas no capítulo 5), confirmando que esse "guerreiro" era do sexo feminino. As controvérsias que resultaram dessa afirmação e suas implicações para o estudo de gênero dos vikings já foram examinadas aqui. Em termos de outras comparações arqueológicas, entre os sepultados cujo sexo feminino foi determinado apenas por análise osteológica, há cerca de quinze com machados individuais e um punhado portando lança ou faca, talvez algumas flechas e, vez por outra, um escudo. Nas interpretações convencionais aplicadas a túmulos masculinos, muitas delas não seriam consideradas sepulturas de "guerreiros". Existem apenas alguns poucos com conjuntos de armas completos, a exemplo do túmulo de Birka.

A natureza excepcional das histórias em nórdico antigo não prova que foram baseadas em indivíduos da vida real, por maior que seja a distância, até porque tais figuras só aparecem em certos gêneros de saga. No entanto, não refutam a existência de mulheres guerreiras reais. Na verdade, os textos medievais são interessantes, mas, no sentido estrito da palavra, desnecessários para a interpretação dos dados escavados. De uma vez por todas, esses jazigos *não* são uma saga medieval, lenda ou licença poética, mas uma realidade empiricamente observável da Era Viking.

As armas em si não determinam nem definem necessariamente um guerreiro, tampouco o gênero o faz; sempre há possibilidades alternativas. Alguns estudiosos tentam traçar distinções sutis entre tipos de combatentes que costumam ser distorcidos de maneiras estranhas à medida que se entrecruzam com a identidade. Depois de certo ponto, esses debates tornam-se absurdos no contexto da realidade da Era Viking (imaginamos alguns monges espiando por cima do muro do mosteiro uma trupe que avançava – "O que você acha, são *guerreiros* ou estão mais para *milícias*?" – enquanto a capela arde em chamas). Mas devemos nos certificar de que os mesmos padrões de dados, evidências e lógica sejam aplicados, independentemente do sexo, com nossa mente aberta, de maneira resoluta, à complexidade. Se acadêmicos estão preparados para afirmar que mesmo um único indivíduo de corpo masculino enterrado com inúmeras armas pode ser classificado como homem e interpretado como guerreiro (e há centenas de exemplos na diáspora viking que são aceitos com pouca controvérsia), então devem estar preparados para chegar à mesma conclusão caso a determinação do sexo seja diferente.

Olhando com perspicácia os dados arqueológicos, parece que realmente existiam mulheres guerreiras na Era Viking, incluindo pelo menos uma em um posto de comando. Nunca foram numerosas, e poucas foram identificadas nem sequer de maneira provisória, embora isso possa mudar enquanto reexaminamos nossas fontes e nossa consciência. Elas eram raras exceções – pessoas incomuns, com certeza –, mas estavam lá.

É difícil saber como era exatamente um ataque ou batalha da Era Viking. Vários livros foram escritos alegando fornecer pormenorizadas análises de táticas, formações de campo de batalha e afins, mas são quase inteiramente baseados em práticas posteriores aplicadas de forma retrospectiva, e muitas vezes baseadas em leituras literais de fontes textuais de confiabilidade questionável. Na realidade, em termos comparativos pouco além das impressões de ruído, caos e violência que são transmitidas de forma tão vívida na poesia e nos nomes das valquírias.

Uma divisão básica parece ter sido entre os embates coletivos e os combates individuais; os primeiros venciam batalhas, enquanto os últimos granjeavam maior prestígio.

A principal estratégia no campo de batalha envolvia a parede de escudos, em que um grupamento entrava em formação numa linha de vários homens com escudos sobrepostos. Como uma unidade coesa, a parede de escudos podia ser usada para avançar e empurrar os oponentes para trás por puro ímpeto, enquanto lanças e facas eram manejadas para avançar por entre as fileiras. Espadas e machados também podiam entrar em ação, e as pernas de qualquer um que enfrentasse uma parede de escudos era especialmente vulnerável a golpes por baixo. A força da formação residia na unidade como um coletivo e o maior grau de proteção proporcionado contra o ataque frontal. Escudos poderiam também ser levantados para desviar as flechas disparadas em sua direção.

Outra formação tática, a da cunha voadora, conhecida em nórdico antigo como *svínfylking* (o "focinho de javali"), também parece ser de origem antiga. Embora seja descrita principalmente de modo retrospectivo em textos medievais, de acordo com Tácito, autor romano do século I, também foi empregada pelas tribos germânicas de seu tempo. A confluência dessas fontes independentes com um milênio de diferença sugere que os vikings praticavam essa tática, exatamente como relatam as sagas. Na disposição das forças do "javali", guerreiros com armaduras se posicionavam em uma formação triangular, com a ponta na direção do inimigo, e as linhas avançando com velocidade e usando o impulso e o peso para perfurar brechas nas fileiras opostas.

No combate no mar, a estratégia era quase a mesma que na terra, e às vezes os navios eram alinhados e amarrados para formar uma plataforma móvel flutuante de modo a tornar o combate marítimo o mais parecido possível com o terrestre. Essas plataformas de barcos poderiam ser conduzidas por remo umas contra as outras, as linhas irregulares formadas pelas proas se entrechocando e se entrelaçando, criando um campo de combate de madeira ainda maior. A luta prosseguia de navio em navio, e as sagas revelam como cada navio era "liberado" um a um. As vítimas eram deixadas onde caíam ou jogadas no mar. Todas essas batalhas eram acompanhadas por chuvas de flechas e outros projéteis.

Duelos individuais são registrados não apenas no campo de batalha, mas também como um meio formal de resolver insultos, assim como ocorre em muitas culturas. Nesses casos, os combatentes usavam as armas de sua preferência. O combate individual na guerra era especialmente digno de elogios, aparecendo na poesia e nas sagas – como o solitário norueguês que, em tese, dominou o exército inglês em Stamford Bridge em 1066. Lutando com um machado, supostamente manteve a travessia do rio até que foi atingido em um ataque por baixo com uma lança.

> Em última análise, qualquer experiência de guerra era pessoal. No final do século VIII, uma expedição como Lindisfarne pode muito bem ter sido a primeira experiência de um jovem viking nesse tipo de coisa. Se ele sobrevivesse, seria uma lembrança que nunca mais o deixaria, e disso também devemos nos lembrar. Nada disso estava sem contexto ou fundamento lógico.

> *Estamos na costa oeste da Noruega. O segundo ou terceiro filho da fazenda não tem muita esperança de receber terras de herança, mas*

está mais ou menos contente com seu quinhão. Está saindo com Sigrid, que mora no vale acima – fazem companhia um ao outro desde que eram crianças, e "todo mundo sabe" que vão se casar. Mas agora ela de repente está usando um broche novo com aquele enfeite ondulado, e está passando tempo com o menino da casa-grande, o rapaz corpulento que pegou emprestada a espada de seu pai e partiu com os rapazes no verão passado.

Vendo-se de súbito diante de um futuro totalmente diferente, não é difícil imaginar como nosso homem começa a ajustar seus planos para a temporada seguinte e a se informar sobre os donos de barcos. A mesma situação pode ser vista de outras perspectivas, incluindo a da família em casa.

Você ouviu falar daquela casa do Cristo que os vikings queimaram, o rio de ouro que trouxeram de volta com eles? – Bem, foi o nosso menino quem matou o mandachuva de lá, aquele com a vara engraçada. É bom ver nosso caçula encontrando seu caminho, se esforçando para ser alguém na vida, sabe? Ele não faz ideia, mas é claro que fui eu quem armei tudo, consegui um lugar para ele a bordo; o senhor sempre deu ouvidos mais a mim do que a meu marido.

Ou as mulheres que sentem uma mudança em suas perspectivas – suas escolhas em expansão – a cada barco que retorna, a cada presente e proposta que recebem. Algumas coisas são apenas bugigangas e quinquilharias, oferecidas pelos idiotas de sempre que não conseguem entender que elas são "muita areia para o caminhãozinho deles", destinadas a gente com um futuro muito mais brilhante. Mas também há aberturas, janelas para o que poderia ser uma vida diferente, em uma casa maior, uma terra melhor, com um mundo de possibilidades.

E tem aquele rapaz alto, bonito apesar da cicatriz, que tem uma espada com punho de ouro (que ele não tinha no ano passado). Esse é o terceiro navio em que ele embarca, e já lixou outros dentes. Ignore aquela menina assustada que ele trouxe consigo para casa – isso era de se esperar, e de qualquer maneira ela nem sabe falar a língua; e ele fica olhando para você. Mas é você quem vai decidir aonde isso pode levar.

E há os senhores dos navios, os planejadores – com os elmos e os anéis e as capas coloridas –, que ficam com a maior parte do butim, mas também o risco financeiro (*Ólaf perdeu uma tripulação inteira na última temporada*). Eles gostam da pilhagem, mas a veem como um meio para um fim, como o combustível para sua fama, como poder.

Você disse ao seu construtor de barcos para começar a construir um novo – ou por que não dois? – e divulgou a notícia de que um poeta seria bem-vindo em seu salão. No ano passado, aquele rei do mar de Jæren passou direto por você na assembleia, mas da próxima vez ele vai te olhar direto nos olhos.

São especulações, é claro, mas não irracionais. Embora parte disso possa ser desagradável hoje, não há nada nitidamente mercenário ou mecanicista aqui, apenas pessoas vivendo sua vida na esperança de melhorá-la. As normas delas não eram necessariamente as nossas, de forma alguma, e nada disso deveria ser aplicado de modo uniforme em toda a sociedade – por que alguém imaginaria isso?

A "Era Viking" nunca foi um processo, algo com uma direção firme. Não se tratou de uma *Blitzkrieg* ou, ainda, um ataque ao Ocidente (ou Oriente). Em vez disso, eram eventos inicialmente isolados que ocorriam em questão de dias, uma ou duas vezes por ano, ao longo de vastas extensões de território. Por vezes, levava semanas ou até meses para as pessoas ouvirem a notícia de que realmente tinham acontecido. Durante mais de trinta anos, as incursões dos vikings não dominaram as preocupações diárias de ninguém.

Mas esse foi apenas o começo, a primeiríssima leva de ataques. No decorrer de uma década ou mais, a natureza dessas expedições mudaria. Para alguns dos escandinavos, era um passeio em que embarcavam de bom grado, uma aventura em que se arriscavam pelo lucro e, também, claro, pela aventura. De início, as viagens tiraram algumas pessoas de casa e as trouxeram de volta alteradas; também mudaram a vida dos que ficaram para trás. Em pouco tempo, a definição de "casa" passaria a ser fluida, móvel, antes de se aglutinar novamente em lugares bem diferentes do outro lado do mar. Para outros no Norte – apenas um punhado, no início, mas depois em contingentes cada vez maiores –, tudo isso foi um caminho com que sonharam, que se empenharam para alcançar e que moldaram à sua feição. Perceptível para nós, mas provavelmente apenas para alguns deles, foi o começo de algo novo.

12

Hidrarquia

Os ataques aos mosteiros da Nortúmbria parecem ter sido eventos isolados ao longo da costa norte (quem é que sabe o que os compiladores da *Crônica anglo-saxônica* optaram discretamente por omitir?). Com relação ao Sul da Inglaterra, foram um prelúdio para incursões vikings implacáveis, suficientemente violentas para exigir a construção de defesas contra eles.

Na Irlanda, sem dúvida as investidas pioraram, começando com ataques a Inishmurray e Roscam em 807. Há referências a êxitos militares contra os vikings em 811 e 812, em Ulster e Munster, mas também de derrotas irlandesas em Connaught no último ano. Howth, no norte da baía de Dublin, e o porto de Wexford foram atacados em 821. Há referências gerais a ações destruidoras de grande monta.

É difícil saber em que medida isso afetou a Frância, se é que afetou. O clérigo inglês Alcuíno, cronista do ataque a Lindisfarne, menciona incursões hostis na Aquitânia (Sudoeste da França) em 799, que podem ter sido o que levou Carlos Magno a reforçar a segurança da costa no ano seguinte. A exceção é aquela alusão nos *Anais reais francos* a uma frota de duzentos navios dinamarqueses que atacaram a Frísia em 810. Esse número representa uma escalada tão intensa das forças menores subentendidas em todos os outros relatos de invasão desse período que é difícil de interpretar, e pode, com boa dose de sensatez, ser considerado suspeito. Dez anos depois, houve outra explosão de atividades no reino franco, com ataques em Flandres, novamente na Aquitânia e no estuário do Sena.

Consideradas individualmente, as incursões vikings durante as primeiras três décadas do século IX parecem ter tido caráter e tamanho semelhantes, e provavelmente foram impulsionadas por motivos iniciais similares aos dos ataques anteriores. Uma fórmula de sucesso foi repetida – com lucro ainda maior, mas em essência a mesma combinação de razões individuais e os objetivos sociopolíticos das elites locais, mas ainda dentro de parâmetros relativamente modestos. Uma clara intensificação *pode* ser vista nas invasões irlandesas e francas, envolvendo coletivamente dezenas de navios, pelo menos, e talvez mais. Isso está implícito no ataque à Frísia, zona tampão imperial e já uma área de tensões de fronteira entre os francos e dinamarqueses. Diz-se que a frota viking que devastou a região em 810 chegava a duzentos navios, mas, independentemente disso, era grande o suficiente para exigir o pagamento de cem libras de prata após derrotar os frísios três vezes em batalha aberta. No momento em que os francos conseguiram reagir enviando tropas, os dinamarqueses já haviam partido (para agravar ainda mais a decepção, na ocasião o elefante de estimação do imperador teve morte súbita – uma daquelas informações históricas inúteis que comprovam a veracidade do passado).

A organização desses empreendimentos – e o fato de que, pelo menos na Irlanda, o registro descreve que os invasores chegavam em "flotilhas", com ressalvas acerca do que isso poderia significar na realidade – indica também que a escala dos ataques vikings estava aumentando na década de 820. Ao mesmo tempo, devemos nos lembrar de que isso se deu trinta anos após os primeiros registros de ataques a oeste, e setenta anos depois de Salme. No contexto, trata-se de uma ou duas gerações, o que desmente qualquer sentido de "ondas" de ataques assolando a Europa Ocidental. De qualquer forma, os vikings estavam desenvolvendo uma espécie de sistema, e fica evidente que isso funcionou em relação aos seus objetivos. Eles primavam pelas táticas de emboscada e ataques de rápida incursão e retirada imediata, e se mostraram inesperadamente capazes de ações ofensivas contra alvos fortificados. Seguiam regras muito diferentes das de suas vítimas.

A noção de que, antes dos ataques, os escandinavos ignoravam o que existia "a oeste sobre o mar" é um absurdo. O mais provável é que tivessem uma boa ideia sobre como era a vida, pelo menos ao longo da costa leste, em particular ao redor dos mercados e mosteiros – mas isso não é o mesmo que familiaridade completa com a Inglaterra, seu povo e paisagens, sua política e cultura. Pode ser que boa parte desse período inicial tenha sido, em essência, de exploração experimental, de mapeamento de vulnerabilidades enquanto asseguravam linhas de suprimento e retirada relativamente seguras.

No entanto, na Escandinávia os primeiros ataques estavam surtindo efeito. Um número cada vez maior de homens pode ter melhorado sua posição social, riqueza pessoal, perspectiva econômica de longo prazo e talvez suas perspectivas de casamento. Esses homens não estavam isolados de suas comunidades em sua terra natal, mas sim, é claro, totalmente integrados a elas. As incursões iam muito além das fronteiras de gênero. Cada mulher com quem os invasores estavam ligados teve, de alguma forma, um papel importante nas mudanças desencadeadas pelo fluxo de pilhagem em terras estrangeiras. Também chegaram à Escandinávia outras pessoas – os recém-escravizados – cuja vida foi alterada para sempre, para muito pior sobretudo no caso das mulheres.

Os resultados e lucros dos ataques não se limitavam aos próprios invasores. As elites que financiavam as expedições obtiveram outros tipos de ganhos: seus cofres se abarrotaram, e talvez tenham enriquecido ainda mais ao exigir um naco do butim total (embora "seu quinhão justo na divisão do bolo" pareça mais agradável, não é mesmo?). Eles poderiam ativar essas recompensas econômicas para consolidar e expandir suas posições, inclusive por meio do financiamento de mais incursões, que impulsionariam o ciclo adiante. Seus séquitos cresceram, acompanhando o aumento de sua força e status. Isso pode não ter sido apenas positivo, pois com a riqueza vêm a rivalidade e o ciúme, e com o aumento do poder a inveja por parte daqueles que gostariam de usurpá-lo. A agressiva e destrutiva política da Escandinávia e seus pequenos reinos provavelmente foi inflamada em vez de acalmada pela aventura no mar do Norte.

E, é claro, alguns dos invasores jamais voltaram – talvez até mesmo um grande número deles por azar, como o fiasco de Monkwearmouth, quando a maioria dos navios naufragou e suas tripulações foram massacradas. A vida viking era arriscada, mesmo que por apenas quinze dias.

Isso também teve suas consequências, mas levando em consideração as ideologias militarizadas e os sistemas de honra do Norte, é provável que esses perigos não fossem uma preocupação primordial, e certamente não eram um grande impedimento.

As incursões do início do século IX foram intensas, mas esporádicas; essa situação mudou em 834. Não há evidências de que os eventos daquele ano, conforme registra a *Crônica anglo-saxônica*, tenham sido o resultado de uma coordenada e deliberada mudança de estratégia. É apenas em retrospecto que aparecem como um divisor de águas entre o que veio antes – alguns barcos carregados de cada vez, apenas um ou dois *lið* de guerreiros irmãos – e o que viria a seguir.

Depois de 834, escandinavos passaram a viajar regularmente em frotas que chegavam a centenas de navios, transportando milhares de homens. Suas depredações levariam as principais potências da Europa Ocidental à beira da destruição, e também adquiririam nomes próprios e renome nas crônicas e anais dessas regiões: o Grande Exército Pagão ou o Grande Exército Invasor; os Exércitos do Sena, do Somme e do Loire; o Grande Exército de Verão; e mais. Suas histórias eram complexas, mas são essenciais para a compreensão dos dois séculos seguintes de atividades vikings na Eurásia.

Assim como nos ataques costeiros iniciados décadas antes, a natureza e as motivações dessas novas incursões hostis estavam intimamente conectadas com as economias políticas da Escandinávia. Mas dessa vez havia uma diferença fundamental, algo que separava as frotas e os exércitos das primeiras invasões: *no início do século IX, não havia uma única unidade politicamente organizada, reino ou outra entidade social na Escandinávia grande o suficiente para se aventurar em empreendimentos marítimos desse tipo.* Em outras palavras, nenhuma dessas forças pode ser entendida em termos étnicos ou políticos simples. Não eram "os dinamarqueses", "os noruegueses" ou mesmo "os reis do mar"; na verdade, não eram "quem quer que seja". Eram outra coisa, e o desafio é descobrir o quê.

Entrar nesses grupos vikings cada vez mais numerosos é agora uma possibilidade por meio de escavações arqueológicas nas ruínas de seus acampamentos, nos restos de seus cemitérios, nos detritos de sua vida diária – muitos com implicações surpreendentes. Além de confirmar que realmente chegavam à casa dos milhares, parece que esses "exércitos" também incluíam mulheres e crianças – famílias – e que tinham economias inteiras calcadas na manufatura e em trocas. Não eram de forma alguma apenas forças de combate, embora os ataques sempre estivessem no centro de suas operações. Indo mais fundo dentro de sua mentalidade, encontram-se novas perspectivas de experimentos sociais ousados, resistência política e tentativas de criar um tipo diferente de vida.

Tudo isso sugere que os conglomerados vikings móveis em grande escala do século IX não eram nem "exércitos" e nem tampouco "bandos de guerra", mas comunidades migratórias em constante evolução. Não estavam a caminho de lugar algum, mas eram um fim em si mesmos, que se justificava por meio da ação. Em essência, essas forças eram comunidades politicamente organizadas por direito próprio.

À medida que as frotas cresciam, que as forças aumentavam de tamanho e se tornavam mais diversificadas, que atingiam alvos mais difíceis e, acima de tudo, à medida que começaram a ficar longe da Escandinávia por períodos de tempo cada vez mais longos, algo significativo aconteceu. Se antes as viagens de invasão haviam sido uma atividade, algo para se fazer por algumas semanas ou um verão, agora efetivamente se tornaram, pelo menos para alguns, um estilo de vida. Nesse contexto, ser um viking era um estado de espírito; um sistema de crenças; uma estratégia de carreira; um ato ritual; claro, um meio de vida, ainda que um ganha-pão violento e arriscado; mas, acima de tudo, uma escolha.

> *Não é que os lucros a serem obtidos no Oeste fossem desconhecidos antes; é que agora algo na mente dos vikings mudou e tomou forma – não de maneira coletiva e simultânea, é claro, mas foi se articulando gradualmente por meio de rumores, boatos, as conversas nos portos, e, sobretudo, as qualidades persuasivas do sucesso visível. Com o tempo, em pouco tempo, a compreensão prática do rico potencial que havia além dos horizontes marinhos, em quase todas as direções, transformará o mundo deles.*

Devemos começar com *o que* aconteceu, e somente depois o *porquê* e *como* se tornam aparentes.

No ano de 834, Dorestad, o rico empório na bifurcação do rio Reno, um centro comercial a cerca de cem quilômetros da costa holandesa, foi atacado e incendiado, aparentemente por um grupo da Dinamarca. Foi uma manobra tática surpreendente – não se tratava de um mosteiro ou comunidade isolada, mas um dos lugares mais importantes nas redes comerciais do Norte da Europa. Equivalia a atacar as instalações de um grande centro financeiros de hoje. Os vikings massacraram à vontade e levaram consigo carregamentos de escravos. A região ao redor foi devastada. A mesma coisa aconteceria a cada verão pelos quatro anos seguintes, em face das ineficazes respostas dos francos, que incluíram negociações de paz fracassadas. O jogo dos vikings parece ter sido cuidadoso, combinando diplomacia fingida respaldada pelas incursões a que nunca tiveram a intenção de renunciar.

Em 837, os *Anais de são Bertino* descreviam, em tom resignado, o "usual ataque surpresa" à Frísia. Utrecht e Antuérpia foram invadidas repetidamente, e as mesmas frotas vikings cruzaram o canal para atacar a ilha de Sheppey, no estuário do Tâmisa. Existe a sugestão de que os escandinavos seguiram uma rota similar ao longo da costa sul, como em décadas anteriores, e se dirigiram ao mar da Irlanda a partir do sul. Como antes, durante a viagem, no meio do caminho também tentaram a sorte no reino franco com um ataque de sondagem ao Loire em 835, no qual o mosteiro da ilha de Noirmoutier foi saqueado. Seria um prenúncio de eventos muito piores que estavam por vir.

A Irlanda sofreu pesados e constantes ataques de meados da década de 830 em diante, pelos quinze anos seguintes. Realizando incursões ao longo do litoral e também no interior pelo curso dos rios, os vikings atingiram mais de cinquenta alvos nomeados (muitos deles, diversas vezes), e há registros de impactos mais regionais. Os mosteiros foram novamente os pontos principais dos ataques, mas os mercados e assentamentos também se tornaram alvos. As frotas estabeleceram bases temporárias nos rios, defesas para seus navios e acampamentos de onde atacavam à vontade no interior rural.

A Inglaterra parece ter sido deixada em relativa paz na década de 830, embora isso seja possivelmente uma distorção resultante de omissões deliberadas na *Crônica*. Em 839, por exemplo, há um estranho registro eclesiástico de sonhos que perturbavam o sono do rei de Wessex, imagens de pagãos devastando sua terra. Essa visão noturna foi tão inquietante que ele prometeu fazer uma peregrinação a Roma para pedir a intercessão divina. Ataques vikings evidentemente pesaram tanto na mente do monarca mais poderoso do Sul da Inglaterra que ele pensou que seu reino estava em jogo. Isso não é apenas sugestivo de consideráveis atividades vikings na Inglaterra nessa época, mas também está bem distante do incêndio de uma igreja em Lindisfarne.

Em todo caso, isso mudaria de maneira decisiva em 840 e 841, quando é possível detectar outra mudança. A costa oeste irlandesa foi invadida repetidas vezes, e expedições seguiram interior adentro. Acampamentos foram fundados em Dublin (provavelmente na área de Kilmainham), Annagassan e outros locais, e uma presença viking sazonal se consolidou nessas áreas. As costas leste e sul da Inglaterra também foram atacadas, alvos de pelo menos uma dúzia de incursões em dois anos, e o mais provável é que essas investidas tenham variado bastante. Os vikings eram então um evento regular da experiência inglesa, e o impacto financeiro de suas atividades tinha peso político concreto. O número de vítimas humanas, em termos de mortes e vidas perdidas para a escravidão, estava crescendo.

O verdadeiro catalisador para o aumento da atividade viking foi a guerra civil no reino franco – o Império Carolíngio, cujo nome (derivado do latim *Carolus,* Carlos) homenageia seu fundador, Carlos Magno. Em 840, seu sucessor, o imperador Luís I, o Piedoso, morreu. Com a morte do monarca, as turbulentas relações entre os três filhos de Luís, mal contidas durante os anos de declínio do imperador, transbordaram. Carlos II (Carlos, o Calvo), Lotário e Luís II, o Germânico [ou Luís da Baviera], começaram a lutar pelo controle do império, em um conflito que se alastrou por todos os setores do reino, desde a fronteira ibérica aos Alpes até o Sul da Dinamarca e o Reno. O aparato do Estado estava rachado, com desunião e divisão em facções – a pequena nobreza, os governadores das cidades, magnatas locais e até mesmo bispos formaram suas próprias milícias e tomaram partido (quase sempre o seu próprio).

Os vikings preencheram a lacuna deixada pela distração e desestabilização do império, e só iriam embora vinte anos depois. Os grandes rios da Frância – o Sena, o Somme e o Loire – fizeram o papel de autoestradas aquáticas para o coração do império. Não era mais uma questão de ataques costeiros com danos econômicos periféricos: os vikings levaram a guerra aos francos, assolando centenas de quilômetros em direção ao interior rios acima. É evidente que ali estavam muitos grupos diferentes, cada qual com seus próprios comandantes e prioridades, que às vezes se combinavam em constelações maiores. O que eles tinham em comum era a capacidade de se inserir com habilidade no caos político.

Bandos vikings móveis lutavam contra as forças dos três pretendentes ao trono imperial, individualmente ou às vezes em aliança. Também invadiam municípios e enfrentavam milícias, ou qualquer que fosse a mal-ajambrada defesa que o campesinato conseguia improvisar em face da indiferença das lideranças centrais. Grupos vikings também eram contratados como mercenários por essas facções para lutar contra seus inimigos civis ou até mesmo outros vikings; em muitos casos, os escandinavos acabavam juntando suas forças para se voltar contra seus antigos empregadores. Nada disso acontecia em um vácuo de conhecimento, nem era uma questão de reação aleatória: os vikings sabiam com exatidão o que estavam fazendo, onde estavam fazendo e quem provavelmente encontrariam no processo. Esse domínio de um reconhecimento minucioso e aprofundado – a consciência do valor a ser colocado no conhecimento prévio – apareceu ao longo de suas campanhas na França, e mais tarde na Inglaterra. Comandantes vikings eram agentes políticos ativos, incitando a guerra civil para ocasionar o máximo de desestabilização, o que por sua vez alimentava objetivos duplos dos próprios escandinavos: riqueza móvel na forma de pilhagem e mão de obra móvel por meio da captura de cativos.

Até mesmo Deus sentou praça e entrou na luta, como se vê em uma antífona [versículo que se diz ou se entoa antes de um salmo ou de um cântico religioso] feita para uso na capela imperial de Carlos, o Calvo, que registra uma prece cantada pedindo proteção contra os ataques: "*de gente fera Normannica nos libera, quae nostra vastat, Deus, regna*": "Concede-nos a liberdade, Senhor, do povo selvagem do Norte que assola os nossos reinos".

Os túmulos do Oeste da Noruega e da Dinamarca dessa época estão repletos de peças de metal e moedas francas – frutos dos ataques. É possível discernir uma hierarquia de objetos insulares nos cemitérios, ativada em novos contextos escandinavos. Quase se pode perceber o status relativo dos diferentes participantes das incursões, que se manifesta nos materiais e na qualidade dos itens saqueados. As joias parecem ter sido especialmente populares e foram preservadas intactas ou então reutilizadas como pingentes e similares. Broches carolíngios em formato de disco são achados arqueológicos comuns, enquanto a prata foi derretida e transformada em objetos mais ao gosto nórdico.

Em 843, as três principais facções carolíngias concordaram com a paz e uma divisão tripartida do império – Carlos governou a Frância Ocidental (em latim, *Francia Occidentalis*), dos Pirineus ao Pas-de-Calais; Lotário ficou com a Frância Central ou Lotaríngia (*Francia Media*, em latim), uma faixa de território norte-sul que incluía a maior parte dos Países Baixos, Borgonha e Provença, com uma extensão no Norte da Itália; Luís ficou com o Leste, a Frância Oriental (em latim, *Francia Orientalis*), com terras que hoje integram a porção ocidental da Alemanha; a pequena província "celta" da Bretanha manteve uma feroz independência.

A resposta viking ao tratado veio depois de cuidadosa reflexão, e foi preocupante. No mesmo ano, uma frota passou o inverno na Frância, fixando uma base (mais uma vez em Noirmoutier) na foz do Loire, com bons acessos ao mar aberto. Isso estabeleceu o padrão nas décadas seguintes e se repetiu na Inglaterra de 851 em diante. Normalmente localizados em ilhas estuarinas ou outros locais marinhos fáceis de defender, esses acampamentos às vezes serviam por um ou dois anos antes de serem abandonados, mas com o tempo alguns deles se desenvolveram para dar origem a bases mais ou menos permanentes. Três grupos principais e distintos de vikings se reuniram em tais enclaves no Loire, no Sena, e Somme, e mais tarde foram citados como os "exércitos" daquelas regiões. Na década de 850, os pontos de entrada para todas as três principais rotas aquáticas para a Frância estavam essencialmente sob controle dos vikings.

As "invasões", que havia muito se tornaram campanhas sazonais, evoluíram então para uma presença viking contínua. Os exércitos ainda tinham uma extraordinária mobilidade, nunca se afastavam de seus navios, e nesse período suas operações em campo ano após ano são inigualáveis. Desde a década de 830, as frotas também aumentaram de tamanho. São mencionados em Nantes em 843 um número excepcionalmente exato: 67

navios. Dois anos depois, a própria Paris foi atacada por uma frota de 120 navios que travou combates ao longo de todo o caminho Sena acima; o ataque foi liderado por um dos mais famosos vikings de todos os tempos, Ragnar Lothbrók. Foi um comandante eficaz, embora perverso, e seus seguidores receberam a impressionante soma de 7 mil libras de barras de prata e ouro para finalmente deixar a cidade em paz. Seria o primeiro de muitos pagamentos.

Depois de Paris, o tamanho das frotas de ataque só aumentou, o que sem dúvida foi motivado pelos lucros demonstráveis que esses empreendimentos eram capazes de produzir. Na década de 850 há registros de um ataque de 252 navios na Frísia; 105 na Île de Bièce e 103 no rio Vilaine, ambos na Bretanha.

Com a morte de Lotário em 855, o império passou novamente por períodos de agitação; Luís tramou contra o irmão Carlos e invadiu a Frância Ocidental. Carlos sobreviveu e, com o tempo, viria a governar como imperador único, mas a fraqueza das defesas imperiais era novamente um convite aos vikings, que não demoraram a tirar proveito. Em 860, a situação foi descrita com nítidos pormenores por Ermentarius de Noirmoutier, monge expulso de seu mosteiro quando os vikings o invadiram e o converteram em sua base no Loire:

> O número de navios cresce: o jorro interminável de vikings nunca cessa de aumentar. Por toda parte os cristãos são vítimas de massacres, incêndios, saques: os vikings conquistam tudo em seu caminho e nada lhes resiste: apoderam-se de Bordeaux, Périgeux, Limoges, Angoulême e Toulouse. Angers, Tours e Orléans são aniquiladas e uma inumerável frota navega o Sena acima e o mal viceja em toda a região. Rouen é arrasada, saqueada e queimada: Paris, Beauvais e Meaux são tomadas, a robusta fortaleza de Melun é destruída, Chartres é ocupada, Evreux e Bayeux são saqueadas e todas as cidades são sitiadas.

No Sena, em 861, os *Anais de são Bertino* perderam a conta de uma frota viking em 260 navios. Não existia um navio "padrão", por isso é impossível saber quantas pessoas havia a bordo de cada um, mas, em média, estudiosos costumam considerar que trinta ou mais é um número razoável. Era então uma questão de *milhares* de vikings em ação, deslocando-se por várias regiões em diferentes grupos.

Mesmo quando as defesas locais conseguiam bloquear os avanços dos invasores, eles simplesmente se transferiam para outro lugar. Somente em 862, Carlos, o Calvo, tendo alcançado um mínimo de estabilidade em seu reino, foi capaz de organizar uma resistência contínua e consistente na forma de uma inovação que teve efeito imediato e prático. Ordenou a construção de pontes fortificadas através dos principais rios arteriais, controlando o acesso ao longo de sua passagem ao deixar apenas pequenas aberturas bloqueadas por barreiras e correntes móveis. As ruínas de uma delas foram escavadas em Pont de l'Arche, no Sena, nos arredores de Pîtres, revelando uma complexa estrutura com uma fortaleza em cada margem do rio, atravessada por uma maciça ponte defensiva que também bloqueava um afluente. O gasto deve ter sido enorme, e está claro por que a calmaria administrativa foi um pré-requisito necessário para tal projeto.

O impacto das pontes foi rápido. O tamanho das frotas citadas pelos anais vai diminuindo rapidamente. No Loire e no Sena havia apenas 45 navios em 865, em vez das centenas de alguns anos antes. O sucesso da estratégia imperial não foi apreciado na Inglaterra. Naquele ano, as frotas vikings retiraram-se coletivamente da Frância e cruzaram o canal da Mancha em uma invasão de grande envergadura. No processo, e nas décadas seguintes, os registros ingleses nos fornecem imagens nítidas, de qualquer lugar do mundo, dos vikings em guerra.

Quando uma numerosa frota desembarcou em Thanet em 865 e rapidamente se deslocou para a Ânglia Oriental, os vikings encontraram uma situação política muito diferente do cenário a que estavam acostumados na Frância. Embora o império tivesse sido dividido, era, pelo menos no nome, uma burocracia imperial em funcionamento. A Inglaterra, por outro lado, era composta de vários reinos, alguns mais poderosos que outros; os maiores eram a Mércia, nas Midlands; a Nortúmbria, no Norte do país; a Ânglia Oriental, na costa leste, e Wessex, ao sul. Muitas vezes esses reinos firmavam alianças tensas e desconfortáveis, mas às vezes conviviam em concorrência abertamente expansionista. A Inglaterra havia se convertido ao cristianismo alguns séculos antes, e, portanto, suas estruturas sociopolíticas eram drasticamente diferentes da Escandinávia, mas havia, no entanto, semelhanças na rede de reinos rivais interligados. Vikings tiraram proveito disso para obter uma vantagem imediata.

No decorrer dos quinze anos seguintes, o que a *Crônica anglo-saxônica* chama tanto de "Grande Exército Pagão", como, por vezes, "Grande Exército Invasor", percorreu os reinos ingleses travando combates ao longo do caminho. Desde o princípio do périplo, na Ânglia Oriental, podemos observar aspectos das interações dos vikings em território supostamente hostil, que lançam nova luz sobre a natureza de suas campanhas. A *Crônica* registra, sem comentar, que "lá o exército foi munido de cavalos". Em outras entradas ao longo dos anos, consta que os invasores receberam suprimentos de vários tipos, incluindo alimentos, e permissão para se abrigar em locais seguros, onde suas famílias (mencionadas de maneira explícita, o que tem implicações interessantes) poderiam permanecer protegidas. Mesmo no período anterior, de ataques intermitentes, havia sinais de algo semelhante – em 838, por exemplo, vikings estabeleceram uma aliança com o povo da Cornualha. Existem outros sinais dessas relações. Um esplêndido livro religioso, o *Codex Aureus* [Código áureo de são Emeram] foi doado à catedral e igreja de Cristo na Cantuária com uma inscrição acrescentando que fora libertada por um piedoso casal inglês, por meio do pagamento de resgate, de um exército viking – algo decerto impossível sem linhas de comunicação relativamente sofisticadas e pelo menos algum grau de confiança.

Está muito claro que – embora talvez como o menor de vários males – nem todos os ingleses se opunham necessariamente aos vikings. De jeito nenhum. As ambições expansionistas de Wessex não eram segredo e, em algumas regiões, os escandinavos podiam ser vistos como um baluarte contra as agressões do reino do Sul. De qualquer forma, sua presença era inevitável. Apenas alguns anos depois, uma concessão eclesiástica de "retribuição de alimentos"[34*] prevê o deslocamento de suprimentos por conta de ataques pagãos – em outras palavras, os vikings já haviam sido codifica-

---

34 * Forma de imposto em espécie que consistia no fornecimento de gêneros alimentícios de primeira necessidade por parte de territórios, regiões e distritos a reis e outros membros de famílias reais. [N. T.]

dos em documentos legais como possível força disruptiva, na mesma linha dos "atos de Deus"³⁵* que constam das apólices de seguro de hoje em dia.

O exército tinha vários comandantes – entre eles homens que possivelmente eram filhos de Ragnar Lothbrók, incluindo Ivar Sem Ossos, Halfdan e Ubbe – e era, como as frotas na França, um conglomerado de unidades menores. Eram os mesmos *lið* dos primeiros ataques, mas multiplicados. Devemos imaginar uma hierarquia de grupos vikings – alguns leais ao capitão de um único navio, outros formando uma ou duas pequenas flotilhas associadas por laços frouxos, ou leais a unidades ainda maiores, todos inseridos em redes de fidelidade e apoio mútuo sob o comando nominal de um ou mais "*jarls*" (como são chamados nas fontes inglesas).³⁶* Não havia nenhum "rei dos vikings", nenhuma pessoa com quem os ingleses pudessem negociar. Mesmo na França, quando emissários procuraram o líder de um exército viking, a resposta foi que não tinham nenhum, que tomavam suas decisões de maneira coletiva.

Tendo passado o inverno na Ânglia Oriental, o exército rumou para o norte e em 866 tomou a cidade de Eoforwic – York –, depois de lutar ao longo das muralhas romanas da cidade. Por quase um século depois, Jorvík, como o lugar ficou conhecido, seria *o* principal reduto viking no Norte, uma fortaleza governada primeiro por reis fantoches e depois diretamente pelos escandinavos.

Graças à *Crônica anglo-saxônica*, o caminho dos vikings pode ser rastreado com grande precisão, às vezes mês a mês. Em 867, empreenderam uma tentativa de invadir o reino da Mércia, durante o inverno que passaram em Nottingham, mas foram subornados depois que Wessex veio em auxílio dos mercianos, e o exército voltou a York para mais um inverno. No final de 869, os vikings estavam de volta à Ânglia Oriental, onde permaneceram por um ano. O rei Edmundo resistiu e foi capturado e morto, tornando-se o primeiro mártir oficial nas mãos dos escan-

---

35 * Acontecimentos além da influência ou controle humano; são os atos da natureza, incluindo furacões, terremotos e inundações. [N. T.]

36 * Em inglês antigo, a palavra *eorl* significava "guerreiro, nobre"; adquiriu o significado da palavra correlata escandinava *jarl*, "sub-rei, governador"; em inglês moderno, deu *earl*, "conde". [N. T.]

dinavos. Posteriormente, a Ânglia Oriental, assim como a Nortúmbria, passou para o controle viking efetivo.

Os vikings eram mestres daquilo que um estudioso chamou apropriadamente "diplomacia do barco longo". No decorrer dos anos passados em campanha, os vikings mostraram estar em completa sintonia com os sistemas de defesa ingleses. Sabiam tudo sobre as redes de comunicações estratégicas na forma de *herepaths*, ou "estradas do exército", e as usavam a seu favor. Entendiam as balizas de sinalização em terreno elevado, que às vezes eram acesas para confundir as milícias locais.

Com força renovada, em 871 os vikings invadiram o reino de Wessex, onde ganharam o reforço de uma segunda frota viking – o "Grande Exército de Verão", segundo a *Crônica*. O rei Etelredo de Wessex e seu irmão mais novo, Alfredo, lideraram as tropas inglesas em oito ou nove batalhas contra os vikings nos meses seguintes; nenhum dos lados preponderou, revezando-se numa sucessão de derrotas e vitórias. Três meses após o triunfo de Wessex em Ashdown, Etelredo morreu e Alfredo foi coroado. Um tanto desesperado, pagou os vikings, que invernaram em Londres, antes de dedicar os três anos seguintes a pacificar a Nortúmbria, arrasando o pequeno reino de Lindsey (atual Lincolnshire), e finalmente tomando a Mércia.

É necessário dizer com todas as letras: em apenas nove anos, uma força invasora escandinava tinha efetivamente destruído todos os reinos ingleses, exceto um. Em 874, apenas Wessex permanecia independente. E, de novo, o Grande Exército não era de forma alguma uma entidade nacional, ou uma estratégia militar politicamente dirigida.

Nesse ponto, as hostes vikings se dividiram. Alguns grupos seguiram para o norte sob o comando de Halfdan, que os liderou em ataques que chegaram até ao Sul da Escócia. Retornando a York em 876, fizeram algo novo: em uma única frase surpreendente que ecoa pelo restante da história inglesa, a *Crônica* diz que "dividiram as terras da Nortúmbria e estavam arando e cuidando do próprio sustento". O significado é claro: *os vikings começaram a se estabelecer, a fixar residência*, e a natureza de seu contato com as ilhas britânicas mudou para sempre.

O ramo sul do exército, sob o comando de Guthrum e dois outros comandantes, voltou à guerra. A desesperada luta de quatro anos do reino de Wessex contra os vikings é a pedra angular da história inglesa, gerando em igual medida mito, lenda e fato, mas os eventos são solidamente corroborados pela *Crônica*. Os vikings cruzaram o Sul da Inglaterra com incursões ao norte até a Mércia e penetrando oeste afora até a Cornualha. As forças de Alfredo de Wessex combateram ou fugiram, e tentaram até mesmo confrontar os escandinavos no mar (com pouco sucesso), quando em 878 chegaram ao limite, empurrados para a beira do desespero. Em um derradeiro esforço, Alfredo reuniu o que restava de suas tropas e as conduziu a uma vitória inesperada em Edington. O combate chegou a um impasse, e ambos os lados concordaram em firmar um tratado de paz dividindo a Inglaterra de uma maneira que deixou Wessex no controle do Sul e do Oeste, ao passo que o Leste e o Norte do país foram formalmente cedidos aos vikings em reconhecimento de realidades políticas efetivas. Embora só adquirisse o nome um pouco mais tarde, essa região tornou-se conhecida como Danelaw – literalmente "a terra sob o código legal dos daneses [dinamarqueses]". Os exércitos vikings se dispersaram por essa área e Mércia adentro, e novamente começaram a fundar povoados.

No ano do tratado de Wedmore que criou a Danelaw, na França houve uma estranha repetição do que havia acontecido em 865. O imperador carolíngio, Carlos, o Calvo, morrera em 877, seguido logo depois por seu filho, o que fez o império mergulhar uma vez mais em conflitos pela sucessão. Como haviam feito décadas antes, os vikings voltaram os olhos para a França. Enquanto a maior parte do Grande Exército permaneceu na Inglaterra, alguns grupos optaram por cruzar o canal da Mancha em busca da renovada chance de pilhagem; foram auxiliados por uma terceira força viking que chegara recentemente a Fulham em Londres e logo voltou as atenções para o continente. Não precisa ter sido uma escolha rígida, pois é muito provável que os indivíduos se alternassem num movimento em vaivém entre os ataques francos e uma casa na Danelaw. Os exércitos eram entidades inequivocamente fluidas.

Nos seis anos seguintes, um segundo ataque viking assolou o império, com frotas avançando Reno acima e até mesmo tomando a capital franca em Aachen. O palácio imperial foi ocupado e sua capela, de forma humilhante, usada como estábulo para os cavalos dos vikings.

Paris permaneceu sitiada durante um ano, de 885 a 886 – evento elucidado pelo relato de uma testemunha ocular, Abão, o Curvo (Abbon Cernuus), monge que assistiu à luta das muralhas de um mosteiro próximo, St-Germain-des-Prés. Ele relata como o Sena ao redor da Île de la Cité – onde hoje se situa a catedral de Notre-Dame – foi sufocado com tantos navios vikings que era possível cruzar a água pisando no rio de madeira de seus conveses. A frota ficou engarrafada rio abaixo por quilômetros. Abão descreve com riqueza de detalhes a luta pelas pontes, duelos entre disparos de arqueiros ao redor das torres e o uso de máquinas de cerco pelos vikings (talvez montados em seus navios). À medida que as muralhas da cidade ardiam em chamas, diz ele, o céu noturno "ficou da cor do cobre". Ao fim e ao cabo, o cerco foi levantado com a chegada de um exército imperial, mas os vikings eram tão temidos que nem mesmo o imperador quis enfrentá-los: em vez disso, pagou para que fossem embora (para grande desgosto dos parisienses que tinham resistido por tanto tempo).

Mais uma vez, vale a pena fazer uma pausa para refletir sobre isso. Menos de um século antes, talvez algumas dezenas de homens correram até a praia para queimar o mosteiro em Lindisfarne, num ataque que provavelmente durou menos de um dia. Em Paris, milhares de vikings, a bordo de uma frota de centenas de navios, sitiaram uma das maiores cidades da Europa durante um ano inteiro, e travaram batalhas campais contra os melhores soldados que o império poderia colocar em ação. A velocidade e a escalada da intensidade das ofensivas vikings são de tirar o fôlego.

Nos anos seguintes, o Império Franco começou a se estabilizar novamente, com o mesmo efeito de melhorar de forma drástica e veloz medidas defensivas contra os vikings. Por volta de 890, as frotas se dispersaram com a mesma rapidez com que se uniram, rumando para a Escandinávia ou retornando a Danelaw.

Essa conclusão franca para o século dos grandes ataques oferece também um momento para examinar, de uma perspectiva diferente, seu custo real e tentar compreender sua verdadeira escala. O dano à economia imperial não tinha precedentes. Se combinarmos os dados das fontes escritas do continente, o dinheiro de proteção pago aos vikings durante o século IX totalizou cerca de 30 mil libras de peso de prata, a maior parte em dinheiro vivo: uma soma equivalente a 7 milhões de centavos de prata durante um período em que a produção total estimada das casas da moeda do reino franco era da ordem de 50 milhões de moedas. O equivalente a aproximadamente 14% de toda a produção monetária do Império Franco – *durante um século* – evaporou no pagamento das exigências de extorsão que não produziram nenhum ganho positivo tangível e, em muitos casos, não conseguiram nem sequer apaziguar os vikings. Além disso, os escandinavos recebiam grãos, gado, produtos, vinho, sidra, cavalos e outras mercadorias como parte de seus termos para não atacar – literalmente por não fazer nada – e, é claro, essas mesmas coisas muitas vezes se perdiam quando eles decidiam atacar. Entre 830 e 890 na França, cerca de 120 assentamentos nomeados foram saqueados e destruídos, além dos relatos não especificados de devastação regional. E, claro, o custo humano era incalculável. Ermentarius de Noirmoutier não exagerou ao escolher imagens que faziam lembrar um apocalipse viking.

Por muitos anos, os ataques de pilhagem escandinavos da década de 830 até a década de 880 tenderam a ser estudados de perspectivas geográficas ou políticas distintas – os vikings na Inglaterra, na Irlanda, na França e assim por diante. Mas o ponto principal é que eram, em grande parte, as mesmas forças que se movimentavam, se dividiam e se reagrupavam. Quando uma área conseguia organizar resistência suficiente para impedir o avanço dos vikings, eles simplesmente se deslocavam para outro lugar. Nem mesmo Alfredo de Wessex, na maioria dos casos, conseguiu derrotá-los de fato – eles apenas seguiram em frente, e poderiam muito bem ter feito isso de qualquer maneira.

Em uma clara advertência para todos os arqueólogos, na ausência de fontes escritas jamais ousaríamos postular a escala das invasões vikings da Inglaterra e da França a partir apenas de seus vestígios materiais – com uma exceção. Já vislumbramos os mecanismos de funcionamento interno dos exércitos: as partes constituintes de suas "irmandades", suas complexas estruturas de comando, os processos comunais de tomada de decisões e a propensão à divisão. Contudo, nas últimas três ou quatro décadas a arqueologia começou a revelar aspectos até então desconhecidos desses exércitos nas ruínas de seus acampamentos.

Esses estabelecimentos parecem ter surgido pela primeira vez na Irlanda, no final da década de 830 e, em seguida, na Frância, alguns anos depois. Nas fontes irlandesas (via latim), são denominados *longphuirt* (no singular, *longphort*), vocábulo cujo significado aproximado é "desembarque de navio", e também *dúnad* e *dún*, ambos com conotações de fortificação. Também há menções ao fato de que os vikings vinham de lugares específicos, como se fossem espécies de bases semipermanentes. Concentrando-se na costa leste, "acampamentos" desse tipo são encontrados em Lough Neath, Strangford Lough, Carlingford Lough, Dublin, Waterford, Wexford e Cork, entre outros locais; ao todo, cerca de vinte desses locais são nomeados, a maioria em áreas com bom acesso à água, e já se sugeriu que cada um estava a um dia de navegação de seu vizinho mais próximo. Partes de um desses campos foram escavadas em Woodstown, perto de Waterford, e foi realizado o levantamento topográfico de um segundo acampamento em Annagassan. Na Frância, com a exceção de uma fortificação no Camp de Péran, na Bretanha, todos são conhecidos principalmente a partir do registro escrito – a Île de Bièce no Loire, Oissel no Sena, Neuss no Reno e outros, incluindo casas monásticas tomadas e transformadas em fortalezas.

Os exemplos arqueológicos mais produtivos foram examinados na Inglaterra, o primeiro deles escavado no vilarejo de Repton, condado de Derbyshire. Registrado na *Crônica anglo-saxônica* como o local de aquartelamento de inverno do Grande Exército de 873 a 874, Repton era também a área de um mausoléu real da Mércia, próximo a uma igreja impressionante. Nas décadas de 1970 e 1980, as escavações em torno desse edifício encontraram inesperadamente três elementos-chave do acampamento de inverno: um recinto em forma de D com seu lado reto contra a margem do rio Trent, incorporando a própria igreja como um portão de entrada fortificado; uma série de sepulturas vikings claramente pagãs ao redor da igreja; e um enorme depósito de ossos humanos desarticulados que havia sido construído dentro do mausoléu saqueado.

O ossário representa pelo menos 264 indivíduos, incluindo quase 20% de mulheres. Muitos exibem traumas causados por armas. Trata-se de um único depósito, embora seja mais difícil dizer se os ossos foram reunidos ao longo de um ou dois anos, talvez recolhendo-se os mortos nos campos de batalha para serem finalmente enterrados em um acampamento principal. No entanto, pode ser associado à presença do exército por meio de datação por radiocarbono, achados de moedas que datam de 872 e 873 e armas do tipo viking. No achado de Repton, os arqueólogos tiveram pela primeira vez a chance de analisar os membros efetivos de uma tropa viking. O trabalho ainda está em andamento, mas os dados isotópicos revelam que a maioria dos indivíduos veio de toda a Escandinávia, com alguns também das ilhas britânicas e do continente, talvez até mesmo do sul, no Mediterrâneo. Todos os túmulos agrupados em torno da igreja têm assinaturas isotópicas escandinavas. Os mesmos dados revelam significativas mudanças na dieta ao longo do tempo, o que sugere que essas pessoas se deslocavam muito. A faixa etária dos homens varia de 18 a 45 anos.

Todo o depósito funerário foi coberto por um monte de terra, com um rebordo duplo feito de escultura inglesa e moinhos manuais de pedra do mosteiro destruídos intencionalmente. Parece haver pouca dúvida de que foi uma ocupação viking afrontosamente não cristã. Diversos buracos para postes e fossas cheios de oferendas sugerem rituais elaborados, e várias crianças foram enterradas nas proximidades do monte, no que parecem ter sido atos sacrificiais.

A poucos quilômetros de distância, em Heath Wood, fica um dos únicos cemitérios de montes tumulares posteriores da Inglaterra; escavações revelaram que se trata de um cemitério de cremação escandinavo, até então único na Grã-Bretanha. Os restos mortais eram relativamente escassos e difíceis de interpretar, mas incluíam pelo menos uma mulher que parece ter sido enterrada com armas. Os escavadores especularam que o local pode ter tido alguma relação com o exército de Repton – talvez uma ramificação ou facção das tropas vikings enterrando seus mortos de uma maneira diferente.

De 2011 a 2015, um segundo acampamento viking de grandes proporções foi escavado no vilarejo de Torksey, condado de Lincolnshire, o local em que o exército invernou no ano anterior à sua chegada a Repton. O projeto revelou uma imagem totalmente diferente do recinto em certa medida pequeno de Repton, que até então era o modelo para o que se julgava ser um acampamento padrão. Torksey não parece ter tido defesas formais; em vez disso, estava localizado em uma ilha pantanosa que fornecia proteção natural. Os vikings claramente se adaptaram às circunstâncias. O aspecto mais importante: era vasto – aproximadamente 55 hectares, com espaço para milhares de pessoas; enfim as implicações das fontes escritas eram compatíveis com a arqueologia. Do lado de dentro do acampamento, uma revelação: evidências de artesanato e manufatura, comércio com o entorno local, pesca e inequívocas provas da presença de mulheres. O grande número de moedas, armas e outros artefatos permitiu datar de forma segura o local e sugeriu que o exército permaneceu por até seis meses lá. Em suma, Torksey revelou não apenas um exército, mas toda uma comunidade móvel, com um grau de autossuficiência e economia próprias.

Um terceiro acampamento de exército em "um local ribeirinho nas proximidades de York" (ARSNY, na abreviação em inglês), a localização mantida em sigilo a pedido do proprietário) também foi investigado mais ou menos na mesma época. Os sinais materiais lá encontrados espelham os achados de Torksey com a mesma ênfase em escala física (dessa vez 33 hectares), manufatura e comércio, redes locais de intercâmbio e presença feminina. Os acampamentos de "inverno" também eram totalmente funcionais e quase sempre ocupados na primavera, verão e outono. Tanto em ARSNY quanto em Torksey, surgiu algo não muito diferente de uma pequena cidade, com tudo o que isso implica para a natureza da população que a construiu.

A aparente discrepância de escala entre esses locais e Repton pode ter uma explicação relativamente simples. Aventou-se a hipótese de que os sítios de Repton e Heath Wood poderiam ser parte da mesma entidade, mas bastante dispersos na paisagem. Nesse modelo, o terreno cercado de Repton pode ter formado uma espécie de cidadela protegida ou navio-abrigo dentro de um acampamento maior. E se Torksey e ARSNY nos deram os locais e as atividades, Repton nos mostrou os próprios habitantes.

Tanto em Repton quanto em Torksey continuaram ocorrendo atividades ininterruptas mesmo depois que o exército partiu, sugerindo que o legado de sua presença ressoou por muitos anos em uma paisagem conflituosa. Em Repton, isso tomou a forma de mais sepultamentos dentro e ao redor do grande cemitério, claramente cristão, onde os isótopos mostram que pelo menos metade dos enterrados era de habitantes locais.

Em Torksey, o local evoluiu para formar uma cidade conhecida por suas indústrias de cerâmica.

Os *longphuirt* irlandeses não eram exatamente idênticos a acampamentos de inverno ingleses, mas ainda podem ser úteis se estudados juntos. O fato mais importante: Woodstown também mostrou indícios de uma economia interna semelhante à de Torksey, com um padrão de tesouros de prata que refletem uma relação próxima com o reino irlandês de Osraige, em que estava situada.

A partir de décadas de escavações nos acampamentos de inverno, uma imagem inteiramente nova dos "exércitos" vikings começou a vir à tona. Os dados principais vêm das assinaturas isotópicas que sugerem de onde vieram originalmente os mortos enterrados, os artefatos de gênero, a escala dos locais e o material que indica diferentes tipos de atividades que lá aconteciam.

Em primeiro lugar, as forças vikings eram claramente multiétnicas, não apenas "escandinavas", imagem que se encaixa em sua natureza conglomerada e orgânica. Mesmo os "escandinavos" nos exércitos – a maioria de seus membros – eram de toda a região e não tinham um ponto focal de origem. As mulheres faziam parte dessas comunidades, e os exércitos eram de fato tão vastos quanto as fontes escritas indicam – vários milhares de indivíduos, no mínimo. É evidente que não se restringiam a atividades militares, mas se dedicavam também ao artesanato, à manufatura e ao comércio. Não pode haver dúvida de que essas entidades e suas atividades iam muito além de qualquer coisa que pudesse ser chamado simplesmente de "invasões": as forças móveis dos vikings havia muito tornaram-se outra coisa.

A presença de mulheres é especialmente reveladora, e aqui também há evidências além dos acampamentos. Uma abrangente análise de joias femininas de design escandinavo, recuperadas com detectores de metal em todo o Leste da Inglaterra, sugere que na Danelaw havia um grande número de mulheres que se vestiam com roupas e joias estrangeiras. Não se trata de dizer que *todos* os broches e outros itens eram importados, mas sim feitos ao gosto escandinavo, usando materiais parcialmente locais. É claro que a iconografia das joias não é a mesma coisa que a etnia, e qualquer um pode usar um broche – seria um indicativo de que a "moda dinamarquesa" estava se tornando popular (ou mesmo aconselhável) em uma área sob controle escandinavo? Isso foi testado por meio de um estudo de DNA, e uma forte assinatura escandinava foi encontrada – em outras palavras, realmente *havia* muitas mulheres estrangeiras nessas áreas. O número de indivíduos envolvidos é surpreendente por si só: em uma estimativa conservadora, entre 30 mil e 50 mil imigrantes escandinavos de ambos os sexos podem ter chegado nas três décadas após o estabelecimento da Danelaw. Trata-se de uma conclusão revolucionária.

Parece provável que as mulheres fixaram residência principalmente nas imigrações secundárias, após o arrefecimento das guerras com Wessex, mas o ossário de Repton e os outros acampamentos confirmam que de fato havia também mulheres que se deslocavam por fazerem parte dos exércitos. Até mesmo na batalha, as forças vikings podem ter sido mistas numa escala maior do que se pensava até então. Há, é claro, as hipotéticas evidências de guerreiras, mas, no cerco de Paris na década de 880, Abão menciona de maneira específica que mulheres dinamarquesas estiveram presentes na praça de guerra, não exatamente participando do combate ativo, mas perto o suficiente para empurrar seus homens de volta à batalha se eles mostrassem sinais de hesitação.

A conclusão ainda está um pouco vaga, mas, ainda assim, é clara em seus contornos gerais: após o ímpeto inicial dos ataques nas décadas de 830 e 840, quando uma espécie de cabeça de ponte foi estabelecida no Leste e no Sul da Inglaterra, um número significativo de mulheres escandinavas (e provavelmente crianças) fazia parte dos exércitos. Elas não "acompanhavam" os homens e não eram "seguidoras de acampamento" de homens vikings. Em vez disso, a presença delas era parte integrante do que essas forças realmente parecem ter sido: não se tratava da imagem clara e óbvia de invasores com suas esposas e namoradas a reboque, mas, na verdade, migrações familiares armadas. Esse movimento de pessoas também cresceria rapidamente em escala.

É incontornável o fato de que combater era algo absolutamente central para esse empreendimento, incluindo a manutenção do controle escandinavo depois que Danelaw foi conquistada. Esses grupos eram violentos e perigosos, e parecia que todos os seus membros aceitavam isso – mas a guerra e a pilhagem não eram seus únicos objetivos. Os barcos longos já não carregavam os mesmos tipos de "invasores" de quarenta anos antes. Esses vikings do século IX eram diferentes: homens e mulheres que destruíram as estruturas políticas da Europa Ocidental, mas que não representavam nenhuma das comunidades politicamente organizadas ou blocos de poder escandinavos individuais.

Parece necessário encontrar um novo vocabulário, uma terminologia diferente para descrever essas forças – ironicamente, pode ser útil retornar a um dos mais antigos clichês sobre elas: a ideia do viking como pirata.

Essa noção não é apenas inerente ao entendimento mais comum da própria palavra, *víkingr*, mas também tem sido um dos principais componentes da imagem associada a eles, pelo menos desde o início do século XVII. Eis o que escreveu o grande historiador britânico Camden, em sua monumental obra *Britannia*, de 1610:

> [Os daneses] foram denominados *Wiccingi* pelos autores que escreveram as histórias latinas da Inglaterra por praticarem pirataria: pois *wiccinga*, na língua saxônica, conforme testemunhou Alfricus, designa um pirata que vai de riacho a riacho.

Mas os piratas, assim como os vikings, também estão sujeitos a estereótipos enganosos. Não eram "foras da lei adoráveis" nos moldes de Long John Silver ou Jack Sparrow, patifes criados pelos escritores populares e cineastas de épocas posteriores, mas na verdade algo muito mais interessante e sofisticado – como o próprio Camden provavelmente sabia. As famosas frotas piratas do Atlântico e do Caribe (e seus homólogos nos mares da China, por exemplo), que têm sido objeto de amplas pesquisas, podem ser entendidas como um dos melhores paradigmas para estudar as peripatéticas e numerosas forças vikings que vemos no Ocidente do século IX.

O que emerge acima de tudo é a noção de que a pirataria habitou e moldou o construto de seu próprio mundo social. Forneceu um estilo de vida conscientemente alternativo, com um espírito igualitário – improvisado, mas ainda assim acentuado – que estava em profundo desacordo com as normas sancionadas pelos Estados das respectivas terras natais dos piratas. Houve um nivelamento da hierarquia, no sentido de que a autoridade, em última análise, dependia da tripulação. Capitães eram eleitos e os lucros das pilhagens divididos de acordo com a habilidade ou função de cada um. E tudo isso era ativo e consciente, uma reorganização deliberada das relações sociais marítimas para criar uma existência "sem senhores". Os piratas tinham inclusive um nome para isso: "o novo governo do navio".

A pirataria trouxe consigo instabilidade crônica, embora também uma sensação de continuidade de tripulação para tripulação. Não era um sistema que pudesse sustentar conflitos internos prolongados ou graves. Vez por outra, as atividades dos assim chamados "piratas da Idade de Ouro" (em linhas gerais, da década de 1650 à década de 1720) podiam ser patrocinadas por atores do Estado, muitas vezes para atingir objetivos com os quais o Estado não poderia estar associado – mas nunca operaram em nível nacional. Apesar de pertencerem obviamente ao mundo marítimo, os piratas podiam intervir – e intervinham – nos assuntos terrestres.

A vida pirática era mantida por contos e rumores acerca de seu próprio sucesso. Os piratas afirmavam sua identidade especial por meio do uso de comunicação visual, como as famosas bandeiras; na descrição de um importante estudioso acadêmico, as imagens estampadas nelas – ossos cruzados, sangue gotejando, ampulhetas e afins – formam "uma tríade de símbolos interligados: morte, violência, tempo limitado". Os vikings também empregavam combinações específicas de cultura material, e a expressão dessa cultura, em suas próprias danças, cantoria, magia e ritual. A lealdade era acima de tudo para com a própria comunidade – a flexível vida de opções e alternativas que ela oferecia, alimentada pelas percepções sociais fornecidas por viagens e encontros. Os piratas tendiam também a encarar os marginalizados e as minorias com uma visão diferente daquela dos Estados de onde eles vinham.

Quem lutava contra os piratas também tinha opiniões sobre tudo isso, é claro. Para nossos propósitos, a mais importante está sintetizada em um termo que foi cunhado para descrever as dificuldades de se combater e neutralizar uma ameaça pirata. Parece ter sido usado pela primeira vez em 1631 por Richard Braithwaite, que descreveu, na linguagem rebuscada de seu tempo, o marinheiro típico:

Agem com destemor quando juntos atuam, e em pé de igualdade, e relatam suas aventuras com maravilhoso terror. São instrumentos necessários, e agentes de maior importância naquela hidrarquia em que vivem; pois os alicerces do Estado não seriam capazes de subsistir sem eles; todavia, são menos úteis para si próprios e mais necessários para o esteio de outros.

A palavra-chave aqui é "hidrarquia", que foi expandida no século XVIII para se tornar um rótulo geral para o fulcro revolucionário de ideias sociais perigosamente radicais representadas pela comunidade marítima atlântica. A situação que o termo tenta descrever é aquela em que não há líderes globais com os quais negociar (nunca houve um monarca pirata, o que fazia parte do argumento), nenhuma estrutura estatal a que se opor e, na verdade, nenhuma organização formal contra a qual lutar. A mítica hidra, a besta de muitas cabeças da lenda grega, era um desafio a ser derrotado, pois cada vez que uma de suas cabeças era cortada, outras duas cresciam para tomar seu lugar. Da mesma forma, afundar navios piratas individuais ou matar capitães notórios pouco prejudicava a natureza do inimigo – ainda assim, em meio a tudo isso, "os piratas", enquanto uma fonte coletiva de grave perigo político, permaneceram inteiramente válidos e vigentes, assim como a hidra supostamente impossível de ser morta.

Na minha opinião, a aplicação desse conceito à Era Viking representa um verdadeiro avanço na compreensão do que estava acontecendo com os "exércitos" do século IX. O uso da terminologia da hidrarquia para descrever essas forças não demora a revelar que os pontos de comparação são convincentes. Existem referências textuais a líderes vikings citados nominalmente, mas nada de reis ou nobreza; na verdade, há descrições explícitas da tomada de decisões coletiva. Os "exércitos" eram confederações de *lið*, como nas "irmandades" dos *Anais de são Bertino*. Em uma entrada posterior para o ano de 861, a mesma fonte descreve de que maneira, na primavera, "os daneses rumaram para o mar aberto e se dividiram em várias flotilhas que navegaram em diferentes direções de acordo com suas várias escolhas". Eles também formavam redes de relacionamentos à base de juramentos, e vínculos contratuais de curto prazo para benefício mútuo. Assim como os piratas, os exércitos vikings tinham coesão interna limitada e podiam exibir rápidas flutuações de tamanho. Isso se refletia na natureza de seus acampamentos – espaços transitórios e convenientes, perfeitos para o trabalho de novas identidades e diferentes modos de viver.

Em busca de oportunidades de assentamento com pilhagem, as forças vikings jamais formaram um todo coerente e, igualmente, não representaram um movimento coordenado para fora da Escandinávia. Nunca houve uma motivação única por trás desse fenômeno. Alguns acadêmicos acreditam que o fator chave foi a impactante expansão do comércio do Báltico, espalhando-se em torno das costas da Europa. Alvos maiores para incursões apresentaram-se ao mesmo tempo que a lucratividade de ataques isolados a lugares como mosteiros provavelmente diminuiu. Não é difícil de se compreender que a evolução de grupos viking maiores – frotas de verdade e exércitos de verdade – faria sentido em resposta a essas tendências. Isso é fácil de sugerir, mas bem mais complicado de mapear na prática, embora fornecesse motivação e direção para um movimento que logo se aglutinaria em torno de forças móveis em grande escala. Por outro lado, a política interna do Norte proporcionava inúmeras razões para as pessoas quererem ir embora – fosse como resultado de ter apoiado o grupo errado em um conflito doméstico, ou simplesmente para buscar uma alternativa, muitos poderiam escolher ingressar em um desses novos experimentos sociais. Tudo indica que era uma decisão fluida, não necessariamente permanente.

Foi isso que os vikings do Ocidente se tornaram. Operando além das fronteiras não apenas da Escandinávia, mas também de suas estruturas políticas, durante boa parte do século IX uma hidrarquia viking se estendeu pelas ilhas britânicas e pelo Império Franco.

A cem anos de distância de Lindisfarne, e em plena Era Viking, a marca escandinava no mapa político da Europa já era indelével. Em suma, a ascensão dos grandes exércitos na França e na Inglaterra marcou o surgimento dos vikings – vikings de verdade – como uma força independente pela primeira vez. Da mesma forma que com a falsa dicotomia das Eras Vikings "do Ocidente" e "do Oriente", o mesmo padrão é repetido aqui: enquanto a expansão em direção às ilhas britânicas e ao continente se desenrolava, outros (e às vezes os mesmos) escandinavos também se moviam em todas as direções.

Essa expansão gradual e não planejada pelo mundo eurasiano nunca foi um processo unilateral (ou de fato um processo), mas estava mais para uma questão de realimentação mútua. As pessoas voltavam para casa e partiam de novo em suas jornadas, muitas vezes; outros povos iam *para* o Norte, às vezes em número maior do que os que partiam. Todos esses viajantes carregavam consigo, e deixavam para trás, muitas coisas: não apenas objetos – a "cultura material" amada pelos arqueólogos –, mas também ideias, atitudes e informações. Nos níveis mais íntimos de interação, deixavam também seus genes, e suas famílias adquiriam novos.

Esse foi o início da diáspora dos vikings, e agora é hora de segui-los até lá.

13

Diáspora

Os polos gêmeos da experiência viking, conforme a tradição a concebe, eram as invasões e o comércio. Ambos incorporavam o ato de movimento, de expansão, de impulso para o mundo além da Escandinávia, que sempre foi uma marca registrada da Era Viking. O que muitas vezes fica esquecido é que também eram complementares.

De início, as incursões rumo ao oeste impulsionaram as economias pessoais e as perspectivas dos indivíduos. Ao mesmo tempo, alimentaram as ambições das elites e lhes forneceram a riqueza material para manter e aumentar seu controle do poder. No fim das contas, os ataques amplificaram tendências e comportamentos que vinham se desenvolvendo havia muito tempo dentro da Escandinávia e os projetaram para o mundo externo e de além-mar. O retorno que isso desencadeou foi a enxurrada de objetos saqueados – literalmente, riqueza portátil – que eles converteram em status e também em conforto. Com o tempo, esse influxo do novo também incluiu ideias, algumas das quais (o cristianismo, por exemplo) se revelariam perturbadoras para as normas estabelecidas do Norte.

As invasões tornaram-se outra coisa – e se metamorfosearam nas hidrarquias do século IX –, em parte porque a situação política na Escandinávia havia sido alterada pelos próprios ataques. Nesses jogos de poder havia vencedores e perdedores, por exemplo, entre os reis do mar, assim como houvera nos séculos anteriores à Era Viking. Os grandes exércitos e frotas invasores propiciavam uma alternativa lucrativa e, talvez, um tanto nostálgica a essa realidade modificada que, em pouco tempo, oferecia algo mais permanente: não apenas aventuras lucrativas, mas assentamentos e uma nova vida. Tanto a consolidação dos reinos em expansão na Escandinávia quanto as oportunidades oferecidas pelas campanhas no exterior gradualmente remodelaram o Norte. Os vikings mudaram os lugares por onde passavam, muitas vezes com violência, mas eles próprios foram transformados durante o processo.

No entanto, o Ocidente não era o único foco da atividade viking – o Oriente também, e com o tempo o Sul atrairia os escandinavos. No decorrer do século IX, ao mesmo tempo que as frotas cruzavam as vias navegáveis da Europa Ocidental, as rotas fluviais da costa do Báltico começavam a ser abertas. Lugares como Ladoga, nossa Deadwood ribeirinha, se expandiriam e logo se tornariam apenas o primeiro elo de uma cadeia que se estendeu por milhares de quilômetros em direção ao leste – não apenas para Bizâncio, mas até a estepe da Eurásia e inclusive conectando-se com as Rotas da Seda por terra e por mar. No Sul, as forças vikings na França se reuniriam na base do Loire em um movimento para atacar a península Ibérica e também navegar Mediterrâneo adentro.

Assim como as operações europeias, as estradas para o Oriente acabariam por levar também a oportunidades de colonização, na verdade, ao estabelecimento de colônias ainda maiores e mais duradouras do que as do Ocidente. Não sabemos se tudo isso foi um dividendo objetivo ou inesperado. O que está claro é que, em meados do século IX, os escandinavos começaram a olhar de maneira diferente para o mundo circundante. Foi uma série de eventos que se desdobraram em sucessão, uma coisa evoluindo a partir da que tinha ocorrido antes. Uma diáspora viking havia começado a tomar forma.

Até o século XXI, acadêmicos sempre falaram de uma "expansão", quase no sentido de um espírito imperial escandinavo se espalhando por um "mundo viking". A partir de pesquisas individuais e projetos coordenados iniciados cerca de uma década atrás, essa percepção mudou para algo mais difuso, mas também realista. O conceito de diáspora se enraizou então nos estudos sobre os vikings e é hoje reconhecido como uma maneira muito mais útil de olhar para a propagação geopolítica de colonizadores, invasores, comerciantes e influência escandinavos.

Assim que foi introduzida pela primeira vez nas pesquisas sobre os vikings, a noção de diáspora foi logo incorporada às ciências sociais e fortemente mediada por fontes de pesquisa textuais. Muitos dos conceitos derivam da história recente – ligados a temas de migração e transnacionalismo, mas podem ser aplicados de maneira útil à Era Viking. No processo, a diáspora também abre novas formas de compreender o período. Trata-se de um termo bastante específico e se relaciona tanto com o conceito discutível de uma "pátria" viking como para onde (e como e por que) os escandinavos viajaram.

Uma diáspora, incluindo a dos vikings, pode envolver várias características, mais obviamente a dispersão de um ponto de partida original. Isso pode ser traumático, mas também é capaz de envolver vários tipos de busca por melhores perspectivas, ou o estímulo a ambições coloniais. Com o tempo, a diáspora pode fomentar uma memória coletiva, até mesmo a criação de mitos sobre a noção de "lar", que também pode se tornar idealizada. Isso não significa que o movimento em uma diáspora ia somente em direção única – podia haver contato constante, migração reversa, ou pelo menos "uma conversa contínua". Talvez houvesse uma forte consciência de grupo étnico, mantida por longos períodos do tempo e se estendendo por toda a diáspora além de suas regiões constituintes. Isso poderia levar a tensões com os habitantes originais das áreas de assentamento diaspóricas, mas, em igual medida, poderia se manifestar na evolução positiva de novas interações criativas.

Em maior ou menor grau, todas essas características podem ser encontradas na diáspora viking. Do século IX em diante, esse fluxo de pessoas, coisas e ideias certamente envolveu violência – um bocado dela na verdade, sobretudo no Ocidente. Todavia, por baixo dessas correntezas de incursões hostis e agressivas movimentava-se a ressaca constante do comércio e interação mais pacífica. Em um nível, isso era alimentado pelas redes dos empórios e centros comerciais, entroncamentos nas redes ainda mais amplas de mercados e entrepostos que operavam em tantos níveis. Isso também se estendeu para leste adentro com o comércio fluvial.

As rotas para o interior da Europa Oriental desenvolveram-se no início da Era Viking, senão antes, ou através do golfo de Riga ou em especial do golfo da Finlândia. Isso foi impulsionado, em parte, por uma expansão interna dentro da Finlândia a partir da costa para o interior e, em geral, está claro que os povos de língua finlandesa desempenharam um papel importante na abertura dos rios. Agiram como intermediadores do Báltico para a rota do Volga até o Cáspio e exerceram grande influência sobre os campos de caça do Norte, o que direcionava parcialmente o tráfego ribeirinho. Um dos mais renomados especialistas nas interações da Era Viking com a Finlândia compara o leste do Báltico à área da baía de Hudson – ambos eram mundos aquáticos em cujo núcleo estava o comércio de peles.

Durante a primeira metade do século IX, as peles parecem ter sido o esteio dos mercadores orientais. No Norte, sobretudo na Finlândia e entre os sámi, o controle da caça era decisivo, incluindo o gerenciamento do potencial esgotamento de recursos. Matérias-primas e produtos típicos da Suécia central foram encontrados nos vales dos rios finlandeses, fornecendo pistas sobre os pontos de conexão de longa distância entre os atores do comércio.

A maior concentração de achados do início da Era Viking no interior da Eurásia vem de Ladoga, o assentamento em estilo de fronteira no rio Volkhov, onde os finlandeses foram claramente influentes. Uma vez que talvez fosse a principal porta de entrada entre a Escandinávia e o mundo oriental, não surpreende que o empório de Ladoga tenha se expandido durante o início do século IX e continuou a se alargar pelo século X, provavelmente refletindo o crescimento de conexões mercantis cada vez mais intensas com as terras ao sul. Evidências de trabalhos em metal, atividades artesanais em chifre e osso e vidraria, bem como achados de dirrãs [unidade monetária e moeda de países do Oriente Médio e da África] de prata atestam a função do assentamento como um importante porto de troca. Locais como Ladoga mantiveram sua relevância ao longo da Era Viking e logo também se tornaram pontos de partida para viagens rumo ao sul. Ao mesmo tempo que vários dos grupos em atuação no Leste comerciavam por toda a extensão dos rios Volkhov, Dniepre e Volga, ou com as tribos que viviam nas regiões de cada lado dessas artérias principais, para muitos o objetivo máximo era chegar ao mar Negro e em seguida viajar para Constantinopla – o coração do mundo bizantino.

Havia muitas maneiras de alcançar essa meta, mas talvez a rota mais movimentada subisse o Volkhov, passando por Staraia Ladoga e atravessando o lago Ilmen rio Lovat acima. Uma vez atingidos os limites de navegabilidade dessa passagem, era necessário encontrar um meio de transportar os barcos por terra até o Dniepre. A partir daí a grande hidrovia fluía em direção ao sul para o mar Negro. Talvez a parte mais decisiva e perigosa da jornada estivesse relativamente perto de seu fim, no curso médio do Dniepre. Antes de ser represado pela União Soviética na década de 1930, existia um sistema de corredeiras, estendendo-se setenta quilômetros ao sul da área de Dnipropetrovsk. Variando de sete a doze, a depender da época do ano em que eram encontradas, elas impediam o transporte marítimo de se mover ao longo do rio. Por isso, durante a Era Viking era preciso transportar os barcos por terra entre cada corredeira individual, o que proporcionava aos pechenegues [povo nômade das estepes da Ásia Central] amplas oportunidades para atacar e saquear os mercadores viajantes.

Um extraordinário documento bizantino do século X dá testemunho sobre os escandinavos que empreenderam a viagem. *De Administrando Imperio*, "Sobre a administração do Império", era um manual secreto de governança escrito pelo imperador Constantino VII Porfirogênito como um guia para seu filho e sucessor. Combinando dicas confidenciais sobre política externa com uma riqueza de informações sobre parceiros comerciais, contém também relatos sobre estranhos homens do Norte que foram para Constantinopla. Em seu caminho, passaram pelas corredeiras do Dniepre, e em algum ponto devem tê-las descrito para os escribas da corte, já que os nomes de cada trecho de águas encrespadas são reproduzidos no que é claramente nórdico antigo embutido no texto grego. Maravilhosamente ilustrativos dos perigos que estavam à espera de qualquer tripulação que, por algum motivo, não desembarcasse a montante das cataratas, esses nomes incluem Essupi (*supa*, "a bebedora"), Gellandri (*gjallandi*, "a vociferante") e Aifor (de *eifors*, que significa "sempre feroz"). Esta última também é citada em uma runa de Gotlândia em homenagem a um homem chamado Ravn, que já havia viajado para o Oriente.

Eram tantos os perigos associados a essa parte do rio que pelo menos alguns viajantes do Norte se sentiram impelidos a oferecer sacrifícios aos deuses na ilha de São Gregório, logo ao sul das corredeiras, como sinal de gratidão por sua passagem segura. Escavações na parte norte da ilha sugerem que ali pode ter existido um assentamento durante os séculos IX e X, possivelmente como uma estação intermediária ou secundária para grupos que iniciavam ou terminavam sua passagem ao longo da rota de transporte de barcos por terra. Tendo passado pelos trechos mais baixos do Dniepre e adentrando o mar Negro, os navios podiam transpor a costa oeste, em direção a Constantinopla.

A cidade havia sido estabelecida como capital do Império Romano do Oriente no final do século IV pelo imperador Constantino (razão pela qual leva seu nome), e fez as vezes de sede imperial por mais de quinhentos anos. Havia sido expandida, refortificada e ampliada inúmeras vezes como resultado de planos de obras públicas introduzidos por imperadores ávidos para deixar um legado permanente de seu governo. No século VIII, já se tornara uma das maiores metrópoles do mundo, com uma população de mais de meio milhão de habitantes – provavelmente mais do que em toda a Escandinávia na época.

A cidade se projetava Bósforo adentro, entre o mar de Mármara e o Chifre de Ouro, na porta de entrada para a Ásia. Tanto o lado terrestre quanto a porção marítima eram protegidos por um imenso sistema de fortificações. Ao entrar por um dos monumentais portões da cidade, qualquer escandinavo que a visitasse pela primeira vez teria se deparado com vastos fóruns e mercados públicos, igrejas altas, edifícios governamentais imponentes e estruturas públicas, a exemplo das pistas de corrida, todas feitas de pedra. Muitas estavam em uso desde a época dos romanos, e um nortista em visita a Constantinopla deve ter perambulado pelas ruas, impressionado.

Com o tempo, um novo tipo de sociedade se desenvolveria ao longo das rotas fluviais para o sul, um conglomerado étnico que evoluiu como uma manifestação da vida comercial. Conhecidos como rus', esses eram os povos de cujo nome deriva a moderna "Rússia". Sua real ascensão se deu no século X, mas está claro que, mesmo na primeira metade do século

IX, uma identidade suficientemente distinta estava emergindo, a ponto de ter sido necessário um rótulo para descrevê-la.

O registro mais antigo do nome aparece nos *Anais de são Bertino* em 839, quando uma delegação bizantina ao imperador franco incluiu entre seus membros um grupo de pessoas chamadas de *Rhos* no texto latino, embora a palavra pareça ser grega (provavelmente era como os emissários os chamavam). De acordo com os bizantinos, esses homens sofreram na pele tantas agruras com tribos hostis em sua jornada para Constantinopla que para eles era mais seguro viajar para casa via Europa Ocidental, e, em seu nome, o imperador do Oriente apelou aos francos que lhes dessem assistência. De acordo com anais, os francos fizeram investigações e por fim determinaram que os homens eram suecos (e consequentemente os detiveram como espiões); o texto registra inclusive que seu rei se chamava Hákon. Talvez seja revelador que essa primeira menção aos rus' não apenas sugere que eram visitantes habituais de Constantinopla, para onde iam com tanta frequência que os bizantinos encontraram um termo para se referir a eles, mas também que ainda não eram poderosos o suficiente para poder garantir sua própria segurança.

Os rus' também são mencionados nas *Homilias de Fócio* escritas pelo patriarca bizantino homônimo em 860, mas a principal fonte histórica de suas atividades do século IX é a chamada *Crônica primária russa*, provavelmente compilada em Kiev no início do século XII, e em cuja descrição os rus' chegaram à costa do Báltico oriental por volta da década de 860, e rapidamente impuseram aos eslavos nativos um sistema de tributos. Foram expulsos, mas – assim conta o texto – depois de um período de lutas internas as tribos eslavas supostamente enviaram emissários para falar com os rus' e lhes pedir que colocassem ordem em suas terras. Diz-se que três irmãos – Rurik, Truvor e Sineus – foram escolhidos para governar. Rurik ocupou uma ilha ao norte do que mais tarde se tornaria Novgorod (*Holmgarðr*, em nórdico antigo) e assumiria o controle dos territórios de seus irmãos após a morte deles. Na *Crônica primária* há, claramente, certo grau de legitimação retrospectiva, mas o fato de ter havido algum tipo de movimento escandinavo organizado em direção ao sistema Volkhov no século IX é fato mais que corroborado pela arqueologia.

Nas narrativas árabes, os rus' aparecem como *al-Rūsiyyah*, mas é óbvio que um único termo original deve ter estado por trás de todos esses rótulos que são consistentes em todas as culturas. O mais provável é que fosse autoaplicado, e tem havido muito debate sobre qual era. As atenções se concentraram em Roslagen, distrito na costa leste da Suécia central, cujo nome significa aproximadamente "o país do remo". Embora poucos acreditem que os rus' tenham de fato vindo especificamente e apenas dessa região, é plausível na medida em que implica uma conexão explícita com a Suécia (como nos *Anais de são Bertino*) e com viagens em barcos a remo. A mesma palavra está, em última análise, na raiz do nome finlandês moderno para a própria Suécia, *Ruotsi*. Talvez o termo nórdico para os viajantes dos rios orientais significasse, em sua origem, algo como "os remadores", substantivo coletivo curiosamente de pequena escala para expedições de alguns indivíduos dependentes uns dos outros enquanto viajavam solitários e desprotegidos por uma grande vastidão. O significado teria ficado claro para aqueles que os encontraram pelo caminho, e é fácil ver como o nome "pegou".

> *Quem são vocês? Somos do barco, somos a tripulação, eu e os rapazes. Será que os remadores voltarão no ano que vem, com mais destas coisas maravilhosas para vender? Esperamos que sim.*

Com o tempo, o sentido da palavra mudou de forma flagrante, de uma acepção que originalmente talvez fosse uma descrição do dia a dia para um abrangente etnônimo que designava os comerciantes do rio – e, de forma decisiva, os homens que davam respaldo a seus empreendimentos com uma guarda de capangas armados. O que é fascinante é como a ideia dos rus' tornou-se associada a uma identidade específica das viagens mercantis por vias aquáticas no Oriente. Deve-se ter cuidado com comparações a-históricas, mas há um paralelo surpreendentemente próximo com os métis, povo nativo do Canadá e partes do Norte dos Estados Unidos, uma identidade que combinava pessoas de variadas origens, unificadas por um modo de vida – nesse caso, o comércio de peles do vasto interior – e cambiáveis com o tempo. Além de seus laços emocionais, os casamentos e outros tipos de união com a população local propiciavam aos caçadores recém-chegados proteção, conhecimento privilegiado e acesso a redes de parentesco, com os benefícios envolvidos. É exatamente o que vemos com o rus' em contexto muito parecido, e a fusão de culturas nos rios. Eles também eram *voyageurs*.

Os rus' não eram de origem puramente escandinava, claro está, mas sempre foram uma presença óbvia e dominante (provavelmente sobretudo na Suécia), inclusive ocupando posições de comando. De forma explícita, duas fontes árabes igualam os rus' aos escandinavos, tornando evidente que consideravam os dois povos intercambiáveis. No entanto, o uso do termo "rus'" também pode ser aplicado de forma mais vaga, significando algo como "estrangeiros do Norte".

No século IX, o comércio fluvial tinha aspectos tanto individuais como coletivos. À medida que o fenômeno viking ganhava ritmo cada vez mais veloz e os empórios formavam pontos estáticos nas redes de comércio, os navios e o tráfego fluvial tornavam-se conectores móveis – uma forma de "ferrovia de alta velocidade" entre a Escandinávia e a Europa. No entanto, há também outra dimensão. Uma consequência óbvia das atividades vikings foi o influxo maciço de riqueza portátil para a Escandinávia, mas isso não era o mesmo que ter riqueza *utilizável*. Uma pessoa pode presentear alguém com joias roubadas e coisas do gênero algumas vezes, mas não é fácil ir às compras com o equivalente a mil notas de cem dólares. O contexto econômico de tudo isso, em segundo plano, mas ofuscando o comércio, era o financiamento da competição política escandinava, e isso é corroborado tanto pelas fontes escritas como pelos padrões revelados na arqueologia.

A logística desse sistema era complexa. Como o comércio de peles minguou depois de cerca de 860 (pode não ser coincidência que foi quando Rurik supostamente teria assumido o controle de Ladoga), surgiram nos rios orientais o que os historiadores econômicos chamam de "dinheiro de alto poder". Trata-se de uma moeda (que não precisa ser cunhada no sentido literal) com um valor universalmente considerado como mais estável que as alternativas. No mundo de hoje, o dólar dos Estados Unidos detém com folga essa posição, mas para o comércio fluvial da Era Viking era a prata. Durante a maior parte do século IX, as fontes de prata foram as minas e casas da moeda do califado abássida, no que hoje corresponde ao Oriente Médio. É importante ressaltar que, desde que se concordou em usar o padrão, a prata nem mesmo tinha que estar universalmente disponível, embora não pareça ter havido uma escassez de moedas de dirrã na maior parte do período.

A prata é encontrada sobretudo na forma de tesouros enterrados, em geral no formato de moedas, mas às vezes também derretida e refundida. Na Escandinávia e no Báltico recuperou-se mais de 1 milhão de dirrãs, sobretudo na ilha de Gotlândia. É extraordinário pensar que a grande maioria de todos os dirrãs que sobreviveram em qualquer lugar do mundo, cerca de 80%, vem da Europa; apenas 9% deles são de seus pontos de origem no califado. Toda uma indústria da cunhagem está preservada no legado do comércio viking. Muitos dos tesouros de Gotlândia contêm pulseiras e braceletes de prata – às vezes dezenas delas –, tanto em modelos decorados feito joias quanto completamente simples e sem adornos. Muitos livros e artigos já foram escritos sobre a economia desse "dinheiro em formato circular", uma forma portátil de pagamento que a pessoa poderia tanto usar como gastar.

Em torno desse tráfego fluvial, pode-se inferir a existência de uma infraestrutura sem a qual as transações comerciais teriam sido muito difíceis de ser mantidas. Por mais estranhos que possam parecer aos nossos estereótipos vikings, esses negociantes deviam ter conceitos de câmbio com limite de tempo nos mercados mais sazonais, juntamente com os problemas de liquidez. Talvez usassem alguma espécie de letras de câmbio, sacadas em mercados importantes e protegidas pelo potencial de expulsão com a consequente exclusão do ofício e do mercado. Assim como um cavalheiro do Raj britânico poderia emitir uma nota em Déli para ser sacada em seu banco em Londres, talvez houvesse um equivalente rus' para Birka ou Bolğar, o assentamento na curva do Volga. No centro de tudo isso está a noção de crédito, que pode até ter regido a maioria das transações. Tampouco podemos nos esquecer do transporte de amostras, produtos para o cliente experimentar antes de fazer pedidos maiores.

A negociação era feita por agentes individuais, mas provavelmente com responsabilidade coletiva por suas ações nos mercados externos. Mecanismos desse tipo teriam mantido a paz nos tensos confrontos e negociações ao longo dos rios, talvez policiados por alguma forma de segurança local. É até possível que originalmente fosse esse o serviço, ou um deles, que os rus' forneciam.

Todas as redes comerciais, fossem voltadas para o Oriente ou outro lugar, incorporavam processos de retroalimentação. A mercadoria que vendia bem no rio no ano anterior tinha um efeito nos mercados domésticos na Escandinávia. As flutuações de oferta e demanda são constantes eternas, tanto para os vikings como para qualquer outra pessoa. Em um sentido profundamente moderno, mesmo as pessoas que nunca deixavam suas fazendas em Uppland tinham noção dos eventos e tendências econômicos de um vasto mundo, e sabiam que estavam envolvidos neles. E isso não era algo abstrato; todo o mundo teria visto coisas trazidas das viagens pelos rios ou outras jornadas pela Europa e pelo Oeste. Até mesmo os escravos ficavam a uma distância audível dos relatos de viajantes narrados em volta da fogueira.

Também se contavam histórias de outras regiões, não apenas das riquezas que abundavam nos rios do Leste, mas incluindo a fabulosa fartura do mundo muçulmano. Embora a maior parte das atividades vikings no continente europeu tenha se confinado ao que hoje equivale à França e aos Países Baixos, algumas frotas vikings foram atraídas para o sul pela perspectiva de pilhagem, o que os colocou em contato e conflito com o povo da península Ibérica.

Durante a Era Viking, os territórios que hoje equivalem à Espanha e Portugal estavam divididos em várias entidades políticas distintas. Ao norte, estendendo-se ao longo da costa do golfo da Biscaia e delimitada pelos Pireneus, ficava um punhado de Estados cristãos, dos quais o maior era o Reino da Galícia (ou Galiza) e as Astúrias. A maior parte da península Ibérica, entretanto, estava sob controle muçulmano desde o final do século VIII, após uma invasão desde o Norte da África. Após um golpe que colocou uma nova dinastia, os abássidas, no poder na recém-fundada cidade de Bagdá, um emirado separatista se desgarrou no Sul da Espanha, al-Andalus, com capital em Córdoba. Uma paz incômoda persistiu entre os reinos cristão e islâmico, rompida de tempos em tempos por escaramuças de pequena escala e ocasionais guerras diretas.

Registra-se que os primeiros ataques vikings à Espanha ocorreram em meados do século IX. Tendo navegado rumo ao sul em 844 desde sua base em Noirmoutier, na foz do Loire, uma grande frota viking realizou incursões ao longo da costa norte da península Ibérica antes de seguir para o sul, território muçulmano adentro. Os escandinavos saquearam alvos no que hoje é Portugal e no Sul da Espanha, incluindo Lisboa, Cádiz e Algeciras, antes de se virar para entrar no rio Guadalquivir. Seu alvo final pode ter sido a própria Córdoba, mas no caminho estava a cidade de Sevilha. O ataque subsequente é documentado por Ahmad ibn Muhammad al-Razi, que conta sobre os sete dias que os invasores passaram pilhando a cidade, matando os homens e escravizando mulheres e crianças. À medida que a notícia se espalhava pela zona rural circundante, o emir, 'Abda-Rahmān, reuniu um grande exército e marchou para encontrar os invasores vikings, que agora estavam abrigados na Isla Menor. Os vikings foram retirados de seu acampamento e da cidade por tropas chamariz que os conduziram a Tablada, cerca de três quilômetros ao sul de Sevilha, onde foram emboscados e massacrados pelo grosso do exército muçulmano. Os vikings sobreviventes fugiram para seus navios e partiram, deixando para trás trinta embarcações, enquanto os mortos eram pendurados nas palmeiras de Sevilha.

Nenhuma outra grande expedição de ataque de grande monta foi realizada até 859, quando um contingente partiu do Loire – uma frota que fontes posteriores colocaram sob o comando de Hástein e um dos vikings mais famosos de todos os tempos, Björn Flanco de Ferro. É quase certo que ele tenha sido uma pessoa real, embora camadas de associações tenham sido acrescidas a sua memória conforme sua reputação se transformava em lenda e saga. Possivelmente um dos muitos supostos filhos de Ragnar Lothbrók adquiriu seu apelido (de novo, em uma fonte muito recente) já que, de forma extraordinária, saiu ileso de uma série de combates.[37*]

A grande investida de Björn Flanco de Ferro no sul deixou tantos ecos em fontes escritas posteriores que é difícil separar o mito da realidade. A frota teria chegado a 62 navios, embora uma das fontes arredonde o número para cem embarcações. Tal qual o contingente que a precedeu em 844, a frota parece ter atacado primeiro a costa norte da península

---

[37*] Em alguns textos em português, Björn é chamado de "Costas de Ferro"; em inglês, seu apelido é Ironside, adjetivo que equivale a "pessoa enérgica, resistente, tenaz, com vontade de ferro". [N. T.]

Ibérica, tentando, sem êxito, tomar a cidade de Santiago de Compostela, na Galícia. Os invasores seguiram para o Sul da Espanha, atacando novamente Sevilha, Cádiz e Algeciras, uma de cada vez. No outono de 859, a frota então passou sem enfrentar resistência pelo estreito de Gibraltar; até onde se sabe, foram os primeiros escandinavos a fazê-lo.

De acordo com fontes do século XII, a palavra nórdica para Mediterrâneo era Miðjarðarhaf, que sugere "mar de Midgard", e até mesmo a porta de entrada para ele tinha conotações mitológicas. A passagem de Gibraltar era chamada de Nörvasund, que alguns estudiosos acadêmicos traduzem como o "estreito de Odin", em sua *persona* Nörr, o pai da noite. Que os vikings tenham escolhido nomes desse tipo pode significar que consideravam a região como território desconhecido, visto que ficavam "fora do mapa" e adentravam um reino quase lendário.

Depois de passar pelo estreito, a frota rumou para a costa do Norte da África e para seu primeiro êxito concreto. Mazimma, no pequeno Estado marroquino de Nekor, foi saqueada e ocupada durante oito dias. Duas das mulheres da realeza – sabemos até o nome delas, Ama al-Rahmān e Khanūla – foram capturadas, e o emir de Córdoba pagou um polpudo resgate por seu retorno. Em seguida os vikings deram meia-volta e, de novo na Espanha, devastaram a Andaluzia e Murcia antes de, em sua viagem a caminho do Norte, assolar a costa do Mediterrâneo. Nas fontes há indícios de que para fazer isso se dividiram em flotilhas menores, reminiscência das "irmandades" que lutaram na Frância.

As ilhas Baleares de Formentera, Ibiza, Maiorca e Minorca foram todas invadidas. Depois disso a frota entrou no território da Frância Ocidental, atacando mosteiros e vilarejos antes de se aquartelar para passar o inverno na região pantanosa de Camarga, onde hoje fica a Provença. Na primavera de 860, os vikings fizeram uma incursão ao longo do rio Ródano, mas foram forçados a voltar para o mar, e nesse momento partiram para a Itália. Temos fontes bastante confiáveis que descrevem um ataque a Pisa, mas é nesse ponto que a lenda assume o controle. Textos posteriores, originários da Normandia do século XI, evocam uma história emocionante em que os vikings lançaram um ataque bem-sucedido contra o que acreditavam ser a própria cidade de Roma, apenas para descobrir que na verdade era o pequeno povoado toscano de Luni. À parte a total improbabilidade de que homens que tinham visto Bizâncio confundissem uma mera aldeia com a antiga capital imperial, a história inclui também elementos repetidos em outros relatos igualmente fabulosos; infelizmente, é quase certo que se trata de ficção. No entanto, isso não significa que Luni, e também Fiesole (mencionada em outra fonte), não tenham sido de fato saqueadas. Além disso, depois de seus ataques ao Norte da Itália, a frota inteira desapareceu dos registros por quase um ano, e, a julgar pelas fontes de que dispomos, é claro que estavam se dirigindo ao Mediterrâneo oriental. Crônicas dos séculos X e XI apresentam os vikings em Constantinopla e na Grécia, enquanto uma fonte árabe os situa de maneira confiável em Alexandria, o que levanta a extraordinária possibilidade de que os vikings chegaram ao Egito.

Há registros de uma tentativa de retornar ao Atlântico através do estreito de Gibraltar em 861. Nessa ocasião, entretanto, foram interceptados por uma vasta frota muçulmana. Dois terços dos navios vikings foram destruídos, mas o restante – supostamente sob o comando de Björn – rompeu o bloqueio e lutou para chegar a mar aberto. Por fim os vikings retornaram ao Loire em 862, depois de mais um episódio de invasão no norte da península Ibérica, os navios tão carregados de bens saqueados e escravos que, de acordo com outro texto posterior, suas amuradas estavam quase debaixo d'água. Pelo menos alguns dos sobreviventes devem ter conseguido reter seus prisioneiros dos primeiros ataques no Norte da África, pois o cronista irlandês Duald Mac-Firbis registra que "depois disso, os nórdicos trouxeram consigo para a Irlanda uma grande hoste de mouros cativos [...] por muito tempo permaneceram essas pessoas escuras na Irlanda".

Após o ataque de Hástein e Björn, a atividade viking na península Ibérica permaneceu mínima até meados do século X. Nesse momento, novas incursões tiveram como alvo os reinos cristãos no Norte da Espanha, e a Galícia suportou a pior parte das agressões dos invasores durante três investidas de grande envergadura em 951, 965 e 966. Embora seja incontestável que os vikings nem sempre eram bem-sucedidos em suas tentativas, em 968 uma frota de ataque estabeleceu uma base no rio Ulla, arredores de Santiago de Compostela, e passou os três anos seguintes saqueando a zona rural galega. Não se sabe se a motivação fundamental era estabelecer um assentamento permanente, mas o *modus operandi* do exército viking é imediatamente reconhecível como o mesmo método que havia muito vinha sendo usado, com grande êxito, nos rios Loire, Sena e Somme. Outras incursões foram realizadas no início da década de 970, e depois disso os ataques tiveram um hiato até o século XI.

Hoje restam pouquíssimas evidências dos encontros – pacíficos ou violentos – entre vikings e os povos da península Ibérica. É quase certo que as interações entre os homens do mar escandinavos e os cristãos e as populações islâmicas eram mais frequentes do que fontes contemporâneas querem nos levar a crer, mas o único indício de contato diplomático limita-se a uma suposta embaixada omíada em visita à corte de um rei escandinavo não identificado. Há também uma única caixa de chifre de veado datada do final do século X, hoje no Museo de la Real Colegiata de San Isidoro em León, que pode muito bem ter sido um presente régio escandinavo. Nenhuma evidência de bens de pilhagem na península Ibérica por ação de Hástein e Björn, ou qualquer outra frota de ataque, foi encontrada na Escandinávia ou nas colônias ultramarinas. É possível que os resultados ambivalentes desses grupos invasores que se aventuraram no Sul tenham desencorajado tentativas de estabelecer outras bases mais permanentes, que atrairiam a península Ibérica para as redes de comércio e redistribuição de longa distância que os vikings operavam em outras plagas. É possível, no entanto, que simplesmente a presença viking ainda não tenha sido identificada no registro arqueológico. Mesmo que as incursões não tenham ocorrido na mesma escala que na França, é difícil acreditar que não haja nenhum indício a ser encontrado. Mais pesquisas são necessárias se quisermos entender melhor esse canto periférico, e ainda assim importante, do mundo viking.

Essas aventuras ao sul têm um belo arremate, um exemplo de algo tão estranho que é quase inacreditável, mas também uma demonstração do que a arqueologia e a ciência são capazes de alcançar juntas. Uma das coisas que os biólogos estudam em conexão com as migrações humanas é o movimento de animais que fazem as vezes de "equivalentes indiretos". Em outras palavras, mesmo que seja difícil localizar as pessoas, pode ser possível rastrear a presença de espécies domesticadas e dos parasitas que se movimentavam com as pessoas. Em alguns casos, traços desses animais em um determinado lugar e tempo sugerem um evento maior. Um desses estudos mapeou a presença do camundongo comum, em especial da variedade com uma assinatura genética específica associada à Dinamarca, em diferentes áreas da Europa. Ossos de camundongo dessa espécie datados do século X ou XI – que naquela época era encontrada *somente* em lugares por onde os vikings haviam viajado – foram agora confirmados na ilha da Madeira. Não há registro escrito da presença viking ali, mas o breve desembarque de um navio dinamarquês é a única explicação que se encaixa, e não seria surpreendente do ponto de vista geográfico. Para uma cultura tão obcecada pela memória, pelo legado de realizações, como é irônico que o único vestígio dos "vikings da Madeira" seja um camundongo.

O Atlântico foi palco também de outro aspecto significativo do início da diáspora: a descoberta e colonização escandinava das ilhas Faroé e depois da Islândia. Ao longo dos séculos seguintes, o Atlântico Norte provaria ser uma das zonas centrais da atividade nórdica, não apenas para o estabelecimento da duradoura comunidade islandesa, mas também para o povoamento da Groenlândia e a primeira chegada à terra de um europeu à América do Norte. Em suma, enquanto as incursões vikings nas ilhas britânicas e na Europa Continental continuavam, na porção norte do oceano Atlântico se desenrolaria um tipo diferente de Era Viking.

De acordo com fontes escritas, o povoamento nórdico da Islândia – o chamado *landnám*, ou "posse de terra" – ocorreu em algum momento por volta de 870. Os primeiros a ficar foram supostamente exilados que se recusavam a viver sob o governo do monarca norueguês Haroldo Cabelos Belos, o mais bem-sucedido dos reis do mar da costa oeste. Até recentemente, isso era corroborado por uma forma de análise científica que, no mundo viking, é exclusiva da Islândia, em que os depósitos horizontais de tefra vulcânica resultantes das frequentes erupções da ilha podem ser datados com precisão, o que é muito útil se acontecer de encerrarem vestígios arqueológicos. Por muito tempo, todas as evidências conhecidas do povoamento do país eram de uma data posterior a uma camada de tefra que caiu por volta de 871.

Há um longevo debate, entretanto, sobre se a Islândia foi o lar de comunidades isoladas de eremitas irlandeses antes da chegada dos colonos nórdicos. Essa sugestão foi baseada nos escritos de um clérigo do início do século IX chamado Dicuil, que escreveu em seu *Liber de Mensura Orbis Terrae* [Da medição da Terra] que as ilhas do Atlântico Norte foram habitadas por mais de cem anos por monges – os *papar*, ou "pais" – que tinham viajado para o Norte em busca de solidão. *O livro dos islandeses*, *Íslendingabók*, do século XII, conta uma história semelhante, embora seja possível haver um elemento do revisionismo cristão, visto que a terra parece consagrada pela presença anterior de monges. Talvez na visão dos escritores medievais, a Islândia fosse "originalmente" cristã, a nova fé sendo algo latente, à espera de que os colonos a redescobrissem mais tarde. Essa versão ignora possíveis conflitos entre os monges e os ancestrais pagãos dos cristãos nórdicos posteriores, e, ao enfatizar que os *papar* partiram antes da chegada dos colonos, dá a eles uma tábua rasa, uma ficha convenientemente limpa para começar sua própria jornada em direção a Deus.

Embora as reivindicações de Dicuil e do *Íslendingabók* ainda não encontrem respaldo confirmado no registro arqueológico, depois de muitos anos de controvérsia há, agora, evidências claras e aceitas do cultivo de cereais pré-vikings nas ilhas Faroé, com a descoberta de grãos carbonizados de cevada preservados em turfa queimada sob depósitos espalhados pelo vento em um local na ilha de Sandoy. Datados dos séculos IV a VI, esses cereais parecem representar as práticas básicas de subsistência de uma pequena comunidade, e isso se encaixaria perfeitamente na provável presença de monges irlandeses. Hoje existem ainda evidências que sugerem uma presença nórdica anterior na Islândia. Escavações recentes em Stöðvarfjörður, na costa leste da ilhota mais próxima das ilhas britânicas e da Escandinávia, forneceram empolgantes evidências do que parece ser uma casa longa escandinava datada por radiocarbono de cerca de 800. No entanto, é incerto se a estrutura foi habitada de forma permanente, e pode ter sido ocupada sazonalmente por grupos envolvidos em expedições de pesca ou caça às baleias.

De início, os colonos nórdicos que se fixaram nas ilhas do Atlântico Norte estabeleceram suas fazendas na costa. As ilhas Faroé tinham potencial para grande produtividade nos primórdios da colonização, e os animais podiam passar o inverno ao ar livre. Na verdade, os primeiros colonos constataram que as ilhas eram habitadas por um grande número de ovelhas, que talvez tivessem sido levadas para lá por monges. As primeiras fazendas foram escavadas em sítios como Niðri á Toft, perto de Kvívík, e Á Toftanesi, no vilarejo de Leirvík, todos com uma disposição inconfundivelmente escandinava. Após o período inicial de *landnám*, o padrão de assentamento parece ter permanecido mais ou menos estático. Embora pouco se saiba sobre as ilhas Faroé em comparação com outras colônias do Atlântico Norte, a exemplo da Islândia, sua posição na principal rota de navegação da Escandinávia e das ilhas britânicas significava que, em tese, eram visitadas com frequência. Nas escavações foram encontradas claras evidências de uma variedade de contatos comerciais de longa distância. No mundo marítimo dos vikings, as Faroé eram qualquer coisa menos remotas.

Na Islândia, a principal área de povoamento inicial foi na costa oeste. Recentemente apresentou-se o argumento de que os colonos foram atraídos para essa parte da ilha por causa de grandes colônias de morsas, cujo marfim era uma valiosa mercadoria comercial. Considera-se que o período do *landnám* inicial durou até 930, quando a primeira assembleia geral foi estabelecida. Durante esse período, o padrão de assentamento foi bastante dinâmico. Estudos detalhados de regiões como Mývatnssveit, no norte do país, revelam um constante processo de abandono das fazendas ao longo do tempo. Os assentamentos iniciais dos séculos IX e X parecem ter sido quase experimentais, pois os colonos buscaram a melhor forma para se adaptar a seu novo ambiente. Cerca de 20% das primeiras fazendas foram abandonadas logo, e outros 30% desapareceram nos cem anos seguintes, ou pouco depois. No entanto, essa imagem pode ser enganosa, pois o padrão parece refletir um processo pelo qual a distribuição da população tornou-se mais concentrada com o tempo. A organização da paisagem também foi ajustada em resposta a fatores ambientais e para maximizar a sustentabilidade econômica da agricultura e da pastagem, em combinação com sutis mudanças na natureza da autoridade e sua relação com a terra. Em outras áreas do país, como Skagafjörður, não se vê quase nenhum abandono nos registros arqueológicos e de propriedade de terras, e os colonos parecem ter alcançado um equilíbrio efetivo quase imediatamente após o *landnám*.

Quando se combinam as evidências textuais, estudos genéticos e nomes pessoais, torna-se claro que as pessoas viajaram para a Islândia desde todas as regiões da Escandinávia, incluindo Gotlândia. Havia um número considerável de colonos sámi – talvez o que seria de se esperar em um contexto norueguês –, o que reforça a sugestão de que as comunidades de lá eram muito mais integradas do que reza a tradição. Em pequeno número, francos e saxões também parecem ter ido para a Islândia, mas isso não é surpreendente: o mundo viking era um lugar cosmopolita, e as razões e motivações para as viagens eram mais ou menos as mesmas de hoje: economia, oportunidade e afeto.

Essa liberdade de escolha pode não ter se aplicado a todos os colonos. Ao contrário da Inglaterra ocupada pelos vikings, que parece ter incluído escandinavos de ambos os sexos, nos ambientes mais marginais das colônias do Atlântico Norte surge um quadro distinto. Pesquisas genéticas revelam que uma proporção muito grande – até mesmo a maioria – das mulheres colonas na Islândia era de ascendência escocesa ou irlandesa, com um foco especial nas Órcades e nas Hébridas. Embora a expectativa fosse de um bocado de relacionamentos multiculturais, ainda assim é impressionante que os primeiros colonos pareçam ter sido homens "escandinavos" (sobretudo noruegueses) e mulheres "celtas". Na visão otimista desse cenário, centenas ou mesmo milhares de mulheres do mar da Irlanda de repente encontrariam namorados nórdicos com quem começariam uma vida nova no Atlântico Norte. No entanto, sem dúvida há uma explicação mais provável, e assustadoramente coercitiva, à luz do já apontado desequilíbrio que talvez tenha se desenvolvido nas proporções entre os sexos na Escandinávia. Decerto houve pelo menos algum elemento de escravidão durante as incursões e a soberania nórdica nessas áreas da Grã-Bretanha, e também pode ser que os chefes de grupos vikings na região hiberno-escocesa libertassem os cativos locais para arregimentar seguidores móveis.

Depois de décadas de colonização nórdica, a Islândia implementaria outro experimento social, uma república de chefes fazendeiros. Foi apenas o primeiro de vários "novos mundos" que os escandinavos estabeleceriam em sua diáspora do Leste para o Oeste e que se desdobrariam no âmbito de estruturas de sociedade e vida política em drástico processo de mudança. A partir de meados do século IX a nova religião, o cristianismo, estava começando a ter um impacto real no Norte; com o tempo, se fundiria com o poder crescente dos reis para criar as nações inconfundivelmente escandinavas que existem até hoje.

Novos mundos, novas nações

14

A idade de ouro dos criadores de ovelhas

Novos mundos são feitos por meio de ambição e esforço, com certa dose de risco, às vezes com violência e, quase sempre, por acidente. Podem ser moldados por muitos ou por muito poucos (invariavelmente às custas dos demais). Acima de tudo, são criados e mantidos por meio da economia. Foi o caso do final da Era Viking, quando a diáspora ganhou impulso no transcorrer do século X. Essa expansão trouxe consigo mudanças mais profundas na sociedade escandinava, que se manifestaram no nível mais básico da comunidade, na organização e gestão da própria terra e nas maneiras como as pessoas viviam nela.

À medida que os escandinavos viajavam cada vez mais para longe, suas redes comerciais cresciam, fornecendo o combustível que dava sustentação à economia da Era Viking; a natureza hierárquica dos centros comerciais e empórios tornou-se mais acentuada. No final do século IX, as maiores delas se desenvolveram a ponto de se converterem em algo que pode, de forma sensata, ser chamado de pequenas cidades – as primeiras no Norte, e o início da longa trajetória urbana da Idade Média.

Quando se olha mais de perto, o poder efetivo e os meios de produzi--lo podem assumir formas inesperadas. Alguns anos atrás, um renomado historiador, desesperado com o foco constante nos vikings como guerreiros marítimos, enfatizou, em vez disso, o fato de que a maior parte da população escandinava ficava em casa cuidando da terra e nunca fez mal a ninguém. A época dos vikings, ele afirmou, foi na verdade "a idade de ouro dos criadores de porcos". Ele tinha razão, embora tenha apontado o animal errado: a paisagem escandinava do período viking tardio era um mundo de ovelhas.

Claramente, um dos principais componentes do fenômeno viking foi o navio. Os rápidos avanços na tecnologia da energia do poder naval não foram de forma alguma o único "gatilho", mas as aventuras escandinavas no mundo mais amplo não poderiam ter acontecido sem os barcos. Não era apenas uma questão de design aprimorado, de navios com calado mais raso e melhor manejo – esses elementos trouxeram a reboque a demanda por matérias-primas e recursos. O mais importante desses fatores, pois por sua própria natureza era fundamental para o sucesso da navegação viking, foi a introdução da vela.

Embora obviamente comum nas culturas clássicas do Mediterrâneo, as velas parecem ter aparecido pela primeira vez no Norte durante o século VIII, conforme vimos no achado arqueológico de Salme. Sua fabricação exigia muito tempo e trabalho, sobretudo por causa da absoluta necessidade de lã e fibras como cânhamo ou linho. Os navios vikings parecem ter sido movidos por velas quadradas, tecidas em padronagem entrançada à maneira da sarja e costuradas juntas a partir de várias tiras em linhas paralelas ou na diagonal. Para que ficassem menos permeáveis ao fluxo de ar, as velas eram untadas com sebo, óleo de peixe ou outras substâncias, principalmente alcatrão. Para embarcações pequenas, era necessário um peso de tecido de 0,3-0,75 quilogramas por metro quadrado, ao passo que os navios maiores precisavam de velas mais pesadas de 0,95- -1,05 quilogramas por metro quadrado. Ovelhas nórdicas com camada dupla de pelos, do tipo comum na Era Viking, produzem entre 1 quilo e 2,5 quilos de lã por ano.

Arqueólogos têxteis calcularam a quantidade de tecido que teria sido necessária para equipar o navio Ladby, um bom exemplar de belonave de médio porte encontrado em um monte tumular na ilha de Fiônia, na Dinamarca. Tomando-se por base um tamanho de vela de oitenta metros quadrados (provavelmente uma estimativa conservadora), duas pessoas/ ano teriam que trabalhar dez horas por dia para fazer apenas uma vela-

-mestra pesando cerca de cinquenta quilos, e ninguém se lançaria ao mar sem uma vela de reserva que seria capaz de salvar sua vida. Essa carga de trabalho também é algo ideal, então a realidade deve ter sido mais próxima de três ou até quatro pessoas/ano *para uma vela*. Não era um trabalho individual, é claro, mas as permutações de tempo para equipes cada vez maiores de trabalhadores têxteis são fáceis de calcular.

E havia a questão das vestimentas para o mar. Até onde sabemos, homens vestiam conjuntos de várias camadas de tecido áspero e grosseiro, com forro grosso e capazes de resistir às intempéries do oceano aberto. O navio de Ladby tinha uma tripulação de 32 homens, a julgar pelas posições dos remos. Usando como parâmetro o mesmo ritmo de produção de dez horas por dia para a fabricação das velas, seriam necessárias talvez 24 pessoas/ano para guarnecer a tripulação. Somados a isso estão tapetes, tendas, uma variedade de outras peças de vestuário (incluindo uma muda de roupa para condições úmidas), além de cordas, cordames e coisas do gênero.

Os números começam a ficar confusos nesse ponto, mas podemos falar em termos realísticos de um ano de trabalho constante de cerca de trinta pessoas para equipar totalmente um navio e sua tripulação. No século X, frotas de duzentos navios ou mais não eram incomuns nas campanhas fluviais europeias. Sob essa luz, a capacidade de organizar e reunir os recursos necessários tornou-se uma declaração de poder por direito próprio. Isso exigiu nada menos que uma reorganização da economia fundiária.

Arqueólogos calcularam que, no início do século XI, as necessidades totais de tecidos para as velas dos navios de guerra, navios de carga e barcos de pesca da Noruega e Dinamarca teriam chegado a cerca de 1 milhão de metros quadrados – em outras palavras, a produção anual de cerca de 2 milhões de ovelhas. Some-se a isso a lã necessária para todas as vestimentas e roupas de cama impermeáveis – a fabricação das trocas de roupas necessárias para uma pessoa na temporada de pesca exigia toda a lã de três ovelhas. Um tapete grosso e pesado poderia exigir a produção anual de sete a quinze animais. Essa demanda extraordinariamente alta por lã deixa claro que uma porção substancial das terras na Escandinávia da Era Viking deve ter sido destinada à criação de ovelhas, o que é confirmado nos registros arqueológicos, que mostram maciços programas de

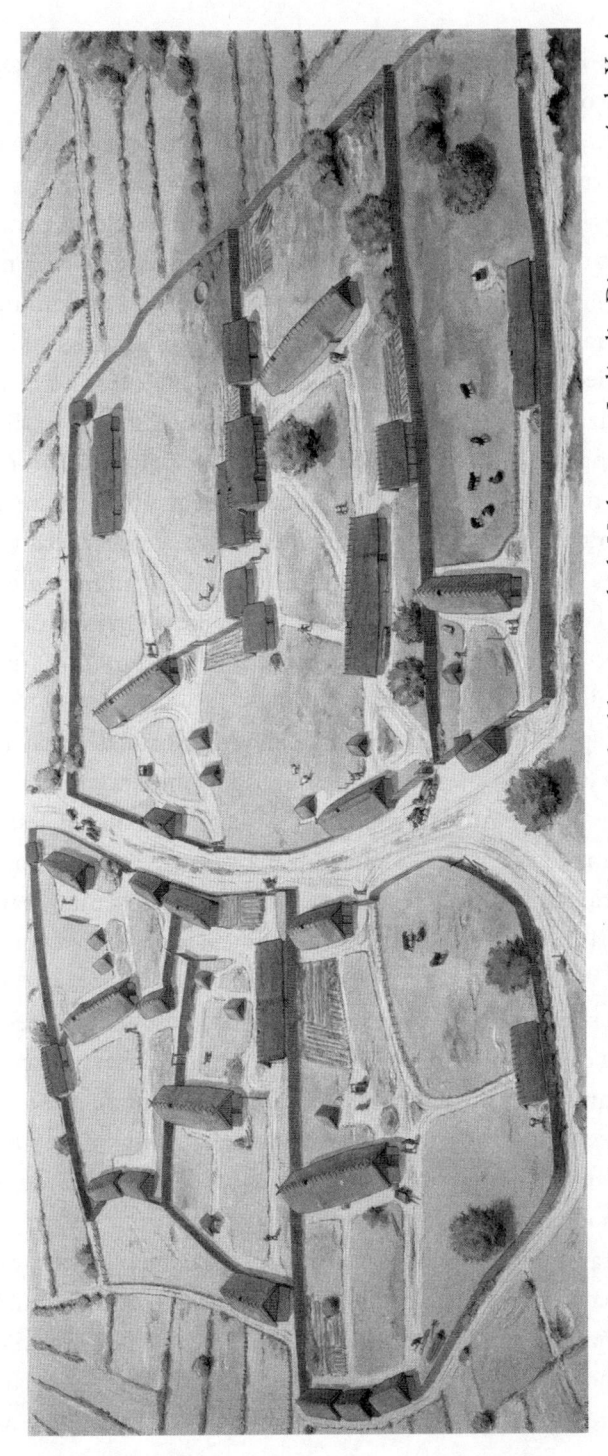

20. "Paisagem de ovelhas". Concepção de qual teria sido o aspecto da aldeia escavada de Vorbasse, na Jutlândia, Dinamarca, no século X. A paisagem anterior foi reorganizada para dar lugar a propriedades maiores, desmatadas para a criação de ovelhas. (Crédito © Flemming Bau.)

consolidação de fazendas nesse período, com unidades de assentamento menos numerosas, porém maiores.

O que aparece no final da Era Viking como "abandono" de fazendas, há muito interpretado como algum tipo de contração populacional (talvez devido à migração para o exterior), agora é entendido apenas como uma reorganização da paisagem, provavelmente com grupos familiares maiores ocupando as fazendas. Para atender às necessidades de lã da comunidade, sobretudo para a fabricação de velas de navios, é claro que os produtos de muitas propriedades devem ter sido combinados e que havia um sistema social para fazer isso – com alguém no comando. Esses colossais rebanhos de ovelhas devem ter sido confinados principalmente em campos de pastagem nas margens, sobretudo charnecas, que tiveram uma drástica expansão na Era Viking; cerca de um hectare de charneca fornecia matéria-prima para um ou dois quilos de lã por ano. Juntamente com a produção de lã, boas terras aráveis eram dedicadas ao cultivo de plantas fibrosas, como o cânhamo e o linho – mais uma vez com uso primordial na produção de velas, cordas e cordames.

As velas capturam o vento proporcionando velocidade e capacidade de manobra à embarcação, mas é claro que são secundárias em relação ao elemento mais óbvio e fundamental de todos: o próprio navio. Isso introduz outra demanda de recursos-chave, a necessidade de madeira. A Era Viking posterior da Escandinávia foi, em muitos aspectos, uma "paisagem de ovelhas" (para cunhar um termo), mas também um mundo de madeira.

Não só a construção de navios, mas também de edifícios, aspectos de infraestrutura e obras de defesa exigia tempo, conhecimento especializado e imensas quantidades de madeira de florestas cuidadosamente gerenciadas. Agricultores de subsistência e artesãos profissionais dependiam de acesso regular e confiável às matérias-primas e dedicavam grande esforço à sua aquisição, manejo e uso.

Para ilustrar a descomunal escala dos materiais necessários, existe o exemplo do navio de guerra Skuldelev 2, construído perto de Dublin ou Waterford, mas afundado de propósito nos arredores de Roskilde, na Dinamarca, no século XI. Esse navio foi reconstruído meticulosamente, utilizando-se técnicas tradicionais, pelos armadores de Roskilde, e a partir daí se deduziu que sua fabricação teria levado 2.650 dias/pessoa e 13.500 horas adicionais de trabalho no ferro para os rebites e outros acessórios. Todo o processo também teria usado mais de dois quilômetros de cordas e 120 metros quadrados de vela, além de outros componentes necessários.

Não se deve imaginar que na Era Viking as pessoas simplesmente saíam passeando em meio a florestas infindáveis para cortar algumas árvores a esmo. Diferentes espécies eram selecionadas e mantidas em virtude de sua força, flexibilidade, resistência e formato em relação ao uso pretendido. Usavam-se freixos e limeiras para a fabricação de arcos, pranchas de escudos e hastes de armas, ao passo que as aveleiras, árvores que eram podadas com regularidade, destinavam-se a painéis de parede entrançados e cercas. Carvalhos, olmos, bétulas e pinheiros eram aproveitados para edificações e navios, fossem como toras completas ou em pranchas cortadas no sentido radial do tronco. Detalhes interiores e telhas também eram feitos de madeira. Carroças, trenós, canoas e outros veículos adicionais consumiam recursos florestais vitais. A madeira também era necessária para a fabricação de utensílios domésticos de uso diário, a exemplo de tigelas e xícaras, bem como móveis, incluindo camas, teares e bancos, ou, nas casas de famílias mais abastadas, as cadeiras *kubbstolar*, em formato de trono, feitas de tocos. Em suma, a necessidade de madeira saturava a sociedade viking em todos os níveis – desde os maiores salões e barcos longos até abrigos anexos e gravetos para uma simples fogueira.

O acesso a terras florestadas e o direito de explorá-las eram, portanto, fatores de grande importância na economia e transmitidos através das gerações. A gestão de ambientes florestais complexos exigia planejamento e investimento de longo prazo, uma vez que um carvalho totalmente crescido que era derrubado para a construção de um navio podia ter sido plantado para essa finalidade sessenta anos antes ou mais. A posse desses recursos formava um componente crucial das propriedades familiares, e por vezes dava origem a conflitos por herança. O controle da madeira, da mão de obra e da labuta na floresta estava, portanto, vinculado ao status e à posição social, com potencial influência nas relações de poder na comunidade. Isso pode ser visto com particular clareza nas posteriores colônias do Atlântico Norte: a rápida derrubada das árvores na Islândia teve grande impacto na vida dos colonos, tornando-os dependentes das importações de madeira da Escandinávia e aumentando a importância dos direitos de uso da madeira flutuante. Algumas das "viagens à Vinlândia" para a América do Norte provavelmente foram realizadas para explorar as ricas florestas da costa leste.

Quando a economia pastoril de milhões de ovelhas é combinada com as enormes demandas de controle florestal com o objetivo de transformar essas matérias-primas em produtos acabados, é inevitável que um recurso adicional venha à mente: a necessidade de trabalho em escala verdadeiramente maciça. Isso incluía as pessoas que tratavam dos animais, cuidavam das pastagens e da manutenção das estradas de terra; as pessoas que tosquiavam as ovelhas, juntavam a lã e a preparavam para o trabalho; as que cardavam e fiavam a lã e a transformavam em tecido; as que administravam os bosques, derrubavam as árvores e faziam o trabalho pesado de aparar, serrar e rachar a madeira antes que os mestres artesãos construtores de barcos ou carpinteiros pusessem mãos à obra; e o mesmo vale para todas as atividades e ofícios correlatos – obter minério de ferro em terrenos pantanosos, fundir o minério, fabricar pregos, rebites e ferramentas, e assim por diante. Todos esses trabalhadores, por sua vez, tinham suas próprias necessidades de moradia e sustento.

O trabalho têxtil propicia apenas mais um vívido exemplo da escala de trabalho necessária. Já vimos os cálculos para a produção de uma vela, sugerindo anos de fiação e tempo de tecelagem por pessoa. Obviamente, deviam ser atividades realizadas em grupo; mesmo assim, o trabalho envolvido é impressionante quando se considera toda a escala de necessidades marítimas e domésticas. É quase impossível exagerar a importância da produção têxtil para a economia viking, permeando todos os aspectos da vida. Apesar de alguns produtos, como as velas de navios, durarem muitos anos, uma proporção muito grande da população da Era Viking deve ter passado seu tempo em manufatura têxtil.

Nas fontes escritas são abundantes as evidências de que esse trabalho acontecia sobretudo dentro da esfera social das mulheres – mas quais mulheres? A população feminina livre não teve um aumento súbito e exponencial no decorrer da Era Viking. Isso sugere que muitas dessas tecelãs muito provavelmente devem ter sido pessoas escravizadas.

Isso talvez possa ajudar a explicar as inúmeras cabanas de tecelagem de piso rebaixado agrupadas ao redor dos salões, ou nos limites do perímetro de assentamentos, encontradas em sítios por toda a Escandinávia – edificações que proliferaram justamente quando o tamanho das propriedades rurais se expandia. As condições dentro dos galpões devem ter sido terríveis. Nas escavações dessas estruturas, arqueólogos encontraram contornos de pesos junto às portas, onde haviam caído dos teares deixados no local quando os edifícios foram abandonados. O trabalho minucioso e repetitivo era feito sob a pouca luz disponível, um estreito feixe de iluminação circundado pela semiescuridão. Anos passados nessa penumbra, tentando escolher os fios e diferentes corantes vegetais, arruinavam a visão das mulheres. O dia todo, minúsculas partículas flutuantes de lã se acumulavam pouco a pouco, inaladas para dentro dos pulmões cada vez que a tecelã respirava. À noite, o ar dentro das cabanas provavelmente era opaco e repleto do som de tosse. Na escuridão de inverno, tudo devia ser ainda pior, e elas trabalhavam apenas à luz de vela de junco. O trabalho era essencial, a experiência, terrível.

A fonte dessa mão de obra não livre, e não apenas para o trabalho têxtil, estava intimamente ligada ao próprio fenômeno viking e foi um elemento crucial na criação da diáspora. Se as incursões de pilhagem e o comércio eram dois componentes do mesmo todo, eles se reuniam na instituição da escravidão. Em muitos casos, a pirataria marítima dos vikings produziu uma mercadoria acima das outras: seres humanos capturados e escravizados.

Isso não é difícil de entender. Em parte, o intuito das incursões de ataque era *capturar* escravos, que em seguida eram vendidos nas redes de comércio vigentes (e também forneciam uma justificativa racional para a existência dessas mesmas redes) tanto na Escandinávia como no exterior. O trabalho dos escravizados, por sua vez, possibilitava a intensificação dessas atividades, pois eram os indivíduos privados de liberdade que tornavam tudo isso possível. Por trás das frotas e tripulações vikings, aparecendo de forma tão espontânea nos anais, estava esse sistema elaborado e cíclico que criava mais do mesmo.

Como disse um historiador, a escravidão estava no cerne da condição viking. Os ataques eram uma economia por si só.

Essa mesma economia tinha outras saídas e canais. Uma das principais transformações sociais e econômicas quase sempre tidas e havidas como definidoras da Era Viking é o lento desenvolvimento do urbanismo na Escandinávia, que seguia em paralelo com mudanças institucionais semelhantes ao redor das costas do Báltico e do mar do Norte. Embora no continente e na Inglaterra tenha havido um irrefutável deslocamento para as cidadezinhas, isso foi em grande medida um legado dos centros urbanos romanos que, em muitos casos, ainda estavam literalmente de pé, à espera de serem retomados. As culturas europeias também mantiveram pelo menos algum grau de relação ativa – fosse espacial, social ou psicológica – com os antigos locais imperiais. A Escandinávia, em contraste, estava além das fronteiras do Império Romano e, portanto, carecia dos modelos urbanos preexistentes (embora decadentes) da Europa romana.

É decerto significativo que, embora os escandinavos da Era Viking tivessem termos para "mercado" e "local de comércio", não tinham uma palavra para o que chamaríamos de cidades. Isso se aplica não apenas a esses lugares em sua terra natal, onde a necessidade de uma definição urbana era, em todo caso, discutível, mas até mesmo aos imensos centros que os vikings encontraram em suas viagens. Em vez disso, o termo *garðr* ou *gård* – via de regra aplicado à unidade básica de assentamento, a fazenda individual – foi empregado em conjunto com palavras qualificativas que a nossos olhos podem parecer extremamente modestas. O exemplo mais extremo é aquele que já encontramos: Constantinopla, a Istambul dos tempos modernos, capital do Império Bizantino e, durante a Era Viking, a maior metrópole do mundo. Era sem sombra de dúvida o maior assentamento que qualquer viking jamais teria visto, mas eles a chamaram simplesmente de Miklagarðr, o "grande *garðr*", ou talvez o "grande lugar", certamente um dos eufemismos mais espetaculares da história e um epíteto profundamente sugestivo da atitude dos vikings acerca das habitações humanas e sua escala relativa. Outros exemplos incluem a cidade russa de Novgorod, chamada por eles de Holmgarðr, ou o "assentamento na ilha", e assim por diante. Na maioria dos casos há, no entanto, uma sensação de limitação e terreno fechado não encontrada em lugares que receberam outros tipos de nomes.

As sociedades da Inglaterra e da França carolíngia, com as quais os escandinavos tinham contatos intensivos, eram firmemente urbanas, assim como os califados árabes no Oriente Médio e na península Ibérica. Em termos tecnológicos e sociais, os escandinavos da Era Viking poderiam facilmente ter desenvolvido cidades como essas, mas por algum motivo optaram por não fazer isso. Viajavam para cidades como Constantinopla, mas em sua terral natal se contentavam com mercados de praia de rua única que perduraram por séculos a fio. As necessidades urbanas dos escandinavos eram adaptáveis às circunstâncias, e pode ser que as coisas que eles viram e pelas quais se entusiasmaram no exterior simplesmente não tinham muita utilidade para eles em sua própria casa.

Isso suscita questões interessantes acerca do que os escandinavos da Era Viking pensavam sobre esses lugares, e como (ou se) viam a diferença entre "cidade" e "país". O que diziam uns aos outros sobre suas experiências de vida urbana? O que aqueles que nunca tinham visto uma "cidade" pensavam sobre qual deveria ser o aspecto de uma? Viver numa cidade conferia reputação e, em caso afirmativo, a quem e de que forma? Assim como os indivíduos desfavorecidos de hoje podem sonhar em escapar da pobreza da zona rural para viver na "cidade grande" – um lugar que existe mais na mente do que na realidade –, talvez algumas pessoas da Era Viking tivessem aspirações igualmente frustradas.

Alguns dos centros escandinavos ocuparam um meio-termo entre os empórios praianos e os locais maiores que perdurariam no século XI. Em Vestfold, Noruega, no início do século IX, fundou-se um assentamento em Kaupang, cuja área habitada, espalhada ao longo da costa de uma baía protegida a alguns quilômetros da foz do rio Lågan, foi dividida em lotes em meados do ano 800. As escavações revelaram alguns poucos depósitos alagados, com exceção de algumas latrinas e poços com madeira preservada, mas esses resquícios foram suficientes para produzir datas dendrocronológicas que variam de 808 a 863, um tempo de vida típico do século IX, consistente para o assentamento, que cobria pelo menos de cinco a seis hectares, e distribuído em lotes regulares divididos por trincheiras, com pequenas estruturas no interior. A capacidade de manufatura do local pode ser vista nas evidências recuperadas das oficinas, onde estão preservados os restos de artefatos em bronze, prata, chumbo e ouro, bem como excepcionais achados de moldes e fragmentos de cadinhos. Os pesos de chumbo eram claramente uma indústria em expansão em Kaupang – várias centenas foram encontrados – e utilizados nas transações diárias, sugerindo o uso muito difundido do lingote como meio de pagamento. Quilos de chumbo bruto usado para fazer os modelos originais, a partir dos quais os moldes de argila eram produzidos, também foram recuperados. Uma dessas peças de chumbo revela algumas práticas comerciais astutas (mas conhecidas), pois foi moldada em um formato de broche normalmente encontrado como um artigo importado de alta qualidade para a Escandinávia – em outras palavras, os habitantes locais estavam fabricando e vendendo suas próprias joias "importadas", algo parecido com relógios Rolex vendidos por preços baixos, o que os tornam suspeitos. O âmbar era uma matéria-prima com a qual se trabalhava bastante no próprio local, e muitos objetos feitos desse material surgiram nas escavações. As importações para o local incluíram vidro, contas de cornalina, pulseiras de azeviche e potes de cerâmica da Renânia – esta última talvez contendo luxos como vinho ou óleo.

Mas não mais que isso. É o que diferencia o apogeu do século X dos grandes centros protourbanos da Escandinávia dos mercados menores do século IX. O mais antigo empório escandinavo, em Ribe, continuou a se expandir no século IX, com um número crescente de edifícios e, mais tarde, uma vala de defesa ao redor do povoado. Lugares como Birka e Hedeby se espalham em todas as direções (indo além das levemente ridículas listas de verificação de "características urbanas" outrora tão amadas pelos arqueólogos que tentam definir cidades, meu próprio critério é muito simples: faltando até mesmo o senso de direção mais básico, eu só me pergunto se um assentamento da Era Viking era um lugar grande e complexo o suficiente para eu correr o risco de me perder – se a resposta for "sim", provavelmente é uma cidade).

Em todos esses lugares surgem quarteirões inteiros de moradias e oficinas e novas ruas de tábuas de madeira estavam sendo construídas. É claro que havia frequentes mudanças no desenho e no formato dos assentamentos. Os edifícios tendiam a ter vida curta, sendo demolidos e reconstruídos nos mesmos lotes de terra. O fogo também era um perigo constante, e resultava em um razoável grau de renovação urbana não intencional. Por volta do século X, o padrão geral parece ter sido o de oficinas ocupando a parte frontal das ruas, com habitações nos pátios na parte traseira – desenho que se repetia nos centros comerciais vikings tanto em âmbito doméstico (como em Sigtuna) quanto no exterior (como em York).

Em Hedeby e Birka, as defesas foram reforçadas e estendidas água adentro na forma de barragens para controlar o acesso. As áreas do próprio assentamento também aumentaram aos poucos, à medida que o solo simplesmente se acumulava com a combinação de resíduos e detritos da vida urbana. Quando uma casa era demolida, outra era construída sobre os restos achatados da velha, tudo esmagado na lama juntamente com os restos de comida, fezes e lixo geral do local. Higiênico não era – provavelmente dava para sentir o cheiro desses lugares a um quilômetro de distância.

A escravidão certamente estava presente nesses locais, o que não significa que eram "fortalezas de escravos" do tipo conhecido na costa da África Ocidental no início do período moderno. Tomando-se por base o comércio escravista de períodos posteriores, não havia a necessidade de um mercado de escravos exclusivo, pois as transações podiam ocorrer quase em qualquer lugar em um assentamento – nos alpendres de casas particulares, até mesmo nas esquinas. Esse comércio em pequena escala, quando realizado com regularidade, poderia descartar centenas de cativos todos os anos.

Em Hedeby, por exemplo, a maioria dos achados de grilhões e correntes veio da área do porto, provavelmente porque caíam quando os escravos eram transferidos para o cais. Um dos investigadores do sítio está convencido de que a maior parte das transações comerciais ocorria nos próprios cais – no caso de Hedeby, aquelas amplas plataformas de madeira que se estendiam água adentro eram tão próximas umas das outras que efetivamente criavam um mercado flutuante. O mais provável é que algumas dessas vendas fossem sazonais – depois dos ataques de verão e antes da colheita –, embora o comércio talvez continuasse sendo realizado em algum nível durante o ano todo.

Por volta do século X, os maiores barcos de alto-mar tinham que atracar ao comprido nas extremidades das plataformas. Extraordinários artefatos arqueológicos nos permitem ver a vida no porto de Hedeby em detalhes – desde as espadas que parecem ter sido jogadas dentro da água à medida que cada novo píer era consagrado até um instantâneo do mercado sob ataque. Por volta do ano 990, um navio de guerra de grandes proporções queimou bem em frente aos molhes, talvez em batalha, tão próximo que o fogo se espalhou para as plataformas de madeira. Como o navio estava bloqueando o acesso ao porto, metade dele foi destruído, talvez por meio de estacas enterradas nos destroços de barcos menores, e os pedaços flutuaram de modo a abrir o caminho para a navegação. Os portos deviam precisar de reparos a cada primavera para consertar os danos causados pelo gelo do inverno anterior.

E há a própria população, tanto na morte como na vida. Para continuar com o exemplo dinamarquês, em Hedeby são conhecidas cerca de 1.350 sepulturas distribuídas em sete cemitérios. A maioria está situada do lado externo da muralha sul e contém uma mistura de cremações e inumações, estas últimas às vezes localizadas entre montes. Datados do final dos séculos IX e X, esses túmulos incluem claramente algumas sepulturas cristãs. A maioria não abrange quaisquer bens mortuários, embora a área também contenha monumentos espetacularmente pagãos. Um grupo central de 350 sepulturas – incluindo túmulos em câmaras mortuárias de alto status – se estendia da área do porto até o assentamento. A povoação fortificada está associada a cerca de sessenta cremações sob montes tumulares, enquanto um cemitério do Norte abriga inumações datadas de meados do século IX a meados do X.

As cidadezinhas da Escandinávia eram o lar de verdadeiros centros urbanos profissionais – construtores de casas, carpinteiros, construtores de telhados de sapê; escavadores de valas e trabalhadores braçais; gente que esvaziava as latrinas e recolhia os excrementos; e, claro, toda a gama de artesãos, ferreiros, joalheiros, torneiros de madeira, oleiros e afins.

Existem evidências convincentes de que os maiores centros comerciais também tinham implicações importantes para a vida das mulheres. Nos cemitérios rurais noruegueses, por exemplo, as sepulturas femininas representam cerca de 20% do total nos casos em que foi possível fazer as determinações de sexo, mas na cidade de Birka a proporção é de até 60% em seus vários campos de sepulturas. Em outros mercados, como Hedeby, o número é menor, de 38%, mas ainda significativamente mais alto do que na área rural. O que essa visibilidade "urbana" das mulheres significa? Já se sugeriu que poderia depender da produção têxtil e da mudança de uma fiação sofisticada e muito especializada para os novos centros urbanos – talvez essa tenha sido de fato uma das principais razões para a sua criação.

Essas cidades incipientes não eram apenas lugares para a produção e venda de mercadorias, mas também locais de encontro para a troca de informação e conhecimento. Boa parte disso seria familiar até mesmo para nós. Um passeio pelas ruas de Birka nos teria levado através de uma profusão de aromas de diferentes jantares, talvez com uma variedade de especiarias e sabores representando uma culinária internacional. *Está com vontade de fazer uma refeição frísia esta noite? Experimente a taverna do Radbod nas docas – aqueles mercadores saxões que conhecemos mês passado em Hedeby disseram que é incrível. E você não pode deixar de experimentar a cerveja do Ulf na porta ao lado, ele usa urze!*

O mesmo se pode dizer da língua; em nossa caminhada, também teríamos entreouvido conversas poliglotas – comerciantes dos impérios dos francos e alemães, das hidrovias do Leste, da Rus' e do califado árabe. Adão de Bremen menciona noruegueses, eslavos, prussianos e outros em Birka. Nas escavações de Hedeby foram encontradas armas da área de Bolğar do Volga e de origem magiar. Deve ter havido uma língua franca, até mesmo formas de dialeto *criollo*, e provavelmente todos sabiam muitas palavras para designar *prata*, *peles* e *escravos*. Nas ruas, aqui e ali seria possível encontrar até mesmo alguns *blámenn*, "pessoas azuis", vindos de muito longe e a quem descreveríamos como "pessoas de cor". Existem poucas evidências de racismo na sociedade viking e, até onde eu sei, nem um único exemplo de epíteto aviltante ou atitude insultuosa com base na cor da pele. Parece idealista no século XXI, mas, para os vikings, aparentemente o que contava era *quem* a pessoa provava ser, em vez de sua casca externa. Todos nós temos um *hamr*, uma forma, mas é o *hugr*, a mente ou alma, que vale mais.

A mente urbana na Escandinávia foi outro produto da Era Viking, uma alteração de perspectiva sobre estilo de vida e economia que continuaria por séculos como outro presente para o Norte. Mas o que dizer do mundo mais amplo com o qual tudo isso está conectado? Como isso mudou e se transformou no século X e no final da Era Viking?

15

Prata, escravos e seda

Não é exagero dizer que os últimos trinta anos de pesquisa acadêmica ampliaram o mundo viking de forma drástica, à medida que as barreiras artificiais dos anos do pós-guerra desapareceram aos poucos. Dois aspectos disso são primordiais. No Leste, uma nova compreensão da criação orgânica de identidades sociais e políticas ao longo dos rios, expressa na etnia em desenvolvimento dos rus', levou ao reconhecimento de que seu alcance se estendia para além de Bizâncio e até mesmo do mundo árabe, adentrando a estepe asiática para se conectar com as lendárias Rotas da Seda. No Oeste, os contatos dos vikings com as ilhas britânicas foram iluminados por achados arqueológicos que mudaram a forma de compreender suas atividades, com implicações para toda a Europa Ocidental.

De modo decisivo, a fim de dar sentido à diáspora à medida que ela se expandia durante o final do século IX e início do X, essa dicotomia geográfica deve ser apagada, e o "mundo viking" restaurado em um todo unificado – a maneira como era realmente vivido por aqueles que nele viviam. Em termos práticos, precisamos recapturar uma época em que a seda comprada por um intrépido escandinavo nos mercados da Pérsia poderia acabar sendo transformada em um gorro para uma mulher que vivia nas cidades da Danelaw – e, ademais, embora à época isso pudesse ter sido considerado luxuoso ou caro, ninguém ficaria surpreso.

Essa Era Viking globalizada também tem ligações com o desenvolvimento de novas economias na Escandinávia, como vimos – construção naval em uma escala sem precedentes, ancorada na transformação urbana, tudo conectado com um crescente Estado escravista. Isso também fazia parte da diáspora. As ambições territoriais escandinavas alimentaram as redes mercantis e uma quase aceleração industrial do poder naval, mas uma também permitiu a outra.

No Ocidente, três áreas, sobretudo, mostram os efeitos duradouros das migrações e dos contatos políticos escandinavos, desde as primeiras aventuras em mares e terras estrangeiros até as incursões mais recentes: os mundos marítimos da Escócia e as "Ilhas do Norte" (Órcades e Shetland), o mar da Irlanda e as costas do canal da Frância. A diáspora Viking, por definição, envolveu uma manutenção consciente de vínculos com a Escandinávia e uma ativa noção de pertencimento original. O processo pelo qual esses laços foram expressos, corroborados e, por fim, abandonados, traça a trajetória geral da própria Era Viking.

O litoral oeste da Escócia é uma das duas únicas linhas costeiras verdadeiramente protegidas da Europa Ocidental e, em termos de conexões culturais, é significativo que a outra seja o litoral oeste da Noruega. Não surpreende que esses ambientes marítimos estivessem em contato.

Devido à sua proximidade com a costa norueguesa, as "Ilhas do Norte" (Órcades e Shetland) foram muitas vezes tidas como os primeiros territórios a sentir o impacto dos ataques vikings e da expansão marítima escandinava. A melhor maneira de avaliar sua relação geográfica é virar um mapa do mar do Norte de cabeça para baixo de modo a visualizar a rota de navegação natural, das distâncias mais curtas em mar aberto desde o "caminho do Norte" até as ilhas, depois para a costa da Escócia continental, daí para o sul e o oeste, passando pelas Hébridas (também conhecidas como "Ilhas Ocidentais") e adentrando o mar da Irlanda.

A natureza da interação dessa região com a Escandinávia ainda não está de todo clara, em especial no que diz respeito às relações entre os nórdicos e os pictos, nativos descendentes das tribos da Idade do Ferro escocesa mencionados por autores romanos. As interpretações variam de interações relativamente pacíficas, escravidão e sujeição até o genocídio total. Ocorreram ataques a mosteiros hebrideanos vulneráveis e insulares no início do século IX, portanto não restam dúvidas de que os vikings estiveram lá, mas são escassas as fontes claras acerca do que de fato aconteceu nas ilhas. Talvez o próprio silêncio do registro histórico seja eloquente. O quadro mais amplo, no entanto, é de um constante gotejamento (de tempos em tempos um jorro) de imigração escandinava para a Escócia, sobretudo nas ilhas, desenvolvendo-se ao longo do tempo em uma inconfundível cultura regional da diáspora viking.

Nas Órcades e nas Shetland, as primeiras evidências seguras de povoamento nórdico datam de meados do século IX, mas pode ter havido contato anterior. Fontes textuais sobreviventes acerca das ilhas são todas medievais, e de fato as principais são explicitamente concebidas como histórias para legitimar de maneira retrospectiva os condes das Órcades. A mais abrangente delas, a *Saga dos colonos das ilhas Órcades* (*Orkneyinga saga*), é uma leitura maravilhosa, mas cuja veracidade é problemática. Não se sabe ao certo nem sequer se realmente *houve* um condado das Órcades até a Idade Média, quando algum lustro retrospectivo talvez tenha sido aplicado ao que em essência eram enclaves de invasores. Em longo prazo é claro que os nórdicos se estabeleceram em todas as ilhas, muitas vezes construindo fazendas de tamanho considerável, com as conhecidas casas longas de turfa e pedra, junto com edifícios anexos auxiliares.

A presença viking no continente e no Leste da Escócia é bem menos representada. Curiosamente, as tradições folclóricas da costa leste preservam muitos relatos sobre vikings, a maioria a respeito de ataques e batalhas, com outras histórias de campos e cemitérios "dinamarqueses". Embora essa região não estivesse sujeita ao substancial povoamento escandinavo que encontramos em outros lugares, os contatos eram, no entanto, frequentes, e, é claro, os nórdicos levaram consigo suas instituições. Em Dingwall, na Escócia continental, investigações recentes identificaram um potencial local de realização de *things* – um ponto de reuniões –, compreendendo um monte e uma vala circular no entorno. Vários outros sítios de potenciais *things* foram identificados em toda a Escócia, não apenas no continente, mas também nas ilhas do Norte e do Oeste.

Ao contrário dos assentamentos escandinavos na Inglaterra e na Irlanda, nenhum centro urbano foi fundado aqui. Em vez disso, há vestígios de mercados de praia – arranjos relativamente simples com estruturas básicas e temporárias ao longo da praia em portos e hidrovias confiáveis. Provavelmente remontando aos contatos dos nórdicos com a Escócia no período pré-viking, esses locais enganosamente rudimentares eram canais de comércio e troca, sobretudo de madeira, que parece ter sido uma mercadoria importante. Como nas Ilhas Ocidentais, de caso pensado os colonos escandinavos parecem ter posicionado suas novas casas nas proximidades de assentamentos pictos preexistentes, caso de Old Scatness e Jarlshof nas Shetland, e em Buckquoy e Pool, nas Órcades. No extenso cemitério de Westness, na ilha de Rousay, os homens enterrados com objetos nórdicos são significativamente mais altos do que a média dos homens em túmulos identificados de forma inequívoca como pictos em outros lugares, então é possível distinguir com facilidade e segurança as populações.

A natureza das interações entre nórdicos e povos locais deixou leves traços na arqueologia, em especial nas Órcades. No assentamento escandinavo em Buckquoy foram encontrados objetos decorados com estilos de arte pictos, sugerindo que, pelo menos em alguns casos, os vikings se estabeleceram em meio à população nativa em vez de expulsá-la ou removê-la. Em Quoygrew, Westray, parece que os habitantes nativos se adaptaram rapidamente a produtos importados, como vasos de pedra-sabão e pentes de estilo nórdico. Práticas pastoris e agrícolas tradicionais também sobreviveram, implicando uma interação bastante próxima entre os recém-chegados e a população existente. Isso serve como argumento contra a noção de um "genocídio picto", pelo menos no caso das Órcades.

Em outros lugares, a imagem era mais violenta, como se vê na Torre de Deerness, uma espetacular roca (um pilar de rocha natural rente à costa, produzido pela erosão do mar e do vento) elevando-se acima da água em Mainland, a maior ilha das Órcades, e unida aos penhascos por um caminho estreito. Outrora tido como um assentamento monástico, escavações mostraram que foi a residência de um chefe nórdico, com casas longas e o que parece ter sido uma capela privativa. Do século X em diante está claro que Deerness teve uma guarnição armada e talvez funcionasse como parte de uma cadeia de estações de vigia costeiras. O grupo lá aquartelado poderia ter tido outras tarefas, incluindo monitoramento ativo ou patrulhamento de rotas de navegação. De acordo com a medieval *Saga de Sverre*, o conde Haroldo chega efetivamente a citar a pirataria como uma das principais fontes de receita necessárias para manter seu poder nas Órcades. Ao lado disso há o reconhecimento explícito de que ele não poderia se dar ao luxo de exercer controle muito direto sobre os invasores por medo de se voltarem contra ele – uma tensa aliança entre "pescadores piratas". Deerness pode ter sido o tipo de base a partir da qual esses predadores marítimos operavam em graus variáveis de sanção superior. A *Saga dos colonos das ilhas Órcades* (*Orkneyinga saga*) tem algumas descrições fascinantes de *várvíking* e *haustvíking* – literalmente "vikings de primavera" e "vikings de outono" –, o que demonstra o ciclo sazonal de ataques em vigor em lugares como esse.

Nas Hébridas, apesar de mais de um milênio de ocupação celta anterior, quase não existem topônimos não nórdicos. Isso sugere uma ruptura total sem qualquer continuidade de habitação, e fornece um perturbador endosso para a teoria da remoção ou substituição total da população. Nas ilhas escocesas como um todo é alta a proporção de linhagens genéticas femininas compartilhadas com a Noruega, implicando que as mulheres escandinavas mais cedo ou mais tarde se fixaram em grande número.

Com o tempo, os assentamentos nas Ilhas do Norte adquiriram um caráter inconfundivelmente nórdico. Por exemplo, na baía de Skaill, no arquipélago das Órcades, perto da famosa vila neolítica de Skara Brae, foi escavada uma importante fazenda com evidências de contatos espaçados com regiões longínquas como a Normandia. Alguns dos edifícios continham inscrições rúnicas e marcas de contagem riscadas na pedra, encontradas também em outros sítios das Órcades. Era um local de certo status, e é claro que os habitantes de Skaill expressaram sua posição social por meio de arquitetura e engenharia paisagística impressionantes. Grandes montes artificiais foram feitos com entulho e consolidados com terra e pedra. Essas estranhas criações eram um empreendimento caracteristicamente colonial, e montes parecidos foram identificados em várias outras colônias do Atlântico Norte, incluindo as ilhas Faroé. Assim como os governantes escandinavos demonstravam seu status por meio da construção de salões reais e túmulos monumentais, esses magnatas das Órcades fizeram o mesmo em uma escala menor, criando cópias semelhantes a cenotáfios para projetar sua ambição. Era uma linguagem visual de poder tipicamente nórdica.

O estabelecimento de colonos escandinavos nas ilhas escocesas também transformou as economias da região. A produção de linho aumentou, assim como aumentaram a produção leiteira (embora não nas Hébridas) e o investimento agrícola em geral. A atividade pesqueira também se intensificou e se estendeu a novas áreas do oceano, e houve um incremento na ingestão de proteína de peixe em todas as camadas da sociedade, mostrando como os recursos do mar foram utilizados mais do que nunca como parte central da dieta diária. É provável que essa economia predominantemente marinha tenha sido uma introdução da Noruega durante o século IX, o período da primeira grande migração nórdica para as Ilhas do Norte.

Os estreitos laços que as comunidades compartilhavam com o mar se refletem no número relativamente alto de enterros em barcos funerários identificados na Escócia. Embora sejam quase desconhecidos em outras partes das ilhas britânicas, seis navios funerários são conhecidos nas Hébridas, três nas Ilhas do Norte e um no continente. Em vez de verdadeiros navios funerários, esses túmulos escoceses contêm pequenas embarcações costeiras de até cinco metros de comprimento, do tipo conhecido como *færing*. Movidos a remos e uma pequena vela, eram o principal meio de transporte nas águas ao longo da costa das Ilhas e um símbolo natural de status para aqueles que consideravam esse barco como seu último local de descanso.

Em 2011 encontrou-se o primeiro barco funerário viking da Escócia continental em Ardnamurchan, perto do ponto mais a oeste da ilha. Em algum momento do século X, um indivíduo foi enterrado em um barco de cinco metros de comprimento, com uma espada e uma lança dobradas a seu lado. Outros achados incluíram um chifre que servia como copo, um escudo e ferramentas associadas à agricultura e forja – uma montagem que não estaria fora do lugar em sepulturas na costa norueguesa. Como outros sepultamentos em barcos escoceses, o *færing* em Ardnamurchan parece ter sido cuidadosamente preenchido com pedras como parte dos rituais fúnebres. A análise isotópica dos dentes do falecido sugere que o indivíduo era originário da Escandinávia, embora também sejam possibilidades o Nordeste da Escócia ou o Leste da Irlanda.

O cinturão central da Escócia continental, estendendo-se aproximadamente de uma ponta à outra do país, da atual Glasgow a Edimburgo, também foi uma arena de operações nórdicas, embora as evidências tenham sobrevivido sobretudo na forma de sepultamentos e resquícios de pilhagens. Lá estão os mais setentrionais achados de um tipo especial de lápide de pedra conhecido como *hogback* [ou escarpa, que se curva para baixo em direção às extremidades e tem lados inclinados], um monumento exclusivamente colonial que parece ter sido encomendado pelas elites nórdicas. Há também um grupo de intrincadas sepulturas da Era Viking em Loch Lomond, arredores de Dumbarton, e um espetacular tesouro de prata, ouro e joias do século X em Galloway. A natureza eclesiástica de uma série de itens acumulados indica que podem muito bem ter sido saqueados de um mosteiro.

A costa oeste da Escócia fazia parte de uma arena muito mais ampla de atividades nórdicas, dada sua posição de frente para o mar da Irlanda. Esse corpo de águas rasas, mas bravias, atraiu para sua órbita vários reinos e pequenos Estados. A oeste estava a Irlanda, fragmentada em clãs beligerantes; ao norte, a Escócia e as ilhas ocidentais das Hébridas; ao leste, o País de Gales e todo o litoral da Inglaterra; no centro, ocupando uma estratégica posição chave, estava a ilha de Man. Em maior ou menor grau, todas essas regiões estiveram sob influência escandinava no decorrer da Era Viking: o mar da Irlanda foi o mais importante eixo da atividade nórdica no Ocidente.

Sua área litorânea a nordeste era uma porta de entrada para um dos duradouros blocos de poder viking dos séculos IX e X – o poderio combinado do reino de York e da Danelaw. Eram as entidades politicamente organizadas moldadas pela hidrarquia, o "Grande Exército", e as outras forças vikings que tinham lutado contra os ingleses até chegarem a um impasse e depois começarem a colonizar as terras por eles conquistadas.

Na prática, no final do século IX a metade leste da Inglaterra e a maior parte do norte estavam sob controle escandinavo. A fronteira da Danelaw com Wessex e as terras do Sul da Inglaterra é bem conhecida por causa do tratado firmado entre o rei Alfredo e o líder viking Guthrum em algum ponto entre 878 e a morte deste último em 890. Esse famoso acordo registra que a fronteira entre Wessex e a Ânglia Oriental, controlada pelos escandinavos, era delimitada "Tâmisa acima, e depois até o Lea e ao longo do

Lea até sua nascente, depois em linha reta até Bedford, depois subindo o rio Ouse até a rua Watling", embora se imagine que a realidade era uma zona de conflito transfronteiriço mais confusa e inconstante.

Dentro da Danelaw, o poder parece ter sido dividido entre inúmeras facções políticas autônomas cujas bases se distribuíam entre os assentamentos regionais. Nas Midlands, um grupo de províncias administrativas conhecidas como Cinco Distritos começou a florescer como centros comerciais: Derby, Nottingham, Lincoln, Stamford e Leicester tinham estreitas conexões com a área rural circundante em redes de assentamentos dominadas por escandinavos. Mesmo hoje, alguns dos nomes de suas estradas terminam em *-gate*, ainda a palavra escandinava moderna (*gata* ou *gade*) para "rua".

A Danelaw ao que tudo indica tinha sua própria economia, o que era necessário para manter a independência em relação aos reinos ingleses ao longo de suas fronteiras. Parece que os lingotes de prata circulavam de forma universal, e os tesouros acumulados sugerem que a Danelaw devia ter um padrão de peso geral, embora os indivíduos personalizassem seus próprios pesos. Também há evidências de tentativas de introduzir moedas que imitassem a usada nos reinos ingleses da Mércia e de Wessex. A cunhagem de moedas de York fez uso explícito do simbolismo viking, com tiragens mostrando o estandarte de corvo, às vezes ao lado de uma cruz cristã. No entanto, esse novo dinheiro de prata não parece ter encontrado uso generalizado fora do interior urbano, talvez indicando os limites realistas do poder viking.

Também há boas evidências da manipulação de identidade por meio da criação e uso de novos estilos materiais. As pessoas usavam acessórios produzidos em massa com uma mistura de influências escandinavas, inglesas e europeias, o que atesta a formação de identidades cosmopolitas. Existem até mesmo broches feitos com componentes fabricados na Inglaterra e na Escandinávia. As mesmas lápides *hogback* encontradas na Escócia estão presentes no Norte da Inglaterra em números muito maiores, e aqui também parecem ter sido uma maneira de a aristocracia anglo-escandinava expressar suas afiliações multiculturais. Essa foi a diáspora na prática – adaptar-se a uma nova casa, sem nunca se esquecer da antiga.

É certo que muitos colonos escandinavos chegaram a algum grau de conciliação com a Igreja, ainda uma força dominante e profundamente enraizada nas estruturas sociais inglesas que os vikings não conseguiram (e talvez não desejassem) substituir por completo. Talvez tenham adotado rapidamente o cristianismo, lado a lado com suas crenças existentes ou de preferência a elas. Para citar apenas um exemplo, uma cruz de pedra autônoma no cemitério de Gosforth, na Cúmbria, incorpora imagens do Ragnarök em sua representação do que se supõe ser o Dia do Juízo Final – Odin, Fenrir e outros são claramente visíveis. Na Inglaterra foram encontrados muitos pingentes do martelo de Thor, sobretudo em túmulos de mulheres, então não há dúvida de que os deuses antigos foram mantidos vivos por pelo menos alguns dos vikings da Danelaw. Topônimos de culto, tais como Toreswe (originalmente *Torsvé*) no norte de Lincolnshire, mostram que as divindades nórdicas não apenas eram conhecidas, mas ativamente veneradas na Inglaterra da Era Viking. Oferendas de armas e outros artefatos de metal eram feitas em rios, riachos e pântanos de uma maneira que se conecta às seculares preocupações rituais escandinavas com planícies inundadas. O símbolo do martelo de Thor aparece também em mais de trinta exemplos de moedas cunhadas no reino viking de York. Em tiragens posteriores aparece ao lado de uma espada que pode representar a arma de são Pedro, combinando assim imagens de proteção divina que abrangiam as crenças de todos.

Apesar do povoamento generalizado dos escandinavos, eles viviam sob constante pressão dos reinos ingleses, que nunca se esqueceram do que havia sido perdido nas guerras do século IX. Aos poucos, o controle que os vikings exerciam sobre o Leste e o Norte da Inglaterra começou a se esgarçar, sobretudo nas margens da Danelaw. Os vikings tentaram construir fortificações de fronteira, espelhando as *burhs* – cidadelas defendidas – saxônicas, que Alfredo havia construído anteriormente na fronteira, mas que no final dos séculos IX e X os ingleses começaram a rechaçar.

À medida que os exércitos de Wessex gradualmente ganhavam território, consolidaram seus ganhos construindo mais *burhs*. Em uma reversão da situação da qual tinham tirado vantagem na França, a divisão dos vikings e sua falta de coesão política significava que não eram capazes de articular uma resistência combinada e organizada. Aos primeiros esforços de Alfredo, falecido em 899, para anexar as porções ao sul dos territórios escandinavos dão continuidade seus filhos Eduardo, o Velho, e Etelfleda.

Ano após ano, década após década, Danelaw foi retomada, e no final do século X tinha deixado de existir em termos práticos.

Cem anos depois do estabelecimento de Danelaw, a entidade política em si desaparecera, mas seu impacto demográfico seria permanente. Em sua maioria os colonos escandinavos permaneceram assimilados à população em geral. Existem também sinais linguísticos de continuidade, a exemplo da pouco compreendida "língua dinamarquesa", que aparece em documentos contemporâneos para representar o que era obviamente uma língua franca na Inglaterra entre os descendentes de escandinavos.

É importante ressaltar que o que resultou da reconquista não foi uma reconstituição dos antigos reinos ingleses que os vikings haviam destruído – em vez disso, a Danelaw libertada foi na verdade transformada na grande Wessex. Eduardo, o Velho, herdaria o trono da Mércia após a morte de sua irmã, Etelfleda, em 918, e novos ganhos territoriais por seu sucessor, Etelstano, colocariam toda a Inglaterra sob o jugo de Wessex em 927. Curiosamente, então, os vikings foram responsáveis pela criação da própria Inglaterra, talvez o elemento de seu legado que nos séculos posteriores mostraria ter as maiores consequências para o mundo.

Os limites do assim chamado reino de York na Nortúmbria nunca foram totalmente definidos, incluindo uma fronteira um tanto vaga com a Danelaw, mas tudo era parte de uma região contígua de domínio viking. No coração de York estava o centro mercantil fortificado da própria cidade de Jorvík, cujo nome escandinavo era uma adaptação de seu primeiro inglês, Eoforwic. De meados do século IX a meados do X, os governantes vikings de York administraram uma área que se estendia ao sul até o rio Humber e ao norte até as planícies de Yorkshire Wolds – essencialmente abrangendo o Norte da Inglaterra, de costa a costa. Áreas do Noroeste da Inglaterra, incluindo os atuais condados de Lancashire e Cúmbria, apresentaram evidências de assentamentos escandinavos, e a península Wirral parece ter atuado como um importante ponto de entrada para a Danelaw a partir do mar da Irlanda.

Em termos arqueológicos, a cidade de York é uma das mais conhecidas em todo o mundo viking. Escavações em Coppergate (a "rua de fabricantes de copos de cobre") na década de 1970 e, mais tarde, em muitos outros sítios na cidade, revelaram um centro verdadeiramente urbano, de densa população e edifícios de madeira, muitos com porões, organizados em zonas de manufatura e artesanato. De frente para o rio Ouse, e utilizando o desenho da cidade romana em ruínas, Jorvík foi uma importante capital do Norte e manteve conexões comerciais em todas as direções. Uma das glórias de sua arqueologia é que muitos dos depósitos culturais são alagados, preservando, quase inalterados, materiais orgânicos como tecidos e madeira. Enterrados alguns metros abaixo das modernas ruas, porões inteiros sobreviveram quase à altura da cintura; escavadores puderam entrar pelas portas. Roupas, instrumentos musicais, móveis e todos os tipos de utensílios domésticos e artigos estrangeiros exóticos – até mesmo sedas chinesas – fizeram de Jorvík uma base fundamental para nossa compreensão do urbanismo viking.

Seu governante mais famoso foi Érico [Eirík] Haraldsson, mais conhecido pelo apelido – Machado Sangrento. Um dos muitos filhos de Haroldo Cabelos Belos, ele herdou a vida do rei do mar e parece ter governado partes da Noruega por um breve período, porém mais tarde foi exilado por causa dos assassinatos fratricidas de vários membros de sua família (daí o nome). Em seguida, amealhou uma fortuna em uma carreira de violência que o levou do Oeste da Noruega para seu próprio reino em York. Sua consorte, a rainha Gunnhild, era quase tão famosa quanto ele; diziam as más línguas que era uma feiticeira e metamorfa de excepcional crueldade. A corte de Érico manteve os fofoqueiros da Era Viking ocupados por uma década, e sua vida poderia preencher uma biografia própria. Embora tenha resistido ao movimento inglês em direção ao norte, Érico acabou sendo morto em combate em Stainmore em 954, o que pôs fim ao reino de York.

Os reis de York governavam em um estado de constante tensão com seus análogos em Dublin, do outro lado do mar da Irlanda. Às vezes aliadas, às vezes inimigas e rivais, essas facções gêmeas comandaram por mais de um século os destinos de toda a região.

Diferentemente da Inglaterra, a Irlanda não testemunhou um influxo de colonos em grande escala. No entanto, desde o início do século IX claramente havia frotas baseadas no mar da Irlanda que talvez operassem também a partir de bases na Grã-Bretanha continental, tais como o canal de Bristol ou a região de Somerset. Por exemplo, a *Crônica anglo-saxônica*, de 835, registra um *micel sciphere* – um "grande exército de navios" – na Cornualha, e não parece provável que esse tipo de ataque tenha sido lançado desde o mar do Norte.

A partir da década de 840, a presença viking na Irlanda torna-se mais concreta. Nessa época, fontes históricas começam a documentar o estabelecimento dos chamados *longphuirt* nas áreas costeiras e ribeirinhas. Embora com sutis diferenças dos acampamentos de inverno da Inglaterra, cumpriam muitas das mesmas funções. Alguns, como os estabelecidos em Dublin, Cork, Wexford, Waterford e Limerick, evoluiriam para se tornar as principais cidades da Irlanda.

De acordo com os *Anais de Ulster* [Annála Uladh], o *longphort* de Dublin foi estabelecido em 841. A área havia sido o foco de assentamentos de nativos irlandeses, portanto, embora os vikings não tenham de fato encontrado a cidade, a presença escandinava certamente marcou uma nova fase em seu desenvolvimento. No século IX, o povoado viking tomou a forma de um enclave defendido em torno da "poça negra" que dá a Dublin seu nome, com um possível porto ou alguns cais. No século X o assentamento continuou lá, mas estava concentrado em torno do distrito Wood Quay, outro local defendido com água dos três lados.

Na época da fundação do *longphort*, sepulturas da área sugerem que entre os grupos que atuavam lá incluíam-se não apenas escandinavos, mas também indivíduos das ilhas britânicas, o que implica que algumas das primeiras vítimas dos vikings podem ter se juntado, por vontade própria, aos invasores. O maior cemitério, no entanto, pode ser conectado diretamente ao *longphort*: a maioria das sepulturas nesse sítio, Kilmainham, é de homens, muitas vezes acompanhados por conjuntos completos de armas, incluindo grande número de espadas de gume único. Esses túmulos são muito claramente os das forças de combate, equipadas para operações militares de grande monta. Em consonância com isso, há um extraordinário elemento de trauma evidente nos esqueletos de Dublin, em que mais de um terço dos homens adultos exibe sinais de ferimentos por armas de lâmina e golpes brutais. Nos depósitos dos séculos X e XI na rua Fishamble, foram encontrados cerca de dezessete crânios espalhados de uma ponta à outra do sítio em fossas e latrinas. Vários desses crânios foram o resultado de decapitações, e alguns carregam as marcas de estacas ou postes – parece que as margens do rio estavam apinhadas de cabeças. Durante muito tempo essas exibições de troféus fizeram parte dos costumes de guerra irlandeses, e pode ser que tais práticas tenham sido adotadas pelos nórdicos de Dublin. Durante o primeiro século de sua existência, pelo menos, Dublin foi sem dúvida uma cidade barra-pesada, uma base apropriada para uma frota pirática.

Isso está de acordo com o contexto geral. Dos quase quatrocentos túmulos com cultura material escandinava na Grã-Bretanha e na Irlanda, metade contém armas. Outra indicação de que o comércio pode não ter estado no cerne da experiência urbana viking na Irlanda é o fato do confinamento nórdico ao litoral. Talvez não fosse o desejo deles, mas pode ser que a expansão para o interior tenha sido limitada militarmente pelos clãs irlandeses.

Durante seus primeiros anos, Dublin parece ter tido uma acentuada economia rural, embora com um plano de ruas organizado ao longo das margens do rio Liffey e se estendendo pelas encostas atrás. Mais tarde, o assentamento foi dividido em bairros com qualidades habitacionais nitidamente diferentes – uma imagem conhecida das cidades modernas. No auge da Era Viking é provável que Dublin fosse o lar de uma população de poucos milhares. As escavações revelaram uma série de estruturas domésticas, desde pequenas casas com bancos e lareiras centrais até edifícios que deviam funcionar como depósitos. Achados em seus interiores forneceram detalhadas percepções sobre a vida cotidiana na cidade da Era Viking. Isso inclui peças de jogos e tabuleiros improvisados; brinquedos de criança, como navios em miniatura e espadas de madeira; e detritos de atividades artesanais que atestam conexões do assentamento com o comércio de longa distância.

Em Dublin foram encontrados também chiqueiros, juntamente com ossos de animais que indicam que o assentamento recebia carne de fora de seus muros – padrão semelhante à economia alimentar dos centros comerciais escandinavos em sua terra natal. Durante seus primeiros anos de existência, Dublin tinha um bom relacionamento com as fazendas vizinhas, e recebia os melhores cortes de carne (embora isso também possa refletir algum grau de coerção dos produtores). No início do século X, no entanto, possivelmente por causa da relação cada vez mais tensa entre os vikings de Dublin e a população nativa, as coisas se deterioraram, e apenas carne de qualidade inferior era vendida na cidade.

É difícil dizer quantos vikings estavam operando na Irlanda, embora o número de *longphuirt* sugira um número talvez na casa dos poucos milhares. Os registros mostram frotas que variavam em tamanho, de algumas dezenas de navios a um máximo de trezentos, aumentando no século X, quando os conflitos com os irlandeses chegaram ao ápice. Estima-se que no início do século XI a frota total dos nórdicos de Dublin fosse de cerca de duzentos navios, e a cidade conseguia mobilizar um exército de 6 mil a 10 mil homens. No mesmo período ocorreram batalhas frequentes, não somente contra os irlandeses, mas também com outros vikings, além de incursões para atacar a Inglaterra do outro lado do mar. A fim de manter os números, um fluxo constante de novos recrutas teria sido necessário.

Esse nível de violência, que era claramente uma característica predominante da vida na Irlanda da Era Viking, suscita sérias questões sobre a presença escandinava. Nem todos os *longphuirt* se transformaram em cidades, mas é possível que fossem muito mais do que enclaves militares. Alguns podem ter sido centros comerciais multifuncionais destinados a facilitar a circulação de mercadorias. É útil lembrar que os vikings envolvidos na pirataria marítima e na guerra provavelmente eram os mesmos indivíduos que iam aos mercados e empórios para vender ou negociar o que, pouco antes, tinham obtido por meio da força. Talvez os *longphuirt* representassem a redistribuição centralizada de riqueza, não importando sua origem ou a legalidade de sua aquisição. Em caso afirmativo, isso pode ajudar a explicar o padrão de assentamento das forças vikings na Irlanda, que em larga medida parecem ter sido confinadas ao interior imediato do *longphuirt*.

Embora seja possível que os escandinavos tenham se estabelecido pelo menos até certo ponto na paisagem mais ampla, adotando estilos de habitação e cultura material locais de uma forma que os tornaria "invisíveis" do ponto de vista arqueológico, os vikings podem ter achado mais benéfico aproveitar o potencial econômico, sem buscar qualquer forma de domínio direto. O poder social irlandês nunca foi baseado no controle da terra – salvo por certos locais simbólicos de fama pré-histórica –, mas sim na soberania das pessoas. Isso significava que os vikings poderiam adotar uma abordagem diferente daquela empregada em outras regiões, criando portais através dos quais o comércio e a riqueza poderiam fluir para dentro e para fora do interior irlandês. As elites escandinavas baseadas nesses assentamentos costeiros poderiam, então, lucrar com a redistribuição de importações (incluindo cativos), o que por sua vez lhes permitiu dominar as rotas marítimas de comércio.

As instabilidades da política irlandesa permaneceram ao longo do século X, com o recrudescimento dos conflitos entre comunidades ostensivamente "irlandesas" e "escandinavas", cuja etnia estava se tornando confusa. No entanto, deve-se tomar cuidado com os termos convenientes para identidades híbridas, como o "hiberno-nórdicos" (ou "angloescandinavos", aliás), até porque eles de alguma forma presumem que existiam etnias "puras" que mais tarde se misturaram. Isso ignora as nuances universais de personalidade, lealdade, formação e todos os outros componentes da identidade. Em vez disso, devemos ver essas entidades organizadas, efetivamente pequenas "cidades-Estados", como comunidades singulares construídas a partir de identidades múltiplas.

Para os "vikings" de Dublin, a balança do poder finalmente pendeu em 980 por causa de sua fracassada invasão a Meath, no centro-leste, o que acabou levando a um esforço irlandês combinado para reduzir seu poderio. Em 1002, algo muito incomum ocorreu: os irlandeses se uniram sob o comando de um rei supremo, Brian Bóruma, que durante a década seguinte formou uma coalizão maciça contra Dublin. Na prática, os escandinavos estavam presentes em ambos os campos, assim como pessoas de todo o mundo do mar da Irlanda e de outros lugares. Em 1014, forças de Dublin foram derrotadas de forma decisiva na batalha de Clontarf, nos arredores da cidade, embora Brian tenha sido morto. Na prática, os escandinavos mantiveram o controle da própria cidade, mas depois disso o verdadeiro poder estava nas mãos dos irlandeses.

Situada entre York e Dublin, no meio do mar da Irlanda, a ilha de Man também foi fortemente afetada pelos vikings, que lá se estabeleceram em meados do século IX. Um acadêmico sugeriu que Man era, na verdade, um reino pirata, o que sua localização central certamente tornaria viável.

Pouco se sabe sobre o processo de colonização em si, mas as sepulturas iniciais sugerem pelo menos algum grau de ameaça e agressão por parte dos primeiros colonos nórdicos. Um dos túmulos mais impressionantes é o de Balladoole, onde um barco funerário do início do século X parece ter sido deliberadamente construído por cima e através de uma série de sepulturas cristãs. Se isso reflete um ato de profanação deliberada ou uma tentativa mais geral de colocar túmulos em um local poderoso em termos rituais é difícil dizer, mas, em ambos os casos, o cemitério de Balladoole estabeleceu fisicamente a presença dos colonos em uma simbólica declaração de ocupação das terras.

Sobreviveram vestígios dos conhecidos sistemas jurídicos e estruturas de assembleia escandinavos, incluindo o singular monte de *thing* de Tynwald, onde os legisladores da ilha de Man ainda se reúnem em ocasiões formais. Assim como na Irlanda, há poucas evidências das casas longas de estilo escandinavo que se encontram com tanta facilidade nas colônias do Atlântico Norte. Existem apenas algumas estruturas que são prontamente reconhecíveis como "nórdicas", das quais talvez a mais bem preservada seja uma casa longa com as laterais arqueadas descoberta em um local chamado Braaid. Fortificações e promontórios defendidos sugerem uma existência que não era de todo pacífica. Infelizmente, grande parte do padrão básico de assentamento da Man nórdica é uma página em branco arqueológica, mas a ilha é relativamente pequena, e é possível presumir que os escandinavos que desembarcaram lá assumiram o controle da agricultura dos nativos maneses.

Um dos aspectos mais fascinantes do assentamento viking na ilha de Man é a clara evidência de uma fusão de ideias espirituais tradicionais e cristianismo. Os primeiros túmulos vikings lá encontrados têm um peculiar caráter "pagão". Além disso, em Balladoole, entre as sepulturas dignas de nota está a de Ballateare, na qual uma mulher foi sacrificada, e uma sepultura feminina no castelo de Peel, na ilha de São Patrício. A mulher em Peel é excepcional pelo grande número de bens funerários que a acompanham, incluindo duas facas (uma com cabo decorado em fio de prata), um pente, uma asa de ganso, um fóssil de amonita, um colar de contas de azeviche e âmbar, e um objeto que foi interpretado de várias maneiras como um espeto de cozinha ou talvez um cajado mágico do tipo usado por uma feiticeira *völva*. A maneira pela qual todas essas pessoas foram enterradas está de acordo com o padrão mais amplo de rito funerário pré-cristão observado na Escandinávia. Mais tarde, no século X, no entanto, as identidades religiosas parecem ter começado a tomar novas formas. Como na Inglaterra, em lugares como Gosforth, várias pedras esculpidas em manês retratam a iconografia cristã ao lado de imagens que parecem derivar da cosmologia nórdica antiga. Talvez o melhor exemplo disso seja a Cruz de Thorwald, de Kirk Andreas, que parece retratar Odin sendo devorado pelo lobo Fenrir no Ragnarök. Do outro lado da cruz está a imagem de uma figura (talvez Cristo?) que pisoteia uma serpente. Isso implica que, no período de algumas gerações, os colonos começaram a se adaptar a novos sistemas de crenças e tradições culturais, embora talvez mantendo aspectos de suas próprias visões de mundo tradicionais.

Nas últimas décadas houve também crescentes esforços para entender a presença viking no País de Gales. Ainda há muito a aprender a respeito dessa enigmática parte do mundo viking e, na maioria das vezes, as evidências não vão além das possíveis influências escandinavas em topônimos e algumas referências específicas a ataques em fontes históricas e literárias. Até recentemente, havia poucas evidências arqueológicas da presença viking por lá, com exceção de um pequeno número de tesouros escondidos e alguns túmulos pagãos identificados de forma provisória e situados perto da costa.

No entanto, agora se sabe que os escandinavos se estabeleceram na ilha de Anglesey, na costa noroeste (cujo nome em nórdico antigo é Onguls-ey, ou "ilha de Ongul") no início da Era Viking, e que no final do século IX uma elite hiberno-nórdica se fixou em Penmon, no leste da ilha. Com base nos indícios atuais, a população nativa de Anglesey não parece ter sido removida ou massacrada pelos vikings. Escavações em Llanbedrgoch revelaram enigmáticos traços de atividades nórdicas que aludem à natureza de seus contatos com os habitantes locais. Talvez outrora um antigo centro da realeza, parece ter sido um lugar multicultural (embora protegido por fortificações) onde os escandinavos se misturaram não apenas com os galeses, mas com outros povos vindos de todas as ilhas britânicas. Há uma série de túmulos do século X, e a análise de isótopos estáveis em seus dentes revela que passaram a infância em lugares muito distantes entre si – por exemplo, Oeste da Noruega, Bretanha e Herefordshire. Outros locais, como Red Wharf Bay na costa nordeste de Anglesey, parecem ter sido estações de passagem e bases que os marinheiros escandinavos utilizavam para consertar embarcações – recurso essencial nas turbulentas águas da região.

Na Europa Ocidental, o mar da Irlanda foi apenas um dos vários mundos aquáticos que os escandinavos tomaram para si. O mar do Norte e, mais perto de casa, o Báltico são outros exemplos óbvios, mas não estavam sozinhos. Na diáspora que se desenvolveu no tempo das hidrarquias, havia um quarto ambiente marítimo onde, quase ironicamente, a presença viking deixaria a impressão mais duradoura de todas: o canal na costa do que hoje é a França.

O Império Franco sofreu dois longos períodos de ataques vikings durante o século IX, o segundo deles na década de 880, com uma campanha em conjunto que deixou sua marca de Paris até os rincões superiores do Reno. A trégua depois que os invasores foram enfim expulsos dos rios não durou muito, embora o contexto político do que viria a seguir tenha sido nitidamente diferente.

As frotas vikings começaram a retornar nos primeiros anos do século X, maiores e agora também impulsionadas pelo que parece ter sido uma falta de alvos no restante da Europa – para os escandinavos não havia muita vantagem em atacar a Inglaterra, a Irlanda ou as ilhas escocesas a menos que firmassem aliança direta com seus compatriotas que já estavam lá. Na Frância, as novas incursões foram muito mais focadas do que antes e assolaram repetidas vezes o estuário do Sena. Rapidamente a situação ficou instável, a tal ponto que, após uma batalha em Chartres em 911, o rei franco Carlos, o Simples, foi forçado a negociar com os vikings e, no processo, cometeu um erro fatal que moldaria sua nação, com reflexos que chegam até mesmo a nossos tempos. Um tanto desesperado, e com considerável falta de antevisão, Carlos concedeu aos escandinavos uma faixa de território no que então era chamado de Neustria, ao longo da costa norte do reino, de frente para a Inglaterra. Por causa de seus novos senhores, logo ganharia um novo nome, que se manteve até os dias atuais: Nordmannia, "a terra dos homens do Norte", a província que hoje chamamos de Normandia.

Uma licença de ocupação de terras de 918 registra que os colonos escandinavos estavam sob o comando de um líder chamado Hrólfr (para os francos era Rollo, o nome pelo qual é mais conhecido hoje), que parece ter combinado diplomacia com o uso construtivo (ou ameaça) de violência a tal ponto que em 924 suas terras aumentaram graças ao recebimento de territórios adicionais. Em troca dessas concessões, Rollo e seus descendentes foram encarregados de evitar novos ataques ao interior franco ao longo do Sena – a ideia era essencialmente transformar caçadores em couteiros. Funcionou no início em um grau limitado, mas logo teve o efeito oposto, e os vikings do Sena simplesmente deram boas-vindas a seus camaradas escandinavos do exterior e permitiram que se estabelecessem em números cada vez maiores, fortalecendo ainda mais seu domínio sobre a região. O Sena também era a rodovia para Paris, cujo acesso fluvial havia sido ativamente concedido aos vikings.

Parece que os colonos se integraram rapidamente à população nativa e, como resultado, as evidências materiais da ocupação inicial da Normandia são esparsas. As armas que foram dragadas dos principais rios da província sugerem, como na Inglaterra, que esses rituais de oferendas aquáticas chegaram com os escandinavos. Uma única sepultura contendo um indivíduo que se pensava ser uma mulher escandinava foi identificado em Pîtres, não muito longe do local da ponte de Carlos, o Calvo, sobre o Sena em Pont de l'Arche.

Como em diversas áreas das ilhas britânicas, a maior evidência da presença escandinava vem na forma de seus topônimos, que se aglomeram na Normandia. Também há elementos nórdicos preservados em aspectos da lei normanda, e a legislatura estava claramente nas mãos dos vikings – como era de se esperar. Escavações no importante centro de Rouen, no entanto, pela primeira vez lançaram luz sobre o desenvolvimento da cidade, revelando que os lotes residenciais do século X foram divididos em habitações longas e estreitas semelhantes àquelas identificadas em contextos da Era Viking nas ilhas britânicas. Vestígios da destruição da catedral de lá, bem como no mosteiro em Jumièges, cerca de vinte quilômetros a oeste, também podem ser atribuídos a uma presença viking mais agressiva.

Rollo morreu por volta de 930, mas a colônia viveu sob o domínio de seu filho, Guilherme Espada Longa, que sucedeu a seu pai antes mesmo da morte de Rollo. Guilherme receberia terras adicionais dos francos em 933, estendendo os territórios da Normandia até a península do Cotentin e transformando-a em um ducado. Suas fronteiras ainda hoje são as da Normandie (na grafia francesa), um lembrete permanente da herança viking; a região ainda tem uma bandeira com uma cruz longa que lembra as cores nacionais nórdicas modernas.

No espaço de tempo de algumas gerações, a influência escandinava direta na Normandia começou a desaparecer, à medida que a primeira, segunda e subsequentes gerações de imigrantes continuaram a se integrar à sociedade franca. Guilherme foi assassinado em 942, mas alguns anos depois foi sucedido por seu filho após um curto período de conflito com os francos. O poderio do ducado continuou a crescer, e em 1066 uma disputa pelo trono inglês levou o descendente de Rollo, Guilherme, o Bastardo [mais conhecido na história como "o Conquistador" e Guilherme I da Inglaterra], a lançar uma bem-sucedida invasão através do canal da Mancha; ao fazer isso, moldou o curso da história nas ilhas britânicas. Essa façanha notável garantiu não apenas que a Normandia fosse a única colônia viking na Europa Ocidental a ter sobrevivido à Era Viking em si, mas também que prosperasse, expandindo sua influência para o Sul da Europa e o Mediterrâneo durante os séculos XI e XII.

A Era Viking também foi um período formativo para a Bretanha. Situada a oeste da Normandia, no Extremo Noroeste da atual França, a região sempre afirmou uma identidade independente e complexa. Sua população falava uma língua celta e tinha estreitas afinidades com os britânicos nativos da Cornualha e de Devon, do outro lado do canal.

Os bretões mantinham relações um tanto frias com os francos desde muito antes das primeiras incursões vikings. A Bretanha, como um território unido e reconhecido pelo Império Franco, parece ter surgido quando se tornou um ducado carolíngio na década de 830, mas isso dependeu principalmente de conexões pessoais entre os líderes bretões e a Coroa.

Quando o imperador Luís I, o Piedoso, morreu em 840 – um catalisador da guerra civil de que os vikings tirariam proveito com muita eficácia –, os bretões também aproveitaram o momento e buscaram reafirmar sua autonomia. Isso os levou a administrar uma complexa rede de alianças diplomáticas com líderes carolíngios e vikings; os últimos tornaram-se uma influência poderosa e crescente na política regional durante a segunda metade do século IX. O resultado disso seria não apenas uma combinação das forças bretãs e vikings para lançar ataques aos carolíngios, mas também a eclosão de um conflito entre bretões e os próprios vikings – na maioria das vezes o "exército" escandinavo que se estabeleceu na foz do Loire.

A turbulência adicional na região foi alimentada por rivalidades internas entre a elite bretã que culminaram em uma guerra civil em 874. No final da década de 880, a Bretanha sofreu intensos ataques, e a dissensão entre os bretões permitiu que os vikings do Loire ocupassem temporariamente o Oeste da Bretanha. Foram expulsos por Alain de Vannes na década de 890, o que propiciou um período de relativa calma até sua morte em 907. Os ataques vikings se intensificaram novamente e foram impulsionados pela cessão da Normandia a Rollo por volta de 911, o que instigou os escandinavos não alinhados que atuavam no Sena – outras daquelas irmandades, os *lið* – a investir contra o Loire. A partir de 914, a Bretanha sofreu quatro anos de pesados ataques, seguidos pela chegada de outra grande frota viking que desembarcou em Nantes em 919. A combinação de forças vikings foi esmagadora, e em 920 a província foi completamente arrasada. No ano seguinte, Roberto I cedeu a capital, Nantes, ao líder viking Røgnvaldr.

A colônia escandinava na Bretanha sobreviveu por cerca de vinte anos. Embora seja um período curto em comparação com a Danelaw, as cidades irlandesas ou a Normandia, duas décadas ainda eram muito tempo como experiência vivida. Røgnvaldr aparentemente passou boa parte de seu governo envolvido em combates, e ao que parece morreu pouco depois de 925. Os conflitos entraram em erupção novamente em 927 e 930, e em 931 os vikings na Bretanha armaram um imenso exército com a intenção de atacar a leste, Frância adentro, mas uma (fracassada) revolta bretã abreviou esses planos. Outra rebelião, dessa vez comandada por Alan Barbatorta, ocorreu em 936. Criado como um nobre bretão exilado na corte inglesa, Barbatorta fugira para lá quando a Bretanha sucumbiu. Voltou a mando de outros aspirantes a líderes bretões, incumbidos da tarefa de expulsar os vikings da região. Nantes foi recapturada, mas a resistência escandinava se prolongou, em surtos periódicos, até 939, quando uma grande força viking foi derrotada na batalha em Trans-la-Fôret. A atividade viking na Bretanha continuaria ao longo da década de 940 e além, mas os escandinavos haviam perdido a província para todo sempre.

Levando em consideração a vida excepcionalmente curta, mas violenta, da Bretanha enquanto uma colônia viking, não surpreende que muitas das evidências arqueológicas sobreviventes sejam de natureza militarista. Possíveis vestígios de incursões vikings foram identificados em camadas de destruição na abadia de Landévennec, e há espetaculares traços de combates na fortaleza de Camp de Péran, no norte da província. Escavações do recinto circular descobriram que a fortificação tinha sido ou ocupada ou atacada por um contingente viking. Inúmeras armas foram encontradas sob os restos queimados da muralha desabada, juntamente com uma moeda de são Pedro cunhada em York por volta de 905-925. Também foram encontradas estruturas no interior da fortificação, talvez permitindo alguns vislumbres sobre a natureza das acomodações construídas pelos exércitos vikings durante a campanha. A data da moeda se encaixa bem com os resultados das datações de radiocarbono obtidas da muralha que circunda o sítio (915 mais ou menos vinte anos), o que sugere que o acampamento pode ter sido atacado durante as reconquistas bretãs da década de 930.

A região também é conhecida por vários túmulos vikings, dos quais o mais impactante fica na Île de Groix, uma ilha rochosa perto da costa sul da Bretanha. Aqui, dois homens – um indivíduo mais velho e um jovem adulto – foram cremados em um navio juntamente com cães e pássaros. Queimados com eles havia espadas, um machado, equipamento de arco e flecha e lanças, bem como cerca de duas dúzias de escudos e outros itens; o tom guerreiro é óbvio. De especial interesse são os umbos dos escudos, de um tipo até então desconhecido fora da Bretanha, tendo sido descobertos apenas aqui e em túmulos vikings escavados mais recentemente no mosteiro da ilha de l'Île Lavret. Talvez seja um equipamento fabricado "internamente" por vikings que operavam no Loire durante o início do século X – em outras palavras, semelhante às atividades vistas nos acampamentos de inverno do Grande Exército na Inglaterra. A variedade de outros equipamentos dentro da sepultura, entretanto, implica que os mortos tinham uma ampla rede de conexões, que se estendia até a Inglaterra, Norte da Alemanha e Suécia central.

Embora a ocupação viking da Bretanha tenha durado pouco, as transformações ocorridas nesse pequeno território teriam impactos significativos na trajetória de longo prazo da Era Viking. As frequentes rebeliões dos bretões e as guerras que travaram contra seus vizinhos francos serviram, repetidas vezes, para atrair recursos muito necessários de outras áreas do Império Franco, o que contribuiu para o enfraquecimento do grande reino que Carlos Magno havia salvaguardado apenas algumas gerações antes. Muitos dos grupos vikings que atuavam no Norte da Europa ganharam experiência nas frequentes batalhas contra os bretões e os francos, e a região serviu também como trampolim para novos ataques ao Sul. Foi o lugar onde alguns dos líderes mais prolíficos da Era Viking, como Hástein, adquiriram sua reputação. A Bretanha desempenhou um papel formativo como catalisador de conflito e mudança.

O navio funerário de Île de Groix é um bom lugar para observarmos as realidades do mundo viking, visto como uma arena de atividades móveis e fluidas, em vez de teatros de operações ocidentais e orientais separados artificialmente. Nesse caso, um único objeto do túmulo é capaz de ilustrar as conexões globalizantes que uniam as regiões componentes da diáspora, e, no processo, nos transporta de volta ao Oriente para examinarmos significativas mudanças que estavam ocorrendo por lá em paralelo com a abertura da Danelaw, os reinos do mar da Irlanda e lugares como a Normandia. A bainha de uma das espadas de Groix tinha uma chape (a ponteira de metal que protege a extremidade pontiaguda) decorada com a representação de um falcão em mergulho rasante. Esse símbolo era conhecido em todo o mundo viking como o signo dos rus', e encontrado em maior número entre os equipamentos da guarnição de guerreiros que defendiam Birka, o centro comercial na Suécia, e algumas das chapes parecem ter sido fabricadas lá. O emblema do falcão é visto em túmulos por toda a Escandinávia, e, principalmente, aparece ao longo dos sistemas fluviais arteriais da Rússia, Ucrânia e Eurásia. Alguém no túmulo de Groix tinha conexões orientais, o que não teria sido nem um pouco incomum.

Os rus' aparecem em muitas fontes escritas, como vimos – em anais francos, homilias gregas e na burocracia imperial bizantina; na *Crônica primária russa* do século XI; e até mesmo nas obras do historiador islandês Snorri Sturluson. As descrições mais magníficas e detalhadas de suas atividades são encontradas em textos árabes, muitos dos quais são relatos de testemunhas oculares. Também é importante entender que em geral os textos se referem a duas esferas fundamentalmente diferentes de atividade dos rus' – as descrições árabes os conectam ao Volga e ao Don, ao passo que as fontes bizantinas e europeias narram suas viagens ao longo do sistema do Dniepre.

A narrativa histórica de suas origens, conforme apresentada pela *Crônica primária* – a chegada de Rurik e seus irmãos a Ladoga –, tem sido alvo de muitos debates, sobretudo com relação a sua etnia. Por muitas décadas, em larga medida as opiniões se dividiram entre um grupo normando, que defendia uma ancestralidade estritamente escandinava, e outros, que insistiam em uma origem mais eslava. A controvérsia se complicou ainda mais por causa de uma intensa politização dessas questões na ex-União Soviética, onde uma identidade histórica autenticamente "russa" era tudo, menos uma questão acadêmica. Essa politização, que hoje felizmente minguou quase por completo, afetou também as percepções das pessoas que os rus' encontraram no curso inferior do Volga, no Dniepre e em outras rotas para os mares Negro e Cáspio. Na estepe, a confederação de povos mais importante era a dos cazares [também chamados cázaros ou khazari], que migraram para a região do baixo Volga durante o século VII. Sua presença havia interrompido durante trezentos anos a expansão islâmica para o norte; eles chegaram inclusive a fazer algumas esporádicas incursões no califado. Outros elementos importantes foram os búlgaros do Volga, que de início fizeram as vezes de um dos principais contatos comerciais dos mercadores escandinavos. Ao sul e a oeste, em torno das margens do mar Negro, ficavam as terras dos pechenegues e dos magiares. Só depois da queda da URSS é que essas tribos seminômades das estepes foram amplamente reconhecidas como um significativo fator político e cultural na Era Viking.

Os escandinavos móveis; os bizantinos, eslavos e búlgaros do Volga assentados; os cazares, pechenegues e magiares nômades; todos esses povos eram peças na vasta máquina do comércio e da diplomacia orientais, e das guerras que eclodiam com frequência.

Após o estabelecimento de Ladoga, um dos próximos assentamentos a crescer nos rios foi Gorodishche, ilha a cerca de 175 quilômetros ao sul de Staraia Ladoga no rio Volkhov, ao norte do lago Ilmen. Foi provavelmente o primeiro entreposto comercial rus' registrado como *Holmgarðr*. O nome moderno significa "pequeno forte", e o local era protegido por uma fortificação de troncos dispostos em valas. Seu surgimento pode indicar um deslocamento logístico para o sul por parte dos rus', a fim de acomodar o rápido crescimento de sua influência.

A evidência do papel dos mercadores escandinavos na movimentação de produtos ao longo do Volkhov pode ser vista na forma de uma presa de morsa completa descoberta durante as escavações. Provavelmente veio das águas árticas ao norte da Rússia e pode até ter sido obtida junto aos sámi. A presa poderia ter sido destinada ao comércio europeu, e talvez fosse um presente de prestígio. Todos os mais de trinta objetos de culto encontrados no local são de origem nórdica. Hoje prevalece o consenso de que o elemento escandinavo em Gorodishche era ao mesmo tempo muito grande e singularmente diversificado em termos sociais. A julgar pela cultura material, parecem ter vindo sobretudo da Suécia central e do vale do Mälar – o coração da Svealand da Era Viking. Apesar de seu número significativo, esses imigrantes escandinavos parecem ter se fundido rapidamente com a população eslava. Essa transição em expressões materiais de identidade pode representar a formação de uma comunidade baseada na classe, em que as expressões de etnia não foram priorizadas como meio de identificação entre diferentes grupos.

Cerca de novecentos quilômetros ao sul de Staraia Ladoga, na atual Ucrânia, outro grande entroncamento do comércio fluvial cresceu no Dniepre, onde hoje fica Kiev. De acordo com a *Crônica primária*, foi fundada por um certo Oleg (Helgi), parente escandinavo de Rurik, que expandiu os territórios rus' ao longo do rio e precisava de uma base mais ao sul. Isso teria efeitos de longa duração; à medida que o incipiente Estado continuou a crescer, entrou em contato cada vez maior – e conflitos cada vez mais frequentes – com os nômades da estepe que habitavam a área ao sul ao longo do rio Volga. Esses povos, bem como outros no curso inferior dos rios Dniepre e Dniestr, competiam pelo poder enquanto tentavam manter uma relação amigável com o Império Bizantino, por sua vez também preocupado em expandir estrategicamente seus territórios na região do mar Negro. No final do século X, a Rus' de Kiev era uma força que impunha respeito.

Kiev parece ter se desenvolvido como um centro fortificado em algum momento durante o final do século IX, e se expandiu rapidamente depois disso. O assentamento começou como uma série de pequenas aldeias que cresceram aos poucos e, com o tempo, convergiram. Um centro fortificado foi estabelecido na colina Starokievskaia, e nas margens do Dniepre ficava a comunidade de beira-mar que hoje é o bairro Podil. Se aparentemente houve uma presença minoritária da elite escandinava na cidade, aqui também parece ter ocorrido uma assimilação relativamente rápida da cultura local.

Por volta do ano 900, a povoação fortificada em Ladoga foi destruída e substituída por um muro que cercava todo o povoado. A "Deadwood do leste" se tornara quase respeitável – uma fortaleza consolidada na entrada do Volkhov. Mais ou menos na mesma época, outra rota fluvial se abriu ao longo do Daugava através do que hoje equivale à Letônia, guardada por sistemas de fortificações.

Nos cinquenta anos entre 875 e 925, mercadores da Europa Ocidental pararam aos poucos de ir a lugares como Birka e o vale do Mälar, e novos contatos surgiram, quase totalmente orientados para o leste. Na Dinamarca, no entanto, o comércio permaneceu concentrado no Oeste e no Sul. Essas mudanças se refletem em muitos indicadores, a exemplo da moda das roupas francas no século IX, substituídas por largas pantalonas de corte oriental no século X.

Do início a meados do século X, o assentamento em Gorodishche se expandiu para o local próximo da Novgorod de hoje, literalmente a "nova fortaleza", embora para os vikings ainda fosse Holmgarðr. O povoado que fica nas duas colinas mais ao sul, uma em cada margem do Volkhov, foi datado da década de 950, com as primeiras fases de ocupação na colina do *kremlin*[38*] cerca de vinte anos depois. Escavações desde a época de Stálin revelaram depósitos profundamente estratificados e alagados que preservaram detalhes minuciosos da vida na cidade durante a Era Viking e o período medieval. Estes incluíam camadas sobrepostas de ruas revestidas de tábuas de madeira, colocadas umas por cima das outras à medida que o solo se erguia dentro do assentamento devido ao acúmulo de lixo e detritos diários. As estruturas no interior de recintos fechados foram preservadas a tal ponto que é possível identificar alpendres, pátios e até mesmo vestígios de diferentes técnicas arquitetônicas, incluindo vários tipos de juntas de madeira, bem como modelos diferentes de calhas de madeira instaladas pelos cidadãos de Novgorod nos telhados de suas casas. Também preservados estão itens mais pessoais, incluindo instrumentos musicais, máscaras, armas de brinquedo e bonecos – o que permite reconstruir com vívida clareza a vida cotidiana dentro do assentamento.

No século X também se deu o surgimento de outro importante assentamento rus', em Gnezdovo, perto da atual Smolensk, na confluência dos rios Dniepre e Svinets, ponto em que os barcos eram transportados por terra do sistema Volkhov e Lovat por uma curta distância ao sul para entrar no fluxo principal do Dniepre, o que lhes permitia viajar todo o caminho até o mar Negro. Gnezdovo abrigava uma população multiétnica com predominância de escandinavos, e por fim cresceu quase até o tamanho da cidade dinamarquesa de Hedeby. Tinha vários centros importantes rodeados por cemitérios de diferentes características, e os viajantes do Norte deviam se sentir em casa em Gnezdovo, que era um lugar para reabastecer, fazer reparos nos equipamentos e descansar antes de continuar a jornada rumo ao Norte ou ao Sul, mas também era um destino em si – um entreposto comercial onde seria possível ganhar a vida. Como nos primeiros tempos de Ladoga, provavelmente era um ambiente bastante barra-pesada.

38* Cidadela, bairro central fortificado das antigas cidades russas. [N. T.]

De meados do século X em diante, muitos dos escandinavos que fizeram a viagem para o Sul chegavam a Constantinopla em busca de emprego nos exércitos do Império Bizantino. Com o tempo, a força de elite imperial e guarda pessoal dos imperadores viria a consistir quase inteiramente de guerreiros escandinavos. A assim chamada Guarda Varegue (ou Varangiana) recebeu esse nome por causa da palavra em nórdico antigo para "juramento", *vár* (como o inglês *vow*, "voto", "promessa solene"). Identificável pelos característicos machados de batalha de seus membros (famosos pela bebedeira), a guarda foi constituída no final do século X e permaneceu dominada pelos escandinavos por cem anos, até que, na esteira da conquista normanda, um número crescente de exilados ingleses começou a se juntar a essa unidade de elite do exército bizantino.

Inúmeras sagas registram a viagem de indivíduos para Constantinopla a fim de ingressar na guarda, e uma série de pedras rúnicas da Suécia também nomeia pessoas que morreram em terras estrangeiras, na "Grécia", muito provavelmente a serviço do império. Uma delas, de Kyrkstigen, em Uppland, é dedicada a um homem chamado Ragnvaldr, aparentemente o comandante de uma tropa dentro da própria guarda. De todos os escandinavos que se aventuraram ao Sul para lutar pelo imperador, o mais famoso foi Haraldr Sigurdsson [também conhecido como Harald Hardrade ou Haroldo Hardrada], que mais tarde assumiu o trono da Noruega como Haroldo III ou Haroldo, o Duro, ou Haroldo, o Severo. Tendo anteriormente encontrado emprego nos exércitos kievianos, ele serviu como capitão da Guarda Varegue por vários anos durante as décadas de 1030 e 1040 (corriam rumores de que teve um caso com a imperatriz), antes de retornar à Noruega para tentar conquistar o poder.

Embora hoje restem poucos vestígios físicos da presença escandinava em Constantinopla, alguns exemplos impressionantes sobreviveram na catedral de Ayasofya, ou Hagia Sophia (Santa Sofia). Originalmente construída como uma basílica ortodoxa no século VI, Hagia Sophia foi convertida em mesquita após a conquista otomana da cidade em 1453; hoje funciona como museu. Na Era Viking, foi o principal local de culto da família imperial. Lá foram encontradas várias inscrições rúnicas, riscadas nas bases das colunas e coisas do tipo, incluindo muitas gravadas nas balaustradas da galeria superior. É o lugar onde os membros da família imperial se sentavam quando participavam de cerimônias públicas, e deviam estar acompanhados pelos varegues. Dá para imaginar os homens da guarda real de pé, de vigia – entediados por mais uma cerimônia interminável em uma língua que não entendiam –, usando uma lâmina escondida na palma da mão para, secretamente, esculpir seus nomes para a posteridade.

Os rus' cumpriam serviço militar não apenas em Bizâncio, mas também em Kiev, onde fomentaram as políticas expansionistas das dinastias locais e se estabeleceram rapidamente. Suas estruturas militares ainda são mal compreendidas. Na Cazária, o reino dos nômades das estepes perto do mar Cáspio, rus' foram capturados em batalha e depois incorporados aos exércitos cazares como algo que não estava muito longe da condição de soldados-escravos, como se vê na *Crônica primária russa* e no importante relato de al-Mas'ūdī. Parece ter havido uma "Guarda Varegue" lá também, talvez até antes de sua contraparte de Bizâncio. Os mercenários rus' também serviram na Geórgia, entre os búlgaros do Volga, até mesmo na Polônia e Hungria. Muitas armas vikings foram recuperadas do Danúbio, e duas espadas foram encontradas durante escavações no Extremo Sul da Turquia ao longo da costa oriental do Mediterrâneo – uma em Patara, a ancestral capital da região da Lícia, e uma segunda em Yumuktepe, em Mugla. São vestígios esparsos, certamente; no entanto, são evidências materiais da atividade dos rus' ao longo e além das fronteiras imperiais.

Do início do século X em diante, houve também uma série de ataques em grande escala na região do mar Cáspio. Al-Mas'ūdī, escrevendo em seu *Prados de ouro e minas de joias*, observa que por volta de 912 os rus' vieram do mar de Azov, onde tinham uma base, e devastaram as terras ao redor do Cáspio. Seu relato inclui muitos detalhes interessantes. Aprendemos que os rus' eram compostos de vários grupos diferentes, que viviam nas terras dos cazares e ao redor do litoral do Cáspio, que entre eles havia muitos comerciantes, mas nenhum rei, e que queimavam seus mortos em enormes piras. De forma decisiva, al-Mas'ūdī parece ter ouvido falar dos grandes ataques à península Ibérica, desferidos a partir das bases do Loire, e é um dos escritores que afirmam com todas as letras que essas pessoas – isto é, os vikings escandinavos – eram os mesmos que os rus'.

Outra incursão dos rus' no Leste, em 943, parece ter sido realizada com a intenção de estabelecer a hegemonia sobre o Cáspio. Durante esse ataque, os rus' capturaram Bardha'a, no atual Azerbaijão, e passaram vários meses saqueando tanto a cidade quanto a área rural circundante. Foi apenas devido a um surto de disenteria entre a frota que as forças islâmicas conseguiram expulsar os rus' da região. Com muita perspicácia, um importante acadêmico das guerras vikings sugeriu que, na verdade, havia pouca diferença entre essas grandes e móveis expedições militares dos rus' e as comunidades piráticas do Ocidente, a exemplo do Grande Exército. Pesquisadores se acostumaram a usar terminologias diferentes para descrevê-los, mas na realidade podem muito bem ter sido bastante semelhantes. Assim como os rus' evoluíram politicamente, pode ter havido muitas variantes da forma que seu poder assumiu, e talvez tenham existido hidrarquias no Oriente também.

É quase certo que esses ataques tenham contribuído para alimentar as tensões entre rus' e cazares, por cujas terras os rus' tinham que passar para acessar o Cáspio. Na década de 960, Sviatoslav de Kiev – homem de clara ascendência escandinava – declarou guerra aos cazares e destruiu sua capital em Atil, abrindo caminho para o domínio rus' em toda a extensão do Volga. As expedições de invasão nas terras que ficavam entre o mar Negro e o mar Cáspio continuariam século XI afora, época em que, durante o reinado de Jaroslav I, Kiev estava encerrada em um maciço circuito de defesas com baluartes feitos de barro, cujos muros eram perfurados por elaborados e monumentais portões fortificados, um dos quais, o Portão Dourado, sobrevive ainda hoje em versão bastante reconstruída, encimado por uma igreja ortodoxa.

Conforme o poder dos rus' cresceu, a influência das rotas orientais para os cazares diminuiu, e o comércio fluvial norte-sul foi reorganizado e simplificado, em nome da eficiência, como um empreendimento mercantil tendo Kiev como um de seus principais pontos focais (o outro eixo era Novgorod). É mais ou menos nessa época que parece ter surgido uma verdadeira identidade rus' baseada no Estado. No final do século X, a entidade rus' se tornaria um dos protagonistas numa arena política cada vez mais complexa e fluida de negociações diplomáticas, traições e guerras. De maneira decisiva, Rus' integrou-se profundamente à Europa e, do século X em diante, os governantes da Escandinávia oriental passaram a enviar suas filhas a novos maridos entre os príncipes de Novgorod e Kiev. A rota do rio tinha até um nome específico na Escandinávia: Garðariki, "terra dos assentamentos".

As maquinações políticas desse período também deixaram outros monumentos, como o incomparável grupo de mais de trinta pedras rúnicas na Suécia central que registram homens que "sucumbiram no Leste com Ingvar". Um comandante com esse nome é o assunto de uma saga lendária particularmente fantasiosa, na qual ele recebe o apelido de "o viajante que percorria os confins", mas existem outras fontes que permitem compor uma imagem fragmentária. Ingvar parece ter sido um jovem líder da Suécia central que em 1036 liderou uma grande frota para o Oriente. É evidente que as pedras celebram uma expedição verdadeira; era obviamente algo fora do comum, diferente das viagens regulares dos rus' ao mar Negro. Ingvar parece ter ido para o Cáspio e, de alguma forma, ultrapassou as fronteiras do mundo rus' conhecido e, portanto, na mente viking chegou a uma espécie de lugar semimítico. Isso pode explicar o drama de sua saga, o impacto que teve em sua terra natal (como podemos ver a partir das runas), e também, não menos importante, o fato de que em 1041 Ingvar morreu longe de casa com a maioria de seus homens. Em termos mais prosaicos, sua expedição foi interpretada como um ato político planejado, realizado com o objetivo de expandir a esfera de influência dos rus' na área que nos tempos modernos equivale à Geórgia.

Não há dúvidas de que a expedição de Ingvar viveu muito tempo na memória do Norte, e rumores sobre ela devem ter se espalhado por toda parte (até mesmo Adão de Bremen a menciona, trinta anos depois da morte de Ingvar). Não há pedra rúnica para o próprio Ingvar, mas uma para seu irmão Harald sobrevive em Gripsholm, na costa sul do lago Mälaren, na Suécia central. É um raro exemplo de uma inscrição rúnica com um verso de poesia, e em sua elegância lacônica é um dos mais belos epitáfios de toda a Era Viking:

> Tóla mandou erguer esta pedra em memória de seu filho
> Harald, irmão de Ingvar.

Eles partiram como homens para longe em busca de ouro,
e no Leste deram à águia [seu alimento].
[Eles] morreram no Sul, em Serkland.

Com o tempo, os rus' se tornaram mais beligerantes e agressivos ao afirmar seus direitos ao comércio fluvial. Embora dependessem dos mercados do Império Bizantino para sua sobrevivência contínua, disputas entre os rus' e as forças imperiais resultavam em conflitos, e nos registros das fontes bizantinas os rus' aparecem como responsáveis por vários ataques de grande monta à própria Constantinopla. Depois de um desses ataques, não tendo conseguido romper uma brecha nas enormes muralhas da cidade, o líder rus' teria pregado seu escudo nos portões, num gesto de menosprezo.

Um magnífico, embora involuntário, monumento aos rus' sobrevive na forma do colossal Leão de Pireu, enorme estátua de mármore do século IV AEC que agora está na área externa do Arsenal de Veneza (saqueado em uma das primeiras guerras modernas), mas que outrora ficava no cais no porto de Atenas. Seus espaldões e laterais estão cobertos com várias inscrições rúnicas muito intrincadas, que devem ter exigido tempo, esforço e habilidade para serem entalhadas. Em uma nova interpretação, dizem:

Eles cortam [as runas], os homens do exército [...] mas neste porto os homens entalharam runas em consideração a Haursi, o fazendeiro [...] homens svear inscreveram isto no leão. Ele tombou antes que pudesse receber a paga.

Jovens guerreiros cortam as runas.

Åsmund esculpiu estas runas, eles, Eskil [?], Thorlev e [...]

Quase dá para ver – o sol na água do Egeu, o grande leão no cais e talvez os habitantes locais olhando nervosamente enquanto um grupo de jovens varegues escalava a pedra, entalhando o mármore em homenagem ao amigo morto. Era um memorial que todo aquele que fosse ao porto de Atenas veria. Isso é relevante, pois as inscrições do Pireu atestam também outras qualidades e prioridades. O fato de um homem ter sido homenageado de maneira apropriada – observando-se que havia cumprido seus juramentos e teria sido pago caso não tivesse sido morto – era importante, assim como o fato de seu memorial ter sido feito em um ponto de referência tão destacado (o porto era inclusive conhecido como o "porto do leão"), um marco que poderia ser visitado no futuro. Não há dúvida de que o grupo de varegues incluía também um poeta, mais uma vez apontando para o peso que se dava a um registro adequado. Os escandinavos que serviam em expedições militares no exterior sabiam que, se acaso nunca mais voltassem, alguém ainda se lembraria deles.

Pelo menos no início do século X, é possível que alguns dos rus' fossem essencialmente policiais fluviais, os guardas que garantiam o comércio. Relembrando as pessoas nas câmaras mortuárias de Birka – arqueiros montados com seus arcos recurvados e anéis especiais nos polegares –, os rus' aparecem como elites militares que adotavam os melhores equipamentos e táticas daqueles contra quem talvez tivessem que lutar. Sedas e túnicas ornamentadas foram encontradas em túmulos em toda a Escandinávia, e, de forma semelhante, representações em pedras pictóricas de Gotlândia de guerreiros vestindo as calças largas que caracterizavam a moda persa e árabe implicam que os códigos de vestimenta vikings estavam impregnados de um elemento de elegância estrangeira. Os mesmos indivíduos tinham também armaduras do tipo bizantino, bem como as armaduras lamelares que eram típicas dos nômades da Eurásia, enquanto as análises de isótopos e genômicas indicam que eles próprios eram de origem escandinava. De certa forma, isso quase parece ser um uniforme – não no sentido de roupas idênticas, mas em um reconhecido repertório de simbolismo e estilo, o que um acadêmico chamou de "vestimenta militar turca". Como antes, uma imagem se destaca: as chapes das bainhas de suas espadas marcadas com um falcão lançando-se ao ataque, a insígnia dos rus'.

Inúmeras estelas rúnicas, como esta de Turinge, em Södermanland, na Suécia, registram de forma evocativa os homens que morreram no Leste:

21. O signo da Rus'. Uma chape (ponteira) de bainha de espada de bronze encontrada na área urbana de Birka, Suécia. Seu design combina o motivo do falcão em mergulho rasante, característico dos rus', com uma figura humana transformando-se no pássaro – talvez o deus Odin roubando o hidromel da poesia. (Crédito: Gabriel Hildebrand, Museu da História Sueca, Creative Commons.)

> Ketil e Björn, eles ergueram esta pedra em memória de Thorstein, o pai deles; Ônund, em memória de seu irmão e os huscarls [ou seja, a comitiva][39*] em memória dos [... e] Ketiley, em memória de seu marido.
>
> Esses irmãos eram
> os melhores homens
> na terra
> e no exterior na *lið*,
> conduziram bem seus huscarls.
> Ele sucumbiu em batalha

[39*] Responsáveis pela defesa dos reis escandinavos, os huscarls ou huskarls eram uma infantaria pesada eficiente, bem equipada e treinada, e que mais tarde tornou-se o primeiro corpo de soldados profissionais nos reinos da Escandinávia. [N. T.]

> no Leste em Garðar [Rússia],
> comandante da *lið*,
> o melhor dos proprietários de terras.

Eis outro exemplo, também da Södermanland:

> Styrlaug e Holm ergueram as pedras ao lado do caminho em memória de seus irmãos. Eles encontraram seu fim na rota para o Leste, Thorkell e Strybjörn, bons criados.

Outras estelas rúnicas nos dão vislumbres de uma vida perigosa nas cidades ribeirinhas, como no monumento erguido a um certo Sigvíth, que "tombou em Holmgarðr [Novgorod], o líder do navio com os marinheiros".

Mesmo os que voltavam para casa estavam alterados por tudo aquilo que viram e fizeram na "terra dos assentamentos". Embora sejam uma fonte tardia, várias sagas descrevem as dificuldades vividas por homens que retornavam para a Islândia após longos períodos no Leste a serviço dos varegues. Pareciam ter adquirido em terras estrangeiras qualidades que os diferenciavam de seus antigos vizinhos, uma diferente bússola moral talvez, até mesmo um legado de trauma no campo de batalha que poderíamos associar ao transtorno do estresse pós-traumático. Esses veteranos do Oriente tinham problemas para se ajustar, considerando a si mesmos como homens mudados em uma terra inalterada.

No próprio Leste, túmulos ao longo dos sistemas fluviais também mostram a presença dos rus'. Escavações em assentamentos e cemitérios, incluindo Staraia Ladoga e Gnezdovo, identificaram achados de estilo escandinavo. Pelo menos 24 sítios no curso superior do Volga contêm material escandinavo, muitas vezes em grande quantidade, incluindo armas, joias e amuletos relacionados às crenças nórdicas. Lá, os túmulos exibem conhecidos rituais funerários das pátrias vikings. Novos trabalhos arqueológicos mostraram que a distribuição se estendeu muito além dos centros protourbanos, indicando como os rus' expandiram seu controle sobre as bacias dos rios. Nas próprias vias navegáveis, pequenas fortificações provavelmente funcionavam como postos de controle aduaneiro.

Vários túmulos do século X com evidentes componentes materiais escandinavos contêm enterros duplos: um homem e uma mulher sepultados juntos. É difícil interpretar sua posição corporal, mas há a sugestão de uma relação íntima – deliberadamente enfatizada – entre essas pessoas em vida. No cemitério de Shestovitsia, nos arredores de Chernihiv, na Ucrânia, por exemplo, uma câmara mortuária contém um homem com o braço esquerdo em volta dos ombros de uma mulher deitada ao lado dele, ambos vestidos à moda oriental. Em Podgortsi, perto de L'viv, um homem com armamento escandinavo foi enterrado de braços dados com uma mulher; em outro túmulo do mesmo cemitério, há um casal de mãos dadas. Em vários casos, as mulheres são substancialmente menores que os homens – talvez meninas ou adolescentes. Seriam gestos de afeto, de controle possessivo ou propriedade literal, de intimidade ou coerção, ou de ainda outros tipos de relacionamento?

Para os escandinavos que atuavam na Rus' de Kiev, a vida no Leste, como nas outras colônias vikings, introduzia novos desafios e possibilidades. Traços culturais e costumes sociais podem desenvolver sua própria trajetória singular quando fazem parte de um estilo de vida de fronteira, e já se sugeriu que as mulheres talvez tenham adotado novos papéis entre os grupos mercantis do Oriente. Elas são mencionadas diversas vezes na descrição que Ibn Fadlān faz dos rus', com observações em primeira mão sobre as modas e joias femininas. Isso implica que os grupos de mercadores escandinavos que viajavam ao Sul com destino ao Império Bizantino, como aqueles que viviam entre as grandes frotas invasoras da Europa do século IX, incluíam famílias – observação interessante que não recebeu a devida atenção que merece. As interações ocorriam nos dois sentidos, é claro. Um famoso viking do final do século IX, um homem chamado Geirmund Hjørson, era filho de um comerciante norueguês e uma mulher samoieda do Norte da Sibéria. Era tão moreno e de aparência tão incomum que ganhou o apelido de *heljarskinn*, "pele negra". Não apenas não sofreu nenhum prejuízo social digno de nota, como se tornou um dos principais homens da Islândia.

Com o tempo, o mundo fluvial da Rus' mudou drasticamente – de suas origens como a arena dos *voyageurs* vikings a um poderoso Estado que acabaria por desempenhar um papel relevante na evolução da própria

Rússia. A mudança decisiva veio no final do século X, quando o *arconte* (líder militar) dos rus', Vladímir, se casou com uma mulher da família real bizantina, aceitou o batismo e adotou o cristianismo como religião de Estado. Os rus' seriam ainda mais atraídos para o mundo bizantino. O surgimento da palavra "varegue" (ou "varangiano"), usada por eles para designar os recém-chegados da Escandinávia, sugere que, a essa altura, queriam se distanciar explicitamente de suas raízes bálticas: o Estado de Kiev estava moldando seu próprio futuro e, no processo, talvez reescrevendo de forma criteriosa seu passado. No final da Era Viking, as terras da Rus' de Kiev se estendiam do mar Negro ao lago Ladoga.

Tendo alcançado o Império Bizantino e a costa sudeste do mar Cáspio, os escandinavos viram-se às portas do grande califado abássida. No auge de seu poder no século IX, uma grande faixa de território que se estendia desde o que hoje corresponde à Tunísia até o Uzbequistão era governada a partir de Bagdá.

Não há como saber quantos escandinavos fizeram a viagem para o interior do califado, mas alguns certamente foram para lá. Várias inscrições rúnicas homenageiam indivíduos que viajaram para Serkland – a "Saracen Land", terra sarracena –, o mesmo lugar cujo nome é citado nas pedras de Ingvar. Era um termo vago para designar o que provavelmente abarcava uma região um tanto vaga, pelo menos do ponto de vista de uma fazenda sueca. Assim como ocorre com as ambiguidades do rótulo "Rus'", Serkland parecia referir-se a algum lugar "no Leste distante", embora com conotações gerais de Arábia.

Já na década de 840, em seu *Livro de itinerários e reinos*, o geógrafo árabe Ibn Khurradādhbih observou que os comerciantes da Rus' levavam suas mercadorias desde a costa do mar Cáspio, por terra, no lombo de camelos, até Bagdá. Eram acompanhados de escravos que serviam como intérpretes quando eles queriam falar com árabes, mas também há indícios de que alguns escandinavos falavam árabe. A escrita tornou-se parte de sua cultura visual, nas anotações (geralmente incorretas) nos pesos dos comerciantes – um indício de como as balanças deveriam "parecer adequadas". Em Bagdá, Ibn Khurradādhbih continua, os rus' fingiam ser cristãos para pagar impostos mais baixos como monoteístas – mesmo no coração do Oriente Médio, tinham conhecimento local útil que lhes permitia manipular o sistema. A implicação é que, no início do século IX, os rus' já eram muito conhecidos em todo o Cáspio e na região ao norte do Cáucaso.

Assim como se deu no encontro dos escandinavos com Bizâncio, o simples impacto de um lugar como Bagdá deve ter sido enorme. A cidade havia sido fundada pelos abássidas no início da década de 760 e era, portanto, um assentamento relativamente jovem. Os visitantes passavam primeiro por extensos subúrbios, irrigados por canais que extraíam preciosa água do rio Tigre. A cidade em si era circundada por quatro monumentais portões, que perfuravam uma dupla muralha de defesa. Lá dentro, as principais áreas comerciais e residenciais formavam dois anéis concêntricos no interior das fortificações. Em seu centro – cercado por jardins extraordinários – ficavam o palácio do califa, os prédios administrativos e a mesquita principal. No seu apogeu durante o século IX, Bagdá e seu interior abrigavam uma população de até 900 mil pessoas, o que fazia dela uma das maiores cidades do mundo na época, maior até que Constantinopla.

Os contatos escandinavos com o califado deixaram poucos vestígios materiais, mas os que permaneceram podem ter implicações impactantes. A inscrição em uma estela rúnica bastante trivial de Stora Rytterne, em Västmanland, na Suécia, registra um topônimo incomum:

> Gudleif colocou o cajado e estas pedras
> em memória de Slagvi,
> seu filho, que encontrou seu fim no Leste, em Karusm.

A última palavra foi interpretada como uma aproximação em nórdico antigo de Khwārazm, área de oásis ao sul do mar de Aral, onde hoje fica o Uzbequistão – um longo caminho a percorrer para um jovem originário de uma fazenda do vale do Mälar. A própria modéstia da pedra é reveladora, pois não se tratava de um registro de uma viagem extraordinária; era algo normal. Ademais, o próprio fato de sua existência não apenas testemunha uma aventura juvenil com um fim trágico; mostra também que outra pessoa voltou para contar à família. Como muitos desses memoriais, a pedra foi erguida na ausência de um corpo; a história chegou à Suécia, embora o homem não tenha chegado.

Alguns estudiosos acadêmicos viram evidências de uma malograda missão islâmica à Escandinávia no grande número de objetos árabes importados encontrados lá, muitas vezes com inscrições de mensagens religiosas. Entre esses artefatos incluem-se um incensário e vários frascos de bronze escavados na Suécia e nas ilhas Åland, todos com dizeres religiosos islâmicos gravados. É possível que tenham sido feitos originalmente para alguma função litúrgica – talvez purificar a água usada na lavagem antes das orações. Não menos importante, cada moeda árabe trazia uma exortação a Deus. Embora seja difícil de provar, esses esforços estariam em consonância com empenhadas tentativas semelhantes de converter os povos das estepes ao islã.

22. Viagem ao mar de Aral. Pedra rúnica *vs.* 1 do século XI em Stora Rytterne, em Västmanland, Suécia, criada por um pai para homenagear seu filho Slagvi, que morreu no oásis Khwārazm, no atual Uzbequistão. (Crédito: Berig, Creative Commons.)

Está claro que alguns viajantes do Oriente Médio visitaram a Escandinávia. No navio funerário de Oseberg há uma mulher aparentemente de origem persa a quem, é preciso lembrar, foi concedido o funeral conjunto mais extravagante já documentado na Escandinávia. Outros visitantes árabes também tiveram uma recepção favorável, como se vê na profusão de afetos com que os dinamarqueses receberam o belo diplomata andaluz al-Ghazāl, "a gazela". Deve ter havido exceções, decerto, mas a tolerância parece ter sido uma virtude viking.

O condutor do comércio com o califado era a prata. Estima-se que até 125 milhões de dirrãs, representando aproximadamente 340 toneladas de metal, foram transferidos para o Norte e o Leste da Europa no século X. Não surpreende que muitos outros intermediários entre a Arábia e o Báltico quisessem uma fatia dessas transações comerciais. Os rus' negociavam com todos, em mercados onde comerciantes de todas as terras se reuniam para comprar e vender. Foi em um desses lugares que, em 922, Ibn Fadlān registrou a pragmática oração de um viajante rus', que estava fazendo oferendas a pilares de madeira no mercado de Bolğar às margens do Volga:

> Quero que me abençoes com um rico comerciante com muitos dinares e dirrãs, que comprará de mim o que eu quiser e não regateará qualquer preço que eu definir.

Os dirrãs eram levados para a Escandinávia em pacotes diretamente saídos das casas da moeda, sem serem separados, como se pode ver nas sequências de moedas a partir da análise de ligação de cunhos.[40*] A ilha de Gotlândia era o principal eixo do Báltico nas rotas para o Leste. Durante o século X, no Sul da Dinamarca, Hedeby formava outro dos canais europeus vitais para o comércio de dirrãs. Além de fornecer impostos, taxas e pedágios de fronteira, a cidade conectava a Escandinávia, o continente e o

---

40* Metodologia de estudo numismático que consiste na reconstrução da sequência de emissão das moedas por meio da análise dos cunhos de anverso e reverso utilizados na produção de uma dada série monetária. [N. T.]

Báltico, as áreas nas quais a prata oriental era redistribuída. Encontrou-se prata árabe até mesmo nos lingotes da Danelaw, talvez levados como barras por imigrantes do Sul da Escandinávia para a Inglaterra. Houve um hiato no fluxo de prata nos últimos trinta ou quarenta anos do século IX, antes de ser retomado na forma de dirrás samânidas. De cerca de 890 a 930, o fluxo de prata para a Escandinávia foi contínuo e maciço. A maioria dos exemplares encontrados em Gotlândia e na Estônia são moedas inteiras, que vão ficando progressivamente mais fragmentadas à medida que os sítios se deslocam através da Suécia continental para a Dinamarca, Polônia e o que hoje corresponde à República Tcheca. A rota comercial movia-se no sentido anti-horário em torno do Báltico, tendo a Suécia (e provavelmente Birka) como o principal ponto de entrada após o trânsito através de Gotlândia.

Esses locais também podem ter marcado os intermediários do comércio de escravos, para os quais o fluxo de prata fornece um indicador detectável. Deixou também outros sinais, por exemplo o grande programa de construção de povoados fortificados no Estado polonês da dinastia Piast, o que está relacionado ao influxo dos primeiros dirrás por lá em 940. Parece que os poloneses estavam construindo defesas contra os predatórios ataques militares da Rus' – cujo objetivo era capturar escravos –, mencionados nas fontes árabes.

A venda de cativos poderia render em troca uma gama de bens, sobretudo nas rotas orientais, incluindo gado, têxteis e roupas, até mesmo sal e especiarias. No entanto, os escravos sempre foram uma mercadoria de alto risco, propensa a problemas de saúde e a morrer no caminho. Por essa razão, a escravidão era na maioria das vezes um dos componentes de um comércio mais diversificado; esse aspecto da economia viking e a mentalidade por trás dele podem ser rastreados em toda a sua diáspora, porém em lugar nenhum mais do que no Oriente.

Havia, claro, outras mercadorias, especialmente a seda. Já se aventou a hipótese de que a própria palavra "Serkland" pode ter sido uma referência ao tecido, designando o lugar de onde vinham as camisas (de seda), *serkr*. Na Escandinávia são conhecidos cerca de 23 sítios onde se escavou seda, todos dos séculos IX e X. O número de achados individuais é impressionante, admirável por si só, e mais ainda por causa do que sugerem sobre a quantidade que havia originalmente lá. Somente em Birka existem 61 túmulos contendo seda, sobretudo do Oriente Próximo e Bizâncio, com algumas peças que percorreram todo o caminho desde a dinastia Tang na China; a seda está presente em cerca de 30% de todos os túmulos de Birka em que sobreviveram tecidos. No magnífico navio fúnebre de Oseberg há mais de uma centena de fragmentos de seda, de até quinze tecidos diferentes e de diversas qualidades. Algumas das peças foram reaproveitadas, evidenciando o alto valor que se atribuía até aos minúsculos retalhos. Mesmo a câmara mortuária no convés foi forrada com seda. Em Valsgärde, Uppland, na Suécia, a maioria dos barcos funerários da Era Viking contém roupas com detalhes em seda, usada para adornar punhos e golas ou para forrar paletós. A mistura de estilos sugere que o significado dos motivos não era transferido juntamente com o tecido.

As sedas de Tang podem ter ido para o Norte via golfo Pérsico. Como sempre, as evidências são muito esparsas, mas já se sugeriu que a melhor explicação para os grafismos rupestres nas rochas encontradas com vista para as águas em Jabal Jusasiyah no Norte do Qatar é que retratam navios viking a remo. Não há certeza aqui, mas não estariam fora do lugar, levando-se em consideração o que sabemos das conexões dos rus' com as rotas comerciais que se estendem mais a leste até o oceano Índico e além.

Dois objetos gêmeos ilustram a amplitude da diáspora, ligando o Oriente e o Ocidente da maneira mais humana.

Nas colônias da Era Viking na Inglaterra, algumas décadas atrás, arqueólogos que escavavam depósitos alagados e bem preservados fizeram duas descobertas extraordinárias. No centro urbano de York, e também em Lincoln (um dos Cinco Distritos da Danelaw), as camadas de ocupação do século X revelaram fragmentos de seda que originalmente faziam parte de delicados gorros usados por mulheres. Restaurados repetidas vezes e bem cuidados, devem ter sido de fato coisas preciosas. O tecido parece ter se originado na Pérsia ou, possivelmente, na China. De forma quase inacreditável, a análise de uma falha incomum na trama mostrou que *as peças vêm do mesmo fardo de seda*. A simples improbabilidade de fazer duas descobertas independentes que se conectem dessa maneira é uma coisa, mas sugere também que o comércio podia ser, a bem da verdade, relativamente pequeno. Um único comerciante empreendedor, com sorte e discernimento, poderia ter trazido de volta um rolo de tecido grande o suficiente para percorrer um longo caminho quando vendido em comprimentos modestos.

Mercadorias viajando das Rotas da Seda para o Norte da Inglaterra: seria difícil encontrar uma melhor imagem das realizações e conquistas escandinavas em apenas dois séculos, e dos lugares dos indivíduos dentro dela. Os atos finais dessa era, no entanto, tiveram como foco o interior. Uma nova fé religiosa e novos modelos de governo se combinariam para transformar de modo permanente o próprio Norte e, no processo, dar fim à era dos vikings.

16

Os experimentos da monarquia

Os poderes gêmeos da Igreja e do Estado, e o grau de separação aconselhável entre ambos, foram dois dos componentes básicos da nacionalidade na Europa Ocidental por pelo menos mil e quinhentos anos. Não foram menos fundamentais na ascensão das nações nórdicas e na consolidação de seus governantes como monarcas à frente de reinos unificados. Como sempre, por trás dessas forças de mudança social e política estavam outros motores com raízes cravadas de forma mais grosseira na economia do lucro e no poder de usá-lo. O ciclo de invasões, escravidão e comércio alimentou a diáspora e foi em parte responsável por ela – mas também possibilitou a transformação na própria Escandinávia. A porção tardia da Era Viking viu uma *direção* de causa e efeito muito maior do que no século IX e início do X – uma compreensão mais profunda acerca das demandas governamentais que novas formas de arriscados empreendimentos no exterior poderiam suprir. Esse despertar político aproveitou e ativou o novo potencial econômico do Norte e colocou a Escandinávia no caminho das monarquias nórdicas na arena da Europa cristã letrada.

Não houve um processo linear de missão e conversão na transição para uma nova fé, tampouco podemos necessariamente falar da substituição de uma religião por outra, mesmo na Era Viking tardia. O fato de algumas pessoas acreditarem em um único Deus, em seu filho eterno, no Espírito

Santo e na comunidade dos santos era conhecido pelos escandinavos pelo menos desde o século VII, e provavelmente muito antes. Decerto encontravam os cristãos piedosos no exterior em suas viagens como mercadores e viam padres nos povoados que visitavam. Vez por outra os cristãos apareciam em sua casa também – estrangeiros não eram novidade na Escandinávia do final da Idade do Ferro, e as crenças desses visitantes abrangiam todo um espectro de diferentes deuses, incluindo aquele que chamavam de Cristo Branco. Na verdade, essa conversa vinha acontecendo na Europa pelo menos desde os dias do Império Romano tardio, quando o cristianismo, o judaísmo e uma série de alternativas apresentavam suas próprias propostas concorrentes acerca do(s) "outro(s) mundo(s)" a uma população que, na prática, em geral preferia escolher uma e misturá-la com as demais.

Mesmo nas primeiras incursões, os mosteiros foram escolhidos como alvos precisamente porque os vikings sabiam o que esses lugares eram, ou pelo menos tinham uma boa ideia do que continham. Deve ter ficado claro que os claustros e capelas estavam relacionados com a religião e a adoração de uma divindade, e a noção de edifícios rituais onde se entrava na presença do divino era inteiramente inteligível.

Parece ter havido uma tímida tentativa de levar o cristianismo para a Escandinávia antes mesmo das incursões vikings, no início do século VIII. A proximidade dos dinamarqueses com os fiéis do continente europeu fez com que fossem os primeiros a receber a Palavra. Alcuíno, o mesmo clérigo inglês que escreveu com tanta indignação sobre o ataque a Lindisfarne em 793, também compilou notas biográficas sobre evangélicos do passado, incluindo Vilibrordo da Nortúmbria, que cruzou a fronteira dinamarquesa por volta de 710. Vilibrordo parece não ter convencido muita gente, mas mesmo assim teve permissão de partir com cerca de trinta jovens que supostamente seriam treinados no Evangelho. Por um século depois de Vilibrordo não há registros de atividade missionária no Norte, e a essa altura os ataques já se intensificavam.

Isso é importante, pois é claro que monges e irmãos leigos estavam entre os cativos levados pelos vikings em suas expedições de pilhagem. Não sabemos o que aconteceu com essas pessoas, mas é concebível – até provável – que, para alguns escandinavos, as ideias que seus novos escravos expressavam nervosamente foram um primeiro contato com a fé cristã. Na década de 820, o arcebispo Ebbo de Reims foi enviado para a Dinamarca a pedido não apenas do imperador franco, mas também do próprio papa. Durante o ano que lá passou, conseguiu batizar alguns convertidos; um começo modesto, é verdade, mas foi mais do que qualquer um de seus predecessores conhecidos haviam sido capazes de fazer.

A mensagem cristã também podia ser comunicada por meio de objetos, fosse ativamente ou por acaso. Um povoado de alto status na ilha sueca de Helgö, no lago Mälaren, foi ocupado no início da Era Viking, e os achados das escavações incluem uma concha copta e uma crossa irlandesa. Esta última, um bastão episcopal, é especialmente impressionante, pois deve ter sido propriedade pessoal de um bispo, e nem de longe um item a ser dado de presente ou trocado de livre e espontânea vontade. Não se sabe como esses objetos chegaram a Helgö, mas é possível que fossem produtos de saque, trazidos por invasores retornando de incursões no Oeste. Da mesma forma, pode ser que a natureza sacra desses objetos fosse conhecida pelos escandinavos, e por isso foram levados. Helgö, na verdade, significa "ilha sagrada", e outros artefatos rituais de diferentes religiões também foram parar lá. O achado mais espetacular foi uma estátua de bronze de Buda, datada do século VI e feita no vale do Swat, na fronteira com o Afeganistão, e provavelmente levada para a Escandinávia durante as primeiras versões das rotas comerciais orientais. O Buda foi adaptado para o gosto religioso do Norte, adornado com anéis de couro ao redor do braço e pescoço, assim como as figuras contemporâneas de madeira encontradas em pântanos dinamarqueses, e que supostamente representavam divindades.

As potências cristãs da Europa Continental usavam qualquer método disponível para efetuar conversões. Três anos após o regresso de Ebbo de Reims da Dinamarca, um exilado político chamado Haroldo Klak apareceu na corte franca. Alegou ter sido expulso do poder após um conflito civil na Dinamarca e solicitou assistência do imperador. A resposta imperial aparentemente foi condicionar a ajuda prática ao batismo, e Haroldo e seus seguidores foram devidamente convertidos e recebidos na fé. De volta à Dinamarca, seu grupo foi acompanhado pelo missionário Anscário, que fundou uma espécie de mosteiro na região ao norte do rio Elba. Esse homem desempenharia um papel importante na história da conversão.

A principal fonte acerca da missão de Anscário é uma biografia escrita por seu contemporâneo, Rimberto,[41*] que relata como, em 829, Anscário foi convidado a visitar Birka como hóspede do rei Björn, que ao que parece era o mandachuva por aquelas bandas. Passou dezoito meses dentro e ao redor do centro comercial e batizou muitas pessoas, incluindo o agente real. Retornou ao Império Franco em 831 e foi nomeado arcebispo de Hamburgo, amalgamada com a sé de Bremen após um ataque viking à cidade em 845. Anscário manteve o interesse em evangelizar o Norte e retornou à Suécia duas vezes antes de sua morte em 865. Outras missões à região foram conduzidas por seu sucessor, Gautbert.

Em Uppåkra, no Sul da Suécia, a longeva casa de culto deixou de ser usada no início do século IX, talvez o resultado de uma missão cristã direcionada. Entre as descobertas no local estavam vários objetos com temas simbólicos cristãos, e isso pode ser evidência de uma tentativa de influenciar ativamente o pensamento religioso da população local.

Provavelmente não foi por acaso que todas as missões iniciais parecem ter sido lançadas por governantes escandinavos. As elites da Era Viking detinham tanto o poder secular quanto o ritual e, portanto, eram potencialmente capazes de influenciar a visão de seu povo a respeito dessas coisas. A Igreja teve o cuidado de trabalhar primeiro com eles, na tentativa de acelerar a conversão do Norte trabalhando de cima para baixo (como acontecera no próprio Império Romano no século IV). O patrocínio de um rei escandinavo batizado levaria a milhares de convertidos comuns, como os missionários logo perceberam.

Os bem-sucedidos resultados de Anscário em Birka podem ter deixado vestígios em uma série de sepulturas perto do povoado fortificado da colina que, alguns argumentam, refletem a prática cristã. Os túmulos incluem adultos e crianças, também incomuns para o sítio. Pingentes de crucifixo foram encontrados em alguns túmulos, juntamente com um tipo de jarro decorado com cruz da Renânia que alguns estudiosos veem como um vaso litúrgico. Trata-se, no entanto, de conquistas modestas, e é claro que,

---

41* São Rimberto de Hamburgo (*c.* 830-888). [N. T.]

apesar de todos os esforços de Anscário, Birka nunca se tornou um assentamento cristão, mas permaneceu firme em sua adesão às velhas crenças.

É possível obter fascinantes informações sobre a natureza e a realidade das primeiras missões em fontes como a *História dos saxônios*, de Viduquindo de Corvey, texto escrito por volta de 968, que descreve a conversão de um rei dinamarquês posterior. A julgar pela maneira ambígua com que ele mapeia o contexto do batismo real, fica claro que, embora os dinamarqueses fossem, em muitos sentidos, cristãos, também ficavam felizes em manter muitas de suas crenças anteriores. A tarefa das missões não era a conversão como tal, mas a demonstração prática do poder de Cristo por meio da ação.

Há um extraordinário vislumbre de como isso funcionava na prática por meio de um documento conhecido como *Heliand*, "O Salvador". Escrito em saxão antigo durante a primeira metade do século IX, é uma paráfrase do Evangelho para um público leitor germânico, com ajustes a suas sensibilidades e lavrado quase no estilo de versos de uma saga nórdica, embora com heróis bíblicos. Assim, lemos sobre o nascimento de Jesus na Galileialândia, sua posterior viagem para Jerusalemburgo, e como o Senhor vive em um grande salão no céu (claramente Valhalla). O Pai-Nosso está em "runas secretas", Pedro recebe o mandamento sobre os portões de Hel, e assim por diante. A tentação de Cristo por Satanás ocorre em um deserto do Norte repleto de forças vagas, "seres poderosos" que parecem viver entre as árvores, e nos perguntamos o que isso indica a respeito das crenças tradicionais do Norte que eram conhecidas dos clérigos cristãos. Da mesma forma, os discípulos de Jesus são "companheiros guerreiros", ajustados para a linguagem do séquito de um senhor da guerra, e a Última Ceia é o "derradeiro banquete do salão do hidromel". Até mesmo Deus é chamado por epítetos odínicos como "Chefe da Vitória" e "Soberano de Todos". Esse é o tipo de mensagem que foi levado à Escandinávia pelos primeiros missionários – uma doutrina mesclada com as histórias ancestrais do Norte e seguindo um modelo encontrado em muitas outras histórias de conversão.

Já se sugeriu algumas vezes que a adoção do cristianismo por parte dos escandinavos foi sobretudo um verniz – uma adesão superficial e da boca para fora de adornos da crença combinada com a ida frequente à igreja, mas na realidade apenas uma tênue cobertura sobre os velhos hábitos que, no fundo, persistiram. Em todo o debate sobre a vida após a morte e os vários destinos oferecidos pelos costumes tradicionais e pela nova religião, podemos nos perguntar se as pessoas da Era Viking realmente *decidiam* para onde gostariam de ir após a morte. Em caso afirmativo, o que teriam achado de uma fé na qual o destino da alma imortal de uma pessoa dependia de ela ter vivido certo tipo de vida? É difícil exagerar o quanto esse conceito pareceria bizarro, embora hoje seja a pedra angular de muitas religiões mundiais.

O contexto religioso das fontes é crucial nesse caso e afeta também a cultura material. Muito do que se sabe sobre a mundividência pré-cristã dos vikings nos chega por meio dos escritos, precisamente, de cristãos. Até mesmo a história que alicerça este livro – a criação do Freixo e do Olmo – é relevante para esse filtro retrospectivo: até que ponto é coincidência que o "primeiro casal" na cosmologia nórdica tenha nomes começando com A e E (como Adão e Eva)? Embora o significado de Askr/Ash seja inequívoco, Embla é mais incerto. "Elm" (Olmo) é a tradução mais comumente aceita, mas o substantivo real para um olmo (*almr*) é masculino, e a etimologia é complicada. "Vinha" ou "videira" é outra possibilidade, embora em última análise isso requeira uma derivação do grego, e a partir daí o debate acadêmico começa a perambular pelos matagais da postulada herança linguística indo-europeia. Essas confusões não resolvidas – as ambiguidades, contradições e possibilidades – são todas típicas do palimpsesto espiritual da Era Viking, que enxergamos vagamente pelo retrovisor, mais de um milênio no futuro.

A influência exercida pelo cristianismo no Norte estava intimamente relacionada à política regional. Ao longo da Era Viking, o número de pequenas unidades politicamente organizadas em toda a Escandinávia foi diminuindo de maneira constante, à medida que os principais atores nos jogos de poder da região absorviam os territórios de seus vizinhos e rivais. Do lado oposto dessa equação, outros Estados nanicos se viram sob o jugo desses reis em ascensão. Como parte do mesmo processo, o tamanho relativo das unidades políticas da Era Viking aumentou. Enquanto a trajetória geral em direção a uma derradeira unificação dos reinos nórdicos parece relativamente clara, o que aconteceu ao longo do caminho não foi nem de longe linear e direto, e seu avanço não é fácil de rastrear. Para citar mais um exemplo, o rei Haroldo Cabelos Belos supostamente colocou toda a Noruega sob seu controle na década de 870, mas é óbvio que na prática o poder se manteve em nível local até meados do século X.

Atribuir uma data para a unificação política da Dinamarca e Suécia é mais difícil. Na Dinamarca, a centralização do poder parece ter sido alcançada em meados do século X, embora não se saiba ao certo por quem. Reis dinamarqueses como Godofredo foram evidentemente capazes de iniciar obras públicas de grande escala no início do século IX, e a consolidação do reino nesse momento não pode ser descartada. Porém, a profunda convulsão política e a guerra civil que, segundo os registros, teve lugar na Dinamarca durante meados do século IX implicam que ainda havia muito por que lutar em termos de poder e território. A Suécia permaneceria fragmentada até a Idade Média, apesar dos esforços de sucessivos reis para afirmar seu poder e se impor sobre elites regionais fortemente independentes. É provável que essa situação se reflita no fato de que o efetivo progresso na conversão cristã só foi levado a cabo no século X – na maioria das regiões, o catalisador para a propagação da nova religião foi o batismo dos próprios reis.

O cristianismo era atraente para os governantes escandinavos, embora não necessariamente para aqueles que eles governavam, por várias razões. Uma era a arrecadação mais eficiente de impostos, possibilitada pela divisão ordenada do território que se seguiu ao estabelecimento das paróquias, distritos eclesiásticos e dioceses. A administração dessas entidades fazia parte das incumbências reais, e forneceu outra camada de incentivo para motivar os séquitos que, em última análise, davam esteio ao poder de um monarca. O impacto na população era mais profundo, pois a Igreja reestruturaria a vida de todos, a começar pelo próprio ritmo do dia. O toque de um sino era uma imposição sonora que não podia ser ignorada, e era claramente malvista e malquista (em Hedeby, um sino foi encontrado no porto, onde deve ter sido jogado; caso contrário, um objeto tão caro teria sido recuperado). O calendário ritual cristão era regulamentado com rigor, regendo o que as pessoas podiam comer e como deveriam trabalhar e se comportar; até mesmo a vida íntima era submetida ao escrutínio eclesiástico. Essa era uma ferramenta vigorosa de poder, como os reis logo reconheceram. No nível mais alto, a posição e os direitos do rei também recebiam sanção divina, de forma sutilmente diferente da ascendência que haviam reivindicado, alegando pertencer à linhagem de Odin e dos outros deuses nórdicos.

A Igreja ganhou influência política ao assumir a condição de conselheira da Coroa e, com o tempo, tornou-se indispensável para a administração do reino. Igrejas e mosteiros asseguravam que a presença do poder cristão fosse amplamente distribuída, e essas instituições às vezes eram povoadas por homens que, na prática, faziam parte das elites seculares e seus parentes.

Embora essa relação entre uma aspirante a futura Igreja e um Estado florescente pudesse parecer sólida e bem estabelecida, a realidade era mais vulnerável, não apenas por causa da resistência de uma população rural que talvez tivesse ideias bastante diferentes sobre a natureza do poder, de onde ele vinha e de como deveria ser exercido e distribuído. Mudanças na balança das forças regionais, guerra civil e assassinatos políticos tinham o potencial de interromper ou mesmo desarticular a propagação do cristianismo até que governantes mais compatíveis com os objetivos da Igreja subissem ao poder (ou fossem auxiliados para chegar ao poder).

A consolidação do reino dinamarquês no século X mostra como isso funcionava na prática. Em virtude da localização geográfica, a Dinamarca veria os primeiros esforços contínuos de missões religiosas organizadas dentro da Escandinávia, uma vez que a proximidade com os bispados alemães proporcionava fácil acesso através da fronteira. Esses esforços, contudo, parecem ter tido relativamente pouco sucesso em todo o século IX (ao que tudo indica a igreja que Anscário fundou em Hedeby em 850 não durou muito – basta lembrar do mencionado sino). A principal mudança parece ter ocorrido um século depois, com a adesão à nova fé de um novo rei que tinha ideias muito claras acerca de para onde queria que a Dinamarca fosse. Por volta de 960, Haroldo Dente Azul herdou o poder de seu longevo pai, Gorm, o Velho, e parece ter sido batizado apenas cinco anos depois. O reinado de Haroldo Dente Azul foi caracterizado pela disseminação do cristianismo por todo o reino, bem como por uma acentuada solidificação da autoridade real, expressa por meio de um extraordinário programa de monumentais obras de engenharia.

O núcleo do poder de Haroldo estava em Jelling, no meio da península da Jutlândia. Efetivamente uma capital foi fundada em um terreno que já estava bem estabelecido, e por todo o vale de Jelling havia aldeias dos tempos pré-vikings. Grandes escavações realizadas na região revolucionaram nossa compreensão do que Haroldo fez no local. Hoje, os monumentos mais visíveis em Jelling são dois enormes montes – por métodos dendrocronológicos, a construção do túmulo do norte é datada de 958-959, e sua contraparte sul é da década de 970. O monte norte, ele próprio construído por cima de um monumento funerário de bronze preexistente, pode ter sido o túmulo original do pai de Haroldo, mas investigações arqueológicas revelaram que a sepultura foi esvaziada na Era Viking – possivelmente para extrair os restos mortais de Gorm e colocá-los dentro da igreja que Haroldo construiu mais tarde entre os montes. No túmulo sul jamais ocorreu um sepultamento, o que tem sido causa de muita especulação. Foi originalmente construído com antecedência para o próprio Haroldo, mas abandonado como um monumento pagão após a conversão do rei? Ou apenas era parte da simetria ritual do sítio?

Jelling era o local da assembleia nacional dos daneses, e ficava a não mais que quatro dias de viagem de qualquer lugar do reino. O primeiro grande projeto de Haroldo foi um centro administrativo, em vez de uma residência real, sinalizando a aceitação do cristianismo, mas nos termos locais. Sua monumentalidade também evidenciava uma relação bastante nervosa com as potências imperiais da Europa: era moldada com base em seus suntuosos aparatos de poder, mas com um olho voltado para as tradições "autenticamente dinamarquesas". Um vínculo com o passado foi fornecido por uma runa criada pelo falecido rei:

> O rei Gorm fez este monumento em memória de
> Thyra, sua esposa, o adorno da Dinamarca

Com base nisso, Haroldo decidiu usar um meio semelhante e mandou erguer o que se tornou o símbolo máximo do local: a famosa pedra rúnica de Jelling. Elevada entre os dois montes, em homenagem aos pais dele (e a si mesmo), a inscrição diz:

O rei Haroldo ordenou que este monumento fosse feito em memória de Gorm, seu pai, e em memória de Thyra, sua mãe; esse Haroldo que conquistou para si toda a Dinamarca e a Noruega e tornou cristãos os daneses.

O mais revelador de tudo é o desenho exclusivo da pedra: as runas são dispostas em linhas horizontais, ao contrário de todas as outras pedras regulares, mas exatamente como um texto latino. Os motivos entrelaçados até atuam como as iniciais de iluminuras encontradas em manuscritos. Haroldo não apenas proclamava sua soberania e conversão do país, mas o fazia na forma de um livro de pedra.

Se Haroldo realmente "conquistou" a Dinamarca, em vez de expandir ou meramente herdar suas terras após a morte do pai, é tema aberto, e nesse sentido a pedra de Jelling provavelmente deve ser vista como uma peça de propaganda política, e não um registro realista de suas próprias realizações. Haroldo era um especialista em autopromoção.

O novo modelo de centro de poder do rei encerrou os montes dentro de um enorme recinto de paliçada, com cerca de 12,5 hectares de extensão. Os vestígios de madeira datados por meio dos anéis de árvore preservados fornecem um intervalo de 958-985 para o terreno cercado; as datas posteriores provavelmente indicam madeiras usadas para reparos. Mais de mil árvores, cada uma com pelo menos um século de idade (e, portanto, o produto de um cuidadoso manejo), foram derrubadas para fazer a paliçada. Está claro que Haroldo comandava uma quantidade imensa de recursos.

No interior do recinto, e alinhadas paralelamente às paredes, havia casas longas de um novo tipo, que naquele momento começaram a ser construídas por toda a Dinamarca. Parece que o gosto real era influente – fosse por meio de emulação e moda, ou por ordem direta. Escavações mostraram que os dois montes foram construídos por cima do mais longo "navio de pedra"[42*] já registrado na Escandinávia, cerca de 360 metros de comprimento e cerca de setenta metros "a meia nau". Possivelmente a embarcação era um "monumento" à esposa de Gorm, mencionado na

---

[42*] Costume funerário em que o túmulo ou sepultura de cremação era cercado por lajes ou pedras dispostas de modo a formar os contornos de um barco ou navio. [N. T.]

pedra que ele encomendou como memorial dela. O monte norte situava-se exatamente na posição onde estaria o "mastro" do "navio de pedra", e no centro preciso do recinto de paliçada.

Administração à parte, ainda não está claro o que era de fato o complexo de Jelling. Sua data coincide com a refortificação da Danevirke, o baluarte de terra e madeira que se estendia ao longo da fronteira sul da Dinamarca. Nessa época a linha de defesa Danevirke foi articulada com as paredes de Hedeby, integrando-se assim ao centro comercial em uma instalação fronteiriça coordenada. Pelo menos em suas primeiras encarnações, Hedeby parece ter formado uma espécie de distinta ilha cultural ao sul da Danevirke, e pode até ter sido uma zona de livre-comércio politicamente neutra. Mais tarde, tornou-se um elemento-chave no sistema defensivo do qual a Danevirke fazia parte. A rota por terra controlada na base da península da Jutlândia era decisiva devido aos extremos riscos naturais da passagem das embarcações através do estreito Skagerrak para o Báltico. O reino dinamarquês enfrentava crescentes ameaças da dinastia otoniana ao sul, e a construção do recinto em Jelling pode, em parte, ser vista como uma exibição de força para o benefício desse público alemão.

Dadas as ambições de Haroldo e a atenção que ele evidentemente prestou ao pomposo aparato do poder em outras partes da Escandinávia, é possível que o monte sul vazio em Jelling tenha sido o início de uma tentativa de confeccionar sua própria capital real ao molde "adequado" de fundações muito anteriores como Gamla Uppsala e Lejre. Cerca de 22 hectares de turfa foram escavados para construir o monte sul em Jelling, representando a destruição deliberada de terras aráveis – uma significativa demonstração de comprometimento. Até mesmo a localização de um "navio de pedra" adjacente a um monte pode ser comparada a lugares como Anundshög, em Västmanland, Suécia, outro sítio dentro do território tradicional da dinastia Ynglingar. Se a combinação de prédios de salões e ancestrais túmulos construídos com terra e pedras era a moda corrente, Haroldo talvez tenha decidido ingressar no clube real em uma escala monumental sem precedentes na Escandinávia – um padrão de narcisismo arquitetônico ditatorial conhecido em tempos mais recentes.

As robustas obras do rei Haroldo não pararam em Jelling. No final de seu reinado, ele expandiu seu programa de construções monumentais com uma extravagância que indiretamente levou à rebelião que no fim das contas acabou por derrubá-lo. Enquanto os trabalhos ainda estavam em andamento em Jelling, ele ordenou também que uma enorme ponte fosse construída cerca de dez quilômetros a sudoeste, em Ravning Enge. Tal qual o "navio de pedra", é a maior de seu tipo já encontrada na Escandinávia: 760 metros de comprimento e cinco metros de largura, larga o suficiente para que duas carroças passassem lado a lado. Feitos de uma passarela de madeira elevada sobre estacas cravadas em solo pantanoso, os pilares de sustentação eram tão grandes que pareciam troncos de árvores. A coisa mais estranha a respeito da ponte é que ela faz uma rota desnecessariamente longa através do vale pantanoso. Teria sido uma loucura deliberada ou puramente uma declaração de poder?

Os vestígios mais espetaculares do reinado (ou da megalomania) de Haroldo são as famosas fortificações estilo Trelleborg, das quais cinco são conhecidas até agora. Isso inclui a própria Trelleborg e Borgring em Zelândia, Nonnebakken em Fiônia e Aggersborg e Fyrkat no Norte da Jutlândia. Uma sexta fortaleza, de relacionamento incerto com as demais, deixou vestígios em Borgeby, Skåne, Sul da Suécia, que na época fazia parte da Dinamarca. Todos esses fortes eram exatamente circulares, com baluartes maciços, revestidos de ambos os lados por troncos verticais e encimados por passarelas paliçadas. Dentro, cada um tinha um plano cruciforme composto por ruas entrecruzadas levando a portões nas pontas da circunferência. Nos quatro quadrantes do interior havia pátios perfeitamente alinhados, repletos de casas compridas de alto padrão, do mesmo tipo existente em Jelling. Em sua maioria os bastiões das fortalezas ainda estão de pé, e têm dimensões quase idênticas, cerca de 120 metros de diâmetro, exceção feita a Aggersborg, que é muito maior e tem 240 metros. Todos se destacam na paisagem e serviam como símbolos ostensivos de poder.

Todos parecem ter sido construídos ao mesmo tempo: início da década de 980. A situação política na Dinamarca se deteriorou no final do reinado de Haroldo, com tensões na fronteira com a Alemanha e inquietação civil. As fortalezas podem ter sido pontos de partida para uma invasão planejada a Schleswig (Eslévico) ou a áreas defensivas projetadas para proteger o território de Haroldo de ameaças externas. Talvez tenham tido como objetivo suprimir a própria população dinamarquesa, o que explicaria por que todas as fortalezas conhecidas estavam situadas em áreas de relativa densidade populacional, com bom acesso a rotas terrestres e vias navegáveis.

Não se sabe ao certo quem exatamente vivia nas fortalezas – que eram centros administrativos, bem como militares, e sem dúvida sua população incluía mulheres (uma delas, em Fyrkat, foi enterrada com todos os suntuosos ornamentos de uma feiticeira pagã, o que lança luz sobre a realidade da alegação de Haroldo de ter convertido os dinamarqueses). Uma análise de isótopos de onze indivíduos de uma vala comum dentro do cemitério em Trelleborg revelou que vários dos mortos não eram habitantes locais, mas vieram da costa eslava e do Norte da Alemanha, e talvez até mesmo do Sul da Noruega – áreas sob controle dinamarquês durante o reinado de Haroldo. Pode ser que, como nos exércitos medievais, o rei Haroldo tenha recorrido a mercenários para dar respaldo a seu governo.

Ele também parece ter transformado seus rivais em alvos, e talvez tenha perseguido os cidadãos dissidentes, que divergiam do monarca por meio de seus próprios meios de expressão e identidade ritual. Como vimos, estudos de datação determinaram que a abertura e a pilhagem dos navios funerários supostamente reais de Vestfold, na Noruega, ocorreram durante o reinado de Haroldo, então ao que tudo indica ele estava neutralizando os ancestrais das pessoas que tentava colocar sob seu domínio – uma confirmação do papel que essas sepulturas monumentais desempenhavam na paisagem psicológica.

No final de seu reinado, Haroldo foi auxiliado em suas ambições por uma decisiva mudança no equilíbrio regional. Em 983, o foco das atenções imperiais otonianas se deslocou de modo enfático para o Sul, e assim saiu de cena o que durante séculos havia sido um importantíssimo fator na limitação do poder real dinamarquês. A corte imperial alemã era um modelo, além de inimiga. Isso talvez explique algumas das obras em Jelling, que tem ar de monumento "imperial" a Deus e ao próprio Haroldo, construído em emulação do padrão europeu – especificamente alemão – da realeza cristã.

Nas duas décadas do reinado de Haroldo, o reino dinamarquês foi transformado em um Estado centralizado, cristão no nome – mas não isento de oposição e reações. Talvez como resultado das mudanças amplas e radicais que Haroldo introduziu, e por causa dos horrendos custos trabalhistas que elas devem ter acarretado, a década de 980 foi marcada por crescente turbulência política na Dinamarca. O próprio filho de Haroldo, Sueno [ou Suevo] Barba Bifurcada [Svend Tveskæg], liderou uma rebelião aberta, por volta de 987. Em algum ponto durante a guerra civil resultante, Haroldo foi morto e muitos de seus monumentos atacados e demolidos. As fortalezas de Trelleborg e a paliçada de Jelling foram queimadas. O centro de poder na Dinamarca deslocou-se então para leste, e passou de Jelling para Zelândia, que no final do século X viu um renascimento pagão em oposição ao avanço do cristianismo (o culto de Odin parece ter prosperado sobremaneira nessa época, o que também indica que nunca tinha ido embora de fato).

O processo de cristianização em outras partes da Escandinávia é mais difícil de reconstituir. De acordo com fontes posteriores da Noruega, sobretudo sagas de reis, o primeiro governante a tentar espalhar de modo ativo o cristianismo foi Hákon, o Bom [Hákon Bondoso, Hákon Góði], que reinou durante as décadas de 940 e 950, mas ao que parece a nova religião só fincou raízes profundas na década de 990, com o advento de reis que não tinham medo de usar a força para efetuar conversões na aristocracia. Há uma pedra rúnica do final do século X ou início do XI em Kuli, perto de Trondheim, que combina um texto memorial convencional com a evocativa declaração de que "durante doze invernos o cristianismo esteve na Noruega". De resto, há poucas evidências arqueológicas com as quais se possa aumentar a narrativa literária do processo de conversão.

Em algumas partes do mundo viking mais especialmente inclinadas à mentalidade independente, como Gotlândia, a fé levou séculos para encontrar um ponto de apoio. Nessa ilha do Báltico, muitos dos mortos ainda estavam sendo enterrados com ritual pagão completo até o final do século XII, enquanto os cristãos das fazendas vizinhas usavam seus próprios rituais. Mesmo a sentença de abertura das *Leis dos gotlandeses* (*Gutalag*), datadas de cerca de 1220, afirma como a primeira estipulação legal que "deveremos recusar o paganismo e aceitar o cristianismo", o que sugere que isso estava longe de ser a norma, mesmo à época. Às vezes, as duas religiões são representadas nos mesmos monumentos funerários, cobrindo todas as apostas do falecido, na tentativa de evitar fazer uma única e errada escolha ou talvez atestando a uma fusão genuína de crenças.

Padrões semelhantes podem ser observados nas colônias escandinavas da diáspora. Missionários otonianos foram enviados para a Rus' em 946 a pedido de Olga [Helga] de Kiev, que governava como regente após a morte do marido, embora o batismo de Olga na corte real bizantina, em algum momento da década de 940 ou 950, implique ligações com as Igrejas católica e ortodoxa oriental. Seu neto Vladimir [Valdemar] consolidou o governo de Kiev, e no processo tirou vantagem dos benefícios potenciais de uma série de religiões diferentes, mas por fim foi batizado como cristão, parte de seu casamento com uma princesa bizantina, por volta de 988. Na década de 990, ordenou a construção de uma enorme igreja e palácio em Kiev, e empreiteiros e artesãos bizantinos foram contratados para o trabalho. Fazendo isso, criou um novo ponto focal do poder régio cristão a partir do qual comandar. Por volta do século XII, a influência do cristianismo se espalhou para fora das principais artérias fluviais do reino da Rus', adentrando o interior rural. Não demorou, porém, para que um novo centro de poder surgisse. Além de expressar sua autonomia política, alguns assentamentos começaram a afirmar sua própria independência religiosa. Em Novgorod, por exemplo, o poder da diocese e dos arcebispos que a controlavam cresceu drasticamente ao longo do século XII e início do XIII, contribuindo para a definitiva fragmentação da unidade política da Rus' de Kiev.

Na Suécia, onde a consolidação como país só ocorreria muito mais tarde, parece ter havido algumas tentativas por parte de reis regionais de introduzir modelos cristãos de realeza. Apesar do sucesso intermitente dos primeiros missionários na pregação em nível local, no entanto, as evidências da continuidade de rituais sacrificiais em Götavi (e, sobretudo, a vigorosa descrição de Adão de Bremen dos rituais em Uppsala) demonstram que as crenças pré-cristãs se mantiveram populares até o século XI.

Isso não é difícil de entender. O instrumento básico de conversão era o rito do batismo, administrado por religiosos como um meio de trazer, pelo menos em tese, um indivíduo ou grupo ao seio da Igreja cristã. No entanto, uma mudança genuína de fé por parte do batizado não era obrigatória. Até mesmo batismos forçados, como os que foram ordenados por reis do século X na Noruega, eram considerados válidos pela Igreja. Dessa forma, embora o batismo fosse evidentemente um rito importante, não pode ser tomado como uma indicação de conversão religiosa no sentido como a entendemos hoje. Os sacerdotes pareciam estar mais preocupados em colher almas do que em efetuar mudanças de longo prazo nos indivíduos.

Somente no século XI o cristianismo realmente começou a transformar a vida cotidiana na Escandinávia. As pessoas pareciam ter seguido tanto os velhos quanto os novos costumes nas mesmas comunidades por muitas décadas, aparentemente sem grandes tensões. As primeiras igrejas, simples estruturas de madeira de cômodo único, eram muito pequenas e adequadas apenas para as famílias da elite que as encomendavam. A adoração formal em um prédio consagrado era coisa para os ricos, e é claro que essa atitude foi, pelo menos de início, compartilhada tanto pela Igreja quanto pelo Estado.

23. Casa de um novo deus. Uma igreja de madeira reconstruída no museu Moesgård, Dinamarca, com base em um exemplar do século XI escavado em Randers. (Crédito: Sten Porse, Creative Commons.)

As manifestações de tudo isso na experiência cotidiana deixaram alguns traços extraordinários. No final do século X, em Trendgården, na Jutlândia, algum ferreiro empreendedor atendia seus clientes forjando cruzes cristãs e martelos de Thor no mesmo molde de pedra-sabão. O fato de que o molde era capaz de produzir simultaneamente duas cruzes, mas apenas um martelo, fornece um vislumbre sobre os padrões de oferta e procura, e também lança luz sobre a escancarada dualidade das religiões práticas nos anos em que o cristianismo começou a deixar sua marca na sociedade dinamarquesa. Também são de interesse várias das assim chamadas "cruzes-martelos de Thor" – objetos bastante ambíguos que parecem ter sido feitos intencionalmente para ter uma dupla interpretação, em uma direção ou em outra. Esses itens poderiam ter sido usados para sinalizar a adesão simultânea a vários sistemas de crenças, o que talvez tenha sido vantajoso de acordo com o contexto.

Embora as inumações privadas de bens e acessórios não sejam necessariamente indicativas de ritos fúnebres cristãos (essas prescrições viriam séculos mais tarde), no final da Era Viking claramente começaram a substituir cremações e inumações guarnecidas, embora com um prolongado período de práticas de sepultamento transitórias. Uma noção reveladora acerca da negociação e transição ideológicas pode ser vista em Birka, numa requintada câmara mortuária datada de meados do século X. Continha uma mulher acompanhada por vários objetos (incluindo um cajado de ferro) que a marcavam como possível feiticeira. Em volta do pescoço, no entanto, ostentava um crucifixo de prata que parecia ter sido amarrado a um colar de contas juntamente com amuletos sem dúvida não cristãos. A presença do crucifixo não é incompatível com a interpretação de que a mulher era praticante de magia *seithr*. Uma vez que o cristianismo provavelmente teria sido considerado exótico naquela época na Suécia, talvez a inclusão da cruz no conjunto feminino tivesse a intenção de tirar proveito dos poderes arcanos da nova religião, intensificando a capacidade dela de praticar sua arte mágica.

Em outros casos, pode ser que cristãos recém-convertidos tenham enterrado seus pais com os rituais apropriados da nova fé, mas também incluíram elementos da velha religião que, eles sabiam, seus entes queridos realmente preferiam. Em uma sociedade que não parecia ter especial preconceito contra ideias espirituais inovadoras, muitas combinações são possíveis, e não havia razão para que todos os membros de uma família compartilhassem as mesmas crenças (na verdade, existem muitos relatos de saga de famílias multifé). Somando-se a isso, havia algumas tendências regionais difíceis de interpretar. Por exemplo, nas províncias de Götaland, na Suécia, aparentemente os sepultamentos cristãos aparecem em meados do século X – muito antes do que em outros lugares. Talvez uma missão desconhecida estivesse ativa lá.

No século XI houve um aumento na construção de pedras rúnicas, a maioria com inscrições cristãs. No total, cerca de 3.500 inscrições rúnicas são conhecidas na Escandinávia, das quais 2.400 são da Suécia, 450 da Dinamarca e cerca de 140 da Noruega. A prática parece ter sido intensa sobretudo na Suécia central; 1.300 pedras foram erguidas apenas em Uppland. Esse foco geográfico em uma das áreas que estava entre *as últimas* a se converter pode ser explicado como reflexo de um impulso bem-sucedido de entusiasmo missionário, ou talvez o contrário: havia tantos pagãos que os cristãos se sentiam obrigados a proclamar sua fé da forma mais ostensiva possível.

Uma característica da distribuição e conteúdo das pedras fornece uma pista. De maneira consistente, 2% a 3% das pedras têm inscrições não lexicais – ou usando runas propriamente ditas que não formam palavras inteligíveis, ou então feitas de sinais angulares que se assemelham a runas, mas não são runas de verdade, como se alguém estivesse se esforçando para imitar o impacto visual de uma escrita que de fato não entendia. Curiosamente, essas pedras ilegíveis *não* são objetos de baixa qualidade; sua decoração e desenho são tão ornamentados quanto os das pedras rúnicas "normais". De modo significativo, essas estranhas inscrições não lexicais são encontradas na periferia externa de áreas onde pedras rúnicas "regulares" são mais comuns. A implicação é que os cristãos estavam se reunindo em comunidades que aparentemente tinham alguma riqueza e influência, pelo menos o suficiente para fazer com que aqueles que estavam ao seu redor quisessem imitar seus sinais. No mínimo, mostra que as pedras rúnicas tinham uma função visual em si mesmas, parcialmente independente do conteúdo de suas inscrições.

Agora cinzentas e desgastadas pela exposição ao tempo e às intempéries, as pedras rúnicas eram originalmente brilhantes e coloridas – suas linhas se destacavam em preto (em grande parte por causa da fuligem) e com painéis em vermelho e branco à base de óxido de chumbo. A maioria assume a forma de pedras verticais erguidas em um lugar específico, mas em alguns casos as inscrições foram esculpidas nas faces de pedregulhos. Normalmente apresentam desenhos de cruzes e orações pela preservação da alma do falecido.

Algumas das pedras podem representar tentativas de consagrar o solo antes que fosse possível construir uma igreja. Talvez a presença de uma runa em si sinalizasse uma forma de sepultamento cristão em cemitérios nos quais os funerais tradicionais do estilo antigo ainda estavam ocorrendo. Não é incomum encontrar pedras rúnicas reutilizadas na estrutura das primeiras igrejas medievais. Não há dúvida de que as pessoas sabiam o que eram esses memoriais, e é como se os ancestrais estivessem sendo trazidos para o seio de uma comunidade cristã estabelecida que poderia, depois de muito esperar, dar-se ao luxo de ter um local de culto e um cemitério de verdade.

Algumas imagens de estelas rúnicas sugerem um profundo conhecimento das histórias bíblicas, tais como as representações do Calvário na pedra Timmele em Västergötland, e os quatro animais de Daniel 7:3-7 e do Apocalipse mostrados na pedra Måsta, em Uppland. Esses temas não são superficiais nem fortuitos. Existem também runas que confirmam que havia escandinavos fazendo peregrinações a Jerusalém no século XI, o que também é registrado nas sagas islandesas. Teria sido um empreendimento realmente descomunal, e que nem de longe representa as ações de pessoas cuja compreensão de sua própria fé era apenas limitada. Uma singular pedra de Stäket, em Uppland, na Suécia, agora perdida, fornece contexto:

> lIngirún, filha de Hard, mandou esculpir estas runas para si mesma. Ela quer viajar para o Leste e para o exterior, para Jerusalém. Fót esculpiu as runas.

Essa mulher não está apenas fazendo uma declaração cristalina de suas intenções (nessas inscrições, "querer" é sinônimo de "poder"), mas sua decisão de erguer uma runa antes de partir era também uma espécie de testemunho dos perigos da jornada: podia ser que ela não retornasse, e talvez nem pretendesse voltar. Parece provável que Ingirún mantivesse conexões na rota oriental, pessoas que poderiam ter facilitado sua passagem. Vamos torcer para que ela tenha chegado lá em segurança.

Há ainda indícios de que nem todos ficaram felizes com a difusão da nova fé. Vários textos de runas incorporam invocações a Thor, e há até mesmo um exemplar em que o usual motivo central da cruz foi substituído por um grande martelo – sem dúvida uma resposta deliberada ao costume cristão.

A posição social das mulheres também se alterou com a conversão. Vários estudiosos argumentaram que o cristianismo enfocou o indivíduo, em contraste com as normas patriarcais da sociedade tradicional da Era Viking. É interessante que todos os pingentes de cruz conhecidos de Birka tenham sido encontrados em túmulos de mulheres. As perspectivas cristãs sobre a vida após a morte, que ofereciam a esperança de uma existência feliz e permanente no Paraíso e a capacidade de influenciar o destino por meio de ações realizadas em vida, também podem ter atraído as mulheres, visto que as condições de entrada em Valhalla e Sessrúmnir pareciam favorecer os homens. Evidências de aumento na igualdade de gênero como resultado de uma mudança na crença religiosa podem explicar o número de runas erguidas por mulheres, ou de pedras registrando que as mulheres patrocinavam a construção de pontes como símbolos da jornada da alma para Deus.

Por outro lado, a Igreja estava longe de ser igualitária, e de muitas maneiras restringiu a agência das mulheres. A espiritualidade tradicional do Norte dava às mulheres considerável poder e controle de acesso a outros mundos, os quais foram eliminados pelo cristianismo. O status das mulheres dentro da família também foi rebaixado. Em seu âmago, isso era parte da estratégia da Igreja de obter acesso à unidade familiar – usurpando o domínio feminino nessa esfera – e, assim, para as redes de parentesco que eram cruciais para o exercício real de poder na vida escandinava. Dessa forma, a nova fé foi capaz de criar um espaço para si mesma entre o populacho em geral e as elites, tornando a Igreja a única porta de entrada para o divino.

O impacto do processo de conversão, no entanto, avançou a ponto de ir muito além de uma reforma das relações políticas e sociais. Em algumas regiões, mesmo as economias de subsistência estavam sendo remodeladas pelas exigências que a Igreja impunha às comunidades. A introdução de um calendário religioso rigoroso – com um grande número de dias santos e períodos de abstinência de certos alimentos, por exemplo – teve um impacto significativo nas práticas de pesca. De uma ponta à outra da Era Viking há claras evidências de espinhas de peixe de pesca ribeirinha de espécies de água doce, bem como da exploração de "mares distantes", mas é apenas no século XI que as quantidades reais de peixes de água salgada começam a aparecer em todos os lugares no registro arqueológico. Sobretudo no mar do Norte há uma nova ênfase na pesca em águas profundas, que coincide não apenas com a demanda cristã, mas também está ligada à expansão urbana e talvez ao potencial de comércio. O mesmo processo criou um novo mercado para o intercâmbio internacional de produtos de peixe seco.

O crescimento de reinos unificados, a influência da Igreja e os motores econômicos que os uniam também forneceram o ímpeto para outra transformação no final da Era Viking: o estabelecimento de verdadeiros centros urbanos. Eles eram marcadamente diferentes dos mercados "protourbanos", a exemplo de Hedeby e Birka, que se expandiram além de seus limites originais para se tornarem importantíssimos entroncamentos de comércio. Em vez disso, essas novas cidades foram criações deliberadas, fundadas para expressar o poder cristão dos reis, a serviço de Deus e das riquezas materiais.

Várias delas envolveram uma mudança espacial no âmbito de uma pequena região, a nova fundação gradualmente assumindo as funções de um antigo mercado que aos poucos foi abandonado. Por volta da virada do século XI, por exemplo, Roskilde foi fundada na Dinamarca como sucessora da vizinha Lejre. A mesma coisa aconteceu na Suécia central na década de 980, quando Birka foi eclipsada por Sigtuna. Em ambos os casos, igrejas foram construídas logo após a fundação dos novos centros, às vezes seguidas de perto por uma casa da moeda. Sigtuna, por exemplo, estava produzindo moedas para seu fundador, o rei Olavo Skötkonung (seu apelido vai direto ao ponto e significa "rei dos impostos"),[43*] por volta

---

43 * Em português, também tradicionalmente conhecido como Olavo, o Tesoureiro. [N. T.]

de 995. Na Noruega, novas cidades reais foram fundadas na região que se tornaria Oslo, e, com mais destaque, em Nidaros (a atual Trondheim), na costa oeste.

O comércio não parece ter desempenhado um papel importante durante os primeiros anos de Sigtuna ou Roskilde, cidades que, ao lado de outras, foram estabelecidas principalmente como centros administrativos reais, em vez de centros comerciais. A mudança de Birka para Sigtuna não foi uma transferência direta de pessoas e funções, mas um processo descontínuo – pois essa nova cidade não era um empório, mas antes o foco simbólico de um novo tipo de poder. Não é por acaso que a fundação de Sigtuna foi quase simultânea aos grandiosos projetos de Haroldo Dente Azul na Dinamarca, e de maneiras diferentes ambos os empreendimentos refletiam as ambições de jovens governantes cristãos que aderiram a novos modelos de realeza.

O processo de formação do Estado pode ter sido uma empreitada colaborativa, compartilhada entre os monarcas, a nobreza leal, a Igreja e os novos centros urbanos. As cidades eram pontos focais para enterros e cerimônias religiosas, e os principais locais para igrejas, santuários e locais de peregrinação. A associação dos centros urbanos com o culto aos santos foi incentivada pela Igreja, e os primeiros heróis régios da conversão foram rapidamente canonizados de modo a servir como figuras nacionais e pontos de convergência para a unificação religiosa. Essas cidades tardias podem ser vistas como "portos da fé": locais de entrada seguros para ideias e práticas cristãs sob o patrocínio e a proteção da realeza, corroborados por uma autoridade que enfatizava a linha oficial da crença.

As novas cidades tinham populações ecléticas. Era nítido o contraste entre o povo de Sigtuna, que vinha de uma ampla área geográfica do Norte, Centro e Leste da Europa e das ilhas britânicas, e os habitantes das comunidades rurais. Aspecto decisivo é que isso era um produto de mobilidade – pessoas se deslocando em sua vida cotidiana –, não uma questão de migração permanente. Quase metade dos cidadãos de Sigtuna era de moradores não locais, com a tendência de as mulheres viajarem mais que os homens. Pedras rúnicas na cidade mencionam o que parecem ser guildas da Frísia (os atuais Países Baixos), juntando-se à diáspora báltica e finlandesa que vinha se expandindo no Sul da Escandinávia havia séculos.

Esse novo urbanismo não significava que todo o poder foi arrancado do interior rural e colocado nas mãos do rei e da Igreja. Os chefes locais mantiveram a lealdade de suas comunidades, e as tensões entre esses diferentes níveis da sociedade são evidentes ao longo de toda a Idade Média.

Talvez por causa de seus antigos vínculos com a população rural, centros comerciais anteriores, como Birka e Hedeby, tinham meias-vidas longas. Pelo menos algum tipo de atividade continuou lá depois que suas primeiras funções mercantis haviam progredido. A última moeda foi cunhada em Hedeby em 1086, e os produtos da cidade continuaram a aparecer ao longo das conhecidas rotas de comércio. A hierarquia dos mercados ainda estava viva, com a diferença de que esses outrora grandes empórios haviam sido superados pelas cidades reais.

À medida que a sociedade escandinava mudava sob todas essas influências externas, os novos governantes eram apresentados a oportunidades e desafios. No final do século X e no início do XI, pelo menos no mundo do mar do Norte, não é exagero dizer que os novos reis vikings começaram a nutrir ambições imperiais.

Haroldo Dente Azul foi um dos primeiros, consolidando seu domínio não apenas nos territórios que hoje equivalem à Dinamarca, mas também em partes do Sul da Suécia e da Noruega. Entretanto, como vimos, o pesado e difícil exercício de autoridade que deve ter acompanhado seus enormes projetos de construção e talvez a visão vigorosa que ele tinha acerca da conversão terminaram em sua deposição e morte. No entanto, as coisas seriam melhores para o homem que o derrubou – seu filho Sueno Barba Bifurcada.

A Escandinávia do final do século X foi dividida por uma nova série de conflitos civis, situação aparentemente imutável no Norte. Em certo sentido, eram versões em grande escala das rivalidades entre reinos que sempre fizeram parte da cena política do final da Idade do Ferro, mas que dessa vez se desenrolaram na forma de guerras entre territórios que rapidamente estavam se tornando Estados-nações. As posses da Coroa da Dinamarca na Noruega, a manifestação das reivindicações de Haroldo Dente Azul, foram mantidas sob custódia dos *jarls* de Lade – governantes de um território semi-independente com esse nome no Norte do país.

No entanto, por volta de 975 seu líder, Hákon Sigurdsson, cortou laços com a Dinamarca e por esse motivo não foi em auxílio de Haroldo Dente Azul durante a rebelião.

Enquanto Sueno Barba Bifurcada consolidava seu reinado na Dinamarca, a partir da década de 980 os ataques vikings à Inglaterra recomeçaram. Ao contrário das incursões do final do século VIII e início do IX, no entanto, as investidas que ocorreram durante esse período foram realizadas por frotas grandes e bem organizadas sob o comando de membros da realeza escandinava, novos e poderosos atores na região do mar do Norte.

Em 991, a *Crônica anglo-saxônica* registra a chegada de um líder viking chamado Ólaf [ou Ólafr] Tryggvason. Descendente de Haroldo Cabelos Belos, que passou sua juventude no exílio na Rus' de Kiev, comandou uma frota de 93 navios em uma série de ataques contra o Sul e o Leste da Inglaterra. A campanha de Ólaf culminou em uma batalha em Maldon, Essex, imortalizada em um antigo poema inglês, na qual destruiu um grande exército de milícias locais e em seguida recebeu 10 mil libras para ir embora. Foi a primeira de muitas propinas – chamadas nas fontes de *danegeld*, "pagamento danês" ou "ouro dinamarquês" –, instituídas como acordos de trégua e pagas a grupos vikings nos anos seguintes. A escala da extorsão aumentaria rapidamente ao longo do tempo, conforme é atestado pelo grande número de tesouros de moedas inglesas do século XI encontrados na Escandinávia.

Essas incursões deixaram violentos vestígios na arqueologia. Em Weymouth e Oxford, ambas no Sul da Inglaterra, duas valas comuns, nas quais foram enterradas vítimas de execução, parecem representar represálias contra escandinavos. Em Weymouth, corpos decapitados de cinquenta homens foram jogados no buraco de uma velha pedreira. O túmulo foi datado de 970-1025, a análise isotópica indicando que a maioria dos homens vinha de regiões variadas: Escandinávia ártica, subártica e sul; Norte da Islândia; Rússia e costa do Báltico. Trata-se de uma distribuição geográfica muito semelhante a alguns dos grandes exércitos da época da hidrarquia, um século antes. Em outro sítio no terreno onde hoje fica o St. John's College, em Oxford, 37 homens foram brutalmente assassinados e depois despejados dentro de uma vala. A datação por radiocarbono indica que foram assassinados em algum momento por volta do ano

1000, e, dada sua ampla origem de "vikings da diáspora", parece provável que fossem invasores cujos espíritos da sorte *hamingjur* os abandonaram.

Para líderes militares ambiciosos e bem-sucedidos sem uma coroa, homens como Ólaf Tryggvason, os polpudos pagamentos feitos pelos ingleses sitiados poderiam fornecer os meios para a tentativa de obter um trono escandinavo. Em 995, foi exatamente o que Ólaf fez, retornando à Noruega e se estabelecendo como rei após a morte do *jarl* de Lade, Hákon Sigurdsson. Durante o governo de Ólaf, as primeiras moedas foram cunhadas na Noruega. Fortemente baseadas em tiragens inglesas contemporâneas (com as quais os vikings estavam familiarizados por todos os motivos errados, tendo sido subornados com grandes quantidades delas), as moedas de Ólaf apresentavam iconografia cristã e uma inscrição que o proclamava o rei dos noruegueses.

O reinado de Ólaf acabou sendo breve, e ele foi consumido pela mesma política destrutiva que o levara ao poder. Graças a fontes como a *Crônica anglo-saxônica* é possível acompanhar os movimentos vikings do século IX razoavelmente bem por um período de meses, com um nível de resolução que fornece uma orientação básica acerca das forças e comandantes envolvidos. Cem anos depois, dá a medida da mudança o fato de que os eventos então emergem como uma "história" reconhecível, ainda que em grande parte na variedade mais árida de reis e batalhas; o material da saga medieval também preenche os detalhes, com confiabilidade variável.

A guerra que derrubou Ólaf foi intrincada e cruel, mas um olhar mais atento sobre suas complexidades revela os mecanismos de funcionamento interno desses reinos da Era Viking.

Ólaf havia feito muitos inimigos. Ao receber a coroa norueguesa quando o *jarl* Hákon morreu, Ólaf provocou a antipatia do sucessor natural, o filho de Hákon, Érico [Eirík] Hákonsson, ou Érico da Noruega. Fugindo para a Suécia antes dos assassinos de Ólaf, Érico se abrigou com Olavo, o "rei dos impostos", em Sigtuna. Ao mesmo tempo, Sueno Barba Bifurcada não havia esquecido os territórios na Noruega que pertenceram a seu pai, Haroldo Dente Azul. Esses três homens – um herdeiro norueguês desalojado, um sueco ambicioso e faminto por terras e um dinamarquês que guardava rancor – formaram uma aliança contra o rei Ólaf da Noruega.

O momento crítico chegou no final do verão de 999, ou talvez no ano seguinte (as fontes não são claras). Em Svöldr, sul do Báltico, Ólaf foi emboscado no mar por uma frota combinada de dinamarqueses, exilados noruegueses e seus aliados suecos, sob o comando de Érico e sua nau capitânia, o *Aríete de ferro*. A batalha marítima resultante, uma das maiores da Era Viking, foi imortalizada na memória pela saga. Diante de esmagadora inferioridade, todos os setenta navios de Ólaf, à exceção de onze, fugiram, deixando-o em desvantagem de mais de dez para um contra a frota adversária. O rei Ólaf Tryggvason se manteve firme até o final no convés de sua nau capitânia, o *Longa serpente*, mas, ao ver que a batalha estava perdida, saltou no mar com armadura completa. Com a morte de Ólaf, a Noruega foi dividida entre Sueno Barba Bifurcada e o rei sueco, Olavo, mas boa parte foi mantida em suserania por Érico Hákonsson e seu irmão (confusamente também chamado de Sueno ou Svevo).

Sueno Barba Bifurcada então voltou suas atenções para a Inglaterra, onde encabeçou uma série de ataques de grande monta que se intensificaram a partir de 1004. Outros vikings, como o famoso guerreiro Thorkell, o Alto, lideraram seus próprios ataques entre 1009 e 1012. Alguns estudiosos acadêmicos consideram que esse período foi para todos os efeitos uma segunda Era Viking: um novo período de incursões catastróficas, mas que se desenrolaram em um contexto político totalmente diferente dos ataques de um século antes. As invasões pioraram cada vez mais; em 1013, Sueno Barba Bifurcada lançou uma invasão total à Inglaterra.

Uma característica dos primeiros ataques em grande escala, no século IX, foi os alvos políticos serem impérios divididos por guerras civis e, portanto, fragmentados em facções (como a França), ou regiões contendo muitos reinos pequenos (caso da Inglaterra). Em todo caso, o efeito era o mesmo – vantagem para os vikings, mas também uma estranha forma de proteção, no sentido de que, caso uma unidade organizada, província ou vale de rio caísse em mãos escandinavas, era uma perda regional, e não nacional. A invasão de Sueno a uma Inglaterra unida foi em parte um resultado de longo prazo de ataques vikings anteriores, mas também significou que o sucesso na guerra teria consequências impactantes.

As forças dinamarquesas avançaram rapidamente capturando alvos estratégicos e espalhando o caos em um país já debilitado por anos de ataques maciços. A Ânglia Oriental, onde eles desembarcaram, sucumbiu de imediato, seguida pela Nortúmbria e Lindsey ao norte. Os antigos territórios da Danelaw, povoados de pessoas de ascendência escandinava, juraram lealdade a Sueno. O exército viking se dividiu em duas vertentes – lideradas por Sueno e seu filho Canuto [Knút] – para desferir um ataque a duas vertentes ao sul. Winchester caiu, mas os londrinos resistiram; em um irônico retrocesso à confusão das antigas campanhas francas, foram auxiliados por Thorkell, o Alto, cujos vikings haviam sido contratados pelos ingleses como mercenários. Não foi suficiente. Sueno lançou todo o seu exército contra Londres (a famosa cantiga infantil "London Bridge is Falling Down" ["A ponte de Londres vai cair"] é supostamente uma lembrança do ataque viking à estratégica ligação através do Tâmisa). A cidade se rendeu. Uma consequência, após anos de ataques, foi que o povo havia perdido a confiança em seus líderes, sobretudo no rei Etelredo, e como resultado a monarquia inglesa entrou em colapso. A família real fugiu para o exterior.

Tendo conquistado a Dinamarca pela força em uma rebelião fatal contra seu pai no final da década de 980, e recuperando sua herança norueguesa perdida em Svöldr em 999, Sueno tornou-se o primeiro rei viking da Inglaterra, catorze anos depois.

O bizarro desfecho é que ele morreu, aparentemente de causas naturais, apenas cinco semanas depois, em fevereiro de 1014. O resultado, previsivelmente, foram décadas de lutas dinásticas que engolfariam os tronos de Inglaterra, Dinamarca, Noruega e Suécia.

No início, os ingleses se reergueram e Etelredo retornou, levando o filho de Sueno, Canuto, de volta à Dinamarca, que estava sob o governo temporário do irmão de Canuto, Haroldo. Em 1015, a família estava pronta para partir rumo ao oeste novamente e, juntos, lideraram outra invasão à Inglaterra com toda a frota dinamarquesa. Etelredo morreu nessa época e foi sucedido por seu filho, Edmundo Braço de Ferro, que liderou meses de feroz resistência aos vikings. Em outubro de 1016, no entanto, Canuto venceu uma batalha decisiva, e o próprio Edmundo Braço de Ferro morreu logo depois, possivelmente de ferimentos sofridos em combate. Com Canuto no trono, a Inglaterra estava mais uma vez nas mãos dos dinamarqueses.

Em 1018 ou 1019, Haroldo morreu na Dinamarca; para assegurar o reino, Canuto viajou para casa naquele ano. Para pagar os custos de sua frota, cobrou dos ingleses um pesado tributo, que até deixou sua marca nas pedras rúnicas suecas. Em um memorial de Orkesta, em Uppland, pode-se ler a respeito de um homem chamado Ulf que "recebeu *geld* na Inglaterra" de três líderes – Tosti, Thorketil e, por fim, do próprio Canuto.

Ao aceitar a Coroa dinamarquesa, Canuto obteve o controle do que era, na realidade, um império do mar do Norte, que ele regeu como um verdadeiro monarca cristão ao estilo europeu. A Noruega foi reabsorvida como parte das possessões dinamarquesas em 1029. As ambições de Canuto, suas projeções, são celebradas em uma das imagens mais extraordinárias da Era Viking: um livro de confraria doado pelo rei e sua esposa à Nova Abadia de Winchester (efetivamente a catedral nacional) em 1031, como uma demonstração de apoio dos leigos à Igreja. Na página de dedicatória desse *Liber Vitae*[44*] está o primeiro retrato que temos de um rei viking com base em um modelo vivo. Canuto é mostrado em pé ao lado do altar da igreja, uma coroa sendo colocada em sua cabeça por um anjo que aponta para cima, na direção de Deus no céu; o rei governa com a bênção direta do divino. A mão direita de Canuto agarra uma enorme cruz do altar que ele deu aos monges; a folha de ouro reluz ainda hoje. Sua generosidade régia é evidente, um perfeito benfeitor, modelo de mecenas da Igreja e das artes. Mas sua outra mão segura firmemente o punho de sua espada embainhada: ele vai armado para a catedral – a *Realpolitik* que dá respaldo à sua reivindicação ao trono. Para enriquecer ainda mais a cena, do outro lado do altar está a esposa de Canuto, Ema da Normandia, a viúva do rei Etelredo, o primeiro contra quem ele lutou pelo reino; ao se casar com a esposa de seu falecido inimigo, o viking legitima seu "inglesismo".

[44*] Um livro de confraria, também chamado de *liber memorialis* (livro memorial) ou *liber vitae* (livro da vida), é um registro medieval dos nomes de pessoas que passaram a fazer parte de um estado de irmandade espiritual com uma igreja ou mosteiro, muitas vezes visitando esses lugares na condição de peregrino; a lista de nomes representa os benfeitores ou patronos da comunidade à qual o livro é vinculado. [N. T.]

Canuto permaneceu no trono inglês até sua morte em 1035, mas ainda em vida seu império já havia começado a enfraquecer e não sobreviveu ao monarca. O maior território já controlado até então por um único governante escandinavo foi mais uma vez dividido. Ainda em vida, Canuto deu a Noruega e a Dinamarca a dois de seus filhos, que morreram ou foram depostos poucos anos depois da morte do rei. Um terceiro filho, Hardaknút, herdou a Inglaterra e firmou um desajeitado acordo com o novo rei da Noruega, Magnús Ólafsson [Magno, o Bondoso (*Magnús Óláfsson, ou Magnús inn Góði*)], de acordo com o qual seus territórios combinados seriam cedidos a qualquer um dos dois que vivesse mais tempo (o que estava bem longe de ser uma receita para a paz).

Em 1042, Hardaknút morreu de um derrame enquanto bebia, e Magnús reivindicou a Dinamarca. A nobreza inglesa aproveitou a oportunidade e recuperou seu trono, instalando Eduardo, o Confessor, filho da rainha Ema da Normandia em seu primeiro casamento com o rei Etelredo. Eduardo reinou por mais de vinte anos, mas após sua morte, em 1066, as resultantes reivindicações ao trono inglês – por parte da Noruega, por meio dos descendentes de Magnús; da Normandia, por meio de uma conexão um tanto tortuosa com a realeza inglesa; e dos próprios nobres saxões – seriam o cenário para as invasões gêmeas de Haroldo, o Duro, e Guilherme, o Conquistador. A história da Europa Ocidental oscilaria em um pêndulo entre um ex-comandante norueguês da Guarda Varegue e um viking de quinta geração descendente do exército de Rollo no Sena, duzentos e setenta anos após Lindisfarne, mais de trezentos anos depois de Salme.

A Era Viking, mesmo em seu sentido artificial de construção histórica, nunca foi uma sequência narrativa direta.

Na arena da política escandinava, seu fim realmente se deu a partir da morte de Sueno e teve como remate o falecimento de seu filho, Canuto. Mesmo esses homens eram bastante conhecidos – ainda que não como iguais – pela realeza europeia do continente. O mesmo se pode dizer da própria Escandinávia. Em um nível, foi transformada de forma irreconhecível pela massa de minúsculas entidades politicamente organizadas que a duras penas e com unhas e dentes abriram caminho para escapar dos anos de crise do século VI. Em meados do século XI, a Noruega, a Suécia e a Dinamarca eram realidades políticas, e apenas partes da Svealand e seu centro em Uppsala resistiam a uma adoção pelo menos formal do cristianismo.

Todavia, em um nível mais profundo, o Norte ainda funcionava segundo as velhas formas de pensar e de ser. Os descendentes da diáspora ainda prosperavam em outras terras, e nem todos estavam sob o domínio dos reis escandinavos – uma Era Viking diferente e mais antiga ainda estava viva. Algumas pessoas até então não haviam esquecido seu *fylgjur*, as mulheres-espírito que habitam dentro de cada pessoa, e o capítulo final da saga viking diz respeito a um lugar onde elas residem ainda hoje.

17

Terras de Fogo e Videiras

Enquanto novas nações estavam sendo construídas na Escandinávia, combinando a ideia de um único reino com o poder que em última análise derivava do Deus cristão, mundos inteiramente novos se abriam no Atlântico Norte.

Desde o seu povoamento no século IX, a Islândia não parou de crescer, propiciando oportunidade para um ousado experimento social que era, em muitos aspectos, o oposto do que estava acontecendo na terra natal dos vikings. Como as hidrarquias militantes antes deles, os islandeses também estavam moldando uma ordem social própria, algo diferente e novo. A paisagem selvagem e ardente da ilha, salpicada de vulcões, geleiras e grandes planícies de lava negra era adequada para a cultura que lá surgiria.

A Islândia também foi um ponto de partida para a exploração e colonização ainda mais a oeste, oceano afora. Os nórdicos viajavam por motivos conhecidos, em busca de terras, recursos e riquezas, mas também para conquistar uma reputação digna de enaltecimento e lembrança. Em jornadas por mares bravios, costas desconhecidas de rocha coberta de gelo e grama fresca foram encontradas primeiro na Groenlândia.[45*] Tão logo seus vales e fiordes ficaram densamente povoados de fazendas, alguns vikings

---

45 * O nome da Groenlândia deriva de "terra verde" (*Grønland*, em dinamarquês; em inglês, *Greenland*); já a Islândia (em inglês, *Iceland*) vem de *Ísland*, que na língua nórdica antiga significa "terra do gelo" (diz-se que o primeiro nome do país foi *Snæland*, "terra de neve"). [N. T.]

partiram de novo para o oeste – navegando por uma costa de rochas irregulares e miraculosos quilômetros de praias de areia branca, para finalmente chegar a um lugar que eles chamaram de Vinlândia (Vínland), que seria possível traduzir como a "terra das videiras", "terra dos vinhedos", "terra das vinhas" ou "terra das parreiras". Embora nunca tenham sabido disso, os nórdicos haviam alcançado a América do Norte.

Como acontece com a maioria dos territórios ausentes do mapa, o Atlântico Norte era uma arena onde as pessoas poderiam se refazer, ou pelo menos tentar. Lá os vikings vivenciaram tensões com a vida que deixaram para trás e com a pessoa que os outros gostariam que eles fossem. Encontraram também o inesperado, ao se depararem com os habitantes de lugares que, eles logo constataram, não estavam vazios.

De todos os territórios da diáspora, a Islândia, em particular, atravessou o turbilhão de correntes sociais e políticas que agitavam a Escandinávia. Nunca foi uma combinação fácil – uma ilha de colonos pioneiros, estabelecida sem governantes em uma era de monarcas; uma república de fazendeiros com mentalidade independente em uma época de Estados-nação em expansão. Essas tensões já eram evidentes quando se iniciou a colonização da Islândia no final do século IX, tendo como pano de fundo o crescente poderio dos reis do mar. A população que fundou a Islândia era uma mistura complexa, como vimos – homens da Noruega e dos assentamentos nas ilhas escocesas, algumas mulheres escandinavas, e muitas mais da região do mar da Irlanda. Um século depois de iniciado o *landnám*, a ocupação da terra, mais e mais levas de colonos adquiriram propriedades e se fixaram ao longo dos rios e fiordes.

Esses distritos tornaram-se mundos em miniatura, em que famílias ascendiam, perdiam prestígio e deixavam sua marca nas sagas. A piscina de maré e a enseada em torno da qual Reykjavík mais tarde se desenvolveria foram habitadas desde o início, e vestígios de várias casas longas foram encontrados junto à água, mas logo toda a costa oeste foi coberta por assentamentos. A península de Snæfellsnes, um pouco ao norte, é especialmente rica em histórias, folclore e lendas; Laxárdalr, na vizinha Breiðafjörður, era o lar de algumas das famílias mais eminentes; e assim por diante, em todo o país, cada vale reivindicado e lavrado.

A crescente prosperidade da Islândia no século X atraiu não somente a inveja dos reis noruegueses, mas também uma atenção cada vez maior da Igreja. Quando a economia agrícola marginal e o clima foram adicionados à mistura, é claro que os islandeses enfrentaram uma série de tribulações.

Os recursos sempre foram um problema no Atlântico Norte. Investigações da flora pós-*landnám* mostram a abertura de clareiras no terreno e a derrubada de árvores em grande escala. É importante entender que a paisagem escarpada e árida que hoje atrai turistas não era de forma alguma a que os vikings descobriram: foi a paisagem que eles criaram. Quando os nórdicos chegaram, a Islândia era densamente arborizada, mas as árvores logo foram cortadas para fornecer materiais de construção – uma sociedade inteira precisando construir lugares para morar e trabalhar –, enquanto a cobertura de arbustos foi exaurida para uso como combustível. Uma geração após o primeiro desembarque de colonos, a natureza do lugar foi alterada de maneira irrevogável. Além de causar a erosão acelerada do solo, isso também levou a uma demanda constante de madeira, que aumentou drasticamente do século X em diante. Com o fim das árvores, a madeira flutuante tornou-se um recurso vital, e os direitos de recolhê-la e usufruir dela eram distribuídos e controlados com extremo rigor. A madeira flutuante é útil para muitos fins domésticos, mas, por ser ao mesmo tempo dura e impregnada de muita areia e solo, é bastante difícil de ser trabalhada.

As primeiras estruturas da ilha foram construídas com madeira local, mas depois disso a madeira teve que ser importada. Alguns dos colonos mais ricos até trouxeram consigo suas próprias casas, na forma de "kits" portáteis, que podiam ser desmontadas em suas partes componentes em apenas dois ou três dias por uma equipe de trabalhadores. Na forma pré-fabricada, casas foram transportados da Noruega para a Islândia, e mais tarde também para a Groenlândia. Isso explica em parte por que o tamanho básico das estruturas é, de modo geral, constante nas colônias do Atlântico Norte.

Uma combinação de necessidade e praticidade de isolamento térmico e a impermeabilização fez com que a turfa se tornasse o principal material usado na construção de moradias e outras estruturas. Em uma típica casa longa do Atlântico Norte, a unidade básica de habitação da região sob colonização nórdica, eram necessários entre 1.000 e 1.500 metros quadrados de turfa cortada para a construção das paredes. Ainda hoje, sobretudo na Groenlândia, grandes extensões de cortes de turfa ainda podem ser vistas nas proximidades das fazendas da Era Viking; é claro que o manejo e a extração de recursos de turfa eram atividades cuidadosamente supervisionadas. Uma fazenda poderia consistir de um prédio principal e vários anexos – oficinas e estábulos, talvez uma ferraria, talvez alojamentos para os escravos. No final da Era Viking, e mais ainda na Idade Média, esses espaços auxiliares foram incorporados à casa-grande da fazenda a fim de aumentar o aquecimento, resultando em complexas estruturas modulares de edifícios conjugados.

Por todo o Atlântico Norte, a turfa também era um recurso importante, usado comumente como combustível doméstico, na metalurgia e como material de construção. Assim como a turfa, torrões de leiva em grande escala são identificáveis até hoje em torno dos assentamentos da Era Viking, e parece que áreas especiais na paisagem foram reservadas para esse propósito.

A Islândia nunca se adaptou a uma economia monetária na Era Viking, e foram encontrados pouquíssimos tesouros de prata. Outras mercadorias desempenhavam um papel importante em seus sistemas de troca, e o mais provável é que a principal delas tenha sido o *vaðmál* – o grosso e pesado tecido de sarja de lã, também conhecido como *tabby*, que era universalmente empregado no mundo viking como o pano básico para uso doméstico. Era, portanto, não apenas um produto viável e de fácil comercialização para o mercado interno, mas também um item valioso para posterior troca. A ilha nunca foi isolada, e realizava um intenso comércio com as outras colônias do Atlântico Norte e a Escandinávia. As sagas estão repletas de passagens para a Noruega em particular, apesar das tensões políticas com os poderes reais de lá, e esse contato sempre foi mantido.

Concebendo-se a diáspora como uma condição tanto mental quanto física, é interessante que o *Landnámabók*, "O livro da colonização" ou "O livro dos assentamentos", lista as origens escandinavas de apenas cerca de 10% dos primeiros proprietários de terras na Islândia. Como em muitas narrativas de fronteira, a nova vida voltada para o futuro que as pessoas construíam para si mesmas era muitas vezes considerada mais importante do que a que havia sido deixada para trás no "velho país".

O povoamento das colônias do Atlântico Norte precipitou também a instituição de um novo tipo de sistema jurídico, baseado no tradicional uso de locais de realização das *things*, que havia muito eram uma característica regular e marcante da vida na Escandinávia continental. Em contraste com a situação na Noruega, onde os reis vinham afirmando sua autoridade sobre as assembleias, a governança na Islândia foi colocada quase inteiramente nas mãos dos parlamentos, onde as leis eram criadas e renovadas e as disputas legais eram resolvidas. Uma das primeiras foi em Þingnes, península fustigada pelos ventos nos arredores de Reykjavík, e assembleias regionais pipocaram por todo o país. Por volta de 930, um parlamento nacional ou assembleia geral, o *Alþingi*, foi estabelecido no vale hoje conhecido como Þingvellir – uma espetacular fenda formada pelos movimentos divergentes das placas tectônicas da Eurásia e da América do Norte. O cumprimento da lei do *Alþingi* era assegurado por 36 *goðar*, ou chefes, influentes líderes que se tornaram os principais atores da política islandesa. Em 960, o sistema foi redesenhado quando a ilha foi dividida em quatro quartos, cada um dos quais composto por três assembleias regionais, por sua vez lideradas por três *goðar*.

Apesar das aspirações dos islandeses de engendrar um novo sistema de governo, seu admirável mundo novo estava longe de ser uma utopia pacífica. As narrativas centrais de muitos relatos de saga descrevem as longas e sangrentas hostilidades que se originaram entre famílias e facções políticas concorrentes ao longo dos vales, brigas e rixas entre vizinhos que se intensificavam a ponto de descambar para roubos e assassinatos. À medida que o poder dos *goðar* cresceu no período medieval, maior o volume de interesses em jogo nessas disputas, impulsionando as rivalidades. Em última análise, os conflitos civis resultantes acabariam marcando o fim da república islandesa, e a contínua espiral de violência foi encerrada quando se asseverou o controle direto na Noruega no século XIII.

Outra séria ameaça à estabilidade social foi representada por foras da lei, sobretudo devido a seus tesouros escondidos, antros ocultos em que armazenavam os frutos das pilhagens. Vários de seus esconderijos são conhecidos, e alguns atraíram um abundante acréscimo de folclore. Esses relatos são, é claro, uma parte fundamental da cultura narrativa islandesa – literalmente na forma das famosas sagas mencionadas ao longo deste livro. Os indivíduos que povoam as histórias são verdadeiros personagens da Era Viking, embora filtrados pela prosa medieval dos escritores de sagas, com a confiabilidade variável de uma suposta história oral sobre a qual todo o edifício repousa. Para um islandês moderno, ler o nórdico antigo das sagas tem quase o mesmo nível de dificuldade que a poesia shakespeariana para um falante moderno de inglês. Muitos islandeses de hoje rastreiam sua ascendência de protagonistas das sagas ou alegam ser da estirpe dos primeiros colonizadores, e o *corpus* de histórias é, em todos os sentidos, um tesouro nacional.

Há Aud, "a de mente profunda" [Auðr djúpúðga Ketilsdóttir, também conhecida como Unn], presa como viúva em Caithness, na costa norte da Escócia, que encomendou seu próprio navio e o capitaneou em uma jornada primeiro para as Órcades e depois para as ilhas Faroé e a Islândia; ela se tornou uma das grandes proprietárias de terras do país e uma de suas primeiras cristãs. E Flosi Thordarson, que queimou seus inimigos em seu salão após uma relutante campanha de vingança, apenas para ouvir alguém entoando poesia entre as chamas. "Skarphedin estava vivo ou morto quando recitou aquele verso?", pergunta um de seus homens, e a resposta de Flosi: "Não farei nenhuma suposição a respeito disso". Há Gudrún Ósvífrsdóttir, quatro vezes viúva após um intrincado ciclo de amor, vingança e rixa – ao final de uma longa vida, ela se lembra de seus falecidos maridos com o verso mais famoso das sagas: "Fui a pior das pessoas para aquele a quem mais amei"; ainda hoje os leitores se debatem sobre a quem ela se referia. Ou Thorodd, "o negociante de tributos", que se afogou com seus homens numa expedição de pesca; os corpos nunca foram encontrados, e todas as noites em que havia banquetes fúnebres ele e seus companheiros entravam para sentar-se perto da lareira, com água escorrendo de suas roupas, "até que o fogo começava a queimar muito baixo, quando então iam embora". E Gunnhild, rainha feiticeira de Jorvík, que certa vez se empoleirou em forma de pássaro numa janela, gorjeando a noite toda na tentativa de atrapalhar a concentração de um poeta. E há ainda o anti-herói fora da lei Grettir Ásmundarson, que lutou contra a terrível alma penada Glam, e sempre disse que a única coisa que o deixara assustado foi ter visto o morto-vivo fitando a lua.

Algumas dessas pessoas eram sem dúvida reais, outras talvez não. Poucas devem ter feito *exatamente* as coisas que lhes são atribuídas nos textos – mas, em certo sentido, isso na verdade pouco importa. Por favor, leia as sagas.

A experiência da Era Viking por trás da vida literária dos textos medievais pode ser revelada em detalhes vívidos pela arqueologia. O sítio de Hofstaðir, no Norte da Islândia, pode servir como uma janela útil para a colônia. Lugar singular e extraordinário, com fortes nuances rituais, as escavações lá realizadas revelaram um impressionante nível de preservação: nos depósitos do piso, por exemplo, é possível ver marcas de móveis e utensílios domésticos, e até mesmo os arranhões curvos feitos toda vez que uma porta mal encaixada era aberta. Hofstaðir foi estabelecido logo após 940, com a construção de um salão, uma ferraria e um edifício de piso rebaixado. Entre as décadas de 980 e 1030, o salão passou por uma considerável ampliação. O prédio principal foi aumentado, um menor foi construído nas proximidades, uma ferraria maior foi erguida, uma nova latrina foi cavada.

A partir dessa segunda fase, há indícios de uma população muito maior no complexo, mas também a sugestão de que isso era algo sazonal e de que o salão foi construído especificamente para reuniões de grandes multidões de pessoas em ocasiões específicas. Essa hipótese é corroborada pelo tamanho da lareira, que não era suficiente para aquecer a estrutura, e também pela identificação de padrões especializados de carniçaria em ossos de animais, que implica que a carne trazida ao local já estava processada para o banquete. Estudos ambientais sobre os ossos de animais revelam que os porcos mantidos no local estavam sendo alimentados com truta, dieta que produz uma carne de porco excepcionalmente gordurosa. Era uma prática incomum, sem nenhum outro paralelo regional, indicação de que os suínos estavam sendo criados com o deliberado propósito de que sua carne fosse usada em banquetes de status elevado. Hofstaðir também é o único sítio a preservar vestígios do consumo de leitão, outra iguaria.

Esse era o lugar onde bois eram sacrificados; duplas de homens matavam os animais em grandiosos espetáculos de sangue, como vimos antes. Aparentemente, depois os crânios do gado eram pendurados nas paredes do salão. As escavações já encontraram 35 crânios, testemunhos dos muitos anos de realização desses ritos – a datação por radiocarbono sugere que os sacrifícios podem ter perdurado por mais de um século. Parece também que aconteciam na segunda quinzena de junho; eram rituais de verão durante o período de luz solar permanente. Os bois sacrificiais não vinham, em sua maioria, da área de Mývatn para Hofstaðir, mas eram trazidos de fora do distrito – outra prática cara. A matança de gado parece ter chegado ao fim ao mesmo tempo que se adotou o cristianismo, sugerindo uma óbvia ligação entre a introdução da nova fé e o declínio de eventos pagãos públicos (embora os ritos não cristãos continuassem, a portas fechadas, por algum tempo).

Muitos outros achados atestam o status singular de Hofstaðir, ainda que alguns sejam difíceis de interpretar; por exemplo, o sítio tem grandes concentrações de ossos de gato, que não são encontrados em nenhum outro lugar. O assentamento foi desmontado e abandonado na década de 1070, quando os prédios foram desmantelados e cada uma das estruturas ritualmente fechada com sepultamentos de crânios de animais.

A Islândia se converteu oficialmente ao cristianismo por volta do ano 1000, embora haja uma história complexa por trás disso. A nova fé vinha se infiltrando na ilha havia décadas, chegando, de maneira ativa ou passiva, a bordo de cada novo navio, como boato ou convicção. O avanço da conversão na Escandinávia, sobretudo na Noruega, fez-se sentir também na Islândia. Os colonos olharam para o futuro e debateram suas opções. *O livro dos islandeses* registra que a decisão de aceitar a religião cristã foi tomada pelo "orador das leis" do *Alþingi*, em resposta à crescente inquietação resultante do atrito entre os adeptos das novas crenças e os tradicionalistas teimosos. Tendo meditado sob um manto, em algo semelhante a um transe xamânico, o legislador optou pela conversão, mas com algumas ressalvas interessantes: dali em diante os islandeses chamariam a si mesmos de cristãos, mas em âmbito privado ainda poderiam praticar os antigos rituais, comer carne de cavalo e abandonar os filhos indesejados se assim o quisessem (o que implica que de fato faziam essas coisas). Como na Escandinávia continental, o cristianismo primitivo parece ter sido uma questão relativamente privada, e muitas fazendas tinham suas próprias igrejas – situação que perduraria ao longo da Idade Média.

Na segunda metade do século X, os islandeses se aventuraram ainda mais a oeste, o que levou à colonização da Groenlândia na década de 980. As razões para isso permanecem em debate, mas é possível que as áreas disponíveis para colonização na Islândia fossem alvos de constante obstrução por chefes de clãs estabelecidos. A história da presença nórdica na Groenlândia, e mais tarde no Novo Mundo, é preservada em dois textos – a *Saga de Érico, o Vermelho* [*Eiríks Saga Rauða*] e a *Saga dos groenlandeses* [*Grænlendinga Saga*].⁴⁶* Ambos diferem substancialmente nos detalhes, mas transmitem um quadro geral muito semelhante acerca da expansão para o oeste.

A Groenlândia foi descoberta acidentalmente por viajantes que desviaram do curso em meio a uma tempestade. Na jornada de retorno à Islândia, contaram a outros sobre o que tinham visto, e as notícias de uma grande porção de terra a oeste começaram a circular. Isso coincidiu com um drama local que se desenrolava no Oeste do país, quando uma sentença de proscrição – exílio por desacato à lei – foi decretada para um homem chamado Erik, o Vermelho [Eiríkr Þorvaldsson, Eiríkr hinn rauði ou Eric, o Ruivo], como resultado de uma série de assassinatos na esteira de uma contenda entre vizinhos. Homem de temperamento difícil, violento, mas intrépido, com opções limitadas, Erik decidiu tentar a sorte nessas novas terras e para lá navegou com um pequeno grupo de seguidores. Um ano depois estava de volta à Islândia, repleto de histórias do maravilhoso lugar que ele decidiu chamar de Groenlândia – escolhido, de acordo com a saga, porque se tivesse um nome agradável as pessoas sentiriam o desejo de ir para lá.

O discurso persuasivo de Erik encontrou um público ávido. Deve ter sido tentador ir para um país desabitado (como a Islândia apenas um século antes) em busca de novas terras para colonização. Além das pastagens, a disponibilidade de caça, incluindo renas, focas e morsas também serviram como chamariz para novos colonos. Essa primeira presença nórdica, que se tornaria a chamada Colônia Oriental ou Habitação Oriental [Eystribygð],

---

⁴⁶* Em conjunto formam as *Sagas do Atlântico Norte*, que se referem às sagas do descobrimento da América ou às *Vinland sagas* (*Sagas da Vinlândia ou Sagas das terras das videiras*). [N. T.]

foi estabelecida em torno da ponta sul da Groenlândia. Arqueólogos registraram cerca de quinhentas fazendas lá, espalhando-se para o norte ao longo da costa e estendendo-se até uma comunidade menor, às vezes conhecida como Colônia Média ou Habitação Média [Miðbyggð].

Seu centro social e político ficava em Brattahlíð, o local onde Erik, o Vermelho, construiu seu complexo de fazendas, no que ele caracteristicamente chamava de Eiríksfjord (o "fiorde de Erik"; hoje o lugar é conhecido por seu nome inuíte, Qassiarsuk, e o fiorde é Tunulliarfik). Vestígios da casa de Erik foram encontrados; era uma imponente estrutura com piso de lajotas, rodeada de edifícios anexos auxiliares, incluindo estábulos para animais. Nos arredores havia uma pequena igreja de turfa, construída (de acordo com as sagas) para sua esposa, Thjodhild. Erik nunca compartilhou da fé religiosa da esposa, e até morrer permaneceu fiel às antigas tradições; essas diferenças espirituais causavam tensões entre eles. Em um local desconhecido perto de Brattahlíð ficava o local da primeira assembleia *thing* na Groenlândia. Esse distrito continuaria tendo destaque durante séculos, com um enfoque cristão posterior ao redor do bispado de Garðar, diocese fundada no século XII no fiorde próximo a Brattahlíð.

Outro local de grande importância na Colônia Oriental foi Herjolfsnes, numa posição distante do centro principal, mas habilmente localizado para formar o primeiro desembarque natural de navios que chegavam da Islândia. Fundada por Herjólf Bárdarson, que veio nos primeiros navios com Erik, Herjolfsnes prosperou como um porto de trânsito – recebendo as primeiras notícias do Leste e fazendo as vezes de entreposto para um comércio efervescente que equipava os viajantes com aquilo que eles não sabiam que precisavam.

Mais ao norte, na costa, um segundo núcleo de povoamento nórdico foi logo fundado e ficou conhecido como Colônia Ocidental ou Habitação Ocidental [Vestribygð]. Cerca de cem fazendas foram identificadas lá. Em ambas as colônias, os nórdicos instalaram seus assentamentos nas áreas mais temperadas ao longo da costa, onde os fiordes e vales permitiam um sistema de agricultura pastoril. Como em outras partes do Atlântico Norte, mantiveram suas raízes culturais no que dizia respeito a construir e administrar seu lar. As ruínas das casas de fazenda de turfa e pedra ainda hoje visíveis lá eram, em muitos aspectos, semelhantes às encontradas na

Islândia e nas ilhas Faroé, assim como o uso contínuo dos métodos agrícolas de cultivo interno (o terreno mais próximo à casa era lavrado) e externo (as terras mais distantes da fazenda eram usadas como pastagem). Uma parte importante da economia era a caça anual à morsa, realizada no Extremo Norte, nas águas do que hoje é a baía de Disko. Essa perigosa viagem para as áreas de caça do Norte (Norðrsetur) levava muitas semanas, mas fornecia as matérias-primas para o uso dos próprios colonos e para a manutenção do comércio com a Islândia e a Escandinávia.

Também de outras maneiras o ambiente hostil exigia que os colonos adaptassem seu modo de vida a fim de sobreviver, e há algumas evidências de que tentaram fazer isso. Na Colônia Ocidental, a cerca de oitenta quilômetros de Nuuk, a atual capital da Groenlândia, escavações feitas por arqueólogos dinamarqueses em um local que chamaram de *Gården Under Sandet* (fazenda sob a areia), ou GUS, encontraram oito fases de ocupação superpostas, revelando estruturas compostas que combinam moradias, estábulos de animais e anexos em edifícios conglomerados que maximizavam a retenção de calor. Na GUS há uma constante sensibilidade ao meio ambiente, uma vez que os edifícios de diferentes tipos mudavam de uso para se ajustar à estação e ao clima. Tanto na Islândia quanto na Groenlândia, a capacidade de alimentar o gado durante o inverno era de fundamental importância. Não é surpresa alguma que as plantas forrageiras predominem no registro ambiental, e no registro faunístico há uma alta proporção de cabras, úteis como animais resistentes que podiam ser alimentados com fibras lenhosas como galhos. Preservar os alimentos era uma parte igualmente importante do ciclo anual, sobretudo nos meses de inverno, e os colonos aplicavam sua engenhosidade para lidar com essa questão, bem como para contornar todas as outras provações de seu novo lar. Existem boas evidências, por exemplo, do uso de cinzas de algas marinhas como fonte de sal, o que era vital para o processo de preservação.

Hoje é possível usar análises científicas cada vez mais sofisticadas para examinar o impacto ambiental dos colonos nórdicos nos assentamentos do Atlântico Norte. Na Groenlândia, colonos deixaram sua própria "pegada" na paisagem, visível no registro arqueológico. Estima-se que até 5% da flora da Groenlândia seja de origem nórdica, importada com os colonizadores e distribuída pelas pastagens ao redor dos assentamentos.

Sem dúvida os nórdicos da Groenlândia sinalizaram uma identidade escandinava, mas, assim como nas ilhas Faroé e na Islândia, são inegáveis algumas adaptações locais ao ambiente imediato. Os índices de alfabetização parecem curiosamente altos, por exemplo, já que as inscrições rúnicas são, em termos comparativos, mais comuns lá do que em qualquer outro lugar no mundo viking e, ademais, são aplicadas a uma gama muito maior de objetos do que o normal. Vários itens têm marcas de propriedade, incluindo uma pá de Vatnahverfi com a inscrição "pertence a Gunnar" e um verticilo de fuso da mesma área com as palavras "Sigrid fez". Embora bastante triviais em si mesmas, essas inscrições demonstram um alto nível de fluência rúnica cotidiana; certamente havia uma demanda muito grande por uma comunicação rápida e precisa. As inscrições da Groenlândia nórdica tardia também revelam a existência de um culto com certo grau de desenvolvimento à Virgem Maria, cujo nome pode ser encontrado em inscrições em objetos cotidianos, como fusos para fiação manual – talvez uma evidência do tipo de religião de fronteira que pode criar raízes com grande convicção.

Em contraste com as muitas inscrições rúnicas medievais de cidades norueguesas como Bergen e Stavanger, na Groenlândia não há quase nenhuma relacionada diretamente ao comércio. No entanto, uma profusão de talhas (varas usadas para marcar pagamentos, dívidas etc.) parece indicar que os groenlandeses passavam muito tempo contando coisas, provavelmente mercadorias de vários tipos. É difícil não sentir uma necessidade obsessiva aqui, a reiterada certificação de que eles tinham o suficiente para sobreviver.

A vida na Groenlândia, como nas outras colônias nórdicas do Atlântico, era severa e às vezes curta. De quando em quando, as margens de subsistência eram muito pequenas; por exemplo, no local da GUS, as terras ao redor foram ficando progressivamente desnudadas à medida que os arredores da fazenda eram superexplorados. Um registro sobremaneira traumático das realidades da vida na fazenda sobrevive nas finas camadas de solo acumulado dentro dos prédios ali, e nas evidências ambientais que elas contêm. Uma análise cuidadosa revelou que é quase certo que os habitantes da GUS morreram de fome nas casas. O registro mostra um aumento breve, mas muito significativo, da presença de moscas-varejeiras, espécie de ar livre que por um curto período passou a viver no ambiente interno. Nenhum corpo foi encontrado na GUS, então parece que alguém os removeu posteriormente. Conforme observa o analista ambiental do sítio, três anos ruins sucessivos na Groenlândia teriam sido suficientes para varrer do mapa até mesmo a fazenda mais bem preparada.

A absoluta dureza da vida nas margens do Atlântico Norte – o risco e a vulnerabilidade – vai muito mais além no sentido de explicar as extraordinárias viagens oceânicas de descoberta do que qualquer noção supostamente inata de aventura nórdica. As ilhas Faroé, a Islândia e a Groenlândia foram encontradas acidentalmente quando os navios extraviaram da rota por causa do mau tempo; não é que alguém simplesmente decidiu partir rumo a um horizonte distante. Também é importante lembrar que muitos desses viajantes vikings nunca mais foram vistos. Nenhuma saga foi escrita para eles, que simplesmente desaparecem da história nas águas do Atlântico. O fato de que isso era visto como um risco natural da vida marítima pode ser depreendido a partir das observações de um laconismo chocante (para uma mente moderna) acerca das perdas de navios que encontramos nas sagas. Na *Saga dos groenlandeses*, lê-se:

> No verão em que Erik, o Vermelho, partiu para colonizar
> a Groenlândia, 25 navios partiram de Breidafjord e
> Borgarfjord [na Islândia], mas apenas catorze chegaram lá.

A curiosidade, mas também certo grau de necessidade, desempenhou um papel importante naquele que é provavelmente o episódio mais famoso na criação da diáspora viking: o primeiro encontro europeu com a América do Norte. Nossas fontes textuais com relação a esse evento são de fato escassas – apenas as duas sagas já mencionadas, que contêm uma fartura de detalhes, mas também muitas contradições. Embora ambas relatem uma história semelhante, diferem em inúmeros pontos. Por exemplo, enquanto a *Saga dos groenlandeses* atribui a Bjarni Herjólfsson (filho do magnata local em Herjolfsnes) o crédito de ter sido o primeiro homem a avistar a América do Norte em 986, quando seu navio foi impelido pela tempestade ao tentar chegar à Groenlândia, a *Saga de Erik, o Vermelho* (o que talvez não seja surpresa, dada a sua família) atribui a Leif Eiríksson, filho de Erik, o Vermelho, a descoberta, na jornada de volta da Noruega. De acordo com as duas sagas, os avistamentos iniciais induziram tentativas posteriores de explorar as terras recém-descobertas.

Em certo sentido, as viagens para a Vinlândia foram eventos de importância secundária que envolveram apenas alguns navios e algumas centenas de indivíduos, e não há nenhuma indicação especial de que tenham sido relevantes para os nórdicos como algo que fosse mais do que uma história épica (não há dúvida de que o relato *era* famoso, o que é evidente não apenas pelas sagas, mas também pelo fato inegável de as viagens terem sido lembradas durante séculos a fio). No entanto, marcaram também outra coisa: o momento *sui generis* na história humana em que as populações que haviam começado a se expandir para fora da África centenas de milhares de anos antes finalmente se uniram desde o leste e o oeste, completando o círculo de colonização e encontro ao redor do globo. É uma história que vale a pena examinar em detalhes.

Nas sagas, a região da América do Norte colonizada pelos nórdicos é conhecida como a Vinlândia, "terra das videiras", "terra dos vinhedos", "terra das vinhas" ou "terra das parreiras", devido à descoberta pelos colonos de uvas silvestres. O caminho para alcançar a América do Norte está mapeado nos textos: de início era preciso navegar para o norte até a costa oeste da Groenlândia, muito além da Colônia Ocidental, antes de virar para oeste e cruzar o mar aberto durante dois dias. De acordo com as sagas, ao chegar à costa distante os exploradores nórdicos se voltaram para o sul, primeiro passando por uma terra de pedras planas (conhecida como Helluland, provavelmente a ilha Baffin) e uma de floresta densa (Markland, provavelmente a região de Labrador, no Canadá). Há uma descrição de praias infinitas com areias de brilho deslumbrante que também se enquadram nessa rota. A Vinlândia, o foco da atividade nórdica nas sagas, fica ao sul de Helluland e Markland, mas não se sabe exatamente sua localização. É aqui que os dois textos divergem de maneira mais significativa, tanto na natureza das viagens quanto para onde foram.

Na imaginação popular de hoje, as viagens para a Vinlândia são principalmente associadas a Leif Eiríksson – Leif, "o Sortudo" –, mas em ambas as sagas está claro que os principais exploradores nórdicos foram o casal Thorfínnr Karlsefni e Gudríd Thorbjarnardóttir.

Na *Saga de Erik, o Vermelho*, Leif descobre a Vinlândia, mas não desembarca lá. Realiza-se apenas uma viagem de assentamento, encabeçada por Thorfínnr com três navios e 140 (ou 160) homens, uma tripulação de vários parentes e criados de Erik, o Vermelho, incluindo o irmão e a irmã de Leif. Dois assentamentos separados foram fundados na Vinlândia – um em "Straumfjörðr", onde o grupo passa o inverno, e um segundo em "Hop", que parece ter durado mais tempo. Ali encontram povos nativos aos quais os textos se referem como *skraelingar* ou *skrælingjar* – termo depreciativo que significa algo como "selvagens". Depois de uma primeira interação cautelosa, os locais voltam em grande número e começam a negociar, embora fiquem com medo do touro nórdico, animal nunca visto. Isso parece azedar as relações e, após um período de ausência, os nativos atacam o acampamento nórdico. Os exploradores são salvos pela irmã de Leif, Freydís Eiríksdóttir, que agarra a espada de um homem morto e desnuda o seio, o que, de acordo com a saga, assusta tanto os agressores que eles recuam. Segue-se uma complicada série de episódios, envolvendo mais assassinatos de nativos e a morte do irmão de Leif, disputas entre os nórdicos e uma longa viagem de volta à Groenlândia. O sonho da Vinlândia está abandonado. A região é descrita de forma ambígua na saga, e sua geografia não faz sentido interno. Seu limite norte é um promontório que a saga chama de Kjalarnes, mas o mesmo texto menciona também que alguns dos nórdicos desejam *procurar* a Vinlândia a oeste desse ponto.

A *Saga dos groenlandeses*, por outro lado, é mais detalhada em muitos aspectos e descreve várias jornadas separadas para o Novo Mundo. Seus eventos parecem ter sido compactados de maneira canhestra na viagem única da outra saga. A cronologia também é alterada para um pouco mais tarde, em que Bjarni Herjúlfsson espera vários anos antes de relatar seu avistamento de uma nova terra, e é somente por volta do ano 1000 que Leif Eiríksson fica sabendo disso e inicia sua empreitada até lá. Nesse texto é ele quem primeiro põe os pés em terra. Somando-se às dificuldades de interpretação, apenas um assentamento é mencionado na *Saga dos groenlandeses*, um lugar construído por Leif e chamado, portanto, de Leifsbuðir ("casas de Leif"); ele empresta o local aos viajantes que o acompanham, embora não volte pessoalmente para a Vinlândia.

Quando Leif chega em casa na Groenlândia, uma nova expedição é lançada por seu irmão Thorvald. Ele e seus homens também chegam a Leifsbuðir e, de fato, lá permanecem durante três invernos, enquanto passam os verões explorando a costa. De acordo com essa versão, fica claro que os nórdicos adquiriram um conhecimento considerável acerca da região e também se distanciaram de sua base – o que tem implicações para os dados arqueológicos, como veremos. Essa missão termina em desastre quando os nórdicos de súbito se depararam (o que Leif nunca fez) com pessoas a quem essa saga também chama de *skraelingar*; ao contrário do relato da *Saga de Erik*, o contato é violento desde o início. Thorvald e seus homens matam vários dos nativos, antes de serem atacados em grande número e baterem em retirada para os navios. No processo, Thorvald é morto por uma flechada, como acontece também na "viagem combinada" da *Saga de Erik*.

Os navios finalmente conseguem voltar para a Groenlândia, e sua façanha é seguida pela jornada que é o foco da *Saga dos groenlandeses* – quando Thorfínnr Karlsefni e Gudríd viajam para a Vinlândia acompanhados por sessenta homens e cinco mulheres. Levam consigo mercadorias de comércio e gado, com a intenção de permanecer, e de início seus encontros com os nativos são pacíficos. Trocam leite e roupas (a cor vermelha parece especialmente popular), mas logo há um mal-entendido quando um dos moradores tenta pegar uma arma nórdica e é morto. Aqui o relato parece convergir com o da *Saga de Erik, o Vermelho*, já que os nórdicos são atacados com vigor, mas lutam para conseguir escapar, e retornam à Groenlândia. A saga inclui um fechamento, com uma viagem adicional (totalizando quatro) liderada em conjunto pela irmã de Leif, Freydís. Isso tem ligações claras com a narrativa da *Saga de Erik*, mas aqui termina em discórdia assassina entre os colonos (vários dos quais a própria Freydís mata com golpes de machado – ela é claramente filha de seu pai).

Em ambas as sagas, o outro irmão de Leif, Thorstein, lidera uma fracassada viagem para encontrar a Vinlândia, e passa meses perdido no mar antes de ser levado de volta à Groenlândia e morrer de doença. À época ele era casado com Gudríd Thorbjarnardóttir, e é em sua viuvez que ela conhece o futuro marido, Thorfínnr.

Em ambas as sagas os povos nativos são descritos com algum grau de pormenor: deslocando-se em pequenas flotilhas de barcos forrados de couro ou com pele de baleia, rodopiando algum tipo de matraca, empunhando arcos e flechas, dormindo em "sacos" de pele. Os detalhes trágicos do primeiro encontro colonial são conhecidos de ocasiões posteriores, e convincentes por esta razão: as negociações iniciais, com muitos sistemas de valores diferentes (os nórdicos ficam incrédulos diante da disposição dos locais em trocar peles bonitas por bagatelas como um pouco de leite), mas depois se tornando interações violentas e mortíferas, muitas vezes calcadas em acusações de parte a parte por supostos "roubos" de armas. Há inclusive o sequestro de pessoas para serem levadas para casa a fim de aprenderem os caminhos da "civilização" – mude os nomes e esses podem ser episódios dos diários do navegador e explorador James Cook. Dada a geografia da saga e os dados arqueológicos, o consenso acadêmico hoje é que as pessoas das Primeiras Nações encontradas pelos nórdicos foram provavelmente os ancestrais dos Beothuk, que de acordo com os registros no início dos tempos modernos viviam na Terra Nova (Newfoundland). Sua história posterior foi de danos e perdas coloniais; os Beothuk foram declarados extintos em 1829, embora alguns indivíduos possam ter sobrevivido por mais tempo no século XIX.

Ao longo dos séculos, a memória das expedições nórdicas à Vinlândia esmaeceu e, em seguida, desapareceu por completo. Foi somente na década de 1960, após anos de pesquisa, que escavações identificaram um sítio nórdico em l'Anse aux Meadows, em Épaves Bay, na ponta norte da Terra Nova. Foram encontrados os vestígios de oito edifícios agrupados em três complexos que incluíam moradias e oficinas, uma das quais era uma ferraria onde se processa o ferro do pântano. Também havia evidências de atividade de trabalho com madeira e reparos de navios, em algo semelhante a um galpão de barco. A arquitetura do assentamento é nórdica clássica no estilo do Atlântico Norte, comum desde as ilhas Faroé à Groenlândia.

Os achados são bastante escassos, mas incluem uma fíbula com a ponta anelada de um tipo que é identificado como nórdico. Havia também um verticilo de fuso e um fragmento de agulha de osso – evidências de trabalho têxtil (talvez feminino?) –, bem como uma conta de vidro. Foram escavados pedaços de madeira claramente moldados por ferramentas de ferro dos nativos.

Os edifícios em L'Anse aux Meadows foram queimados, ou por pessoas das Primeiras Nações após a partida dos nórdicos ou talvez pelos escandinavos como um ato de encerramento ritual. Costuma-se datar o local de cerca do ano 1000, mas parte do material encontrado parece ser anterior, sugerindo que o assentamento pode ter sido estabelecido antes das explorações nórdicas registradas nas sagas (embora a cronologia seja reconhecidamente vaga).

As instalações de L'Anse aux Meadows teriam a capacidade de abrigar cerca de cem pessoas, mas não parecem ter sido ocupadas de forma permanente. Em vez de tentar estabelecer uma colônia, o desejo de assegurar valiosos suprimentos de madeira pode ter sido a principal motivação para a fundação do assentamento. Ao contrário da história das sagas, não se encontraram vestígios de gado, celeiros ou estábulos, que eram essenciais para a sobrevivência em longo prazo de qualquer nova colônia. Tampouco foram descobertos túmulos, o que também indica um assentamento de vida relativamente curta. Dito isto, novos trabalhos ambientais no sítio sugerem que a ocupação nórdica, intermitente ou não, pode ter durado até um século.

Vários acadêmicos acreditam que, na verdade, L'Anse aux Meadows era em essência uma estação intermediária usada para reabastecimento e consertos de barcos entre expedições mais longas para o interior. As claras referências a uvas silvestres – e de fato ao próprio nome – implicam que a Vinlândia não estava localizada na Terra Nova, já que a latitude mais ao norte em que as uvas silvestres crescem fica muito mais ao sul, nas proximidades de Nova Brunswick. A identificação de nozes-brancas e madeira de nogueira em L'Anse aux Meadows, que também têm seus limites de crescimento ao norte na região de Nova Brunswick, corrobora essa sugestão. Se os nórdicos *realmente* viajassem mais para o sul, potencialmente poderiam ter se entranhado a fundo no rio São Lourenço, avançando até onde hoje fica a província de Quebec, ou se dirigido ao sul ao longo da costa do Maine. Levando-se em consideração a distância das casas dos nórdicos na

Groenlândia e na Islândia, e a imprecisão de seu conhecimento geográfico, talvez Vinlândia fosse um nome dado pelos nórdicos a toda a região.

L'Anse aux Meadows é hoje um lugar extraordinário, precisamente porque seus vestígios são tão modestos – os contornos de edifícios de turfa são como protuberâncias na grama ao redor da baía, uma casa longa reconstruída, um excelente museu –, ao mesmo tempo, a mente rodopia, hesitante, em torno do que o lugar representa. E tudo completamente desconhecido para as pessoas envolvidas. Os nórdicos não sabiam onde estavam, e as pessoas das Primeiras Nações não tinham ideia de quem haviam encontrado ou de onde eles tinham vindo. A primeira vez que vi a aurora boreal foi no céu acima de St. Anthony, o assentamento moderno mais próximo, e todo o sítio permanece muito tempo na memória de qualquer visitante.

Esperanças breves de encontrar outro sítio surgiram quando um levantamento topográfico baseado em satélite parecia ter localizado algum tipo de posto avançado nórdico em Point Rosee, promontório situado do outro lado, na extremidade oeste da Terra Nova. Alguns meses depois, no entanto, escavações suplementares confirmaram que os "vestígios culturais" eram todos de origem totalmente natural. De modo muito apropriado, os pesquisadores testaram suas hipóteses iniciais, descobriram que estavam errados e admitiram o equívoco, e esse é o caminho que a ciência às vezes percorre. Por enquanto, a extensão potencial de qualquer viagem exploratória para o sul deve continuar a ser tema de especulação.

É claro que os nórdicos voltaram repetidas vezes para a Vinlândia, e também tiveram outros contatos com a população local enquanto lá estiveram. A escavação de uma sepultura na Colônia Ocidental da Groenlândia revelou um homem que morreu como resultado de um ferimento de flecha; a ponta ainda estava inserida em seu corpo e era de fabricação das Primeiras Nações. Provavelmente ele foi alvejado lá, mas chegou em casa antes de sucumbir ao ferimento. Em outro túmulo da Groenlândia encontraram-se vestígios de um manto feito de couro de búfalo norte-americano – uma espécie nativa das planícies. Esse material só pode ter alcançado a costa leste via comércio interno, antes de finalmente voltar para casa com um groenlandês nórdico, que devia gostar tanto do manto que foi enterrado com ele.

Dando uma guinada ao norte de l'Anse aux Meadows, no entanto, a situação é muito diferente. Nos últimos anos vêm aumentando as evidências sobre o contato dos nórdicos com os povos do Canadá ártico e as regiões mais ao noroeste da Groenlândia – o povo Dorset, ou paleo-esquimós, e, mais tarde, os inuítes. Há a sugestão de contatos comerciais por causa de uma série de descobertas identificadas em locais associados a povos nativos, o que inclui pedras de amolar e artefatos de pedra-sabão da ilha de Baffin e do norte do Labrador, bem como pequenas peças de metal encontradas na costa da baía de Hudson e no estreito de Hudson. Parece que pelo menos um navio nórdico naufragou no Alto Ártico, na costa canadense, pois em locais inuítes foram recuperados materiais como ferramentas de ferro e os característicos pregos quadrados usados para manter as pranchas do casco juntas. Alguns desses pregos contam uma história trágica, pois apresentam sinais de aquecimento – provavelmente as desesperadas tentativas da tripulação de fazer algum conserto, malogradas porque não conseguiram acender uma fogueira quente o suficiente para fazer o trabalho.

Possíveis indícios de uma presença fugaz dos nórdicos também foram identificados em Nanook, na ilha de Baffin. Aqui, as escavações de uma estrutura que não tem paralelos claros na arquitetura nativa ou nórdica desenterraram um pequeno cadinho usado para fundir cobre, bem como cordame e pedras de amolar usadas para afiar implementos de metal. Isso poderia representar o segundo local de ocupação nórdica conhecido na América do Norte? Em caso afirmativo, é concebível que os colonos da Groenlândia tenham expandido a esfera de influência nórdica ainda mais do que se acreditava antes, tornando a América do Norte a última fronteira arqueológica verdadeiramente inexplorada do mundo viking. Na estante de um especialista, quase um metro da prateleira é ocupado pelo tema "América viking", apesar do fato de que, por enquanto, de concreto exista apenas L'Anse aux Meadows e um punhado de vestígios mais ao norte ao longo da costa canadense. Além disso não há de fato mais nada, e as viagens da Vinlândia lentamente se esvaem aqui.

Se o litoral americano foi uma espécie de ponto final dos vikings, tomou a forma, no entanto, de uma das extremidades de um empreendimento regional no Atlântico Norte que, de certa forma, durou mais do que as colônias nórdicas em outros lugares. Até aqui acompanhamos os vikings desde suas origens distantes na turbulência do século VI, passando por sua consolidação política nos séculos VIII e IX à sua diáspora de incursões e transações comerciais através da Eurásia e do mar do oeste. Como o mundo viking chegou ao fim?

18

Os muitos finais da Era Viking

Alguns diriam que a Era Viking teve início em 8 de junho de 793, com o ataque a Lindisfarne; outros afirmariam que chegou ao fim com a batalha de Stamford Bridge em Yorkshire em 25 de setembro de 1066, quando o rei norueguês Haroldo, o Duro, morreu liderando o ataque contra a linha inglesa, depois de ser atingido no pescoço por uma flecha.

Como sempre, não é assim tão simples.

Mesmo nos Estados-nação unificados das antigas pátrias, com seus reis cristãos sancionados pelo poder divino, o caminho à frente não foi fácil. A Noruega e a Dinamarca permaneceram relativamente estáveis como entidades políticas, mas até a Idade Média foram diaceradas por guerras civis que, na verdade, não se distinguiam muito dos conflitos da Era Viking. A principal diferença era a luta entre facções por países únicos e suas Coroas, em vez de contendas dinásticas por faixas de terra e pequenos Estados. As incursões ao exterior continuaram, mas como política internacional, e não como ambição de pirataria; em certo sentido, esta última morreu com Sueno Barba Bifurcada, que por um breve período desfrutou de sua bem-sucedida conquista da Inglaterra em 1014. Dito isto, provavelmente não fez muita diferença para quem era o alvo dos ataques.

De maneira curiosa, os reis escandinavos medievais também deram seguimento aos ataques vikings em um novo contexto – o das Cruzadas. Essas guerras sagradas do final do século XI em diante foram levadas a cabo perto de casa, entre as tribos bálticas que ainda resistiam ao cristianismo, e, claro, na própria Terra Santa. Apenas uma geração depois de Stamford Bridge, o rei norueguês Sigurðr Jórsalafari [Sigurdo I, o Cruzado] liderou sua frota ao longo da costa da França e Mediterrâneo adentro, saqueando tudo que encontrava pelo caminho, assim como fizeram seus antepassados vikings. Chegando, por fim, à Palestina, foi fundamental para ajudar o rei de Jerusalém a capturar a cidade de Sidônia. Em seguida, Sigurðr voltou para casa, parando em Constantinopla, onde foi recebido pelo imperador Aleixo, a quem deu seus navios. Recebeu transporte terrestre de volta à Escandinávia, mas, na verdadeira tradição varegue, muitos de seus homens decidiram permanecer como mercenários do Império Bizantino.

Em seus territórios ultramarinos, a Coroa norueguesa manteve controle provisório das Hébridas até a década de 1260, mas assumiu o governo de fato da Islândia ao mesmo tempo, encerrando séculos de comunidade. As Órcades e as Shetland permaneceram firmes e fortes como escandinavas – ilhas de pescadores piratas orgulhosamente autossuficientes – até sua anexação pela Escócia no século XV.

Diferentemente da Noruega e da Dinamarca, suecos levariam séculos para finalmente se unificar, como um país ou (até certo ponto) como cristãos. Olavo, o "rei dos impostos", tinha sua pequena base de poder em Sigtuna, mas isso estava longe de ser o reino inteiro. As inimizades tribais dos povos svear e götar eram profundas e ainda dividiam o país, desde as planícies centrais às terras do lago. O poder da Igreja se apossou do Sul, que permaneceria sob o domínio do trono dinamarquês até o século XVII. No vale do Mälar, no entanto, a questão era outra – as velhas crenças conviveram lado a lado com a nova fé até o século XII e, provavelmente, a portas fechadas, por muito mais tempo ainda. Adão de Bremen faz uma descrição – tão detalhada e explícita que chega a ser alarmante – do templo de Uppsala e suas festividades pagãs, obscenas a ponto de ele nem sequer ter forças para narrá-las, apenas vinte e nove anos antes da queda de Jerusalém na Primeira Cruzada.

O destino – em um sentido muito nórdico – da diáspora viking foi mais uma vez diferente. Como seria de se esperar, os motores sociais, políticos, econômicos e ideológicos que impulsionaram a transformação escandinava dos séculos VIII a XI diminuíram de intensidade até cessar de maneiras diferentes, em tempos e ritmos diferentes, em regiões diferentes. Existem várias maneiras de obter acesso a isso.

Uma delas é por meio da visão "arqueológica" do "caráter viking", as difíceis conexões entre mudança social e cultura material. A falácia de fazer uma equação simples desse tipo – digamos, identificar um colar "viking" – foi desmascarada há muito tempo, quando tipos de contas que sempre estiveram firmemente associadas aos assentamentos da Era Viking começaram a aparecer em escavações dinamarquesas datadas de cinquenta anos antes do tradicional "início" do período; a Era Viking começou antes do que pensávamos? Isso é o que motivou o debate acadêmico sobre a crise do Período de Migração e suas consequências de longo prazo, as mudanças fundamentais de meados do século VIII e uma compreensão mais sutil da história do que aquela que se baseava no incêndio de um mosteiro em Lindisfarne.

O mesmo se aplica às trajetórias da cultura material no final da Era Viking e depois, com todas as suas implicações. Na Suécia central, por exemplo, pedras rúnicas do tipo clássico da Era Viking tardia continuaram por muito tempo ao longo do século XII. Em Gotlândia, era evidente que joias exatamente do mesmo tipo daquelas usadas pelas pessoas na Era Viking ainda estavam na moda no século XIII. Na Escócia e nas ilhas, a transição para uma economia medieval deveria ser situada no final do século XIII, em especial com base nas mudanças na indústria pesqueira e uma importantíssima mudança para a pesca em águas profundas. Em Dublin e em outras "cidades-Estados" irlandesas, padrões decorativos comuns no século XI, sobretudo as bestas-feras engalfinhadas, retorcidas e entrelaçadas dos chamados estilos de arte Ringerike e Urnes,[47*] estavam sendo ativamente usados cem anos depois. Então, existem todas as

---

[47*] O estilo de decoração Ringerike deriva seu nome de um grupo de pedras rúnicas decoradas com animais e plantas em Ringerike, distrito de Oslo. Os motivos mais comuns são leões, aves, serpentes e dragões. O estilo Urnes, cujo nome advém dos detalhes esculpidos na igreja norueguesa de Urnes, tem como principais características corpos de animais estreitados e estilizados, juntamente com a popularização de embates entre serpentes e dragões. [N. T.]

identidades "híbridas". Quando os vikings no Sena começam a se tornar "normandos", por exemplo? A julgar pela forma como sinalizavam sua identidade, isso aconteceu no intervalo de cerca de uma década após a primeira concessão de terras de Rollo em 911. Nos territórios da Rus' de Kiev, por outro lado, há uma continuidade material de elementos reconhecidamente escandinavos, pelo menos no século XIII.

A chave é a ilusória fusão de identidade e coisas. Sim, é claro, objetos podem ser usados para sinalizar status, afiliação, preferência, e muito mais, mas também podiam ser ambíguos, irônicos, até mesmo servir para zombar do que ostensivamente afirmam. Faz sentido apenas limitado falar de uma espada "viking" e de uma "medieval", e devemos nos voltar aos processos sociais mais amplos.

Única entre as ex-colônias vikings, as fronteiras da Normandia permaneceram intactas, e há, mesmo agora, uma forte sensação de contraste com o restante da França – uma identificação com as origens escandinavas da província que às vezes pode se tornar politicamente carregada. O ducado continuou no período medieval, auxiliado de forma natural pelo fato de seu governante também ocupar o trono da Inglaterra. Nas ilhas britânicas, Yorkshire e o Norte manteriam durante séculos um caráter escandinavo subjacente, uma feroz independência que foi um legado da época em que Érico Machado Sangrento resistiu aos ingleses do Sul; não foi por acaso que grande parte do Norte se juntou à invasão de Haroldo, o Duro, em 1066. Em uma forma mais diluída, o mesmo aconteceu com os territórios da antiga Danelaw. A herança cultural e linguística dos colonos do Grande Exército nunca desapareceu por completo, mas pelo contrário, se fundiu com a noção ascendente de Inglaterra (conceito em parte forjado em resistência aos vikings) para moldar novos assentamentos, novas conexões comerciais e novas vidas. Na Irlanda, os enclaves costeiros nórdicos tornaram-se as principais fundações urbanas da Idade Média, à medida que a economia e a política do país gradualmente se integravam. No entanto, a dicotomia campo-cidade persistiria nos tempos modernos.

Em todas essas áreas, os vikings vivem hoje principalmente como ímãs de turistas, como o chamariz que atrai para trilhas e "experiências" históricas. Os escandinavos da Era Viking tinham uma profunda preocupação com a memória; talvez ficassem felizes com isso.

O mundo da Rus' seguiu um caminho diferente, à parte da Escandinávia, mas totalmente integrado à política europeia. O Leste nunca foi separado. A contínua ascensão de Kiev transformou seus príncipes em potentados dignos de consideração. Sua contraparte do Norte, e ocasional rival, foi, com o tempo, até mesmo enobrecida com seu próprio título aristocrático, concedido à cidade em si: Lorde Novgorod, a Grande. Suas peles mantinham aquecidos os monarcas ingleses na Era Tudor e no período elisabetano. As raízes vikings dos *voyageurs* ribeirinhos que fundaram o comércio nunca se perderam totalmente, e de tempos em tempos essa ligação foi ativada em alianças e coisas do gênero. Era uma história familiar difícil: até mesmo na década de 1950 soviética, o Partido Comunista achou necessário negar que as origens da Rússia residiam na ambição escandinava, e não na iniciativa eslava.

Foi no Atlântico Norte que a "cultura nórdica" perdurou por mais tempo, a ponto de por muitos anos os livros sobre os vikings continuarem a fazer referência aos assentamentos islandeses e à cultura material que eram solidamente medievais (fiz isso um pouco aqui nos contatos nórdicos com o Alto Ártico canadense.)

Não se tratava de sociedades estáticas. Os códigos sociais puseram-se cada vez mais sob o manto da Igreja, embora fossem necessariamente adaptados às sensibilidades singulares da região. A política da Islândia se atrelou cada vez mais à da Noruega. A era dos escritores de sagas – incluindo Snorri Sturluson – também foi uma época de intensas manobras na disputa pelo poder entre as famílias mais importantes do país. Os arqueólogos podem contar como a arquitetura rural e a vida na terra mudaram com as novas condições sociais na Islândia e as necessidades de um clima mais frio, mas ao mesmo tempo houve continuidades efetivas com a Era Viking. Não é por acaso que o mundo da saga medieval e o passado ancestral viking podem parecer tão semelhantes na página. Ainda hoje, a Islândia talvez seja a região da diáspora que de modo mais consciente e aprobativo preserva sua conexão com o passado.

Na Groenlândia, a ocupação nórdica não durou, mas o fim foi prolongado, arrastou-se por um longo período e ainda é um enigmático quebra-cabeça para pesquisadores. Uma reorientação do comércio de marfim para a Índia e a África no século XIII afetou a demanda por presas de morsa – o prestigioso item de exportação da colônia – e, em geral, os comerciantes europeus preferiram fazer negócios com locais mais acessíveis e mais próximos de casa. Foi um considerável golpe econômico, em um lugar onde a vida nunca esteve longe de quase insuficiente na melhor das hipóteses. O número de navios da Islândia e da Noruega diminuía ano após ano. No entanto, colonos, que aos poucos minguavam, se aferraram a suas fazendas no século XIV. Durante boa parte desse tempo, ainda acompanhavam as tendências da moda e da política europeias; os navios comerciais anuais eram uma rica fonte de informações e fofoca. A Groenlândia era remota, mas não era um completo cafundó. Várias inscrições rúnicas registram viagens de caça e exploração até o Norte congelado do país e de uma ponta à outra do Canadá ártico, até a ilha Ellesmere. Na Idade Média, todavia, uma contínua deterioração do clima significava que a subsistência agrícola viável se tornou inconfiável precisamente na época em que os nórdicos precisavam depender dela mais que nunca. Existem também sugestões não comprovadas de conflitos com grupos de Thule, que entraram na Groenlândia a partir do norte. Com o tempo, as pessoas se mudaram, ou morreram, e as fazendas simplesmente ruíram.

O destino da Vinlândia nórdica estava ligado à terra natal de seus exploradores, mas há um breve fechamento. Em 1121, um bispo da Groenlândia "partiu para buscar a Vinlândia" e, então, desapareceu da história. Em 1347, um navio sacudido pela tempestade chegou à Islândia, tendo desviado de seu curso enquanto fazia a viagem de volta para a Groenlândia – sua tripulação estava coletando madeira ao longo da costa do Labrador, a "Markland" dos nórdicos. É evidente que a memória do Oeste longínquo se manteve viva no Atlântico Norte se, em meados do século XIV, ainda se notava sem muito interesse que as pessoas estavam derrubando árvores lá. Em seguida o registro silencia, até que pesquisadores noruegueses encontraram L'Anse aux Meadows, mais de meio milênio depois.

A última mensagem da colônia da Groenlândia é estranha. Na igreja de Hvalsey, perto da atual cidade de Qaqortoq, em 16 de setembro de 1408, Sigrid Björnsdóttir casou-se com Thorstein Ólafsson, o capitão de um navio que havia chegado da Islândia. Sabemos disso porque a legitimidade de seu casamento foi questionada quando o casal voltou para a casa

24. O fim. Às margens do fiorde em Hvalsey, perto da atual Qaqortoq, no Sul da Groenlândia, fica a igreja agora em ruínas onde Sigrid Björnsdóttir se casou com Thorstein Ólafsson em 16 de setembro de 1408. Um relato de seu casamento é a última referência que temos acerca da ocupação nórdica da Groenlândia que teve início na Era Viking. (Crédito: Neil Price, tirada no 600º aniversário do casamento.)

de Thorstein. Está claro que ninguém na Islândia parece ter pensado que ainda havia um clero ativo na Groenlândia. Essa nota cética é a última referência à ocupação nórdica iniciada na Era Viking, e também inclui outros detalhes trazidos por esse último navio – um letal julgamento por bruxaria, complicado com ciúme sexual e a micropolítica perversa de uma pequena comunidade onde as inimizades podiam sair do controle. O posto avançado para o oeste estava em declínio terminal, e seu abandono definitivo não pode ter estado muito longe.

Hoje a igreja de Hvalsey está surpreendentemente bem preservada, circundada pelas pedras tombadas das fazendas dos colonos, a água espraiando-se na frente. Exatamente seiscentos anos após o dia do casamento, em setembro de 2008, visitei o local com um grupo de estudiosos dos vikings para marcar esse aniversário longínquo. Em um eco curioso e comovente, estávamos acompanhados de um descendente do casal original. As nuvens pairavam baixas e cinzentas, os icebergs pontilhavam o fiorde e, no caminho, uma baleia apareceu perto do barco. Era um lugar proibitivo e solitário, a igreja em ruínas, sem teto e aberta para um céu escuro.

Na segunda e terceira seções deste livro, do fenômeno viking rumo a novas terras e nações, os escandinavos do início da Idade Média despontaram mais ou menos da forma como a convenção os retrata: viajantes em busca de lucro, saque, fama ou um novo lar. Seu mundo era vasto.

Uma pessoa nascida em Uppland, na Suécia, poderia ter caminhado pelas ruas da cidade redonda de Bagdá, o centro do mundo islâmico. Mais importante, poderia ter voltado para casa e contado a todos a respeito de sua jornada, mostrando-lhes o maravilhoso tecido esvoaçante de cores brilhantes comprado em suas andanças. Mais impressionante ainda é o fato de que sua família e amigos, nem tão impressionados assim, talvez comparassem essa seda ao tecido de melhor qualidade que o primo Eirík adquirira no golfo do mar do sul no ano anterior, depois de a mercadoria ter percorrido um longo périplo por muitas mãos desde algum lugar improvavelmente mais a leste, onde (é o que dizem) as pessoas tinham olhos de formato diferente.

Um indivíduo nascido na Dinamarca poderia ter navegado com os vikings, singrado as águas da Frância e lutado no Sena sob as muralhas em chamas de Paris, antes de sair para o mar de Midgard desde uma base no Loire. Poderia ter passado pela imponente rocha em sua entrada, num frenesi de saques e pilhagens ao longo do caminho até – apenas possivelmente – Alexandria, ida e volta. Pense nos relatos, nas histórias contadas nas tabernas da Europa, sobre a deslumbrante mesquita de Córdoba e os deuses de pedra com cabeças de animais no delta do Nilo.

Um indivíduo do final da Era Viking pode representar todas essas pessoas, alguém que já conhecemos. Pouco depois do ano 1000, Gudríd Thorbjarnardóttir costeou o litoral de Helluland e Markland antes de desembarcar na Vinlândia com seu marido, Thorfínnr Karlsefni, e sua tripulação. Provavelmente não foram os primeiros visitantes nórdicos, e provavelmente seguiram o caminho trilhado por outros antes deles. Gudríd estava grávida e, na Vinlândia, deu à luz a primeira criança europeia nascida nas Américas (e, de modo muito apropriado para a história futura, ele foi chamado de Snorri). Gudríd já havia percorrido um longo caminho, desde a casa da família norueguesa da Islândia até a Groenlândia, e de um conjunto de crenças à nova fé. Conheceu pessoas das Primeiras Nações e, mais tarde – fazendo uma peregrinação a Roma –, é quase certo que tenha conhecido o papa; ela comeu uvas silvestres na Vinlândia e provou vinhos mediterrâneos sob o sol da Itália. Quando chegou à velhice como freira cristã na Islândia, Gudríd era provavelmente a mulher mais viajada do planeta.

Todas essas pessoas são figuras conhecidas do "mundo viking", ou mais propriamente da diáspora, atualizadas nos detalhes arqueológicos, mas ainda assim as pessoas que conhecemos. Todavia, não devemos nos esquecer da primeira parte do livro, quando vimos quem eles realmente eram. Aquele viajante em Bagdá sentiu gratidão por seu *hamingja* ser tão poderoso, por seu espírito da sorte tê-lo levado para casa em segurança. O invasor da Andaluzia fazia oferendas de sangue aos deuses do trovão e do relâmpago e da guerra e tinha a confiança de que o *valkyrjur* estaria sempre ali, vigiando e esperando. Até mesmo Gudríd conhecia as canções certas para convocar seres sobrenaturais ao chamado de uma feiticeira *völva*, antes de deixá-los para trás e ter uma visão do Cristo Branco. Seus descendentes seriam bispos. Talvez ela até estivesse contente pelo fato de seu *hugr* ter, enfim, encontrado seu verdadeiro lar.

A mente viking está longe de nós hoje, mas vez por outra é quase tangível. Quando caminhamos por uma floresta à noite, ou quando observamos a lua se erguer sobre um campo negro de lava *hraun* ou quando saudamos a primavera nas águas desconcertantemente paradas de um lago, podemos tocar por um ou dois momentos os mecanismos de funcionamento da mente viking.

Para além dos estereótipos, a Era Viking (e não apenas na Escandinávia) foi uma época de terrível violência e de estruturas igualmente terríveis da opressão patriarcal institucionalizada. Homem e mulher, ao lado de pessoas que adotaram um espectro extremamente amplo de diferentes identidades de gênero, viviam dentro e através dessas redes – construindo-as, perpetuando-as e apoiando-as, mas também derrubando-as, subvertendo-as e resistindo a elas, recriando-as de outra forma.

A mesma Era Viking foi também um período de inovação social, um tempo intenso e multicultural, com considerável tolerância de ideias radicais e religiões estrangeiras. Foi um período de florescimento das artes, com uma aceitação explícita de que as viagens, encontros e interações culturais ampliavam as perspectivas do indivíduo. Se as pessoas de hoje aprenderem alguma coisa ao tomar contato com a Era Viking, é isso o que devem levar consigo. Nunca devemos ignorar ou suprimir as realidades brutais por trás dos clichês – a carnificina das invasões, a escravidão, a misoginia –, mas os vikings eram muito mais que isso. Eles mudaram seu próprio mundo, mas por sua vez também permitiram ser alterados; verdade seja dita, receberam de braços abertos as conexões com outros povos, lugares e culturas.

Os valores que os vikings mais respeitavam não eram apenas aqueles forjados na guerra, mas também – e isso a poesia declara com todas as letras – uma profunda medida de sabedoria, generosidade e reflexão. Acima de tudo, uma sutileza, certa espirituosidade arguta, combinada a uma recusa resiliente em desistir.

Existem maneiras piores de ser lembrado.

Epílogo

Jogos

Esta é uma visão do futuro, porque o Ragnarök ainda está por vir.

Primeiro, os corpos celestes ficarão escuros. Sól, a radiante mulher-sol, é engolida inteira, e a lâmpada do dia se apaga para sempre. A lua é finalmente capturada pelo lobo uivante Mánagarm, o "cão-da-lua", que há eras está em seu encalço. Máni, a Lua, é mastigada, sua luz moribunda respingando no mundo como sangue enquanto ela enegrece. O frio se apossa de Midgard; a geada esfria o solo em um inverno sem fim. As montanhas tremem, os anões gemem e lamuriam em seus salões. As árvores se soltam da terra e a própria Yggdrasill estremece e geme.

Os galos começam a cantar – em Asgard, em Hel, na floresta distante no limiar das coisas. O chifre-corneta de Heimdall é ouvido em todos os mundos, alertando sobre o horror iminente.

Cada amarra, cada grilhão, cada corrente se afrouxa e se rompe com os terremotos. Todas as forças das trevas começam a se agitar e se movem na escuridão, em direção a Asgard e à batalha final.

No fundo do mar, Naglfar, o "navio de unhas", desliza e sobe à superfície em uma sufocante grinalda de erva daninha e putrefação, a água escorrendo do convés. Os afogados se sentam em posição com seus remos, as fileiras de mortos amontoadas no casco; Loki está no leme e conduz o navio.

Bifröst, a ponte do arco-íris que existe desde a criação, finalmente sucumbirá, destruída no exato momento em que os filhos de Muspell, o mundo de fogo, cavalgando pelos céus em direção ao Ragnarök, atravessam a ponte; desfeito o arco-íris, nacos de cores brilhantes cairão e se apagarão, transformados em carvão e cinza, enquanto os gigantes do gelo cruzam os caudalosos rios do outro mundo para alcançar a planície de combate. Reluzentes, as vastas tropas dos gigantes do fogo se estendem por cem léguas em todas as direções.

Odin cavalga para encontrá-los desde as portas de Valhala, seu elmo feito de ouro, sua lança apontada para o ataque. As oito patas do corcel Sleipnir devoram a distância, queimando o solo sob seus cascos. Atrás do senhor dos deuses, os einherjar *jorram de todos os portões, sua guerra tão aguardada chega por fim.*

A planície escurece com os incontáveis milhões de seres em combate – deuses, gigantes, monstros, espíritos de todos os tipos e humanos vivos e mortos. O alarido crescente, um vasto berro ecoando através dos mundos, afoga todo som.

O oceano ferve e se encrespa enquanto a Serpente de Midgard se contorce sobre a areia e força o corpo terra adentro. Thor esmaga a cabeça da serpente e salta para trás, mas mesmo assim a serpente borrifa veneno no deus do trovão, que deixa cair seu martelo e dá nove largas passadas em direção a Hel. Loki e Heimdall – o trapaceiro e o guardião da ponte – se matam um ao outro. Týr luta contra o cão infernal, Garm, e os dois ficam em pedaços. Freyr é forçado a lutar sem sua espada e é morto por Surt, cuja própria lâmina flamejante brilha mais forte que o sol. As mandíbulas do grande lobo, Fenrir, se escancaram para roçar a terra e o céu, e Odin é devorado vivo. Mas a besta-fera não vive muito tempo, sua cabeça é rasgada ao meio por Vídar, o filho do Pai-de-Todos. Os mundos estão inundados de sangue, mas tudo aconteceu como deveria – como foi previsto.

Quando o Ragnarök terminar, tudo estará morto. Os deuses e seus inimigos jazem aos pares, aniquilados juntos em fúria mútua. Em torno das planícies de Vígríthr, o campo está salpicado até o horizonte com todos os corpos da raça humana e a população invisível com a qual compartilhou seu mundo. Não há luz, pois o céu está negro e vazio, os corpos celestes dissolvidos. Uma névoa fria e escura cobre os mundos, e o próprio tecido da criação escorre vazio adentro. O fim de todas as coisas, a morte após a vida após a morte, uma ausência eterna.

Mas não é, de fato, o Fim.

Uma nova terra, viçosa e verdejante, com cachoeiras fluindo, se erguerá das águas cinzentas do oceano. Uma nova sol, filha da antiga, trará luz aos céus. De alguma forma, os filhos de Odin e os filhos de Thor sobreviveram, o último herdando seu martelo. Baldr retorna de Hel, assim como Höd, o irmão que o matou por engano. Eles se reúnem nas ruínas do que era Asgard, no campo de Ithavölr. A primeira coisa que eles veem? Um conjunto de peças de jogos de tabuleiro de ouro "que outrora tinham sido deles", brilhando na campina. Um maravilhoso novo salão aparece numa colina, com campos de milho plantados por si mesmos brotando abaixo, para "os bandos de guerreiros valorosos" que viverão lá (nas palavras da Profecia da Vidente). Parece que os humanos povoarão novamente este lugar.

E agora os vemos: um homem e uma mulher que se esconderam do Ragnarök nas profundezas das florestas. A mulher é Líf, "Vida"; o homem é Lífthrasir, "Amante da Vida" ou o "Desejo de Vida". Eles saem do meio das árvores para a luz do sol.

Está tudo pronto para recomeçar, com um novo primeiro casal; são o pai e a mãe de novas pessoas – novos filhos – que virão.

Seria difícil conceber um cataclismo maior – um apocalipse com A maiúsculo –, o que provavelmente é o motivo pelo qual a história do Ragnarök continua a ressoar no imaginário popular ainda hoje. É um funeral viking para todo o cosmo.

É possível que o renascimento do mundo após a batalha final seja um acréscimo cristão, uma visão do "céu viking" em um modelo bíblico para substituir os múltiplos reinos da morte nas crenças tradicionais, um vindo após o outro, assim como a nova fé suplantou a que existia antes. Uma ambígua referência de uma fonte posterior à chegada de um "Ser Poderoso" pode referir-se ao Cristo ressuscitado, aumentando a sensação de uma (um tanto desajeitada) reescrita medieval da história original. Por outro lado, como vimos, se o "Fimbulwinter" era realmente uma reminiscência do véu de poeira do século VI, então isso também um dia acabou e a vida recomeçou.

Uma interpretação alternativa vê o Ragnarök como reflexo das preocupações islandesas com a dureza sempre presente de seu ambiente inóspito. Nessa visão ecocrítica, não é sem razão que toda mitologia nórdica

– a maior parte da qual chega até nós por meio de textos islandeses – é tida como "uma intensa preocupação com a ideia de um apocalipse impetuoso e irrefreável", incorporando as angústias de uma vida que, por vezes, estava no limite da subsistência viável.

Em última análise, a natureza exata do Ragnarök é mais uma das ambiguidades que cercam a mundividência do pensamento dos nórdicos. Se os escandinavos da Era Viking originalmente acreditavam que o Ragnarök era de fato o fim de todas as coisas, na mentalidade da Idade Média, quando as histórias foram congeladas na forma em que chegaram até nós, não há dúvida sobre a continuação das coisas. E assim os mundos começarão de novo, com um jogo de tabuleiro na grama.

Este livro começou com uma metáfora, uma tentativa de uma nova leitura dos vikings em seus próprios termos, tentando vê-los como eles viam a si mesmos – daí minha escolha do título. Aqui no final, que também diz respeito ao derradeiro capítulo dessa cosmologia, podemos pegar a mesma expressão, mas com um significado mais literal. Não devemos nos esquecer de que todos os Filhos do Freixo e do Olmo também foram, um dia, apenas crianças: dez gerações de pequenas pessoas que cresceram no que chamamos de Era Viking – outra mudança de perspectiva, para longe do estereótipo de saqueadores selvagens. Elas se foram para sempre, é claro, mas ainda podemos meio que desvendá-las e discerni-las pelas coisas que usaram e vestiram; em suas sepulturas, enterradas cedo demais com seus

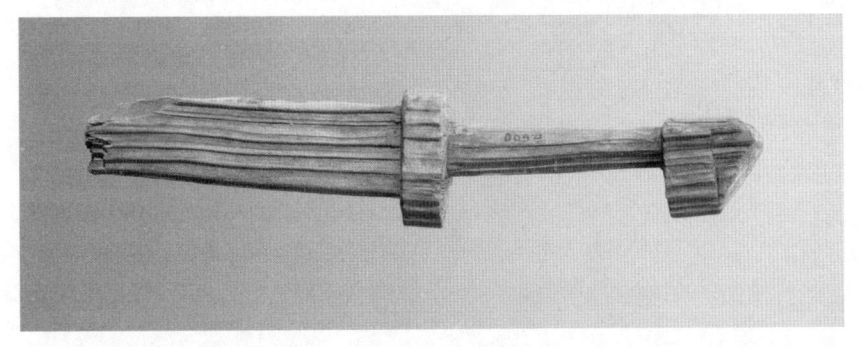

25. Brincando de viking. Uma espada de madeira de brinquedo do assentamento do século IX Staraia Ladoga, Rússia. (Crédito: Vladimir Terebenin, © Museu Estatal Hermitage, São Petersburgo.)

pequenos tesouros; nos lugares onde moraram; e nos textos posteriores, os poemas e sagas.

Podemos ver essas crianças em seus jogos, brincando. Galopando um cavalo de madeira no chão de terra em Dublin. Quicando uma bola feita de trapos ao longo das ruas de tábuas de Novgorod. Cuidando de um irmão menor, se contorcendo para escapar de uma cadeira de faia gradeada como a de Lund. Lutando com espadas de madeira em miniatura feitas com todo esmero para equivaler às versões maiores cujas lâminas elas não deveriam tocar. Podemos vê-las na chuva e na névoa das ilhas Faroé, navegando em seus barquinhos de brinquedo na neve derretida da primavera, esperando a maré.

26. Um filho do Freixo e do Olmo. Reconstrução facial por Oscar Nilsson, com base nos restos mortais escavados de uma menina de 6 anos enterrada em Birka, Suécia. (Crédito: Museu da História Sueca, Creative Commons.)

Referências bibliográficas

A literatura acadêmica e popular sobre os vikings é, de fato, vasta, e, inevitavelmente, apenas uma pequena seleção pode ser fornecida aqui. As fontes específicas relevantes são citadas individualmente por capítulo a seguir, mas o leitor também pode estar interessado em obras gerais, qualquer uma das quais pode servir como uma incursão para um estudo mais amplo.

1. Informações Gerais

Talvez o melhor tratamento acadêmico de volume único já escrito sobre o período tenha agora meio século e, embora desatualizado em alguns pontos, o que é inevitável, ainda assim vale uma leitura atenta. O livro *The Viking Achievement*, de Peter Foote e David M. Wilson (Sidgwick & Jackson, Londres, 1970) provavelmente jamais será superado nesse aspecto.

Atualmente a fonte de apoio acadêmica padrão ainda é *The Viking World* (Routledge, Londres e Nova York, 2008), organizado por Stefan Brink e por mim; o livro contém quase cinquenta capítulos escritos pelos principais especialistas no campo e cobre a maioria dos aspectos do período. Para as mais recentes sínteses abalizadas da Era Viking, consulte Else Roesdahl, *The Vikings* (3ª ed., Penguin, Londres, 2016); Jörn Staecker e Matthias Toplak (org.), *Die Wikinger* (Propyläen, Berlim, 2019); e Jeanette Varberg, *Viking* (Gyldendal, Copenhague, 2019). Para uma excelente pesquisa sobre o mundo material dos vikings, consulte *Pocket Museum: Vikings*, de Steve Ashby e Alison Leonard (Thames & Hudson, Londres e Nova York, 2018).

Além disso, qualquer uma das obras a seguir (incluindo alguns clássicos mais antigos) fornecerá visões gerais úteis até suas respectivas datas de publicação:

Gunnar Andersson (org.), *We Call Them Vikings* (Museu da História Sueca, Estocolmo, 2016).
Pierre Bauduin, *Histoire des Vikings* (Tallander, Paris, 2019).
James Graham-Campbell, *The Viking World* (2ª ed., Frances Lincoln, Londres, 1989).
James Graham-Campbell, Colleen Batey, Helen Clarke, R. I. Page e Neil Price, *Cultural Atlas of the Viking World* (Andromeda, Oxford, 1994).
Richard Hall, *The World of the Vikings* (Thames & Hudson, Londres e Nova York, 2007).
Dick Harrison e Kristina Svensson, *Vikingaliv* (Natur & Kultur, Estocolmo, 2007).
Lotte Hedeager, *Iron Age Myth and Materiality: An Archaeology of Scandinavia AD 400-1000* (Routledge, Londres e Nova York, 2011).
Michaela Helmbrecht (ed.), *Wikinger!* (Koehler, Hamburgo, 2016).
Judith Jesch, *The Viking Diaspora* (Routledge, Londres e Nova York, 2015).
Gwyn Jones, *A History of the Vikings* (Oxford University Press, Oxford, 1984).
Alexander Koch (org.), *Die Wikinger* (Minerva, Munique, 2008).
Anna Lihammer, *Vikingatidens härskare* (Historiska Media, Lund, 2012).
F. Donald Logan, *The Vikings in History* (3ª ed., Routledge, Londres e Nova York, 2005).
Julian D. Richards, *The Vikings: A Very Short Introduction* (Oxford University Press, Oxford, 2005).
Else Roesdahl e David M. Wilson (org.), *From Viking to Crusader: Scandinavia and Europe 800-1200* (Nordic Council, Copenhague, 1992).
Birgit Sawyer e Peter Sawyer, *Die Welt der Wikinger* (Siedler, Berlim, 2002).
Peter Sawyer, *The Age of the Vikings* (2ª ed., Arnold, Londres, 1971).

Peter Sawyer, *Kings and Vikings* (Methuen, Londres e Nova York, 1982).
Peter Sawyer (org.), *The Oxford Illustrated History of the Vikings* (Oxford University Press, Oxford, 1997).
Gareth Williams, Peter Pentz e Matthias Wemhoff (org.), *Viking: Life and Legend* (Museu Britânico, Londres, 2014).
Anders Winroth, *The Age of the Vikings* (Princeton University Press, Princeton, 2014).

Embora tenha sido suplantado por um trabalho posterior, menção honrosa também deve ser feita a *The Vikings and their Origins* (Thames & Hudson, Londres e Nova York, 1970), por ser a única obra em língua inglesa anterior a esta que realmente tenta definir os vikings em seu contexto de longo prazo.

Para leitores interessados em seguir caminhos de investigação com ajuda especializada, duas obras enciclopédicas monumentais são essenciais. A primeira é o *Kulturhistoriskt lexikon för nordisk medeltid* ("Léxico Histórico e Cultural da Idade Média Nórdica"), obra trilíngue nas línguas escandinavas publicada em 22 volumes entre 1956 e 1978, consistindo em milhares de verbetes curtos escritos por estudiosos importantes e renomados. Os falantes de alemão podem consultar uma obra semelhante, o *Reallexikon der Germanischen Altertumskunde*, do qual existem várias edições: os quatro volumes iniciais de 1911 a 1919; a nova e extensa série de 1968 a 2008, com mais de cem volumes suplementares especializados que ainda estão vindo a lume enquanto este livro vai para a impressão e que, juntos, contêm mais de 50 mil páginas de texto; e seu sucessor na Internet, *Germanische Altertumskunde Online*, disponível por meio de assinatura da editora De Gruyter, que inclui tudo o que foi publicado anteriormente, além de atualizações contínuas.

Também recomendo vivamente uma obra em dois volumes, Handbook of Pre-Modern Nordic Memory Studies, organizada por Jürg Glauser, Pernille Hermann e Stephen A. Mitchell (De Gruyter, Berlim, 2018).

REFERÊNCIAS BIBLIOGRÁFICAS

Fontes primárias

As referências aqui abrangem traduções acuradas em inglês; o leitor interessado encontrará um guia completo para as edições críticas das obras originais.

Existem várias traduções boas da *Edda poética*, mas minha favorita é a de Carolyne Larrington (Oxford University Press, Oxford, 1996). Veja também *The Elder Edda: A Book of Viking Lore*, de Andy Orchard (Penguin, Londres, 2011). Uma excelente edição acadêmica com o texto em nórdico antigo e tradução paralela para o inglês é a da falecida Ursula Dronke, *The Poetic Edda* (3 vols., Oxford University Press, Oxford, 1969--2011). Se este livro não suscitar outra reação em você além desta, leia a *Edda poética*! Salvo outra indicação, as traduções dos poemas éddicos neste livro são da edição de Larrington.

As obras de Snorri Sturluson são de importância central. As melhores traduções para o inglês de sua *Edda em prosa* são de Anthony Faulkes (Everyman, Londres, 1984) e Jesse Byock (Penguin, Londres, 2005). [Edições brasileiras: *Edda em Prosa: Gylfaginning e Skálsdskaparmál*. Tradução de Artur Avela. Belo Horizonte: Barbudânia, 2015; *Edda em Prosa* (seleção). Tradução de Marcelo Magalhães Lima. Rio de Janeiro: Numen, 1993.] A *Heimskringla*, compilação das histórias de Snorri sobre os reis da Noruega, é traduzida por Alison Finlay e Anthony Faulkes (3 vols., Sociedade Viking para Pesquisas Nórdicas, Londres, 2011-2015).

The Complete Sagas of Icelanders (Including 49 Tales) foram traduzidas em cinco volumes sob a direção de Viðar Hreinsson para a Leifur Eiríksson Publishing (Reykjavík, 1997). Seleções desse conjunto, na forma de uma coletânea ligeiramente menor e como sagas individuais, foram publicadas em volumes separados desde então pela Penguin, Londres. As traduções de sagas lendárias individuais são referenciadas por capítulo a seguir.

O *corpus* da poesia escáldica está sendo constantemente publicado em novas edições definitivas, incluindo traduções, organizadas por Margaret Clunies Ross, *Skaldic Poetry of the Scandinavian Middle Ages* (8 vols., Brepols, Leiden, 2008-).

Um tipo diferente de obra medieval inicial, a *História Danesa* ou *Os feitos dos daneses* (*Gesta Danorum*), de Saxo Grammaticus, ganhou tradução de Hilda Ellis Davidson e Peter Fisher (*The History of the Danes*, 2ª ed., Brewer, Cambridge, 1996).

O *Landnámabók* ("O livro da colonização" ou "O livro dos assentamentos") é traduzido por Hermann Pálsson e Paul Edwards (*The Book of Settlements*, University of Manitoba Press, Winnipeg, 2006); o *Íslendingabók* (*O livro dos islandeses*) é traduzido por Siân Grønlie, *The Book of Icelanders*, Sociedade Viking para Pesquisas Nórdicas, Londres, 2006).

Um pequeno número de livros propicia uma amostra geral das fontes escritas em nórdico antigo. *Chronicles of the Vikings: Records, Memorials and Myths* (British Museum Press, Londres, 1995), do falecido Ray Page, é uma compilação maravilhosamente eclética. Page foi um dos melhores estilistas de prosa que os estudos sobre os vikings já produziram, e seu comentário sobre a difícil interpretação de fontes escritas combina perspicácia e sagacidade. Fontes textuais primárias de todos os tipos são proveitosamente compiladas por Angus A. Somerville e R. Andrew McDonald (org.), *The Viking Age: A Reader* (3ª ed., University of Toronto Press, Toronto, 2020). Uma rede mais ampla é lançada pela *Longman Anthology of Old English, Old Icelandic and Anglo-Norman Literatures*, que também analisa o material nórdico em seu contexto cultural (org.: Richard North, Joe Allard e Patricia Gillies, Longman, Harlow, 2011). Para elegantes amostras da poesia, consulte R. G. Poole, *Viking Poems on War and Peace* (University of Toronto Press, Toronto, 1991) e Judith Jesch, *Viking Poetry of Love and War* (British Museum Press, Londres, 2013).

As inscrições rúnicas são designadas neste livro de acordo com a convenção escandinava. Na Suécia, cada inscrição é marcada pela província onde ocorre (a mais comum sendo U, para Uppland) seguida por um número sequencial conforme cada texto foi registrado por vez; os números de inscrição dinamarqueses e noruegueses são prefixados por DR e NIyR, respectivamente. Os textos rúnicos suecos, que de longe constituem a maioria, são descritos principalmente em *Sveriges Runinskrifter*, publicado em quinze volumes (alguns com várias partes) de 1900 a 1981; atualizações sobre novas descobertas podem ser encontradas on-line no "*runverket*" do Conselho do Patrimônio Nacional da Suécia. O mais fácil ponto de acesso a todo o *corpus* é por meio do Banco de Dados de Textos Rúnicos Escandinavos on-line da Universidade de Uppsala. Quando as inscrições rúnicas são mencionadas neste livro, abaixo delas são fornecidas referências a seus números de identificação, que podem ser consultados depois nas obras mencionadas.

Uma introdução geral pode ser encontrada em *Runes*, de Martin Findell (British Museum Press, Londres, 2014). Para panoramas gerais das inscrições escandinavas, consulte *Runes in Sweden*, de Sven B. F. Jansson (Gidlunds, Estocolmo, 1987); *Norwegian Runes and Runic Inscriptions*, de Terje Spurkland (Boydell, Woodbridge, 2005); e *Danmarks Runesten*, de Lisbeth M. Imer (Museu Nacional da Dinamarca, Copenhague, 2016). Essas obras contêm centenas de inscrições traduzidas, e recomendo folhear qualquer uma delas para saborear uma amostra do sabor cru da vida na Era Viking.

A maior parte das principais fontes primárias inglesas e continentais sobre os vikings foi traduzida, e todas as citações desses textos vêm das seguintes edições:

The Anglo-Saxon Chronicle [*Crônica anglo-saxônica*]. Org. e trad. Michael Swanton (2ª ed., Phoenix, Londres, 2000).

Carolingian Chronicles [Royal Frankish Annals & Nithard's Histories], [*Crônicas carolínguas – Anais reais francos e Histórias de Nithard*]. Trad. Bernard Walter Scholtz (University of Michigan Press, Ann Arbor, 1972).

The Annals of St-Bertin [*Os anais de São Bertino*]. Trad. Janet L. Nelson (Manchester University Press, Manchester, 1991).

The Annals of Fulda [*Os anais de Fulda*]. Trad. Timothy Reuter (Manchester University Press, Manchester, 1992).

Ottonian Germany: The Chronicon of Thietmar of Merseburg. Trad. David A. Warner (Manchester University Press, Manchester, 2001).

Adão de Bremen, *History of the Archbishops of Hamburg-Bremen* [*História dos arcebispos de Hamburgo-Bremen*]. Trad. Francis J. Tschan (Columbia University Press, Nova York, 1959).

The Annals of Ulster (to AD 1131). [*Os anais de Ulster (até AD 1131)*]. Org.: S. Mac Airt e G. Mac Niocaill (Instituto de Dublin para Estudos Avançados, Dublin, 1983).

The War of the Gaedhil with the Gaill or The Invasions of Ireland by the Danes and Other Norsemen [*A Guerra do Gaedhil com o Gaill* ou *As invasões da Irlanda pelos dinamarqueses e outros nórdicos*]. Trad. J. H. Todd (Longmans, Green, Reader e Dyer, Londres, 1867).

As principais fontes árabes, bizantinas e russas também estão disponíveis em edições excelentes:

Ahmad ibn Fadlān, *Mission to the Volga* [*Missão ao Volga*]. Org. e trad. James E. Montgomery, em Tim Mackintosh-Smith e James E. Montgomery (org.), *Two Arabic Travel Books* (NYU Press, Nova York, 2015), pp. 165-298.

Ibn Fadlān and the Land of Darkness: Arab Travellers in the Far North [*Ibn Fadlān e a Terra das Trevas: Viajantes Árabes no Extremo Norte*]. Trad. Paul Lunde e Caroline Stone (Penguin, Londres, 2012); também inclui ibn Hayyān, Ibrāhīm ibn Ya'qūb, Miskawayh e outros.

Þórir Hraundal, *The Rus in Arabic Sources: Cultural Contacts and Identity* [*Os Rus' em fontes árabes: contatos culturais e identidade*] (Universidade de Oslo, Oslo, 2013).

Constantino VII Porfirogênito, *De administrando imperio*. Org. e trad. Gyula Moravcsik e Romily Jenkins (Dumbarton Oaks, Washington, D.C., 1967).

John Skylitzes, *A Synopsis of Byzantine History 811-1057* [*Uma Sinopse da História Bizantina 811-1057*]. Trad. John Wortley (Cambridge University Press, Cambridge, 2010).

The Russian Primary Chronicle [*A crônica primária russa*]. Trad. e org. Samuel Hazzard Cross e Olgerd P. Sherbowitz-Wetzor (Academia Medieval dos EUA, Cambridge, Massachusetts, 1953).

Um texto romano muito anterior é mencionado várias vezes nestas páginas como uma fonte fundamental para a herança europeia do Norte. O estudo de Cornélio Tácito sobre a *Germânia* é frequentemente publicado junto com seu livro sobre a Grã-Bretanha, *Agricola* [*Vida de Agrícola*]:

Tácito, *Agricola, Germany*. Trad. A. R. Birley (Oxford University Press, Oxford, 1999).

2. Notas dos Capítulos

Desnecessário dizer que, como qualquer acadêmico, meu conhecimento depende em grande parte do trabalho de outros. Os nomes de estudiosos individuais foram omitidos do texto principal a fim de melhorar a fluência da leitura, mas é importante que as ideias discutidas aqui sejam corretamente atribuídas, caso não tenham se originado comigo. As notas a seguir dão crédito a esses colegas especialistas nos vikings e fornecem referências a essas fontes secundárias e pontos de partida para os leitores que desejarem viajar mais fundo no mundo viking.

Prólogo: Madeira Flutuante

Decidi começar este livro com um breve relato em que narro uma versão da história da criação nórdica, mas outros já fizeram isso antes de mim, e sem dúvida melhor. Referências a trabalhos acadêmicos sobre esse tema podem ser encontradas no capítulo 1, mas essas mesmas narrativas também foram reformuladas em uma forma mais literária, para serem apreciadas como tal, em vez de tratamentos acadêmicos ou eruditos. Os melhores exemplos podem ser encontrados em *The Norse Myths: Gods of the Vikings*, de Kevin Crossley-Holland, e *Norse Myths: Tales of Odin, Thor e Loki* (Walker Books, Londres, 2017); *Ragnarok – The End of the Gods*, de A. S. Byatt (Canongate, Edimburgo, 2011) [Edição brasileira: *Ragnarök – o fim dos deuses*. Trad. Maria Luiza Newlands. São Paulo: Companhia das Letras, 2013], e *Norse Mythology*, de Neil Gaiman (Bloomsbury, Londres, 2017) [Edição brasileira: *Mitologia nórdica*. Trad. Edmundo Barreiros. Rio de Janeiro: Intrínseca, 2017]. Minha descrição dos deuses na praia é fiel aos textos nórdicos antigos, mas tem ecos conscientes do mito de origem dos haida [*habitantes ameríndios de um arquipélago ao largo da costa oeste do Canadá*] na adorável versão de Bill Reid e Robert Bringhurst, *The Raven Steals the Light* (Douglas & McIntyre, Vancouver, 1988), quando o Corvo encontra os Primeiros Homens se contorcendo em uma concha de molusco nas areias na restinga de Rose Spit e os liberta para brincar em seu "maravilhoso e reluzente mundo novo".

Existe uma extensa literatura sobre a longa e difícil historiografia de apropriação e distorção dos vikings. Consulte Else Roesdahl e Preben Meulengracht Sørensen (org.), *The Waking of Angantyr: The Scandinavian Past in European Culture* (Aarhus University Press, Aarhus, 1996); Andrew Wawn, *The Vikings and the Victorians: Inventing the Old North in Nineteenth-Century Britain* (Brewer, Cambridge, 2000); Catharina Raudvere, Anders Andrén e Kristina Jennbert (org.), *Myter om det nordiska – mellan romantik och politik* (Nordic Academic Press, Lund, 2001); Stefan Arvidsson, *Draksjukan: mytiska fantasier hos Tolkien, Wagner och de Vries* (Nordic Academic Press, Lund, 2007); Heather O'Donoghue, *From Asgard to Valhalla: The Remarkable History of the Norse Myths* (I. B. Tauris, Londres, 2010); e Jón Karl Helgason, *Echoes of Valhalla: The Afterlife of the Eddas and Sagas* (Reaktion, Londres, 2017), todos com referências para leituras complementares. É importante observar – sobretudo no caso dos estudantes profissionais do passado – que nesse aspecto os vikings nem de longe estão sozinhos. Para dar apenas um exemplo, as leituras do mundo antigo também descambaram para as mesmas narrativas deprimentes de preconceito e ódio; ver Mary Beard, *Women and Power: A Manifesto* (Profile, Londres, 2017) [Edição brasileira: *Mulheres e poder – um manifesto*. São Paulo: Crítica/Planeta, 2018], e Donna Zuckerberg, *Not All Dead White Men: Classics and Misogyny in the Digital Age* (Harvard University Press, Cambridge, Massachusetts, 2018). Para um panorama geral recente de onde estamos, consulte o excelente ensaio de Sarah Croix, "The Vikings, victims of their own success? A selective view on Viking research and its dissemination", *Danish Journal of Archaeology* 4: 1 (2015): pp. 82-96.

O visitante norueguês da corte do rei Alfredo chamava-se Ohthere (provavelmente Óttar em sua própria língua); um texto completo e uma discussão de seu relato podem ser encontrados em Janet Bately e Anton Englert (org.), *Ohthere's Voyages* (Museu de Barcos Vikings, Roskilde, 2007).

Introdução: Ancestrais e Herdeiros

A runa que menciona a "vigilância viking" é U 617 de Bro, em Uppland. Para um resumo das leituras alternativas de *víkingr*, consulte Frands

Herschend, "Wikinger", *Reallexikon der Germanischen Altertumskunde* 34 (2006): pp. 55-59.

O exasperado estudioso acadêmico de Cambridge que se desesperou com a terminologia vaga dos vikings foi Ray Page, seu comentário retirado das páginas de uma resenha ainda mais exasperada no periódico *Saga-Book of the Viking Society for Northern Research*, vol. 21 (1985): pp. 308-311. O historiador que infelizmente decidiu adotar o termo *"Norsemen"* foi o falecido Eric Christiansen em seu livro interessante, mas excêntrico, *The Norsemen in the Viking Age* (Blackwell, Oxford, 2002: pp. 1-9). O ceticismo quanto ao impacto dos vikings, e até mesmo sua existência fora da imaginação das sagas, veio à tona em *The Viking Age*, de Fredrik Svanberg (Universidade de Lund, Lund, 2003) e no provocativo ensaio de Richard Hodges, "Goodbye to the Vikings?", publicado em 2004 no periódico *History Today* 54: p. 9. Alguns de meus comentários aqui ecoam meu artigo, "My Vikings and Real Vikings: Drama, documentary and historical consultancy", em Tom Birkett e Roderick Dale (org.), *The Vikings Reimagined: Reception, Recovery, Engagement* (De Gruyter, Berlim, 2020: pp. 28-43).

Voltando-se para métodos e fontes, o pensamento sobre os períodos de tempo como pontos de observação ressoa com a *Satin Island*, de Tom McCarthy (Knopf, Londres, 2015), uma desalentadora meditação sobre a impossibilidade de escrever a história. Os leitores interessados em uma descrição geral dos enfoques arqueológicos podem recorrer a *Archaeological Investigation*, de Martin Carver (Routledge, Londres e Nova York, 2009). Para as fontes escritas, os principais textos ingleses e continentais já foram listados aqui; outros são citados conforme necessário por capítulo. Existem vários guias e manuais excepcionais como porta de entrada para o mundo das sagas e da poesia nórdicas antigas, incluindo amplas discussões de gênero, questões críticas e interpretação. Recomendo *Eddas and Sagas: Iceland's Medieval Literature*, de Jónas Kristjánsson (Hið íslenzka bókmenntafélag, Reykjavík, 1988); *Old Norse-Icelandic Literature: A Short Introduction*, de Heather O'Donoghue (Blackwell, Oxford, 2004); Rory McTurk (org.), *A Companion to Old Norse-Icelandic Literature and Culture* (Blackwell, Oxford, 2007); *The Cambridge Introduction to the Old Norse--Icelandic Saga*, de Margaret Clunies Ross (Cambridge University Press,

Cambridge, 2010); e Carolyne Larrington, Judy Quinn e Brittany Schorn (org.), *A Handbook to Eddic Poetry: Myths and Legends of Early Scandinavia* (Cambridge University Press, Cambridge, 2016).

A ideia de que o *Codex Regius* pode ter sido obra de um colecionador amador vem de uma conversa com Terry Gunnell. Os comentários vigorosos de J. R. R. Tolkien sobre os primeiros textos medievais podem ser encontrados em *The Monsters and the Critics, and Other Essays* (Allen & Unwin, Londres, 1983). Para algumas palavras sobre o contexto social das sagas, recorri às perspicazes observações do tradutor Ben Waggoner em sua introdução a *The Sagas of Ragnar Lodbrok* (Troth, New Haven, 2009). Reflexões úteis sobre a experiência interativa da leitura de textos em nórdico antigo incluem *The Saga Mind*, de M. I. Steblin-Kamenskij (Odense University Press, Odense, 1973) e *Dialogues with the Viking Age*, de Vésteinn Ólason (Heimskringla, Reykjavik, 1998). A leitura de Egil Skalla-Grímsson através de uma lente cristã é feita por Torfi Tulinius em *The Enigma of Egill* (Cornell University Press, Ithaca, 2015).

Capítulo 1: A casa de suas formas

Além da *Edda poética*, qualquer pessoa que deseje se debruçar sobre o mundo da mitologia nórdica, esse reservatório da mente viking, deve primeiro se voltar para três fontes fundamentais que podem ser consultadas para detalhes: *Dictionary of Northern Mythology*, de Rudolf Simek (Brewer, Cambridge, 1993); *Dictionary of Norse Myth and Legend*, de Andy Orchard (Cassell, Londres, 1997); e *Norse Mythology: A Guide to the Gods, Heroes, Rituals, and Beliefs*, de John Lindow (Oxford University Press, Oxford, 2001).

Detalhados estudos da concepção nórdica dos mundos foram publicados por Anders Andrén, *Tracing Old Norse Cosmology* (Nordic Academic Press, Lund, 2014) e Christopher Abram, *Evergreen Ash: Ecology and Catastrophe in Old Norse Myth and Literature* (University of Virginia Press, Charlottesville, 2019). Entre as excelentes obras em línguas escandinavas incluem-se *I begyndelsen var skriget: vikingetidens myter om skabelsen* de Henning Kure (Gyldendal, Copenhague, 2010) e a compilação de Anders Andrén et al. (org.), *Ordning mot kaos – studier av nordisk förk-*

risten kosmologi (Nordic Academic Press, Lund, 2004). As especulações sobre as motivações de Snorri em registrar a tradição pré-cristã vêm de Gísli Sigurðsson, "Snorri Sturluson and the best of both worlds", em Guðrún Sveinbjarnardóttir e Helgi Þorláksson (org.), *Snorri Sturluson e Reykholt* (Museu Tusculanum, 2018: 291-371); para suas ideias sobre as visões nórdicas dos corpos celestes, consulte seu "Skyscape" e as referências que acompanham no *Handbook of Pre-Modern Nordic Memory Studies* (pp. 555-561) já mencionado. Gísli é pesquisador do Instituto Árni Magnússon de Estudos Islandeses em Reykjavík; de muitas maneiras este livro ficou melhor graças às inúmeras conversas com ele ao longo dos anos. A citação sobre os corpos celestes na *Profecia da Vidente* é da já mencionada tradução de Jesse Byock da *Edda poética*.

Uma síntese muito bem referenciada da mitologia e cosmologia nórdicas pode ser encontrada em *The Norse Myths*, de Carolyne Larrington (Thames & Hudson, Londres, 2017). Esse é um dos aspectos da cultura viking que os pesquisadores estudam com mais afinco, e a literatura aqui é vasta. Entre os destaques ainda relevantes estão dois clássicos atemporais publicados no mesmo ano: *Gods and Myths of Northern Europe*, de H. R. Ellis Davidson (Penguin, Londres, 1964) e *Myth and Religion of the North*, de E. O. G. Turville-Petre (Weidenfeld & Nicolson, Londres, 1964). Boas compilações do pensamento mais recente podem ser encontradas em Margaret Clunies Ross, *Prolonged Echoes: Old Norse Myths in Medieval Northern Society* (2 vols., Odense University Press, Odense, 1994 e 1998); Merrill Kaplan e Timothy R. Tangherlini (org.), *News from Other Worlds* (North Pinehurst Press, Berkeley, 2012); Timothy R. Tangherlini (org.), *Nordic Mythologies: Interpretations, Intersections, and Institutions* (North Pinehurst Press, Berkeley, 2014); e Pernille Hermann, Stephen A. Mitchell, Jens Peter Schjødt e Amber Rose (org.), *Old Norse Mythology: Comparative Perspectives* (Harvard University Press, Cambridge, Massachusetts, 2017).

Os deuses são tratados coletivamente em várias das obras citadas, mas vale a pena consultar também *Les dieux des Vikings*, de Jean Renaud (Ouest-France, Rennes, 1996). Sobre Odin, ver *The Battle God of the Vikings*, de H. R. Ellis Davidson (Universidade de York, York, 1972); *The One-Eyed God*, de Kris Kershaw (Instituto Para o Estudo do Homem,

Washington, D.C., 2000); e *Odin på kristent pergament*, de Annette Lassen (Museu Tusculanum, Copenhague, 2011). Sobre Thor, ver *Thor the Wind-Raiser and the Eyrarland Image*, de Richard Perkins (Sociedade Viking para Pesquisas Nórdicas, Londres, 2001); *Tor och den nordiska åskan*, de Maths Bertell (Universidade de Estocolmo, Estocolmo, 2003); *Thor-kult i vikingetiden*, de Lasse Christian Arboe Sonne (Museu Tusculanum, Copenhague, 2013); e *How Thor Lost His Thunder: The Changing Faces of an Old Norse God*, de Declan Taggart (Routledge, Londres, 2018). Sobre Baldr, ver *Murder and Vengeance Between the Gods: Baldr in Scandinavian Mythology*, de John Lindow (Academia Scientarum Fennica, Helsinki, 1997). Sobre Loki, ver *Loki, ein mythologisches Problem*, de Folke Ström (Universidade de Gotemburgo, Gotemburgo, 1956); *Loki*, de Georges Dumézil (Wissenschaftliche Buchgesellschaft, Darmstadt, 1959); *Loki in Scandinavian Mythology*, de Anna Birgitta Rooth (Gleerup, Lund, 1961); e *Der nordgermanische Gott Loki aus literaturwissenschaftlicher Perspektive*, de Yvonne S. Bonnetain (Kümmerle, Göppingen, 2006). Sobre Freya e as deusas, consulte Britt-Mari Näsström, *Freyja – The Great Goddess of the North* (Universidade de Lund, Lund, 1995) e *Nordiska gudinnor: nytolkningar av den förkristna mytologin* (Bonnier, Estocolmo, 2009) e *Frigg og Freyja: Kvenleg goðmögn í heiðnum sið*, de Ingunn Ásdísigardgttir (Hið íslenska bókmenntafélag, Reykjavík, 2007).

Os possíveis precursores da religião nórdica em outras tradições foram amplamente discutidos. A hipótese indo-europeia foi desenvolvida de forma exaustiva por Georges Dumézil em *Mythes et dieux des Germains* (Leroux, Paris, 1939) e mais recentemente foi explorada por Anders Kaliff em várias obras importantes, incluindo *Fire, Water, Heaven and Earth: Ritual Practice and Cosmology in Ancient Scandinavia: an Indo-European Perspective* (Riksantikvarieämbetet, Estocolmo, 2007) e *Källan på botten av tidens brunn. Indoeuropeiska rötter till fornnordisk religion* (Carlssons, Estocolmo, 2018). Anders Hultgård investigou possíveis paralelos védicos em um grande número de publicações, todas referenciadas em seu magistral livro *Midgård brinner: Ragnarök i religionshistorisk belysning* (Academia Real Gustav Adolf, Uppsala, 2017). Para observações mais gerais sobre religião comparada, incluindo essas tradições, ver *Living with the Gods: On Beliefs and Peoples*, de Neil MacGregor (Penguin, Londres, 2018).

REFERÊNCIAS BIBLIOGRÁFICAS

A observação de que o "panteão" nórdico é uma espécie de ilusão vem do artigo de Terry Gunnell, "Pantheon? What pantheon? Concepts of a family of gods in pre-Christian Scandinavian religions", *Scripta Islandica* 66 (2015): pp. 55-76. Os rituais praticados pelos próprios deuses são discutidos por Kimberley C. Patton em *Religion of the Gods: Ritual, Paradox, and Reflexivity* (Oxford University Press, Oxford, 2009: cap. 7). Para a relação entre deuses e gigantes, veja duas obras de Gro Steinsland, "Giants as recipients of cult in the Viking Age?", em Gro Steinsland (org.), *Words and Objects: Towards a Dialogue Between Archaeology and History of Religion* (Instituttet for sammenlignende kulturforskning, Oslo, 1986: pp. 212-222) e *Det hellige bryllup og norrøn kongeideologi* (Solum Forlag, Oslo, 1991); também Tommy Kuusela, *"Hallen var lyst i helig frid". Krig och fred mellan gudar och jättar i en fornnordisk hallmiljö* (Universidade de Estocolmo, Estocolmo, 2017).

As meditações sobre o destino seguem de perto o trabalho de Karen Bek-Pedersen, a principal especialista nesse campo. As referências podem ser encontradas em seu livro *The Norns in Old Norse Mythology* (Dunedin, Edimburgo, 2011), que também é a melhor análise desses seres.

As valquírias são fascinantes e, consequentemente, atraíram uma extensa literatura. Eu as discuti em meu livro *The Viking Way: Magic and Mind in Late Iron Age Scandinavia* (Oxbow, Oxford, 2019: pp. 274-288), em que os leitores também podem encontrar uma lista anotada dos nomes delas. Para uma leitura mais aprofundada, consulte *Diser, nornor, valkyrjor*, de Folke Ström (Real Academia de Letras, Estocolmo, 1954); "Hildr prepares a bed for most Helmet-Damagers: Snorri's treatment of a traditional poetic motif in his Edda", de Judy Quinn, em Pernille Hermann, Jens Peter Schjødt e Rasmus Tranum Kristensen (org.), *Reflections on Old Norse Myths* (Brepols, Turnhout, 2007: pp. 95-118); *Herjans dísir: valkyrjur, Supernatural Femininities and Elite Warrior Culture in the Late Pre-Christian Iron Age*, de Luke John Murphy (dissertação de mestrado, não publicada, sobre religião nórdica antiga, Universidade da Islândia, Reykjavík, 2013); *Les Valkyries*, de Régis Boyer (Les Belles Lettres, Paris, 2014); e Karen M. Self, "The Valkyrie's gender: Old Norse shield maidens and Valkyries as a third gender", *Feminist Formations* 26: 1 (2014): pp. 143-172. O verso sobre sua aparência letalmente hipnótica é da tradução de Jesse Byock de *The Saga of the Völsungs* (University of California Press, Berkeley, 1990) [Edição brasileira: *Sagas islandesas – Sagas dos Volsungos*. Trad. Théo de Borba Moosburger. São Paulo: Hedra, 2009]. O poema "Teia de lanças" é preservado na *Saga of Burnt Njál* e discutido longamente por Russell Poole em *Viking Poems on War and Peace* (University of Toronto Press, Toronto, 1991).

Acerca de toda a "população invisível" – espíritos, *dísir* e outros – e crenças da alma viking, consulte os verbetes individuais nos três dicionários mitológicos já mencionados.

Especificamente sobre os elfos e os anões, veja dois artigos de Terry Gunnell, "*Hof*, halls, *goðar* and dwarves: An examination of the ritual space in the pagan Icelandic hall", *Cosmos* 17 (2001): pp. 3-36, e "How elvish were the álfar?", em John McKinnell, David Ashurts e Donata Kick (org.), *The Fantastic in Old Norse/Icelandic Literature* (Conferência International Sobre Saga, Durham e York, 2006: pp. 321-328); também Rudolf Simek, "On elves", em Stefan Brink e Lisa Collinson (org.), *Theorizing Old Norse Myth* (Brepols, Turnhout, 2017: pp. 195-223). Rudy também escreveu sobre os *dísir*: "Goddesses, mothers, dísir: Iconography and interpretation of the female deity in Scandinavia in the first millennium", em Rudolf Simek e Wilhelm Heizmann (org.), *Mythological Women* (Fassbaender, Viena, 2002: pp. 93-123). Qualquer pessoa interessada em trolls pode escolher entre dois livros excelentes: *Trolls: An Unnatural History*, de John Lindow (Reaktion, Londres, 2014) e *Trolle: Ihre Geschichte von der nordischen Mythologie bis zum Internet*, de Rudolf Simek (Böhlau, Cologne, 2018). Os "*trolls*" de Bornholm são referenciados em dinamarquês por René Laursen e Margrethe Watt, "Guldhullet", *Skalk* 2011/4: pp. 3-9 e Flemming Kaul, "Folkeminderne og arkæologien 2", *Skalk* 2018/5: pp. 20-27.

A "Lista de feitiços" é incorporada ao poema "As palavras do Altíssimo" na *Edda poética* e pode ser encontrada nas edições já mencionadas.

Capítulo 2: Uma era de lobos, uma era de ventos

Os problemas políticos do declínio do Império Ocidental e as migrações foram investigados de pontos de vista fundamentalmente diferentes por

REFERÊNCIAS BIBLIOGRÁFICAS

Guy Halsall em seu *Barbarian Migrations and the Roman West, 376-568* (Cambridge University Press, Cambridge, 2007) e dois livros de Peter Heather: *The Fall of the Roman Empire* (Oxford University Press, Oxford, 2007) e *Empires and Barbarians: Migration, Development and the Birth of Europe* (Pan Macmillan, Londres, 2009). Ver também *Europe After Rome: A New Cultural History 500-1000*, de Julia Smith (Oxford University Press, Oxford, 2005) e *The Inheritance of Rome: A History of Europe from 400 to 1000*, de Chris Wickham (Allen Lane, Londres, 2009). Para um excelente exercício comparativo, veja *428 AD: An Ordinary Year at the End of the Roman Empire*, de Giusto Traina (Princeton University Press, Princeton, 2009). Para relações romanas com a Escandinávia, consulte *I skuggan av Rom: romersk kulturpåverken i Norden*, de Kent Andersson (Atlantis, Estocolmo, 2013) e Sergio Gonzalez Sanchez e Alexandra Guglielmi (org.), *Romans and Barbarians Beyond the Frontiers: Archaeology, Ideology and Identities in the North* (Oxbow, Oxford, 2017).

Há uma série de bons panoramas gerais da pré-história posterior da Escandinávia, incluindo perspectivas sobre a paisagem. Sobre a Dinamarca, ver *Danmarks Oldtid*, de Jørgen Jensen (4 vols., Gyldendal, Copenhague, 2006); para a Noruega, ver *Jernalderen i Norge*, de Bergljot Solberg (Cappelen, Oslo, 2000); acerca da Suécia, ver *Sveriges Historia 13000 fKr – 600 eKr*, de Stig Welinder (Norstedts, Estocolmo, 2009). Sobre a (pré) história agrária, ver Janken Myrdal e Mats Morell (org.), *The Agrarian History of Sweden: 4000 AC to AD 2000* (Nordic Academic Press, Lund, 2011); Per Ethelberg et al., *Det sønderjyske landbrugs historie: jernalder, vikingetid og middelalder* (2ª ed., Museu Sønderjylland, Haderslev, 2012); e Frode Iversen e Håkan Petersson (org.), *The Agrarian Life of the North 2000 BC-AD 1000* (Portal, Oslo, 2017). Tudo isso aparece de maneira útil no quadro mais geral de todos, de Barry Cunliffe: *Europe Between the Oceans, 9000 AC-1000 DC* (Yale University Press, New Haven, 2008).

Os sacrifícios em pântanos dinamarqueses são resumidos em *Illerup Ådal – et arkæologisk tryllespejl*, de Jørgen Ilkjær (Jysk Arkæologisk Selskab, Moesgård, 2000) e Lars Jørgensen, Birger Storgaard e Lone Gebauer Thomsen (org.), *Shadow of the Roman Empire* (Museu Nacional da Dinamarca, Copenhague, 2003). A máscara de Hellvi é publicada por Neil Price e Per Widerström, "Bronsmasken från Hellvi", em Paul Wallin e Helene Martinsson-Wallin (org.), *Arkeologi på Gotland 2* (Universidade de Uppsala, Uppsala, 2017: pp. 199-208).

Sobre estruturas sociais e assentamentos rurais da Idade do Ferro Romana e do Período de Migração, ver Peder Mortensen e Birgit Rasmussen (org.), *Fra stamme til stat i Danmark* (2 vols., Jysk Arkæologisk Selskab, Moesgård, 1988 e 1991); Charlotte Fabech e Jytte Ringtved (org.), *Samfundsorganisation og regional variation: Norden i romersk jernalder og folkevandringstid* (Jysk Arkæologisk Selskab, Moesgård, 1991); *Iron Age Societies*, de Lotte Hedeager (Blackwell, Oxford, 1992); "Från Attila till Karl den store: Skandinavien i Europa", de Ulf Näsman, em Michael Olausson (org.), *Hem till Jarlabanke: jord, makt och evigt liv i östra Mälardalen under järnålder och medeltid* (Historiska Media, Lund, 2008: pp. 19-47); e *The Early Iron Age in South Scandinavia*, de Frands Herschend (Universidade de Uppsala, Uppsala, 2009). Para o contexto europeu, ver Hubert Fehr e Philipp von Rummel, *Die Völkerwanderung* (Theiss, Stuttgart, 2011). Uma excelente visão geral da cultura material do Período de Migração pode ser encontrada em Wolfgang Pülhorn (ed.), *Germanen, Hunnen und Awaren: Schätzte der Völkerwanderungszeit* (Germanisches Nationalmuseum, Nuremberg, 1987).

O massacre em Sandby borg é relatado por Clara Alfsdotter, Ludvig Papmehl-Dufay e Helena Victor, "A moment frozen in time: Evidence of a late fifth-century massacre at Sandy borg", *Antiquity* 92 (2018): pp. 421-436. A possível e controversa influência dos hunos foi examinada por Lotte Hedeager em "Scandinavia and the Huns: An interdisciplinary approach to the Migration Era", *Norwegian Archaeological Review* 40:1 (2007): pp. 42-58, e em seu livro *Iron Age Myth and Materiality: An Archaeology of Scandinavia AD 400-1000* (Routledge, Londres e Nova York, 2011).

O desdenhoso comentário sobre "a mais recente teoria do Grande Desastre" foi feito pelo historiador Chris Wickham em seu livro *Framing the Early Middle Ages* (Oxford University Press, Oxford, 2005: 549), ainda que, justiça seja feita, ele tenha escrito isso antes de toda a gama de indicadores ambientais tornar-se verdadeiramente clara. No momento, muitos estudiosos acadêmicos estão analisando com afinco a crise do século VI e, em especial, o "véu de poeira"; agradeço, em particular, Ulf Büntgen,

REFERÊNCIAS BIBLIOGRÁFICAS

Matthew Collins, Svante Fischer, Ingar Gundersen, Hans Göthberg, Frode Iversen, Arild Klokkervoll, Fredrik Charpentier Ljungqvist, Daniel Löwenborg, Ester Oras, Felix Riede, Dagfinn Skre, Sara Westling, Widgren Torun Zachrisson. Trabalhos preliminares iniciais especialmente importantes incluem Joel D. Gunn (org.), *The Years Without Summer: Tracing AD 536 and Its Aftermath* (BAR, Oxford, 2000) e Antti Arjava, "The mistery cloud of AD 536 in the Mediterranean sources", *Dumbarton Oaks Papers* 59 (2005): pp. 73-96. Uma descrição geral dos estudos acadêmicos até 2015 pode ser encontrada no artigo de Neil Price e Bo Gräslund, "Excavating the Fimbulwinter? Archaeology, geomythology and the climate event(s) of AD 536", em Felix Riede (org.), *Past Vulnerability: Volcanic Eruptions and Human Vulnerability in Traditional Societies Past and Present* (Aarhus University Press, Aarhus, 2015: pp. 109-132). Ver também Arne Anderson Stamnes, "Effect of temperature change on Iron Age cereal production and settlement patterns in mid-Norway", e Frode Iversen, "Estate division: Social cohesion in the aftermath of AD 536-7", ambos em Frode Iversen e Håkan Petersson (org.), *The Agrarian Life of the North, 2000 BC-1000 AD* (Portal, Oslo, 2017: pp. 27-76). As análises científicas da causa do véu de poeira aparecem em uma taxa tão constante que a citação abrangente aqui logo ficaria desatualizada, mas veja M. Sigl et al., "Timing and climate forcing of volcanic eruptions for the past 2,500 years", *Nature* 523 (2015): pp. 543-549; Ulf Büntgen et al., "Cooling and societal change during the Late Antique Little Ice Age from 536 to 660 DC", *Nature Geoscience* 9 (2016): pp. 231-236; Matthew Toohey et al., "Climatic and societal impacts of a vulcanic double event at the dawn of the Middle Ages", *Climatic Change* 136 (2016): pp. 401-412; e Robert A. Dull et al., "Radiocarbon and geologic evidence reveal Ilopango volcano as source of the colossal 'mystery' eruption of 539/40 CE", *Quaternary Science Reviews 222* (2019). A praga de Justiniano é discutida por Lester K. Little (org.), *Plague and the End of Antiquity: The Pandemic of 541-750* (Cambridge University Press, Cambridge, 2007).

A "ruína da lua" vem da tradução de Jesse Byock da *Profecia da Vidente* conforme incluída na *Edda* de Snorri (cap. 12). As traduções do *Kalevala* são de J. M. Bosley (Oxford University Press, Oxford, 1989), enquanto os versos da versão anterior são de Francis Peabody Magoun, *The Old*

Kalevala and Certain Antecedents (Harvard University Press, Cambridge, Massachusetts, 1969).

Os sámi atraíram uma extensa literatura. Para uma história geral, veja *Samenes historie fram til 1750*, de Lars Ivar Hansen e Bjørnar Olsen (Cappelen, Oslo, 2004); para suas dimensões mais amplas, consulte Carl--Gösta Ojala, *Sámi Prehistories: The Politics of Archaeology and Identity in Northernmost Europe* (Universidade de Uppsala, Uppsala, 2009). Para um trabalho essencial sobre identidade e ritual sámi, consulte *Förfädernas land: na arkeologisk studie av rituella lämningar i Sápmi, 300 fKr – 1600 eKr*, de Birgitta Fossum (Universidade de Umeå, Umeå, 2006). O trabalho clássico sobre a interação Sámi-Norse é de Inger Zachrisson (org.), *Möten Museum i gränsland: samer och germaner i Mellanskandinavien* (Statens Historiska, Estocolmo, 1997); ver também Neil Price, "Drum-Time and Viking Age: Sámi-Norse identities in early medieval Scandinavia", em Martin Appelt, Joel Berglund e Hans Christian Gulløv (org.), *Identities and Cultural Contacts in the Arctic* (Museu Nacional da Dinamarca, Copenhague, 2000: pp. 12-27). Sua religião também é abordada em detalhes, no contexto comparativo das crenças nórdicas, por Thomas A. DuBois, *Nordic Religions in the Viking Age* (University of Pennsylvania Press, Filadélfia, 1999) e meu próprio *The Viking Way: Magic and Mind in Late Iron Age Scandinavia* (2ª ed., Oxbow, Oxford, 2019: cap. 4). Todas essas obras contêm extensas referências.

Um dos primeiros a mapear a ascensão do "novo Norte" após a crise dos séculos V e VI foi Peter Bratt em *Makt uttryckt i jord och sten: Stora högar och maktstrukturer i Mälaradalen under järnåldern* (Universidade de Estocolmo, Estocolmo, 2008), e os números sobre os montes monumentais no vale do Mälar podem ser encontrados neste trabalho. Um quadro semelhante para o Oeste da Suécia é apresentado por Annelie Nitenberg em *Härskare i liv och död: social exklusivitet och maktstrategi i Vänerbygd under yngre järnålder* (Universidade de Göteborg, Göteborg, 2019). Para estudos mais amplos, consulte *To Rede e Rown: Expressions of Early Scandinavian Kingship in Written Sources*, de Svante Norr (Universidade de Uppsala, Uppsala, 1998) e *En hiar atti rikR: om elit, struktur och ekonomi kring Uppsala och Mälaren sob yngre järnålder*, de John Ljungkvist (Universidade de Uppsala, Uppsala, 2006). O historiador que descreveu as novas elites como "oportunistas violentos" foi Guy Halsall, citando um de seus alunos, em seu livro *Warfare and Society in the Barbarian West, 450-900* (Routledge, Londres, 2003: xiii); essa obra também é uma excelente fonte para a história e ideologia desses senhores da guerra. Um contexto inglês e europeu para esse processo é fornecido por Nicholas Howe em *Migration and Mythmaking in Anglo-Saxon England* (Yale University Press, New Haven, 1989); Martin Carver (org.), *The Age of Sutton Hoo* (Boydell, Woodbridge, 1992); e Martin Carver, *Formative Britain: An Archaeology of Britain, Fifth to Eleventh Century AD* (Routledge, Londres, 2019).

Para fontes primárias sobre as novas elites, deve-se inevitavelmente começar com *Beowulf*; uma boa tradução para o inglês é de Michael Alexander (ed. rev. Penguin, Londres, 2003); uma leitura poética fluente foi feita por Seamus Heaney em *Beowulf: A New Translation* (Faber & Faber, Londres, 1999). [Em língua portuguesa, vale mencionar *Beowulf – uma tradução comentada*, de J. R. R. Tolkien. São Paulo: WMF Martins Fontes, 2015; *Beowulf*. Tradução de Erick Ramalho. Belo Horizonte: Tessitura, 2007; *Beowulf*. Tradução de Ary Gonzáles Galvão. São Paulo: Hucitec, 1992]. O mais recente estudo acadêmico sobre o poema, especialmente relacionado à sua historicidade como uma fonte para o final do Período de Migração, pode ser encontrado em Bo Gräslund, *Beowulfkvädet: den nordiska bakgrunden* (Universidade de Uppsala, Uppsala, 2018). Outros textos sobre as famílias reais do Norte são tratados nas obras já citadas e referenciados no capítulo 10, mas uma fonte importante é a *Saga dos Ynglingar*, o primeiro livro da *Heimskringla* de Snorri.

Sobre a imagem marcial, ver Paul Treherne, "The warrior's beauty: The masculine body and self-identity in Bronze-Age Europe", *European Journal of Archaeology* 3: 1 (1995): pp. 105-144. O site Valsgärde e suas publicações estão resumidos em Svante Norr (org.), *Valsgärde Studies: The Place and Its People, Past and Present* (Universidade de Uppsala, Uppsala, 2008) e *Krigarna från Valsgärde*, de Kent Andersson (Atlantis, Estocolmo, 2017). O Período Vendel carece de sínteses para a Escandinávia, e nada substituiu ainda duas publicações já publicadas há algum tempo: Ann Sandwall (org.), *Vendeltid* (Statens Historiska Museum, Estocolmo, 1980) e Jan Peder Lamm e Hans-Åke Nordström (org.), *Vendel Period* (Statens Historiska Museum, Estocolmo, 1983). Uma visão geral breve e popular pode ser encontrada em *The Vikings Begin*, de Charlotte Hedenstierna--Jonson, John Ljungkvist e Neil Price (Universidade de Uppsala, Uppsala, 2018). As cascas de bétula que cobrem alguns dos barcos funerários de Valsgärde, de provável origem sámi, são discutidas por Karolina Pallin em sua tese de graduação em história da arte, *Vendeltida båtkapell: textilt näverhantverk i Valsgärdes båtgravar* (Universidade de Uppsala, Uppsala, 2016).

A cultura e a arquitetura do salão são discutidas por Frands Herschend em *Livet i hallen* (Universidade de Uppsala, Uppsala, 1997) e Johan Callmer e Erik Rosengren (org.), *"[...] gick Grendel att söka det höga huset [...]" Arkeologiska källor till aristokratiska miljöer i Skandinavien sob yngre järnålder* (Museu do Condado de Hallands, Halmstad, 1997). Um estudo útil das qualidades menos tangíveis do salão pode ser encontrado em *Epic Space: Towards the Roots of Western Architecture*, de A. C. Antoniades (Wiley, Londres, 1992). Para as ideologias militantes do salão, consulte *Lady with a Mead Cup: Ritual, Prophecy and Lordship in the European Warband de La Tène à Era Viking*, de Michael J. Enright (Four Courts, Dublin, 1996), e *Lords of Battle*, de Stephen S. Evans (Boydell, Woodbridge, 1997).

Os centros reais que corroboraram essas políticas incipientes foram publicados por Tom Christensen, *Lejre bag myten* (Jysk Arkæologisk Selskab, Moesgård, 2015); Bjørn Myhre, *Før Viken ble Norge* (Vestfold Fylkeskommune, Tønsberg, 2015); Olof Sundqvist e Per Vikstrand (org.), *Gamla Uppsala i ny belysning* (Gävle College, Gävle, 2013); e Kristina Ekero Eriksson, *Gamla Uppsala: människor och makter i högarnas skugga* (Norstedts, Estocolmo, 2018). Para o equivalente *götar*, consulte *Mead--Halls of the Eastern Geats: Elite Settlements and Political Geography AD 375-1000 in Östergötland, Sweden*, de Martin Rundkvist (Real Academia de Letras, Estocolmo, 2011), e para o Sul, consulte *Vikingatiden i Skåne*, de Fredrik Svanberg (Historiska Media, Lund, 2000). Para o enorme salão em Borg, consulte Gerd Stamsø Munch, Olav Sverre Johansen e Else Roesdahl (org.), *Borg in Lofoten: A Chieftain's Farm in North Norway* (Tapir, Trondheim, 2003). O "salão reluzente" de Kaupang é discutido por Dagfinn Skre no volume 1 do *Kaupang Excavation Project* (4 vols., Universidade de Oslo/Aarhus University Press, Norske Oldfunn 22-25, 2007-2016), enquanto o mais recente sobre os salões de Tissø é publicado como *Odin, Thor und Freyja: Skandinavische Kultplätze des 1. Jahrtausends n. Chr. Und das Frankenreich*, de Sandie Holst, Lars Jørgensen e Egon Wamers (Schnell & Steiner, Regensburg, 2017).

A citação de *Beowulf* compreende os versos 2633-2642, fornecidos aqui na tradução poética de Seamus Heaney.

Os efeitos oculares dos elmos à luz do fogo são discutidos por Neil Price e Paul Mortimer, "An eye for Odin? Divine role-playing in the age of Sutton Hoo", *European Journal of Archaeology* 17: 3 (2014): pp. 517-538. As figuras em folha de ouro, chamadas *guldgubber*, aparecem com mais destaque nas muitas publicações de Margrethe Watt; a título de introdução em inglês, são analisadas no contexto de seu maior local de descoberta em Bornholm: Christian Adamsen et al. (org.), *Sorte Muld: Wealth, Power and Religion at na Iron Age Central Settlement on Bornholm* (Museu Bornholms, Rønne, 2009). Um novo e importante estudo apareceu quando este volume já tinha ido para a impressão: Alexandra Pesch e Michaela Helmbrecht (org.), *Gold Foil Figures in Focus* (Centro de Arqueologia Báltica e Escandinava, Schleswig, 2019). Suas roupas foram discutidas por Ulla Mannering em *Iconic Costumes: Scandinavian Late Iron Age Costume Iconography* (Oxbow, Oxford, 2017), livro que também reproduz centenas das folhas.

O comércio internacional e a interação do Báltico são referenciados nas notas dos capítulos 10 e 14, a seguir, mas veja também Søren Sindbæk e Athena Trakadas (org.), *The World in the Viking Age* (Museu de Barcos Vikings, Roskilde, 2014). Para uma nova compreensão das "terras distantes" e sua importância para o comércio, consulte Steve Ashby, Ashley Coutu e Søren Sindbæk, "Urban networks and Arctic outlands: Craft specialists and reindeer antler in Viking towns", *European Journal of Archaeology* 18 (2015): pp. 679-704. Em particular, vários trabalhos de fôlego sobre o tema foram publicados por Andreas Hennius, "Viking Age tar production and outland explore", *Antiquity* 92 (2018): pp. 1349-1361; Andreas Hennius et al., "Whalebone gaming pieces: Aspects of marine mamífero exploration in Vendel and Viking Age Scandinavia", *European Journal of Archaeology*, 21 (2018): pp. 612-631; e Andreas Hennius, "Towards a refined chronology of prehistoric pitfall hunting in Sweden", *European Journal of Archaeology* (2020, no prelo); sua vindoura tese de doutorado deverá reescrever fundamentalmente nossa visão dessas economias. Para esta seção, também me beneficiei do atemporal ensaio de John Moreland, "Concepts of the early medieval economy", originalmente de 2000, mas compilado em seu volume *Archaeology, Theory and the Middle Ages* (Duckworth, Londres, 2010: pp. 75-115).

Capítulo 3: A rede social

A estrutura social escandinava é investigada minuciosamente por Jón Viðar Sigurðsson em *Det norrøne samfunnet* (Pax, Oslo, 2008); para a vida familiar, em particular, consulte *Kvinnor och familj i det fornoch medeltida Skandinavien*, de Birgit Sawyer (Viktoria, Skara, 1992) e "Women, kinship, and the basis of power in the Norwegian Viking Age", de Liv Helga Dommasnes, em Ross Samson (org.), *Social Approaches to Viking Studies* (Cruithne Press, Glasgow, 1991: pp. 65-73). Mais informações sobre as relações de parentesco podem ser encontradas em *Iceland's Networked Society*, de Tara Carter (Brill, Leiden, 2015). O comentário sobre a propriedade possuir os proprietários é de Eric Christiansen, *The Norsemen in the Viking Age* (Blackwell, Oxford, 2002).

Sobre casamento, poliginia e concubinato, ver *Frillor och fruar: politik och samlevnad på Island 1120-1400*, de Auður G. Magnúsdóttir (Universidade de Gotemburgo, Gotemburgo, 2001) e "Women and Sexual Politics", em Stefan Brink e Neil Price (org.), *The Viking World* (Routledge, Londres, 2008: pp. 40-48). Ver também Ben Raffield, Neil Price e Mark Collard, "Polygyny, concubinage and the social lives of women in Viking-Age Scandinavia", *Viking and Medieval Scandinavia* 13 (2018): pp. 165-209. Os escritores árabes que descrevem a poliginia são discutidos por Þórir Hraundal em *The Rus in Arabic Sources: Cultural Contacts and Identity* (Universidade de Oslo, Oslo, 2013). O relato de Adão de Bremen já foi mencionado; a seção relevante sobre os vícios do rei dinamarquês está no livro 4, capítulo 21, e no livro 3, capítulo 11. A saga e os textos poéticos mencionados aqui são analisados com mais detalhes no artigo de Raffield et al., já referenciado. Agradeço a Steinunn Kristjánsdóttir por suas discussões sobre a poliginia de uma perspectiva islandesa. As este-

REFERÊNCIAS BIBLIOGRÁFICAS

las rúnicas que mencionam várias esposas são Sö 297, de Uppinge, em Södermanland, e U 1039, de Bräcksta, em Uppland.

A complexa mecânica da *vinátta* – amizade – é analisada por Jón Viðar Sigurðsson em *Viking Friendship: The Social Bond in Iceland and Norway, c.900-1300* (Cornell University Press, Ithaca, 2017).

A citação de *As palavras do Altíssimo* recomendando deixar o cachorro para que um vizinho o alimente vem da estrofe 83, adaptada da tradução de Dronke. Uma esplêndida pesquisa ilustrada da família da Era Viking e da maioria dos outros aspectos da vida diária pode ser encontrada em *Spurensuche Haithabu*, de Kurt Schietzel (4ª ed., Wachholtz, Neumünster, 2018). Para uma amostra representativa de estudos sobre assentamentos rurais, consulte Sten *Tesch, Houses, Farmsteads e Long-Term Change* (Universidade de Uppsala, Uppsala, 1993); Hans Göthberg, Ola Kyhlberg e Ann Vinberg (org.), *Hus och gård i det förurbana samhället* (2 vols., Riksantikvarieämbetet, Estocolmo, 1995); e *Vikingatidens byggande i Mälardalen*, de Karin Rosberg (Universidade de Uppsala, Uppsala, 2009).

A cultura alimentar viking é discutida por Sven Isaksson em *Food and Rank in Early Medieval Time* (Universidade de Estocolmo, Estocolmo, 2000); Per Widerström, "Järnålderns mat – en annan smakpalett", *Gotländsk Arkiv* 91 (2019): pp. 106-113; para a Era Viking tardia no Ocidente, consulte também Ditlev Mahler (org.), *Gruel, Bread, Ale and Fish: Changes in the Material Culture Related to Food Production in the North Atlantic 800-1300 AD* (Museu Nacional da Dinamarca, Copenhague, 2018). A tese sobre o pão viking é de Liselotte Bergström, *Gräddat: brödkultur sob järnåldern i östra Mälardalen* (Universidade de Estocolmo, Estocolmo, 2007). Há uma outra tese apenas sobre espetos de carne e espetos: Susanne Bøgh-Andersen, *Vendel- och vikingatida stekspett* (Universidade de Lund, Lund, 1999). Os copos da Era Viking são discutidos por Kent Anderson em *Glas från romare till vikingar* (Balderson, Uppsala, 2010).

Acerca do entretenimento dos vikings, consulte o artigo de Mark Hall, "Board games in boat burials: Play in the performance of Migration and Viking Age mortuary practice", *European Journal of Archaeology* 19 (2016): pp. 439-455; John Birdsagel, "Music and musical instruments", em Phillip Pulsiano (org.), *Medieval Scandinavia: An Encyclopedia* (Garland, Nova

York, 1993: pp. 420-423); e Leszek Gardeła, "What the Vikings did for fun? Sports and pastimes in medieval northern Europe", *World Archaeology* 44 (2012): pp. 234-247. A cadeira infantil de Lund foi publicada em Else Roesdahl e David M. Wilson (org.), *From Viking to Crusader: Scandinavia and Europe 800-1200* (Conselho Nórdico, Copenhague, 1992: p. 376). O aconchegante suporte do pescoço do túmulo de Mammen é descrito por Charlotte Rimstad, "En komfortabel, evig søvn", *Skalk* 2019/5: pp. 12-15.

Há uma discussão sobre os pentes em *A Viking Way of Life* (Amberley, Stroud, 2014), de Steven P. Ashby. A queixa sobre o excesso de cuidados com a aparência pessoal dos escandinavos é de John de Wallingford; ver Richard Vaughan, "The cronicle attributed to John of Wallingford", *Camden Miscellany* 21 (1958): pp. 1-74.

Uma reconstrução do elegante oficial escandinavo em Bizâncio – na verdade, Sviatoslav de Kiev – pode ser encontrada em *The Vikings* (Osprey, Oxford, 1985: placa G, de Ian Heath, segundo a descrição de Leão, o diácono [historiador e cronista bizantino]. O relato de Ahmad ibn Fadlān é referenciado na seção geral.

O principal trabalho sobre a modificação dentária na Era Viking é de Caroline Ahlström Arcini, a osteologista que foi a primeira a identificar a prática. Suas ideias são coletadas e referenciadas no livro *The Viking Age: A Time of Many Faces* (Oxbow, Oxford, 2018). Os escritos de Ibrāhīm ibn Ya'qūb também são mencionados na seção geral.

A maioria das obras gerais e catálogos de exposições listados anteriormente baseia-se em imagens, geralmente em cores, com o objetivo de ilustrar a Era Viking de uma forma que este livro não faz. Duas obras, em particular, são concebidas exatamente para esse propósito, que cumprem bem: *Viking Artefacts*, de James Graham-Campbell (British Museum Press, Londres, 1980) e *Pocket Museum: Vikings*, de Steve Ashby e Alison Leonard (Thames & Hudson, Londres, 2018). Este último inclui muitas imagens de figuras tridimensionais com vários estilos de cabelo, inclusive os mencionados no texto.

As figuras de Hårby e Revninge foram publicadas preliminarmente como "Valkyriefund", de Mogens Bo Henriksen e Peter Vang Petersen, *Skalk* 2013/2: pp. 3-10 e "Revninge-figurens gåder", de Claus Feveile, *Skalk* 2015/1: pp. 3-8. Para roupas da Era Viking, consulte *Kvinnodräkten i Birka*, de Inga Hägg (Universidade de Uppsala, Uppsala, 1974) e *Textilien und Tracht em Haithabu und Schleswig* (Wachholtz, Kiel, 2015); boas imagens coloridas podem ser encontradas em *Spurensuche Haithabu*, de Kurt Schietzel (4ª ed., Wachholtz, Neumünster, 2018). Estou em dívida com a figurinista Linda Muir pelas observações sobre as qualidades sensuais potenciais das roupas vikings, fruto de vários debates agradáveis.

A literatura sobre joias e artesanato (inclusive em metais) é enorme, e apenas uma seleção pode ser fornecida aqui. A obra de referência padrão sobre broches ovais é *Ovala spännbucklor*, de Ingmar Jansson (Universidade de Uppsala, Uppsala, 1985), enquanto seu equivalente para as contas é *Trade Beads and Bead Trade in Scandinavia ca. 800-1000 AD*, de Johan Callmer (Universidade de Lund, Lund, 1977). Os principais estudos da metalurgia, com seus respectivos enfoques regionais, mas com referências mais amplas, podem ser encontrados no trabalho de Gustaf Trotzig, *Craftsmanship and Function* (Statens Historiska Museum, Estocolmo, 1991) e *I smeltedigelen: finsmedene i vikingtidsbyen Kaupang*, de Unn Pedersen (Universidade de Oslo, Oslo, 2010). As estatuetas de pingentes são debatidas em *Wirkmächtige Kommunikationsmedien: Menschenbilder der Vendel- und Wikingerzeit und ihre Kontexte*, de Michaela Helmbrecht (Universidade de Lund, Lund, 2011). A cultura material única dos habitantes de Gotlândia é compilada por Lena Thunmark-Nylén em *Die Wikingerzeit Gotlands* (4 vols., Real Academia de Letras, Estocolmo, 1995-2006), com referência a seu próprio trabalho em joalheria e ao de Anders Carlsson.

Fontes sobre as práticas agrárias e história agrícola já foram mencionadas. O equipamento completo de um ferreiro foi publicado por Greta Arwidsson e Gösta Berg em *The Mästermyr Find: A Viking Age Tool Chest de Gotland* (Real Academia de Letras, Estocolmo, 1983). O trabalho têxtil já foi referenciado, mas vale consultar também *Silk for the Vikings*, de Marianne Vedeler (Oxbow, Oxford, 2014). A noção de tecelagem pictórica como um domínio do poder feminino é examinada cuidadosamente por Lena Norrman em seu livro *Viking Women: The Narrative Voice in Woven Tapestries* (Cambria Press, Amherst, 2008).

Para as tradições artísticas, a síntese mais recente, excelente e bem ilustrada é *Viking Art*, de James Graham-Campbell (Thames & Hudson,

Londres e Nova York, 2013). Como um dos mais importantes arqueólogos da história da arte da Era Viking, James também abordou a estética e sua economia em muitas outras obras gerais (listadas na introdução desta seção), e estudos regionais especializados, sobretudo da Escócia, que são apontados nas devidas seções a seguir. Ver também David M. Wilson, *Vikingatidens konst* (Signum, Lund, 1995).

Capítulo 4: A busca da liberdade

Possíveis precedentes escandinavos da Idade do Bronze sobre escravidão são examinados por Johan Ling em *Rock Art: Towards a Maritime Understanding of Bronze Age Rock Art in Northern Bohuslän, Sweden*, Suécia (Universidade de Gothenberg, Gothenberg, 2008).

The Viking Achievement (1970), de Foote e Wilson, já mencionado, foi a primeira grande obra de síntese a discutir a escravidão no início da Escandinávia; ainda é sólida, e eu a utilizei em várias partes aqui (eles também são os autores da linha sobre os escravos terem posses e não deixarem nada). Mais recentemente, a escravidão na Era Viking foi discutida por Ruth Karras em *Slavery and Society in Medieval Scandinavia* (Yale University Press, New Haven, 1988); na coletânea em língua sueca editada por Thomas Lindkvist e Janken Myrdal, *Trälar: ofria i agrarsamhället från vikingatid till medeltid* (Museu Nórdico, Estocolmo, 2003); e em *Vikingarnas slavar: den nordiska träldomen under yngre järnålder och äldsta medeltid*, de Stefan Brink (Atlantis, Estocolmo, 2012). O contexto mais amplo para o Oeste é fornecido por David Wyatt em *Slaves and Warriors in Medieval Britain and Ireland, 800-1200* (Brill, Leiden, 2009). Um novo campo de pesquisa sobre a escravidão da Era Viking está sendo aberto por Ben Raffield, "The slave markets of the Viking world: Comparative perspectives on an "invisible archaeology", *Slavery and Abolition* 40 (2019): pp. 682-705.

Para os nomes dos escravos da *Canção de Ríg*, usei traduções da *Edda poética* de Carolyne Larrington (1996) e Ursula Dronke (1997), com algumas pequenas alterações minhas. As pedras rúnicas que preservam as vozes dos escravos são a U 11 de Hovgården na região sueca de Uppland e a DR 58 de Hørning na Dinamarca. Grilhões e algemas vikings foram estudados por Ny Björn Gustafsson, "För folk och fä: Vikingatida fjättrar och deras användning", *Fornvännen* 104 (2009): pp. 89-96. A pedra de Weston é ilustrada em Else Roesdahl et al. (org.), *The Vikings in England* (Projeto Viking Anglo-Dinamarquês, Londres, 1981: 61). O "túmulo dos escravos" queimado em Tranders foi publicado por Lise Harvig, J. Kveinborg e Niels Lynnerup, "Death in flames: Human remains from a domestic house fire from Early Iron Age, Denmark", *International Journal of Osteoarchaeology* 25 (2015): pp. 701-710.

A sepultura de Ballateare é publicada por Gerhard Bersu e David M. Wilson, *Three Viking Graves on the Isle of Man* (Sociedade para Arqueologia Medieval, King's Lynn, 1966: pp. 35-62). A pesquisa sobre a dieta dos escravos é feita por Elise Naumann, Maja Krzewińska, Anders Götherström e Gunilla Eriksson, "Slaves as burial gifts in Viking Age Norway? Evidence from stable isotope and Ancient DNA analyses", *Journal of Archaeological Science* 41 (2013): pp. 533-540. O estudo que relaciona a escravidão à modificação dentária é de Anna Kjellström, "Spatial and temporal trends in new cases of men with modified teeth from Sweden (AD 750-1100)", *European Journal of Archaeology* 17: 1 (2014): pp. 45-59.

Capítulo 5: Travessia de fronteiras

Apenas recentemente os estudos de gênero na Era Viking começaram a se ramificar de forma efetiva para além dos debates binários, a maioria dos quais enfatizava os estudos de mulheres. Entre as obras mais relevantes incluem-se *Women in the Viking Age*, de Judith Jesch (Boydell, Woodbridge, 1991); *Women in Old Norse Society*, de Jenny Jochens (Cornell University Press, Ithaca, 1995); *Bilder av kvinnor och kvinnlighet: Genus och kroppspråk sob övergången till kristendomen*, de Eva-Marie Göransson (Universidade de Estocolmo, Estocolmo, 1999); Nancy Coleman e Nanna Løkka (org.), *Kvinner i vikingtid* (Scandinavian Academic Press, Oslo, 2014); e *Valkyrie: the Women of the Viking World*, de Jóhanna Katrín Friðriksdóttir (Bloomsbury, Londres, 2020). As obras que se concentram principalmente na literatura nórdica antiga incluem *Old Norse Images of Women*, de Jenny Jochens (University of Pennsylvania Press, Filadélfia, 1996); Rudolf Simek e Wilhelm Heizmann (org.), *Mythological Women*

(Fassbaender, Viena, 2002); Sarah Anderson e Karen Swenson (org.), *Cold Counsel: Women in Old Norse Literature and Mythology* (Routledge, Londres e Nova York, 2002); e *Women in Old Norse Literature: Bodies, Words and Power*, de Jóhanna Katrín Friðriksdóttir (Palgrave Macmillan, Nova York, 2013). A maioria dessas obras também aborda os temas mais específicos que se seguem.

Estudos mais gerais incluem *Det skjulte kjønn: patriarkal tradisjon og feministisk visjon i arkeologien belyst med fokus på en jernalderskontekst*, de Tove Hjørungdal (Universidade de Lund, Lund, 1991); *Genuskonstruktioner i nordisk vikingatid*, de Elisabeth Arwill-Nordbladh (Universidade de Gotemburgo, Gotemburgo, 1998); e "I genusstrukturens spänningsfält: Om kön, genus och sexualitet i saga och samhälle", *Arkiv för Nordisk Filologi* 2001: pp. 21-63, de Henric Bagerius; ver também "Slaget om vikingatiden – en ojämn kamp mot forna stereotyper", de Katherine Hauptmann, em Katherine Hauptmann e Kerstin Näversköld (org.), *Genusförbart: inspiration, erfarfarenheter och metoder för mångfald i museiarbete* (Nordic Academic Press, 2014: pp. 61-71).

A pedra rúnica de Fläckebo em Västmanland é a Vs 24. O modelo "unissex" é do influente artigo de Carol Clover, "Regardless of sex: Men, women, and power in early Northern Europe", *Speculum* 68: 2 (1993): pp. 1-28. O melhor trabalho sobre traços compartilhados, com o estudo de sepultamentos mencionado no texto, foi realizado por Marianne Moen em *Challenging Gender: A Reconsideration of Gender in the Viking Age Using the Mortuary Landscape* (Universidade de Oslo, Oslo, 2019), com base em seu livro anterior *The Gendered Landscape: A Discussion on Gender, Status and Power in the Norwegian Viking Age Landscape* (BAR, Oxford, 2011) e também investigado em seu artigo "Gender and archaeology: Where are we now?", *Archaeologies* 15/2 (2019): pp. 206-226. Excelentes estudos mais amplos que adotam um enfoque de gênero frutífero e integrado incluem *Draupnir's Sweat e Mardöll's Tears: An Archaeology of Jewellery, Gender and Identity in Viking Age Iceland*, de Michèle Hayeur Smith (BAR, Oxford, 2004) e *Architecture, Society, and Ritual in Viking Age Scandinavia*, de Marianne Hem Eriksen (Cambridge University Press, Cambridge, 2019).

Para a infância na Era Viking, ver "Forholdet mellom børn og foreldre i det norrøne kjeldmaterialet", *Collegium Medievale* 1 (1988): pp. 9-26, de Else Mundal; "Barn på vikingatiden", *Gotländsk Arkiv* 76 (2004): pp. 74-77, de M. Lindqvist; "First steps towards an archaeology of children in Iceland", *Archaeologia Islandica* 5 (2006): pp. 55-96, de Chris Callow; *Gränsland: konstruktion av tidig barndom och begravningsritual vid tiden för kristnandet i Skandinavien*, de Lotte Mejsholm (Universidade de Uppsala, Uppsala, 2009); Marianne Hem Eriksen, "Don't all mothers love their children? Deposited infants as animate objects in the Scandinavian Iron Age", *World Archaeology* 49: 3 (2017): pp. 338-356; Dawn M. Hadley, "Children and migration", em Sally Crawford, Dawn M. Hadley e Gillian Shepherd (org.), *The Oxford Handbook of the Archaeology of Childhood* (Oxford University Press, Oxford, 2018: pp. 404-428); e Ben Raffield, "Playing Vikings: Militarism, hegemonic masculinities and child enculturation in Viking-Age Scandinavia", *Current Anthropology* 60 (2019): pp. 813-835.

A desnutrição diferencial na infância é analisada por Anna Kjellström, "People in transition: Life in the Mälaren Valley from an osteological perspective", em Val Turner, Olwyn Owen e Doreen Waugh (org.), *Shetland and the Viking World* (Shetland Heritage Publications, Lerwick, 2016: pp. 197-202); há outras interpretações possíveis dos dados de *cribra orbitalia* – por exemplo, que a condição era causada por alta pressão de infecção –, mas isso deveria exibir uma distribuição uniforme na população, em vez de enviesada por sexo; agradeço ao autor e a Marianne Hem Eriksen pelo debate aqui. Sobre o infanticídio, veja o texto mencionado e também os artigos de Nancy Wicker, "Selective female infanticide as partial explanation for the death of women in Viking Age Scandinavia", em Guy Halsall (org.), *Violence and Society in the Early Medieval West* (Boydell, Woodbridge, 1998: pp. 205-221) e "Christianization, female infanticide, and the abundance of female burials at Viking Age Birka in Sweden", *Journal of the History of Sexuality* 21 (2012): pp. 245-262.

O estudo comparando sepulturas masculinas e femininas na Escócia e na Noruega é de Frida Espolin Norstein, *Migration and the Creation of Identity in the Viking Diaspora: A Comparative Study of Viking Age Funerary Rites from Northern Scotland and Møre og Romsdal* (dissertação de mestrado em arqueologia não publicada, Universidade de Oslo, Oslo, 2014).

Sobre a sexualidade da Era Viking, ver o artigo de Jenny Jochens, "The ilicit love visit: An archaeology of Old Norse sexuality", *Journal of the*

History of Sexuality 1 (1991): pp. 357-392; Neil Price, "Anstößige Körper? Sexualität in der Eisenzeit Nordeuropas", em Vincent van Vilsteren e Rainer-Maria Weiss (org.), *100.000 jahre sex: über Liebe, Wollust und Fruchtbarkeit* (Museu Helms, Hamburgo, 2004: pp. 54-63) e "Sexualität", *Reallexikon der Germanischen Altertumskunde* 28 (2004): pp. 244-257. Os versos de *A discórdia de Loki* e *As palavras do Altíssimo* são da tradução de Ursula Dronke.

A muito discutida missão do Califado aos vikings é analisada por Sara Pons-Sanz, "Whom did al-Ghazāl meet? An exchange of embassies between the Arabs from al-Andalus and the Vikings", *Saga-Book of the Viking Society for Northern Research* 28 (2012): pp. 5-28, com extensas referências. A magia sexual, a figura de Rällinge, o falo de Danevirke e enterros de indivíduos de corpo masculino com acessórios normativamente femininos são discutidos por Neil Price em *The Viking Way: Magic and Mind in Late Iron Age Scandinavia* (Oxbow, Oxford, 2019: pp. 172-183). As runas de Maeshowe são discutidas e traduzidas por Michael Barnes em *The Runic Inscriptions of Maeshowe, Orkney* (Universidade de Uppsala, Uppsala, 1994); as inscrições citadas são numeradas como Farrer VIII, XXIII e IX, respectivamente. A pedra de runa Onslunda é U 1043.

Crimes sexuais e restrições legais são discutidos por Ben Raffield, Neil Price e Mark Collard em "Polygyny, concubinage and the social lives of women in Viking-Age Scandinavia", *Viking and Medieval Scandinavia* 13 (2018): pp. 165-209; ver também o artigo de Fredrik Charpentier Ljungqvist, "Rape in the Icelandic sagas: An insight in the perceptions about sexual agressions on women in the Old Norse world", *Journal of Family History* 40 (2015): pp. 431-447. Os códigos das leis *Grágás* são traduzidos em dois volumes como *Laws of Early Iceland*, por Andrew Dennis, Peter Foote e Richard Perkins (University of Manitoba Press, Winnipeg, 1980 e 2000).

O estudioso acadêmico dinamarquês com "a ideia do bem", *The Idea of the Good in Late Iron Age Society*, é Frands Herschend (Universidade de Uppsala, Uppsala, 1998). A mulher travestida vem do capítulo 35 da *Saga do povo de Laxardal*, e as imagens nas pedras pictóricas (números I e IV de Lärbro Tängelgårda) são discutidas por Eva-Marie Göransson, antes.

A homofobia e o complexo conceito de *nid* são analisados por Preben Meulengracht Sørensen em *The Unmanly Man: Concepts of Sexual*

REFERÊNCIAS BIBLIOGRÁFICAS

Defamation in Early Northern Society (Odense University Press, Odense, 1983), ainda o trabalho mais importante sobre o tema, do qual cito aqui. Para insultos nórdicos, ver *Norrön niddiktning*, de Bo Almqvist (2 vols., Almqvist & Wiksell, Estocolmo, 1965 e 1974). A inscrição rúnica homofóbica que menciona o entalhe na Igreja da Cruz foi traduzida por James Knirk (com uma pequena alteração), reproduzido em "Nið and the sacred" por Preben Meulengracht Sørensen em *Artikler*, a reunião que a Norrønt Forum organizou em sua homenagem (Norrønt Forum, Aarhus, 2000: pp. 78-88).

Entre as análises da magia que fazem um interessante uso da teoria *queer* estão o trabalho da estudiosa norueguesa mencionado no texto, Brit Solli: "Odin – the *queer*? Om det skeive i norrøn mytologi", em Ingrid Fuglestvedt, Terje Gansum e Arnfrid Opedal (org.), *Et hus med mange rom: vennebok til Bjørn Myhre på 60-årsdagen* (Museu Arqueológico de Stavanger, Stavanger, 1999: pp. 393-427) e *Seid: Myter, Sjamanisme og Kjønn i Vikingenes Tid* (Pax, Oslo, 2002); veja também Neil Price, *The Viking Way*, que inclui um estudo da *História de Völsi*. Um trabalho importante, embora controverso, que imagina uma Idade do Ferro *queer* é *Masking Moments: The Transitions of Bodies and Beings in Late Iron Age Scandinavia*, de Ing-Marie Back Danielsson (Universidade de Estocolmo, Estocolmo, 2007).

O túmulo de Vivallen é esmiuçado em meu livro *The Viking Way*, p. 222. Referências ao debate sobre mulheres guerreiras vikings e as chamadas "donzelas de escudo" podem ser encontradas nas observações sobre o capítulo 11 a seguir; veja também o artigo de 2019 "Gender and archaeology", de Marianne Moen, mencionado anteriormente. Todas essas obras incluem extensas referências sobre a complexa definição de gêneros dos túmulos.

Sobre deficiências físicas na Era Viking, consulte Lois Bragg, "From the mute god to the lesser god: Disability in medieval Celtic and Old Norse literature", *Disability and Society* 12 (1997): pp. 165-177 e *Oedipus Borealis: The Aberrant Body in Old Icelandic Myth and Saga* (Fairleigh Dickinson University Press, Madison, 2004); Annette Lassen, *Øjet og blindheden i norrøn litteratur og mytologi* (Museu Tusculanum, Copenhague, 2003); Elisabeth Arwill-Nordbladh, "Ability and disability: On bodily variations and bodily possibilities in Viking Age myth and image", em Ing-Marie Back Danielsson e Susanne Thedéen (org.), *To Tender Gender: The Passts and Futures of Gender Research in Archaeology* (Universidade de Estocolmo, Estocolmo, 2012: pp. 33-60); e "Disability and dreams in the medieval Icelandic sagas", *Saga-Book of the Viking Society for Northern Research* XLIII (2019): pp. 37-58, de Christopher Crocker. Os estudos sobre a deficiência são um aspecto relativamente novo da pesquisa dos vikings, e eu gostaria de reconhecer aqui o pioneiro e importante trabalho feito por Christina Lee e seus colegas acerca das culturas inglesas e germânicas contemporâneas.

Capítulo 6: O desempenho do poder

Para amplas discussões sobre assembleias, lei e justiça, consulte Olwyn Owen (org.), *Things in the Viking World* (Shetland Amenity Trust, Lerwick, 2012) e especialmente *Viking Law and Order: Places and Rituals of Assembly in the Medieval North*, de Alexandra Sanmark (Edinburgh University Press, Edimburgo, 2017). Dois artigos importantes de Marie Ødegaard são "*Thing sites, cult, churches, games and markets in Viking and medieval south-east Norway, AD c. 800-1600*", *World Archaeology* 50 (2018): pp. 150-164 e "Tinginstitusjonens amieiro i Skandinavia belyst ved arkeologi og stedsnavnsgransking – samsvar eller ikke?", *Viking* 2018: pp. 89-116. Frode Iversen discute os locais de pátios noruegueses em "Emerging kingship in the 8th century? New datings of three courtyard sites in Rogaland", em Dagfinn Skre (org.), *Avaldsnes – A Sea-Kings 'Manor in First-Millennium Western Scandinavia* (De Gruyter, Berlim, 2018: pp. 721-746). A literatura sobre rixas e disputas pode ser encontrada a seguir, em conexão com o capítulo 17 e a sociopolítica da Islândia.

Os direitos de herança são discutidos em muitas das obras gerais já listadas, mas diversos estudos especializados abordam as relações entre a terra e a família e as maneiras como isso se manifestou na paisagem – por exemplo, por meio de depoimentos rituais e outras atividades ao longo das fronteiras. *Gård, gräns, gravfält*, de Torun Zachrisson (Universidade de Estocolmo, Estocolmo, 1998), é excelente, e desdobramentos e dificuldades posteriores para o sistema *allodium* são abordados por Johan

REFERÊNCIAS BIBLIOGRÁFICAS

Runer em *Från hav til land, eller Kristus och odalen* (Universidade de Estocolmo, Estocolmo, 2006). As dimensões de herança das inscrições rúnicas são discutidas em detalhes pela falecida Birgit Sawyer em *The Viking-Age Rune-Stones: Custom and Commemoration in Early Medieval Scandinavia* (Oxford University Press, Oxford, 2000: caps. 3-4), em que o texto Hillersjö da U 29 e sua complexa árvore genealógica são discutidos nas páginas 49-50; a inscrição aparece aqui na elegante tradução de Sawyer. As três outras inscrições de herança citadas são respectivamente das runas Sö 302, Bergaholm, Södermanland; G 111, Ardre, Gotland; e G 112, Ardre, Gotland.

Uma obra clássica sobre topônimos e paisagens de poder é Stefan Brink, "Political and social structures in early Scandinavia: Aspects of space and territoriality – the settlement district", *Tor* 29 (1997): pp. 389-438. Um estudo recente e importante de nomes de *huse* é feito por Lisbeth Eilersgaard Christensen, Thorsten Lemm e Anne Pedersen (org.), *Husebyer – Status Quo, Open Questions and Perspectives* (Museu Nacional da Dinamarca, Copenhague, 2016). Nomes teofóricos são abordados por Per Vikstrand em *Gudarnas platser: förkristna sakrala ortnamn i Mälarlandskapen* (Academia Real Gustav Adolf, Uppsala, 2001) e no volume editado por Sæbjørg Nordeide e Stefan Brink, *Sacred Sites and Holy Spaces: Exploring the Sacralization of Landscape Through Time* (Brepols, Turnhout, 2013), este último contendo referências aos muitos artigos de Brink sobre o tema.

As principais obras sobre runas e alfabetização rúnica estão listadas na seção geral anterior, à qual pode ser adicionado o volume de Birgit Sawyer já citado. O grande runologista cujas observações incisivas são citadas no texto principal foi Sven B. F. Jansson, cujo trabalho revolucionou esse campo de estudo. Para a tradição rúnica em *A balada de Sigrdrífa*, citei a tradução de Carolyne Larrington. Sobre o uso mágico de runas, consulte John McKinnell e Rudolf Simek, *Runes, Magic and Religion: A Sourcebook* (Fassbaender, Viena, 2004) e Mindy MacLeod e Bernard Mees, *Runic Amulets and Magic Objects* (Boydell, Woodbridge, 2006). O livro de Sofia Pereswetoff-Morath, *Viking-Age Runic Plates* (Academia Real Gustav Adolf, Uppsala, 2019), é o trabalho-padrão acerca desses objetos. Os decifrados de runas com sua própria biografia é Öpir: Marit Åhlén,

Runristaren Öpir, en monografi (Universidade de Uppsala, Uppsala, 1997). A runa de Gotlândia que menciona as "enguias-cobras" é a G 203 de Hogrän. Os nomes pessoais nas pedras rúnicas são compilados por Lena Peterson, *Nordiskt runnamnslexikon* (Instituto de Linguagem e Folclore, Uppsala, 2007). A pedra de Rök em Östergötland é designada Ög 136.

A posse de cavalos da Era Viking é discutida por Anneli Sundkvist em *Hästarnas land* (Universidade de Uppsala, Uppsala, 2001). O conceito de tempo-distância é elaborado para o final da Idade do Ferro por Martin Carver, "Pre-Viking traffic in the North Sea", em Seán McGrail (org.), *Maritime Celts, Frisians and Saxons* (Conselho Britânico de Arqueologia, York, 1990: pp. 117-125). Os infortúnios do *Garanhão do mar* são publicados em Anne-Christine Larsen et al. (org.), *The Sea Stallion from Glendalough* (Museu de Barcos Vikings, Roskilde, 2008). Diversos métodos de transporte da Era Viking são examinados por Kurt Schietzel em *Spurensuche Haithabu* (Wachholz, Neumünster, 2018: pp. 534-537). Uma proveitosa visão geral sobre as embarcações marítimas é fornecida por Ole Crumlin-Pedersen em *Archaeology and the Sea in Scandinavia and Britain* (Museu de Barcos Vikings, Roskilde, 2010) e Gareth Williams, *The Viking Ship* (British Museum Press, Londres, 2014); essas obras também contêm detalhes de cata-ventos, figuras de proa e representações de navios em outras mídias. Uma variedade de tipos de navios é esmiuçada por Ole Crumlin-Pedersen e Olaf Olsen (org.), *The Skuldelev Ships I* (Museu de Barcos Vikings, Roskilde, 2002); Ole Crumlin-Pedersen, *Viking-Age Ships and Shipbuilding in Hedeby/Haithabu and Schleswig* (Museu de Barcos Vikings, Roskilde, 1996); e Ole Crumlin-Pedersen e Hanus Jensen, *Udspændte både fra vikingetid og jernalder* (Museu de Barcos Vikings, Roskilde, 2018).

Para os navios funerários de Oseberg, Gokstad, Ladby e Hedeby e os túmulos posteriores em Valsgärde, consulte *Langskibet fra Gokstad ved Sandefjord*, de Nicolay Nicolaysen (Cammermeyer, Kristiania, 1882); A. W. Brøgger, Hjalmar Falk e Haakon Shetelig (org.), *Osebergfundet* (4 vols., Universitetets Oldsaksamling, Oslo, 1917-1928); Arne Emil Christensen, Anne Stine Ingstad e Bjørn Myhre, *Osebergdronningens grav* (Schibsted, Oslo, 1992); Michael Müller-Wille, *Das Bootkammergrab von Haithabu* (Wachholtz, Neumünster, 1976); Anne C. Sørensen, *Ladby: A Danish Ship-*

-*Grave from the Viking Age* (Museu de Barcos Vikings, Roskilde, 2001); e Svante Norr (org.), *Valsgärde Studies: The Place and Its People, Past and Present* (Universidade de Uppsala, Uppsala, 2008). Os aspectos intangíveis dos navios são discutidos por Ole Crumlin-Pedersen e Birgitte Munch Tyhe (org.), *The Ship as Symbol in Prehistoric and Medieval Scandinavia* (Museu Nacional da Dinamarca, Copenhague, 1995). O comentário sobre a introdução da vela como uma ferramenta de poder é de Ole Kastholm, do Museu Roskilde.

Capítulo 7: Encontrando os "outros"

A prática da "religião" nórdica é objeto de uma extensa literatura. Além dos trabalhos citados acerca do capítulo 1, uma boa incursão é *Nordic Religions in the Viking Age*, de Thomas A. Dubois (University of Pennsylvania Press, Filadélfia, 1999) e, para os leitores do norueguês, *Norrøn religion: myter, riter, samfunn*, de Gro Steinsland (Pax, Oslo, 2005). Duas grandes obras em vários volumes também são relevantes aqui: Anders Andrén, Catharina Raudvere e Kristina Jennbert (org.), *Vägar till Midgård* (16 vols., Nordic Academic Press, Lund, 2001-2014) e John McKinnell, Margaret Clunies Ross e John Lindow (org.), *The Pre-Christian Religions of the North* (7 vols., Brepols, Turnhout, 2018-).

O principal especialista em religioletos é Maths Bertell, que introduziu o termo no vocabulário da Era Viking; veja seu vindouro artigo "Into a hall, out to an island: The Iron Age hall culture religiolect as a case study of religious change and diversity". Agradeço a ele por me dar permissão para discutir o conceito aqui. O trabalho primordial sobre ideologias religiosas de poder é de Olof Sundqvist, *Freyr's Offspring: Rulers and Religion in Ancient Svea Society* (Uppsala University Press, Uppsala, 2002). Sobre locais e estruturas de culto, a obra clássica, desatualizada, mas ainda assim essencial, é de Olaf Olsen, *Hørg, hov og kirke* (Gad, Copenhague, 1966). Para publicações mais recentes, abrangendo também os próprios especialistas em rituais, consulte Olof Sundqvist, *Kultledare i fornskandinavisk religion* (Universidade de Uppsala, Uppsala, 2007); Gunnar Andersson e Eva Skyllberg (org.), *Gestalter och gestaltningar – om tid, rum och händelser på Lunda* (Riksantikvarieämbetet, Estocolmo, 2008); *An Arena for*

Higher Powers: Ceremonial Buildings and Religious Strategies for Rulership in Late Iron Age Scandinavia, de Olof Sundqvist (Brill, Leiden, 2016); *Tempel och kulthus i det forna Skandinavien*, de Anders Kaliff e Julia Mattes (Carlssons, Estocolmo, 2017); e *Odin, Thor und Freyja: Skandinavische Kultplätze des 1. Jahrtausends n. Chr. und das Frankenreich*, de Sandie Holst, Lars Jørgensen e Egon Wamers (Schnell & Steiner, Regensburg, 2017). O "templo" de Uppåkra é descrito por Lars Larsson em *Continuity for Centuries: A Ceremonial Building and Its Context at Uppåkra, Southern Sweden* (Universidade de Lund, Lund, 2004). A tradução de Adão de Bremen, no templo de Uppsala, é da edição de Francis Tschan, modificada por Olof Sundqvist.

Os sítios em Lilla Ullevi e Götavi são discutidos por Neil Price, "Belief and ritual", em Gareth Williams, Peter Pentz e Matthias Wemhoff (org.), *Vikings: Life and Legend* (Museu Britânico, Londres, 2014: pp. 162-195). Os sacrifícios *blót* são examinados por Britt-Mari Näsström em *Blot: tro och offer i det förkristna Norden* (Norstedts, Estocolmo, 2002). Para os rituais Hofstaðir, consulte o artigo de Gavin Lucas e Tom McGovern, "Bloody slaughter: Ritual decapitation and display at the Viking settlement of Hofstaðir, Iceland", *European Journal of Archaeology* 10: 1 (2007): pp. 7-30. Sobre a prática mais ampla do ritual, consulte Torsten Capelle e Christian Fischer (org.), *Ragnarok – Odins verden* (Museu de Silkeborg, Silkeborg, 2005) e Anders Andrén e Peter Carelli (org.), *Odens öga – mellan människor och makter i det Förkristna Norden* (Fälth & Hässler, Värnemo, 2006).

Em um nível pessoal, o uso de estatuetas e amuletos é discutido por Bo Jensen em *Viking Age Amulets in Scandinavia and Western Europe* (BAR, Oxford, 2010); Michaela Helmbrecht, *Wirkmächtige Kommunikationsmedien. Menschenbilder der Vendel- und Wikingerzeit und ihre Kontexte* (Universidade de Lund, Lund, 2011); e Leszek Gardeła, *Scandinavian Amulets in Viking Age Poland* (Instituto de Arqueologia da Universidade de Rzeszów, Rzeszów, 2014).

Para oferendas aquáticas, consulte Julie Lund, *Åsted og vadested: deponeringer, genstandsbiografier og rumlig strukturering som kilde til vikingetidens kognitive landskaber* (Universidade de Oslo, Oslo, 2009); Anne Monikander, *Våld och vatten: våtmarkskult vid Skedemosse sob järnåldern*

REFERÊNCIAS BIBLIOGRÁFICAS

(Universidade de Estocolmo, Estocolmo, 2010); Ben Raffield, "'A river of knives and swords': Ritually deposited weapons in English watercourses and wetlands during the Viking Age", *European Journal of Archaeology* 17: 4 (2014): pp. 634-655; e Torun Zachrisson, "Händelser vid vat dez: om näcken vid Lutbron och de förkristna dödsoffren i sjön Bokaren, Uppland", *Saga och Sed* 2014: pp. 69-91. Acerca da árvore Frösö, consulte Ola Magnell e Elisabeth Iregren, "Veitstu hvé blóta skal? The Old Norse blót in the light of osteological remains from Frösö church, Jämtland, Sweden", *Current Swedish Archaeology* 18 (2010): pp. 223-250.

Com um ligeiro constrangimento, tenho que dizer que a obra-padrão sobre a feitiçaria da Era Viking ainda é um livro de minha própria autoria, *The Viking Way: Magic and Mind in Late Iron Age Scandinavia* (2ª ed., Oxbow, Oxford, 2019). Ele contém todos os feitiços, referências de sagas e correlatos arqueológicos com reconstruções dos possíveis túmulos de feiticeiros e fornece um panorama geral de quatrocentas páginas do lugar da magia no universo mental nórdico. O livro inclui ainda extensas referências para leituras futuras. Entre as obras essenciais se incluem *Skygger af en anden virkelighed*, de Lotte Hedeager (Samleren, Copenhague, 1997); *Sejd*, de Dag Strömbäck (2ª ed., Academia Real Gustav Adolf, Uppsala, 2000); *Kunskap och insikt i norrön tradição – mytologi, ritualer och trolldomsanklagelser*, de Catharina Raudvere (Nordic Academic Press, Lund, 2003); *Les magiciens dans l'Islande ancienne*, de François-Xavier Dillmann (Academia Real Gustav Adolf, Uppsala, 2006); *Gand, seid og åndevind*, de Eldar Heide (Universidade de Bergen, Bergen, 2006); *Shamanism in Norse Myth and Magic*, de Clive Tolley (2 vols., Academia Scientarum Fennica, Helsinki, 2009); *Witchcraft and Magic in the Nordic Middle Ages*, de Stephen A. Mitchell (University of Pennsylvania Press, Filadélfia, 2011); e *(Magic) Staffs in the Viking Age*, de Leszek Gardeła (Fassbaender, Viena, 2016).

O mundo social da magia cotidiana, sobretudo em um momento de seu declínio em face de novas ideias e tecnologias, é descrito de forma convincente por Hannah Kent em seu romance sobre a crença popular rural irlandesa, *The Good People* (Picador, Londres, 2017); recorro aqui a algumas de suas expressões ressoantes para falar do poder que poderia advir de ser empurrado à força para as margens. A tradução da *Saga do*

Rei Hrólf Kraki [Hrólfs saga kraka] sobre as tensões crepitantes da magia é de Jesse Byock.

Capítulo 8: Lidando com os mortos

O primeiro estudo sério dos rituais de morte da Era Viking ainda é um dos melhores, embora hoje em dia seja estranhamente negligenciado; indo muito além do arcabouço literário de seu título, ver *The Road to Hel: A Study of the Conception of the Dead in Old Norse Literature*, de Hilda Ellis (Cambridge University Press, Cambridge, 1943).

A tradução do capítulo 8 da *Ynglingasaga* (*Saga dos Ynglingar*), de Snorri Sturluson, é da edição da *Heimskringla*, de Alison Finlay e Anthony Faulkes (Sociedade Viking para Pesquisas Nórdicas, Londres, 2011).

Os costumes funerários da Era Viking constituem um dos meus principais campos de pesquisa e, sem surpresa, esta seção se baseia fortemente em meu próprio trabalho, bem como no de outros. Além de outros listados posteriormente nesta seção, minhas publicações aqui incluem "Dying and the dead: Viking Age mortuary behaviour", em Stefan Brink e Neil Price (org.), *The Viking World* (Routledge, Londres e Nova York, 2008: pp. 257-273); "Nine paces from Hel: Time and motion in Old Norse ritual performance", *World Archaeology* 46: 2 (2014): pp. 178-191; e "Death ritual and mortuary behaviour", em Anders Andrén, Jens-Peter Schjødt e John Lindow (org.), *Pre-Christian Religions of the North: Histories and Structures* (Brepols, Turnhout, 2020). Essas obras incluem referências às principais escavações do cemitério em Birka e Kaupang, em Öland e Gotlândia e muitos mais.

As intrincadas propriedades da pira crematória são esquadrinhadas por Mogens B. Henriksen em *Bålets betydning. Ligbrænding i Danmarks oldtid belyst ved arkæologiske fund og ligbrændingseksperimenter* (2 vols., Universidade de Copenhague, Copenhague, 2016). Para o texto bizantino que descreve funerais noturnos, consulte *The History of Leo the Deacon: Bizantine Military Expansion in the Tenth Century*, de Alice-Mary Talbot e Denis F. Sullivan (trad.) (Dumbarton Oaks, Washington, DC, 2005); Leo discute a Rus' nos volumes 8 e 9 de sua *History*. O estudo de ovos de pássaros em sepulturas da Era Viking é de Anna Jelicic, *En hårdkokt historia: en studie av äggskalfynd från vikingatida gravkontext med särskilt focus på Uppland och Gotland* (dissertação de mestrado em arqueologia, Universidade de Uppsala, Uppsala, 2017).

A arqueologia funerária é sintetizada de forma admirável por Sarah Tarlow e Liv Nilsson Stutz (org.), *The Oxford Handbook of the Archaeology of Death and Burial* (Oxford University Press, Oxford, 2013). As intrigantes ambiguidades dos primeiros túmulos medievais têm sido investigadas minuciosamente por muitos estudiosos, mas consulte, sobretudo, os autores da edição temática da *Current Swedish Archaeology* 24 (2016), com referência especial às obras de Alison Klevnäs, e também à compilação de Duncan Sayer e Howard Williams (org.), *Mortuary Practices and Social Identities in the Middle Ages* (University of Exeter Press, Exeter, 2009); para úteis comparações em inglês, ver Howard Williams, *Death and Memory in Early Medieval Britain* (Cambridge University Press, Cambridge, 2006).

As longas citações de *O despertar de Angantyr*, que é preservado na *Saga de Hervör e Heidrek*, são fornecidas aqui na tradução de Todd Krause e Jonathan Slocum, com minhas pequenas correções. O trecho sobre o fogo que voa é da tradução de Patricia Terry.

Os sepultamentos em carroças são discutidos por Inga Hägg em "Om vikingatidens vagnkorgsgravar", *Saga och Sed* 2009: pp. 91-99. Os enterros "desviantes" são amplamente discutidos nos muitos artigos de Leszek Gardeła, resumidos em "The dangerous dead? Rethinking Viking-Age deviant enterials", em Leszek Słupecki e Rudolf Simek (org.), *Conversions: Looking for Ideological Change in the Early Middle Ages* (Fassbaender, Viena, 2013: pp. 96-136); ver também, *Anglo-Saxon Deviant Burial Customs*, de Andrew Reynolds (Oxford University Press, Oxford, 2009). Para os aspectos de sepultamentos islandeses, consulte "Icelandic Viking Age graves: Lack in material – lack of interpretation?", de Þóra Pétursdóttir, *Archaeologia Islandica* 7 (2009): pp. 22-40 e referências ao capítulo 17. O cemitério de Lindholm é publicado por Thorkild Ramskou em *Lindholm Høje gravpladsen* (Lynge, Copenhague, 1976). Um excelente levantamento dos costumes regionais é feito por Fredrik Svanberg em *Death Rituals in South-East Scandinavia DC 800-1000* (Universidade de Lund, Lund, 2003).

O catálogo principal das pedras pictóricas de Gotlândia é de Sune Lindqvist, *Gotlands Bildsteine* (2 vols., Wahlström & Widstrand, Estocolmo, 1941-1942); a síntese mais recente é Maria Herlin Karnell (org.), *Gotlands bildstenar* (Museu de Gotlândia, Visby, 2012). Para as pedras que contam histórias, a ideia de navios funerários pictóricos e o simbolismo de portas, consulte também Anders Andrén, "Doors to other worlds: Scandinavian death rituals in Gotlandic perspective", *Journal of European Archaeology* 1 (1993): pp. 33-56; as pedras de carroças são discutidas por Þórgunnur Snædal, "Ailikn's wagon and Óðinn's warriors: The pictures on the Gotlandic Ardre monuments", em John Sheehan e Donnchadh Ó Corráin (org.), *The Viking Age: Ireland and the West* (Four Courts, Dublin , 2010: pp. 441-449).

O ritual das câmaras mortuárias foi amplamente discutido; ver *Kammergräber der Wikingerzeit in Altdänemark*, de Silke Eisenschmidt, (Universidade de Kiel, Kiel, 1994); *The Birka Chamber-Graves*, de Nils Ringstedt (Universidade de Estocolmo, Estocolmo, 1997); "Kammergraver fra vikingtiden i Vestfold", *Fornvännen* 100 (2005): pp. 161-177, de Frans-Arne Stylegar; e Neil Price, "Wooden worlds: Individual and collective in the chamber graves of Birka", em Charlotte Hedenstierna-Jonson (org.), *Birka nu* (Riksantikvarieämbetet, Estocolmo, 2012: pp. 81-94). Para o uso de cadeiras, consulte Heather Robbins, *Seated Burials at Birka: A Select Study* (dissertação de mestrado em arqueologia, Universidade de Uppsala, Uppsala, 2004).

Os túmulos finlandeses pregados com lanças são discutidos, juntamente com outros rituais funerários da região, por Anna Wessman em *Death, Destruction and Commemoration: Tracing Ritual Activities in Finnish Iron Age Cemeteries (AD 550-1150)* (Sociedade de Antiguidade Finlandesa, Helsinque, 2010). O túmulo de Mammen é publicado por Mette Iversen em *Mammen: grav, kunst og samfund i vikingetid* (Jysk Arkæologisk Selskab, Aarhus, 1991). Para os túmulos de Hedeby, ver Ute Arents e Silke Eisenschmidt, *Die Gräber von Haithabu* (2 vols., Wachholtz, Neumünster, 2010); o barco funerário foi publicado por Michael Müller-Wille, *Das Bootkammergrab von Haithabu* (Wachholtz, Neumünster, 1976).

Referências ao relato fundamental de Ahmad ibn Fadlān são fornecidas na seção introdutória. A descrição que ele faz do sepultamento

REFERÊNCIAS BIBLIOGRÁFICAS

no navio na Rus' foi discutida por arqueólogos e outros em inúmeras ocasiões, incluindo em meus próprios textos listados no início da seção deste capítulo. Para um guia para a literatura arqueológica sobre o tema, consulte Neil Price, "Vikings on the Volga? Ibn Fadlan and the rituals of the Rūssiyah", em Jonathan Shepard e Luke Treadwell (org.), *Muslims on the Volga in the Viking Age: Diplomacy and Islam in the World of Ibn Fadlan* (I. B. Tauris, Londres, 2020). Sou grato a James Montgomery por muitas discussões ao longo dos anos sobre essa fonte primordial. O conceito dos mortos hostis no monte, talvez referindo-se ao zeloso acendedor da pira, é tratado por Jan Bill, "Protecting against the dead? On the possible use of apotropaic magic in the Oseberg burial", *Cambridge Archaeological Journal* 26 (2016): pp. 141-155.

Referências sobre os principais enterros em navios funerários escandinavos são fornecidas nas indicações para o capítulo 6. Para uma amostra de sepulturas em barcos funerários escoceses, veja *Scar: A Viking Boat Burial on Sanday, Orkney*, de Olwyn Owen e Magnar Dalland (Historic Scotland, Edimburgo, 1999) e "Assembling places and persons: A tenth-century Viking boat burial from Swordle Bay on the Ardnamurchan Peninsula, western Scotland", *Antiquity* 91 (2017): pp. 191-206, de Oliver Harris et al. O enterro de Groix foi publicado como parte do artigo de 1976 de Michael Müller-Wille sobre o barco de Hedeby, já referenciado, e também em meu livro *The Vikings in Brittany* (Sociedade Viking para Pesquisas Nórdicas, Londres, 1989).

A interpretação de que certas estatuetas "femininas" representam pessoas enlutadas foi apresentada por Frog e Eila Stepanova. Para conceitos de ancestrais da Era Viking, consulte as obras de Andreas Nordberg, *Fornnordisk religionsforksning mellan teori och empiri: kulten av anfäder, solen och vegetationsandar i idéhistorisk belysning* (Kungl. Gustav Adolfs Akademien, Uppsala, 2013) e de Triin Laidoner, *Ancestors, Their Worship and the Elite in the Viking Age and Early Medieval Scandinavia* (tese de doutorado em estudos escandinavos, Universidade de Aberdeen, Aberdeen, 2015).

Para drama ritual, veja o trabalho fundamental de Terry Gunnell, *The Origins of Drama in Scandinavia* (Brewer, Woodbridge, 1995). Para a apresentação de histórias funerárias, consulte meus artigos "Bodylore and the archaeology of embedded religion: Dramatic licence in the funerals of the Vikings", em David Whitley e Kelley Hays-Gilpin (org.), *Belief in the Past: Theoretical Approaches to the Archaeology of Religion* (Left Coast Press, Walnut Creek, 2008: pp. 143-165); "Passing into poetry: Viking- -Age mortuary drama and the origins of Norse mythology", *Medieval Archaeology* 54 (2010): pp. 123-156; e "Mythic acts: Material narratives of the dead in Viking Age Scandinavia", em Catharina Raudvere e Jens Peder Schjødt (org.), *More than Mythology: Narratives, Ritual Practices and Regional Distribution in Pre-Christian Scandinavian Religions* (Nordic Academic Press, Lund, 2012: pp. 13-46). Para o conceito de citação mortuária, termo cunhado por Howard Williams, consulte "Mortuary Citations: Death and Memory in the Viking World", edição temática do *European Journal of Archaeology* 19: 3 (2016).

O navio-túmulo como metáfora para o salão é discutido por Frands Herschend em *Livet i hallen* (Universidade de Uppsala, Uppsala, 1997). O cemitério "inacabado" em Oseberg foi descoberto nos arquivos por Terje Gansum e publicado em seu livro *Hauger som konstruksjoner – arkeologiske forventninger gjennom 200 år* (Universidade de Gotemburgo, 2004). Sobre "roubo de túmulos", ver Jan Bill e Aoife Daly, "The plundering of the ship graves from Oseberg and Gokstad: An example of power politics?", *Antiquity* 86 (2012): pp. 808-824, e Alison Klevnäs, "Abandon ship! Digging out the dead from Vendel boat-graves", *Norwegian Archaeological Review* 48 (2015): pp. 1-20, e seu artigo no volume "Citações mortuárias" listado anteriormente. Uma relação ativa com o passado em um contexto funerário é investigada por Eva Thäte em *Monuments and Minds: Monument Re-use in Scandinavia in the Second Half of the First Millennium AD* (Universidade de Lund, Lund, 2007) e Ann-Mari Hållans Stenholm, *Fornminnen: det förflutnas roll i det förkristna och kristna Mälardalen* (Nordic Academic Press, Lund, 2012).

Os rituais contra o retorno dos mortos são discutidos nas obras sobre sepultamento desviante já mencionadas. Para episódios literários notáveis, veja especialmente a *Saga do povo de Eyri* (que inclui a realização de "julgamentos junto à porta principal", proibindo o acesso aos mortos) e a *Saga de Grettir*.

Para uma discussão sobre os tesouros de prata como uma forma de acúmulo bancário para a vida após a morte, consulte *Viking Silver, Hoards and Containers*, de Jacek Gruszczyński (Routledge, Londres e Nova York, 2019). Os *einherjar* em Valhöll/Valhalla são discutidos por Andreas Nordberg em *Krigarna i Odins sal: dödsföreställningar och krigarkult i fornnordisk religion* (Universidade de Estocolmo, Estocolmo, 2003). Para crenças na vida após a morte em geral, consulte *The Road to Hel*, de Hilda Ellis, referenciado no início desta seção. O poema que menciona Valfreya é do capítulo 78 da *Saga de Njáll, o queimado*. O verso sobre a vida após a morte de escravos é da estrofe 24 da *Canção de Harbard*.

Capítulo 9: Incursões

A referência aos *wælwulfas* vem do poema em inglês antigo conhecido como *The Battle of Maldon*, ed. e trad. Bill Griffiths (Anglo-Saxon Books, Pinner, 1991). O próprio poema de batalha de Egil vem do capítulo 48 de sua saga epônima. O texto em nórdico antigo é citado aqui de acordo com a edição de Bjarni Einarsson (Sociedade Viking para Pesquisas Nórdicas, Londres, 2003); a tradução é de Christine Fell (Dent, Londres, 1975), com minhas pequenas alterações.

Os enterros em barcos funerários de Salme ainda não foram totalmente publicados, mas uma visão geral pode ser encontrada em Jüri Peets, "Salme ship burials", *Current World Archaeology* 58 (2013): pp. 18-24; os relatórios técnicos mais recentes são Jüri Peets et al., "Research results of the Salme ship burials in 2011-2012", *Archaeological Fieldwork in Estonia* 2012 (2013): pp. 1-18 e Marge Konsa, "Two Vendel era ship burials at Salme on the island of Saaremaa", *Estonian Cultural Heritage. Preservation and Conservation* 1 (2013): pp. 152-154. Os estudos isotópicos sugerindo que os homens enterrados vieram da Suécia central foram publicados por T. Douglas Price et al., "Isotopic provenancing of the Salme ship burials in Pre-Viking Age Estonia", *Antiquity* 90 (2016): pp. 1022-1037. Os estudos de DNA dos homens de Salme, com suas relações de parentesco, podem ser encontrados em Ashot Margaryan et al., "Population genomics of the Viking world", *Nature* 2020, em revisão.

Há também uma leitura ligeiramente diferente dos navios de Salme feita por Marika Mägi em seu livro *In Austrvegr: The Role of the Eastern Baltic in Viking Age Communication Across the Baltic Sea* (Brill, Leiden,

2018: pp. 232-241). Ela vê os rituais coletivos do primeiro barco, em especial, como uma reminiscência de sepulturas comunitárias semelhantes encontradas em outras partes da ilha, e argumenta que isso pode sugerir que os túmulos de Salme foram construídos por habitantes locais, e não por escandinavos. Discordo, pois não somente o rito do enterro do navio funerário em si, mas também os detalhes dos rituais (como atirar flechas no barco), têm correspondência exata em Ultuna, na Suécia, o mesmo local que tem paralelos idênticos com o boldrié de espada de Salme; não é, portanto, necessariamente um rito de Saaremaa, mas se encaixa à perfeição com a área de atuação dos homens de Salme. Os trechos em prosa e verso citados sobre a morte de Yngvar são da *Ynglingasaga (Saga dos Ynglingar)*, capítulo 32, a primeira parte da *Heimskringla* de Snorri.

Histórias narrativas básicas das primeiras incursões às Ilhas Britânicas e à França podem ser encontradas em qualquer uma das obras gerais listadas na primeira seção, que também arrola traduções dos registros primários regionais escritos por suas vítimas. Sobre o ataque a Lindisfarne, os textos-chave de Alcuíno podem ser encontrados em Colin Chase (org.), *Two Alcuin Letter-Books* (Centro de Estudos Medievais, Toronto, 1975). As importantes implicações de sua obsessão pelos cortes de cabelo dos vikings foram levantadas pela primeira vez por John Hines em 1984 em sua tese sobre contatos anteriores através do mar do Norte, *The Scandinavian Character of Anglian England in the Pre-Viking Period* (BAR, Oxford). Um trabalho recente sobre a familiaridade escandinava antes de Lindisfarne pode ser encontrado em "The earliest wave of Viking activity? The Norwegian evidence revisited", *European Journal of Archaeology* 22 (2019): pp. 523-541, de Aina Margrethe Heen-Pettersen.

A pesquisa histórica que vai além das páginas manuseadas da *Crônica*, e, no processo, revoluciona nossa compreensão dos primeiros ataques, deriva principalmente dos inovadores estudos de Clare Downham, nos quais me baseio aqui. Seu principal trabalho de revisionismo foi publicado como "The first Viking activity in England", *English Historical Review* 132 (2017): pp. 1-12. Ela também é a historiadora que sugere que a aquisição da Mércia pela Wessex pode ter contado com a assistência de vikings. A ideia igualmente importante da "rota do sul" para os primeiros invasores no mar da Irlanda foi apresentada por David

Griffiths, "Rethinking the early Viking Age in the West", *Antiquitiy* 93 (2019): pp. 468-477.

Capítulo 10: Maritoria

A caça da baleia-da-Groenlândia do Atlântico Norte foi discutida por Andreas Hennius et al. em "Whalebone gaming pieces: Aspects of marine mamífero exploration in Vendel and Viking Age Scandinavia", *European Journal of Archaeology*, 21 (2018): pp. 612-631.

A revolução na compreensão dos empórios comerciais das costas do noroeste europeu começou em grande parte em 1982 com *Dark Age Economics: The Origins of Towns and Trade AD 600-1000*, de Richard Hodges (Duckworth, Londres; atualizado em 2012 e intitulado *A New Audit*); o mesmo autor colaborou com David Whitehouse, em 1983, em *Mohammed, Charlemagne and the Origins of Europe* (Duckworth, Londres), ambos os livros tendo sido inspirados por obras de Henri Pirenne. Para panoramas posteriores, com referências a escavações nos empórios ingleses e francos, ver *Origins of the European Economy: Communications and Commerce AD 300-900*, de Michael McCormick (Cambridge University Press, Cambridge, 2001); Tim Pestell e Katharina Ulmschneider (org.), *Markets in Early Medieval Europe: Trading and "Productive" Sites, 650-850* (Windgather Press, Oxford, 2003); e *Framing the Early Middle Ages: Europe and the Mediterranean, 400-800*, de Chris Wickham (Oxford University Press, Oxford, 2005). Pela discussão sobre a natureza dos primeiros mercados da Era Viking e protourbanismo, agradeço ao grupo de pesquisa URBS da Universidade de Uppsala, especialmente Anton Bonnier, Joakim Kjellberg e Filmo Verhagen.

A arqueóloga holandesa que está estudando Frísia é Nelleke IJssennagger, com seu livro *Central because Liminal: Frisia in a Viking Age North Sea World* (Universidade de Groningen, Groningen, 2017); isso também inclui referências às extensas escavações em Dorestad.

O empório de Ribe é resumido por Claus Feveile em *Viking Ribe: Trade, Power and Faith* (Sydvestjyske Museer, Ribe, 2013); sobre Hedeby, ver *Spurensuche Haithabu*, de Kurt Schietzel (Wachholz, Neumünster, 2018); uma visão geral de Birka pode ser encontrada em *Birka och Hovgården*, de Bente Magnus e Ingrid Gustin (Riksantikvarieämbetet, Estocolmo, 2009) e em *Birkas skepp: vikingatid på Östersjön*, de Jim Hansson et al. (Medströms, Estocolmo, 2018).

Søren Sindbæk é o principal especialista em entroncamentos e redes de comércio, com várias publicações importantes, incluindo *Ruter og rutinisering: Vikingetidens fjernhandel i Nordeuropa* (Multivers, Copenhague, 2005); "The small world of the Vikings: Networks in early medieval communication and Exchange", *Norwegian Archaeological Review* 40 (2007): pp. 59-74; "Close ties and long-range relations: The emporia network in early Viking-Age exchange", em John Sheehan e Donnchadh Ó Corráin (org.), *The Viking Age: Ireland and the West* (Four Courts, Dublin, 2010: pp. 430-440); "Silver economies and social ties: Long-term interaction, long-term investments – and why the Viking Age happened", em James Graham-Campbell e Søren Sindbæk (org.), *Silver Economies, Monetisation and Society in Scandinavia, AD 800-1100* (Aarhus University Press, Aarhus, 2011: pp. 41-66); "Northern emporia and maritime networks: Modelling past communication using archaeological network analysis", em J. Preiser-Kapeller e F. Daim (org.), *Harbours and Maritime Networks as Complex Adaptive Systems* (Römisch-Germanischen Zentralmuseum, Mainz, 2015: pp. 105-118); e "Crafting networks in Viking cities", *Medieval and Modern Matters* 4 (2016): pp. 119-132. Para uma perspectiva especificamente ocidental, consulte Zanette T. Glørstad e Kjetil Loftsgarden (org.), *Viking-Age Transformations: Trade, Craft and Resources in Western Scandinavia* (Routledge, Londres e Nova York, 2017).

Os portos de Gotlândia foram pesquisados por Dan Carlsson, *Vikingahamnar: ett hotat kulturarv* (Arkeodok, Visby, 1998). A cultura especial de Gotlândia na Era Viking está resumida em Gun Westholm (org.), *Gotland Vikingaön* (Museu de Gotlândia, Visby, 2004); ver também *Casting Identities in Central Seclusion: Aspects of Non-Ferrous Metalworking and Society on Gotland in the Early Medieval Period*, de Ny Björn Gustafsson (Universidade de Estocolmo, Estocolmo, 2013).

Pelas observações sobre a caça de pássaros em Birka, agradeço a Per Ericson, do Museu de História Natural de Estocolmo. Estudos de mobilidade entre a população de Birka podem ser encontrados em Charlotte Hedenstierna-Jonson, "Foreigner and local: Identities and cultural expression among the urban people of Birka", em Val Turner, Olwyn Owen e Doreen Waugh (org.), *Shetland and the Viking World* (Shetland Heritage Publications, Lerwick, 2016: pp. 189-196) e T. Douglas Price et al., "Isotopes and human burials at Viking Age Birka and the Mälaren region, east central Sweden", *Journal of Anthropological Archaeology* 49 (2018): pp. 19-38.

Compilações úteis sobre as interações da Era Viking do Báltico incluem Birgitta Hårdh e Bozena Werbart (org.), *Contacts Across the Baltic Sea During the Late Iron Age* (Universidade de Lund, Lund, 1992); Ingmar Jansson (org.), *Archaeology East and West of the Baltic* (Universidade de Estocolmo, Estocolmo, 1995); e Johan Callmer, Ingrid Gustin e Mats Roslund (org.), *Identity Formation and Diversity in the Early Medieval Baltic and Beyond* (Brill, Leiden, 2017); ver também dois livros de Marika Mägi: *In Austrvegr: The Role of the Eastern Baltic in Viking Age Communication Across the Baltic Sea* (Brill, Leiden, 2018) e *The Viking Eastern Baltic* (Arc Humanities Press, Amsterdam, 2019). Duas coletâneas importantes também resumem o litoral oriental: Joonas Ahola e Frog with Clive Tolley (org.), *Fibula, Fabula, Fact: The Viking Age in Finland* (Sociedade Finlandesa de Literatura, Helsinque, 2014) e Joonas Ahola, Frog e Jenni Lucenius (org.), *The Viking Age in Åland* (Academia Finlandesa de Ciências e Letras, Helsinque, 2014).

Ladoga foi amplamente publicado em russo, mas resumos úteis podem ser encontrados em *The Emergence of Rus 750-1200*, de Simon Franklin e Jonathan Shepard (Longman, Londres, 1996: pp. 3-49); *Viking Rus*, de Wladyslaw Duczko (Brill, Leiden, 2004: pp. 60-95); e *Vikings in the East*, de Fedir Androshchuk (Universidade de Uppsala, Uppsala, 2013: pp. 16-20). As meditações sobre as estruturas econômicas de assentamentos como este são baseadas no trabalho de Anders Ögren, que está prestes a revolucionar o campo da economia viking; agradeço a ele por me dar permissão para discutir suas ideias aqui, e pelos muitos agradáveis anos de conversas.

Dois textos iniciais importantes, marcando uma verdadeira mudança de paradigma na arqueologia da Noruega da Era Viking (e, como todos estes, extremamente controversos na época), são do falecido Bjørn Myhre: "The beginning of the Viking Age – some current archaeological problems", em Anthony Faulkes e Richard Perkins (org.), *Viking Revaluations* (Sociedade

Viking, Londres, 1993: pp. 182-204) e "The archaeology of the early Viking Age in Norway", em Howard Clarke et al. (org.), *Ireland and Scandinavia in the Early Viking Age* (Four Courts, Dublin, 1998: pp. 3-36). Participei de ambas as conferências das quais derivam esses livros e estou muito feliz por Bjørn ter vivido para ver a validação de suas ideias, duas décadas depois.

As pesquisas sobre as Midlands de Snorri, e especialmente em Avaldsnes, prosseguiram por muitos anos sob a direção de Dagfinn Skre; para escrever este capítulo eu me baseei fortemente em seu trabalho, com agradecimento e reconhecimento por muitos anos de debates. Suas minuciosas reflexões sobre o poder dos reis do mar foram divulgadas por meio de inúmeras publicações que culminaram em dois monumentais volumes, *Avaldsnes – A Sea-Kings' Manor in First-Millennium Western Scandinavia* e *Rulership in 1st to 14th Century Scandinavia* (De Gruyter, Berlim, 2018 e 2020), com extensas referências ao seu trabalho anterior; incluem também o importante trabalho de Frode Iversen sobre os locais de assembleias. Juntamente com os ensaios de Dagfinn e outros nessa compilação, para referência específica ao comércio de pedras de amolar ver também Irene Baug, Dagfinn Skre, Tom Heldal e Øystein Jansen, "The start of the Viking Age in the West", *Journal of Maritime Archaeology* 14 (2018): pp. 43-80. A fundamental compilação de nomes de reis do mar pode ser encontrada em Björn Sigfússon, "Names of sea-kings (*heiti sækonunga*)", *Modern Philology* 32: 2 (1934): pp. 125-142.

Tentativas anteriores de desemaranhar o cardápio de determinismo que com frequência é apresentado para explicar os ataques incluem dois importantes artigos de James Barrett: "What caused the Viking Age?", *Antiquity* 82 (2008): pp. 671-685 e "Rounding up the usual suspects: Causation and the Viking Age diáspora", em Atholl Anderson et al. (org.), *The Global Origins and Development of Seafaring* (Instituto McDonald, Cambridge, 2010, pp. 289-302).

Capítulo 11: Guerreiros

O comentário sobre os benefícios ideológicos da invasão é de Steve Ashby em "What really caused the Viking Age? The social content of raiding and exploration", *Archaeological Dialogues* 22: 1 (2015): pp. 89-106.

REFERÊNCIAS BIBLIOGRÁFICAS

Ideologias militares e suas manifestações materiais são discutidas por Mattias Jakobsson em *Krigarideologi och vikingatida svärdstypologi* (Universidade de Estocolmo, Estocolmo, 1992); *Waffen und Gräber. Typologische und chronologische Studien zu skandinavischen Waffengräbern 520/30 bis 900 n.Chr.*, de Anne Nørgård Jørgensen (Real Sociedade de Antiguidades do Norte, Copenhague, 1999); *The Birka Warrior: The Material Culture of a Martial Society*, de Charlotte Hedenstierna-Jonson (Universidade de Estocolmo, Estocolmo, 2006); Lena Holmquist Olausson e Michael Olausson (org.), *The Martial Society: Aspects of Warriors, Fortifications and Social Change in Scandinavia* (Universidade de Estocolmo, Estocolmo, 2009); e *Dead Warriors in Living Memory: A Study of Weapon and Equestrian Burials in Viking-Age Denmark, AD 800-1000*, de Anne Pedersen (Museu Nacional da Dinamarca, Copenhague, 2014).

As três pedras rúnicas de Hällestad em Skåne são DR 295-297. A pedra rúnica Högby é Ög 81, e a pedra Karlevi é Öl 1. A pedra rúnica Sjörup é DR 279, e a pedra Aarhus é DR 66. *Ships and Men in the Late Viking Age: The Vocabulary of Runic Inscriptions and Skaldic Verse*, de Judith Jesch (Boydell & Brewer, Woodbridge, 2001), também é de muito interesse neste contexto.

Sobre o *lið* e a organização social dos invasores vikings, consulte Ben Raffield, Claire Greenlow, Neil Price e Mark Collard, "Ingroup identification, identity fusion and the organization of Viking warbands", *World Archaeology* 48: 1 (2015): pp. 35-50 e o importante artigo de Ben Raffield, "Bands of brothers: A re-appraisal of the Viking Great Army and its implications for the Scandinavian colonization of England", *Early Medieval Europe* 24 (2016): pp. 308-337. As observações de Jón Viðar Sigurðsson acerca da "amizade" viking foram referenciadas nas observações sobre o capítulo 3, assim como as informações sobre a prática da poliginia. Para o impacto social que a prática pode ter tido no contexto da violência marítima, consulte Ben Raffield, Neil Price e Mark Collard, "Male-biased operational sex ratios and the Viking phenomenon: An evolutionary anthropological perspective on late Iron Age Scandinavian raiding", *Evolution and Human Behavior* 38: 3 (2017): pp. 315-324.

A melhor síntese da cultura material militar é feita por Gareth Williams em *Weapons of the Viking Warrior* (Osprey, Oxford, 2019). A descrição de

Notker das espadas dobradas do imperador franco vem do livro 2, capítulo 18, na tradução de David Ganz, *Einhard e Notker, o Stammerer: Two Lives of Charlemagne* (Penguin, Londres, 2008).

As muitas fontes sobre os *berserkir* estão resumidas em Neil Price, "The Lewis 'berserkers': Identification and analogy in the shield-biting Warriors", em David Caldwell e Mark Hall (org.), *The Lewis Chessmen: New Perspectives* (Museus Nacionais da Escócia, Edimburgo, 2014: pp. 29-44). Veja também o abrangente tratamento de Roderick Dale em *Berserkir: A Re-examination of the Phenomenon in Literature and Life* (tese de doutorado não publicada, Universidade de Nottingham, Nottingham, 2014), que contém suas observações sobre o que ele maravilhosamente chama de "pavoneio *berserker*". A pedra rúnica com o "*berserker*" de orelhas caídas é Vg 56 de Källby em Västergötland, Suécia. A estela rúnica Istaby é DR 359. O relato bizantino é de John Skylitzes, mencionado na seção geral anterior. Em uma tradução alternativa do poema *Haraldskvæði* no novo corpus de poesia escáldica, mencionado anteriormente, o verso sobre os homens que bebem sangue é entendido como uma referência a um corvo.

A câmara mortuária de Birka Bj.581 é debatida por Charlotte Hedenstierna-Jonson et al., "A female Viking warrior confirmed by genomics", *American Journal of Physical Anthropology* 164: 4 (2017): pp. 853-860, e por Neil Price et al., "Viking warrior women? Reassessing Birka chamber grave Bj.581", *Antiquity* 93 (2019): pp. 181-198 – ambos os artigos com materiais suplementares on-line. O segundo artigo debate as polêmicas, e ambos incluem extensas referências. A isso devem ser adicionados *Drottningar och sköldmör. Gränsöverskridande kvinnor i medeltida myt och verklighet ca 400-1400,* de Agneta Ney (Gidlunds, Södertälje, 2004); "Wanderer zwischen den Welten: Die Kriegerinnen der Eisenzeit", de Lydia Klos, em Edith Marold e Ulrich Müller (org.), *Beretning fra femogtyvende tværfaglige vikingesymposium* (Universidade de Aarhus, Aarhus, 2006: pp. 25-43); "Warrior-women in Viking-Age Scandinavia: A preliminar archaeological study", *Analecta Archaeologica Ressoviensia* 8 (2013): pp. 273-340, de Leszek Gardeła; e Luke John Murphy, *Herjans dísir: valkyrjur, Supernatural Femininities and Elite Warrior Culture in the Late Pre-Christian Iron Age* (dissertação de mestrado em religião nórdica antiga, não publicada, Universidade da Islândia, Reykjavík, 2013).

No momento, a síntese mais abrangente da guerra é da autoria de Kim Hjardar e Vegard Vike, *Vikings at War* (Oxbow, Oxford, 2016), e o já mencionado livro de Gareth Williams também é um excelente guia. Sobre armamentos, veja ainda *Viking Swords*, de Fedir Androshchuk (Museu da História Sueca, Estocolmo, 2014).

Capítulo 12: Hidrarquia

A fase inicial das incursões dos vikings para o Oeste é descrita por Clare Downham em *Viking Kings of Britain and Ireland: The Dynasty of Ívarr to AD 1014* (Dunedin, Edimburgo, 2007) e por David Griffiths em *Vikings of the Irish Sea* (History Press, Stroud, 2010). Ambos os livros tratam também do período posterior a 834, mas, para o continente no século IX, ver ainda *Les Vikings en France*, de Jean Renaud (Ouest-France, Rennes, 2000); Élisabeth Ridel (org.), *Les Vikings en France: une synthèse inédite* (Dossiers d'archéologie, Dijon, 2002); Anne-Marie Flambard Héricher (org.), *La progression des Vikings, des raids à la colonization* (Universidade de Rouen, Rouen, 2003); *Le monde franc et les Vikings*, de Pierre Bauduin (Albin Michel, Paris, 2009); e Élisabeth Ridel (org.), *Les Vikings dans l'Empire franc* (Orep, Bayeux, 2014). O cerco de Paris é discutido por Nirmal Dass (org. e trad.), *Viking Attacks on Paris: The Bella parisiacae urbis de Abbo de Saint-Germain-des-Prés* (Peeters, Paris, 2007). Para a vida de Ragnar Lothbrók, consulte *Vikings in the West: The Legend of Ragnarr Loðbrók and His Sons*, de Elizabeth Ashman Rowe (Fassbaender, Viena, 2012).

Os produtos do saque à Frância que apareceram nas sepulturas escandinavas foram estudados por Maria Panum Baastrup em *Kommunikation, kulturmøde og kulturel identitet: tingenes rejse i Skandinaviens vikingtid* (Universidade de Copenhague, Copenhague, 2012) e Hanne Lovise Aannestad em *Transformasjoner: omforming i bruk avporter vikingtid* (Universidade de Oslo, Oslo, 2015).

As atividades dos vikings na Grã-Bretanha talvez sejam o aspecto mais intensamente estudado de toda a diáspora. Além dos trabalhos anteriores de Downham e Griffiths, para panoramas gerais ver *Scandinavian Kings in the British Isles 850-880*, de Alfred P. Smyth (Oxford University Press, Oxford, 1977); *The Vikings in Britain*, de Henry Loyn (Batsford, Londres, 1977);

Else Roesdahl et al. (org.), *The Vikings in England* (Projeto Viking Anglo-
-Dinamarquês, Londres, 1981); *The Vikings in England: Settlement, Society
and Culture*, de Dawn Hadley (Manchester University Press, Manchester,
2006); *Viking Age England*, de Julian D. Richards (2ª ed., History Press,
Stroud, 2007); e *Viking Britain*, de Thomas Williams (Collins, Londres,
2017). Vários documentos importantes também podem ser encontrados
em John Hines, Alan Lane e Mark Redknap (org.), *Land, Sea and Home*
(Maney, Leeds, 2004). Os estudos regionais incluem *The Vikings in Norfolk*,
de Sue Margeson (Museus de Norfolk, Norwich, 1997); *Vikings in North
West England*, de B. J. N. Edwards (Universidade de Lancaster, Lancaster,
1998); *Wirral and Its Viking Heritage*, de Paul Cavill, Stephen E. Harding
e Judith Jesch (Sociedade de Topônimos Ingleses, Nottingham, 2000);
Heather O'Donoghue e Pragya Vohra (org.), *The Vikings in Cleveland*
(Universidade de Nottingham, Nottingham, 2014); *The Vikings in the
West Country*, de Derek Gore (Mint Press, Exeter, 2015); Stephen E.
Harding, David Griffiths e Elisabeth Royles (org.), *In Search of Vikings:
Interdisciplinary Approaches to the Scandinavian Heritage of North-West
England* (CRC Press, Boca Raton, 2015); Ryan Lavelle e Simon Roffey
(org.), *Danes in Wessex: The Scandinavian Impact on Southern England,
c. 800 - c. 1100* (Oxbow, Oxford, 2016); e *Viking Nottinghamshire*, de
Rebecca Gregory (Five Leaves, Nottingham, 2017). As leituras sobre York
e Danelaw podem ser encontradas nas notas para o capítulo 15 a seguir.

A noção de "diplomacia do barco longo" foi cunhada por Gareth
Williams. A manipulação viking dos sistemas defensivos ingleses é discu-
tida por John Baker e Stuart Brookes em *Beyond the Burghal Hidage: Anglo-
-Saxon Civil Defense in the Viking Age* (Brill, Leiden, 2013).

Para o ataque viking aos Países Baixos e ao Reno no final do século
IX, consulte Rudolf Simek e Ulrike Engel (org.), *Vikings on the Rhine*
(Fassbaender, Viena, 2004) e *Wikinger am Rhein 800-1000*, de Annemarieke
Willemsen (Theiss, Stuttgart, 2004).

O acampamento de Woodstown na Irlanda é publicado por Ian Russell
e Maurice F. Hurley (org.), *Woodstown: A Viking-Age Settlement in Co.
Waterford* (Four Courts, Dublin, 2014). O Camp de Péran na Bretanha é
descrito por Jean-Pierre Nicolardot, "Le Camp de Péran et les Vikings en
Bretagne", na síntese de Ridel de 2002 já referenciada, pp. 60-69. O acam-

pamento de Repton foi publicado por Martin Biddle e Birthe Kjølbye-
-Biddle, "Repton and the Vikings", *Antiquity* 66 (1992): pp. 36-51, e
"Repton and the 'great heathen army', 873-4", em James Graham Campbell
et al. (org.), *Vikings and the Danelaw* (Oxbow, Oxford, 2001: pp. 45-96)
e por Catrine L. Jarman et al., "The Viking Great Army in England:
New data from the Repton charnel", *Antiquity* 92 (2018): pp. 183-199.
Os cemitérios de Heath Wood são publicados por Julian Richards et al.,
"Excavations at the Viking Barrow cemetery at Heath Wood, Ingleby",
Antiquaries Journal 84 (2004): pp. 23-116. Para o acampamento Torksey,
consulte Dawn Hadley e Julian Richards, "The winter camp of the Viking
Great Army AD 872-3, Torksey, Lincolnshire", *Antiquaries Journal* 96
(2016): pp. 23-67, e "In search of the Viking Great Army: Beyond the
winter camps", *Medieval Settlement Research* 33 (2018): pp. 1-17, em que
especulam sobre as relações entre os diferentes acampamentos. O sítio
ARSNY é publicado por Gareth Williams (org.), *A Riverine Site Near
York: A Possible Viking Camp?* (British Museum Press, Londres, 2020).

A inovadora análise das joias femininas na Danelaw é de Jane Kershaw
e pode ser encontrada em seu livro *Viking Identities: Scandinavian Jewellery
in England* (Oxford University Press, Oxford, 2013), enquanto sua contraparte genética é publicada como Jane Kershaw e Ellen Røyrvik, "The
'People of the British Isles' project and Viking settlement in England",
Antiquity 90 (2016): pp. 1670-1680. A presença viking inicial, incluindo a
de mulheres, também é abordada extensivamente por Shane McLeod em
*The Beginning of Scandinavian Settlement in England: The Viking "Great
Army" and Early Settlers, c.865-900* (Brepols, Turnhout, 2014).

Investiguei a fundo em dois textos a noção dos vikings como piratas:
"Ship-men and slaughter-wolves: Pirate polities in the Viking Age", em
Leos Müller e Stefan Amirell (org.), *Persistent Piracy: Maritime Violence
and State-Formation in Global Historical Perspectives* (Palgrave Macmillan,
Basingstoke, 2014: pp. 5-68) e "Pirates of the North Sea? The Viking ship
as political space", em Lene Melheim, Håkan Glørstad e Zanette Tsigaridas
Glørstad (org.), *Comparative Perspectives on Past Colonization, Maritime
Interaction and Cultural Integration* (Equinox, Sheffield, 2016: pp. 149-176);
esses artigos introduziram nos estudos vikings a noção de hidrarquia e,
de modo ocasional, também incluem as referências a Camden. Outros

estudiosos que estudam a pirataria nórdica são Benjamin Hudson, *Viking Pirates and Christian Princes: Dynasty, Religion, and Empire in the North Atlantic* (Universidade de Oxford, Oxford, 2005) e Christian Cooijmans, *Of Monarchs and Hydrarchs: A Conceptual Development Model for Viking Activity Across the Frankish Realm (c. 750-940 CE)* (tese de doutorado não publicada, Universidade de Edimburgo, Edimburgo, 2018).

O principal estudioso das comunidades piratas é Marcus Rediker, em cujo trabalho me baseio substancialmente aqui (ele também fez a observação sobre a tríade de símbolos). Suas publicações são referenciadas em meus próprios artigos, que já mencionei, mas as seguintes obras são de particular relevância: *Between the Devil and the Deep Blue Sea: Merchant Sea-men, Pirates and the Anglo-American Maritime World, 1700-1750* (Cambridge University Press, Cambridge, 1987) e *Outlaws of the Atlantic: Sailors, Pirates, and Motley Crews in the Age of Sail* (Beacon Press, Boston, 2014).

Veja também *The Many-Headed Hydra: The Hidden History of the Revolutionary Atlantic*, de Peter Linebaugh e Marcus Rediker (Verso, Londres, 2000), o principal trabalho sobre hidrarquias piratas, que inclui a citação atribuída a Braithwaite. Agradeço a Marcus por sua correspondência comigo acerca dessas questões.

Capítulo 13: Diáspora

A ideia de uma diáspora viking – em oposição à tradicional "expansão" – tem muitas raízes, mas é encontrada sobretudo na obra de dois estudiosos. As principais publicações são um artigo de Lesley Abrams, "Diaspora and identity in the Viking Age", *Early Medieval Europe* 20 (2012): pp. 17-38, e três textos de Judith Jesch: *The Viking Diaspora* (Routledge, Londres e Nova York, 2015); "The concept of 'homeland' in the Viking diaspora", em Val Turner, Olwyn Owen e Doreen Waugh (org.), *Shetland and the Viking World* (Shetland Heritage Publications, Lerwick, 2016: pp. 141-146); e "Diaspora", em Jörg Glauser, Pernille Hermann e Stephen A. Mitchell (org.), *Handbook of Pre-Modern Nordic Memory Studies* (De Gruyter, Berlin, 2018: pp. 583-593). Jesch usa o termo de uma forma bem mais cautelosa e específica do que muitos que posteriormente vieram a adotá-

-lo numa acepção mais livre. Em seus projetos de pesquisa sobre o tema, baseados na Universidade de Nottingham, ela se concentrou nas definições extraídas das ciências sociais – por exemplo, o trabalho de Robin Cohen, *Global Diasporas: An Introduction* (2ª ed., Routledge, Londres e Nova York, 2008). Este último é a fonte da observação sobre uma conversa contínua, e a lista de características diaspóricas em meu texto foi extraída de Cohen e Jesch. Para uma visão geral recente da diáspora viking em um contexto global, ver David Abulafia, *The Boundless Sea: A Human History of the Oceans* (Allen Lane, Londres, 2019: caps. 18-21).

O mais recente panorama geral do comércio do Báltico oriental já foi mencionado, mas é relevante aqui também: Johan Callmer, Ingrid Gustin e Mats Roslund (org.), *Identity Formation and Diversity in the Early Medieval Baltic and Beyond* (Brill, Leiden, 2017); dois documentos importantes nele fazem referência ao comércio de peles com os finlandeses (Mats Roslund, que também fez a analogia da baía de Hudson) e o papel de Ladoga na corrente de prata (Søren Sindbæk). Outras interações do Báltico são discutidas no livro de Mats Roslund, *Visitors in the House: Cultural Transmission Between Slavs and Scandinavians 900-1300* (Brill, Leiden, 2007). As ligações com os rios orientais são discutidas por Line Bjerg, John Lind e Søren Sindbæk (org.), *From Goths to Varangians: Communication and Cultural Exchange Between the Baltic and the Black Sea* (Aarhus University Press, Aarhus, 2013).

Para as conexões com Constantinopla, consulte Fedir Androshchuk, Jonathan Shepard e Monica White (org.), *Byzantium and the Viking World* (Universidade de Uppsala, Uppsala, 2016). Um trabalho antigo que ainda merece atenção é *The Viking Road to Byzantium*, de H. R. Ellis Davidson (Allen e Unwin, Londres, 1976). Os rus' também são discutidos no capítulo 15, mas para fontes gerais, ver *The Emergence of Rus 750-1200*, de Simon Franklin e Jonathan Shepard (Longman, Londres, 1996: pp. 3-49); *Viking Rus*, de Wladyslaw Duczko (Brill, Leiden, 2004); e *Vikings in the East*, de Fedir Androshchuk (Universidade de Uppsala, Uppsala, 2013). A delegação à corte franca e a leitura de Hákon são discutidas por Ildar Garipzanov em "The Annals of St. Bertin (839) and Chacanus of the Rhos", *Ruthenica* 5 (2006): pp. 7-11. As analogias de Métis para a Rus' foram amplamente discutidas por Charlotta Hillerdal em *People in*

Between: Ethnicity and Material Identity – A New Approach to Deconstructed Concepts (Universidade de Uppsala, Uppsala, 2009).

Os tesouros de Gotlândia são discutidos por Jacek Gruszczyński em *Viking Silver, Hoards and Containers* (Routledge, Londres e Nova York, 2019). Para o comércio fluvial, consulte os artigos em James Graham--Campbell e Gareth Williams (org.), *Silver Economy in the Viking Age* (Left Coast Press, Walnut Creek, 2007), e James Graham-Campbell, Søren Sindbæk e Gareth Williams (org.), *Silver Economies, Monetization and Society in Scandinavia, AD 800-1100* (Aarhus University Press, Aarhus, 2011). As forças de mercado são exploradas por Ingrid Gustin em *Mellan gåva och marknad* (Universidade de Lund, Lund, 2004), e novamente me beneficiei muito das discussões com Anders Ögren.

Para os vikings na península Ibérica, ver *Historia de los Vikingos en España*, de Eduardo Morales Romero (Miraguano Ediciones, Madrid, 2004); Christopher Bo Bramsen (org.), *Vikingerne på den Iberiske Halvø* (Embaixada da Dinamarca, Madrid, 2004); Neil Price, "The Vikings in Spain, North Africa and the Mediterranean", em Stefan Brink e Neil Price (org.), *The Viking World* (Routledge, Londres e Nova York, 2008: pp. 462-469); e especialmente *Vikings in the South: Voyages to Iberia and the Mediterranean*, de Ann Christys (Bloomsbury, Londres, 2015). As traduções dos nomes nórdicos para as localidades mediterrâneas são de Elena Melnikova. O trabalho sobre ratos da ilha da Madeira é de Jeremy Searle et al., "Of mice and (Viking?) men: Phylogeography of British and Irish house mice", *Philosophical Transactions of the Royal Society* B 276 (2009): pp. 201-207.

Excertos das principais fontes para a colonização do Atlântico Norte foram compilados por Gwyn Jones em *The Norse Atlantic Saga* (2ª ed., Oxford University Press, Oxford, 1986). Para pesquisas arqueológicas, incluindo os locais mencionados no texto, consulte William Fitzhugh e Elisabeth Ward (org.), *Vikings: The North Atlantic Saga* (Instituição Smithsoniana, Washington, DC, 2000); James Barrett (org.), *Contact, Continuity, and Collapse: The Norse Colonization of the North Atlantic* (Brepols, Turnhout, 2003); e Andras Mortensen e Símun V. Arge (org.), *Viking and Norse in the North Atlantic* (Academia Faroesa de Ciências, Tórshavn, 2005). As escavações em Stöðvarfjörður por Bjarni Einarsson ainda estão em andamento e ainda são inéditas, embora tenham sido amplamente divulgadas na mídia. Para outras perspectivas sobre o primeiro assentamento, consulte *Islands tidiga bosättning*, de Margrét Hermanns-Auðardóttir (Universidade de Umeå, Umeå, 1989) e *The Settlement of Iceland: A Critical Approach*, de Bjarni F. Einarsson (Hið íslenska bókmenntafélag, Reykjavík, 1995). As controversas origens da população fundadora da Islândia geraram uma vasta literatura que cresce continuamente à medida que mais estudos genéticos são realizados; o debate começou em grande parte com J. T. Williams, "Origin and population structure of the Icelanders", *Human Biology* 65 (1993): pp. 167-191, e continuou com o trabalho de fôlego de Agnar Helgason e sua equipe em muitas publicações; tudo isso é totalmente referenciado no estudo mais recente: Maja Krzewińska et al., "'Mitochondrial DNA variation in the Viking Age population of Norway", *Philosophical Transactions of the Royal Society B* 370 (2015): 20130384.

Capítulo 14: A idade de ouro dos criadores de ovelhas

O historiador que comentou sobre os criadores de porcos foi Eric Christiansen em *The Norsemen in the Viking Age* (Blackwell, Oxford, 2002: 6).

Para as implicações de recursos da vela, consulte Lise Bender Jørgensen, "The introduction of sails to Scandinavia: Raw materials, labour, and land", em Ragnhild Berge et al. (org.), *N-TAG Ten: Proceedings of the 10th Nordic TAG Conference* (BAR, Oxford, 2012: pp. 173-181). Para obter informações sobre trabalhos desde então, consulte Morten Ravn et al. (org.), *Vikingetidens sejl* (Instituto Saxo, Universidade de Copenhague, Copenhague, 2016) e *Viking-Age War Fleets* (Museu de Barcos Vikings, Roskilde, 2016), de Morten Ravn; as cifras sobre lã e tecido para vela citadas aqui são de Eva Andersson Strand, e também agradeço a Frans-Arne Stylegar por compartilhar suas ideias sobre o tema. O navio Ladby usado nesses exemplos foi publicado por Anne C. Sørensen em *Ladby: A Danish Ship-Grave from the Viking Age* (Museu de Barcos Vikings, Roskilde, 2001).

A expansão das propriedades rurais pode ser vista em toda a Escandinávia, mas talvez com mais clareza na Dinamarca em assentamentos como

Vorbasse e Trabjerg; ver Steen Hvass, "Vorbasse: The Viking-Age settlement at Vorbasse, central Jutland", *Acta Archaeologica* 50 (1980): pp. 137-172, e Lise Bender Jørgensen e Palle Eriksen, *Trabjerg: en vestjysk landsby fra vikingetiden* (Jysk Arkælogisk Selskab, Aarhus, 1995). Estudos regionais úteis que colocam isso em um contexto mais amplo podem ser encontrados em Steffen Stummann Hansen e Klavs Randsborg (org.), *Vikings in the West* (Munksgaard, Copenhague, 2000) e Palle Eriksen et al., *Vikinger i vest: vikingetiden i Vestjylland* (Jysk Arkæologisk Selskab, Aarhus, 2011).

O navio Skuldelev 2 foi publicado em Ole Crumlin-Pedersen e Olaf Olsen (org.), *The Skuldelev Ships I* (Museu de Barcos Vikings, Roskilde, 2002: pp. 141-194). A descrição da vida nas cabanas e galpões de tecelagem tem uma dívida para com a releitura feminista de Pat Barker da história da *Ilíada*, *The Silence of the Girls* (Hamish Hamilton, Londres, 2018) [Edição portuguesa: *O silêncio das mulheres*. Lisboa: Quetzal, 2020]. Referências sobre a trindade incursões-escravidão-comércio podem ser encontradas nas observações acerca do capítulo 4 e em relação aos impactos da poliginia no capítulo 11. Um exemplo claro de um acordo com uma "casa-grande senhorial" e muitos pequenos galpões que poderiam ser os quartos dos escravizados é Sanda em Uppland, Suécia; ver Torun Zachrisson, "De osynliggjorda: om trälar i arkeologisk forskning", em Thomas Lindkvist e Janken Myrdal (org.), *Trälar: ofria i agrarsamhället från vikingatid till medeltid* (Museu Nórdico, Estocolmo, 2003: pp. 88-102). O historiador que vê a escravidão no cerne da condição de viking é Peter Heather, conforme expresso em uma observação bastante profunda durante o debate na conferência.

As referências para Hedeby e Birka podem ser encontradas nos comentários cobre o capítulo 10. Uma síntese de Kaupang pode ser encontrada em *Kaupang vikingbyen*, de Dagfinn Skre e Frans-Arne Stylegar (Universidade de Oslo, Oslo, 2004), enquanto as novas escavações foram publicadas por Dagfinn Skre (org.), *Kaupang Excavation Project* (4 vols., Universidade de Oslo/Aarhus University Press, Norske Oldfunn 22-25, 2007-2016). A última pesquisa geral sobre o urbanismo viking foi feita por Helen Clarke e Björn Ambrosiani, *Towns in the Viking Age* (2ª ed., Leicester University Press, Leicester, 1995), mas referências a debates atuais podem ser encontradas em Lena Holmquist, Sven Kalmring e Charlotte Hedenstierna-Jonson (org.), *New Aspects on Viking-Age Urbanism c. AD 750-1100* (Universidade de Estocolmo, Estocolmo, 2016). O trabalho mencionado em Hedeby é de Sven Kalmring, "The harbour of Hedeby", em Svavar Sigmundsson (org.), *Viking Settlements and Viking Society* (Universidade da Islândia, Reykjavík, 2011: pp. 245-260). A sugestão sobre a importância do trabalho têxtil de alta qualidade como uma função feminina da vida urbana é de Ingvild Øye, cujas muitas publicações nesse campo fornecem uma excelente visão geral de uma profissão norteada pelo gênero na Era Viking.

Capítulo 15: Prata, escravos e seda

Dois trabalhos recentes tratam da noção de uma Era Viking globalizada pós-Guerra Fria. Ver Søren Sindbæk e Athena Trakadas (org.), *The World in the Viking Age* (Museu de Barcos Vikings, Roskilde, 2014) e Neil Price, "Distant Vikings: A manifesto", *Acta Archaeologica* 89 (2018): pp. 113-132.

A observação sobre as costas protegidas da Escócia e Oeste da Noruega é de Arne Kruse. A literatura sobre os pictos é vasta, mas, para uma síntese geral, consulte *Surviving in Symbols: A Visit to the Pictish Nation*, de Martin Carver (Historic Scotland, Edimburgo, 1999) e *The King in the North: The Pictish Realms of Fortriu e Ce*, de Gordon Noble e Nicholas Evans (Birlinn, Edimburgo, 2019).

A *Orkneyinga Saga* (*Saga dos colonos das ilhas Órcades*) é traduzida por Hermann Pálsson e Paul Edwards (Penguin, Londres, 1978). Para obras gerais sobre os vikings na Escócia e nas Ilhas, consulte *Scandinavian Scotland*, de Barbara E. Crawford (Leicester University Press, Leicester, 1987); *Viking Scotland*, de Anna Ritchie (Batsford, Londres, 1993); *Vikings in Scotland: An Archaeological Survey*, de James Graham-Campbell e Colleeen E. Batey (Edinburgh University Press, Edimburgo, 1998); e *The Sea Road: A Viking Voyage Through Scotland*, de Olwyn Owen (Canongate, Edimburgo, 1999).

Para as Órcades, em particular, consulte *The Northern Earldoms: Orkney and Caithness from AD 870 to 1470*, de Barbara E. Crawford (John Donald, Edimburgo, 2013); para escavações, ver *The Birsay Bay Project*, de Christopher D. Morris (2 vols., Universidade de Durham, Durham, 1989 e 1996); James Barrett (org.), *Being an Islander: Production and Identity at Quoygrew, Orkney, AD 900-1600* (Oxbow, Oxford, 2012); e *Beside the Ocean: Coastal Landscapes at The Bay of Skaill, Marwick e Birsay Bay, Orkney*, de David Griffiths, Jane Harrison e Michael Athanson (Oxbow, Oxford, 2018). As escavações em Deerness, por James Barrett, estão agora sendo preparadas para publicação, assim como o trabalho de Jane Harrison sobre os montes artificiais de Skaill. Para Shetland, consulte Val Turner, Olwyn Owen e Doreen Waugh (org.), *Shetland and the Viking World* (Shetland Heritage Publications, Lerwick, 2016) e locais individuais em *Excavations at Jarlshof, Shetland*, de JRC Hamilton (HMSO, Edimburgo, 1956); *The Biggings, Papa Stour, Shetland: The History and Archaeology of a Royal Norwegian Farm*, de Barbara E. Crawford e Beverley Ballin Smith (Sociedade de Antiguidades da Escócia, Edimburgo, 1999); e Stephen Dockrill et al., *Excavations at Old Scatness, Shetland I: The Pictish Village and Viking Settlement* (Shetland Amenity Trust, Lerwick, 2010). Para as Hébridas, consulte *A Norse Farmstead in the Outer Hebrides*, de Niall Sharples (Oxbow, Oxford, 2005) e *The Vikings in Islay*, de Alan Macniven (John Donald, Edimburgo, 2015). Caithness é abordada em várias obras gerais, mas veja Colleen E. Batey, Judith Jesch e Christopher D. Morris (org.), *The Viking Age in Caithness, Orkney and the North Atlantic* (Edinburgh University Press, Edimburgo, 1993) e *Freswick Links, Caithness: Excavation and Survey of a Norse Settlement*, de Christopher D. Morris, Colleen E. Batey e James Rackham (Historic Scotland, Edimburgo, 1995).

Os enterros em barcos funerários escoceses foram mencionados nas observações sobre o capítulo 8. Um raro exemplo de sepultamento de uma criança é relatado por Colleen Batey e Caroline Paterson em "A Viking burial in Balnakeil, Sutherland", em Andrew Reynolds e Leslie Webster (org.), *Early Medieval Art and Archaeology in the Northern World* (Brill, Leiden, 2013: pp. 631-659). A economia do metal é apresentada por James Graham-Campbell em *The Viking-Age Gold and Silver of Scotland* (Museus Nacionais da Escócia, Edimburgo, 1995).

A política da Escócia continental escocesa na Era Viking é discutida por Alex Woolf em *From Pictland to Alba, 789-1070* (Edinburgh University Press, Edimburgo, 2007). Para escavações em um importante sítio monástico da costa leste atacado por vikings, consulte *Portmahomack on Tarbat Ness: Changing Ideologies in North-East Scotland, Sixth to Sixteenth Century*

AD, de Martin Carver, Justin Garner-Lahire e Cecily Spall (Sociedade de Antiguidades da Escócia, Edimburgo, 2016).

A esfera cultural do mar da Irlanda já foi referenciada aqui, mas veja, em especial, *Scandinavian York and Dublin*, de Alfred P. Smyth (Irish Academic Press, Dublin, 1987); *Viking Kings of Britain and Ireland: The Dynasty of Ívarr to AD 1014*, de Clare Downham (Dunedin, Edimburgo, 2007); e *Vikings of the Irish Sea*, de David Griffiths (History Press, Stroud, 2010).

Todos os itens mencionados contêm referências extensas a cidades e comunidades politicamente organizadas individuais. Além disso, para York e a Danelaw, consulte *Viking Age York*, de Richard Hall (Batsford, Londres, 1994); *The Northern Danelaw: Its Social Structure, c. 800-1100*, de Dawn Hadley (Leicester University Press, Leicester, 2000); James Graham-Campbell et al. (org.), *Vikings and the Danelaw* (Oxbow, Oxford, 2001); Dawn Hadley e Letty Ten Harkel (org.), *Everyday Life in Viking-Age Towns: Social Approaches to Towns in England and Ireland, c.800--1100* (Oxbow, Oxford, 2013); e Matthew Townend, *Viking Age Yorkshire* (Blackthorn, Pickering, 2014). A publicação definitiva das principais escavações vikings em York, incluindo referências à longa série de relatórios, é Richard Hall, *Anglo-Scandinavian Occupation at 16-22 Coppergate: Defining a Townscape* (Conselho Britânico de Arqueologia, York, 2014).

Para a economia da Inglaterra escandinava, ver *The Cuerdale Hoard*, de James Graham-Campbell (British Museum Press, Londres, 2011); *Viking Coinage and Currency in the British Isles*, de Mark Blackburn (Spink, Londres, 2011); e Jane Kershaw e Gareth Williams (org.), *Silver, Butter, Cloth: Monetary and Social Economies in the Viking Age* (Oxford University Press, Oxford, 2019). A expressão social na Danelaw já foi mencionada, mas veja *Viking Identities: Scandinavian Jewellery in England*, de Jane Kershaw (Oxford University Press, Oxford, 2013) e *A Viking Way of Life*, de Steven P. Ashby (Amberley, Stroud, 2014). As lápides de pedra conhecidas como *hogback* foram catalogadas por James Lang, "The hogback: A Viking colonial monumento", *Anglo-Saxon Studies in Archaeology and History* 3 (1984): pp. 83-176; ver também *Viking Age Sculpture*, de Richard N. Bailey (Collins, Londres, 1980) e as publicações em andamento do *Corpus of Anglo-Saxon Stone Sculpture* da Academia Britânica em Londres.

Os trabalhos mais recentes sobre a Era Viking na Irlanda podem ser encontrados em várias compilações: Howard B. Clarke, Máire Ní Mhaonaigh e Raghnall Ó Floinn (org.), *Ireland and Scandinavia in the Early Viking Age* (Four Courts, Dublin, 1998); Anne-Christine Larsen, *The Vikings in Ireland* (Museu de Barcos Vikings, Roskilde, 2001); John Sheehan e Donnchadh Ó Corráin (org.), *The Viking Age: Ireland and the West* (Four Courts, Dublin, 2010); Emer Purcell et al. (org.), *Clerics, Kings and Vikings* (Four Courts, Dublin, 2015); e Howard B. Clarke e Ruth Johnson (org.), *The Vikings in Ireland and Beyond* (Four Courts, Dublin, 2015).

Para as cidades-Estados irlandesas e Dublin em particular, consulte *Viking Age Dublin*, de Ruth Johnson (Town House, Dublin, 2004); *Viking Dublin: The Wood Quay Excavations*, de Patrick F. Wallace (Irish Academic Press, Dublin, 2016); *Dublin and the Viking World*, de Howard B. Clarke, Sheila Dooley e Ruth Johnson (O'Brien Press, Dublin, 2018); e a série contínua *Medieval Dublin Excavations* publicada pela Academia Real Irlandesa em Dublin (que inclui uma importante compilação sobre as evidências funerárias da presença viking por Stephen Harrison e Raghnall Ó Floinn). Clare Downham escreveu de forma ponderada sobre "'Hiberno-Norwegians' and 'Anglo-Danes': Anachronistic ethnicities and Viking-Age England", *Medieval Scandinavia* 19 (2009): pp. 139-169. Um trabalho empolgante sobre as forças militares da Irlanda da Era Viking está em andamento sob a batuta de Tenaya Jorgensen e seus colegas no Trinity College Dublin, e está em vias de aumentar de forma significativa nosso conhecimento sobre o tema.

Para material sobre os maneses, consulte Christine Fell et al. (org.), *The Viking Age in the Isle of Man* (Sociedade Viking para Pesquisas Nórdicas, Londres, 1983) e David M. Wilson, *The Vikings in the Isle of Man* (Aarhus University Press, Aarhus, 2008). Sobre a vida ritual na ilha, consulte *Three Viking Graves on the Isle of Man*, de Gerhard Bersu e David M. Wilson (Sociedade para Arqueologia Medieval, King's Lynn, 1966) e Leszek Gardeła e Carolyne Larrington (org.), *Viking Myths and Rituals on the Isle of Man* (Universidade de Nottingham, Nottingham, 2014). O arqueólogo que vê a ilha Man como um "reino pirata" é James Barrett, e eu concordo com ele.

Sobre os celtas, veja *The Vikings in Wales* de Henry Loyn (Sociedade Viking para Pesquisas Nórdicas, Londres, 1976) e *Vikings in Wales*, de Mark Redknap (Museus e Galerias Nacionais do País de Gales, Cardiff, 2000).

Para a Normandia, ver *Normandy Before 1066*, de David Bates (Longman, Londres, 1982); *Les Vikings et la Normandie*, de Jean Renaud (Ouest-France, Rennes, 1989); *Nordica et Normannica*, de Lucien Musset (Société des études nordiques, Paris, 1997); e *Heirs of the Vikings: History and Identity in Normandy and England, c.950-c.1015*, de Katherine Cross (York Medieval Press, York, 2018). Outros estudos recentes podem ser encontrados nas obras sintéticas referenciadas nos comentários para o capítulo 12. Um artigo importante neste contexto é de Simon Coupland, "From poachers to gamekeepers: Scandinavian warlords and Carolingian kings", *Early Medieval Europe* 7 (1998): pp. 85-114.

As principais fontes sobre a Bretanha em língua inglesa são minhas próprias publicações: *The Vikings in Brittany*, de Neil Price (Sociedade Viking para Pesquisas Nórdicas, Londres, 1989); "The Viking conquest of Brittany", em Stefan Brink e Neil Price (org.), *The Viking World* (Routledge, Londres e Nova York, 2008: pp. 458-461); e "Viking Brittany: Revisiting the colony that failed", em Andrew Reynolds e Leslie Webster (org.), *Early Medieval Art and Archaeology in the Northern World* (Brill, Leiden, 2013: pp. 731-742). Ver também Jean-Christophe Cassard, *Le siècle des Vikings en Bretagne* (Gisserot, Quintin, 1996).

O símbolo do falcão mergulhador da Rus' tem seu próprio livro, por Björn Ambrosiani (org.), *Birka Studies 5. Eastern Connections: The Falcon Motif* (Riksantikvarieämbetet, Estocolmo, 2001). De modo apropriado, em forma estilizada, ele continua a servir como o brasão de armas da Ucrânia.

Sem nenhuma surpresa, a maioria dos trabalhos sobre os vikings no Oriente é publicada em russo ou ucraniano. Referências a essa literatura – que é realmente enorme – podem ser encontradas nas obras citadas aqui, mas, para facilitar o acesso, estas notas são restritas ao material em inglês. Para panoramas gerais, consulte *The Emergence of Rus 750-1200*, de Simon Franklin e Jonathan Shepard (Longman, Londres, 1996: pp. 3-49); Pär Hansson (org.), *The Rural Viking in Russia and Sweden* (Örebro bildningsförvaltning, Örebro, 1997); *Viking Rus*, de Wladyslaw Duczko (Brill, Leiden, 2004); Ulf Fransson et al. (org.), *Cultural Interaction Between*

East and West (Universidade de Estocolmo, Estocolmo, 2007); *Vikings in the East*, de Fedir Androshchuk (Universidade de Uppsala, Uppsala, 2013); e Pierre Bauduin e Alexander E. Musin (org.), *Vers l'Orient et vers l'Occident: considera croisés sur les dynamiques et les transferts culturels des Vikings à la Rous ancienne* (Universidade de Caen, Caen, 2014). Para contatos com povos orientais, consulte *Vikings Among the Slavs*, de Jakub Morawiec (Fassbaender, Viena, 2009); *The Bulghars and the Steppe Empire in the Early Middle Ages*, de Tsvetelin Stepanov (Brill, Leiden, 2010); e *Khazaria in the Ninth and Tenth Centuries*, de Boris Zhivkov (Brill, Leiden, 2015). Para Novgorod, consulte Mark Brisbane (org.), *The Archaeology of Novgorod, Russia* (Sociedade para Arqueologia Medieval, Lincoln, 1992) e sua série editada *The Archaeology of Medieval Novgorod* (4 vols., Oxbow, Oxford, 2006-2019).

Acerca de Bizâncio e a Guarda Varegue, ver *The Viking Road to Byzantium*, de H. R. Ellis Davidson (Allen e Unwin, Londres, 1976); *The Varangians of Byzantium*, de Sigfús Blöndal (Cambridge University Press, Cambridge, 1978); *The Varangian Guard 988-1453*, de Raffaele D'Amato (Osprey, Oxford, 2010); e Fedir Androshchuk, Jonathan Shepard e Monica White (org.), *Byzantium and the Viking World* (Universidade de Uppsala, Uppsala, 2016); a última obra contém muitos documentos de interesse. A pedra rúnica mencionando um guarda da tropa de elite é a U 112 de Kyrkstigen, em Uppland, Suécia.

Em sua dissertação de mestrado no campo dos estudos medievais, Csete Katona realizou uma pesquisa importante sobre as atividades dos rus' como mercenários, muito útil aqui: *Co-operation Between the Viking Rus' and the Turkic Nomads of the Steppe in the Ninth–Eleventh Centuries* (Universidade da Europa Central, Budapeste, 2018). As duas espadas vikings do Sul da Turquia são descobertas recentes e ainda não foram totalmente publicadas. Os comentários sobre al-Mas'ūdī são de Þórir Hraundal, *The Rus in Arabic Sources: Cultural Contacts and Identity* (Universidade de Oslo, Oslo, 2013). O estudioso que vê a Rus' em termos semelhantes aos exércitos dos Ocidente é Gareth Williams.

O trabalho mais recente sobre Kiev está resumido em dois livros de Christian Raffensperger: *Reimagining Europe: Kievan Rus' in the Medieval World* (Harvard University Press, Cambridge, Massachusetts, 2012) e *The*

REFERÊNCIAS BIBLIOGRÁFICAS

Kingdom of Rus' (University of Amsterdam Press, Amsterdam, 2017). Para a expedição de Ingvar, veja dois livros de Mats G. Larsson: *Runstenar och utlandsfärder* (Universidade de Lund, Lund, 1990) e *Ett ödesdigert vikingatåg: Ingvar den vittfarnes resa 1036-1041* (Atlantic, Estocolmo, 1990). Sua saga foi traduzida em *Vikings in Russia* por Hermann Pálsson e Paul Edwards (Edinburgh University Press, Edimburgo, 1989). A pedra rúnica que homenageia o irmão de Ingvar é Sö 179. A nova interpretação da inscrição de Pireu, por Thorgunn Snædal, está em Fedir Androshchuk, Jonathan Shepard e Monica White (org.), *Bizyzantium and the Viking World* (Universidade de Uppsala, Uppsala, 2016).

Sobre os rus' como elites militares, consulte *The Birka Warrior: The Material Culture of a Martial Society*, de Charlotte Hedenstierna-Jonson, (Universidade de Estocolmo, Estocolmo, 2006). Sua cultura material também é revisada por David Nicolle em *Armies of Medieval Russia 750-1250* (Osprey, Oxford, 1999). O estudioso acadêmico que se refere à "vestimenta militar turca" é Þórir Hraundal. As pedras rúnicas que mencionam Rus' são Sö 338, Sö 34 e Sö 171, todas de Södermanland, na Suécia. As reflexões sobre o transtorno do estresse pós-traumático varegue vêm do trabalho ainda não publicado de Rue Taylor, a quem agradeço pela permissão para discuti-las aqui.

Para sepulturas escandinavas no Oriente, veja Kirill Mikhajlov, "Chamber-graves as interregional phenomenon of the Viking Age: From Denmark to Rus", em Mariana Rȩbkowskiego (org.), *Ekskluzywne Życie-Dostojny Pochówek w Kręgu Kultury Elitarnej WrediekówŚ* (Wolin, 2011: pp. 205-223) e especialmente *Скандинавские древностиЮжной Руси – Scandinavian Antiquities of Southern Rus"*, de Fedir Androshchuk e Vladimir Zotsenko (Collège de France, Paris, 2012, com resumos em inglês). O trabalho sobre as mulheres da Rus' como comerciantes é de Anne Stalsberg, "Women as actors in North European Viking Age trade", em Ross Samson (org.), *Social Approaches to Viking Studies* (Cruithne Press, Glasgow, 1991: pp. 75-88) e "Visible women made invisible: Interpreting Varangian women in Old Russia" em Bettina Arnold e Nancy L. Wicker (org.), *Gender and the Archaeology of Death* (Alta Mira, Walnut Creek, 2001: pp. 65-80). A história de Geirmund Hjørson é contada por seu descendente moderno (literal), Bergsveinn Birgisson, em *Den svarte vikingen* (Spartacus, Oslo, 2014).

Sobre os vikings na Arábia e no Califado, a maior parte da discussão está restrita aos textos. O melhor estudo moderno foi mencionada várias vezes aqui: *The Rus in Arabic Sources: Cultural Contacts and Identity*, de Þórir Hraundal (Universidade de Oslo, Oslo, 2013); muitas das observações em meu livro baseiam-se nesse trabalho inspirador. Um conjunto anterior de traduções para o norueguês também é de muito interesse: *Nordens historie i middelalderen etter arabiske kilder*, de Harris Birkeland (Dybwad, Oslo, 1954), assim como *Araber, Vikingar, Väringar*, de Stig Wikander (Svenska humanistiska förbundet, Lund, 1978). Ver também vários artigos em Søren Sindbæk e Athena Trakadas (org.), *The World in the Viking Age* (Museu de Barcos Vikings, Roskilde, 2014). A pedra rúnica com a inscrição Khwārazm é Vs 1. A ideia de uma missão islâmica na Escandinávia foi apresentada por Egil Mikkelsen em "The Vikings and Islam", em Stefan Brink e Neil Price (org.), *The Viking World* (Routledge, Londres e Nova York, 2008: pp. 543-549).

A oração do comerciante de ibn Fadlān é apresentada aqui na tradução de James Montgomery. O comércio de prata gera uma produção cada vez maior de artigos, especialmente relacionados aos tesouros de Gotlândia. Obras de maior fôlego, com referências, já foram mencionadas aqui, mas sobre o Oriente, em particular, ver também *The Islamic World, Russia and the Vikings, 750-900: The Numismatic Evidence*, de Thomas S. Noonan (Routledge, Londres e Nova York, 1998); os artigos de Christoph Kilger no segundo volume dos relatórios de escavação de Kaupang, Dagfinn Skre (org.), *Means of Exchange* (Aarhus University Press, Aarhus, 2007); e Fedir Androshchuk, *Images of Power: Byzantium and Nordic Coinage c.995-1035* (Laurus, Kiev, 2016). Os muitos artigos de Gert Rispling também são centrais para nossa compreensão do comércio de dirrãs.

A ligação entre prata e escravos está sendo investigada pelo projeto Dirhams for Slaves [Drirrãs por escravos] na Universidade de Oxford com o trabalho de Jacek Gruszczyński, Marek Jankowiak, Jonathan Shepard e Luke Treadwell. Gostaria também de agradecer as importantes contribuições feitas por Viacheslav Kuleshov.

Charlotte Hedenstierna-Jonson é uma das poucas pesquisadoras a ter estudado as viagens dos vikings ainda mais para o leste; veja seu importante artigo, "With Asia as neighbour: Archaeological evidence of contacts between Scandinavia and Central Asia in the Viking Age and the Tang Dynasty", *Bulletin of the Museum of Far Eastern Antiquities* 81 (no prelo). O comércio da seda é discutido por Marianne Vedeler em *Silk for the Vikings* (Oxbow, Oxford, 2014). Os possíveis barcos vikings em petróglifos do Qatar são discutidos por Guy Isitt em "Vikings in the Persian Gulf", *Journal of the Royal Asiatic Society* 17: 4 (2007): pp. 389-406. Isso deve ser contraposto ao quadro mais amplo do comércio e intercâmbio cultural Oriente-Ocidente, no qual o melhor trabalho recente e bem referenciado é Peter Frankopan, *The Silk Roads: A New History of the World* (Bloomsbury, Londres, 2015); e Susan Whitfield (org.), *Silk Roads: Peoples, Cultures, Landscapes* (Thames and Hudson, Londres e Nova York, 2019).

Os fragmentos de seda de 5-7 Coppergate em York e Saltergate em Lincoln são discutidos por Richard Hall em *The Viking Dig* (Bodley Head, Londres, 1984: 88).

Capítulo 16: Os experimentos da monarquia

Para obter uma visão geral da conversão da Escandinávia, ver Bertil Nilsson (org.), *Kontinuitet i kult och tro från vikingatid till medeltid* (Lunne, Uppsala, 1992); *Ideologi och mentalitet: Om religionsskiftet i Skandinavien från en arkeologisk horisont*, de Anne-Sofie Gräslund (Universidade de Uppsala, Uppsala, 2001); Martin Carver (org.), *The Cross Goes North: Processes of Conversion in Northern Europe, AD 300-1300* (Boydell, Woodbridge, 2003); *Power and Conversion: A Comparative Study of Christianization in Scandinavia*, de Alexandra Sanmark (Universidade de Uppsala, Uppsala, 2004); *Kristninga i Norden 750-1200*, de Jón Viðar Sigurðsson (3ª ed., Det norske samlaget, Oslo, 2012); *The Conversion of Scandinavia*, de Anders Winroth (Yale University Press, New Haven, 2012); e Sten Tesch (org.), *Skiftet: vikingatida sed och kristen tro* (Artos, Skellefteå, 2017). Para a abordagem "escolher e misturar" à religião europeia, consulte *A World Full of Gods: Pagans, Jews and Christians in the Roman Empire*, de Keith Hopkins (Weidenfeld & Nicolson, Londres, 1999).

As fontes sobre as missões incluem *Vita of Anskar*, de Rimberto, que durante muitos anos não tinha tradução para o inglês; ver *Anskar: The Apostle of the North 801-865*, de Charles H. Robinson (Sociedade para a

Propagação do Evangelho em Partes Estrangeiras, Londres, 1921). Para outras obras importantes, veja também Viduquindo de Corvey, *Deeds of the Saxons* [*História dos saxônios*], trad. Bernard S. Bachrach e David S. Bachrach (Catholic University of America Press, Washington, DC, 2014) e *The Heliand: The Saxon Gospel*, trad. G. Ronald Murphy (Oxford University Press, Oxford, 1992). Para uma visão geral do debate sobre os nomes de Askr/Ash e Embla, consulte Lennart Elmevik, "Embla: Ett bidrag till diskussionen om den nordiska urmoderns namn" (*Saga och Sed* 2012: pp. 47-54).

A história política da Dinamarca é tema esmiuçado em duas obras gerais, agora bastante antigas, mas ainda sólidas, cada uma com uma abordagem ligeiramente diferente: *The Viking Age in Denmark*, de Klavs Randsborg (Duckworth, Londres, 1980) e *Viking Age Denmark*, de Else Roesdahl (British Museum Press, Londres, 1982). Pesquisas mais recentes podem ser encontradas no volume 4 de *Danmarks Oldtid*, de Jørgen Jensen (Gyldendal, Copenhague, 2006) e nas seções relevantes das obras gerais sobre a Era Viking já mencionadas aqui.

O "livro de pedra" em Jelling é discutido por Else Roesdahl em "Jellingstenen – en bog af sten", em Ole Høiris et al. (org.), *Menneskelivets mangfoldighed* (Aarhus University Press, Aarhus, 1999: pp. 235-244). As grandes fortalezas circulares de Haroldo são publicadas por Poul Nørlund em *Trelleborg* (Nordiske Fortidsminder, Copenhague, 1948); *Fyrkat, en jysk vikingeborg*, de Olaf Olsen, Holger Schmidt e Else Roesdahl (2 vols., Lynge, Copenhague, 1977); *Kongens borge*, de Andres Dobat (Jysk Arkæologisk Selskab, Moesgård, 2013); Else Roesdahl et al. (org.), *Aggersborg: the Viking-Age Settlement and Fortress* (Museu Nacional da Dinamarca, Copenhague, 2014); e "Borgring: The discovery of a Viking Age ring fortress", de Helen Goodchild, Nanna Holm e Søren Sindbæk, *Antiquity* 91 (2017): pp. 1027-1042. As características casas longas são discutidas por Holger Schmidt em *Building Customs in Viking Age Denmark* (Kristensen, Copenhague, 1994).

A análise que revelou os mercenários de Haroldo é de T. Douglas Price et al., "Who was in Harald Bluetooth's army? Strontium isotope investigation of the cemetery at the Viking Age fortress at Trelleborg, Denmark", *Antiquity* 85 (2011): pp. 476-489. A Danevirke e seus arredores foram pesquisados mais recentemente por Matthias Maluck e Christian Weltecke (org.), *The Archaeological Border Landscape of Hedeby and the Danevirke* (Departamento Arqueológico do Estado de Schleswig-Holstein, Schleswig, 2016). O sino no porto de Hedeby é discutido por Björn Magnusson-Staaf em "For whom the bell tolls", *Current Swedish Archaeology* 4 (1996): pp. 141-155. O suposto roubo de túmulos reais norugueses por Haroldo é avaliado por Jan Bill e Aiofe Daly, "The plundering of the ship graves from Oseberg and Gokstad: An example of power politics?", *Antiquity* 86 (2012): pp. 808-824. As histórias posteriores de Gotlândia e da Rus' de Kiev já foram todas referenciadas aqui.

O molde de Trendgården, os primeiros crucifixos e os pingentes de martelos cruzados podem ser encontrados em *Pocket Museum: Vikings*, de Steve Ashby e Alison Leonard (Thames & Hudson, Londres, 2018). O túmulo de Birka Bj.660 é analisado em Neil Price, *The Viking Way: Magic and Mind in Late Iron Age Scandinavia* (Oxbow, Oxford, 2019: 85-88). As práticas de sepultamento cristão, incluindo as primeiras evidências de Götaland, são discutidas por Jhonny Thérus em *Den yngre järnålderns gravskick i Uppland* (Universidade de Uppsala, Uppsala, 2019); ver também *Gravspråk som religiös Strategi*, de Gunnar Andersson (Riksantikvarieämbetet, Estocolmo, 2005).

Pedras rúnicas foram referenciadas para o capítulo 3, mas no contexto de conversão e gênero, ver também *Runstensstudier*, de Anne-Sofie Gräslund (Universidade de Uppsala, Uppsala, 1994); *Runstenar och kyrkor*, de Lars Wilson (Universidade de Uppsala, Uppsala, 1994); *Den synliga tron: runstenskors som en spegling av kristnandet i Sverige*, de Linn Lager (Universidade de Uppsala, Uppsala, 2002); e *Under runristad hall: tidigkristna gravmonument i 1000-talets Sverige*, de Cecilia Ljung (Universidade de Estocolmo, Estocolmo, 2016). As runas não lexicais e suas implicações são discutidas por Marco Bianchi em *Runor som resurs: vikingatida skriftkultur i Uppland och Södermanland* (Universidade de Uppsala, Uppsala, 2010). O conhecimento cristão revelado pelas pedras rúnicas vem do trabalho de Henrik Williams. A pedra Timmele é Vg 186; a pedra Måsta é U 860; a declaração de Ingirún sobre Jerusalém é em U 605; e a pedra com o grande martelo de Thor é Sö 111 de Stenkvista, em Södermanland.

O impacto do calendário ritual cristão é discutido por Alexandra Sanmark em seu livro já citado. Para mudanças na indústria pesqueira, veja James Barrett e David Orton (org.), *Cod and Herring: The Archaeology and History of Medieval Sea Fishing* (Oxbow, Oxford, 2016).

O novo urbanismo do final da Era Viking gerou uma literatura substancial. Uma visão geral de meados da década de 1990 pode ser encontrada em *Towns in the Viking Age*, de Helen Clarke e Björn Ambrosiani (2ª ed., Leicester University Press, Leicester, 1995), atualizado com os artigos em Lena Holmquist, Sven Kalmring e Charlotte Hedenstierna-Jonson (org.), *New Aspects on Viking-Age Urbanism c. AD 750-1100* (Universidade de Estocolmo, Estocolmo, 2016). O último volume inclui o trabalho mais recente em Sigtuna por Sten Tesch, que liderou escavações lá por muitos anos. O trabalho em andamento na cidade é apresentado na série *Situne Dei* do Museu Sigtuna, que também publicou relatórios das muitas escavações no assentamento. Ver também Jonas Ros, *Sigtuna: staden, kyrkorna och den kyrkliga organisationen* (Universidade de Uppsala, Uppsala, 2001) e *Stad och gård: Sigtuna under sen vikingatid och tidig medeltid* (Universidade de Uppsala, Uppsala, 2009). Na Dinamarca, Aros (a Aarhus da Era Viking) é discutido em Annette Damm (org.), *Viking Aros* (Museu Moesgård, Aarhus, 2005) e Hans Skov e Jeanette Varberg (org.), *Aros and the World of the Vikings* (Moesgård Musuem, Aarhus, 2011). As muitas escavações nas cidades de Trondheim, Bergen e Oslo podem ser examinadas por meio dos relatórios publicados pelo Norsk Institutt for Kulturminneforskning (NIKU). A ideia das cidades como "portos da fé" é do trabalho de Sæbjørg Walaker Nordeide. Os dados demográficos de Sigtuna são discutidos por Maja Krzewińska et al., "Genomic and strontium isotope variation reveal immigration patterns in a Viking Age town", *Current Biology* 28:17 (2018): pp. 2730-2738.

Para a história política posterior da Era Viking, consulte *Fra vikingeriger til stater: træk af Skandinaviens politiske udvikling 700-1200*, de Niels Lund (Museu Tusculanum, Copenhague, 1993); "The state and the strangers: The role of external forces in a process of state formation in Viking-Age South Scandinavia (c.900-1050)", *Viking and Medieval Scandinavia* 5 (2009): pp. 65-104, de Andres Dobat; *From Viking Stronghold to Christian Kingdom: State Formation in Norway c.900-1350*, de Sverre Bagge (Museu Tusculanum, Copenhague, 2010); e *Norsk historie 800-1536*, de Jón Viðar Sigurðsson e Anne Irene Riisøy (Det norske samlaget, Oslo,

2011). Um excelente corretivo para a perspectiva de reis e batalhas pode ser encontrado no estudo de Anna Lihammer, *Bortom riksbildningen: människor, landskap och makt i sydöstra Skandinavien* (Universidade de Lund, Lund, 2007). Sueno Barba Bifurcada tem sua própria biografia: *Sven Tveskæg*, de Poul Skaaning (Hovedland, Copenhague, 2008); e Canuto tem várias, das quais o melhor é *Cnut the Great*, de Timothy Bolton (Yale University Press, New Haven, 2017). O impacto social dos ataques posteriores é discutido com perspicácia e eloquência por Thomas Williams em *Viking London* (Collins, Londres, 2019). Uma síntese geral um tanto controversa também é fornecida por Angelo Forte, Richard Oram e Frederik Pedersen em *Viking Empires* (Cambridge University Press, Cambridge, 2005). A pedra rúnica Orkesta é U 344. O último da dinastia é discutido por Ian Howard, *Harthacnut: King of England* (History Press, Stroud, 2008).

Capítulo 17: Terras de Fogo e Videiras

Acerca da Islândia, além das obras gerais sobre o Atlântico Norte referenciadas para o capítulo 13, um bom ponto de partida é o livro de Jesse Byock, *Viking Age Iceland* (Penguin, Londres, 2001), vinculado ao livro *Medieval Iceland: Society, Sagas, and Power*, do mesmo autor (University of California Press, Berkeley, 1988). Os primeiros assentamentos (e a diáspora em geral) são discutidos por Orri Vésteinsson, Helgi Þorláksson e Árni Einarsson em *Reykjavík 871 ± 2* (Museu da Cidade de Reykjavík, Reykjavík, 2006), enquanto o levantamento arqueológico clássico de fazendas islandesas é feito por Mårten Stenberger et al., *Forntida gårdar i Island* (Munksgaard, Copenhague,1943). Entre os trabalhos recentes estão Davide Zori e Jesse Byock (org.), *Viking Archaeology in Iceland* (Brepols, Turnhout, 2014), juntamente com relatórios arqueológicos regulares publicados pelo Instituto de Arqueologia de Reykjavík e nas revistas *Archaeologica Islandica* e *Árbók Hins Íslenzka Fornleifélag*.

Realizou-se um imenso programa de trabalho de pesquisa sobre a interação entre seres humanos e ambiente no início da colonização da Islândia, grande parte dentro da órbita da Organização Biocultural do Atlântico Norte (NABO, na sigla em inglês; www.nabohome.org) e em seu *Journal of the North Atlantic*. Sobre as estruturas jurídicas islandesas e a natureza da rivalidade, consulte *Feud in the Icelandic Saga*, de Jesse Byock (University of California Press, Berkeley, 1982), e *Bloodtaking and Peacemaking: Feud, Law, and Society in Saga Iceland*, de William Ian Miller (University of Chicago Press, Chicago, 1990). Os sepultamentos islandeses são pesquisados por Kristján Eldjárn em *Kuml og haugfé úr heiðnum sið á Íslandi* (3ª ed., Museu Nacional da Islândia, Reykjavík, 2016), complementado pelo trabalho de Adolf Friðriksson.

Aud Ketilsdóttir, conhecida como "a de mente profunda", aparece em muitas fontes, incluindo o *Landnámabók* ("O livro da colonização" ou "O livro dos assentamentos"), a *Saga de Njáll, o queimado*, a *Saga do povo de Laxardal* e outros. Flosi é o líder dos Queimadores na *Saga de Njáll, o queimado*; o homem que entoava os versos, vivo ou morto, era o filho de Njál, Skarphédinn. Gudrún Ósvífrsdóttir é a complicada heroína da *Saga do povo de Laxardal*. Thorodd aparece na *Saga do povo de Eyri*, narrativa repleta de assombrações de todos os tipos. Freydís Eiríksdóttir aparece nas duas *Sagas da Vinlândia ou Sagas das terras das videiras*. Grettir tem sua própria saga epônima. Gunnhild Gormsdóttir, também conhecida como a "Mãe de reis", tem papel de destaque na *Saga de Egil Skalla-Grímsson* (o poeta que ela tentou distrair) e outras sagas.

Hofstaðir é publicado como um livro com esse nome, editado por Gavin Lucas (Instituto de Arqueologia, Reykjavík, 2009). Para a conversão da Islândia, ver Jón Hnefill Aðalsteinsson, *Under the Cloak* (Universidade de Uppsala, Uppsala, 1978) e Steinunn Kristjánsdóttir, *The Awakening of Christianity in Iceland* (Universidade de Gotemburgo, Gotemburgo, 2004).

Existem muitos artigos sobre a Groenlândia nos volumes do Atlântico Norte já mencionados. Para sínteses, consulte Kirsten A. Seaver, *The Frozen Echo: Greenland and the Exploration of North America ca. AD 1000-1500* (Stanford University Press, Stanford, 1996) e *The Last Vikings* (I. B. Tauris, Londres, 2010); ver também Jette Arneborg, Georg Nyegaard e Orri Vésteinsson (org.), *Norse Greenland* (Eagle Hill, Steuben, 2012). A série dinamarquesa *Meddelelser om Grønland*, publicada de 1879 a 1979 pela Comissão de Estudos Científicos da Groenlândia, contém a maior parte da arqueologia inicial – o trabalho continuou desde então pelos estudiosos do Museu Nacional da Dinamarca e sua unidade SILA. Ver especialmente

Jette Arneborg e H. C. Gulløv (org.), *Man, Culture and Environment in Ancient Greenland* (Museu Nacional da Dinamarca, Copenhague, 1998).

O trabalho ambiental no sítio GUS gerou muitos artigos, mas para uma visão geral, consulte Paul C. Buckland e Eva Panagiotakopulu, "Archaeology and the paleecology of the Norse Atlantic Islands: A review", em Andras Mortensen e Símun V. Arge (org.), *Viking and Norse in the North Atlantic* (Academia Faroesa de Ciências, Tórshavn, 2005: pp. 167-181). Para ecologia geral, consulte "Is there a Norse 'footprint' in North Atlantic pollen records?", de Kevin J. Edwards, Egill Erlendsson e J. Edward Schofield, em Svavar Sigmundsson (org.), *Viking Settlements and Viking Society* (Universidade da Islândia, Reykjavík, 2011: pp. 65-82), que contém extensas referências ao importante trabalho da mesma equipe na Groenlândia e em outras partes da região. Acerca das runas, consulte *Peasants and Prayers: The Inscriptions of Norse Greenland*, de Lisbeth M. Imer (Museu Nacional da Dinamarca, Copenhague, 2017).

A *Saga dos groenlandeses* e a *Saga de Erik, o Vermelho*, são traduzidas juntas como *The Vinland Sagas: The Norse Discovery of America*, de Magnús Magnússon e Hermann Pálsson (Penguin, Londres, 1965). [Edições brasileiras: *A saga dos groenlandeses*. In: *As três sagas islandesas*. Trad. Théo Moosburger. Curitiba: Editora UFPR, 2007a; *A Saga de Eiríkr Vermelho*. In: *As três sagas islandesas*. Trad. Théo Moosburger. Curitiba: Editora UFPR, 2007b.] As primeiras escavações em L'Anse aux Meadows são publicadas por Anne Stine e Helge Ingstad em *The Norse Discovery of America* (2 vols., Norwegian University Press, Oslo, 1985), enquanto as temporadas posteriores são resumidas, com uma bibliografia muito abrangente, por Birgitta Linderoth Wallace em *Westward Vikings: The Saga of L'Anse aux Meadows* (Parks Canada, St. John's, 2006). O novo trabalho ambiental no sítio é de Paul M. Ledger, Linus Girdland-Flink e Véronique Forbes, "New horizons em L'Anse aux Meadows", *Proceedings of the National Academy of Sciences* 116 (2019): pp. 15341-15343. O relatório suplementar sobre a busca pela ocupação nórdica em Point Rosee não foi publicado, mas foi apresentado ao governo provincial da Terra Nova e Labrador por Sarah Parcak e Gregory Mumford em 8 de novembro de 2017.

Para panoramas gerais, ver *The Vikings and America*, de Erik Wahlgren (Thames & Hudson, Londres e Nova York, 1986); Birthe Clausen (org.),

Viking Voyages to North America (Museu de Barcos Vikings, Roskilde, 1993); e Shannon Lewis-Simpson (org.), *Vinland Revisited: The Norse World at the Turn of the First Millennium* (Associação de Sítios Históricos da Terra Nova e Labrador, St. John's, 2003). Uma obra que aborda explicitamente as interações nórdicas com os povos das Primeiras Nações é *Full Circle, First Contact: Vikings and Skraelings in Newfoundland and Labrador*, de Kevin E. McAleese (Museu da Terra Nova, St. John's, 2000); ver também *A History and Ethnography of the Beothuk*, de Ingeborg Marshall (McGill--Queen's University Press, Montreal, 1998). Vários artigos sobre atividades nórdicas no Alto Ártico podem ser encontrados em William Fitzhugh e Elisabeth Ward (org.), *Vikings: The North Atlantic Saga* (Instituição Smithsoniana, Washington, DC, 2000).

Capítulo 18: Os muitos finais da Era Viking

A história política posterior da Escandinávia é referenciada nas notas para o capítulo 16, e as trajetórias regionais de longo prazo da diáspora Viking (sobretudo as colônias do Atlântico Norte) podem ser encontradas nos estudos dessas áreas nas respectivas seções do livro.

Os leitores interessados na dramática vida de Gudríd Thorbjarnardóttir podem consultar sua animada biografia, escrita por Nancy Marie Brown, *The Far Traveller: Voyages of a Viking Woman* (Harcourt, Orlando, 2007).

Epílogo: Jogos

A história de Ragnarök e suas consequências são relatadas em vários dos poemas éddicos, especialmente a *Profecia da Vidente* e *Provérbios de Vafthrudnir*, bem como na *Edda em prosa* de Snorri; referências a todos podem ser encontradas aqui nas notas. As duas melhores obras modernas são *The Nordic Apocalypse: Approaches to Vo̧luspá and Nordic Days of Judgment*, de Terry Gunnell e Annette Lassen (Brepols, Turnhout, 2013) e *Midgård brinner: Ragnarök i religionshistorisk belysning*, de Anders Hultgård (Academia Real Gustav Adolf, Uppsala, 2017). Os problemas da sequência pastoril do Ragnarök e suas dimensões ecocríticas são examinados com imaginação fértil por Christopher Abram em seu *Evergreen Ash* (ver referências do capítulo 1).

Livros sobre vikings e mitos nórdicos em língua portuguesa

Abram, Christopher. *Mitos do norte pagão: os deuses dos nórdicos*. Petrópolis: Vozes, 2019.

Arbman, Holger. *Os vikings*. Lisboa: Editorial Verbo, 1967 (Coleção História Mundi, v. 8).

Birro, Renan Marques. *Uma história da guerra viking*. Clube de Autores, 2011.

Birro, Renan Marques; Langer, Johnni (org.). *Escandinávia medieval*. Vitória: DLL/UFES, 2012.

Brøndsted, Johannes. *Os vikings*. Trad. H. Silva Horta. Lisboa, Ulisseia, 1963.

Brøndsted, Johannes. *Os vikings: história de uma fascinante civilização*. São Paulo: Hemus, 1980, 2004.

Clarke, Helen. *Os vikings*. São Paulo: Verbo, 1978 (Coleção Nova Série Ver e Saber).

Cohat, Yves. *Os vikings, reis dos mares*. São Paulo: Círculo de Leitores, 1988.

Davidson, Hilda. *Deuses e mitos do Norte da Europa*. São Paulo: Madras, 2004.

Davidson, Hilda. *Escandinávia*. Lisboa: Editorial Verbo, 1987.

Faur, Mirella. *Mistérios nórdicos: deuses, runas, magias, rituais*. São Paulo: Pensamento, 2016.

Gibson, Michael. *Os vikings*. São Paulo: Melhoramentos, 1990 (Povos do passado).

Graham-Campbell, James. *Grandes civilizações do passado – os vikings*. São Paulo: Folio, 2006.

Grant, John. *Introdução à mitologia viking*. Lisboa: Editorial Estampa, 2000.

Guerber, H. A. *Mitologia nórdica*. Rio de Janeiro: Nova Fronteira, 2021.

Haenens, Albert. *As invasões normandas: uma catástrofe?* São Paulo: Perspectiva, 1997.

Langer, Johnni (org.). *Dicionário de História e Cultura da Era Viking*. São Paulo: Hedra, 2017 (prefácio de Neil Price).

Langer, Johnni (org.). *Dicionário de mitologia nórdica – símbolos, mitos e ritos*. São Paulo: Hedra, 2015.

Langer, Johnni. *Deuses, monstros, heróis – ensaios de mitologia viking*. Brasília: Editora da UNB, 2009.

Langer, Johnni. *Fé nórdica: mito e religião na Escandinávia medieval*. João Pessoa: Editora da UFPB, 2015.

Langer, Johnni. *Na trilha dos vikings: estudos de religiosidade nórdica*. João Pessoa: UFPB, 2015.

Langer, Johnni; Ayoub, Munir Lutfe (org.). *Desvendado os vikings – estudos de cultura nórdica medieval*. João Pessoa: Ideia, 2016.

Lindow, John. *O Livro da mitologia nórdica*. Petrópolis: Vozes, 2019.

McDonald, Fiona. *Vikings*. Trad. Monica Desiderio. São Paulo: Moderna, 1996.

Miranda, Pablo. *Poder e sociedade na Noruega Medieval*. Vitória: DLL--UFES, 2011 / São Paulo: AgBook, 2011.

Nórdicos. Mitos e sagas. Carapicuíba: Pandorga Editora, 2020.

Nórdicos: Os Melhores Contos e Lendas. Carapicuíba: Pandorga Editora, 2020.

Paes Filho, Orlando. *Vikings – Universo Angus*. São Paulo: Planeta, 2005.

Page, Raymond Ian. *Mitos nórdicos*. São Paulo: Centauro, 1999.

Paxson, Diana. *O mundo de Odin: práticas, rituais, runas e magia nórdica no neopaganismo germânico*. São Paulo: Pensamento, 2020.

Pearson, Anne. *Os vikings*. Trad. Maria de Fatima Siqueira de Madureira. São Paulo: Manole, 1994 (Desvendando a história).

Pohl, Frederick J. *Os exploradores vikings*. Trad. Edilson Alkmim Cunha. Rio de Janeiro: Forense, 1968.

s.a. *Escandinávia: terra de guerreiros e navegantes*. São Paulo: Folio, 2009.

Sturluson, Snorri. *Edda em Prosa: Gylfaginning e Skáldskaparmál*. Clube de autores, 2020.

Velasco, Manuel. *Breve história dos vikings*. Rio de Janeiro: Versal, 2013.

Agradecimentos

Este livro foi preparado no âmbito do meu projeto de pesquisa "O fenômeno viking", realizado no período de 2016 a 2025 na Universidade de Uppsala. Meus agradecimentos ao Conselho Sueco de Pesquisa por seu generoso financiamento e aos meus colegas da equipe principal: Charlotte Hedenstierna-Jonson, John Ljungkvist e Ben Raffield. Também gostaria de agradecer especialmente a Ben por sua ajuda na pesquisa geral e abrangente para os capítulos finais, quando os prazos finais se aproximavam. Do grupo mais amplo do projeto, gostaria de agradecer a Andreas Hennius, Karin Ojala, Sofia Prata, Gareth Williams e Anders Ögren.

O título original deste volume (*Children of Ash and Elm*) está em minha mente há muitos anos, em parte como um antídoto para a interminável enxurrada de livros intitulados *Os vikings* ou coisa parecida (alguns deles escritos por mim, então ninguém deve levar isso para o lado pessoal) e em parte estimulado por outra obra, *The Children of Aataentsic* [Os filhos de Aataentsic], escrita por Bruce Trigger em 1976, que ainda é a história seminal dos hurões, povo ameríndio que vivia nas Eastern Midlands, área que hoje corresponde a Ontário, no Canadá; sempre me impressionei não apenas por sua ambição e escopo, mas também por seu título maravilhosamente hostil ao leitor, tamanho o seu comprometimento com uma visão ética sobre seu objeto de estudo.

Vikings é em grande parte minha própria síntese da Era Viking, mas também é o produto de mais de três décadas de interação com o mundo mais amplo da pesquisa acadêmica sobre os vikings. Por conta da política editorial, o texto principal está isento de referências diretas, mas espero que as notas bibliográficas reflitam a enorme dívida que tenho para com o trabalho de outros e deem o devido crédito ao seu aparecimento aqui de forma resumida. Por décadas de inspiração, informação, conversas e companhia, gostaria de expressar meus agradecimentos à ampla comunidade de pesquisa viking: os participantes do Congresso Viking; a iniciativa Viking Worlds (Mundos Vikings); os membros do Centro para Estudos da Era Viking (ViS) em Oslo, um lugar que parece uma segunda casa; as amplas comunidades arqueológicas e folclóricas da Islândia (o outro lugar que me parece uma segunda casa); os museus nacionais, ou seus equivalentes, dos países nórdicos; e todos os centros de excelência em pesquisa acadêmica viking nas universidades mundo afora. Eu também gostaria de agradecer ao grupo Kyngervi, cujo foco são os "outros" da Era Viking, e a Rede de Estudos de Gênero e Nórdicos *Queer* da qual surgiu. Uma homenagem especial deve ser feita a todos os acadêmicos de pós-graduação e *doktorands* com quem está o futuro dos estudos vikings; que encontrem os empregos e carreiras que merecem, e que todos nós possamos ajudá-los a conseguir isso.

A meus professores, colegas e alunos, do passado e do presente, nas universidades da UCL, York, Wits, Oslo, Estocolmo, Aberdeen e Uppsala – nada em minha carreira teria sido igual sem vocês. Obrigado por tudo.

Alguns agradecimentos, entretanto, devem ser feitos pelo nome. De várias maneiras, grandes e pequenas, ao longo de muitos anos, os seguintes indivíduos fizeram uma diferença especialmente positiva em minha vida profissional: Hanne Lovise Aanestad, Lesley Abrams, Adolf Friðriksson, Aiden Allen, Magnus Alkarp, Anders Andrén, Fedir Androshchuk, Martin Appelt, Jette Arneborg, Steve Ashby, Graeme Barker, James Barrett, Colleen Batey, Anna Bergman, Maths Bertell, Jan Bill, Geoff Blundell, Stefan Brink, Jesse e Gayle Byock, Sophie Bønding, Claus von Carnap-Bornheim, Martin Carver, Tom Christensen, Mark Collard, Kevin Crossley-Holland, Keith Dobney, Clare Downham, Kevin Edwards, Gunnel Ekroth, Phil Emery, Ericka Engelstad†, Marianne Hem Eriksen, Charlotte Fabech, Bill Fitzhugh, Peter Foote†, Terje Gansum, Leszek Gardeła, Helen Geake, Gísli Sigurðsson, James Graham-Campbell, David Griffiths, Jacek Gruszczyński,

Anne-Sofie e Bo Gräslund, Terry Gunnell, Guðmundur Ólafsson, Guðrún Sveinbjarnardóttir, Dawn Hadley, Richard Hall†, Helena Hamerow, Joe Harris, Stephen Harrison, Michèle Hayerson-Smith, Lotte Hedeager Helskog, Pernille Hermann, Frands Herschend, Hildur Gestsdóttir, John Hines, Tom Horne, Anders Hultgård, Eva Hyenstrand, Lisbeth Imer, Ingunn Ásdísardóttir, Frode Iversen, Marek Jankowiak, Cat Jarman, Jenny Jochens, Jóttína Katriks, Jóhanðrón, Jóhan Jriks Wayðdhórn, Jóttín Katriks, Jóhanrón, Jochrón, Jóttín. Sigurðsson, Lars Jørgensen†, Anders Kaliff, Hirofumi Kato, Jane Kershaw, Simon Keynes, Anna Kjellström, Alison Klevnäs, Rick Knecht, Rune Knude, Kristian Kristiansen, Anna Westman Kuhmunen, Magnus Källström, Carolyne Lewis Larrington, Shannon Lewis Sim-Williams, John Lindow, Irene García Losquiño, Julie Lund, Niels Lynnerup, John McKinnell, Lene Melheim, Karen Milek, Steve Mitchell, Mjöll Snæsdóttir, Marianne Moen, James Montgomery, Paul Mortimer (e todos em Wulfheodenas), Leos Müller, Michael Müller--Wille, Agneta Ney, Gordon Noble, Svante Norr, Evgeny Nosov†, Michel Notelid, Ulf Näsman, Heather O'Donoghue, Adrian Olivier, Bjørnar Olsen, Orri Vésteinsson, Maria Baastrup, Orri Vésteinsson, Maria Anne Pedersen, Unn Pedersen, Peter Pentz, Aleks Pluskowski, Russell Poole, Catharina Raudvere, Andrew Reynolds, Julian Richards, Mike Richards, Howell Roberts, Else Roesdahl, Steve Roskams, Håkan Rydving, Alexandra Sanmark, Birgit e Peter Sawyer††, Duncan Sayer, Jens Peter Schjødt, Sarah Semple, John Sheehan, Jonathan Shepard, Rudy Simek, Paul Sinclair, Søren Sindbæk, Dagfinn Skre, Ben Smith, Kevin Smith, Brit Solli, Matthew Spriggs, Gro Steinsland, Steinunn Kristjánsdóttir, Frans-Arne Stylegar, Olof Sundqvist, Pat Sutherland, Žarko Tancosić, Þóra Pétursdóttir, Þórir Jónsson Hraundal, Kalle Thorsberg, Iain Torrance, Luke Treadwell, Torfi Tulinius, Helle Vandkilde, Andrew Wawn, Pat Wallace, Jenny Wallensten, Anna Wessman, Susan Whitfield, Dave Whitley, Nancy Wicker, Per Widerström, Jonas Wikborg, Willem Willems†, Henrik Williams, Michael Wood, Inger Zachrisson e Torun Zachrisson. Meus sinceros agradecimentos a todos vocês e minhas desculpas a todos que deveriam estar nesta lista, mas não estão (trinta anos é um bocado de tempo!).

    Desnecessário dizer que todo e qualquer erro que tenha permanecido neste livro é de minha responsabilidade.

AGRADECIMENTOS

Os vikings são um tópico cuja popularidade na mídia é perene, e tive muita sorte por contar com os colaboradores e empregadores que encontrei nesse campo; minhas conversas com eles, suas ideias e percepções estão embutidas neste livro. Além de alguns dos acadêmicos já mencionados, meus agradecimentos a Ágúst Guðmundsson, Mark Caswell, Mike Fillipov, Peter Findlay, Sam Hanson, Michael Hirst e o elenco da série de TV *Vikings*, Bettany Hughes, Lars Knudsen, Craig Lathrop, Linda Muir, Heather Pringle, Dan Snow, Rebecca Snow, Kenton Vaughan e Michael Wood. Agradecimentos especiais a Robert Eggers.

A maioria dos mapas foi elaborada por Ben Raffield e Daniel Löwenborg – meus agradecimentos a ambos. O Mapa 2 foi feito por Ingvild T. Bøckman e Frode Iversen, do Museu de História Cultural da Universidade de Oslo; foi originalmente publicado no capítulo "Between Tribe and Kingdom – People, Land, and Law in Scandza AD 500-1350", escrito por Frode Iversen e incluído no livro de Dagfinn Skre (org.), *Rulership in 1st to 14th century Scandinavia* (Ergänzungsbände zum Reallexikon der Germanischen Altertumskunde, vol. 114. De Gruyter, Berlim, 2019: pp. 245-304), e estou muito grato por sua gentil permissão para reproduzi-lo aqui.

Agradeço a todos os detentores de direitos autorais que generosamente deram permissão para reproduzir imagens e ajudaram a obtê-las. Agradecimentos especiais a Caroline Ahlström Arcini, James Barrett, Tom Christensen, Julie Lind, Lindsay Kerr, Ole Kastholm, Viacheslav Kuleshov, Chris Lowe, Max Marcus, Peter Pentz, Anneli Sundkvist e Per Widerström. Quem me conhece ou conhece meu trabalho sabe do meu afeto de longa data pelas reconstruções, e gostaria de agradecer aqui a Ragnar Børsheim e à equipe de Arkikon; Flemming Bau; Anders Kvåle Rue; Franziska Lorenz e Jochen Stuhrman; Tancredi Valeri; e especialmente Þórhallur Þráinsson, meu colaborador artístico de muitos anos.

Minha chefe de departamento na Universidade de Uppsala, Susanne Carlsson, tem sido fantástica ao me permitir rearranjar meu horário de trabalho regular, e meus colegas têm sido muito gentis. Gostaria de agradecer especialmente a Anneli Ekblom, que, sem que eu pedisse, concedeu-me uma semana inteira de prazo para a entrega de um relatório urgente em um momento crítico; isso é *muita coisa*.

Além de meu escritório e casa (que não são exatamente a mesma coisa, ainda), este livro foi escrito e revisado em vários lugares. Meus agradecimentos ao Instituto Sueco dos EUA, em Minneapolis; ao Museu Nórdico, em Seattle; à Universidade da Islândia, em Reykjavík; às muitas instalações da UCLA; ao Museu Birka, em Björkö; e a uma sucessão de hotéis estadunidenses, canadenses, havaianos, japoneses, nórdicos e espanhóis. Em muitas ocasiões, minha mesa de trabalho foi um suporte dobrável para bandejas em aviões nos voos de longa duração da Scandinavian Airlines, e eu gostaria de estender minha calorosa gratidão à equipe de bordo, que nunca foi menos do que obsequiosa e prestativa com um arqueólogo estressado.

Estes agradecimentos não estariam completos sem o meu combustível de pesadelos, as leituras de ficção que eu fazia em pequenos arroubos – geralmente por volta de uma da manhã – para relaxar antes de dormir ao mesmo tempo que, no entanto, mantinha a pequena dose de paranoia estressada que de alguma forma pareço exigir para escrever. Nesse contexto, não surpreenderá a ninguém o fato de que sou fã de longa data de James Ellroy. Seu *Quarteto de L.A.* – os romances *Dália negra*, *Los Angeles – cidade proibida*, *Jazz branco* e *O grande deserto* – deu conta do recado no início de 2000, quando eu estava escrevendo minha tese de doutorado; desta vez, para o último mês de trabalho no primeiro rascunho do livro, comecei com uma releitura de *Perfídia* e cheguei à linha de chegada com *This Storm*, recém-publicado. *Querido Deus, que alegria.*

Tive a sorte de trabalhar com dois editores notáveis. Na Basic em Nova York, a primeira casa deste livro, Lara Heimert aprimorou imensamente o texto e também foi uma mão firme no leme quando necessário (e infelizmente foi necessário). Sua equipe – Jessica Breen, Allison Finkel, Kait Howard, Amber Hoover, Roger Labrie, Katie Lambright, Olivia Loperfido, Abigail Mohr, Melissa Raymond, Megan Schindele e Michelle Welsh-Horst – também merece minha gratidão. Na Penguin, em Londres, Stuart Proffitt fez uma leitura atenta do manuscrito final, realmente valiosa, habilmente auxiliada por Alice Skinner; meus agradecimentos também a Isabel Blake, Ania Gordon e Julie Woon. Patrick Walsh, meu imperturbável agente, acreditou no livro e facilitou seu caminho desde nosso primeiro encontro fortuito. Como sempre, tenho uma grande dívida para com Tom Holland por essa apresentação.

Pelo apoio familiar e moral, meus agradecimentos a Ingrid e Jörgen Qviström, Louise e Richard Dennerståhl, e Nathalie e Anders Le Bouteillec--Ögren – e, claro, a meus falecidos pais, Jean e Geoffrey Price. Fosse tarde da noite à mesa da cozinha em Uppsala ou em nossa varanda em Gotlândia fitando o mar, ou durante o que parecia ser o fim de semana inteiro, houve momentos demais em que meu laptop parecia estar sempre aberto. Durante vários meses, negligenciei minha família por causa deste livro, e quaisquer que sejam seus méritos (ou não), realmente não há desculpa para isso. Linda, Lucy e Miranda não apenas têm todo o meu amor, mas também são simplesmente os seres humanos mais decentes que conheço.

Neil Price
Uppsala, 15 de dezembro de 2019

Índice remissivo

A
'Abd a-Rahmān, 388
A balada de Sigrdrífa, 207
A balada de Svipdagr, 335
A canção de Ríg (*Rígspula, O canto de Ríg*), 127
escravidão em, 161-162
A discórdia de Loki, 67, 177-178
"A trama de lanças" (poema), 73
A viagem de Brünnhilde a Hel, 280
Aachen, 364
Abão, o Curvo (Abbon Cernuus), 365, 371
abelhas, 136
acampamentos vikings:
após a partida dos exércitos, 369-370
assentamentos na Danelaw e, 364-365, 370-371
escavações de, 367-370
como vínculos com um mundo maior, 378
como apoio para ataques, 298-299
termos para, 367
Adão de Bremen, 128, 228-230, 232, 236, 272, 411, 442, 469, 507
adivinhação, 236
adultério, 127, 177
Aegir, 232, 282-283
Aesir, 52-54, 56-61
agricultura:
arquitetura no período de consolidação política, 112
consolidação de fazendas, 400-402
criação de ovelhas e, 400-402
crise climática vulcânica e, 97-99
declínio do cultivo no final do Período de Migração, 88-89
economia transacional e, 120
ferramentas para, 153-154
ferreiros, 153
gado, 153
leituras adicionais sobre, 547
manejo florestal, 402
na Idade do Ferro Escandinava, 86
porcos e, 399
requisitos para equipar navios e, 399-400
rotação de colheitas e, 90
al-Ghazāl, 179, 451
al-Jayyānī (Yahyā b. Hakam), 179
al-Mas'ūdī, 440-441, 587
Alain de Vannes, 432
Alan Barbatorta, 433
alces, 86, 120-121, 136
álcool, 137, 265-266
Alcuíno, 296-298, 350, 456
Alexandria, 390
alfabetização, 198, 205-206, 208-209, 496, 555-556
álfar (elfos), 74
Álfheim (salão de Freyr), 59
Alfredo (rei de Wessex), 24, 363-366, 418-421
alma:
conceito quádruplo de, 77-80
fylgja, 79-80
hamingja, 79
hamr, 77
hugr, 78
âmbar, 310-311, 408, 428
América do Norte:
contato com o Canadá ártico e, 504
crédito pela descoberta da, 497-498
exploração viking da, 392, 486, 498
fim do contato viking com a, 511

ÍNDICE REMISSIVO

habitantes da, 486, 499-500
leituras adicionais sobre, 595
uvas e nome Vinlândia ("terra das videiras"), 498, 502
amizade (*vinátta*), 131-132, 328-329, 545
Anais de Fulda, 527
Anais de Lindisfarne, 296
Anais de são Bertino, 328, 355, 359, 374, 383-384, 527
Anais de são Neots, 295
Anais de Ulster, 297, 423, 527
Anais reais francos, 298, 304-305, 350,351, 527
ancestrais, 271-273
anéis, 151
Anglesey, 428-429
Ânglia Oriental, 360-363
Angrboda, 64
animais, como representantes das migrações, 392-393
animais de pequeno porte, 86
Anscário, missão de, 305, 457-459
armadura, cap.1, 338
armas:
arcos e flechas, 337
armadura, cap.1, 338
descrição de, cap.1
elmos e capacetes, 338-339
emblema do falcão, 435, 445*fig*
escudos, 337-338, 345
espadas, 333*fig*, 334-335
facas de batalha, 336-337
facas, 332
lanças, 332-333
machados, 332-333, 333*fig*
treinamento para uso de, 332
arqueologia:
avanços na, 32-33
como método de estudo dos vikings, 30-33
das paisagens, 32-33
questões com cultura material e Era Viking e, 31-33
arte, 148
arte erótica, 181
árvores na poesia nórdica antiga, 114
As palavras do Altíssimo, 132, 179-180, 235, 536
Asgard (*Ásgarðr*), 56, 57, 67-69. *Ver também* deuses; mitologia
assentamento em Dublin, 422-427, 508, 575
assentamentos da Danelaw, 364-365, 370-371, 418-422, 576, 583-584
comércio de prata e, 451-452
destino dos, 509
ataques à Aquitânia, 350-351
Atenas, 443

Aud, a de mente profunda, 490, 594
Austri, 52
Authumbla, 51
aveia, 86
aves aquáticas, 136

B

bainhas de espada, 334
Baldr, 62, 64, 280-281
baleias, 86, 136, 302, 567
Batalha de Clontarf, 427
Batalha de Fýrisvellir, 325-326
Batalha de Stamford Bridge, 44
batismo, 469
bebidas, 137-138
beor, 137
Beothuk, 501
Beowulf, 30, 109, 113, 116-117, 131, 247, 270, 541
Bergelmir, 52
berserkir, 251, 335, 339-342, 572
Bestla, 51-52
Bifröst, 54, 56, 516
Bilskírnir (salão de Thor), 62
Birka (centro comercial), 165, 305-310, 408-411, 435, 475-477, 568
Bjarni Herjólfsson, 497,499
Björn Flanco de Ferro (Ironside), 13*fig*, 388-390
Björn, rei, 458
blót, 233, 558
Bölthorn, 51
Bornholm, 91, 105, 259
botas, 148-149
Bragi, 65
Braithwaite, Richard, 373
Brattahlíð, 494
Breidablikk (salão de Baldr), 62
Bretanha, 358-359, 429-433, 575
Brian Bóruma, 426
brinquedos, 139
broches, 147-148
búlgaros do Volga, 436
Búri, 51-52
Burr, 52

C

caça, 86
cães, 153, 266, 268
califado abássida, 14, 385, 448
califado de Córdoba, 34
câmaras mortuárias:
animais e, 259-260
armas e, 260-261
cemitério de Mammen, 262
contexto cultural das, 258

leituras adicionais, 562
objetos em, 260-262
posicionamento dos corpos e, 259
tamanho das, 259
camas, 140
Camden (historiador), 372
Caminho do poder. *Ver* Bifröst
Canção de Harbard, 179-180, 281
cânhamo, 268
Canuto (filho de Sueno Barba Bifurcada), 15*fig*, 481-483, 587
capacetes, 110, 122, 338-339
capotes, 152
Carlos Magno, 304, 321, 336, 350, 356, 434
Carlos, o Calvo, 356-360, 364
Carlos, o Simples, 430
carne, 136, 545
casamento:
adultério, 127-128
como aliança familiar, 127
como ideal social, 177
desigualdade para os homens, 289-290, 331
diferenças sociais e costumes do, 127
divórcio e, 127, 177
dotes e, 126-127, 331
hierarquias da poliginia, 129
leituras adicionais sobre, 544-545
poligamia/poliginia, 128-129, 289-290, 544-545
casas:
centralidade para a vida social e doméstica, 124--126, 132
construções domésticas e, 133-134
descrições de, cap.3
ferrarias, 153-154
fumaça e, 140
oficinas, 154
pertences em, 133
tamanhos de, 126
casas longas, 85
catedral Ayasofya (Hagia Sophia, Santa Sofia), 439-441
cavalos, 153, 191-192, 266
rotas e, 212-213
sacrifícios em pântanos e, 234
cazares, 435, 436, 440-442
cemitério de Ardnamurchan, 417
cemitério de Mammen, 140, 262
centros de comércio:
após o surgimento de centros urbanos, 476-477
classe profissional e, 410
como locais de assembleia, 307-308
como pontos de conexão para reinos escandinavos, 305-306
contato estrangeiro e, 309

criação de classe profissional e, 308
criação de profissões ilícitas em, 308-309
diversidade e, 411
escravidão e, 409
importância no comércio de longa distância, 306
leituras adicionais sobre, 542-543, 567-568
mar Báltico, 310
mulheres em, 410-411
práticas funerárias e, 410
saneamento e, 409
surgimento na Escandinávia, 303-305
urbanização e, 406-411
wics europeus, 302
centros urbanos, 406-411
cerâmica, 134
cerveja, 137
cevada, 86
chapéus, 153
chuva ácida, 94
cidades, 406-411
Codex Aureus, 361
Codex Regius, 39
códigos legais:
em relação a roupas, 185-186
escrita rúnica e, 205. *Ver também* divórcio
estupro e atividade sexual das mulheres e, 183-184, 552
homossexualidade e, 187-188
Islândia e, 489
lei normanda, 430-431
violência doméstica e, 127
colares, 151, 152
colônias vikings:
Bretanha, 431-434
centros urbanos e, 406-411
como vínculos para um mundo maior, 378
Danelaw, 364-365, 370-371
descobertas do Atlântico Norte, 497-498
Europa Oriental, 435-439
Groenlândia, 493-497, 511, 512*fig*
ilha de Man, 427-428
Normandia, 430-431
reabsorção de colonos de, 420-421
tamanho na Irlanda, 425
comércio:
através do mar Báltico, 305, 543-544, 569, 577
comércio de peles, 380, 384-386, 577
de dirrãs de prata, 451-452
de seda, 452-453
Era Viking e, 121
expansão no final da Idade do Ferro Escandinava, 302-303, 543-544
Império Romano e, 84, 118-122
Islândia e, 488

ÍNDICE REMISSIVO

leituras adicionais sobre, 567-569
na era da consolidação política, 118-122
reis do mar e, 317-318
rus' e, 385
wics europeus, 302-304
comércio de escravos:
abuso sexual de escravas, 162, 331
como principal propósito da escravidão, 160-161
invasões com o objetivo de, 160, 162, 331-332
leituras adicionais sobre, 548, 578
prata como substituto do, 452, 578
Rus' e, 452
comida, 134-137, 155, 264-265, 495
comportamento sexual:
adultério, 177
casamento heterossexual como norma social, 177
desigualdade sexual e no casamento para homens, 331-332
dos deuses Vanir, 57-58
dos deuses, 177-178
enterros em navios funerários e, 264-265
feitiçaria e, 190-192
feitiços de amor/feitiçaria e, 179-180
História de Völsi, 191-192
leituras adicionais sobre, 552
liberdade sexual das mulheres e, 177. *Ver também* homossexualidade; travestismo
termos para, 178-179, 180
concubinato:
aceitação de múltiplas concubinas e, 124
como forma de aliança familiar, 124
como laço social, 124
consentimento das mulheres, 124-125
escravidão e, 126
leituras adicionais sobre, 544-545
termo *frilla* e, 131
consolidação política (após o Período de Migração):
arquitetura de salões e, 112-113
comércio na era de, 118-121
dinastias familiares no final da Idade do Ferro Escandinava, 108-110, 122
expansão militarista, 121-122
incursões e, 314-319, 321-324
leituras adicionais sobre, 537
norueguesa, 314-318
poder e, 197
povo sámi e, 107
práticas de sepultamento e, 110-112
produção de ferro e, 121
Constantinopla, cap.9, 382-383, 390, 406-407, 439-440, 507, 578
cordas, 154
corpos celestes, 53

cosméticos, 143
cosmologia. *Ver* mitologia
crampons, 214
cremação, 86, 243, 245, 247-250, 277, 561. *Ver também* enterros em navios funerários
crianças:
brinquedos de, 139, 424, 519, 519*fig*
como parte de grupos de invasão, 354
descrição de, 520-521
desnutrição e gênero, 176
infanticídio, 176-177
leituras adicionais sobre, 551
mortas e desaparecidas, 243
práticas funerárias e, 175-176
roupas, 151-153
sacrifício de, 368
vida doméstica de, 139-140
crise populacional no fim do Período de Migração:
aparecimento da arte, 89
comércio internacional desestabilizado e, 91
conflito com o Império do Ocidente desestabilizado, 88-89
crise do clima vulcânico e, 92-94, 539
declínio nos assentamentos, 89
diferenças locais na, 99
estimativas de perda de população e, 94
hunos e, 91, 538
interpretações da, 90-93
leituras adicionais sobre, 538
Praga de Justiniano e, 94
reflexos mitológicos da, 94-99
sustentabilidade do crescimento inicial e, 90
cristianismo:
associação com monarquia, 462
batismo como método de conversão e, 469-470
batismos da realeza e, 469-470
bosques de sacrifício e, 236
centros urbanos e, 476-477
como ferramenta para unificação dos governantes, 460-462
conversão dos ingleses ao, 361
Cruzadas e, 506-507
cruzes-martelos de Thor e, 471, 592
Danelaw e, 420
escravidão e, 160-161
evidências em assentamentos, 427-428
Groenlândia e, 494
igrejas e, 470*fig*, 492-493
incursões e, 457
incursões vikings e, 324
influência em representações de Hel, 54-55
Islândia e, 492
livros e, 210

mistura com ideias culturais locais, 459-460
na Noruega, 468
na Rus', 469
na Suécia, 226, 469
pedras rúnicas e, 472-474
peregrinações a Jerusalém e, 473
pesca e, 475
poligamia/poliginia e, 128-129
povo sámi e, 106
práticas de sepultamento e, 471
práticas religiosas vikings e, 224-225. *Ver também* religião
representações das Nornas e, 69
sagas nórdicas antigas e, 35-37
sincretismo religioso e, 237
sítios da ilha de Man e, 427-428
status das mulheres e advento do, 474-475
tentativas de cristianizar a Escandinávia antes das incursões, 456
textos nórdicos antigos e, 37-38
Cristo Branco (Jesus), 36, 456, 514
Crônica anglo-saxônica, 34, 290, 294-295, 299, 361-362, 367, 423, 478-479, 527
Crônica primária russa, 383, 435-436, 528
Cruzadas, 506
cruzes-martelos de Thor, 471, 592
culinária, 134-138
cultura de salão:
em *Beowulf*, 116
folhas de ouro estampadas, 118
fusão do local religioso com, 228
leituras adicionais sobre, 542
navios funerários como metáfora para, 564
reconstruções arqueológicas da, 112-116
Saga de Egil Skalla-Grímsson e, 116-117

D

Danevirke, 465
De Administrando Imperio, 381-382
deficiência visual, 196
deficiências, 195-196, 554
Denamearc, 104
destino, 67-68
deuses:
Aesir, 56-61
comportamento sexual dos, 177-178
família Vanir, 57-59. *Ver também* Asgard; mitologia
leituras sobre, 534-535
nomes de lugares teofóricos e, 204-205
papéis das divindades nórdicas, 65-66
papel do destino na vida dos, 68-69
templos de Asgard, 67
dias da semana, 63-64

diáspora viking:
a Rus' e, 382-387, 435-436
assentamentos da Danelaw, 364-365, 370-371, 418-422
através da Europa Oriental até Constantinopla, 380-382
comércio de peles e, 380
como modelo, 379
como subproduto das invasões, 377
Constantinopla e, 439-440
efeitos na cultura escandinava, 398
evidências na Escócia, 413-415, 417
evidências nas ilhas Órcades e Shetland, 413-416
fins da, 507-509
globalização e, 412-413
Groenlândia, 392
ilha de Man, 427-428
ilhas Faroé, 392, 394
Islândia, 392-393
leituras adicionais sobre, 577-579
mapa da, 14
mistura cultural e, 419-420
País de Gales, 428-429. *Ver também* Rus', península Ibérica, 387-392
Dicuil, 393
Dinamarca:
ameaças do Império Otoniano e, 465, 467-468
armas romanas e, 87-88
centro comercial de Hedeby na, 304-305
centro comercial de Ribe na, 303-304, 304*fig*
construções de Haroldo na, 463-468
evidência do cristianismo na, 463-464, 590-591
geografia de, 85, 102
guerra civil e, 468
leituras adicionais sobre, 590-591
missões cristãs na, 457-458, 462-463
primeiras unidades políticas da Era Viking na, 104
sítios de Jelling, cap.14, 463-468, 591
unificação da, 461-463
dinâmica de poder:
alfabetização e, 205-206
da Danelaw, 419
escrita rúnica e, 197-198
maritoria e, 301
mobilidade e, 198
na Irlanda, 426-427
navios e, 556-557
papel das assembleias *things* e, 198-202
propriedade da terra e, 202-204
recursos agrícolas e, 402-404
reinos sagrados, 225-226
dinastia Tang, 453, 589
diplomacia do barco longo, 363, 575

ÍNDICE REMISSIVO

dísir, 75-76
fylgja/ fylgjur e, 79-80
divórcios, 127, 177
motivos para, 127, 179, 183. *Ver também* códigos legais
donzelas de escudos. *Ver* donzelas guerreiras
donzelas guerreiras, 72, 250, 342-343, 553
Dorestad, 300, 303, 355
dotes, 126-127, 130-131, 331
draugar (mortos inquietos), 276, 565
duelos, 346

E
Ebbo de Reims, 457
economia:
comércio na era de consolidação política e, 107-109
da Islândia, 488
de Danelaw, 419
dote e, 331
efeitos do aumento das invasões, 352
em acampamentos vikings, 370
moedas de prata e, 385-386
pós-romana de longa distância, 302, 544
trabalho escravo e redes de comércio em, 404--405, 543-544
Edda em prosa, 38-39, 525
Edda poética, 38-39, 525; vida após a morte na, 49-50
Edmundo (rei da Ânglia Oriental), 362-363
Edmundo Braço de Ferro, 482
Eduardo, o Confessor, 483
Eduardo, o Velho, 421
Egberto [*Ecbert*] de Wessex, 299
Egil Skalla-Grímsson, 41, 77, 281, 288
einherjar, 279
Eir, 65
Eiríksmál (Palavras para Érico), 279
Ektors saga, 37
elmos, 338-339, 543
Ema da Normandia, rainha (esposa de Canuto), 483
enterros em navios funerários:
acendimento da pira, 267, 269
bebidas alcoólicas e, 265
bens dos falecidos, 264-265
comportamento sexual e, 264-265
descrições de, cap.8
escrava enterrada, 265-267
evidências arqueológicas e, 216-218, 264, 267-271
lápides temporárias, 264
leituras adicionais sobre, 557, 562-563
locais de, 268
papel de "Anjo da Morte", 265-267
relato de Ibn Fadlān, 262-268, 563
ritual da moldura de porta, 266
roupas para, 265
sacrifícios de animais e, 266, 268-269
sítio de Gokstad, 215-216, 264
sítio de Myklebost, 269
sítio de Oseberg, 215-216, 264, 268
sítio de Salme, 290-292, 335, 565-566
sítio de Tune, 269
visitação de sítios e, 274
Eoforwic (centro comercial), 362
Era do Gelo, 100
Era Viking:
demanda de recursos para 399-404
dificuldade em definir, 25-26
divisões em fases, 286-287
encontros anteriores com o mundo fora da Escandinávia, 289
extensão da, 513-514
fim da, 35-36
Guerra Civil Franca e consequências, 356-360
negação da, 26-27
pressão econômica do final da Idade do Ferro e, 289-290
Érico Hákonsson (Érico da Noruega), 479-480
Érico Machado Sangrento (Eiríkr Haraldsson, Eiríkr Blóðøx) de York, 279, 422
Erik, o Vermelho, cap.16, 493-494
Ermentarius de Noirmoutier, 359, 366
ervas, 136-137
escaldos (*skalds*), 38, 525. *Ver também* poesia (nórdica antiga)
escavação do acampamento ARSNY, 369, 575
escavação em Balladoole, 427-428
escavações em Borg, 116
Escócia, 363
destino da diáspora viking na, 507-508
evidências da diáspora viking na, 413-415, 417
leituras adicionais sobre, 582
Órcades e ilhas Shetland e, cap.11, 507
escravidão:
A canção de Ríg (*Rígsþula*, O canto de Ríg), 127, 161-162
abuso sexual de homens escravizados, 162
abuso sexual de mulheres escravizadas, 162-163
assassinato ou abandono de escravos e, 163-164
como parte da cultura viking, 43, 159
concubinato e, 130
de mulheres nos assentamentos do Atlântico Norte, 395
direitos das pessoas escravizadas, 164
incursões para captura de escravos e, 160,162
leituras adicionais sobre, 548
posição de pessoas libertas, 165

práticas de sepultamento e, 168-170
pré-viking, 159
registro arqueológico e, 165-170
relatos de pessoas escravizadas, 164-165
representações materiais de, 165, 166*fig*, 167
terminologia da, 159
trabalho necessário para redes de comércio da Era Viking e, 405
urbanização e, 408-409
vida após a morte e, 281-282
voluntária ou temporária, 160
escrita rúnica:
coleções de inscrições, 526-527
comunicação na esfera política e, 197-198
estelas rúnicas e, 208-212, 211*fig*
leis e, 205, 555-556
leituras adicionais sobre, 526-527, 555-556
mecânica da, 205-207
mitologia da, 207-208
preservação da, 208-209
usos da, 208-210
escudos, 336-338, 345
espada-anel, 110
espadas, 333*fig*, 334-336
Espanha, 387
califado abássida e, 387
incursões à, 387-390
esquis, 214
estatueta de Hårby, 71*fig*, 144-146, 547
estatueta de Revninge, 144-146, 145*fig*, 547
estelas rúnicas. *Ver* pedras rúnicas
estreito de Gibraltar, 390
estudos vikings, apropriação para propaganda, 30, 42, 327, 412, 530, 581-582
estupro, 43, 162-163, 184-185. *Ver também* enterros em navios funerários; tráfico de escravos; escravidão
Etelfleda, 421
Etelredo (rei de Wessex), 363, 481
Etelstano, 421
Europa, 9*fig*, 45, 302
evidências arqueológicas:
América do Norte e, 497-498
arte erótica e, 181-183
Bretanha e, 432-434
cemitérios de Dublin, 423
centros comerciais e, 302-303, 305-307
cremações e, 243, 245, 247
cuidados com a aparência e roupas e, 125
cunhagem de moedas francas da era da Guerra Civil e, 357-358
de sítios de culto, 226-228, 231*fig*, 231-233
descobertas de navios e, 214-220
diáspora escandinava e, 378-379
do comércio de longa distância no final da Idade do Ferro Escandinava, 119
dos vikings na península Ibérica, 388-389
enterros em navios funerários, 215-216, 261-263
escavações de salões, 115
escravidão e, 165, 166*fig*, 167-171
escrita rúnica e, 206
estatuetas de Hårby e Revninge, 71*fig*, 144-146, 145*fig*, 547
estudos vikings e, 30
feitiçaria e, 237-238
ferramentas e, 153-154
folhas de ouro estampadas e, 117-118
herança de terras e, 202-204
ilha de Man e, 427
imagens e, 156-157
joias e, 146-147
latrinas e, 138-139
leituras adicionais sobre, 569
literatura sobre, 531
locais das *things*, 198-202
mulheres guerreiras e, 344-345
na Escócia, 418-419
nas Hébridas, 416-417
origens dos Vanir e, 57-58
os rus' e, 435, 443, 445fig, 446,
pentes e, 141,
poliginia e, 128
práticas funerárias, 86, 106, 109-110, 112, 115, 170, 242-245, 561
sepulturas e, 242-243
sincretismo religioso e, 237
sítios em Jelling, 463-468
trabalho têxtil e, 404
travestismo e, 186
exércitos vikings:
comparações entre pirataria e, 372-374, 576-577
informações das escavações de acampamentos vikings e, 370-372
migração familiar e, 371
multiétnicos, 370
presença de mulheres nos, 369-371

F
facas, 332, 337-338
fecundidade, 59-60
feitiçaria:
afeminação da, 189-191
como componente da espiritualidade, 237-238
conotações sexuais de, 189-191, 240
evidências literárias de, 238
galdr, 240
gandr, 240
gênero e, 189-191, 240-241

leituras adicionais sobre, 553, 559-560,
Odin e, 190-191
rito da *História de Völsi*, 191-192
seithr, 238-239, 471
termos para, 238-240
xamanismo e, 241
feiticeiros/feiticeiras, 180, 239*fig*
práticas de sepultamento e, 471
ferramentas, 153-154
figuras de proa, 219
Fimbulwinter, 95-99
Fiônia, 104, 250, 399-400, 466
Flateyjarbók, 191
Floresta de ferro. Ver *Járnviðr*
Flosi Thordarson, 390, 595
focas, 86, 136, 493-494
folhas de ouro estampadas, 117-118
fome, 496-497
fornaldarsögur, características das, 36-37
Forseti, 64
Frância:
    ataques após a morte de Carlos, o Calvo, 364-366
    centros comerciais da, 303-304
    centros urbanos e, 407
    controle viking das vias navegáveis e a, 356-358
    guerra civil na, 356-357
    incursões à, 46, 298, 320, 356-357, 369-370
    oficinas de fabricação de espadas da, 336
    os rus' e, 382-383
    pontes como defesa e, 360-361
    registros escritos relativos aos vikings e, 34
    resposta viking à guerra civil na, 358-361
    Frância Central ou Lotaríngia (*Francia Media*), 358
    Frância Ocidental (*Francia Occidentalis*), 358
    Frância Oriental (*Francia Orientalis*), 358
freixo, 44. Ver também Yggdrasill
Freya (Freyja), 58-59, 66, 178, 278-279, 534
Freydís (irmã de Leif Eiríksson), 499-500, 595
Freyr (Frey), 58-59, 63
Frigga, 60-62, 178
Frísia, 298, 303, 350-351, 355, 359
Fulla, 65
fylgja, 79-80

G
gado, 153, 266, 492, 496
galdr, 240
galinhas, 136, 140, 153, 266
galos, 153
Gamla Uppsala, cap.2, 109-110, 115-116, 216
gandr, 240
gatos, 153, 492

Gautbert (missionário), 458
Gefjon, 65, 178
Geirmund Hjørson, 447
gênero:
    condição de guerreiro e, 324-326
    de corpos celestes, 53
    desnutrição infantil e infanticídio, 176
    estatuetas de Hårby e Revninge, 144-147, 145*fig*, 547
    feitiçaria e, 189-191
    leituras adicionais sobre, 549-550
    papéis estabelecidos para cada, 173-174
    práticas de sepultamento e, 175, 177, 192-195
    status e funções de, 175
    trabalhos acadêmicos sobre, 196
geografia, 49-50, 85, 102
Gesta Danorum (*História Danesa* ou *Os feitos dos daneses*), 342
gigantes, 68, 535
Ginnungagap, 51-52
Gjallarhorn, 55-56
Gladsheimr (um dos salões de Odin), 61
Glitnir (salão de Forseti), 64
globalização, diáspora viking e, 412-413
Gná, 65
Gnezdovo, 438-439
goðar, 489
Godofredo, rei, 304-305
Gokstad, navio funerário em, 215-216, 264, 557
Gorm, o Velho, 462-464
Gosforth, na Cúmbria, 420
Götaland, 104
Götavi, sítios cúlticos, 230-232, 558
Gotlândia, 105, 448-449, 451-452, 560, 569
Grécia, 390
Grettir Ásmundarson, 490-491
Grithr, 65
Groenlândia, 16*fig*, cap.16, 392, 493-497, 595
grupos tribais da Escandinávia, 10*fig*
Gudríd Thorbjarnardóttir, 500-501, 513-514, 597
Gudrún Ósvífrsdóttir, 490, 595
Guðrúnarhvöt, 270
Guerra de Troia, 37
guerreiros:
    armas e, 332-339
    berserkir, 251, 339-342
    combates coletivos *vs.* combates individuais e, 345-346
    irmandades (*lið*) e, 327-329, 571
    leituras adicionais sobre, 541-542
    mulheres e, 342-345, 343*fig*, 553-554
    nomes de espadas, 334-335
    práticas funerárias e, 324
    status de, 324-327

Guilherme Espada Longa, 431
Guilherme, o Conquistador (Guilherme, o Bastardo), 431, 483
Gullinkambi (galo), 63
Gungnir (lança de Odin), 61
Gunnhild (rainha) 279, 422, 490, 595
Guthrum, 363-364, 418-419

H

Hagia Sophia. *Ver* catedral Ayasofya
Hákon Sigurdsson, 478
Hákon, o Bom [Hákon Bondoso, Hákon Góði], 468
Halfdan, 362
hamingja, 79
hamr (manifestação física), 77
Harald (irmão de Ingvar), 442-443
Haraldskvæði, 340
Hardaknút, 483
Haroldo (filho de Sueno Barba Bifurcada), 481
Haroldo Cabelos Belos (Haraldr Hárfagri), 316--317, 392, 422, 461
Haroldo Dente Azul (Haraldr Blátǫnn), 15fig, 462-468, 476-478, 480, 591
Haroldo Klak, 457-458
Haroldo, o Duro (Harald Sigurdsson), 439, 483, 506
Hástein, 13, 388-390
Hébridas, 413, 416-418, 507, 583
Hedeby, centro comercial, cap.10, 304-305, 408--410, 451-452, 461, 581, 591
Heimdall, características de, 63
Heimskringla, 220, 243-244
Hel (local), 54-55, 279-283
Hel/Hela (guardiã dos mortos), 64, 280
Helgö, 457
Heliand, 459
Herjólf Bárdarson, 494
Herjolfsnes, 494
hidrarquias:
como estrutura política do exército viking, 374--375, 419, 576
como termo, 374
piratas e, 374
Rus' e, 441
hidromel, 137
Himinbjörg (salão de Heimdall), 63
História de Völsi, 191-192
História dos Saxônios, 459
Historia Norvegiae, 294
hnefatafl, 120, 139
Höd, 63
Högom, 110
Holmgarðr, 383, 406, 436, 438, 446

homens:
cosméticos e, 143
cuidados com a aparência e, 141-142
desigualdade sexual e no casamento para, 331-332
feitiçaria e, 189-191
joias, 146-147, 547
modificações dentárias e, 142*fig*, 142-143
papéis estabelecidos, 172-174
papéis políticos para, 173
roupas e, 151-152
tatuagens e, 142
Homilias de Fócio, 383
homossexualidade:
códigos legais e, 187-188
homofobia, 187-188, 191
leituras adicionais sobre, 553
terminologia/insultos, 187-189
tribos germânicas e, 187
hörgr, 226-227
Hrólfr (Rollo), 430-432
Hrym, 282
hugr, 78
huldufólk (o "povo oculto"):
álfar (elfos), 74
conhecimento viking dos, 73-74
dísir e, 75
leituras adicionais sobre, 536
svartálfar (elfos negros/anões), 74-75
hunos, 37, 91, 538
Hvergelmir, 56

I

Ibn Fadlān, Ahmad, 142, 149-151, 163-164, 254, 262-268, 447, 451, 528
Ibn Khurradādhbih, 448-449
Ibn Muhammad al-Rāzī, Ahmad, 388
Idade do Ferro Escandinava:
agricultura e caça, 85-86
casas longas, 85-86
comércio e, 87. *Ver também* crise populacional no fim do Período de Migração; consolidação política
componentes geográficos dos assentamentos, 85
crise climática e, 82, 91-94, 122-123
cronologia da, 83*fig*
estratificação social e, 86
expansão da Idade do Ferro Romana e, 88
geografia escandinava e, 99-102
Idade do Ferro Pré-Romana, 82-83, 83*fig*
Império Bizantino e, 82
leituras adicionais sobre, 537, 544
mapa da Europa em 565 EC, 9
mercenários escandinavos no Império Romano, 88

ÍNDICE REMISSIVO

Período de Migração da, 82-86, 83*fig*
políticas iniciais emergindo do Período de
  Imigração, 102-105
queda do Império Romano e, 81-84, 83*fig*, 122-123
recuperação da crise climática do final do Período
  de Migração e, 99
tribos germânicas e, 81, 83*fig*
Idade do Ferro Germânica, 83, 111
Idade do Ferro Romana, 83*fig*, 86
identidades não binárias, 194
identidades transgênero, 193-195
Iduna, 60, 65, 178
igreja de Hvalsey, 511-512, 512*fig*
Île de Groix, cemitério, 433-435
ilha de Man, 427-428, 585
ilhas Åland, 105
Ilhas Bálticas, 105
ilhas escocesas, 45-46
Ilhas Faroé, 392-394
ilhas Órcades, cap.11, 413-416, 507, 582-583
ilhas Shetland, 413-415, 507
Ilopango, erupção vulcânica, 92-93
Império Bizantino:
  contato dos rus' com, 45, 448, 587
  diáspora viking e, 378-379
  Guarda Varegue (ou Varangiana), 439-440, 587
  leituras do, 561
  registros escritos relativos aos vikings e, 34
Império Romano:
  armas na Dinamarca, 87
  comércio e, 84, 118-119
  como modelo político para a Era Viking, 108
  declínio do Ocidente, 45, 83
  mercenários escandinavos e, 88
  queda do, 81-82
império otoniano, 34, 465, 467, 527
incursões:
  acampamentos vikings em terra, 298, 367-370
  ambições imperiais dos monarcas e, 479
  após 834, 353-356
  argumentos da "pressão da terra", 330
  assentamentos na Inglaterra, 363-364
  avanços tecnológicos e, 318
  berserkir, 339-342
  consolidação política norueguesa e, 314-318, 319-322
  danegeld ("pagamento danês"), 478
  desigualdade para homens no casamento e, 331-332
  efeitos sobre a economia política na Escandinávia e, 377-378
  em todo o Mediterrâneo, 389-390
  expansão das áreas invadidas e, 321-322
  expansão e intensificação das, 283-284, 286, 298-300
  exposição ao cristianismo e, 457
  fluidez das forças responsáveis pelas, 366
  Frância e, 294
  Frísia e, 294
  grupos invasores como unidades políticas, 353-354
  Guerra Civil na Frância e, 356-359
  intensificação no século IX, 351
  Irlanda e, 298
  irmandades (*lið*), 327-329
  Itália e, 389-390
  leituras adicionais sobre, 565-567, 573-574, 580-581
  Lindisfarne, 286, 290, 295-297
  local dos navios-túmulos em Salme e, 290-292
  mapas da, 11*fig*, 12*fig*
  moeda e, 385-387
  mosteiros como alvos das, 296-297
  motivações pessoais, 346-349
  na *Crônica anglo-saxônica*, 34, 290-294
  na Espanha, 387
  na Inglaterra, 360-364
  natureza coletiva da liderança nas, 362
  nomes para os exércitos de invasores, 353
  norte da África e, 387-389
  origem das primeiras, 299-300
  origens no leste, 289, 309
  Período Quente Medieval e, 319
  preparação necessária para, 323
  religião como razão para, 324
  requisitos de recursos dos navios, 399-402
  sistemas de defesa ingleses e, 363
  táticas de combate e, 345-346
  violência nas, 286-289. *Ver também* guerreiros
indústria de fabricação de alcatrão, 120, 168, 220
infanticídio, 176-177, 330-331, 551
Inglaterra, 45
  alianças vikings na, 360-361
  ambições imperiais dos monarcas escandinavos e, 476-481
  ataques vikings após ataque à Frância, 360-362
  centros urbanos e, 407
  constituída de reinos individuais, 360
  Danelaw na, 364-365, 370-371, 418-422
  incursões vikings e, 321, 350-351, 355, 573-575
Ingvar, 442-443
Irlanda, 46
  acampamentos sazonais na, 356
  assentamento de Dublin, 423-427
  escalada de invasões em, 350
  escravidão em incursões e, 395
  identidade étnica dos assentamentos na, 426
  leituras adicionais sobre, 584-585
  tamanho dos assentamentos na, 424

violência e, 425
irmandades (*lið*), 327-328, 571
islã, cap.9, 386-387, 390, 450-451, 588-589
Islândia:
  agricultura e, 396
  Alþingi (Althing), cap.15, 202, 489, 492
  assentamentos na, 16*fig*, 391-395, 485
  caráter político da, 486
  casas da, 487-488
  comércio com a Noruega e, 487. *Ver também* Groenlândia
  como base para exploração posterior, 485
  cristianismo e, 485, 490-492
  destino da, 510
  economia e, 487
  governo da, 489
  leituras adicionais sobre, 579, 594
  monarquia norueguesa e, 486-487
  recursos naturais e, 485-486
  sítio de Hofstaðir, 491
  turfa e, 487-488
  vale *Thingvellir* (Þingvellir), 489
  vidas literárias da, 489-491
Íslendingabók (*O livro dos islandeses*), 393, 492
Itália, 390
Ivar Sem Ossos (*Ívarr hinn Beinlausi*), 195, 362

J
jarl Hákon, 479
Járnviðr (Floresta de Ferro), 54
Jaroslav I, 441
jogos, 120, 139, 545-546
joias:
  diáspora Viking e, 418-419
  fabricação de, 408
  homens e, 150, 152
  leituras adicionais sobre, 547
  mulheres e, cap.5, 147-150
  prata, cap.6
Jorvík. *Ver* York
Jötunheim, 54
jul (Yuletide), 271-272
Jutlândia (Jylland), 87-88, 250, 255, 303-304, 401*fig*, 463, 465, 471

K
Kalevala Antiga (finlandesa), 96
Kaupang, assentamento, 407-408
Kent, licenças de ocupação de terras, 298-299
Kiev, cap.12, 437, 440-441, 510
Körmt, 54

L
L'Anse aux Meadows, 16*fig*, 501-504, 596
Ladoga, centro comercial, cap.9, 311-314, 380-381, 435-437, 569-570
lanças, 332-334
Landnámabók ("O livro da colonização" ou "O livro dos assentamentos"), 76, 488, 526
laticínios, 136
latrinas, 138-139
Leão de Pireu (em Atenas), 443
Leif Eiríksson, 498-499
leis de *Gulathing*, 188
Leis dos gotlandeses (*Gutalag*), 468-469
leis *Grágás*, 163
Lejre, escavações (Dinamarca), 109
Lejre, sítio cúltico, 230
lenços, 148
Léxico de nomes de runas nórdicas, 210
Liber de Mensura Orbis Terrae, 393
Liber Vitae, 482
Lilla Ullevi, sítio cúltico, 230, 231*fig*, 558
Lindisfarne, invasão ao mosteiro de, 286, 290, 295-298
linho, 86, 417
Livro de itinerários e reinos, 448
Livro dos islandeses (*Íslendingabók*), 393, 492
Ljóðatal ("Lista de feitiços"), 78-79
lobos, 29, 46, 53-54
local do bosque sacrificial de Frösö, 236-237
Lofn, 65
Loki, 59, 62, 64, 177-178, 280
Lotário, 356-359
lua, 53
Luís, o Germânico (Luís da Baviera), 356-359
Luís, o Piedoso, 356, 432

M
Mac-Fuirbis, Duald, 389-390
machados, 332-333, 333*fig*
madeira, 402-404, 487, 580
magia, 189-191, 207-208, 230, 559-560. *Ver também* feitiçaria
magiares, 436
Magnús Ólafsson (Magno, o Bondoso), 483
mar da Irlanda, 418
Maritoria, 301
martelo de Thor. *Ver* Mjölnir
meias, 149
Midgard (*Miðgarðr*):
  corpos celestes e, 53
  criação de Ymir, 52
  fronteira de, 52-53
  limites geográficos de, 44-45
  relação com outros mundos e, 54-55

ÍNDICE REMISSIVO

mitologia:
comparações com a mitologia grega, 66
da escrita rúnica, 207-208
deficiência visual e, 196. *Ver também* Asgard; deuses
dom da poesia e, 114-115
Edda em prosa e, 38
Edda poética como fonte de, 39
efeito da crise climática do final do Período de Migração na, 94-98
em pedras pictóricas, 255-256
geografia de outros mundos e, 54-56
huldufölk (o "Povo Oculto") e, 74-76
leituras sobre, 529-530, 532-534
natureza e, 56
noção quádrupla de alma/identidade e, 77-80
Nornas e, 68-69, 73
papéis dos deuses em, 65-66
Ragnarök e, 46, 53, 63-65, 68, 70, 94-98, 279, 282, 516-519
religiões indo-europeias e, 66-67
significados do número 9 e, 232
Snorri Sturluson e a, 244
thurs e, 76
trolls e, 76
vaettir e, 75-76
valquírias e, 69-73
mitologia finlandesa, 96-98
mitologia grega, 66
Mjölnir (martelo de Thor), 61-62*fig*
modificações dentárias, 142-143, 142*fig*, 546, 549
modos à mesa, 134-135
monarquia:
ambições imperiais de governantes e, 476-482
associação do cristianismo com, 462
centros urbanos e, 475-477
consolidação dos países escandinavos e, 459-461
grandes construções e, 463-467
Haroldo Dente Azul, 462-468
morsas, 86, 394, 493-494
mortos:
arqueologia e dificuldades de catalogação, 242-243
bens dos, 244-245, 564-565
crampons nos pés dos, 275-276
draugar (mortos inquietos), 276, 565
einherjar (imortais guerreiros mortos), 278-279, 565
Hel e os, 54-55
leituras adicionais sobre, 560-565
papel no Ragnarök, 279, 282-284
pedras rúnicas e, 206-207
práticas de sepultamento de novas elites após a queda de Roma, 109-110
práticas funerárias da Idade do Ferro e, 86

residências em Helgafell, 282-283, 283*fig*
Valhalla e Sessrúmnir como lugares de descanso para guerreiros, 56-57, 275-276. *Ver também* práticas de sepultamento; rituais funerários
vida após a morte dos afogados e, 281-282
mulheres:
capacidade de assumir papéis masculinos e, 173
celtas em assentamentos do Atlântico Norte, 395
centros urbanos e, 410-411
códigos legais relativos ao sexo e, 184
como guerreiras, 342-345, 343*fig*
como parte de grupos invasores, 353-354
concubinato e, 124
conversão ao cristianismo e, 473-475
cosméticos e, 143,
cuidados com a aparência e, 140-141
divórcio e, 127, 179
economia espiritual e, 174
enterrada em trajes de guerreiro de alto status, 194
feitiçaria e, 189-190
idade de casamento, 126
imagens de animais e, 192
joias, cap.5, 147-152, 547
laços de amizade e, 131
liberdade sexual e, 179
papéis definidos para, 173-174, 544-545
parto e, 174
poliginia e, 124, 128-129
práticas de sepultamento no final da Idade do Ferro Escandinava e, 111
preparação de alimentos e, 155, 173-174
presença feminina nos acampamentos vikings, 368, 576
roupas e, cap.4, 147-149, 546
Rus' e, 447
tecidos e, 155-156, 173-174
vida após a morte e, 279-280
vida de pessoas escravizadas, 162
violência baseada em contendas e, 174
mundo árabe, 544
os rus' e, 448, 452
visitantes da Escandinávia, 451
mundo sobrenatural, a crença dos Vikings, 73-75
Museu de Barcos Vikings de Roskilde, 216-217
música, 29
Muspellsheim, 53

N
Näcken, 235
Naglfar (navio), 282
Nágrind ("portão dos cadáveres"), 55
natureza, cosmologia nórdica e, 56
navio funerário de Myklebost, 269

617

navios:
    agricultura necessária para, 399-402
    água como meio de transporte e, 213
    canoas (igaras), 214
    como expressão do poder viking, 198
    decorações de, 219
    demanda de madeira para, 402-404
    descobertas de, 215-218
    descrições de, cap.1
    do tipo *knarr*, 216, 217*fig*
    do tipo *snekkja*, 216
    enterros em navios funerários, 215-218, 557, 563
    evolução de, 218
    figuras de proa, 219
    formações táticas e, 345
    introdução das velas em, 217-218, 307, 399
    leituras adicionais sobre, 556-557, 562-563
    pedras pictóricas e, 257-258
    recursos necessários para, 219-220
    vaettir e, 75-76
    valas comuns em, 217
    nazistas, 22, 23*fig*, 327
    nid (níð), 187-189, 553
Nidaros, 476
Niflhel (Hel sombrio), representações geográficas de, 55
Njörd:
como chefe dos Vanir, 58
comportamento sexual dos deuses e, 178
Skadi e, 64
Nóatún (salão de Njörd), 58
noção quádrupla da identidade individual, 77-80
fylgja, 79-80
hamingja, 79
hamr, 77
hugr, 78
nomes próprios, 18
nórdico antigo, transliteração, 17-18
Nordri, 52
Norðveg, 103
Normandia, 430-432, 509, 585
Nornas:
como personificação do destino, 68-69
escrita rúnica e, 207
ligações com as valquírias, 73
norte da África, 389-390
Noruega:
cristianismo na, 468
efeitos da crise climática do final do Período de Migração na, 99
geografia da, 85, 100-101
governo do início da Era Viking na, 102-103, 314-318
guerras civis na, 506
invasões e reis do mar da, 315-318, 319-320
Islândia e, 507
sagas islandesas e, 36-37
unificação da, 461
Novgorod, 383, 406, 438, 442, 469, 586

O

O despertar de Angantyr, 247-248, 250-252
Ód (marido de Freya), 59
Odin:
    características de, 61
    como deus da guerra, 61
    como senhor de Valhöll/Valhalla, 278
    dias da semana e, 63-64
    escrita rúnica e, 207, 212
    feitiçaria e, 190-191
    imagens de, 60*fig*
    jornadas para Hel, 280
    leituras adicionais sobre, 534
    nascimento de, 52
    Skadi e, 64
    Yggdrasill e, 50
Offa da Mércia, rei, 294-295
Ólaf Tryggvason, 478-480
Öland, 105
Olavo Skötkonung, rei, 476, 479-480, 507
Oleg (Helgi, fundador de Kiev), 437
Olga (Helga) de Kiev, 469
orador das leis, 205
Oriente Médio, 407, 448-453, 450*fig*. Ver também islã
Orkneyinga Saga (Saga dos colonos das ilhas Órcades), 414
Örmt, 54
Os ditos de Grímnir:
    da geografia do mundo mitológico, 55
    sobre a bebida em Valhöll/Valhalla, 138
    sobre a escolha de guerreiros de Freya, 278
Oslo, 476
Óttarr (Ohthere), 102-103, 530
Outros mundos. Ver *huldufólk*; mitologia; religião; feitiçaria
ovelhas, 399-402, 401*fig*, 580

P

País de Gales, 428, 585
pão, 135-136, 545
Paris, ataques a, 359, 365
pássaros, 77, 86, 233, 249, 561
patins de gelo, 214
pechenegues, 436
pedras pictóricas, cap.7, 256-259, 562

ÍNDICE REMISSIVO

pedras rúnicas, 208-212, 211*fig*, 472-474, 550-551, 571
peixes, 86, 136
península Ibérica, 387-391, 407, 578
pentes, 141, 546
Período de Migração, 83, 538, 541. *Ver também* crise populacional no fim do Período de Migração; Idade do Ferro Escandinava
Período Merovíngio, 83, 111
Período Quente Medieval, 319
Período Vendel, 83*fig*, 111, 541-542
pesca, 86, 94, 416, 475, 592
pesos de chumbo, 407-408
pirataria:
aumento nos séculos VIII e IX, 27
comparação dos exércitos vikings com, 372-374
ilha de Man e, 427
o termo *viking* e, 25-26
organizações políticas de piratas e, 45
termo *hidrarquia* e, 374, 576
placas, 135
Poço de Mímir, 55-56
Poço de Urd, 56
Poema sobre Helgi Hiovardsson, 128
poesia (nórdica antiga):
cultura de salão e, 113
Edda em prosa, 38-39
Edda poética, 38-39
era da, 37
interpretação da, 40-42
mecanismos da, 113-115
mitologia da, 114-115
papel na sociedade viking, 37
pesquisa acadêmica sobre, 43-45
sagas como fonte de, 37
traduções de, 525
poligamia/poliginia, 128-129, 289-290, 544-545, 572
ponte dos Aesir. *Ver* Bifröst
Ponte Gjallabrú, 55
pontos cardeais, 52
porcos, 236-237, 399, 491, 580
Portugal, 387
povo sámi:
área habitada por, 106
como parte do mundo viking multiétnico, 43, 105
consolidação política na Era Viking e, 107
crenças espirituais do, 106-107
leituras adicionais sobre, 540
na Islândia, 395
práticas de sepultamento e, 193
tambores e, 106-107
Prados de ouro e minas de joias, 440-441
Praga de Justiniano, 94, 539

prata, cap.6, 29, 451-452, 488, 565, 589
práticas de sepultamento:
ancestrais e, 271
câmaras mortuárias, 259-261
celebração da condição de guerreiros e, 324
compartimentos para corpos e, 252-254
crianças e, 175-177
desenvolvimentos urbanos e, 410
do final da Idade do Ferro na Escandinávia, 109-112
enterros em navios funerários, 21, 215-216, 261-263
escravidão e, 169
feitiçaria e, 471-472
gênero e, 175-176, 192-195
infanticídio e, 176-177
leituras adicionais sobre, 560-565
montes tumulares e, 254-255
navios funerários de Salme, 290-292
no início da Idade do Ferro Escandinava, 86
objetos dentro de sítios e, 254
os sámi e monumentais, 112
padrões em rochas e monumentos e, 255-258
posicionamento dos corpos e, 252-254
postes / estruturas de madeira e, 254
reflexos do cristianismo nas, 471-472
sepultamentos em carroças, 252-253, 561-562
Primeira balada de Helgi Hundingsbani, 163
produção de ferro, 121
Profecia da Vidente, 53, 57, 95
propriedade, 125-126, 202-204. *Ver também* terras; escravidão
pulseiras e braceletes, 151

R

Ragnar Lothbrók, 359, 362, 388, 574
Ragnarök:
corpos celestes e, 53
crise climática vulcânica como modelo para o, 95-98
Heimdall e, 63
leituras adicionais sobre, 597
Loki no, 64
mito do, 46, 516-517
papel dos gigantes e, 68
papel dos mortos no, 279, 282-283
Vídar e, 65
Ragnvaldr, 439
Rán, 282
Ravning Enge, 466
recursos marinhos, 86
registros escritos:
abordagem de, 42-43
de culturas não-vikings, 34-35
estudos acadêmicos e, 40-42

pós-vikings, 39-40
preservação e, 40
vieses e objetivos de, 40
reino da Mércia, 294-295, 360-362, 419
reino da Nortúmbria, 360-361
reino de Osraige, 370
reino de Wessex, 294, 299, 356, 363-364, 418-421
reis do mar (*sækonungr*), 45, 315-318, 319-322
religião:
adivinhação e, 236
ancestrais e, 271
bosques sacrificiais, 236
como encontro com o mundo espiritual, 222-223
como uma série de religioletos, 224
festivais rituais e, 233
figuras de madeira e, 235. *Ver também* cristianismo; mitologia
fusão de salão e local religioso e, 245
Groenlândia e, 497
hörgr e, 226
leituras adicionais sobre, 534-536, 557-558
locais das *things* e, 199
locais de prática de, 226-229
magia erótica e, 230
mistura do cristianismo com a religião local, 456-458
mistura na diáspora e, 419-420
objetos colocados em locais de culto e, 249
realeza sagrada e, 225-226
sacrifício de animais e, 216, 231, 232-234, 491-492
sacrifício humano e, 43, 235-237
sacrifícios de sangue (*blót*) e, 233, 234-236, 558
sacrifícios nos pântanos e, 235-236
seres naturais/espirituais e, 226
significados do número 9 e, 232
sítio cúltico de Uppåkra e, 227-228
sítios de *vé* e, 230-232
terminologia da prática religiosa e, 225
um motivo para incursões, 324
visão cristã e, 224-225
renas, 106, 136, 493-494
Repton, local de aquartelamento, 367-370, 575
Rerik, assentamento comercial, 304-305
Ribe, centro comercial, 303-305, 304*fig*, 568
Rimberto, 458
Rindr, 63
rio Dniepre, 381-382, 437
rio Dniestr, 437
rio Loire, 355-360
rio Sena, 356-359, 429-430, 509
rio Somme, 353, 356-357
rio Ulla, 391
rio Volkhov, 436-437
rituais funerários:

ancestrais e, 271-272
animais em, 246
comida para, 270-271
como preparação para a vida após a morte, 275-277
comunidades insulares e, 259
cremação, 86, 243, 245, 247-250
Leis de Odin e, 244
monumentos rochosos e, 256-258
O despertar de Angantyr e, 250-252
objetos e, 246, 249
pedras pictóricas, 255-259
pranteadoras profissionais e, 270
riqueza enterrada com os mortos, 277-278. *Ver também* práticas de sepultamento; mortos; enterros em navios funerários
sepultamentos secundários, 243
túmulos, 243, 245
variações do interior dos túmulos, 245-246
visitações de túmulos e, 274-275
Røgnvaldr, 432-433
Rollo (Hrólfr), 430-432
Roskilde, 475-476
Roslagen, 384
Rotas da Seda, 589
conexão com o mundo Viking, 412, 452-453
rotas de terra, 212-213
roupas cap.4, 144-149, 151-153. *Ver também* gênero; travestismo
Rurik, 383, 435
rus', 382-385
al-Mas'ūdī sobre os, 440-441
assentamentos dos, 436-439
Atenas e, 443
cazares e, 440-441
comércio de prata e, 451
compreensão acadêmica dos, 412
Constantinopla e, 439, 442-443
cristianismo e, 469
destino dos, 510
emblema do falcão, 434-435, 445*fig*, 586
evidências arqueológicas dos, 433, 445*fig*, 446, 588
fontes sobre os, 528
identidade étnica dos, 435-436, 441
Império Bizantino e, 447
Ingvar e, 442
invasão de Bardha'a e, 441
Kiev e, 440-441
leituras adicionais sobre, 586-588
memoriais para viajantes, 442-446
mulheres, 447
mundo árabe e, 448-451
papel dos, 444-446, 587-588
retorno à Escandinávia dos, 446-447

ÍNDICE REMISSIVO

S
sacrifício de animais, 216, 231-235, 491-492
sacrifício humano, 43, 234-236
Saga de Egil Skalla-Grímsson, 116-117, 127
Saga de Erik, o Vermelho, 498-500, 596
Saga de Gísli, 127
Saga de Grettir, 177, 261
Saga de Gunnlaug Língua-de-Serpente, 126-127
Saga de Harald Sigurdsson, 128
Saga de Hrólf Gautreksson, 342
Saga de Magno, o Descalço, 220
Saga de Njáll, o queimado, 127, 130, 184, 250, 261
Saga de Ragnar Lothbrók, 342
Saga de Sturlunga (Sturlunga saga), 37
Saga de Sverre, 415-416
Saga do povo de Eyri, 177
Saga do povo de Laxardal, 130, 186
Saga do povo de Ljósavatn, 177
Saga do povo de Vatnsdal, 130
Saga do rei Haroldo Cabelos Belos, 128
Saga do rei Hrólf Kraki, 140, 238
Saga dos Confederados, 127
Saga dos groenlandeses (Grænlendinga Saga), 493, 497-498, 499-500, 596
Saga dos islandeses, 177, 535-536
Saga dos Völsungos (Völsunga Saga), 72, 536
Saga dos Ynglingar (Ynglingasaga), 278, 315, 341, 541
Sága, deusa, 64
sagas de família *[Íslendingasögur]*, 36
Sagas dos Bispos [Biskupasögur], 37
sagas islandesas, 35-36
sagas lendárias, características de, 37-38
sagas nórdicas antigas:
  abordagens das, 40-42
  alegorias cristãs e, 41-42
  coletâneas de, 525
  formas contemporâneas e, 37
  leituras sobre, 531-532
  pesquisa acadêmica de, 40-42
  sagas de família (*Íslendingasögur*), 36-37
  sagas lendárias (*fornaldarsögur*), 36-38
  variedade de, 36
Salme, navios-túmulos, 290-292, 335, 565-566
saneamento, 408-409
sapatos, 148-149
seda, 452-453, 589
seithr, 238-239, 471. *Ver também* feitiçaria
sepultamento em navio funerário em Oseberg, cap.8, 215-216, 264, 268-269, 274, 557
Serkland, 443, 448, 452-453. *Ver também* mundo árabe; Oriente Médio
servidão. *Ver* escravidão
Sessrúmnir (salão de Freya), 59, 278

Siemiradzki, Henryk, 263-264
Síf (esposa de Thor), 62
Loki e, 64
Sigrid Björnsdóttir, 511-512
Sigtuna, 475-477, 479-480, 507, 593
Sigurdo, rei da Noruega, 507
sítio de Hofstaðir, 491-492-558
sítio do cemitério de Heath Wood, 368-369, 575
sítio GUS, 495-497, 595
sítios de Jelling, cap.13, 463-468, 591
Sjöfn, 65
Skadi, 65
Skiringssal, escavação, 116
Skuld (Norna), 68
Sleipnir (garanhão de Odin), 61
escrita rúnica e, 207
Loki e, 64
Snorri Sturluson, 38
descrição de Ragnarök e, 95
Edda em prosa e, 38-39, 278
Heimskringla, 220-221, 243-244
mulheres guerreiras e, 342-343
mundo político e, 50
os rus' e, 435
racionalização da mitologia pré-cristã, 243
referências astronômicas e, 56
Saga dos Ynglingar (Ynglingasaga) de, 278, 293-294
sobre a geografia do mundo mitológico, 55
sobre as Nornas, 68-69
sobre Hel, 279-281
sobre o salão de Thor, 61-62
sobre os reis do mar, 45
sobre Ull, 63
traduções de, 525
Snotra, 65
Sökkvabekk (salão de Sága), 64
sol, 53
efeito da crise climática no papel mitológico do, 95-98
memorial em pedra pictórica, 97*fig*
sonhos, 69, 75, 80
spádísir, 75. *Ver também dísir*
Staraia (Velha) Ladoga. *Ver* mercado de Ladoga
Stöðvarfjörður, escavações em, 393
Sudri, 52
Suécia:
Birka (centro comercial), 305-306
conexão com a Rus', 383-384
cristianismo e, 232, 469
geografia da, 85, 101-102
governo do início da Era Viking na, 103
missões para a, 458
unificação da, 461, 507

Sueno Barba Bifurcada, 468, 477-478, 480, 506, 593
Suevo Ástríðarsson, 228-229
svartálfar (elfos negros/anões), 74-75
Svealand, 104
Sviatoslav de Kiev, 441
Syn, 65

T

Tácito, 116, 187, 346, 528-529
tapeçaria de Bayeux, 215
tapeçarias, 155
tatuagens, 142
tear, 69, 155
tecelagem, 152, 156
tecidos:
  demanda de trabalho escravo para, 404-405
  leituras adicionais sobre, 547-548
  limitações arqueológicas e, 32
  seda e, 452-453, 589-590
  trabalho doméstico e, 155
tempo, 29
terras:
  nomeação de, 204-205,
  paisagens, arqueologia e, 32
  propriedade de, 202-204
The War of the Gaedhil with the Gaill, 528
Thietmar de Merseburg, 230
things (assembleias), 198-202, 315, 317, 414
  Groenlândia e, 494
  Islândia e, cap.15, 489
  leituras adicionais sobre, 554-555
Thjodhild (esposa de Erik, o Vermelho), cap.16, 494
Thor:
  características de, 61, 65-66
  cristianismo e, 137, 228-229, 474
  dias da semana e, 63-64
  leituras adicionais sobre, 534
  machados de pedra e,
  travestismo e, 186. *Ver também* Mjölnir (martelo de Thor); cruzes-martelos de Thor
  vida após a morte dos escravos e, 280-281
Thorfínnr Karlsefni, 499-501, 513-514
Thorkell, o Alto, 480-481
Thorodd, o negociante de tributos, 490, 595
Thorstein (irmão de Leif Eiríksson), 500-501
Thorstein Ólafsson, 511-512
Thorvald (irmão de Leif Eiríksson), 500
Thrymheim (salão de Skadi), 64
thurs, 76
Tolkien, J. R. R., 44, 73, 532
topônimos teofóricos, 204-205
Torksey, escavação do acampamento, 368-370, 575

Torre de Deerness, cap.11, 415-416
traduções, 18
transliteração, 17-18
transporte de gelo, 214
Tratado de Wedmore, 364
travestismo, 186-187, 193, 552-553
Trelleborg, fortalezas do tipo, cap.13, 466-467
tribos germânicas, 45, 187, 346
tricô, 149
trigo, 86
trolls, 76
turfa, 488
Týr, características de, 63-64

U

Ubbe, 362
ulfheðnar, 340-341. *Ver também* berserkir
Ull, culto de, 63
universo, criação na mitologia, 50-51
Uppåkra, sítio cúltico, 227-230
Urd (Norna), 68-69
urso, 77-78, 86, 120
utensílios, 134
Utgard (Útgarðr), 54
  norte de, 54
  trolls e, 54
uvas silvestres, 498, 502

V

vaettir, 75-76
Valaskjálf (um dos salões de Odin), 61
Valhalla:
  características de, 278-279
  como um dos salões de Odin, 61
  como uma de muitas propriedades, 56-57
Váli, 63
valquírias:
  características das, 70
  como agentes do destino, 69
  interpretações vikings das, 72-73
  leituras adicionais sobre,
  ligações com as Nornas, 73
  mulheres como guerreiras e, 342
  nomes individuais das, 72
  releituras culturais das, 70-72
  representação das, 71*fig*
Valsgärde, 110-111, 453, 541-542
Vänern, 103-104
Vanir, 66
Vár, 65
Vättern, 103-104
Vendel na Suécia, 111
vendeta, 36
Verdandi (Norna), 68-69

Vestri, 52
véu de poeira, 93-94
vida após a morte. *Ver* mortos
vida doméstica:
adornos pessoais e, 125, 140-141
arranjos na hora de dormir e, 140
centralidade da fazenda/casa na, 124-126, 132
comida e bebida e, 134-138, 155
costumes da hora das refeições e, 134-137
crianças e, 139-140
cuidados com a aparência e, 125, 140-142, 546
espaços comunitários e, 133-134
estratificação social e, 125-126
exibição de arte e, 155-157
ferramentas e, 153-154. *Ver também* concubinato; famílias; casamento
fumaça e, 140
gado e, 153, 495
imagens na, 156-157
jogos e, 120, 139, 545-546
joias e, 146-147
laços de parentesco e, 125-126, 544
latrinas e, 138-139
leituras adicionais sobre, 545
roupas e, 125, 144-149, 151-153, 546
tecidos e, 155-156
Vídar, 65
viking, termo, 25, 531
viking como categoria:
grupos tribais da Escandinávia, 10*fig*
importância da exibição e, 156-157
livros pictóricos sobre, 547
referências gerais sobre, 522
terminologia sobre, 25, 531
Vilibrordo da Nortúmbria, 456
vinho, 138
Vinlândia. *Ver* América do Norte

violência:
da cultura escandinava medieval, 43
retrato de incursões, 167
sagas de família e *[Íslendingasögur]*, 36
sexual nos códigos legais, 183
valquírias e, 72-73. *Ver também* sacrifício humano; invasões; estupro; tráfico de escravos; escravidão
violência doméstica, 183
Vladimir (Valdemar) de Kiev, 469
völva, 240-241, 428, 514
Vör, 65
vulcões, 92-95

W
Woodstown, acampamento de, 367, 370, 575

Y
Ýdalir (salão de Ull), 63
Yggdrasill:
como centro dos mundos mitológicos, 50, 53-55
Nornas e, 68
Via Láctea e, 56
fontes de água e, 55-56
Ymir, 51
assassinato de, 52, 68
criação de Midgard e, 52-53
filhos de, 51
Ynglingasaga (Saga dos Ynglingar), 278, 293-294, 560
Yngvar (rei), 293-294
York, reino de, 362-363, 418, 421-422, 453, 583-584, 590

Z
Zelândia, 104, 116, 250, 466, 468

**Acreditamos
nos livros**

Este livro foi composto em Adobe Garamond Pro
e impresso pela Geográfica para a
Editora Planeta do Brasil em outubro de 2021.